I0024869

ET HABET
M.re CHARLES D'HOZIER, Con.er du Roi, Généa-
logiste de sa Maison, Juge général des Armes, et des
Blazons de France, Ch.lr de la Religion, et des
Ordres Militaires de S.t Maurice, et de S.t Laza-
re de Savoïe. Fils de feu M.re PIERRE D'HOZIER.

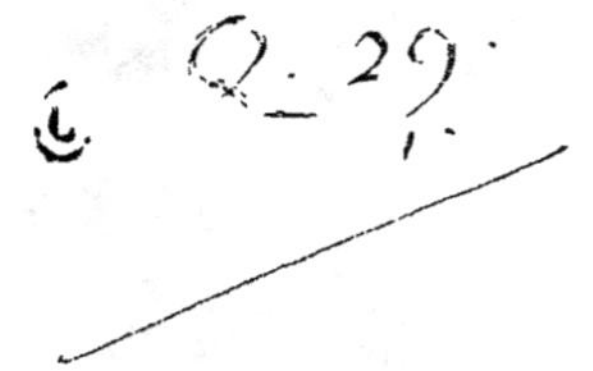

PREMIER VOLVME DE

LA BIBLIOTHEQVE

DV SIEVR DE LA CROIX-DVMAINE.

Qui est vn catalogue general de toutes sortes d'Autheurs, qui ont escrit en François depuis cinq cents ans & plus, iusques à ce iourd'huy : auec vn Discours des vies des plus illustres & renommez entre les trois mille qui sont compris en cet œuure, ensemble vn recit de leurs compositions, tant imprimees qu'autrement.

DEDIE' ET PRESENTE' AV ROY.

Sur la fin de ce liure se voyent les desseins & proiects dudit sieur de la CROIX, *lesquels il presenta au Roy l'an 1583. pour dresser vne Bibliotheque parfaite & accomplie en toutes sortes.*

Dauantage se voit le Discours de ses œuures & compositions, imprimé derechef sur la copie qu'il fist mettre en lumiere l'an 1579.

A PARIS,

Chez Abel l'ANGELIER, Libraire Iuré tenant sa boutique au premier pillier de la grand Salle du Palais.

M. D. LXXXIIII.

AVEC PRIVILEGE DV ROY.

.HENRIC.D.G. FRANC. ET. POL.REX.M.D.LXXXI

EPISTRE AV TRES-CHRESTIEN ROY DE FRANCE ET DE Polongne Henry III. du nom.

SIRE, *il y a auiourd'huy vn an, que ie receu tant d'honneur de vostre Maiesté, qu'il luy pleut receuoir ce que ie luy presentay, touchant mes Desseins & Proiects, pour dresser vne Bibliotheque parfaite & accomplie en toutes sortes, lequel i'ay derechef fait imprimer, afin que vne chose si loüable ne demeurast enseuelie. Or est il (Sire) que depuis ce tẽps là ie n'ay peu auoir ce bien, que de pouuoir faire entendre à vostre Maiesté, & luy expliquer les articles principaux cõtenuz en mes Proiects. Mais i'ay opiniõ que cet œuure ou plustost histoire des Escriuains en lãgue Frãçoise, tesmoignera de ma diligẽce touchãt la recherche que i'ay faite pour illustrer vostre Royaume: & seruira de preuue que mes desseins ne sont pas des promesses seulement, mais des effects plus que suffisans, pour certifier de ce que i'ay tousiours desiré que lon cogneust en moy: sçauoir vne tresdeuotieuse affectiõ de faire seruice à vostre Maiesté en toutes sortes. C'est dõques cette* BIBLIOTHEQVE FRANCOISE, *que ie consacre à vostre Maiesté (Sire) si c'est son plaisir de l'accepter de telle affection, comme ie luy en fay treshumble offre & present, & celà n'est que cõme vn auãt coureur des autres volumes, que i'ay escrits sur toutes sortes de matieres ou subiects, desquels le nõbre est infiny, & presque incroyable. Car si ie dy qu'il y en a plus de sept ou huit cents non seulement encommencez, mais presque acheuez, i'ay peur que lon ne vueille adiouster foy à mes propos, toutesfois i'en peux tousiours faire preuue à ceux qui la decroiroient, en leur monstrant ce que i'en ay de fait.*

Or pour venir à parler de cette BIBLIOTHEQVE FRANCOISE, *voicy ce qu'elle contient, sçauoir est vn catalogue general de tous les hommes & femmes, qui ont escrit & composé des ouures de leur in-*

uention, ou bien außi qui ont fait des traductions en langage François depuis cinq cens ans & plus, iusques au temps de vostre regne, lequel ie prie à Dieu vouloir bien conseruer: & contient encores vn Abregé des vies des plus renommez entre ceux que i'y ay compris, desquels le nombre est de trois mille ou peu s'en fault. Mais pour dire ce qui m'a fait choisir cet œuure pour en faire present à vostre Maiesté plustost que pas vn des autres que i'ay prests à mettre en lumiere, c'a esté pour deux occasions principales: dont la premiere est pour auoir eu desir d'auoir l'amitié de tant d'hommes doctes qui sont auiourd'huy viuants, desquels la plus grande partie est employee au seruice de vostre Maiesté: & celà sera cause qu'ils pourrōt (s'il leur plaist me vouloir tant porter d'amitié) luy recommander mes desseins & proiects, pour les accepter, & en fin les mettre en execution. La seconde raison a esté pour monstrer combien c'est vn grand honneur & loüange à la France (& par consequent à celuy qui en est le Roy, & Prince souuerain) de se pouuoir vanter qu'elle est si florissante en hommes doctes, non seulement qui sont bien versez és langues Hebraïque, Grecque, Latine, & autres estrangers, mais sur tout en celle de leur pays, & que le nombre est si grand de ceux qui ont composé en icelle langue Françoise, qu'il y en a plus de trois mille: ce qui ne se pourra rencontrer és autres nations estrangeres, soyent Italiens, Espagnols, Allemans, Flamans, Anglois, Escossois, & autres semblables. Car si nous voulons prendre garde, aux Italiens (lesquels i'ay mis plustost en auāt que les autres, pource qu'ils ont de tout temps flory aux lettres & aux armes) nous trouuerons que ceux qui ont fait la recherche des autheurs qui ont escrit en leur langue, depuis le temps que ces trois doctes hōmes Florētins, Dāte, Petrarque, & Bocace, florissoiet (il y a 300. ans & plus) n'en ont mis en leur Catalogue que trois cens, qui ont escrit ou traduit des œuures en langue Italienne: ce que pourront tesmoigner auec moy, tous ceux qui auront fait lecture du liure d'Antoine François Dony Florentin, lequel a mis en lumiere vn sien œuure qu'il a intitulé la Librairie, c'est à dire le Catalogue des liures Italiens, anciens & modernes, qu'il a fait imprimer depuis quatre ans ençà, sçauoir est en l'an de salut 1580. Que si quelques-vns veulent dire, qu'il n'a voulu faire mention que des plus excellents escriuains, & qu'il n'a parlé de ceux qui ont peu de reputation, ie veux bien accorder qu'il en a passé beaucoup soubs silence. Mais prenōs le cas que le nombre de ceux qu'il a obmis fust deux fois außi grand que ceux dont il a parlé, le tout ne seroit que de neuf cens, & c'est bien loing de trois mille, cõme nous auons entre les nostres: ce que i'ay expressémẽt allegué (Sire) afin de mõstrer que vostre Royaume n'est pas seulemẽt celebré & renommé par tout l'Vniuers, à cause des hõmes illustres & vaillants en guerre, mais encores pour les doctes & sçauãs personnages qui ont de tout temps fait profeßion des lettres. Mais pour laisser ce propos & venir aux autres œuures que i'ay composez, pour illustrer la France & les Gaules, ie ne craindray point de dire, que si i'apperçoy tãt soit peu que ce premier volume de ma Bibliotheque vous ait agreé ou pleu en aucune sorte, ie continueray à mettre les autres en lumiere, en peu de temps: sçauoir est le second volume, qui est diuisé selon les arts & sciences, & lequel enseigne à trouuer promptemẽt tous les autheurs qui ont escrit de chacun subiect ou matiere quelle qu'elle puisse estre: qui est l'œuure le plus desiré de tous nos François. Car celà est de tel soulagement qu'en vn instant lon trouue tous ceux qui ont escrit de choses pareilles, & d'vn mesme argument, pour lesquelles choses sçauoir autrement, que par ce second volume de la Bibliotheque Françoise, il seroit trop difficile & malaisé, sinon à ceux qui auroient veu & leu tous les autheurs qui ont iamais escrit en François.

LE TROISIESME volume est des Escriuains en Latin, natifs de la France & des Gaules, lesquels sont en nombre de 5. ou 6. mille, sans faire mention des autres volumes qui en dependent encores.

ET QVANT EST des maisons nobles de France, (qui est l'œuure que ie mettray en lumiere apres les susdits, si vostre Maiesté ne me commande de faire du contraire) c'est celuy de la Noblesse de vostre Royaume, à la composition duquel i'ay vsé de telle diligence, pour rechercher toutes les maisons qui ont tiltre ou qualité de Noble, que i'en ay des recueils de plus de vingt mille, lesquels i'ay mis par ordre d'a, b, c. pour ne fascher aucun, quand ie les feray imprimer. Ce qui aduiendra lors qu'il plaira à vostre Maiesté de me commander que celà se face: car ie luy ay tousiours tant porté de respect, que ie n'ay desiré mettre en euidence, sinon toutes choses à la gloire & honneur des François voz tres-humbles subiects.

SIRE, voilà ce que i'auois à dire maintenant touchant aucuns de mes œuures: & si vostre Maiesté desiroit de sçauoir quels sont les autres, que i'ay escrits & composez pour l'ornement & illustration de vostre tant celebre & florissant Royaume, ie suis prest de faire lecture (quand il luy plaira de me le commander) du Discours que i'ay fait imprimer il y a cinq ans, touchant le catalogue general de mes œuures, lequel a esté derechef imprimé sur la fin de ce liure. Mais auant que finir ce propos, ie ne me peux empescher que ie ne die librement, & que ie n'en laisse quelque chose par escrit, pour estre sçeu de la posterité, que celà est tellement né auec moy, de m'estre estudié dés mes plus tendres ans, à faire choses qui peussent vn iour estre agreables aux Rois de France, mes Princes souuerains, que sans que i'aye peine de prouuer celà estre vray, i'en laisse le iugement à ceux qui desireront voir combien de volumes i'ay escrit, pour cet effect: soit de l'histoire de France, de la vie de chacun Roy & Roines, & de toutes les autres choses qui en dependent. Ie n'en diray pas plus en cet endroit: car i'en ay assez parlé en l'Epistre que ie presentay à vostre Maiesté, il y a ia vn an passé, & aussi que celà se voit aux liures que i'ay fait imprimer par cy deuant.

Donq pour conclure, ie peux dire & soustenir celà estre vray, que aucun de tous les hommes viuants, ou bien encores de ceux qui sont morts, n'a iamais escrit en particulier tant de liures pour la France, & ce qui concerne les affaires ou estat du Royaume, & les choses dignes de demeurer en perpetuelle recommandation, pour en estre capables, & le meriter en toutes sortes, comme i'ay fait, & que ie le demonstreray toutes les fois qu'il plaira à vostre Maiesté de me le commander. Ce que ie n'allegue pas pour vouloir me vanter, ou ne me resentir inferieur à tout autre en cas de merite: mais certes ie veux dire que pour la bonne affection à son Prince, que ie n'en cede à aucun, & qu'en celà i'en surpasse beaucoup. Et ce qui me fait parler auec tant de liberté, c'est que lon ne peult croire du contraire, quand lon aura cogneu ce que i'ay fait iusques icy, pour en rendre vn tesmoignage irreprochable.

POVR mettre fin à cette Epistre, ie la finiray apres auoir encores dit le dernier point de ce qui m'a fait tant enhardir que d'auoir osé me presenter deuant vostre Maiesté, veu que ie n'y ay point autre accez que par vn desir extresme de luy faire seruice. Et certes si elle me repute digne de m'employer à faire choses qui luy soyent agreables, elle me trouuera tellement disposé en celà, que ce qui semblera à aucuns difficile, me sera tellement aisé, que lon pourra bien iuger à l'execution de ses commandements, combien i'y ay de deuotion. Ce sera donq par ces propos derniers que ie finiray ce Discours, en faisant treshumble supplication

cation à Dieu, qu'il luy plaise tellement donner secours & ayde à mes bons & loüables desseins, comme ie desire qu'ils seruent de tesmoignage à la posterité, que i'aye esté du temps d'vn Roy si puissant, vertueux & magnanime, que tous autres en ces cas luy sont inferieurs. Escrit à Paris au mois de May, l'an 1584. par le plus humble, le plus fidel, & encore plus affectionné de tous ceux qui ont iamais porté le nom de François,

FRANSOIS DE LA CROIS-DV-MAINE,
duquel l'anagramme est tel.

RACE DV MANS, SI FIDEL' A SON ROY.

ã iiij

EXTRAIT DV PRIVILEGE.

PAR LETTRES patentes du Roy donnees à Paris le 4. iour de May l'an mil cinq cens quatre vingts & quatre, signees par ladite Maiesté en son Conseil GVILLAVDET, & sceelees du grād seau, en cire iaune à simple queüe: il est permis à FRANÇOIS DE LA CROIX-DV-MAINE, sieur dudit lieu, & de la Vieille-Cour, &c. de faire imprimer par tels Imprimeurs ou Libraires qu'il voudra choisir, & pour autāt d'annees qu'il leur voudra permettre, vn liure intitulé, *Premier volume de la Bibliotheque du sieur de la Croix-du-Maine, contenant les vies & les escrits ou compositions de trois mille autheurs qui ont escrit en François depuis cinq cent ans & plus iusques à ce iourd'huy*. Faisant defenses tresexpresses à tous Libraires & Imprimeurs, & autres de quelque qualité ou condition qu'ils soient de n'imprimer ou faire imprimer ladite Bibliotheque dudit sieur de la Croix, ou aucun extrait d'icelle, sans le congé dudit sieur de la Croix, à compter depuis le iour qu'elle fut acheuee d'imprimer, iusques au terme de neuf ans consecutifs, sur peine de confiscation desdits liures, & autres peines contenues audit priuilege. Et suiuant ladite permission du Roy, ledit sieur de la Croix a permis & permet à Abel l'Angelier Libraire Iuré en l'Vniuersité de Paris, d'imprimer, ou faire imprimer, vendre & distribuer ledit liure, pour le terme de neuf ans.

PREFACE, OV ADVERTISSEMENT DV SIEVR DE LA CROIX DV MAINE A CEVX QVI LIRONT CETTE *Bibliotheque Françoise.*

MESSIEVRS, il me ſemble que c'eſt vne choſe bien raiſonnable, & laquelle m'eſt d'importãce, de faire mention de ce que contient cet œuure, mis en lumiere par moy : enſemble depuis quel temps ie l'ay commencé à dreſſer, & de quelle façon i'y ay procedé pour le rendre tel qu'il eſt. Doncques pour n'vſer de longs propos, ie diray que dés l'an de mõ âge dixſeptieſme, ſçauoir eſt, en l'an de ſalut *1569.* eſtant enuoyé en l'Vniuerſité de Paris pour faire profit aux lettres, i'eſtois ſi curieux d'auoir toutes ſortes de liures non ſeulement en Grec, Latin, & autres langues, & ſur tout en François, qu'en fin l'amaz que i'en feis eſtoit ſi grand, que le Catalogue d'iceux ſe monſtroit tenir plus d'vn iuſte volume. De façon qu'il me print deſlors vne enuie de mettre à part les Grecs & les Latins, & d'vn autre coſté les François, ou autheurs qui auoient eſcrit en noſtre langue, ſans parler des Italiens, Eſpagnols & autres. De là il vint que ie penſay deſlors à faire comme vn inuẽtaire des eſcriuains en François, tant de noſtre nation, que des Eſtrangers. Ie parle ainſi: car il y en a pluſieurs qui ont eſcrit en noſtre langue, & toutesfois ils ſont eſtrangers, ou nez hors la France & les Gaules.

En fin ie trouuay tant d'hommes qui auoient eſcrit en François, que ie commẽçay deſlors à dreſſer des recueils ou memoires des eſcriuains François: lequel œuure eſtant ainſi continué par moy par l'eſpace de quinze ou ſeize ans, ie l'ay ſi bien pourſuiuy & augmenté de iour à autre, que ie n'en ay point voulu m'en ſeruir pour moy ſeul, mais i'en ay biẽ voulu faire part à tous ceux qui le meritent, & entre autres à vous (SEIGNEVRS FRANÇOIS) qui auez & voſtre païs & voſtre lãgue en ſinguliere recõmãdation: Et ce qui m'a fait prẽdre tãt de peine à cecy (outre pluſieurs autres œuures que i'ay faites ſur diuers ſubiects) ç'a eſté pour eſtre tellement né à vouloir monſtrer, que la France eſt ſi riche d'hõmes doctes, & de ſçauoir, tant és langues vulgaires que és autres eſtrãgeres, que ie ne diray pas qu'elle cede à aucune autre nation en ce cas-là, non plus qu'en autres choſes, mais i'oseray soustenir, que si elle ne les surpasse, toutesfois elle les esgalle tellement, & suit de si prez, que celà demeurera indecis entre ceux qui auront l'esprit capable d'en dõner leur sain & docte iugemẽt. Mais pour reuenir à parler *de cette Bibliotheque Frãçoise*, ie diray que si elle n'est tellemẽt accomplie & parfaite que plusieurs (& entre autres les François) desireroient biẽ qu'elle fust, qu'eux-mesmes en sont causes: car il y a plus de cinq ans que i'ay fait imprimer vn mien Discours, lequel contenoit vn Catalogue de mes œuures & compositions: & entre autres choses, il faisoit mention de cette Bibliotheque Françoise, & par iceluy ie priois tous ceux à la cognoissance desquels il viendroit, qu'ils me fissent tant de bien que de m'enuoyer des memoires de leurs escrits & cõpositiõs. Et sur ce propos ie repeteray ce que i'ay dit autre part, c'est que cet aduertissemẽt fut mis en lumiere l'an 1579. & en feiz imprimer 350. exemplaires, à fin d'en enuoyer à tous, ou la plus grande partie de mes amis, tant François qu'estrangers. & m'asseure que plus de dix mille hommes ont veu ce Discours, qui est cause que ie ne me veux icy arrester à en parler dauantage. Et toutesfois tous ou la plus grande partie de ceux qui firent lecture de cet aduertissement, eurent opinion que ce n'estoient que des promesses, sans effect.

Or voylà les propos qu'aucuns ont tenu, & ont voulu iusques icy maintenir, que ce n'estoient que projects, ou bastiments en l'air, (pour parler selon le vulgaire.) Et quant est de moy, voyãt que tout ce que i'auois mis en auant estoit encores plus reiecté que n'estoit l'offre que fist Chrestofle Coulon, de faire vne conqueste des pays & terres incogneuës, celà m'a fait attendre ou sursoir iusques à maintenant, pour monstrer les effects de la chose auec la promesse tout ensemble. Car pour ce faire, ie diray qu'apres auoir esté enuiron treize ou quatorze ans à faire toutes sortes de recherches, & amasser des liures, memoires, tiltres, enseignemens, & toutes autres choses, dignes d'vn homme qui veut paroistre en la profession à laquelle il s'estudie totalement, ie me suis en fin resolu de m'acheminer en cette tant renommee ville de Paris, pour rendre vn suffisant tesmoignage de ce que lon ne se pouuoit persuader estre vray.

Or voicy la façon de laquelle i'ay vsé en tout ce que i'ay fait iusques icy, laquelle chose si ie dy assez amplement, c'est pour satisfaire en celà à plusieurs, qui desirent d'entendre quel ordre i'ay tenu pour paracheuer ainsi mes entreprises: En premier lieu ie diray qu'apres auoir esté treze ou quatorze ans à escrire, recueillir & chercher de toutes pars des Memoires, & en fin voyant que i'en auois iusques à là, que le tout se pouuoit monter iusques au nombre de sept ou huict cens volumes, qu'en fin ie me deliberay de faire ma demeure à Paris: & pour cet effect ie feiz cõduire trois charettes chargees de mes volumes & Memoires, & de liures tant escrits à la main qu'autrement, & arriuay à Paris le dernier iour de May l'an 1582. depuis lequel temps ie fuz vn an entier pour ne faire autre chose, que pour penser m'aquerir des amis, par le moyen des Lettres, en faisant profession des hõmes

mes doctes,ne desirãt riẽ plus,que d'auoir ce bien q̃ d'estre cogneu d'eux: mais le malheur a iusques icy esté si grand & tellement bandé cõtre moy, que tout ce q̃ i'ay tousiours desiré d'auoir, m'a tousiours fuy iusques icy. Et Dieu vueille que si ie n'ay pas esté heureux en tout cecy soit mõ dernier malheur. De façõ que cette premiere annee ie la passay sans vouloir autrement mettre en lumiere aucuns de mes œuures,iusques à ce que ie veisse, que i'eusse gaigné par bons offices & deuoirs d'amis, tous ceux qui auoiẽt desiré d'empescher mes desseins ou proiects, lesquels ie presentay au Roy à vn an de là,sçauoir est,en May l'an 1583. ensuyuant. Et toutesfois tout celà ne m'a non plus seruy qu'à celuy qui pour vouloir mettre quelque chose par escrit,l'escriroit sur le sable,& qu'vn torrent passast apres pour l'effacer du tout. Toutesfois ie n'ay pas discontinué en aucune façon à faire des amis en toutes sortes:Et pour conduire mes affaires au port où ie desirois tant d'aborder, ie me suis aduisé (selon qu'il a pleu à Dieu me conseiller) d'vser d'vne façõ que tout hõme viuãt selõ la crainte de Dieu, doit faire: sçauoir est, d'oublier toutes les inimitiez passees, ce que i'ay bien monstré ayant escrit amplement les louanges de ceux qui m'ont icy porté moins d'amitié que ie ne l'auois meritee pour beaucoup de raisons: & pour dire en vn mot,ayant voulu que toutes inimitiez passees ne vinssent plus à se renouueller,pour empescher le cours de mes estudes & l'auancement du bien public enuers mon Roy & Prince souuerain, auquel i'ay desiré de tout temps faire preuue de ma deuotion & humble seruice à l'endroit de sa Majesté. Mais pour laisser cecy & pour venir à parler d'autres choses,ie veux declarer la façon que i'ay obseruee à la structure & composition de cette Bibliotheque Françoise. En premier lieu,ie diray que ie n'ay receu aduertissement ou memoires de tant d'autheurs François desquels i'ay parlé,ou s'il y en a eu quelques-vns qui m'ayent baillé memoires,entre ces trois mille dont i'ay parlé,il ne s'en trouuera pas six qui m'ayẽt baillé le catalogue de leurs liures: & encores ie n'auois que faire d'auoir ceux qui sont imprimez,car ie les auois veuz:mais quant à ceux qui restoiẽt à mettre en lumiere,ou qu'ils auoient proiectez & desseignez de faire, ie ne les pouuois pas deuiner,ny en faire le recit,qu'apres leur aduertissemẽt. Ie diray dauantage qu'il ne se trouuera point que i'aye receu aucuns memoires, catalogues,ou inuentaires d'aucuns Imprimeurs ou Libraires,tant de Paris que d'autres lieux de France,pour faire ce recueil: & si quelques-vns en ont opinion,qu'il s'en enquierẽt,& lon verra s'il est autrement que ie le dy. Dauantage,lon ne me peut mettre à sus (sans par trop s'abuser) que i'aye vsurpé sur aucun en cet œuure: que s'il y en a qui ayent de pareils desseins) comme i'ay entendu que le seigneur de Vaupriuaz Anthoine du Verdier en auoit entrepris) celà n'est pas auoir rien vsurpé sur ses inuentions, ny auoir esté soulagé par ses memoires: car iamais ie ne l'ay veu ny cogneu, & auõs tousiours esté esloignez l'vn de l'autre plus de cent lieuës: & mon entreprise en cecy estoit il y a plus de quinze ans, comme pourroit tesmoigner vn nombre infiny d'honnestes hommes, qui m'ont cogneu, & visité ma Bibliotheque encommencee depuis ce temps-là. Mais quand ainsi seroit, que quelques-vns voulussent entrer sur tels propos, ie vous laisse à penser si Budee se soucioit de Leonard Portius Italien, & Erasme de Polydore Virgile, & encores plusieurs autres semblables qui tous ont escrit des subiects pareils. Et si lon fait doute qui emportera le pris en ce cas: certes ie suis si peu curieux de gloire, q̃ ie ne me soucie pas de laisser à iuger qui sera le plus estimé des deux ouurages, escrits sur vn mesme subject. Car outre que i'en ay beaucoup d'autres de plus grande consequence, ie me peux aussi vanter que ie n'ay mis ce liure en lumiere que pour monstrer à mes amis la bõne volonté que ie leur portois, & du tesmoignage que i'en desire laisser par escrit à la posterité.

Or voylà ce que i'auois à dire touchant ceux qui ont escrit des subjects pareils les vns aux autres, & de la dispute qui en a esté en chacun siecle. Et si quelques-vns se veulent comparer aux susdits Budee & Erasme, il leur sera permis de par moy, & n'en suis pas jaloux: car ie me suis tousiours reputé ne sçauoir qu'vne chose, c'est que ie ne sçay rien.

Reste maintenant à venir aux autres articles touchant cette Bibliotheque Françoise, lesquels ie mettray expressément en auant, pour respondre à plusieurs qui parlent auec assez peu de respect des autheurs, en les calomniant le plus souuent en choses toutes faulses.

Voicy doncques ce que i'ay à dire touchant ceux qui diront que ie me suis seruy des escrits d'autruy pour mettre en mõ liure: I'aduouë que monsieur le Presidẽt Fauchet a fait imprimer depuis quelques annees en çà vn Catalogue des anciẽs Poëtes François, duquel le nombre est *de cent vingt & sept*, & ne veux pas nier d'autre costé que Iean de Nostredame Prouençal, homme docte, (lequel est frere de Michel de Nostredame, dit Nostramus, tant renommé par les Astrologues, &c.) n'aye fait imprimer vn sien liure des anciens Poëtes Prouençaux, lequel contient les noms de soixante & seize Poëtes. Ce que i'ay desia aduoüé en ce mien œuure de la Bibliotheque Françoise, lors que i'ay fait mention dudit Iean de Nostredame, & encores n'ay-ie pas voulu celer comment ie me suis aydé du liure dudit sieur Claude Fauchet: car en plusieurs endroicts de mõ liure ie mets ces deux lettrs C.F. apres que i'ay parlé de ceux qu'il a alleguez, & celà signifie le nom dudit sieur President. Mais il confesse en son liure en auoir esté secouru de la plus grande partie par monsieur de Roissy Messire Henry de Mesmes, duquel i'ay veu le liure escrit à la main sur parchemin, auec les Chansons en musique desdits anciens Poëtes. Ce que i'allegue, à fin de monstrer que si les vns ont eu secours de liures par aucuns, lon les a aussi bien peu voir comme eux, & toutesfois ie n'en veux demeurer ingrat, mais recognoistre ceux desquels ie me seray seruy ou aydé.

Quant aux autres autheurs desquels ie fay mentiõ en mon œuure, ie les ay veuz ou leuz, & les ay encores par deuers moy pour la plus grande partie.

partie,sans que ie les aye empruntez : car ie diray bien celà que ie n'en ay oncques deu à aucun Libraire, & si i'en ay acheпté pour plus de dix mille liures depuis quinze ou seize ans que i'ay commencé a aymer les lettres. Et ce qui est le plus à admirer en cecy,touchãt vne si curieuse recherche, c'est que i'ay esté dix ans & plus, absent de la ville de Paris, sçauoir est, depuis l'an 1571.iusques en l'an 1582.Ce que i'ay biẽ voulu dire,pour monstrer que si i'eusse fait ma demeure ordinaire en icelle ville, que i'eusse bien vn plus grand nõbre de liures que ie n'ay pas:& eusse peu recueillir plus d'autheurs pour les employer en ce Catalogue.Mais auãt que passer plus auant sur autre propos,ie diray que ceux qui voudront iuger de ma façon d'escrire, & qui voudront prendre garde, si i'ay bien parlé en nostre langue, & vsé de façons ordinaires aux bons historiens,que ce n'est pas icy que ie l'aye peu monstrer. Car qui auroit entendu combien i'ay esté pressé en cet ouurage, il admireroit peult estre celà, plus que toute autre chose, dont il aye ouy parler.Et à fin que i'en laisse quelque chose par escrit,non à autre intẽtion q̃ pour me iustifier à l'ẽdroit de ceux qui ne demãdẽt qu'à trouuer à reprẽdre pour s'ẽ preualoir: i'oseray soustenir qu'il ne se trouuera point d'œuure tel que cestuy-cy qui aye esté imprimé de la façõ.Et en appelle tous les Imprimeurs & Libraires à tesmoings;&autres qui sont versez en cet art.Car ie peux, asseurer qu'il ne s'est passé iour depuis le premier que i'ay mis cet œuure sur la presse, qu'il ne m'ait esté de besoin de fournir aux Imprimeurs vn cayer de copie, qui sont douze pages d'escriture , ou bien (pour le mieux donner à entendre) trois fueilles de grand papier rẽplies de douze faces ou costez de minute escrite de ma main,contenãt chacune page plus de quarante lignes,& chacune ligne plus de douze syllabes, pour fournir à deux compositeurs qui trauailloiẽt sur ce liure.Ce que ie repete assez amplement afin que celà me serue cõtre ceux qui sont plus prests de calomnier que de bien dire,ou parler des autheurs à leur louange. I'adiousteray encores qu'il n'y a aucune copie de ce liure, que celle qui est escrite de ma main,& laquelle i'ay expressement retiree par deuers moy pour m'en seruir de preuue quand il seroit de besoing de monstrer comme le tout s'est fait,mesmes iusques à là que d'auoir minuté la table,& encores les faultes suruenues en l'impression de ce liure, qui sont choses que les Autheurs font ordinairement faire par autruy. Mais i'ay tant de desir que tout ce que ie fay soit selon ma volõté,que ie ne m'en fie ou rapporte qu'à moy-mesme. Et outre-plus ie laissois à dire qu'il ne s'est passé iour que ie n'aye veu quatre espreuues, qui sont les corrections des fueilles que lon imprime.Et si quelques-vns entrent en descroyance de cecy,qu'ils s'enquierẽt comme le tout s'est passé:la chose est recentement aduenuë, & par consequent plus preste à en sçauoir la verité.

Dauantage il n'y a eu iour durant cette entreprise,que ie n'aye esté visité par plusieurs hommes de marque, lesquels i'ay tellement entretenuz que ils n'eussent pas sçeu que ie faisois imprimer mon liure, sinõ qu'ils voyoiẽt en leur presence que lon m'apportoit des espreuues ou fueilles à corriger.

Or pour venir à parler d'autres choses i'ay à vous supplier de croire, que ie n'ay obmis aucun en ce Catalogue des Escriuains François, duquel i'aye peu auoir cognoissance : que s'il s'en trouue quelques-vns qui se plaignent d'y en voir les vns compris en ce liure,& les autres obmis,qu'ils sçachent que nous ne l'auõs point fait expressémẽt, ou bien cõme estãs poulsez & induits à celà,pour quelque occasiõ:Car tant s'en faut que ie n'eusse bien voulu y comprendre ceux qui meritent beaucoup,que mesmes ie ne doute pas qu'il n'y en ayt en ce liure, qui sont de si peu de valeur, &si peu de recommendation, que ie sçay bien que telle fois i'auray parlé d'vn valet, ou d'vn homme encores plus vil & abiect: mais en celà nous n'auons eu esgard que pour satisfaire à nostre principal dessein, qui estoit de nommer toutes sortes d'Autheurs tant doctes qu'ignorants : & la difference que nous auons faite entre ces deux sortes d'hommes est telle, que nous loüons les sçauants (selon leur merite,) & quant aux autres nous les passons soubs silence, & nous ne disons chose d'eux, qui soit à leur blasme ou des-auantage: Car nous recitons seulement leurs œuures & compositions. nous reseruant à en donner nostre iugement autre-part.

Ie diray encores, que si ce Catalogue n'est remply de plusieurs Autheurs qui ont composé, que ie n'ay pas telle cognoissance de leurs escrits comme ie desirerois l'auoir, car i'en eusse fait mention : mais vous sçauez que si ce sont liures non encores mis en lumiere,& lesquels sont pardeuers les Autheurs d'iceux , ie ne les ay peu comprendre en ce liure , n'estant pas vn Dæmon, mais bien homme comme les autres, & par consequent qui n'a cognoissance que des choses cõmunes à tous autres qui entreprendroyent d'escrire vn tel subiect qu'est cettuy-cy. Et auant que finir ce propos ie veux bien aduertir ceux qui ne verront icy leurs escrits tant imprimez qu'autrement,que si ie ne les ay nommez ou parlé d'eux, que ce sera pour la seconde edition de ce liure. Donques à fin qu'il ne tienne à mon deuoir & a ma diligence qu'ils ne soyent compris en cet œuure,ie les aduertis que s'ils desirent tant m'honorer,que de m'enuoyer le Catalogue de leurs escrits & compositions, tant en Latin qu'en François, c'est à dire de ce qu'ils ont inuenté d'eux-mesmes ou traduit, qu'ils m'en donnent aduertissement. Car i'espere mettre en bref ma Bibliotheque Latine en euidence, & quant à la Françoise on voit desia comme ie m'en suis acquité. Mais afin que leurs lettres,& memoires me soient seurement fait tenir, ie croy qu'ils ne pourroyent plus commodémẽt les adresser qu'à leurs amis, & pense qu'il s'en trouuera bien peu qui n'ayent cognoissance en cette ville de Paris pour adresser leurs lettres & les faire tenir à ceux ausquels ils escriront. Et quant à ma demeure elle se pourra tousiours sçauoir par les Libraires de cette ville,(s'il aduient que ie change du lieu où ie suis à present demeurãt ce que ie ne fay iamais qu'auec vne trop grãde difficulté,) & lors il n'y aura point d'excuse à faire en mon endroit que ie ne les aye receuz

ceuz (ſi elles ſont paruenues entre mes mains,) & aux Autheurs de les accuſer de pareſſe. Il reſte encores vn point à vous aduertir (Seigneurs François) c'eſt que vous n'ayez à trouuer mauuais ſi i'ay mis les noms d'aucuns en tel ordre, que (ſelon quelque prompt iugement) vous diriez que i'euſſe failly de faire ainſi, & que ie ne fuſſe pas trop abuſé en ce cas. Comme pour exemple ſi vous voyez que i'aye parlé des Rois de France, ſoit de François premier, Charles 9. & Henry 3. direz vous que ie me ſois mépris quand celà eſt venu en leurs rangs de les auoir mis apres leurs ſubiects, ou bien qu'ayant parlé du pere ou de la mere que i'aye mis les enfans deuant, & encores les diſciples deuant les Maiſtres? Certes ce n'eſt en celà que de la peine pour moy, d'auoir ainſi obſerué ceſt ordre alphabetiq, ou d'A, B, C, mais ie l'ay fait par tout où celà ſ'eſt rencontré, à fin de fuir toute calomnie, & demeurer en l'amitié de tous.

Ie penſerois auoir laiſſé tous ces articles cy deſſus contenuz, comme imparfaicts, ſi ie n'auois encores employé en ces aduertiſſements combien cette Bibliotheque ſera profitable à toutes ſortes d'hõmes, & principalemẽt à pluſieurs autheurs, deſquels leurs nõs ſe pourroiẽt perdre auec leurs œuures: car il y en a deſquels i'ay parlé qui ſont ſi peu recõmãdables, que ie laiſſe à pẽſer à to⁹ ceux qui ont l'eſprit clairuoyãt, ſi ie viuray pour les auoir mis en mon liure, ou ſ'ils viuront pour les auoir mis au ranc de tant d'honneſtes hommes. Et d'autre-part voicy le profit qui en viendra à ceux qui mourront ſans auoir fait imprimer leurs liures, auãt leur treſpas. Car lon ne me pourra nier que pluſieurs vſurpent, & ſ'attribuent le labeur d'autruy. Et ce liure les deſcouurira, d'autant que i'ay parlé tant des œuures imprimez que de ceux qui ne ſont encores en lumiere. Voicy les autres commoditez qu'apportera ce liure, c'eſt qu'il y a plus grand nombre d'hõmes qui ne ſçauent pas quels liures ſe trouuent imprimez, que de ceux qui en ſont aduertiz. Et cette Bibliotheque les en rendra certains. Et pour dire vn mot touchant les Libraires ou Imprimeurs, voicy en quoy ie les ay obligez à me vouloir ſouhaiter tout heur & proſperité, c'eſt que, ce qu'ils deuroient auoir entrepris, ie l'ay effectué pour eux, mais ie croy que le trauail de cecy leur ſembloit trop grand: car ſ'il euſt eſté facile, & bien ayſé à faire, ils n'euſſent attendu ſi long temps à le monſtrer en euidence. Ie ne dy pas pour eſcrire les vies des Autheurs, mais ſeulement faire vn Catalogue de leurs œuures en François.

Or il eſt tel que ceux qui auoient des liures en leurs boutiques ſans les pouuoir vendre, & que ceux qui auoiẽt de couſtume de les mettre en leurs Magazins, ou lieux propres pour mettre leurs liures autre part qu'en Boutiques, ſerõt maintenant contraincts de les amaſſez bien ſoigneuſement pour ſatisfaire à tant de perſonnes curieuſes qui en demanderont: & ſ'ils ſont eſloignez des villes, ils enuoyeront memoires pour en recouurer par leur moyen. C'eſt donc-là, le profit que les Libraires reſentiront par la publication de ce mien liure, & auſſi ceux qui deſireroient voir ceux qui auroient ja entrepris des ſubiects, tant des inuentions que de traductions des choſes, qu'ils auoient enuie de traicter, ou tourner en noſtre langue.

Et pour venir à dire vn mot touchant ceux qui diſent que cet œuure eſt laborieux plus qu'autre qu'ils ayent encores veu, vrayement ils le peuuét bien confeſſer: mais ce ſeroit peu de choſe, que de ne l'appeller que laborieux, veu que ceux qui en feroient de pareils, ie ſçaurois bien quels tiltres de louãge ie leur deurois donner. Car ſ'il arriuoit qu'vn Architecte ou vn peintre euſſent fait tant de maiſons, ou tant de protraicts & baſtimens diuers, ſans que pas-vn ſemblaſt l'vn à l'autre, ie m'eſtudierois à leur donner des Epithetes pareils, ou correſpondans à leurs merites. Et ie laiſſe le iugement de celà à ceux qui verront qu'ayant eſcrit les louãges de plus de mille hommes, il ne ſ'en trouuera pas vne ſemblable, mais toutes differentes encores que ce ſoient touſiours ſur vn meſme ſubiect, c'eſt à dire, d'hommes recommandez pour les lettres: & ie leur laiſſe à penſer commét celà ſe doit appeller, & ſi ce mot de laborieux eſt vne aſſez ſuffiſante recompenſe de tant de trauaux.

Voylà (Meſſieurs) ce que i'auois à vous dire, & ſ'il y a encores quelques autres poincts à traicter, dont ie ne me ſois ſouuenu en cet aduertiſſemét, i'y ſatisferay (Dieu aydant) vne autre fois, auec plus de loiſir & de commodité.

Eſcrit à Paris le 19. iour de May l'an 1584.

IN MANIBVS DOMINI SORTES MEÆ.

Tous mes hazards ſont en la main de Dieu.

S'ENSVIT LA TABLE DE TOVS LES AVTHEVRS CONTENVZ EN CETTE BIBLIOTHEQVE FRANÇOISE, tant és additions mises sur la fin d'icelle qu'autrement: lesquels nous auons reduits suiuant les surnoms de chacun autheur, pour les trouuer plus aisément: Et a costé du surnom nous auons mis le premier nom, afin que par ce moyen lon aye recours au nom tout ensemble, lesquels se trouuent mis par ordre d'A, B, C, &c.

A.

B.

Botru

Dagnes

D

E

F.

le Feubure

G

de Grace

H

I

K

L

M

Marchan

N.

de

O.

P.

le Pois

Q.

R.

de la

T.

V.

de la

X

Z

Fin de la Table des noms des Autheurs.

OMISSIONS D'AVCVNS SVRNOMS D'AVTHEVRS contenuz en ce liure.

FIN.

ADVERTISSEMENT AVX LECTEVRS touchant les secondes additions à la Table.

MESSIEVRS, ie vous ay icy apres mis les noms, obmis ou delaissez à mettre en la premiere table des surnoms des autheurs, & ay pensé qu'il seroit meilleur de le faire ainsi que d'attendre à la seconde impression de ce liure : & veux encores prier ceux, qui trouueront en cette table, des repetitions des noms des autheurs, de croire que nous n'auons pas fait celà pour penser croistre le nombre d'iceux, mais pour le soulagement de ceux qui liront ce liure : comme pour exemple quand nous auons parlé d'Elie Vinet, nous l'auons repeté deux fois, d'autát qu'aucuns escriuent ce nom auec vne H, & les autres par vn E, seulemēt, sans aspiration. Ainsi en auons nous fait de Elisenne de Crenne ou Helisenne, & encores de Sceue par e, seul, & de Sceue, escrit par Sc. le tout pour plus facile intelligence, & pour trouuer les autheurs plus aisément: lesquelles choses il a fallu necessairement repeter en cette table, d'autant que selon l'ordre de l'alphabet les vns les cherchent en vn endroit, & les autres en vn autre : qui est cause de nous auoir fait vser de redittes.

EPITOME, OV ABREGE' DE LA GRANDE BIBLIOTHEQVE FRANÇOISE, DV SIEVR DE LA CROIX-DV MAINE.

Qui est vn œuure faisant mention de trois mile Autheurs, qui ont escrit en François, depuis quatre ou cinq cens ans, iusques à ce iourd'huy. Auec vn abregé des vies d'aucuns d'iceux, & recit de leurs compositions & traductions en notre langue seulement: sans faire mention des Latines, desquelles il se reserue d'escrire dans son autre Bibliotheque Latine: sans mesler icy leurs escrits, dont la plus grande & meilleure partie, est par deuers ledict sieur de la CROIX, *tant en escrits à la main, qu'autrement.*

Les deux lettres B. L. mises en la marge, signifient la Bibliotheque Latine dudict sieur non encores imprimez.

ABEL FOVLON natif de la paroisse de Loüé au Maine à 6. lieuës du Mans, poëte François, Philosophe, Mathematicien, & ingenieur, valet de chambre du Roy Henry 2. &c.

Il a escrit de son inuention l'vsage & descriptiõ de l'holometre, pour sçauoir mesurer toutes choses qui sont soubs l'estẽduë du ciel, tant en largeur qu'en hauteur & profondité, imprimé à Paris, chez Pierre Beguin l'an 1567.

Il a escrit vn traicté des Machines, engins, mouuemens, fontes metalliques & autres telles inuentions: non encores imprimé.

La description du mouuement perpetuel, non imprimé.

Voylà quant à ses inuentions, & touchant ce qu'il a traduit voicy ce que i'en ay peu voir.

Les huit liures d'architecture de Marc Vitruue, lesquels pour les auoir communiquez à ses amis, les ont mis en leur nom, & les ont fait imprimer, sans faire mention de luy, qui en estoit le traducteur.

Le poëme d'Ouide in Ibin, ou contre Ibis, non imprimé.

Les Satyres de Perse traduictes par ledict Foulon en vers François, imprimees l'an 1544. à Paris.

Il a peu composer de son inuention, & traduire plusieurs autres choses, desquelles ie n'ay pas cognoissance.

Il est inuenteur des testons forgez au moulin du temps du Roy Henry 2. du nom Roy de France, sa deuise est, Moyen, ou trop.

Il mourut à Orleans (non sans soupçon d'auoir esté empoisonné) pour la ialousie de ses belles inuentions, l'an 1563. agé de 50. ans ou enuiron.

ABEL IOVAN, Poëte François, orateur, & historien.

Il a escrit le voyage du Roy de France Charles 9. par les principales villes de son Royaume, imprimé à Paris.

Il florissoit l'an 1566. soubs ledit Roy.

ABEL MATHIEV, natif de Chartres, sieur des Moistardieres.

Il a escrit le premier & second Deuis de la langue Frãçoise, imprimez à Paris l'an 1559. de caracteres François, chez Richard Breton, & depuis chez Iean de Bordeaux, l'an 1572.

Deuis & propos touchant la police & les estats, imprimé à Paris l'an 1572. chez les susdicts.

Il florissoit soubs Henry 2. l'an 1559. & soubs Charles 9. l'an 1572.

ABEL POPIN, Theologien.

Il a escrit quelques œuures en Theologie desquelles ie feray mention autre part & pour cause.

ACHATS, OU ACASSE D'ALBIAC, sieur du Plessis, natif du pays de Suisse en la basse Allemagne.

Il a traduit en vers François les Prouerbes, & l'Ecclesiaste de Salomõ, imprimez au Mans l'an 1558.

Il a escrit en vers François plusieurs chants ou cantiques à l'honneur de Dieu, sur le chant d'aucuns Psalmes de Dauid imprimez.

Il florissoit l'an 1557.

ACOPARD, OU ACOPHART DE TRVN, Mathematicien François & selon autres de Crun, estudioit à Bordeaux au college de Bruual l'an 1552.

Il a escrit quelques prognostications, imprimees à Roüen l'an 1552.

Messire ACHILLES DE HARLAI, Cheualier, seigneur de Beaumont, Conseiller du Roy en son priué conseil, & premier Presidēt en sa Cour de Parlement à Paris, &c.

Il a prononcé plusieurs doctes harangues, tant au Parlement de Paris, qu'en autres Cours de France, lesquelles ne sont encores imprimees: ensemble plusieurs arrests tres-memorables, lesquels seront mis en lumiere, quand il luy plaira de les communiquer au public.

Il florist cette annee 1584.

ADAM le BOSSV, natif d'Arras en la Gaule Belgique: lequel se rendit moyne en l'Abbaye de Vaucelles l'an 1300. ou enuiron.

Il a escrit vn petit liure intitulé le Ieu.

ADAM FVMEE gentilhomme Parisien, sieur des Roches en Touraine, homme docte és langues, poëte François, Math. I. C. orateur, historiẽ & philosophe, Maistre des requestes de l'hostel du Roy, frere aisné de Monsieur FVMEE Euesque de Beauuais & Pair de France, &c.

Il a escrit plusieurs œuures non encores imprimees.

Il mourut au Mans en l'Abaye de la Cousture (auquel lieu il faisoit sa demeure ordinaire, auec sondict frere qui en estoit Abbé) l'an 1575.

ADAM DE GVIENCI, ancien poëte François l'an 1300. ou enuiron.

Il a escrit quelques poësies amoureuses non imprimees.

ADAM VVANDELAND, natif de la ville d'Angers, fils de feu Gilbert Vvandeland, Suisse de nation, tous deux excellents peintres.

Il a descrit le plan, ou portraict de la ville, Cité & Vniuersité d'Angers imprimé l'an 1575. à Paris chez Nicolas Chesneau & autres. Il a fait plusieurs autres descriptions de pays, regions ou prouinces non imprimees.

Il florissoit à Angers l'an 1574.

ADENEZ surnommé le Roy, ancien poëte François & excellẽt sonneur d'instrumens de Musique.

Il a escrit le Roman de Cleomades & celuy de Bertin en vieil language François, lesquels ne sont encores imprimez.

Il florissoit l'an de salut 1260.

ADRIAN CHARPENTIER.

Il a escrit en vers François, le triomphe du temps qui court, imprimé l'an 1532.

ADRIAN D'AMBOISE Parisien, Docteur en theologie à Paris, frere puisné de François d'Amboise.

Il a composé en vers François, vne tragedie saincte, nommee Holoferne, extraite de l'histoire de Iudith, imprimee à Paris chez l'Angelier l'an 1580.

Il florist à Paris cette annee 1584.

ADRIAN GEMELLI, ou IVMEL, Prestre Docteur en Theologie, grand Archidiacre de Laon en Picardie.

Il a traduit de Latin en François, quelques opuscules de S. Augustin,
De l'estat de Veufvage.
De la maniere de prier Dieu.
De la vie de saincte Monique, mere dudit sainct Augustin.
Le tout imprimé à Paris chez Iean Petit.

La Rhetorique diuine de Guillaume Euesque de Paris, traduite par ledit Iumel, ou Gemelli.

ADRIAN de GVESDOV, gentilhomme Chartrain, natif de Thimerais, sieur du Saussay.

Il a mis en lumiere quelques siens poëmes François, l'an 1570.

B. L. ADRIAN DV HECQVET Carme, natif d'Arras, en la Gaule Belgique, Docteur en Theologie.

Il a escrit vn liure des enseignements des paroisses, contenant familieres concions des Epitres & Euangiles de tous les Dimẽches de l'an, &c. imprimé à Paris chez Buon l'an 1572.

Il a escrit plusieurs liures en Latin, desquels ie feray mention en ma Bibliotheque Latine.

ADRIAN IVMEL: voy cy dessus Adrian Gemelli.

B. L. ADRIAN L'ALEMANT, Medecin à Paris.

Il a composé la Dialectique Françoise, pour les Chirurgiens & Barbiers, imprimee à Paris chez Thomas Ricard l'an 1553.

ADRIAN DE MONTALAMBERT, Aumosnier du Roy François I. l'an 1529.

Il a escrit l'histoire merueilleuse, de l'esprit qui s'apparut au monastere des Religieuses de S. Pierre de Lyon, imprimee à Roüen l'an 1529. par Raulin Gaultier.

ADRIAN LE ROY, grand Musicien & excellent ioüeur de Luth.

Il a escrit vne instruction sur le Luth, l'instruction sur la Guiterne, ou Guiterre.

Il a mis en tablature de Guiterre les psalmes de Dauid, le tout imprimé par luy & Robert Ballard son frere.

ADRIAN SEVIN, natif de Meung sur Loire, gentilhomme de la maison de Monsieur de Gyé.

Il a traduit d'Italien en François, le Philocope de Bocace, imprimé.

B. L. ADRIAN TVRNEBE, ou Tournebeuf, dit Turnebus, natif d'Andely en Normandie, Lecteur du Roy à Paris en Philosophie, l'vn des plus doctes hommes de son temps, & versé presque en tous arts & sciences.

Outre qu'il a escrit plusieurs œuures en Latin, il en a aussi composé en François, soit en vers ou en prose, non encores imprimez.

Il mourut à Paris l'an 1565. âgé de 53. ans.

B. L. ADRIAN TVRNEBE, ou Tournebu, Parisien, fils du susdit.

Il a escrit plusieurs vers Latins & François, sur la mort de son frere Odet, lequel mourut l'an 1581. imprimez chez Mamert Patisson.

Il florist cette annee 1584.

B. L. AFRIQVAN DE MAILLY, gentilhomme Picard, Bailly de Dijon en Bourgongne, Ambassadeur pour le Roy François I. à Spire en Almagne.

Il a escrit plusieurs oraisons, pour soustenir le party de son maitre, cõtre Charles le Quint Empereur des Romains, imprimees chez Robert Estienne auecques celles de Messieurs du Bellay & autres.

ADVER-

ADVERTISSEMENT AV LECTEVR.

Les noms propres d'hommes se commenceans par ces mots, Aimar, Aimé, Aimery, & Aimon, &c. voy les escrits par E. en cette sorte, Emar, Emé, Emery, Emond, *&c.*

ALAIN BOVCHART, I. C. natif de Bretagne.

Il a composé les grãdes chroniques & annales de la Bretagne Armorique ou Gauloise, depuis le temps du Roy Brutus, iusques au regne de Ian Duc de Bretagne.

Elles ont esté imprimees à Paris chez Galliot du Pré l'an 1514. & en autres plusieurs lieux & à diuers temps.

Il florissoit du temps de Madame Anne Duchesse de Bretagne, à laquelle il dedia son liure.

ALAIN CHARTIER Normãd, secretaire des Roys de France Charles 5. 6. & 7. poëte François, historien & orateur le plus estimé de son temps.

Il a escrit l'histoire du Roy Charles 7. son maistre, imprimee à Paris.

Il a escrit le Breuiaire des Nobles, lequel a esté imprimé du depuis sous le nom de Monsieur d'Allancé Gentil-homme Angeuin.

Tous ses œuures tant en vers qu'en prose ont esté imprimees à Paris, chez Galliot du Pré l'an 1526. & depuis chez Corrozet l'an 1583. par la diligence de Daniel Chartier d'Orleans, parent du susdit Chartier.

Il florissoit l'an 1436. & 1452.

ALBERT BABINOT, Poiteuin.

Il a escrit en vers Heroïques vn poëme Chrestien, qu'il a nommé la Christiade, imprimee à Poictiers l'an 1559.

Messire ALBERT DE GONDY, yssu d'vne tres-noble maison de Florence, Cheualier des deux ordres du Roy, Duc de Raiz, Mareschal de France &c.

Il a esté employé en diuers Embassades, pour les Roys & Roynes de France, tant pour le sçauoir qui est en luy, que pour son eloquence, dequoy il a donné & donne tous les iours vn suffisant tesmoignage, tant pour l'aliance qu'il a prise auecques Madame Catherine de Clermont sa femme (l'vne des plus doctes & spirituelles femmes de France) que pour le grand nombre d'hommes doctes, qui ont accez en sa maison, & encores pour la belle & magnifique librairie qu'il a.

Il florist sous Henry 3. l'an 1584. il n'a encores rien mis en lumiere de ses cõpositions, ce sera quãd il luy plaira qu'il en fera part à la posterité.

ALBERT OV ALBERTET DE SISTERON, yssu des Marquis de Malespine en Italie, Gentil-homme natif dudit lieu de Sisteron en Prouẽce, & selon d'autres de Tarascon, poëte comique & mathematicien.

Il a escrit plusieurs belles chansons en langue Prouençale à la louange des Dames & Princesses de son temps.

Il a escrit vn liure, intitulé lou Petrarch de Venus, en lãgue Prouẽçale.

Il a escrit plusieurs liures traictans des mathematiques nõ imprimez.

Il florissoit en Prouence l'an 1290. sous Philippe le Bel Roy de France.

ALBIN, voy Aubin.

ALEXANDRE DE BERNAY, surnommé de Paris, anciẽ poëte Frãçois.

Il a aidé à traduire de Latin en Frãçois le Roman d'Alexãdre le Grãd.

Il florissoit l'an 1200. ou enuiron. Voy CL. F.

ALEXANDRE DIONISE, maistre Chirurgien & Barbier à Vẽdosme l'an 1581.

Il a escrit vn traicté, ou responce sur la questiõ proposee par Angaron & Martel Chirurgiens du Roy de Nauarre &c. decidee par L. Ioubert docteur en medecine à Montpellier, imprimee à Bordeaux, & à Paris chez Ian Parent l'an 1581.

ALEXANDRE GVIBERT, Conseiller du Roy en l'election d'Orleans, l'an 1580.

Il a escrit vn traicté pour toiser, mesurer, & exactement calculer toute maçonnerie, imprimé à Paris chez Charles Macé l'an 1580.

ALEXANDRE DE PVLLY, premier Cõsul au siege de Nismes en Languedoc.

Il a escrit vn poëme qu'il a intitulé l'Vranie, imprimé.

ALEXANDRE DE LA TORRETTE OV TOVRETTE, Gẽtil-homme Parisien, President des generaux & maistre des monnoyes de France.

Il a escrit vn traicté, des admirables vertuz de l'or potable.

L'apologie de la science d'Alchimie.

Ausquels liures Iaques Gohorry Parisien a fait response.

Ces liures susdits ont esté imprimez à Lyon, & depuis à Paris l'an 1575. chez Ian de Lastre.

ALEXANDRE VANDEN-BVSCHE, Flamant surnommé le Syluain, Officier du Roy Charles 9. l'an 1574. & de Henry 3. l'an 1584.

Il a escrit vn recueil des dames illustres en vertu.

Dialogue d'amour honeste.

Discours poetiq des miseres de ce monde.

Le tout imprimé à Paris chez Nicolas Bonfons l'an 1575.

Les procez tragiques, contenans cinquante & cinq histoires, imprimez chez ledit Bonfons l'an 1575.

Cinquãte Ænigmes Françoises aueques leurs expositiõs, imprimez chez Gilles Beys l'an 1581.

Poëme & Anagrammes dudit Syluain, imprimez chez Guillaume Iulien l'an 1579.

L'Arithmetique militaire, imprimee chez Gilles Gourbin l'an 1579.

ALEXIS IVRE', de Quiers en Piedmond, poëte François du temps de CL. Marot.

Il a

Il a escrit quelques poësies Françoises desquelles fait mention ledit Marot.

ALEXIS PIEDMONTOIS. Il a escrit six liures de secrets & receptes, tãt pour le fait de medecine qu'autrement.

Imprimez en diuers lieux de France.

ALPHONSE D'ALBENE, ou d'Elbene, yssu de la tres-ancienne maison Del bene à Florence, Abbé de Hautecombe en Sauoye l'an 1565.

Il a escrit plusieurs poëmes François, & entre autres quelques-vns sur la mort d'Adrien Turnebe, imprimez chez Federic Morel l'an 1565.

P. de Ronsard luy a dedié son art poëtique.

ALPHONSE DE BEZER, Abbé de Liury, ancien poete François.

Il a escrit vn traicté sur la reformation des habits, contenant 63. articles.

Imprimé auec le chant des Sereines d'Estienne Forcadel I. C. de Tolose l'an 1548.

AMADIS IAMIN, Valet de chambre du Roy Charles 9. son Secretaire & Lecteur ordinaire.

Il a traduit l'Iliade d'Homere, sçauoir est le reste delaissé à traduire par Salel, imprimé chez Abel l'Angelier à Paris.

Il a fait imprimer vn iuste volume de ses poësies Françoises chez Patisson.

AMAVRY BOVCHARD, Xaintongeois, Maistre des requestes de l'hostel du Roy & Chancelier du Roy de Nauarre &c. I.C. & orateur.

AMBROISE PARE', natif de Laual au Maine, sur les limites de Bretagne, Conseiller & premier Chirurgien des Roys de France, Charles 9. & Henry 3.

Il a escrit plusieurs traictez à part, touchant le fait de chirurgie.

L'anatomie de la teste, l'anatomie du corps.

Traictez de la peste, de la Mumie, de la licorne & des venins, de la lepre, de la verolle, & autres, tous imprimez autresfois separément, & en diuers lieux, & maintenant tous reduits en grand volume, imprimez auec les figures chez Gabriel Buon à Paris l'an 1579. & l'an 1584.

Elles ont aussi esté traduites en Latin, & imprimees par Mamert Patisson pour ledict Buon.

Il florist à Paris ceste annee 1584.

AMBROISE DE LA PORTE Parisien, frere aisné de Maurice de la Porte, autheur des Epithetes Françoises.

Il estoit homme docte & bien versé en nostre langue, ses œuures ne sont point en lumiere.

Il se voit de luy vne epitre mise au deuãt des dialogues de Tahureau.

AMBROISE SERGEANT, natif de la ville du Mans, Protonotoire du sainct siege Apostolique l'an 1516.

Il a traduit de Latin en vers François vn traicté de peste, composé autresfois en Grec par Atila medecin & astrologue, imprimé l'an 1516.

ANDRE BOVIV, Aduocat au Mans, yssu de la tres-ancienne famille des Bouiuz.

Il a traduit en François, quelques œuures de Ciceron, Saluste, Tite Liue, & autres antheurs, tant Grecs que Latins, non encores imprimees.

Il florist au Mans cette annee 1584.

ANDRE' DV BREIL Angeuin, docteur regẽt en la faculté de medecine à Paris l'an 1580.

Il a escrit vn liure de la police de l'art & science de Medecine, imprimé à Paris l'an 1580.

ANDRE' FOVRNIER, il a escrit en François vn traité touchant la decoration de nature humaine.

ANDRE' MALESIEV Chirurgien à Paris.

Il a traduit de Latin en François le sommaire de toute la chirurgie, contenant six liures, composez en Latin par M. Estienne Gourmelan, docteur en medecine à Paris, imprimez chez Nicolas Chesneau l'an 1571.

ANDRE' MESLE' de Laual au Maine. Il a escrit plusieurs poëmes François, soyent cantiques ou Noels, traductions de poëtes, sonnets de son inuention, desquels il y en a quelques vns imprimez.

ANDRE' PREVOST, Gentil-homme Poicteuin, Abbé d'Asnieres, yssu de la maison de Bodet.

Il à traduit de Latin en vers François l'histoire de Iudith, non encores imprimee.

ANDRE' DE RIVAVDEAV, Gentil-homme du bas Poictou.

Il a escrit la tragedie d'Aman tiree du 7. chapitre d'Esther, imprimee à Poictiers.

Plus il a composé, deux liures de poëmes François.

Le premier, contenant les complaintes, le second les diuerses poësies.

Le tout imprimé auec la tragedie d'Aman à Poictiers l'an 1566.

Commentaires sur la tragedie d'Euripide, intitulee Electra, non imprimez.

Il florissoit l'an 1566.

ANDRE' DE ROSSANT, Lyonnois, Poëte Latin & François.

Il est autheur de la remonstrance au peuple de Flãdres, escrite en vers François, en faueur de Monsieur fils & frere du Roy &c. imprimee à Paris chez Cheuillot l'an 1582.

l'Onomastrophie, en laquelle il traicte amplement, de la maniere de faire des Anagrammes, non encores imprimé.

Il florissoit à Paris l'an 1582.

ANDRE' THEVET, natif d'Angoulesme, Cosmographe du Roy.

Il a escrit plusieurs œuures imprimez à Paris, à Lyon, & Anuers, desquels s'ensuiuent les tiltres.

Les singularitez de la France Antartique, imprimees à Paris l'an 1556. & à

& à Anuers chez Plantin.

La Cosmographie de Leuant, imprimee à Lyon par Iean de Tournes l'an 1556.

Discours de la bataille de Dreux, auec le protraict d'icelle, imprimé à Paris l'an 1563.

La carte d'Espagne imprimee. La carte ou description de la France & des Gaules imprimee. Le Globe vniuersel imprimé. L'vniuers reduit en fleur de lys imprimé l'an 1583. Les quatre parties du monde, reduites en quatre fueilles separees, imprimees à Paris chez l'Huillier. Les vies des hommes illustres, auec leurs effigies en taille doulce, imprimees à Paris chez Keruer & Chaudiere l'an 1584. L'insulaire non encores imprimé. Traicté des mõnoyes & leurs protraicts non imprimé. La Cosmographie diuisee en deux tomes, imprimee à Paris chez l'Huillier.

Il florist à Paris ceste annee 1584.

L.L. ANDRE' TIRAQVEAV, Poicteuin Conseiller en Parlement, &c. Ie feray mention de luy dans ma Bibliotheque Latine.

ANDRE' DE LA VIGNE, ancien poëte François, historien & orateur, secretaire de la Royne, & de Monsieur le Duc de Sauoye, & depuis orateur du Roy de France Charles 8.

Il a escrit par le commandement du Roy son maistre, l'entreprise & voiage de Naples, faict par ledit Roy l'an 1493. Ce liure est composé en prose & en vers, imprimé à Paris chez Iean Treperel, & s'intitule Le verger d'honneur.

Il a dauantage escrit la louange des Roys de France imprimee à Paris par Eustache de Brie l'an 1508. rondeaux, ballades, & chants royaux, à l'honneur de la Vierge.

Il florissoit l'an 1493. & 1495.

ANDRE' ZEBEDEE, Ministre de Noyon & Bursin, theologien François.

Ie feray mention de luy autre part, & pour cause.

ANGE CAPEL, sieur du Luat, Gentil-homme Parisien, Secretaire du Roy & de sa chambre, fils de M. l'Aduocat du Roy Capel, &c.

Il a traduit de Latin en François, le liure de la clemence diuine de Seneque, imprimé à Paris l'an 1578. chez Ian Borel.

Traicté de la prouidence, pris de Seneque, imprimé chez ledict Borel audit an 1578.

Le premier liure de Seneque, touchant les biens-faicts, imprimé l'an 1580. chez Borel.

Quatre opuscules de Seneque, touchant les quatre vertuz, ou bien vn formulaire de la vie honeste, imprimé à Paris chez Robert le Magnier l'an 1582.

Il a traduit de Latin en François, l'histoire de Tacite non encores imprimee, La vie de Iules Agricola extraicte dudit autheur Cor. Tacite, &

traduitte par iceluy Capel a esté imprimee à Paris.

Il peut auoir traduit plusieurs autres œuures, desquelles ie n'ay pas cognoissance, pour n'auoir encores esté mises en lumiere.

Il florist à Paris cette annee 1584.

31. ANNE DV BOVRG, Gentil-homme natif d'Auuergne, docteur regent à Orleans, & depuis Conseiller au parlement de Paris &c. neueu de Messire Anthoine du Bourg Chancelier de France &c.

Il a escrit plusieurs œuures, tant en Latin qu'en François, desquelles il n'a rien esté imprimé, que sa confession de foy.

Il fut bruslé à Paris pour le fait de la religion, le 21. iour de Decembre, l'an 1559.

ANNE DE LAVTIER dame de Champ-baudouin, veufue de Mõsieur Groslot, Conseiller du Roy en son priué conseil &c. Niepce de Monsieur le General Lautier, duquel nous ferons mention cy apres. Ceste Damoiselle est si heureusement douee des graces requises aux dames vertueuses & doctes, qu'elle ne merite tenir les derniers rancs, entre celles qui honorent la France, par leurs doctes escrits: car elle a cognoissance de la langue Latine, elle sçait fort bien escrire & en prose, & en vers, & n'ignore pas les mathematiques. Elle n'a encores rien mis en lumiere de ses compositions.

Elle florist à Paris cette annee 1584.

32. ANNE DE MARQVETS, Damoiselle tres-docte en Grec, Latin & Frãçois, natifue du Conté d'Eu au Vexin françois, religieuse à Poissy, pres S. germain en Laye à 6. lieües de Paris.

Elle a traduit de Latin en vers François, les poëmes sacrez du Poëte Flaminius imprimez à Paris.

Elle a escrit de son inuention plusieurs sonnets, prieres, & deuises pour l'assemblee de M. les prelats & docteurs, tenuë à Poissy au Diocese de Chartres l'an 1561. le tout imprimé à paris chez Guillaume Morel l'an 1562.

Elle compose encores chacun iour, tant en vers Latins, qu'en françois: mais ie n'ay veu de ses œuures imprimees que les susdictes.

Elle florist à Poissy l'an 1584.

Messire ANNE DE MONTMORENCY, Connestable de France, &c.

Aucuns asseurent qu'il est autheur du liure de l'art militaire, imprimé soubs le nom de Messire Guillaume du Bellay sieur de Langey, duquel ie parleray cy apres.

Il mourut à la bataille de S. Denis l'an 1567.

ANNE DE MOREL Damoiselle parisienne, depuis nommee Diane de Morel &c. voy cy apres Diane de Morel à la lettre D.

ANNE DV PRAT, Damoiselle de la Roine mere du Roy, & sœur puisnee de Philippe du Prat, toutes deux filles de feu Messire François du Prat,

Prat, Baron de Thiert en Auuergne, & de Madame Anne Seguier, à present Dame de la Vergne &c. Ie m'asseure que tous ceux qui ont eu cet heur de la voir & discourir auec elle, seront d'accord auec moy, que la Nature s'est estudiee en elle, de produire ce qu'elle auoit de plus beau & recommandable. Car ayant esté instruite dés ses premiers ans, és lettres Latines & Françoises, elle monstre combien Minerue, & le Chœur Aonide luy ont esté fauorables, dequoy ie peux moy-mesme tesmoigner, pour le luy auoir veu effectuer, & plusieurs autres graces & gentillesses capables de remplir vn iuste volume.

Elle florist cette annee 1584. & n'a encore faict le public participant des belles conceptions de son diuin esprit.

ANNE SEGVIER, Dame de la Vergne, femme en premieres nopces dudit feu Sieur du Prat, Barō de Thiert, & en secōdes, de Mōsieur de la Vergne, premier Chābellā de son Altesse. Elle merite le los deu à celles qui seruent d'ornement à la France, pour estre vne des accomplies Dames, & d'esprit, & de corps, que l'on y puisse voir. Ce qu'elle public assez par ces doctes Discours, tesmoins de l'exacte cognoissance qu'elle a de l'Histoire, & de la Poësie Françoise, en laquelle elle s'est fort honorablement acquittee, nous ayant fait part de plusieurs beaux vers Chrestiens, accompagnez d'vn Dialogue en prose, de Vertu, Honneur, Plaisir, Fortune, & la mort.

Elle florist ceste annee 1584.

ANNE DE SEMVR, Gentil-homme Vandomois bien versé en la poësie Latine & Françoise.

Il a escrit quelques sonnets & autres poësies non encores imprimez.

ANNE TVLONNE, Damoiselle Masconnoise ou de Mascon pres Lyon, fort bien versee à la poësie Françoise.

ANNE D'VRFE' Marquis de Baugé, Baron de Chasteau-Morand, seigneur d'Vrfé, Gentil-homme de la chambre du Roy, & Bailly pour sa maiesté au païs de Forests, fils de Messire Iaques d'Vrfé &c.

Il a escrit cent sonnets estant lors agé de dix huict ans ou enuiron.

ANSELME FAIDIT, ancien poëte comique & tragique, natif d'vn village de Lymosin nommé Vrseta.

Il a escrit vne comedie intitulee L'heregia dels preyres, en lāgage Prouençal.

Vn chant funebre sur la mort de Richard Roy d'Angleterre.

Vn chant de la description d'amour, de son Palais, de sa cour, & de son estat ou pouuoir.

Il est nombré entre les poëtes Prouençaux.

Il mourut au seruice du seigneur de Sault en Prouēce, surnommé d'Agoult l'an 1220.

ANSELME DE MOSTIER, podestat d'Auignō, fils de Iaques de Mostier, riche citoyen d'Auignon.

Il estoit poëte en toutes langues, grand Mathematicien, & versé en toutes autres sciences.

Il a escrit plusieurs choses en rithme Prouençale, lesquelles ne sont en lumiere.

Il mourut à Auignon l'an 1348.

ANTOINE ABELLI, Docteur en Theologie à Paris, de l'ordre des freres Prescheurs ou Iacobins, Abbé de nostre Dame de Liury en l'Aulnoy, confesseur de la Roine mere du Roy l'an 1582. & auparauant son predicateur &c.

Il a escrit en François des Sermons sur les Lamentations du sainct Prophete Hieremie, imprimez à Paris l'an 1582.

ANTOINE ALAIGRE, natif de la Tour en Auuergne, Chanoine de Clermont l'an 1542.

Il a traduit de langue Espagnole en la notre Françoise, le mespris de la cour, & la louäge de la vie rustique par Antoine de Gueuarre imprimee à Lyon l'an 1543. par Estienne Dolet.

La decade des Empereurs escritte par ledict Gueuarre en Espagnol, & faicte Françoise par iceluy Alaigre, imprimee à Paris chez Vascosan l'an 1567.

ANTOINE ANIORROIS, natif de Langres, Aduocat au parlement de Paris l'an 1583.

Il a escrit vn traicté de l'homme, qu'il appelle autrement, le Microcosme, ou petit monde, non encores imprimé.

ANTOINE DE BAIF, fils de Lazare de Baif &c. voy cy apres Ian Antoine de Baif, à la lettre I.

ANTOINE DE BERTRAND, tres-excellent musicien, natif de Fontanges en Auuergne.

Il a mis en musique, les sonnets ou amours de Ronsard, imprimez à Paris l'an 1576. & 1578.

ANTOINE DE BLEGERS, de la Salle, gentil-homme Prouençal, natif de Carpentras &c. mathematicien & philosophe.

Il a escrit vn discours touchant quelques prodiges aduenus au conté de Venaissin en Prouence, & en la ville de Lyon l'an 1574.

Il a d'auantage escrit de quelques autres prodiges aduenuz en la Gaule Narbonnoise, imprimez à Lyon l'an 1574.

ANTOINE BRETOCH, docteur en medecine & astrologue.

Il a escrit quelques Almanachs, ou prognostications, pour l'an 1550. imprimees audict an.

Plus vne autre prognostication, pour l'an 1551. faicte sur les climats de France & autres lieux, imprimee à Roüen l'an 1551.

ANTOINE CARRACCIOLO, natif de Melphe.

Abbé de S. Victeur à Paris.

Il a escrit le Miroüir de la vraye Religiõ, imprimé à Paris chez Simon de Colines de Colines l'an 1544.

ANTOINE CATHALAN Albigeois, il a escrit vne Epistre Catholique de la vraye & realle existance du precieux corps & sang de nostre seigneur Iesus Christ, au sainct sacrement de l'autel, sous les especes de pain & de vin, adressee aux seigneurs & sindics de Geneue, pour faire respondre à icelle Ian Caluin.

Imprimee à Paris l'an 1556. chez Pierre Gaultier.

B.L. ANTOINE CAVCE, dit Caucius, François de nation.

Il a escrit vne Grammaire Latine & Françoise, imprimee l'an 1570. en France & en Almagne.

ANTOINE CHAPVIS, Daulphinois.

Il a traduit d'Italien en François, le Duel, ou combat de Hierosme Mutio, auec les responses cheualeresses. Imprimé à Lyon l'an 1561. par G. Rouuille.

La description de la Limagne d'Auuergne, escrite par Gabriel Simeon Florentin, & traduitte en François par iceluy Chapuis, imprimee à Lyon par Rouuille l'an 1561. Quant à Gabriel Chapuis Tourengeau, voy cy apres en son ordre.

ANTOINE CHEVALIER, surnõmé d'Agneaux, natif de Vire en Normandie, frere puisné de Robert Cheualier, &c.

Il ont tous deux traduit fort doctement les œuures de Virgile en vers François, auec la vie dudict Virgile, imprimees à Paris 1582. chez Perier & Auuray, tant auec le latin à costé, que separement.

I'entends qu'ils traduisent auiourd'huy les œuures d'Horace.

Ils florissent cette annee 1584. & s'estudient à profiter au public de tout leur pouuoir. Le Gentil-hõme François non imprimé, lequel sert d'instruction pour la ciuilité & pour les courtisans.

ANTOINE COLOMBIN, OV COLOMBAIN, Docteur és droicts.

Il a escrit vn sommaire de la forme de proceder extraordinairement, és causes criminelles, imprimé à Paris par Denis Ianot l'an 1536.

B.L. ANTOINE LE CONTE, dit Contius, fort docte és langues & bien versé en droict, Docteur, Regent en l'Vniuersité de Bourges l'an 1576.

Natif de Noyon en Picardie, &c.

Il a escrit plusieurs œuures en Latin, & en François se voit imprimee vne sienne oraison panegyrique, prononcee par luy deuant Monsieur fils de France, & frere du Roy, imprimee à Bourges 1576.

ANTOINE COVILLARD, sieur du Pauillon, pres Loris en Gastinois.

Il a escrit les contredits à Nostradamus, imprimez à Paris chez l'Angelier l'an 1555.

Les Antiquitez & singularitez du monde, imprimees à Paris.

Les procedures ciuiles & criminelles, selon le commun stil de France, & ordonnances du Roy, imprimees à Lyon par Benoist Rigault l'an 1570.

Les propheties du sieur de Pauillon pres Loris, imprimees à Roüen l'an 1556.

Epistre au Roy Henry 3. du nom, n'estant pour lors que Roy de Polongne &c. imprimee à Paris chez G. de Nyuerd l'an 1572. dans laquelle il promet de mettre en lumiere, les œuures qui s'ensuyuent,

La Chronique de France composee par le commandement du Roy Charles 9.

La Chronique Cosmographique & vniuerselle.

Le tableau des genealogies des Roys de France, depuis Adam iusques au Roy de France Charles 9.

Ces liures sont encores par deuers l'autheur, desquels il fait mention en son Epistre presentee au Roy l'an 1573.

Ledit sieur du Pauillon Antoine Couillart, fait mention d'autres siens œuures, sur la fin de ses propheties &c. desquels s'ensuiuent les tiltres.

Quatre liures sur la response aux nouuelles propheties, dōt le premier traite, que la sagesse des hommes n'est que folie deuant Dieu.

Le second traicte des abus des faux Prophetes.

Le tiers traicte tant des faulses que vraies & diuines propheties, de l'ancien Testament, & acomplies en la vie & passion de nostre seigneur Iesus Christ.

Le quatriesme traicte entre autres choses, que le monde sera plain d'ans & quasi eternel.

Il florissoit l'an 1573.

Antoine Crespin, dit Nostradamus, natif de Marseille en Prouēce, docteur en mathematiques, valet de chambre ordinaire du Roy, & Medecin ordinaire de Monsieur le Conte de Tande, Admiral de Leuant, &c.

Il a escrit plusieurs Almanachs, propheties, & prognostications, imprimees en diuers lieux & en diuerses annees, sçauoir est à Paris chez Martin le ieune & Robert Colombel.

Il florissoit à Marseille l'an 1570.

Antoine Crippard, de Cais en Picardie.

Antoine Davy, Angeuin sieur d'Argentré, Aduocat à Angers l'an 1575.

Il a escrit vn recueil des choses les plus memorables, aduenues au païs & Duché d'Aniou, depuis l'an 1559. iusques à maintenant. Il ne l'a encores fait imprimer que ie sçache.

Antoine Demery, natif d'Abeuille en Picardie, docteur en medecine à Paris l'an 1544.

Il a escrit vn Antidote, ou remede contre la peste, imprimé à Paris chez Galiot du Pré, l'an 1545.

Antoine le Devin, natif de la ville du Mans, sieur de la Roche en Anjou, & du Tronchay & Montargis au Mayne, vulgairement appellé

l'Esleu

l'Esleu Tronchay.

Il a composé plusieurs tragedies Françoises, & entre autres celles cy que i'ay veües,

Iudith, Ester, & Susanne. Elles ne sont encores imprimees.

Il a traduit les œuures de Saluste, de Latin en François, non imprimees.

Il mourut à Angers, au moys de Ianuier l'an 1570.

Il estoit pere de * le Deuin Conseiller en Bretagne.

ANTOINE EROET, dit de la maison neufue, voy cy apres Antoine Heroet.

ANTOINE D'EMERY, voy cy dessus Antoine Demery.

ANTOINE DE LA FAIE, Gentil-homme Beaulseron.

Il a traduit fort doctemẽt, l'histoire Romaine de Tite Liue Padoüan, imprimee à Paris & à Lyon l'an 1582. 1583. & 1584.

ANTOINE FAVQVEL, prestre natif d'Amiens en Picardie.

Il a escrit le discours de la prise de Guynes imprimé à Paris l'an 1558. par Oliuier de Harsy.

ANTOINE FAVRE OV FAVVRE, mathematicien, natif de Bourges en Berry, demourant à Paris.

Il a escrit vne Arithmetique familiere & succincte, imprimee à Paris l'an 1576. par Ian Borel & Nicolas du Chemin.

ANTOINE LE FEVBVRE OV FEVRE, dit de la Boderie, frere de Guy & Nicolas les Feubures, sieurs de la Boderie: tous trois natifs de Falaise en Normandie, hommes doctes és langues, & qui tous trois ont mis leurs escrits en lumiere, comme ie le diray en leur ranc, &c.

Cetuy-cy a traduit d'Italien en François le Dialogue de Noblesse escrit par Torquato Tasso, imprimé à Paris chez Abel l'Angelier in 8. 1584.

Il florist cette annee 1584.

ANTOINE FIANCÉ, natif de Bezançon en Bourgongne, professeur en philosophie & medecine, en la cité d'Auignon en Prouence &c. homme docte en Grec & Latin.

Il a escrit vn œuure intitulé, Platopodologie.

Il mourut l'an 1581. le 27. de May agé de 29. ans.

ANTOINE FONTANON, natif d'Auuergne, Aduocat au parlement de Paris.

Il a traduit de Latin en François, la pratique de Masuere ancien I.C. & l'a enrichie d'annotations, imprimee à Paris chez Niuelle l'an 1576.

Il a recueilly, & mis par ordre, les edicts, ordonnances, & statuts des Roys de Frãce depuis le regne du Roy S. Loys l'an 1270. iusques au present.

Le tout reduit en quatre gros volumes imprimez à Paris chez Nicolas Chesneau l'an 1580.

Il florist à Paris cette annee 1584.

ANTOINE FOVQVELIN, natif de Chauny en Vermandois au païs de

Picardie &c. grand I. C. & orateur.

Il a escrit vne Rhetorique Françoise, partie de son inuentiõ, & en partie à l'imitation de celle d'Omer Talon Vermandois, dit Audomarus Talæus, &c. imprimee à Paris chez André Vechel l'an 1557.

Il a escrit quelques liures en droict, en langue Latine.

Il florissoit à Paris l'an 1557.

ANTOINE FORESTIER, Parisien, dit Syluiolus.

Il a escrit plusieurs Comedies Françoises.

Il florissoit en l'an 1540. ou enuiron.

ANTOINE FRADIN, Cordelier, natif de Ville-franche en Beau-iolois,

Il a escrit quelques œuures en Theologie.

Il florissoit sous Loys II. l'an 1478.

ANTOINE DE FRAISNE, Religieux de l'ordre de S. François, au conuent de Louuain en Flandre.

Il a traduit de Latin en François, les Meditations Soliloques, ou propos solitaires de l'ame à Dieu, & le Manuel de la contemplation de Iesus Christ, le tout faict par S. Augustin, imprimé à Anuers, chez Tieleus l'an 1573.

M. ANTOINE FVMEE, Cheualier, Seigneur de Blandé, Conseiller du Roy en son priué conseil &c.

Il a escrit les histoires depuis la constitution du monde, iusques à present.

Il y en a quelques commencemens imprimez à Paris, chez Nicolas Chesneau l'an 1574.

Il florist cette annee 1584.

ANTOINE GEVFROY, Cheualier de Rhodes.

Il a escrit vn Discours de l'estat de la cour du grand Turc, l'ordre de sa gendarmerie, & de ses finances, auecques vn Discours de leurs conquestes, depuis le premier de cette race.

Imprimé à Paris, chez Vechel l'an 1543.

ANTOINE GVERSIN, Dauphinois.

Il a composé en six liures l'histoire de Roland, Regnault, & Royer, imprimee à Lyon par G. Rouille.

ANTOINE HEROET, dit de la maison neufue, natif de Paris, Euesque de Digne, parent de M. le Chancelier Oliuier, &c.

Il a composé en vers Frãçois vn liure intitulé la parfaicte Amie, l'Androgine de Platon, Complainte d'vne dame nouuellemẽt surprise d'amour, & plusieurs autres tres-doctes poësies.

Imprimees à Lyon, chez Ian de Tournes, & à Paris, chez G. Thiboult l'an 1544.

Il florissoit du temps du Roy François premier, & estoit fort reputé pour sa poësie.

ANTOINE

ANTOINE MACAVLT, natif de Niort en Poictou, Notaire, Secretaire & valet de chambre du Roy François 1. l'an 1534. surnommé l'Esleu Macault.

Il a traduit plusieurs liures de Latin en François.

Les Apophtegmes d'Erasme, imprimez à Paris.

Les trois premiers liures de Diodore Sicilien, Autheur Grec, imprimez à Paris.

L'oraison d'Isocrates à Nicocles, imprimée chez Vechel l'an 1544.

Ce liure s'intitule autrement l'institution du ieune Prince, &c.

L'oraison de Ciceron pour le rapel de M. Marcellus, Senateur Romain, imprimee à Paris, chez Anthoine Augereau l'an 1534.

ANTOINE LE MAÇON, natif de Dauphiné, Conseiller du Roy & Tresorier des guerres.

Il a traduit d'Italien en François le Decameron, ou cent nouuelles de Bocace, imprimé à Lyon par Rouille, & à Paris chez Oliuier de Harsy l'an 1569.

Il a escrit en vers François, les Amours de Phydie & Gelasine, qu'il appelle autrement Erotasmes, d'vn mot Grec, imprimez à Lyon.

ANTOINE MAR. de Gonzié Gentil-homme Sauoisien.

Il a composé plusieurs poesies Françoises, & entre autres quelques sonnets amoureux, lesquels il m'a communiquez à *Paris* l'an 1569.

ANTOINE MARCOVRT.

Il a escrit vne brefue Declaration de la Messe, contre les blasphemateurs d'icelle, imprimee l'an 1561.

ANTOINE MIZAVLT, Docteur en Medecine à Paris, natif de Montlusson en Bourbonnois, grand Philosophe, & Mathematicien.

Il a escrit plusieurs liures en notre langue, outre ceux qu'il a composez en Latin.

Instruction fort populaire, pour la cognoissance des Lunes en tout temps, imprimee chez Thomas Ricard, à Paris l'an 1563.

Le Iardin Medicinal, imprimé à Paris l'an 1578.

Le Miroir du temps, & presages sur le changement d'iceluy, imprimé à Paris par R. Chaudiere 1547.

Meteores, ou discours des choses qui sont faites & engẽdrees aux trois regions de l'air, auec les causes, imprimé par Chaudiere 1548.

Ephemerides de l'air, ou l'Astrologie rustique, imprimee chez Keruer l'an 1554.

Celeste Ephemeride pour l'an 1555. imprimee chez Keruer 1555.

Explication, vsage & pratique des Ephemerides celestes, auec tables d'icelles, imprimee chez Keruer 1556.

Ephemeride celeste pour l'an 1556. chez Keruer à Paris l'an 1556.

Ephemeride celeste pour l'an 1557. chez ledit Keruer audit an.

Singuliers secrets & secours contre la peste, imprimez à Paris l'an 1562.

chez Federic Morel, & Mathurin Breuille.

Les loüanges, antiquitez & excellences d'Astrologie, extraictes & traduites du Grec de Lucian, imprimees à Paris chez Tho. Ricard l'an 1563.

Nouuelle inuention, pour incontinent iuger du naturel d'vn chacun, par la seule inspection du front, & de ses lineaments, imprimee à Paris chez G. Chaudiere 1565.

Opuscule des secrets de la Lune, & du consent & accord, lequel plusieurs choses de ce bas monde recognoissent, & à veuë d'œil ont commun auec ladicte Lune, imprimé à Paris chez Federic Morel l'an 1570.

Il a escrit plusieurs autres œuures en Latin, desquelles ie feray mention en ma Bibliotheque Latine, &c.

Il mourut à Paris l'an 1578.

B.L. ANTOINE DE MONCHY, surnōmé Demochares, Docteur en Theologie à Paris, Doyen des Theologiens, & Inquisiteur de la foy, &c.

Il a escrit plusieurs liures en Latin, desquels ie feray mention en ma Bibliotheque Latine.

Il a aussi escrit en François, lesquels ne sont encores imprimez.

Il mourut à Paris estant fort âgé l'an 1574. soubs Charles 9.

B.L. ANTOINE DV MOVLIN, Masconnois, valet de chambre de la Royne de Nauarre, sœur du Roy François 1.

Il a traduit les fables d'Esope, imprimees à Paris par Ieā Ruelle, auec la vie dudict Esope.

Il a traduit les souuerainetez de toutes maladies, escrites en Latin par Marcellus autheur ancien, imprimees à Lyon par Iean de Tournes l'an 1582.

Il a escrit en Latin, vn liure du naturel diuers des hommes, lequel il a traduit en François, imprimé à Lyon.

Il a reueu & recorrigé, les Illustrations de Gaule, par Iean le Maire, imprimees à Lyon par Iean de Tournes.

Il a reueu & recorrigé les œuures de Clemēt Marot, imprimees à Lyon par G. Rouuille.

Il a mis en lumiere, les œuures de Bonaduēture des Periers, lesquelles il a fait imprimer à Lyon par Iean de Tournes, & les a reueuës & recorrigees.

Il a traduit le liure d'Augustinus Nyphus, touchant les Augures & deuinations, imprimé à Lyon par de Tournes 1546.

Il a reueu & recorrigé, M. Aurelle traduit par R. de la Grise, imprimé à Lyon par de Tournes.

La deploration de Venus, sur la mort du bel Adonis: qui est vn recueil de plusieurs chāsons tant musicales que rurales, fait par ledit A. du Moulin, & extraict de plusieurs poëtes, imprimé à Lyon par Iean de Tournes l'an 1551.

Le Manuel d'Epictete ancien Philosophe Grec, traduit par ledict du Moulin, imprimé à Anuers chez Plantin l'an 1558.

Il promet

Il promet d'auantage, de traduire plusieurs autres liures d'anciẽs philosophes Grecs & Latins, sçauoir est le liure de la vertu & efficace du cœur.

Les raiz de ce monde inferieur, des choses accidentelles ou suruenãtes, per lesquelles on peult auoir cognoissance de la pensee des hõmes.

La chiromance, & vraye phisionomie, ou diuerse nature des hommes, faite par Loxus Medecin, Aristote & Polemon autheurs Grecs.

Plusieurs traictez d'Astrologie &c. de tous lesquels il fait mention en sa traduction du liure d'Augustinus Nyphus &c.

Il a reueu & recorrigé vn liure d'Alchimie, intitulé la fonteine des amoureux de science, escrit par Iean de la Fontaine de Valentiennes en Haynault, imprimé à Lyõ auec les figures par Ieã de Tournes l'an 1547.

Il a traduit de Latin en François, vn liure de Ioannes de Rupescissa, ou de Roquetaillade, intitulé la vertu & proprieté de la quinte essence de toutes choses, imprimé à Lyon l'an 1581.

Il florissoit à Lyon l'an 1547.

ANTOINE MVRET Lymosin citoyen de Rome, &c. voy de luy cy apres Marc Antoine de Muret.

ANTOINE NOGVIER, Tolosain.

Il a escrit l'histoire de Tolose, imprimee audit lieu.

ANTOINE DV PART, Angeuin poëte François.

Il a escrit quelques Poëmes en l'an 1574.

ANTOINE PICHON, natif de la Chartre sur le Loir au Maine, Principal du college de S. Martin de Tours, Orateur Latin & Frãçois.

Il florissoit à Paris l'an 1575.

Il a escrit quelques œuures Françoises, non encores imprimees que i'aye veu, quant à ses Latines i'en feray mention autre part.

ANTOINE PIERRE, natif de Rieux en Narbõnois, Licencié és droicts.

Il a traduit de Latin en François, le Regime de santé, & maniere de bien viure, principalement en temps de peste, auecques annotations par ledict traducteur, imprimé l'an 1544.

Auquel temps l'autheur florissoit à Poitiers.

Il a traduit les 20. liures de Constantin Cesar, touchant l'agriculture ou labourage, imprimez à Poitiers par les de Marnef, l'an 1545.

ANTOINE DV PINET, OV PIGNET, sieur du Norroy, natif de Bezançon en la Franche-conté.

Il a traduit l'histoire naturelle de Pline second, imprimee à Lyon en deux grands volumes par Charles Pesnot.

Les plãts, protraicts, & descriptiõs de plusieurs villes & forteresses, tãt de l'Europe, Asie, & Afrique, que des Indes & terres neufues, auecques leurs antiquitez, le tout imprimé à Lyon chez Gabriel Cotier l'an 1564.

Il a traduit les commentaires de Pierre André Mathiole sur Dioscoride, imprimez chez ledict Cotier l'an 1566.

L'exposition sur l'Apocalipse de S. Iean, imprimee l'an 1543.

La conference des Eglises reformees de France, imprimee l'an 1564.

Il a traduit les secrets miracles de nature, par Leuin Lemne, Medecin de Zirisee, imprimez à Lyon l'an 1567. Iaques Gohorry Parisien les a traduits apres luy, & sont imprimez.

B.L. ANTOINE LE POIS, dit en Latin Piso, conseiller & Medecin de M. le Duc de Lorraine, &c. Frere de Nicolas le Pois Medecin du susdict Duc de Lorraine l'an 1579.

Il a escrit vn discours tresdocte & bien elabouré, sur les medailles, & graueures antiques, principalement Romaines. Plus vne exposition particuliere, de quelques planches ou tables imprimees sur la fin de son discours, auec des medailles fort bien representees, le tout imprimé à Paris chez Mamert Patisson l'an 1579.

Memoires touchant les terres neufues, recueilliz par ledict Antoine le Pois, non imprimez.

ANTOINE POPVLE, natif de Roanne au Conté de Forest, aduocat au Parlement de Paris.

Il a escrit quelques poësies Françoises, non imprimees, composees par luy apres ses plus serieuses estudes. Il florist cette annee 1584.

ANTOINE DE LA PORTE, Seigneur de Bertha, escheuin de la ville de Lyon l'an 1581. homme fort bien versé en l'vn & l'autre exercice de Pallas (afin d'vser des mots du Seigneur Claude Guischard, duquel ie l'ay apris). Il a vn cabinet fort excellent, remply de plusieurs beaux liures, & de medailles antiques, &c.

B.L. MESSIRE ANTOINE DV PRAT, natif d'Auuergne, nasquit l'an 1468. Il fut receu premier president de Paris, l'an 1507. Legat, &c. homme fort docte, & tresconsommé en affaires d'estat. Il a cõposé plusieurs Edicts, ordonnances, & reglements, & prononcé plusieurs oraisons faites par le commandement des Rois de France, François premier, & Henry son fils, non encores imprimees.

Il mourut l'an 1535. en sa maison de Nantouillet, agé de 68. ans. Ie feray plus ample mention de luy és vies des Chanceliers.

ANTOINE PREVOST, natif de la ville de Vaulreas en Dauphiné.

Il a escrit vn traicté, qu'il a intitulé l'Amant desconforté, contenant le mal & bien des femmes, auec plusieurs preceptes contre l'amour.

ANTOINE RENAVLT, OV REGNAVLT, bourgeois de Paris.

Il a escrit le discours de son voiage, en la terre Sainte, fait par luy l'an 1548. imprimé à Lyon l'an 1573.

B.L. ANTOINE SABLON, OV DE LA SABLE, DIT ARENA, natif de Prouence, disciple d'André Alciat, I. C. l'an 1519. &c.

Il a escrit quelques vers Elegiaques, plus François que Latins, à l'imitation de Merlinus Cocaius, Poëte Mantuan, esquels il descrit la guerre de Romme, de Naples, & la reuenche des Geneuois en Italie, auec la guerre

guerre d'Auignon,&c.

La maniere d'aprendre à danser, & quelques poësies amoureuses, le tout imprimé en diuers lieux de France.

ANTOINE DV SAIX DIT SAXANVS, Sauoisiẽ,cõmãdeur de Bourg, precepteur de Charles Duc de Sauoye, & son aumosnier, l'an 1532. Orateur Latin & François.

Il a escrit quelques oraisons funebres imprimees.

ANTOINE DE LA SALLE, Secretaire du Duc de Calabre, & de Loreine, & de René Roy de Sicile.

Il est autheur d'vn liure intitulé, la Sallade: contenant trente chapitres de diuerses choses, tant de l'histoire qu'autrement, imprimé à Paris par Michel le Noir l'an 1521.

Il est autheur de l'histoire ou plustost Roman, du petit Iean de Saintré, imprimee à Paris chez ledict le Noir l'an 1523.

Il a fait vn extraict des chroniques de Flandres imprimé sur la fin dudict Roman de Iean de Saintré. Il florissoit l'an 1422. & 1459. aucuns de ses œuures se voyent escrits à la main en la bibliotheque du Roy de Nauarre à Vendosme.

ANTOINE SEPIN, natif de Mauge, homme d'armes de la compagnie de Monsieur le Mareschal de Gyé. Il a traduit d'Italien en François, le Philocope de Iean Bocace Florentin, *imprimé à Paris chez* Iaques Keruer.

ANTOINE DE SVRIE, natif de Roüen en Normandie, controleur à Lysieux.

Il a escrit quelques poësies Françoises, & entre autres il s'en trouue d'imprimees, auec les Ruisseaux de Charles Fontaine Parisien.

ANTOINE DE TALON, natif de Montagu en Poictou, poëte Frãçois.

Il a escrit quelques poëmes François.

ANTOINE TYRON.

Il a traduit en vers François, l'histoire de l'enfant prodigue, de laquelle il a fait vne comedie Françoise, imprimee à Anuers l'an 1564.

La comedie de Ioseph, qui est vne histoire extraite de la sainte escriture, imprimee à Anuers l'an 1564. Il a traduit les Epistres de Textor Niuernois, imprimees audict lieu.

ANTOINE DV VAL.

Il a escrit le Miroir des Caluinistes, & Armeure des Chrestiens, imprimé à Paris, chez Nicolas Chesneau l'an 1559.

Les contrarietez & contredicts, qui se trouuent en la doctrine de Caluin, Luther, & autres nouueaux Euangelistes de nostre temps, auec les demandes & repliques audict Caluin, sur son liure de la predestination.

Vn recueil d'aucuns escrits d'Erasme, contre les Lutherians.

Le Catechisme, ou sommaire de la foy, le tout recueilly par Antoine du Val, tant des œuures de Lyndan Euesque Allemand, que d'autres autheurs.

Les liures susdict ont esté imprimez par ledict Chesneau l'an 1567.

ANTOINE VALET, DIT VALETIVS, docteur en Medecine à Paris, natif de S. Iunian en Lymosin, homme docte és langues.

Il a traduit quelques liures de Grec, Latin, Italien, & autres langues, en la nostre.

Il florissoit à Paris l'an 1570. ie feray mention de ses escrits Latins autre part.

ANTOINE DV VERDIER, sieur de Vaupriuaz, gentilhomme natif de Montbrison en Forests, conseiller du Roy, & esleu sur le fait des guerres, aides & tailles audict pays de Forests, homme d'armes de la compagnie de Monsieur le Seneschal de Lyon, Cõtrolleur general des finances, &c.

Il a escrit plusieurs œuures de son inuention, & en a aussi traduit en nostre langue, tant de Latins qu'Italiens & autres, lesquels il a fait imprimer, sçauoir est la Prosopographie, ou description des personnes insignes, enrichie de plusieurs effigies &c. imprimee à Lyon par Antoine Gryphius l'an 1573. I'entends qu'il l'a beaucoup augmentee, & qu'il l'a fait imprimer pour la seconde fois.

Questions ænigmatiques, imprimees à Lyon l'an 1568. par Benoist Rigault.

Les Omonymes, qui est vn poëme Satyriq, sur les mœurs corrompuës de ce siecle, imprimé à Lyon par Gryphius l'an 1572.

Les diuerses leçons, à l'imitation de Pierre Messie Espagnol, imprimees à Lyon l'an 1577. & encores depuis.

Le Misopoleme.

Il a traduit plusieurs liures d'Italien en François.

Les doctes & subtiles responses de Berthelemy Tœgio, imprimees à Lyon l'an 1577. par Berthelemy Honorat.

Il a traduit de Latin en Frãçois, les Images des Dieux, imprimees chez ledict Honorat.

Les œuures de Seneque, auecques annotations par ledict du Verdier. I'entends que Berthelemy Honorat les imprime à Lyon cette annee 1584.

Comme aussi l'on m'a asseuré, qu'il est apres pour faire imprimer vne sienne Bibliotheque Françoise, de laquelle tant s'en fault que i'en sois ialoux, qu'au contraire ie desire extremement, que luy, & tous autres qui auront entrepris des subiects pareils aux miens, les mettent en lumiere, pour de plus en plus enrichir notre langue, & pour estre causes d'vn biẽ public.

Ie ne vous peux dire quels autres liures il a escrit, car ie n'ay iamais eu ce bien, que de le voir ou cognoitre, que par ses laborieux & doctes escrits, mis en lumiere tant en Latin qu'en François : desquels Latins ie

feray

mention dans ma Bibliotheque Latine, des eſcriuains Latins, tous natifs de la France ou des Gaules.

Il floriſt à Lyon, l'an 1584.

ANTOINE VIGNIER, Pariſien.

ANTOINE VIGNON, de Chaſteaudun au pays Chartrain poëte François.

ANTOINETTE DE LOYNES, Damoyſelle Pariſienne, femme de Ieã de Morel, gentil-homme natif d'Ambrun en Prouence: duquel mariage ſont iſſuës, ſes trois perles, & non iamais aſſez loüees Damoyſelles, Camille, Lucrece, & Diane de Morel.

Ladicte de Loynes a eſcrit quelques poëmes François, deſquels ie n'ay veu que ceux-là, qui ſont imprimez auec le tõbeau de la Royne de Nauarre, Marguerite de Valois, imprimez à Paris chez Michel Fezandat l'an 1551.

ANTOINETTE PERONNET.

Elle a eſcrit vne Epiſtre, miſe au deuãt du liure de l'inſtitution de la vie humaine, traduite de Grec en François, par Pardoux du Prat, imprimee à Lyon l'an 1570. chez la veufue Cotier.

ARNAVLD DE COVTIGNAC, gentil homme & poëte Prouençal, aucuns l'appellent Guillaume de Coutignac.

Il a eſcrit vn traicté, des ſouffrances d'amour, lequel il feiſt quand il voyagea en Leuant.

Il mourut l'an 1354.

B.L. ARNAVLT DANIEL, natif du Chaſteau de Ribrac en Perigueux, & ſelon d'autres de Lymoſin, autres diſent qu'il eſtoit de Taraſcõ, les autres de Montpellier, & autres de Beaucaire, ſomme que pour eſcrire en langue Prouençale en tous genres de poëſie, vſitee alors, il eſtoit eſtimé le premier de ſon temps.

Il a eſcrit pluſieurs Comedies, Tragedies, Aubades, Martegalles ou Madrigales, Seſtines, Syruentes, chanſons, & autres poëſies non imprimees.

Il eſtoit fort docte en Latin, & eſt ſouuent allegué par Dante, poëte Florentin lequel l'a imité en pluſieurs de ſes compoſitions.

Il floriſſoit en Prouence l'an 1189.

ARNAVLT DE MERVEIL, fils du ſieur dudict lieu de Merueil, pres d'Aix en Prouence, poëte Prouençal, &c.

Il a eſcrit vn iuſte volume de chanſons, ſonnets & autres poëmes, en langue Prouençale. Petrarque fait mention de luy.

Il mourut l'an 1220.

B.L. ARNAVLT SORBIN, Gaſcon naturel, natif de Montech ou Monteig en Quercy, autresfois Recteur ou Curé de Saincte Foy en Gaſcongne, Docteur Theologal en l'Egliſe Metropolitaine de Toloſe, Predicateur ordinaire du Roy Charles 9. en fin Eueſque de Neuers l'an 1578.

Il a mis en lumiere plusieurs beaux œuures, tant de sa composition, que de sa traduction, entre autres sont celles-cy.

Homelies sur l'interpretation des dix commandemens de la loy, imprimees à Paris, chez G. Chaudiere l'an 1570.

Marques de l'Eglise, imprimees à Paris l'an 1567.

Il a traduit de Latin en François l'histoire des Albigeois, imprimee l'an 1569. chez G. Chaudiere à Paris.

Allegresse de la France, pour l'heureuse victoire obtenuë contre les rebelles entre Coignac & Chasteau-neuf, l'an 1569. imprimé à Paris audict an.

L'histoire, ou abregé de la vie de Charles 9. Roy de France, imprimé à Paris chez G. Chaudiere l'an 1574.

Oraisons funebres sur la mort de Charles 9. prononcees par ledict Sorbin, tant en l'Eglise de nostre Dame à Paris, qu'à S. Denis en France, imprimees à Paris.

Oraison funebre de Madame Claude de France, Duchesse de Lorraine, fille du Roy Henry 2. imprimée chez Chaudiere l'an 1575.

Oraison funebre de Cosme de Medicis, grand Duc de Toscane, imprimée chez Chaudiere l'an 1574.

Oraison funebre de Messire Anne de Montmorency, Connestable de France, imprimée chez Chaudiere l'an 1567.

Secõde oraison, pour ledit Cõnestable, imprimee audit lieu l'an 1568.

Oraison funebre du sieur de S. Maigrin, Paul de Caussade, imprimée l'an 1568. par Chaudiere.

Oraison funebre sur la mort d'Antoine de Leuy, Conte de Kailus, imprimee à Paris chez Chaudiere l'an 1578.

Il peut auoir escrit plusieurs autres choses, desquelles ie n'ay rien veu.

Il florist à Neuers cette annee 1584.

ARNOVL CHAPERON, Poëte François.

Il a escrit quelques rondeaux à l'honneur de la vierge Marie, imprimez à Roüen.

ARNOVL GREBAN, natif de Compiegne en Picardie, Chanoine du Mans l'an 1450. ou enuiron, frere de Symon Greban, duquel nous parlerons cy apres.

Il a traduit de Latin en vers François, les Actes des Apostres, acheuez par son frere susdict, imprimez à Paris par Galiot du Pré.

ARNOVL DE HORNE, Euesque du Liege en Almagne l'an 1379. ou enuiron.

Il prononça vne harangue, ou oraison Françoise, deuant le peuple de sondict Eueſché, l'an susdict 1379. Voy Vassebourg en ses histoires.

ARTVR OV ARTVS DESIRÉ.

Il a escrit plusieurs liures François, tant en prose qu'en vers.

Articles du traicté de la paix entre Dieu & les hommes, imprimé

l'an

l'an 1558. à Paris chez Pierre Gaultier.

La loyauté consciencieuse des Tauerniers &c. imprimée à Paris chez Bufet l'an 1550.

La contrepoison des cinquante deux psalmes de Marot, qu'il appelle chãsons &c. imprimee par Pierre Gaultier l'an 1560. à Paris & l'an 1562.

Lamentation de nostre mere S. Eglise, imprimée à Paris.

Le combat du fidel Papiste pelerin Romain, contre l'Apostat antipapiste &c. ensemble la description de la cité de Dieu, assiegee des heretiques, imprimé à Roüen l'an 1552.

ARTVS DE LOVVIGNY, sieur de la Martiniere, historien treseloquẽt, maistre d'hostel de Mõsieur le baron de Ferieres en Normãdie, l'an 1536.

Ie n'ay point veu de ses escrits, Iean le Blond d'Eureux en fait mention en ses œuures.

ARTVSE DE VERNON, dame de Theligny, bien versee en poësie Françoise.

AVBIN OV ALBIN DES AVENELLES, chanoine en l'Eglise de Soissons en Picardie.

Il a traduit de Latin en vers François, le remede d'amours, cõposé par Æneas Siluius, Pape Pie second, imprimé auecques l'art d'aimer d'Ouide, en François, chez Bonfons.

AVBIN OLIVIER, natif de Roessy, en l'isle de France, maistre graueur des monnoyes à Paris l'an 158·. Cet homme merite d'estre mis au rang des hommes excellents pour son industrie.

AVBIN DE SEZANE, ancien poëte François, l'an 1260. ou enuiron.

Il a escrit quelques poëmes amoureux.

AVDEBERT MACERE', Theologien de Paris.

Il a traduit vn Traicté de Tertulian, intitulé la coronne du Soldat, imprimé à Paris chez Vascosan l'an 1563.

Les defenses contre les heretiques, par Tertulian, traduictes par ledict Maceré, & imprimees audict lieu l'an 1562.

Il florissoit à Paris l'an 1563.

Remõstrance salutaire aux desuoyez, qu'il n'est permis aux subiects, soubs quelque pretexte que ce soit, de leuer les armes contre leur Roy ou Prince, le tout prouué par escritures saintes, imprimee à Paris chez Chaudiere l'an 1567.

AVGER FERRIER Tolosain, sieur de Chastillon, docteur en Medecine, I.C. & mathematicien.

Il a escrit vn traicté de la peste, imprimé par plusieurs fois, tãt à Lyon qu'à Paris.

Traicté des iugements Astronomiques, imprimé à Lyon par Iean de Tournes.

Aduertissement à M. Iean Bodin Angeuin, sur le quatriesme liure de sa republique.

Aduertissements sur la loy Domus Dig. de Legat 1. Le tout imprimé à Paris chez Pierre Cauelat l'an 1580.

Il florissoit l'an 1580.

AVGVSTIN COSTÉ, DIT COSTEVS, poëte Latin & François.

Il a escrit quelques vers Latins & François, sur la mort d'Odet de Tournebu, imprimez auec son tombeau l'an 1582.

AVGVSTIN MARLORAT, natif du pays de Lorraine.

Il a escrit plusieurs liures.

Traicté du peché contre le S. Esprit, imprimé à Lyon l'an 1565.

Il a reueu & recorrigé le nouueau Testament, & y a adiousté des annotations, le tout imprimé à Lyon, chez Cotier l'an 1564.

Il fut pendu & estranglé à Roüen en Normandie, l'an 1562. le trentiesme iour d'Octobre, agé de 56. ans, & ce fut pour le fait de la religion.

ADVERTISSEMENT AVX LECTEVRS.

S'ensuyuent les noms d'aucuns escriuains François, mis sur la fin de ce premier ordre de la lettre A. lesquels i'ay mis icy expressement, pour ne sçauoir leurs premiers noms : & lors que i'en seray aduerty, ie les remettray en leur ranc, selon leur appellation.

L'ABBÉ D'ANTHON. Voy Iean d'Anthon Abbé de l'Angle.

A. B. Il est autheur du recueil des liures d'Amadis, intitulé le Thresor d'Amadis, imprimé l'an 1559. par Pierre Regnault à Poitiers.

Ie ne sçay si ce seroit point Albert Babinot Poiteuin.

A. D. S. D. Il est Autheur du liure intitulé, les Contes du Monde Auentureux, imprimez à Lyon & à Paris, par plusieurs fois.

A. SONNIER.

Il a traduit de Latin en François, la premiere partie de l'vnion de plusieurs passages de l'escriture sainte, extraicte des docteurs de l'Eglise Chrestienne, par le docteur Herman Boduin, imprimee à Paris l'an 1539.

A. ZAMARIEL, qui est vn nom supposé, (comme il semble). Il a escrit quelques vers cõtre Pierre de Ronsard G. Vandomois, imprimez à Orleans l'an 1563.

Il a escrit l'histoire des persecutions &c. imprimee à Lyon l'an 1563.

Le seigneur D'ALLANCÉ, Gentilhomme Angeuin, ancien Poëte Frãçois.

Il a

Il a escrit le breuiaire des Nobles, selon que Iean le Masle Angeuin l'asseure, en son liure imprimé l'an 1578. Lequel liure a esté autrefois imprimé soubs le nom d'Alain Chartier &c. Ie ne sçay lequel des deux en est l'Autheur.

...... ANROVX Parisien, frere de Monsieur Anroux conseiller au Parlement de Paris..

Il a escrit vn fort ample & bien curieux discours, de son voyage en la terre sainte, commencé le dernier iour d'Auril, l'an 1566. & de son âge le trentiesme, lequel il finit le seiziesme de Mars l'an 1568.

Ie l'ay pardeuers moy escrit de la main de l'Autheur, & non encores imprimé, que ie sçache.

Madame D'ANTRAGVES, elle a composé plusieurs rondeaux & ballades, desquelles fait mention Geufroy Torry, en son champ fleury, &c.

Elle florissoit soubs le regne du Roy Loys douziesme ou enuiron.

AVBERT, natif du pays du Maine, medecin à Lausanne, l'an 1570.

Il a escrit quelques Traictez en Medecine, imprimez à Lausanne chez François le Preux.

AVSAVX D'ARRAS, ancien Poëte François, l'an 1260. ou enuiron.

Il a escrit quelques chansons amoureuses, non imprimees.

Il s'appeloit autrement, Car Ausaux d'Arras. CL. F.

FIN DE LA LETTRE A.

B.

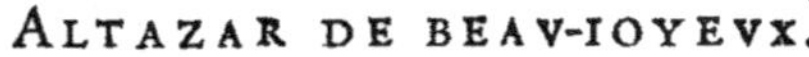

BAltazar de Beav-ioyevx.

Il a escrit le Balet sur les nopces de Monsieur le Duc de Ioyeuse, remply de diuerses deuises Masquarades, chansons de musique & autres gentillesses, imprimé à Paris chez Adrian le Roy & Robert Balart freres l'an 1582.

Balthazar de la Bvrle, poëte Prouençal, valet de chambre de M. le Cardinal de Bourbon.

Il a escrit plusieurs vers en langue Prouençale, & entre autres quelques vns sur la grande Baulme en Prouence, traduits en François par Paschal Robin du Faux Angeuin, imprimez auec le 2. volume du Catalogue des Saincts.

Balthazar dv Hvval, Maistre Barbier & Chirurgien Iuré en la ville de Paris.

Il a escrit vn traicté de peste, imprimé à Paris par Claude de Mótrœil l'an 1583.

1.L. Baptiste dv Tronchay, sieur de Balladé, Conseiller du Roy au Mans, pere de Georges & Loys les du Tronchay freres, desquels il sera parlé cy apres.

Il nasquit en la ville de Sablé au Maine l'an 1508. &c.

Il a composé plusieurs œuures tant en prose qu'en vers François, non encores imprimez.

Sçauoir est vne Ode à Monsieur de Langey, contenant deux ou trois cent vers, trois liures d'amours.

Traicté de la Grammaire Françoise auec l'inuention d'aucuns caracteres nouueaux.

Il mourut au Mans l'an 1557. le 21. de Iuin, âgé de 50. ans ou enuiron.

Il estoit frere aisné de Gaspard ou Gazal du Tronchay Medecin à Rennes en Bretagne, duquel il sera parlé en son lieu.

Du Bartas, voy cy apres Guillaume de Sallluste sieur du Bartas.

Basile de la Brovsqve, poëte François.

Il florissoit l'an 1565.

Bavlde de la Carriere, ancien poëte François.

Il a escrit vn Dialogue de l'amour, de ses yeux & de son cœur.

Il florissoit l'an 1250. ou enuiron.

Bavldovin ov Baldvin, des Autels ou Autiex, ancien poëte François.

Il a escrit plusieurs chansons amoureuses, en l'an 1250. ou enuiron.

Bellenger Conte de Prouence, voy cy apres Berrenger.

Beniamin

BENIAMIN BEAVSPORT, Religieux de l'obseruance de S.François, Gardien du Conuent & oratoire de Malesherbes.

Il a escrit l'harmonie & accord Euangelique, imprimé à Paris chez Buon l'an 1560.

Monotessaron des Euangiles, qui est vn recueil comprenant tout ce qui a esté traicté par les quatre Euangelistes, touchant la vie de notre Seigneur Iesus Christ, imprimé à Paris chez la veufue de Maurice de la Porte l'an 1552.

Il florissoit à Paris l'an 1551.

BENIAMIN IAMIN.

Il a traduit de Latin en François les Dialogues de Iean Loys Viues, imprimez à Paris.

BENIGNE POISSENOT, Licentié és Loix.

Il a escrit en prose Françoise vn liure qu'il intitule l'Esté, contenant trois iournees, où sont deduites plusieurs histoires & propos recreatifs tenuz par trois escolliers, imprimé à Paris chez Micard l'an 1583.

Traicté Paradoxique fait en Dialogue, auquel est montré qu'il vault mieux estre en aduersité qu'en prosperité, imprimé à Paris chez Claude Micard l'an 1583.

BENOIST ALIZET.

BENOIST BAVMET, Lyonnois.

BENOIST PONCET, ie ne sçay si ceux-cy ont fait imprimer leurs œuures.

B.L. BENOIST TEXTOR, Medecin natif du Pont de Vaux en Bresse pere de Claude Textor viuant l'an 1545. & 1550. à Lyon, &c.

Il a escrit en Latin vn traicté de la maniere de se preseruer de la pestilence, & d'en guerir selon les bons autheurs, lequel il a traduit en François, imprimé à Lyon par Iean de Tournes l'an 1551.

BENOIST VORON.

Il a escrit la reiouïssance sur la France desolee pour l'heureux & desiré retour du tres-Chrestien Roy de France & de Polongne Henry 3. imprimee à Lyon par François Didier, & depuis à Paris par Iean Poupy l'an 1574.

BERAL DES BAVX, sieur dudit lieu & de Marseille en Prouéce, Gouuerneur d'Auignon, issu de la tres-noble & tres-ancienne famille des Baux en Prouence.

Il estoit fort bon poëte Prouençal, grand Astrologue & Mathematicien.

Il a escrit plusieurs poëmes en langage Prouençal.

Il mourut enuiron l'an 1229.

B.L. BERARD DE GIRARD, sieur du Haillan, voy Bernard de Gyrard.

B.L. Messire BERNABÉ BRISSON, Cheualier sieur de Grauelle, natif de

Poictou, premierement Aduocat du Roy, & maintenant Conseiller de son Priué conseil d'estat, & President au Parlement de Paris, &c. homme des plus doctes de notre temps & des plus eloquens.

Il a escrit plusieurs œuures tres-doctes & infiniment penibles, tant en Latin qu'en François, & entre autres les oraisons qu'il a prononcees en la Cour, & les doctes plaidoyez, tant lors qu'il estoit Aduocat du Roy, qu'autrement.

Ie feray mention de ses compositions Latines autre part.

Il florist à Paris cette annee 1584.

B.L. BERNARD ABBATIA, Tolosain, Docteur en Medecine, Iurisconsul, Philosophe & Mathematicien, homme docte és langues, & lequel a leu à Paris, tant en public qu'en particulier & enseigné le droit, les Mathematiques & autres sciences, &c.

Il a mis en lumiere vne prognostication sur le mariage de Henry Roy de Nauarre & de Marguerite de France son espouse, imprimee à Paris l'an 1572.

Le grand Herbier dudict Abatia, n'est encore imprimé, lequel il a escrit à l'imitation de Fuschius Alleman.

Il florissoit à Paris l'an 1583.

B.L. BERNARD DE LA FOREST, Mathematicien & Astrologue, Docteur en Medecine en l'Vniuersité de Louuain en Flandres.

Il a escrit des prognostications pour diuerses annees, imprimees à Anuers, à Paris, à Roüen, & autres lieux.

Il florissoit l'an 1549.

BERNARD DE GIRARD, sieur du Haillan gentil-homme natif de Bordeaux en Gascongne, poëte Latin & François, Historien, & Orateur tres-accomply, autresfois Secretaire de Mõsieur le Duc d'Anjou, maintenant Historiographe de France, &c.

Il a escrit l'estat & succez des affaires de France, imprimé à Paris chez Pierre l'Huillier par dix ou douze fois diuerses, & tousiours auec augmentations de l'autheur.

L'abregé des vies des Contes & Ducs d'Anjou, iusques à maintenant, imprimé à Paris chez ledict Pierre l'Huillier par plusieurs fois.

L'histoire de France depuis Pharamond iusques à Loys 11. imprimee chez Sonnius & l'Huillier, l'an 1576. Il est apres pour acheuer ladicte histoire iusques à nostre temps.

Vers François sur le trespas de Henry 2. imprimez à Paris, l'an 1559.

De la fortune & vertu de France, auec vn sommaire discours, sur le dessein de l'histoire de France, imprimé à Paris chez l'Huillier l'an 1570.

Il a recueilly des Offices de Ciceron, vn traicté des deuoirs des hommes, imprimé à Bloys par Iulien l'Angelier l'an 1560.

L'vnion des Princes par les mariages de Philippes Roy d'Espagne & Madame

Madame Elizabet de France, & encores de Philebert Emanuel, Duc de Sauoye, & de Madame Marguerite de Frãce, imprimé à Paris par Gourmont l'an 1559.

Il a traduit d'Italien en François les œuures de Loys Domenichi, touchant les faits & dits des plus illustres hommes.

Il a traduit de Latin en François les vies des anciens hommes vaillans en guerre.

Il florist à Paris cette annee 1584.

BERNARD MARCHIS, ou Marquis poëte Prouençal, Chambellan de Philippes le Long Roy de Frãce, pour lors Conte de Poictou l'an 1320.

Il a escrit plusieurs chansons en langage Prouençal.

BERNARD PALISSY, natif du diocese d'Agen en Aquitaine, inuenteur des rustiques figulines, ou poteries du Roy & de la Royne sa mere, Philosophe naturel, & homme d'vn esprit merueilleusement prompt & aigu.

Il a escrit quelques traictez, touchant l'Agriculture ou labourage, imprimez l'an 1562. ou enuiron.

Discours admirables de la nature des eaües & fontaines, tant naturelles qu'artificielles, des metaux, des sels & salines, des pierres, des terres, du feu & des Esmaux, vn traicté de la marne, &c. Le tout imprimé à Paris chez Martin le Ieune l'an 1580.

Il florist à Paris agé de 60. ans & plus, & fait leçons de sa science & profession.

BERNARD DV POEY, ou du Puy de Luc en Bearn, autrement appellé Bernard du Poymonclar Bearnois.

Il a escrit quelques vers en diuerses langues sur la naissance de Henry de Bourbon Duc de Vendosme à present Roy de Nauarre, né l'an 1553. imprimez à Tolose l'an 1554.

Il a traduit plusieurs liures d'Italien en François, imprimez chez Perier à Paris l'an 1563. & l'an 1565.

Lesquels ont esté imprimez de rechef sans y mettre les Epitres dudit Bernard du Puy, & ne sçay pourquoy.

BERNARD RASCAS, gentil-homme Lymosin, poëte en langue Prouençale, excellent Theologien & grand Iurisconsulte de son temps, parent de Clement 6. & Innocent 6. Lymosins.

Il a escrit plusieurs œuures, tant en Theologie qu'en Droict, & plusieurs chansons en langue Prouençale.

Il mourut dans Auignon l'an 1353.

BERNARD DE VANTADOVR, natif dudict lieu de Vantadour en Lymosin, poëte Prouençal.

Il se rendit en fin Religieux au monastere de Montmaiour.

Il a escrit plusieurs liures en langage Prouençal.

Il mourut en ladicte Abbaye de Montmaiour l'an 1223.

BERNARDIN DE BOVCHETEL, gentil-hôme Berruyer ou de Berry, Secretaire du Roy.

Il a traduit Euripide de Grec en François.

3.2. BERNARDIN DE SAINCT FRANÇOIS, gentil-homme du Maine premierement Conseiller d'Eglise à Paris, depuis Maitre des Requestes de l'hostel du Roy, Abbé de Fôtaine Daniel au Maine, Prieur de Grâdmont, & en fin Euesque de Bajeux en Normandie.

Il estoit fort docte en Grec, en Latin, & François.

Il a escrit plusieurs poësies Françoises, non encores imprimees.

Il fut deputé par les Estats de Normâdie, pour les Estats tenuz à Blois soubs Henry 3.

Il peut auoir escrit plusieurs autres choses, non encores imprimees.

Il mourut au Maine l'an 1582. en Iuillet âgé de 53. ans ou enuiron.

Il se voit quelques sonnets de luy, auec les amours de Francine escrits par I. Antoine de Baif.

BERRENGER, OV BELLENGER, Conte de Prouence ancien poëte Prouençal.

BERRENGER DE LA TOVR, natif d'Albenas en Viuarez au pays de Languedoc, poëte François.

Il a escrit à l'imitation d'Arioste poëte Italien, vn poëme intitulé l'Amie des Amies, diuisé en quatre liures, imprimé à Lyon chez Robert Granjon l'an 1558.

Il a escrit quelques autres poësies Françoises, sçauoir est l'Amie rustique.

Choreide ou loüange du bal, Châts d'amour, Epistres, Epigrammes, Dialogue traduit de Lucien, blason du miroir, Naseide, Epitaphes, Enigmes. Le tout imprimé à Lyon par Iean de Tournes l'an 1556.

Le siecle d'or des Philosophes.

Il florissoit l'an 1558.

BERRY LE HERAVLT, esleu Roy d'armes des François.

Il a escrit la Chronique de Normandie.

Elle se voit escrite à la main dans la Bibliotheque du Roy de Nauarre à Vendosme.

3 2. BERTHELEMY ANEAV, dit Annulus, natif de Bourges en Berry, poëte Latin & François, Historien, Iurisconsul, & Orateur.

Il a escrit en vers Latins vn liure intitulé Picta poësis, lequel il a depuis traduit en vers Frâçois, & la nommé Imagination poëtique, imprimee à Lyon chez Macé Bon-homme l'an 1552.

Il a traduit de Grec en François l'histoire d'Alector, ou le Coq, imprimee à Lyon.

Il a traduit de Latin en François les Emblemes d'André Alciat, imprimez à Lyon l'an 1558. & depuis par Guillaume Rouuille l'an 1564.

Il a

Il a traduit de Latin en François vn liure de Conrad Gesner Allemand, intitulé le thresor d Euonime philiatre des secrets remedes &c. liure plein d'Alchimie &c. imprimé à Lyon, chez Balthazar Arnoulet l'an 1555.

Lyon marchand, qui est vne satyre Françoise, sur la comparaison de Paris, Roüen, Lyõ, Orleãs, & sur les choses memorables depuis l'an 1524. imprimé à Lyon par Pierre de Tours l'an 1542.

Il a traduit de Latin en François l'oraison ou Epistre de Ciceron à Octaue, depuis surnommé August e Cesar, imprimee à Lyon par ledict Pierre de Tours l'an 1542.

Il a traduit de Latin en vers François l'exhortation de S. Euchier euesque de Lyon l'an 1185. enuoyee à l'Empereur Valerian son parent, &c. auecques annotations du traducteur, imprimé à Lyon l'an 1552. par Macé Bonhomme.

Il florissoit l'an 1548.

BERTHELEMY BALISTE Narbonnois.

BERTHELEMY CABROL, maistre iuré en la faculté de chirurgie à Montpellier, chirurgien ordinaire du Roy, &c.

Il a mis en lumiere la seconde partie des Erreurs populaires de Laurẽt Ioubert, imprimee à Paris, chez Abel l'Angelier l'an 1579. & chez Lucas Breyer.

Il a escrit vne epistre Apologetique, contre les medisans dudict Ioubert, imprimee chez les susdict audict an 1579.

BL. BERTHELEMY DE CHASSENEVZ, DIT CHASSANEVS, natif du Diocese d'Authun en Bourgongne, docteur és droicts, presidẽt de Prouence, Aduocat du Roy au balliage d'Authun, conseiller du Roy à Paris l'an 1531.

Il a escrit des annotations sur les Coustumes de Bourgongne, moitié en Latin, & moitié en François, imprimees à Paris.

Ie feray mention de ses œuures en Latin autre part.

Il florissoit l'an 1532.

BERTHELEMY CAVSSE M. à Geneue.

Il a escrit contre le B. de la F.

BL. BERTHELEMY DV POIX Gascon, natif d'Aux pres Tolose, homme docte és langues, & sur tout en la Chaldee. Il s'appelle autrement, de Beau Poix, dit en Latin, à pulchro pondere.

Il a traduit de langue Chaldee en François les Sentences de Ben Syra, neueu du prophete Hieremie, lesquelles il a enrichies d'annotations &c. imprimees à Angers, chez René Picquenot l'an 1559.

Apodixie pour la Messe.

Il florissoit à Angers audict an 1559.

BERTHELEMY DV PRE'.

Il a traduit de Latin en François l'histoire des Empereurs de Turquie, auec l'ordre & gouuernemẽt d'iceux, au fait de guerre, imprimee à Paris, chez Geufroy Thory l'an 1538.

BERTHELEMY DE SALLIGNAC Gentilhomme Berruyer, prothenotaire du saint siege Apostoliq' professeur en chacun droict.

Il a escrit le voyage du Roy Henry deuxiesme, au bas pays de l'Empereur l'an 1554. imprimé à Lyon par Thibault Payen audict an 1554. & à Roüen l'an 1555. par Florent Valentin, & à Paris par Robert Estienne.

Il a escrit le siege de Mets en Lorraine l'an 1552. imprimé à Paris par Charles Estienne audict an 1552.

Il florissoit soubs Henry deuxiesme l'an 1550.

BERTRAND DE ALLAMANON, troisiesme du nom, sieur dudit lieu, Gētilhōme d'Arles, seneschal de Prouēce, Poëte lyric & satyric l'an 1290.

Il a escrit plusieurs belles chansons en langue Prouençale à la louange de Madame Laure d'Auignon, tant celebree par Petrarque.

Il a escrit vn traicté des guerres intestines, qui estoyent entre les Princes de son temps.

Syruentes ou Satyres contre l'Archeuesque d'Arles.

Il mourut l'an 1295.

BERTRAND D'ARGENTRE', sieur de Gosnes, Forges, & la Guischardiere &c. Conseiller du Roy, Seneschal de Renes en Bretagne, & depuis President audict Parlement, homme fort docte, grand Iurisconsul, & fort bien versé en l'histoire, &c.

Il a escrit l'histoire de Bretagne &c. imprimee à Paris chez Iaques du Puys l'an 1583.

Il a escrit de fort doctes Annotations sur les coustumes de Bretagne, imprimees à Renes.

Aduis & consultation sur les partages des nobles de Bretagne, droicts & aduantages d'iceux, &c. imprimé à Rennes par Bertrand Iochault.

Genealogies des plus anciennes maisons de Bretagne, non encores imprimees.

Il florist à Rennes cette annee 1584.

BERTRAND BERGER, natif de Mōtembeuf en Poictou, Poëte Frāçois l'an 1550.

BERTRAND DE BORME, Poëte Prouençal.

Il a escrit plusieurs Poësies en langue Prouençalle.

BERTRAND CARBONNEL, Poëte Prouençal, natif de Marseille.

Il a escrit vn traicté en langue Prouençale, intitulé Las Drudarias d'Amour, lequel a esté mis soubs le nom de Hugues Brunet Poëte Prouēçal.

Il florissoit l'an 1223.

BERTRAND DE CHASTILLON, Poëte Prouençal.

Il a escrit plusieurs Poëmes en langue Prouençale.

BERTRAND FERAVLT, Poëte Prouençal.

Il a escrit plusieurs chansons en langue Prouençale.

BERTRAND DE GIRARD, OV BERARD DE GYRARD, sieur du Haillan &c. voy cy deuant Bernard de Gyrard.

BERTRAND

BERTRAND DE LA LVCE, docteur en Medecine.

Il a escrit en nostre langue Françoise, vne nouuelle defense pour les François à l'encontre de la nouuelle entreprise des ennemis, qui est vn traicté contre les poisons, & remedes d'euiter iceux, imprimé à Paris par Denis Ianot l'an 1537.

BERTRAND DE MARSEILLE, Gentilhomme Prouençal, issu des Vicontes de Marseille.

Il se rendit religieux au monastere de Montmajour.

Il a escrit plusieurs chansons & autres Poësies en langue Prouençale.

Il florissoit l'an 1310.

BERTRAND DE PEZARS OV DE PEZENAS, Gentilhomme natif dudict lieu, Poëte Prouençal.

Il a escrit plusieurs Chants funebres, Epithalames & autres poëmes en langue Prouençale.

Il florissoit en Auignon l'an 1348.

BERTRAND DV PVGET, Poëte Prouençal.

Il a escrit plusieurs choses en langage Prouençal.

BERTRAND RABOT Daulphinois.

BLACAS OV BLACHAS ET BLACHASSET ET BLAKASSET, issu d'vne noble famille d'Arragon.

Il a escrit des chansons d'amour à la louange de toutes les Dames de Prouence.

Il a escrit vn liure de la maniere de bien guerroyer, escrit en langue Prouençale, & non encores imprimé.

Il florissoit en l'an de salut 1300.

BLAISE D'EVRON.

Il a traduit en Frãçois les Eloges & vies des plus illustres & principaux hommes de guerre, antiques & modernes, descrites par Paule Ioue Italiẽ, imprimez à Paris par Galiot du Pré l'an 1559.

BLAISE DE VIGENAIRE Bourbonnois, iadis secretaire de M. le Duc de Neuers.

Il a traduit de Latin en François les Commentaires de Iules Cesar Empereur, enrichiz d'annotatiõs, & imprimez à Paris par Nicolas Chesneau l'an 1576.

Il a traduit de Grec en François l'histoire de Chalcondile, touchant la decadence de l'Empire Grec, imprimé à Paris par N. Chesneau l'an 1577.

Il a traduit quelques decades de Tite Liue, imprimees à Paris auec annotations, chez Iaques du Puys & Chesneau l'an 1583.

Il a traduit de Grec en François les images ou tableaux de plate peinture de Philostrate Lemnien, Sophiste Grec, auec annotations, imprimees à Paris l'an 1578.

Il a traduit trois dialogues de l'amitié, tant de Platon & Lucien, que de Ciceron, imprimez à Paris chez Chesneau l'an 1579.

Il a traduit comme par essay vn traicté de Cicerõ, de la meilleure forme d'Orateurs, le sixiesme liure des Commentaires de Cesar, la Germanie de Cor. Tacitus, imprimez à Paris chez Michel Vascosan l'an 1575.

La description du Royaume de Polongne, les mœurs religion & façon de faire d'iceluy peuple, imprimez à Paris l'an 1573.

Les Chroniques & Annales de Polongne, imprimez à Paris audict an 1573.

La somptueuse & magnifique entree de Henry 3. Roy de France & de Polongne en la cité de Mantoüe, imprimee chez Chesneau l'an 1576.

Traicté des Cometes ou Estoiles cheueluës, auec leurs causes & effects, imprimé à Paris par Chesneau l'an 1578.

Il a traduit plusieurs autres liures, non encores mis en lumiere.

Il florist à Paris cette annee 1584. agé de plus de soixante ans.

BLAISE VOLET DE DIE. Il peut auoir composé quelques ouurages lesquels ie n'ay pas veuz.

BLONDEAV OV BLONDEL de Nesle, ancien poëte Frãçois & excellẽt ioüeur d'instrumens de Musique.

Il a composé plusieurs chansons en langage François.

Il florissoit l'an 1200.

B. L. BONNADVENTVRE BROCHARD, de l'ordre des freres Mineurs ou Cordeliers de la prouince de France & du Conuent de Bernay.

Il a escrit le voyage de Hierusalem, & du Mont Sinay, lequel voyage il fit & accomplit l'an de salut 1533. auecques le Seigneur Greffin Arfagart sieur de Courteilles en Normandie & de Courteilles au Maine, &c.

Ie ne sçay s'il est imprimé, ie l'ay veu escrit à la main.

BONNADVENTVRE DE MONTBRVEIL, natif de Nantes en Bretagne. Ie n'ay point veu ses œuures imprimees.

B. L. BONNADVENTVRE DES PERIERS, natif de Bar-sur-aulbe au Duché de Bourgõgne, valet de chambre de la Royne de Nauarre sœur du Roy François 1.

Il a traduit l'Andrie de Terence en vers François, imprimee à Lyon.

Il a escrit vn iuste volume de poësies Françoises, imprimees à Lyon.

Il est autheur de quelques contes & faceties plaisantes, imprimees soubs son nom, soubs le tiltre de Nouuelles recreations de Bonaduenture des Periers, &c. Mais les deux premiers autheurs de cet ouurage sont Iaques Peletier du Mans, Medecin & Philosophe, & Nicolas Denisot surnommé le Conte d'Alsinois, desquels nous parlerons en leur ordre.

Ce liure a esté imprimé plusieurs fois, tant à Paris qu'à Lyon.

Il est autheur d'vn liure detestable & rẽply d'impietez intitulé Cymbalum Mundi, ou Cloclette du Monde, escrit premierement en Latin par iceluy des Periers, & depuis traduit par luy-mesmes en François soubs le nom de Thomas du Cleuier, imprimé à Paris l'an 1537.

Il se tua en fin, auec vne espee qu'il se mist dans le ventre estant deuenu furieux & insensé.

Il viuoit en l'an 1537.

BONNADVENTVRE DE TARTARET, Bourguignon. Ie n'ay pas veu ses œuures.

BONNADVENTVRE DV TRONCHET, Masconnois. Il n'a fait imprimer ses œuures que i'aye veu.

BONIFACE CALVO, Cheualier natif de Genes en Italie, poëte és langues Prouençale, Espagnole & Toscane, grand Philosophe de son temps.

Il a escrit plusieurs chansons en langue Prouēçale, Espagnole & Toscane.

Il florissoit l'an 1248. & 1280.

BONIFACE DE CASTELLANE, issu de Castelle ou Castille en Espagne, Prince dudict lieu de Castellane aux montagnes de Prouence, Viconte de Marseille, fils de Boniface de Castellane autrement dit de Riez, &c. poëte Prouençal l'an 1278.

Il a escrit vn liure touchāt les familles des nobles vicieux, & vertueux de Prouence, soubs paroles couuertes, le tout en forme de Satyre.

Il mourut l'an 1278. ou enuiron.

BONNET SAVOISIEN, voy de luy les œuures de Ioachim du Bellay.

BOVCAVLT OV BVSCAVLT, dit en Latin Bucaldus ou Buscaldus.

Il a escrit en rithme Françoise vne histoire, laquelle se voit escrite à la main à Fontaine-bleau.

BRVN DE LA POMPERAIE, gentil-homme Tourangeau, dit le Capitaine Silly.

Il s'appelle en Latin Bruno Pomperanus, &c.

Il a escrit en Latin & depuis traduit en François les trois liures de l'armee Chrestienne. Le Latin se voit imprimé à Paris, à Poictiers & autres lieux.

Il florissoit l'an 1546.

BRVNEAV DE TOVRS, ancien poëte François.

Il a escrit plusieurs chansons amoureuses, non imprimees.

Il florissoit l'an 1250.

BRVNET LATIN, natif de Florence, appellé des Italiens Brunetto Latino, iadis precepteur de Dante l'an 1220. ou enuiron.

Il a escrit en François, ou plustost en langue Prouencale, vn liure qu'il appelle le Tresor, traictant des loüanges de la langue Françoise, lequel liure a depuis esté traduit en langue Italienne.

S'ensuiuent les noms d'aucuns auheurs incertains, & non cogneuz par leur premier nom, &c.

La BAILLIVE de Touraine for docte femme, tant à escrire en prose qu'en vers.

BEAVGVÉ LE PENSIF, il est autheur d'vn liure intitulé Belaudo, imprimé à Lyon l'an 1548. chez Guillaume Rouuille.

BEATO, autrement dit le Conte Beato, sieur de Meix en Sauoye.

BARBASTE, natif du païs de Bearn ministre, &c. voy de luy l'histoire de notre temps.

. . . . BAIF, gentil-homme du Maine, oncle de Lazare de Bayf pere de Iean Antoine, &c.

Il a escrit le voyage qu'il fist en Hierusalem l'an 1530. ou enuiron.

Il se voit escrit de la main de l'autheur chez Monsieur de Malicorne son parent, en sa terre de Mengé au Maine, ou bien à Malicorne.

BALLONFLEAV, Xaintongeois, poëte François.

BRIEL, Archidiacre de Toul en Lorraine, historien François allegué par Vvassebourg.

BORDERIE, Normand, sieur dudict lieu, poëte François & historien.

Il a escrit en vers François le discours du voyage de Constantinople, imprimé à Lyon par Iean de Tournes, auec la parfaicte Amie d'Antoine Heroet.

BVSQVET, ancien poëte François.

Il a escrit quelques chants royaux à l'honneur de la vierge Marie, imprimez à Roüen, &c.

B. GRANGIER.

Il a traduit de Grec en François le discours de l'Empereur Iulian sur les faits & deportemens des Cæsars auec vn abregé de la vie dudict Iulien, imprimé à Paris par Iean de Bordeaux l'an 1580.

B. DES MOLANS.

Il a escrit tant en prose qu'en vers, les mignardises & recreation d'amour, &c. La recreation & deuis d'amours auec les demandes amoureuses, imprimez à Lyon par Benoist Rigault l'an 1570.

B. DE MONTDIEV, qui est vn nom supposé, &c.

Il a escrit la response aux calomnies de P. de R. sur les miseres de ce temps, imprimée à Orleans l'an 1563.

B. DE PARASOLS, Lymosin, & selon d'autres natif de Cisteron, & Chanoine audict lieu de Cisteron, fils d'vn Medecin de la Contesse de Prouence, &c. ancien poëte Tragic.

Il a escrit plusieurs traictez tant en vers qu'en prose.

Il a

Il a composé cinq belles tragedies des gestes de Ieanne Royne de Naples & de Sicile, Contesse de Prouence.

Il a escrit vn liure à la loüange des Dames illustres, & de quelques hõmes vertueux.

Il fut empoisonné l'an 1383. ou enuiron.

B. LE SOVRT.

Il a escrit vn Almanach pour l'an bissextil 1528. imprimé à Paris chez Symon de Colines audict an 1528.

B. TAGAVLT, poëte Francois.

Il a escrit le rauissement d'Orithie, en vers François, imprimé à Paris par André Vechel l'an 1558.

Il florissoit audict an 1558.

C

ÆSAR DE NOSTRE DAME DIT NOSTRADAMVS Prouençal, fils de Michel Noſtradamus Aſtrologue,&c.

Son pere fait mention de luy en ſes Quadrains ou Propheties, leſquelles il luy dedie, & le diſſuade de ſ'adonner aux arts magiques, & autres ſciences reprouuees.

Ie n'ay rien veu de ſes œuures, qui ayent eſté imprimees.

CÆSAR excellent peintre & Poëte Prouençal l'an 1383.

Il a eſcrit quelques Poëſies non imprimees.

S.L. CAIE IVLES DE GVERSANS, auparauant nommé Iulian Guerſans,&c. natif de la ville de Giſors en Normãdie, au dioceſe de Roüen, premierement Aduocat au Parlement de Renes en Bretagne, & depuis Seneſchal dudict lieu: ceſtui-cy dés ſes plus tendres ans, fut inſtruit à Paris aux bonnes lettres, eſquelles il profita tellement, qu'en fin il ſ'eſt rendu admirable à tous ceux de noſtre ſiecle, tant pour ſa memoire (qui ſembloit quaſi prodigieuſe) que pour eſtre bien verſé en tous arts, ſciences, & diſciplines, & ayant cognoiſſance de pluſieurs langues.

Ie n'ay rien veu de ſes eſcrits, qu'vne Tragedie nommee Panthee, priſe du Grec de Xenophon, imprimee à Poitiers par les Bouchets l'an 1571. encores dit il en ſon Epiſtre, adreſſee à Monſieur l'Eueſque de Coutances ſon Mecene, qu'il ne l'a fait que mettre en ordre, mais en cet ouurage ſe recognoiſt aſſez ſon ſtil & façon d'eſcrire.

Il a eſcrit pluſieurs autres Poëmes, entre autres vn qu'il appelle les Cornes, qui eſt vne louange des cocuz porte-cornes,&c. & pluſieurs Poëmes ſur le mariage de M. le Duc de Ioyeuſe non imprimez.

Il a diſcouru deuant la Maieſté du Roy, de pluſieurs belles choſes, leſquelles ne ſont imprimees.

Il mourut de peſte, à Renes le Ieudy cinquieſme iour de May l'an 1583. âgé de 38. ou 40. ans.

CALVY DE LA FONTAINE, Pariſien.

Il a traduit de Latin en François vn traicté de P. Beroalde Italien, de la felicité humaine, imprimé.

Trois declamations dudict Beroalde entre l'Iurongne, le Putier & le Ioueur de detz.

Plus il a traduit vn dialogue de Lucian, intitulé Mercure & Vertu, le tout imprimé à Paris par Vincent Sertenas l'an 1556.

S.L. CAMILE DE MOREL, Damoiſelle Pariſienne, fille aiſnee de Iean de Morel G. Prouençal, & d'Antoinette de Loynes Pariſienne, de laquelle ouns auons parlé cy deſſus. Cette Damoiſelle a eſté ſi biẽ inſtruite, par

les

les plus ſçauants hommes de France, & autres lieux, qu'elle ſ'eſt renduë admirable à tout noſtre ſiecle, pour eſtre des plus doctes Damoiſelles de France, ſoit en Grec, Latin, François, Italien, Eſpagnol, & autres langues eſtrangeres, elle n'a encores mis ſes doctes Poëmes en lumiere, ſinon quelques vers ſur le treſpas de ſon pere, imprimez à Paris chez Federic Morel l'an 1583. & autres ſur la mort du Roy Henry deuxieſme.

Elle floriſt à Paris cette annee 1584.

CATHERINE DE CLERMONT, Dame de Raiz, femme de Meſſire Albert de Gondy Duc de Raiz, & Mareſchal de France &c. duquel nous auons parlé cy deuant.

Cette Dame merite d'eſtre miſe au ranc des plus doctes & mieux verſees, tant en la poëſie & art oratoire, qu'en philoſophie, mathematiques, hiſtoire & autres ſciences, deſquelles elle ſçait bien faire ſon profit entre tous ceux qu'elle ſent dignes de ces doctes Diſcours, elle n'a encores rien mis en lumiere de ſes œuures & compoſitions.

Elle floriſt cette annee 1584.

CATHERINE DES ROCHES, Damoiſelle Poicteuine, fille de Madame des Roches en Poictou, nommee Magdeleine Nepueu, de laquelle nous ferons mention cy apres.

Ces deux Dames ſont tellement ſçauantes & ont ſi grande cognoiſſance de toutes bonnes lettres que (outre le teſmoignage qu'en ont donné par eſcrits publics les plus doctes de France) leurs eſcrits en ſont les vrays & fideles teſmoings, tant de ce qui a eſté imprimé à Paris & autres lieux, que de ce qu'ils n'ont encores mis ſur la preſſe, compoſé par elles & en proſe & en vers, ſur pluſieurs & diuers ſubiects.

Elles floriſſent à Poictiers cette annee 1584.

CHARLES D'ANGENNES, Eueſque du Mans, & Cardinal, &c. yſſu de la treſnoble & treſancienne maiſon de Ramboüillet au dioceſe de Chartres.

Il eſt homme treſdocte és langues, fort eloquent, & bien nourry aux lettres, comme ſont tous ceux de cette maiſon. Il a prononcé pluſieurs doctes harangues, lors qu'il a eſté employé en affaires d'Eſtat, tãt pour les Rois de France, que pour autres Princes ou ſeigneurs ſes amis.

Il floriſt à Rome cette annee 1584. ſoubs Gregoire trezieſme.

CHARLES D'ANIOV, Roy de Sicile, Conte d'Anjou, Frere du Roy S. Loys l'an 1260.

Il a eſcrit quelques Poëmes François fort eſtimez de ſon temps.

CHARLES D'AVSTRICHE cinquieſme du nom, Empereur des Romains.

Il naſquit en la ville de Gand, en la Gaulle Belgique, l'an 1500.

Il a eſcrit en François ſon hiſtoire, ou diſcours de ſes faits & geſtes, à l'imitation de Iules Ceſar, comme le raconte Hieroſme Ruſcelli Italien, en ſes Epiſtres, &c.

Il mourut l'an 1558. âgé de 58. ans.

CHARLES BLANDEQ OV BLANDEC, natif d'Artois en la Gaulle Belgique, religieux de l'Abbaye de Marchiennes, demeurãt à Soissons au bourg S. Vast l'an 1583.

Il a recueilly & mis par ordre cinq histoires admirables, aduenues au diocese de Soissons en Picardie l'an 1582. touchant aucunes personnes possedees du malin Esprit, & comme il en a esté chassé miraculeusement, imprimé à Paris l'an 1582. chez Guillaume Chaudiere.

CHARLES DE BORDIGNE' OV BOVRDIGNE' prestre, natif d'Anjou.

Il a escrit la legende doree, ou vie plaisante de Maistre Pierre Faifeu, imprimee à Angers l'an 1532.

Il florissoit à Angers l'an 1531.

Il y a vn autre Iean de Bourdigné prestre, natif d'Anjou, Autheur des chroniques d'Anjou &c. duquel nous parlerons cy apres en son lieu.

CHARLES DE BOVELLES DIT BOVILVS, Picard de nation, & Chanoine de Noyon audict pays, Mathematicien, Pholosophe, Theologien, Orateur, & Grammairien.

Il a escrit l'art & pratique de Geometrie, imprimee à Paris chez Robert Estienne, & depuis chez Symon de Colines, & autres. Etymologies Françoises imprimees, auec ses œuures Latines de l'origine & de la difference des langues vulgaires, chez Robert Estienne l'an 1533.

Prouerbes & dits sententieux, auec l'interpretation d'iceux, imprimez à Paris par Guillaume le Noir l'an 1557.

Il a escrit plusieurs liures en Latin.

Il florissoit l'an 1520.

CHARLES DE BOVRGVEVILLE, sieur de Bras, natif de Caën en Normandie, autresfois Lieutenant general au Bailliage dudict Caën &c.

Il a escrit trois discours de l'Eglise, la Religion & Iustice, imprimez à Paris chez Nicolas Chesneau l'an 1579.

Il a escrit en vers François la Dauidiade, escrite à la main.

La Theomachie, ou discours contre les Atheistes, imprimé à Paris chez Martin le Ieune l'an 1564.

Il a traduit l'histoire de Dares de Phrygie autheur Grec, &c. faisant mention de la guerre des Grecs & des Troyens, suyuant la traduction Latine de Cor. Nepos, imprimee à Caën l'an 1573.

Il florissoit l'an 1570. âgé de 64. ans.

CHARLES CHOQVART, Aduocat au Parlement de Paris l'an 1561.

Il a traduit de Latin en François la Harangue des Ambassadeurs du Roy de France Charles neufiesme, pronõcee au Concile de Trẽte, &c. auecques la response de l'assemblee dudict Concile, imprimee à Paris chez Nicolas Chesneau l'an 1563.

Epistre à Monsieur le Duc de Montpensier touchant l'estat de la religion Chrestiane, imprimee à Paris chez ledict Chesneau l'an 1561.

CHARLES DE CROY, frere hermite prestre & religieux, &c.

Il est autheur du liure intitulé le Cõtreblason des faulses Amours, imprimé à Paris chez Symon Vostre l'an 1512.

Il florissoit soubs Loys 12. audict an 1512.

CHARLES DANGENNES, Cardinal de Rambouillet & Euesque du Mans, &c. Voy cy dessus Charles d'Angennes par A.

R. L. CHARLES D'ESPINAY, Euesque de Dol en Bretagne, frere de Mõsieur le Marquis d'Espinay, &c. Ce seigneur s'est fort pleu à la poësie Françoise & Latine, & a mis en lumiere 26. Sonnets, ne declarant son nom que par ces lettres capitales C. D. B. qui signifient Charles d'Espinay Breton, &c.

Imprimez à Paris pour Guillaume Barbé l'an 1559.

Il florist en Bretagne cette annee 1584.

R. L. CHARLES ESTIENNE, Parisien Docteur en Medecine frere de Robert Estienne, & oncle de Henry, &c. cette maison des Estiennes a esté heureuse à produire des hommes doctes, & entre autres cestui-cy pere de Nicole Estienne femme de M. Iean Liebault Docteur en Medecine à Paris, de laquelle nous ferons mention cy apres.

Il a traduit ou plustost paraphrasé de Latin en François la Veterinaire de P. Vegece touchãt les maladies des cheuaux, & leurs remedes ou guarison.

Il a escrit vn traicté particulier de la description d'vn chacun oyseau de proye, desquels liures il fait mention en sa maison rustique.

Il est autheur des xxv. paradoxes, imprimez à Lyon par Thibault Payen l'an 1555.

La guide des chemins pour aller & venir par tout le Royaume de France, composee & imprimee l'an 1553. par luy-mesmes auec le Catalogue des fleuues & riuieres de France, &c.

Il promettoit vne autre guide generale à l'imitation d'Antonin, non encores imprimee.

Il a traduit d'Italien en François la Comedie des Abusez, imprimee à Paris l'an 1540.

Discours des histoires de Lorraine & de Flandres, imprimees par luy l'an 1552.

L'abregé de l'histoire des Vicontes & Ducs de Milan, extrait en partie de Paule Ioue, imprimé à Paris auec les protraicts d'iceux par ledict Estienne l'an 1552.

L'Agriculture ou Maison rustique escrite en Latin par luy, & depuis traduite en François par luy-mesmes, & adioustee par son gendre Iean Liebault, duquel nous parlerons cy apres, imprimee à Paris chez Iaques du Puis par plusieurs fois, & chez Plantin à Anuers.

La dissection des parties du corps humain, diuisee en trois liures, auec les figures & declaration des incisions, &c. escrite en Latin par Estienne de la Riuiere, & traduicte en François par ledit Estienne, imprimée à Paris chez Simon de Colines.

Il a peu escrire plusieurs autres liures desquels ie n'ay pas eu cognoissance.

Il mourut à Paris l'an 1564. sous Charles 9.

CHARLES DE FIGON, Conseiller du Roy, & maitre ordinaire en la chambre des comptes, seant à Mont-pellier, &c.

Il a escrit vn discours des estats & offices, tant du gouuernement que de la Iustice & des finances de France, imprimé à Paris chez Guillaume Auuray l'an 1579.

Il florissoit souz Henry 2. & estoit pour lors Secretaire de Monsieur le Cardinal de Sens Chancelier de France &c.

CHARLES FONTAINE OV DE LA FONTAINE, Parisien poëte François, &c.

Il est autheur d'vn petit traicté contre Ioachim du Bellay Angeuin intitulé le Quintil Horatien, imprimé auec l'art poëtique François à Lyon l'an 1556.

Les Ruisseaux de la fontaine, qui est vn œuure cõtenant diuerses poësies Françoises, imprimé à Lyon l'an 1555. par Thibault Payen.

Il a traduit de Latin en François le Promptuaire des Medailles, imprimé à Lyon par G. Rouuille l'an 1553. en deux volumes.

Il a traduit les Mimes de Publian ensemble les paraboles, &c. imprimees.

L'epitome des cinq liures d'Artemidore ancien autheur, traictant des Songes, &c. imprimé à Paris chez Marnef l'an 1573.

Salutation au Roy Charles 9. sur son entree à Lyon, & plusieurs Epithalames, imprimez à Lyon par Iean de Tournes l'an 1546.

Odes, Enigmes, Epigrammes, imprimez à Lyon par Iean Citois l'an 1557.

Plusieurs Odes & autres poësies dudict Fontaine, imprimees à Paris par Vincent Sertenas l'an 1554.

Les nouuelles & antiques merueilles.

Traicté des 12. Cæsars traduit d'Italien en François, imprimé à Paris chez Guillaume le Noir l'an 1554.

Il a traduit quelques œuures d'Ouide en vers François, sçauoir est le remede d'Amour.

Le Iardin d'Amours, la Fontaine d'Amours, & plusieurs autres poëmes dudit Fontaine.

Il a traduit le nouueau Tristan.

Il a traduit vn liure du Duel ou combat singulier.

La contr'Amie de Cour, responsiue à celle d'Antoine Heroët qu'il appelle

appelle la parfaite Amie, imprimee à Lyon par Iean de Tournes, & par Adam Saulnier l'an 1543.

Ode de l'excellence & antiquité de la ville de Lyon, imprimee à Lyõ l'an 1557. par Iean Cytois.

Il florissoit soubs Henry deuxiesme l'an 1550.

CHARLES GVILLARD natif du pays du Maine, sieur de l'Epiceliere à trois lieuës du Mans, President en la Cour de Parlemẽt à Paris l'an 1521. pere d'André Guillard, sieur de l'Isle & du Mortier &c.

Il a escrit vne oraison ou remonstrance, prononcee par luy en la Cour de Par ement, en la presence du Roy François premier, à son retour des Espagnes, elle n'a encores esté imprimee.

Ie l'ay par deuers moy escrite à la main.

CHARLES GVILLARD, Euesque de Chartres l'an 1572. parent du susdict President.

Il a escrit en François vn Traicté des Principes de nostre Foy, qu'il appelle autrement Catechisme, imprimé à Paris chez Iaques du Puis.

Il mourut à Chartres l'an 1572. ou 1573.

CHARLES HEMARD OV DE EMARD, Euesque & Cardinal de Mascon, auparauãt Euesque d'Amiens en Picardie, Ambassadeur pour le Roy François premier, en Italie & autres lieux, l'an 1531.

Il a escrit plusieurs Memoires durant ses legations, non encores imprimez, nous les auons par deuers nous escrits à la main.

Il mourut l'an 1540. le vingtroiziesme iour d'Aoust.

CHARLES DE HODIC, sieur de Annoc, Poëte François.

Il a escrit en vers François l'Adresse du foruoyé captif, imprimé à Paris par Pierre le Ber l'an 1532.

CHARLES DE LA HVETTERIE, natif d'Anjou, surnommé le Poëte Champestre par ceux de son temps.

Il est Autheur du contreblason de la beauté des membres du corps humain, imprimé à Paris chez Charles l'Angelier l'an 1550.

Il a dauantage escrit le Concile des Dieux.

Il florissoit soubs Frãçois premier, du temps de Cl. Marot & Sagon, auquel il adresse ses œuures, &c.

CHARLES DE KINFERNAND, Parisien.

Il a traduit quelques liures d'Italien en François, sçauoir est les Discours fantastiques de Iustin Tonnelier, faits par Iean Baptiste Gelli Florentin, imprimez à Paris l'an 1566. par Guillaume le Noir.

CHARLES LEOPARD.

Il a escrit vn petit liure, intitulé le Glaiue du Geant Goliath, imprimé l'an 1561.

CHARLES DE LORRAINE, Cardinal & Archeuesque de Reims, l'vn des plus doctes Prelats de nostre temps, & doüé d'vn plus esmerueillable esprit en toutes choses.

Il a prononcé plusieurs doctes harangues, tant en Latin qu'en François, soit à Rome, à Paris, & en autres lieux de France, & entre autres se voit imprimee à Paris, celle qu'il pronõça en l'assemblee ou Colloque de Poissy, chez G. Morel l'an 1561.

Il se peut encores voir de luy en notre langue l'oraison qu'il prononça au Concile de Trente l'an 1562. & plusieurs lettres presentees par luy audict Concile.

Ie feray mention de ses escrits Latins autre part.

Il mourut l'an 1574. en Decembre.

B.L. CHARLES-MAGNE, ou le grand, Roy de France & Empereur des Romains.

Il nasquit à Ingelheim sur le Rhin en la basse Almagne.

Il auoit cognoissance de plusieurs langues & entre autres de la Françoise ou Germanique Gauloise, que nous appellons Françoise-Alemande.

Il a escrit vne Grammaire en langue vulgaire, vsitee pour lors.

Il a recueilly les vieux poëmes des poëtes François de son temps, cõposez à la loüange des plus grands guerriers & valeureux hommes de ce temps-là, lesquels ne sont en lumiere.

Ceux qui ont escrit sa vie en font mention.

Il mourut l'an 814. agé de 72. ans.

B.L. CHARLES DE MARILLAC, natif d'Auuergne, Abbé de S Pere, Euesque de Vienne, Ambassadeur pour le Roy à Constantinople, & depuis en Angleterre, & encores en Almagne vers l'Empereur, &c. maitre des Requestes ordinaire de l'hostel du Roy, Conseiller de son priué Conseil, &c. grand Orateur Latin & François.

Il a escrit plusieurs œuures, desquelles il s'en trouue peu d'imprimees.

Celles qui le sont ne se vendent auec priuilege & pour cause.

Il mourut en son Abbaye de S. Pere pres Meleun le 3. iour de Decẽbre l'an 1560.

B.L. CHARLES DE MARILLAC, gentil-homme Parisien, parent du susdict, Aduocat en Parlement, &c. Ieune homme fort docte en Grec, & bien versé en beaucoup de sciences.

Il mourut à Paris l'an 1581. ou enuiron, au grand regret de tous ses amis.

CHARLES MARTEL, sieur de Mõtpinson natif du Duché d'Alençõ.

Il a escrit l'histoire de notre temps, laquelle n'est encores imprimee:

Elle se voit escrite à la main en la Bibliotheque de Messire Regnaud de Beaune Archeuesque de Bourges.

Ledict Martel mourut audict lieu d'Alençon l'an 1575. âgé de 45. ans ou enuiron.

CHARLES

CHARLES MICHAL Sauoisien, sieur de la Chabaudiere, natif de la ville des Escheles à trois lieuës de Chamberry, ieune homme, lequel a beaucoup voyagé, & principalement en l'Europe.

Il a escrit des Antiquitez & singularitez de Sauoye. Les louanges de la Frãche-conté de Bourgongne, la Matheothechnie, traictant de l'art Spagiric &c.

Il n'a encores rien fait imprimer de ses œuures. Il en peult auoir composé sur d'autres subiects, comme il est docte & bien versé en plusieurs sciences & langues, & en dirois dauantage, n'estoit qu'on pourroit pẽser que la grande amitié (qui a esté entre nous deux dés nos ieunes ans) me le fist dire.

Il florist en Sauoye cette annee 1584.

CHARLES DE LA MOTHE, Conseiller du Roy en son grand conseil l'an 1574. &c.

Il a escrit vn fort docte discours touchant la poësie Françoise, & les Poëtes, imprimé auec les œuures d'Estiẽne Iodelle, chez Nicolas Chesneau à Paris l'an 1574.

Ce discours ou Epistre contient la vie dudict Iodelle Parisien.

Il a escrit quelque chose de l'histoire de France, dont fait mention le sieur du Haillan.

B.L. CHARLES DV MOVLIN OV MOLIN, Parisien, surnommé Symõ Chaludre, qui est son anagramme, & soubs lequel nom il a mis quelques œuures en lumiere, comme nous dirons cy apres.

Il a esté reputé l'vn des plus grands Iurisconsultes de son temps & des mieux versez en l'histoire saincte & prophane, outre qu'il a escrit plusieurs liures en Latin, il en a aussi beaucoup composé en nostre langue: sçauoir est, le Traicté de l'origine, excellence & progrez du Royaume de France, &c. imprimé à Lyon l'an 1561. à la Salemandre.

La conference & vnion des quatre Euangelistes, imprimee l'an 1565.

Catechisme ou sommaire de la doctrine Chrestienne, escrit en Latin & en François par ledict du Moulin, & mis en Grec par Loys de Villereau G. Chartrain.

Defense dudict Charles du Moulin, & autres hommes doctes, contre les Caluinistes, &c. soubs le nom de Symõ Chaludre, qui est l'anagramme d'iceluy Charles du Molin.

Il a escrit plusieurs autres œuures, tant sur le droict, que sur autres matieres, comme il se peult voir au priuilege mis deuant son liure de la Monarchie des François, &c.

Il mourut à Paris en Decembre l'an 1566.

CHARLES DE NAVIERES, Gentilhomme natif de Sedan pres Pontamouson en Lorraine, Poëte François, Gentilhomme seruant de Monsieur le Duc de Bouillon &c.

Il a escrit en vers François vn cãtique de la Paix, auecques la musique & note d'icelluy, imprimé à Paris chez Maturin Preuost, auec autres de ses œuures l'an 1570.

La tragedie de Philandre en vers Alexandrins, non imprimee.

Recueil ou amaz d'Epithetes François, non imprimez.

La Renommee, qui est vn Poëme historial, diuisé en cinq chants, contenant les receptions du Roy, & de la Roine à Sedan, le mariage à Mezieres, coronnement à S. Denis, & l'entree à Paris, le tout imprimé chez ledict Preuost l'an 1571.

Quelques traductiõs de Lucain ancien Poëte Latin, non imprimees.

Il fut tué à Paris l'an 1572. enuiron la S. Berthelemy &c.

CHARLES DE NEVCHAISES, sieur des Francs, Gentilhomme ordinaire de la chambre du Roy, escuier descuirie de Monsieur frere du Roy, neueu de monsieur le Mareschal de Tauannes &c.

Il a recueilly l'Instruction & deuis d'vn vray chef de guerre ou general d'armee des memoires de feu Messire Gaspard de Saux, sieur de Tauannes, Mareschal de France &c. & des memoires de feu Messieurs de Villefrancou, & de Beaumont Brisé, &c. imprimee à Paris par Iean Hulpeau l'an 1574.

CHARLES DE LA RVELLE, Gentilhomme Poicteuin, sieur de Mauault.

Il a escrit vn petit traicté en façon de Paradoxe, intitulé Succincts aduersaires contre l'histoire & professeurs d'icelle, imprimé à Paris l'an 1572. & à Poictiers.

Il florissoit audict an 1572.

B.L. CHARLES DE SAINCTE MARTHE, natif de Fonteurauld en Poictou, docteur és droicts &c.

Il a escrit plusieurs oraisons funebres & autres choses, sçauoir est, l'oraison funebre de Madame Françoise d'Allençon, Duchesse de Beaumont, imprimee par Regnault Chaudiere l'an 1550.

Oraison funebre de M. Marguerite Roine de Nauarre, Duchesse d'Allençon, escrite premierement en Latin par ledict de S. Marthe, & depuis traduite par luy en François, imprimee chez ledict Chaudiere audict an 1550.

Il a escrit trois liures de Poësie Françoise, imprimez à Lyon chez le Prince l'an 1540.

Il peult auoir escrit plusieurs autres œuures, lesquelles ie n'ay encores peu voir.

Il florissoit l'an 1550.

CHARLES DE SAINCT GELAIS, docteur és droicts natif d'Angoulesme.

Il a traduit de Latin en François le liure des Machabees, ou les chroniques de Iudas Machabeus, &c.

B.L. CHARLES DE SAVIGNY, Gentilhomme Rhetelois ou de Rhetel, au diocese de Reims en Chãpagne, maistre de la Garderobbe de Monseigneur le Duc de Neuers, Prince de Mantouë &c.

Il a escrit plusieurs liures en Philosophie, Grammaire & autres sciences

ces

ces touchant l'inſtructiõ de la Nobleſſe,aux arts liberaux &c.il eſt apres pour les faire imprimer.

Il floriſt cette annee 1584.

CHARLES SEVIN, natif d'Orleans Chanoine de l'Egliſe Cathedrale de S. Eſtienne d'Agen.

Il a eſcrit dix Sermons, ou exhortations au peuple Chreſtien & Catholique, pour obuier au peril des guerres ciuiles qui regnent en France,imprimé à Paris par Claude Fremy l'an 1569.

CHARLES TIRAQVEAV Poicteuin, Conſeiller en Parlement l'an 1582.

Arriere fils d'André Tiraqueau I. C. Conſeiller audict Parlement de Paris,&c.

Il a eſcrit pluſieurs poëmes François & entre autres l'Amour transformé en Airaignee ou Hiraigne, lequel a eſté traduit en vers Latins par Sceuole de S. Marthe gentil-homme Poicteuin, &c. Il ne les a encores mis en lumiere.

a.2. CHARLES TOVTAIN ou Touſtain, ſieur de Mazurie,natif de Falaiſe en Normandie,Lieutenant general du Viconte de Falaiſe,&c.

Il a eſcrit vn poëme François intitulé les Martiales du Roy au Chaſteau d'Alaiz,imprimé à Paris chez Martin le Ieune l'an 1581.

Il a eſcrit quelques ſonnets, imprimez auec les Foreſteries de Iean Vauquelin dit la Freſnaye.

Il floriſt cette annee 1584.

Meſſire CHARLES DE LA TRIMOVILLE, natif de Thouars en Poictou,Cheualier & Prince de Talmõt,fils du feu Meſſire Loys de la Trimoüille ſurnommé le Cheualier ſans reproche,&c.

Il a eſcrit quelques poëmes en François, non encores imprimez.

Il mourut l'an 1515.

CHARLES DE VALOIS 9. du nom Roy de France, fils de Henry 2. & de Catherine de Medicis, frere aiſné de Henry 3. à preſent regnant, &c.

Il a eſcrit pluſieurs vers François,& pluſieurs oraiſons for doctes,entre autres celles qu'il a prononcees deuant Meſſieurs de ſon Parlement à Paris tenant ſon lict ou lys de Iuſtice,imprimees.

Il a eſcrit vn diſcours tres-ample de la chaſſe du cerf, lequel a eſté mis en Latin, & toutesfois ne l'vn ne l'autre ne ſont encores imprimez.

Il a eſcrit pluſieurs vers Frãçois,qu'il a enuoyez à M. de Ronſard,Deſportes,le Preſident Bouiu & autres poëtes François de ſon temps, non imprimez.

Il mourut à Paris l'an 1574.

a.2. CHARLES VTENHOVE, natif de la ville de Gand en Flandres, homme tres-docte és lãgues,autresfois Precepteur des trois doctes filles de

Iean de Morel, gentil-homme Ambrunois ou d'Ambrun en Prouence ſçauoir eſt de Camille, Lucreſſe & Diane.

Il a eſcrit pluſieurs Epitaphes en vers Frāçois, ſur la mort de Henry 2. Roy de France, imprimez à Paris chez Robert Eſtienne l'an 1560.

Il a peu eſcrire pluſieurs autres ouurages en notre langue, (outre ceux qu'il a compoſez en Grec & en Latin) deſquels ie n'ay pas cognoiſſance.

Il floriſſoit à Paris l'an 1560.

CHRESTIEN DE TROYE, ancien poëte François natif de Troye en Champagne.

Il a compoſé en vers François pluſieurs Romans, ſçauoir eſt, le Cheualier à l'eſpee, le Roman de Perſeual, le Roman de la charette.

Il continua le Roman des Cheualiers de la table ronde,

Le Roman de Lancelot du Lac.

Le Roman du Graal.

Le Roman du cheualier au Lyon.

Faut noter que le Roman dè la charette parlāt de Lancelot fut commencé par ledit Chreſtien de Troye & acheué par Geoffroy de Ligny, comme nous dirons en ſon lieu.

Il floriſſoit ſoubs Philippes de Valois conte d'Artois & de Flandres l'an 1168.

B.L. CHRESTOFLE D'ASONLEVILLE, natif d'Arras en Artois, homme treſçauant, Conſeiller du priué conſeil du Roy, l'an 1580. ou enuiron.

Loys Guichardin parle fort honorablement de luy en ſa deſcription des pays bas. Ie n'ay point encores veu de ſes eſcrits imprimez.

CHRESTOFLE BALLISTE Narbōnois. Ie n'ay veu ſes eſcrits imprimez.

CHRESTOFLE DE BARROVSO.

Il a eſcrit en vers François vn liure qu'il appelle le Iardin amoureux, contenant toutes les reigles d'amours, auec pluſieurs lettres miſſiues en proſe, tant de l'amant que de l'amie, imprimé à Paris.

CHRESTOFLE DE BEAVCHASTEL.

Il a eſcrit des Annotations ſur l'orthographe de M. Laurent Ioubert Medecin &c. imprimé à Paris chez N. Cheſneau l'an 1579. ſur la fin du traité du Ris par ledit Ioubert.

Il a eſté moyen, que nous auons la ſeconde partie des Erreurs populaires dudit Ioubert imprimee à Paris chez Abel l'Angelier l'an 1580. & en autres lieux.

Il floriſſoit l'an 1579.

CHRETOFLE DE BORDEAVX, ſurnommé le clerc de Tannerie, poëte François.

Il a recueilly les chanſons faites contre les huguenots &c. imprimees à Paris.

Les

Les tenebres & regrets des Predicans, &c. imprimez à Paris l'an 1563.

CHRESTOFLE DE CHEF-FONTAINES, Breton, dit Pentenfeniou, general de l'ordre des Cordeliers, docteur en Theologie, Archeuesque de Cæsaree, natif de l'Eueſché de Leon en Bretagne, &c.

Il a eſcrit vne reſponſe familiere à l'Epiſtre contre le libre arbitre.

Il a eſcrit vne Apologie de la cõfrairie des Penitens erigee & inſtituee en la ville de Paris par Henry 3. du nom Roy de Frãce & de Polongne, &c. imprimee à Paris l'an 1583.

Il floriſt à Paris cette annee 1584.

CHRESTOFLE DE COVE, ſeigneur Chaſtellain de Fontenailles en Touraine.

Il a eſcrit quelques poëmes François.

Il floriſſoit l'an 1559. ou enuiron.

CHRESTOFLE LE FEVBVRE, OV FEVRE, dit Faber, M. à G.

Il a fait imprimer vn ſien Catechiſme.

CHRESTOFLE HEBRARD de ſainct Sulpice Abbé de Marcilliac, Chancelier en l'Egliſe & Vniuerſité de Cahors en Quercy, &c.

Il a traduit de Grec en François les Sermons de S. Baſile le grand Archeueſque de Cæſaree, &c. imprimez à Paris l'an 1580.

B.L. CRESTOFLE DE HERICOVR, premierement Doyen de Laon en Picardie, & depuis Archidiacre dudict lieu en Laonnois.

Il a eſcrit par le commandement du Roy de France Charles 9. tant en Latin qu'en François, l'hiſtoire du diable apparu à Laon l'an 1565. imprimee à Paris chez Chaudiere & autres.

Il floriſſoit audict an 1565.

B.L. CHRESTOFLE LANDRE', ou Landrin, natif d'Orleans, Docteur en Medecine, & Lecteur de feu Monſieur le Duc d'Orleans l'an 1545. &c.

Il a eſcrit l'hiſtoire de notre temps, de laquelle fait mention Hub. Suſaneus en ſes poëmes Latins.

Il a eſcrit vn petit traicté du merueilleux œuure des Philoſophes, qui eſt la clef de l'Entelechie d'Alchimie, &c. eſcrit à la main.

Oecoïatrie, qui eſt vn traicté contenant de for grands ſecrets ſoubs choſes domeſtiques & de nul pris, recueilly des œuures de Dioſcoride, Galien & autres, imprimé l'an 1576. auec les ſecrets d'Alexis Piedmontois.

B.L. CHRESTOFLE LONGVEIL, dit Longolius, natif de Malines en Brabant en la Gaule Belgique, & non pas de Paris comme pluſieurs ont eſcrit, &c. Citoyen de Rome, &c.

Il a eſté eſtimé de ſon temps le plus grand Orateur & mieux parlant Latin.

Il estoit bien versé en plusieurs sciences, & auoit bonne cognoissance de la langue Françoise, en laquelle il a escrit vne oraison des loüanges du Roy S. Loys, & de la nation Françoise, escrite par ledict Longolius en langue Latine, & par luy-mesmes traduite en François, laquelle il dedia au Roy François 1. l'an 1510. estant pour lors Conte d'Angoulesme: cette oraison ne se trouue imprimee en François, mais en Latin, & plusieurs autres siennes tres-doctes Epistres, oraisons, & autres liures en Droict, desquels ie feray mention dans ma Bibliotheque Latine.

Il mourut l'an 1522. agé de 34. ans.

Il est enterré en l'Eglise des Cordeliers de Padouë en Italie, comme luy-mesmes l'auoit ordonné par son testament.

CHRESTOFLE DV PRE', gentil-homme Parisien sieur de Passy, &c.

Il a escrit vn poëme François qu'il intitule les larmes funebres sur le trespas de sa femme, imprimé à Paris chez Mamert Patisson l'an 1577.

Il florist à Paris cette annee 1584.

B.L. CHRESTOFLE RICHIER, valet de châmbre ordinaire du Roy François 1. & Secretaire de son Chancelier, &c.

Il a escrit l'histoire des Turcs, laquelle a esté imprimee tant en Latin qu'en François par Robert Estienne l'an 1542.

Messire CHRESTOFLE DE ROFFIGNAC Cheualier, natif de Lymosin, President à Bordeaux.

Il a escrit quelques œuures, lesquelles ne sont encores en lumiere.

François de Belle-forest fait for honorable mention de luy en sa Cosmographie, au lieu où il escrit de Lymoges, &c.

B.L. Messire CHRESTOFLE DE THOV, Cheualier seigneur de Chely, premier President de Paris, Conseiller du Roy en son conseil Priué & d'Estat, &c.

Ce seigneur estoit doüé d'vne singuliere memoire, & auoit vne exacte cognoissance du droict, tellement qu'il n'est pas à croire qu'en vn si long-temps qu'il a vescu, qu'il n'eust mis par escrit quelques memoires touchant sa profession, lesquels seront peut estre mis vn iour en lumiere par ceux qui voudront tant de bien au public que de l'en faire participant, ensemble de tant d'Arrests notables prononcez par luy en diuers Parlemens.

Il mourut à Paris en sa maison, le iour & feste de Toussaints premier de Nouembre l'an 1582. agé de 74. ans, au grand regret de tous hômes doctes & gens de bien.

B.L. CHRISTINE, femme tres-docte en Grec, Latin, & François, mere de Castel historien François, duquel nous ferons mention cy apres, &c.

CLAVDE, iadis Curé d'Yuan, & depuis Ministre de Grand cour, &c.

Il a peu composer quelques œuures lesquelles ie n'ay pas veuës.

Messire

Messire CLAVDE DE BAVFREMONT, Cheualier de l'ordre du Roy, Baron de Senescey gentil-homme ordinaire de sa chambre, & enseigne de cent hommes d'armes de ses Ordonnances, &c.

Il a mis en lumiere la proposition ou harangue de la Noblesse de France, laquelle il prononça en l'assemblee generale des Estats de ce Royaume tenuz en la ville de Bloys l'an 1577. imprimee à Paris audict an.

CLAVDE BERTOG, OV BERTHOT, Docteur en Theologie à Paris.

Il a traduit de Latin en François vn liure de M. Iean Cocleus touchãt la probation du Purgatoire extraict des plus anciens Docteurs de l'Eglise, &c. imprimé à Paris chez Cauelat l'an 1562. auquel temps ledict Bertog florissoit.

CLAVDE BERTRAND BERGER, de Rion en Auuergne.

Il a traduit trente psalmes de Dauid selon la verité Hebraïque, imprimez à Lyon chez Iean de Tournes l'an 1549.

CLAVDE BINET, natif de Beauuois en Picardie, Aduocat au Parlemẽt de Paris, homme for docte en Grec, Latin & François, & bien versé en l'vne & l'autre poësie.

Il a escrit plusieurs poëmes Frãçois, desquels il s'en voit quelques vns imprimez: sçauoir est, vne Ode sur la naissance, & sur le baptesme de Madame Marie Elisabeth de Valois, fille vnique de France, imprimee à Paris chez Dalier l'an 1572.

Rencontre merueilleuse sur les noms tournez du Roy & de la Royne.

Adonis, ou le trespas du Roy Charles 9. qui est vne Eglogue de la chasse.

Les Daulphins ou le retour du Roy, Eglogue marine auec le chant des Sereines, qui est vn Epithalame sur le mariage du Roy Henry 3.

Le tout imprimé à Paris chez Federic Morel l'an 1575.

Il a d'auantage escrit quelques poëmes, imprimez auec les œuures de Iean de la Peruse.

Les plaisirs de la vie rustique & solitaire, imprimez à Paris chez la veufue de Lucas Breyer l'an 1583.

Il a peu composer autres choses, desquelles ie n'ay la cognoissance.

Il a composé plusieurs doctes vers Latins, desquels ie feray mention en ma Bibliotheque Latine, &c.

Il florist à Paris cette annee 1584.

CLAVDE DE BOISSIERE, Daulphinois, for docte és Mathematiques.

Il a traduit de Latin en François les Principes d'Astronomie & Cosmographie auec l'vsage du Globe de Gemme Frison ou Frisius.

Plus il a descrit l'vsage de l'aneau Astronomique, & l'exposition de la Mappemonde. Le tout imprimé à Paris chez Guillaume Cauelat l'an 1556.

Auec les figures Mathematiques, ou d'Astrologie, &c. L'art d'Aritmetique, l'art de Musique, le Ieu Pythagorique, ou Rithmomachie.

Abregé de l'art poëtique, imprimé à Paris l'an 1554. chez Annet Briere.

Messire CLAVDE DV BOVRG, Cheualier seigneur de Guerine, Conseiller du Roy & Secretaire de ses finãces, Tresorier de France, Ambassadeur pour le Roy Charles 9. vers le grand Seigneur des Turcs, &c.

Il a escrit vne for docte Epistre touchãt l'entre-veuë & embouchement dernier fait auecques M. le Prince de Condé par M. le Reuerẽd. Cardinal de Lorraine, imprimee l'an 1564. ou enuiron.

Oraison dudict sieur de Guerine prononcee deuant Messieurs des Comptes, imprimee l'an 1564.

Articles accordez par le grand Seigneur en faueur du Roy & de ses subiects audict sieur du Bourg, pour la liberté du trafic vers les Mers de Leuant, &c. imprimez à Paris chez Iean de Bordeaux l'an 1570.

Il florissoit à Paris l'an 1562.

CLAVDE BOVRGEOIS, Chirurgien du Roy. Ie n'ay point encores veu ses œuures imprimees.

CLAVDE DE BVTET, gentil-homme Sauoisien, voy cy apres Marc Claude de Butet.

CLAVDE CEISEL, ou de Seisel Sauoisien, voy apres Claude de Seisel, par S.

CLAVDE CHAMPIER, Lyõnois fils de Symphorian Champier, Medecin.

Il a escrit en l'an de son âge 18. le second liure des Singularitez des Gaules, concernant les antiques fondations des villes d'icelles, ensemble vn recueil des fleuues, fontaines chauldes & froides, & des lieux saincts, & autres choses memorables qui sont en la France, &c. Le tout imprimé à Paris par Denis Ianot l'an 1538. & à Lyon par B. Rigault l'an 1556.

Il florissoit audict an 1538.

CLAVDE CHAPVIS, dit Capusius, natif de Roüen en Normandie, valet de chambre ordinaire du Roy François 1. & son Imprimeur ou Libraire.

Il a escrit en vers François vn discours de la Court, imprimé à Roüen l'an 1543. par Claude le Roy & Nicolas le Roux.

L'Aigle qui a fait la poule deuant le coq à Landrecy, qui est vn poëme de la fuite de Charles 5. Empereur deuant le Roy François 1. &c. imprimé à Paris l'an 1543. par André Roffet.

CLAVDE CHAPVIS, natif de Roüen, chantre de la grande Eglise de nostre Dame audict lieu l'an 1550. orateur tresfacond (ie ne sçay si c'est vn mesme que le susnommé.)

Il a composé vne oraison ou harangue, laquelle il prononça deuant le Roy de France Henry deuxiesme, faisant son entree à Roüen l'an 1550.

Ie ne sçay si les susdicts sont autheurs d'vn petit Poëme, intitulé le grãd Hercules Gallique, qui combat contre deux, composé par C. C. imprimé l'an 1545.

CLAVDE CHARLOT, natif de Noyon en Picardie, &c.

CLAVDE CHAVDIERE, Parisien, imprimeur de M. le R. Cardinal de Lorraine &c.

Il a escrit vn dialogue du vray amour, duquel les Entreparleurs sont l'Amis & l'Amie, imprimé à Rheims en Champagne par ledict Chaudiere l'an 1555.

CLAVDE COLLET, natif de Rumilly en Champagne, Poëte François & orateur.

Il a composé en vers Heroïques, l'oraison de Mars aux Dames de la Cour, Ensemble la responce des Dames à Mars. L'Epistre de l'amoureux de Vertu aux Dames de France fugitiues pour les guerres &c. imprimé à Paris chez Vechel l'an 1544.

Il a traduit d'Espagnol en François quelques liures d'Amadis de Gaule &c. desquels Gilles Boileau de Bouïllon en Lorraine, se dit le traducteur, comme nous dirons en son lieu.

Il florissoit à Paris l'an 1544.

R.L. CLAVDE COTEREAV, natif de Tours, Chanoyne à Paris.

Il a traduit de Latin en François, les liures de COLVMELLA, reueuz & recorrigez par Iean Thierry de Beauuais, & imprimez à Paris chez Keruer l'an 1556.

CLAVDE DE CVZZY.

CLAVDE DARIOT, natif de Poumarc medecin demeurant à Beaulne en Bourgongne l'an 1581.

Il a composé vn discours de la preparation des medicaments, contenant la raison pourquoy, & comment ils le doibuent estre &c. imprimé à Lyon par Charles Pesnot l'an 1582.

R.L. CLAVDE D'ESPENCE, Gentilhomme natif de Chalons en Champagne, docteur en Theologie à Paris, homme fort docte és langues, & bien versé en sa profession.

Il a escrit l'Institution d'vn Prince Chrestien, imprimee à Lyon l'an 1548. & à Paris, chez Ruelle.

Oraison funebre sur le trespas de M. Marie Roine douairiere d'Escosse, prononcee par luy-mesmes à Paris en l'Eglise de nostre Dame, le douziesme iour d'Aoust l'an 1560. imprimee chez Vascosan l'an 1561.

Deux notables traictez, l'vn desquels monstre, combien les lettres & sciences sont vtiles & profitables aux Rois & Princes.

L'autre contient vn discours à la louange des trois Lys de France.

Plus la traduction d'vn opuscule de Plutarque, que la doctrine est requise à vn Prince &c. Le tout imprimé à Paris chez Guil. Auuray l'an 1575.

Exposition du Psalme 130. par forme de Sermon &c. imprimee à Paris chez Michel de Vascosan l'an 1561.

Traicté en forme de conference auec les Ministres, touchant la vertu de la parolle de Dieu, au ministere & vsage des sacrements de l'Eglise, imprimé chez Nicolas Chesneau l'an 1567.

Apologie contre les Ministres, imprimee à Paris chez Nicolas Chesneau l'an 1568.

Homelie sur l'Enfant prodigue, imprimee à Paris chez Iean Ruelle.

Paraphrase sur l'oraison Dominicale, imprimee chez Ruelle.

Traicté de l'Efficace de la parole de Dieu, imprimé l'an 1566. chez Chesneau.

Conference de ladite efficace de la parolle de Dieu, imprimee chez ledict Chesneau audict an 1566.

Sermons, imprimez chez Nicolas Chesneau l'an 1562.

Traicté de la predestination, imprimé chez Ruelle.

Deux Sermons de Theodoret Euesque &c. traduits en François par ledict Cl. d'Espence, imprimez à Paris chez Iean Ruelle.

Il a peu composer autres choses, tāt en Latin qu'en François, lesquelles ne sont encores en lumiere.

Il mourut à Paris l'an 1571.

CLAVDE ESTIENNE NOVVELET, Sauoisien, religieux de l'ordre de S. Benoist, homme docte és Mathematiques, & bien versé en autres sciences.

Il a escrit en vers François vn Poëme qu'il a intitulé les Deuinailles, imprimé à Lyon par Iean de Tournes l'an 1578.

Hymne triomphal au Roy, imprimé à Paris par Robert Granjon l'an 1572.

Il a escrit plusieurs vers, sur la mort de Messire Iean de Voyer, pere de Monsieur le Viconte de Paulmy, &c. imprimez auec le Tombeau dudict sieur, à Paris chez Morel.

Il a escrit plusieurs autres choses, lesquelles il n'a encores mises en lumiere.

Il florist à Paris cette annee 1584.

CLAVDE FABRY, Medecin & Astrophile, natif de Prelz en Argonne &c. demeurant à Dijon.

Il a escrit les Paradoxes de la cure de la peste, par vne methode succincte, contre l'opinion de ceux qui en ont escrit & pratiqué par le

passé

passé &c. imprimee à Paris chez Nicolas Chesneau l'an 1568.

Les Diaires & Almanachs pour l'an 1572. auec les presages des mutatiõs de l'air, imprimez à Roüé, & à Paris chez Robert Marin l'an 157.

Il florissoit à Dijon en Bourgongne l'an 1567.

CLAVDE FAVCHET, Parisien, President en la Cour des Monnoyes à Paris l'an 1581. homme fort bien versé en la cognoissance de l'histoire, & entre autres de celle de nostre France, de laquelle il a escrit plusieurs liures, dont il y en a d'imprimez, comme nous dirons cy apres.

Il a fait imprimer vn recueil de l'origine de la langue & poesie Françoise, rithme, & Romans. Plus les noms & sommaire des œuures de 127. anciens Poëtes François, viuans auant l'an 1300. le tout imprimé par Mamert Patisson l'an 1581. à Paris.

Il promet audict liure d'escrire vn autre volume des Poëtes Frãçois, qui ont vescu depuis l'an de salut 1300. iusques à nostre siecle. Ce liure n'est encores imprimé.

Les Antiquitez Gauloises & Françoises, imprimees à Paris chez Iaques du Puis.

Traicté du Duel ou combat singulier, non imprimé.

Il a traduit fort doctemẽt & auec vn trauail infiny l'histoire de Cor. Tacite, imprimee à Paris chez Abel l'Angelier l'an 1582. 1583. & 1584. tant in fol. que in 4. & in 8. sans y auoir mis son nom, non plus qu'en son liure des Antiquitez Gauloises, dont nous auons parlé cy deuant, tant il est peu curieux de gloire, mais seulement desireux de profiter au public.

Il florist à Paris cette annee 1584. non sans trauailler à illustrer la Frãce, & les Gaules de ses plus belles Antiquitez, auec deliberation de faire imprimer plusieurs beaux volumes escrits à la main, lesquels sont en sa Bibliotheque, tant pour l'histoire de France que pour la poësie, dont il a vn nombre infiny qu'il a recouurez de toutes parts, auec vne diligence merueilleuse.

CLAVDE GALLANT, natif de Tournuz pres Mascon.

Il a escrit quelques œuures.

CLAVDE GAVCHET, natif de Dampmartin Poëte François.

Il a escrit quatre liures des plaisirs de la chasse, venerie, faulconnerie & autres exercices de Gentilshommes &c. Le tout en vers François, Imprimez à Paris chez Nicolas Chesneau l'an 1583.

CLAVDE LE GOYER, surnommé Alce du Geroile, qui est son anagramme ou nom retourné &c. secretaire du R. Cardinal Charles de Caraffe.

Il a traduit d'Italien en François la description d'vn monstre né en Sarragosse &c. ensemble le combat merueilleux de deux oiseaux, le tout soubs le nom dudict Alcé du Geroile, imprimé à Paris l'an 1558.

CLAVDE GOVSTE' DIT GVSTEVS, Preuost de Sés en Bourgõgne,

Il a escrit en Latin,& depuis traduit en François,vn traicté de la puissance & authorité des Rois, & par qui doibuent estre commandez les Dietes & Conciles solennels de l'Eglise, les Estats conuoquez, en quel lieu & degré doibuent estre assis les Rois,les gens d'Eglise,les nobles & le menu Peuple,œuure extrait des escritures saintes & des Cōciles &c. Imprimé en Frāçois l'an 1561. Il s'intitule en Latin, Quę Regia Potestas.

Il florissoit soubs Charles neufiesme l'an 1561.

CLAVDE GRIVEL, natif de Verdun sur Saosne.

Il a traduit de Latin en François vn traicté du regime de santé, composé par Pierre de Tuxiganes,docteur en medecine &c. imprimé à Paris & en autres lieux,auec le Sommaire & entretenement de Vie, composé par Iean Goëurot,premier medecin du Roy François &c. duquel nous parlerons cy apres.

CLAVDE GRVGET Parisien.

Il a traduit en François les Epistres de Phalaris,& d'Isocrates, auec le Manuel d'Epictete autheurs Grecs, imprimez à Anuers chez Plantin l'an 1558.

Il a traduit d'Italien en François les diuerses leçons de Pierre Messie Espagnol, imprimees à Paris l'an 1560. & à Lyon l'an 1577. auecques celles d'Antoine du Verdier.

Il a traduit les dialogues de Speron Sperone, d'Italien en François, imprimez à Paris chez Vincent Sertenas l'an 1551.

Il a remis en son entier, & reueu l'heptameron ou sept iournees de la Roine de Nauarre,autrement intitulé les Amants fortunez &c. imprimé à Paris l'an 1561. chez Gilles Robinot.

Il a escrit en Prose le Ieu des Eschez,imprimé à Paris.

Il a traduit d'Italien en François les cinq dialogues d'honneur de Iean Baptiste Posseuin,imprimez à Paris l'an 1557. chez Vincent Sertenas.

Il florissoit à Paris soubs Henry deuxiesme l'an 1558.

s.1. CLAVDE DV GVÉ DIT VADANVS, prestre natif de la paroisse d'Auluers le Hamon,pres Sablé, à dix lieuës du Mans, sur les frontieres d'Anjou &c. homme docte és langues Hebraïque, Grecque & Latine &c.

Il a traduit de Latin en François le Concile Prouincial de Collongne.

Il a traduit en François vne brefue reigle du Nouice spirituel, escrite en Latin par le venerable Abbé Loys de Bloys,religieux de l'ordre S. Benoist,non encor imprimee.

L'histoire tragique des Heretiques,faite Françoise,du Latin de Lindanus Euesque Alleman.

Deuotes & Chrestiennes institutions, pour la confrairie de la tressainte vierge Marie, auec la bulle, sur le iurement de la profession de foy,imprimez chez Chaudiere l'an 1579.

Recueil

Recueil de Propheties de plusieurs Autheurs, sur le gouuernement de l'Eglise, non imprimé.

La defense de l'ordre & honneur sacerdotal, contre les Hay-prestres & Hay-messes, non encores imprimé.

Il florist à Paris cette annee 1584. & ne cesse d'escrire ou composer & enseigner en sa profession.

B.L. CLAVDE GVILLIAVD, docteur en Theologie, natif d'Authun en Bourgongne.

Il a escrit en prose Françoise vne oraison funebre, comprenant les gestes, mœurs, vie & trespas du tres-Illustre Prince Claude de Lorraine, Duc de Guise & d'Aumale, pair de France &c. prononcee par ledict Guilliaud à l'enterrement dudict seigneur, imprimee à Paris l'an 1550. chez Iean Dallier.

Il florissoit l'an 1550.

CLAVDE GVILLAVMET.

Il a traduit de Latin en François la description de toute la Germanie, ensemble les mœurs de cette nation, le tout escrit par Cor. Tacitus, imprimé à Paris chez Arnoul l'Angelier l'an 1552. auec les commentaires dudict Guillaumet.

CLAVDE GVIGNARD Parisien, Poëte François.

B.L. CLAVDE GVISCHARD Sauoisien, docteur és droicts.

Il a escrit vn for docte & bien laborieux œuure, touchant les funerailles & diuerses manieres d'enseuelir des Romains, Grecs, & autres nations, tant anciennes que modernes, imprimé à Lyon l'an 1581. par Iean de Tournes.

Il a traduit l'histoire de Tite Liue Padoüan, dediee & presentee à Charles Emanuel, Duc de Sauoye.

Il florist cette annee 1584.

CLAVDE LANCELOT, Chirurgien à Montpellier l'an 1578.

Il a mis en lumiere quelques œuures de M. Laurent Ioubert, docteur en Medecine &c. & y a adiousté quelques epistres ou prefaces.

CLAVDE LYENARD.

Il a escrit deux liures des Iuges, Iurisdictions, Aduocats, Procureurs, & procurations &c. imprimez à Rheims par Nicol. Bacquenois.

B.L. CLAVDE LE MAISTRE, Lyonnois.

CLAVDE MARCHANT Orleanois, scribe, & libraire general & garde de la maison & librairie de l'Vniuersité d'Orleans.

Il a escrit en vers François la Monodie, ou le dueil & Epitaphes, tant des plus fameux & illustres docteurs regents en ladicte Vniuersité, que de plusieurs autres nobles & excellents personnages, imprimee à Orleans par Eloy Gibier l'an 1556.

Deux Panegyriqs, & vne oraison en vers François, presentee à Monsieur de la Trimouille Barõ de Sully &c. ie ne sçay s'ils sont imprimez.

Il en fait mention en la susdicte Monodie.

s. l. CLAVDE MANGOT, natif de Lodun en Poictou, l'vn des plus renommez Aduocats de la Cour de Parlement, & ordinairement employé aux consultations &c. pere de Iaques Mangot Parisien, maistre des Requestes de l'hostel du Roy, & son procureur en la châbre des comptes à Paris &c.

Il florist à Paris cette annee 1584. Ie n'ay encores point veu de ses escrits François.

CLAVDE MARTIN, natif d'Authun en Bourgongne.

Il a composé l'Institution musicale extraicte de la premiere partie des Elements de Musique-pratique dudict autheur, imprimee à Paris chez Nicolas du Chemin, & en autres lieux.

CLAVDE MARTIN Iatrophile.

Il a traduit les 6. principaux liures de la Therapeutique de Galien, auec le second de la curatoire de Glaucon, imprimez.

s. l. CLAVDE MINOS OV MINAVLT, natif de Dijon en Bourgongne, Aduocat du Roy à Estampes, homme fort côsommé en Philosophie, art oratoire, poësie Latine & Françoise &c.

Il a traduit en vers François les Emblemes d'André Alciat I. C. Milanois, enrichies d'annotatiôs par ledict Minos, & auec vn discours de la vie dudict Alciat, le tout imprimé à Paris chez Iean Richier l'an 1583.

Il a escrit plusieurs œuures en Latin, desquelles ie feray mention autre part, & entre autres des annotations ou commentaires Latins, sur les Emblemes du susnommé Alciat, imprimees à Paris & à Anuers.

Il florist à Paris cette annee 1584.

CLAVDE MONNIER, poëtrice Françoise du temps de François premier, ou Loys douziesme.

CLAVDE NAIL, natif de Pyremil au Maine.

Il a escrit quelques câtiques, sur la natiuité de Iesus-Christ, imprimez au Mans l'an 1580.

CLAVDE NOVVELET Sauoisien, voy cy dessus Claude Estienne Nouuelet.

CLAVDE ODE DE TRIORS, Gentilhomme Dauphinois.

Il a traduit les Distiques Latins de Michel Verin tresdocte Poëte de nostre temps &c. en quadrains François, imprimez à Lyon.

Il a escrit le bannissement des Ministres, dés Huguenots, imprimé à Paris l'an 1573. par Iean Ruelle.

CLAVDE PALLIOT, Parisien.

Il a escrit plusieurs Poëmes François, dés ses plus tendres ans, sçauoir est les Oracles, sur le destin des trois illustres Valoys de France, imprimez à Paris chez Denis du Pré l'an 1573.

Cantiques au Roy Hêry 3. & plusieurs autres, nô encores imprimez.

Il florist

Il florist à Paris cette annee 1584.

CLAVDE PARADIN Bourguignon, chanoine de Beau'eu.

Il a fait vn recueil de deuises Heroïques, ou de grands seigneurs, imprimé à Lyon l'an 1557. chez Iean de Tournes, & à Douay en Flandres l'an 1563. & autres lieux.

Les Alliances genealogiques des Princes de la France & des Gaulles, imprimees à Lyon par Iean de Tournes l'an 1561.

Les Quadrains de la Bible, imprimez à Lyon.

La chronique de Sauoye, imprimee à Lyon.

Les Antiquitez & singularitez de Lyon sur le Rosne, imprimees audict lieu.

Il a traduit de Latin en François les Dialogues de Iean Loys Viues.

Il florissoit l'an 1561.

Quant à Guillaume Paradin, nous en parlerons en son lieu.

CLAVDE PELIAY OV PELGEY Poicteuin, maistre des comptes à Paris, homme for docte és mathematiques, & tresexcellent à la musique & poësie Françoise.

Il a escrit plusieurs poëmes François, sçauoir est, l'Hymne de clemēce, imprimé à Paris l'an 1571.

Il a escrit deux liures de Sonnets & de Stances amoureuses, en faueur de Madame Catherine des Roches, non imprimez.

Elegie de la peinture, contenant 500. vers alexandrins nō imprimez.

L'Hymne de la beauté, contenant mille vers alexādrins, ou enuiron, non imprimez.

Deux liures de l'Optique, non imprimez.

Il florist à Paris cette annee 1584.

CLAVDE PERONNE Lyonnoise, damoiselle for bien versee en la poësie Françoise.

Elle florissoit du temps de François premier, & Henry second.

CLAVDE PILLET de Tournon, pres Lyon, Poëte François.

CLAVDE DE PONTOVX, Chalonnois, ou de Chalons en Bourgongne, medecin audict lieu, Poëte François & Italien.

Il a escrit en vers François vn Poëme, qu'il intitule la Gelodacrie amoureuse, contenant plusieurs especes de poësie Lyrique &c. imprimee à Lyon l'an 1569. par Benoist Rigault.

L'Idee qui est vn œuure contenant enuiron de trois cent sonnets.

Il florissoit audict Chalons, exerceant la medecine l'an 1569.

CLAVDE PVISSART, tres sçauant Apoticaire, demeurant à Lyon l'an 1530. ou enuiron.

Symphorien Champier medecin Lyonnois, fait for honorable mētion de luy en son miroir des Apotiquaires &c.

Ie ne sçay s'il a escrit quelques œuures.

I.L. CLAVDE ROVILLET, natif de Beaulne en Bourgongne, Poëte Latin & François.

Il a escrit premierement en Latin, & depuis mis en vers François, vne sienne tragedie nommee Philanire, imprimee à Paris chez Thomas Ricard l'an 1563.

Il florissoit à Paris audict tẽps, & regentoit au college de Bourgõgne.

I.L. CLAVDE DV RVBIS Lyonnois, docteur és droicts, conseiller du Roy en sa Seneschaussee & siege presidial de Lyon l'an 1579.

Il a escrit vne sommaire explication, sur aucuns articles de la coustume du pays & Duché de Bourgongne, nouuellement reformee, imprimee à Lyon chez Antoine Gryphius l'an 1580.

Il florissoit à Lyon l'an susdict 1579.

CLAVDE DE SAINCT IVLIEN, Gentilhomme Bourguignon, sieur de Baleure en Bourgongne, parent de Pierre de S. Iulien, doyen de Chalon, duquel nous parlerons en son lieu.

Il a escrit plusieurs œuures, lesquelles ie n'ay encores peu voir. I'ay leu vne sienne Epistre, imprimee au deuant du liure de Iean le Maire, intitulé la Coronne Margaritique, à Lyon &c.

I.L. CLAVDE DE SAINTES OV XAINTES, natif de Chartres, docteur en Theologie à Paris, Euesque d'Eureux en Normandie.

Il a escrit vne confession de la foy Catholique, contenant en brief la reformation de celle que les Ministres de Caluin presenterent au Roy en l'assemblee de Poissy, imprimee l'an 1561. à Paris chez Claude Fremy.

Il a traduit de Latin en François le Concile prouincial tenu en l'Archeuesché de Roüen en Normandie l'an 1581. imprimé à Paris chez Pierre l'Huillier l'an 1582.

La declaration d'aucuns atheismes, de la doctrine de Caluin & de Beze, contre les premiers fondements de la chrestienté &c. Imprimé à Paris chez Claude Fremy l'an 1568.

Les actes de la conference tenuë à Paris és mois de Iuillet & Aoust l'an 1566. entre deux docteurs de la Sorbõne de Paris, & deux ministres de Caluin, imprimez à Paris chez ledict Fremy l'an 1568.

Discours sur le sacagement des Eglises catholiques, par les Heretiques anciens, & nouueaux Caluinistes l'an 1562. imprimé à Paris par ledict Fremy l'an 1562.

Traicté de l'ancien naturel des François en la religion Chrestienne &c. imprimé chez Claude Fremy à Paris l'an 1567. auec le susdict saccagement.

Il peult auoir escrit plusieurs autres liures, lesquels ne sont encores venuz à ma cognoissance.

Il florist à Eureux cette annee 1584.

CLAVDE DE SEICEL, natif dudict lieu, en Sauoye, premierement Euesque de Marseille, & depuis Archeuesque de Turin en Piedmont, Conseiller & maistre des requestes du Roy Loys douziesme, & son Ambassadeur en diuers lieux &c.

Il a traduit de Grec en François l'histoire des successeurs d'Alexãdre le grand, extraicte de Diodore Sicilien, auecques quelques vies escrites par Plutarque, imprimee à Paris chez Symon de Colines, & depuis par Pierre Gaultier l'an 1545.

Deux liures de la Republique des Gaulois, & des offices des Rois de France, lesquels Iean Sleidan Allemand tresdocte a traduits en Latin.

L'Histoire de Thucydide, touchant la guerre entre les Peloponesiens & Atheniens, traduite par ledict Seicel, & imprimee l'an 1555. à Paris chez Estienne Grouleau.

Il a traduit Xenophon, imprimé.

Il a traduit l'histoire Ecclesiastique.

Il a traduit Seneque, des mots dorez & les sept vertuz morales, auec d'autres opuscules.

Il a traduit Appien Alexandrin, des guerres ciuiles, imprimé à Paris chez l'Angelier.

Il a traduit les liures de Iustin historien, qui est vn abregé de l'histoire de Troge Pompee.

Il a escrit premierement en Latin & depuis traduit en François, vn liure des louanges du Roy Loys douziesme.

L'Histoire singuliere dudict Roy Loys douziesme, laquelle a esté reueuë par le seigneur du Parc, & imprimee à Paris chez Gilles Corrozet l'an 1558.

Il a composé vne harangue, laquelle il prononça deuant le Roy d'Angleterre & son conseil, lors qu'il fut enuoyé en Ambassade par deuers iceluy &c.

La loy Salique, traicté escrit expressement par ledict Seicel, touchãt l'origine & etymologie de ce mot, auec vn recit de son antiquité &c. imprimé auec le liure de la Republique à Paris.

Le voyage du ieune Cyrus.

Il peult auoir encores traduit, & composé de son inuention autres œuures, desquelles ie n'ay eu cognoissance.

Il florissoit soubs Loys douziesme, & soubs François premier.

Bar. Chassaneus, l'appelle Claudius de Aquis, & dit qu'il estoit Bastard.

CLAVDE SEQVART bachelier en Theologie.

Il a recueilly & reduit en sommaire, l'histoire du priuilege de Saint Romain, dont le iour de l'Ascension de nostre Seigneur, est faicte memoire & procession solennelle par chacun an, en la ville de Roüen en Normandie &c.

Elle se voit imprimee dans le 2. volume de l'histoire des Saincts, en la vie dudict S. Romain, chez Nicolas Chesneau l'an 1577.

CLAVDE DE TAILLEMONT.

Il a escrit les discours des champs Faëz, à l'honneur & exaltation d'amour & des Dames, contenant plusieurs chansons, quadrains, dialogues, complaintes & autres ioyeusetez d'Amours, imprimez à Paris chez Richard le Roux l'an 1557.

CLAVDE DE TESSERENT, Gentilhomme Parisien.

Il a escrit quatorze histoires prodigieuses, imprimees auecques celles de Boistuau & de Belleforest & autres.

Il a traduit de Latin en Frãçois les trois premiers liures de Dionysius Halicarnasseus, non encores imprimez.

Il a composé vn liure des sacerdoces anciens, lequel est remply de figures & medailles, peintes de la main de Georges du Tronchay, sieur de Balladé, lequel il dedia à Monsieur Fumee pour lors Abbé de la Cousture au Maine, & maintenãt Euesque de Noyon, & Pair de France, &c.

Ie croy qu'il est encores au cabinet dudict Messire Nicolas Fumee.

Il mourut l'an 1572.

CLAVDE TVRIN, de Dijon en Bourgongne, Poëte François.

CLAVDE VALGELAS, docteur en Medecine.

Il a traduit de Latin en François vn liure, intitulé la conseruation de santé, & prolongation de la vie &c. composé premierement en Latin par Hierosme de Monteux, Medecin du Roy François second, imprimé à Paris chez G. Chaudiere l'an 1572.

CLAVDE VATIER OV VVATIER, escuyer.

Il a traduit de Latin en François, les mesaduentures des plus illustres hommes de la Chrestienté, escrits premierement en Latin, par Iean Bocace Florentin.

CLAVDE VERARD, religieux de Clairuaux de l'ordre de Sainct Bernard &c.

Il a traduit de Latin en François vn traicté de S. Bernard, de la maniere d'aimer Dieu, imprimé à Paris chez Nicolas Barbou, pour Iean André l'an 1542.

CLAVDE DE XAINTES, voy cy dessus Claude de Sainctes par S.

CLAVDIN DE TOVRAINE, Poëte François.

Il a escrit quelques huictains & dixains, sur la naissance du fils d'Estiēne Dolet, imprimez à Lyon par ledict Estienne Dolet l'an 1539. auec d'autres.

CLAVDINE SCEVE Lyonnoise, poëtrice Françoise, parente de Maurice Sceue &c. plusieurs autheurs font mention d'elle, & la loüent comme escriuant bien en vers.

CLEMENT HESBERT, ancien Poëte François.

CLEMENT IANNEQVIN, tresexcellent musicien, & duquel il se voit beaucoup de chansons de musique, imprimees en diuers lieux &c.

S.L. CLEMENT MARCHANT DIT MERCATOR.

Il a escrit vne remonstrance aux François, sur les vices qui de ce tẽps regnẽt en tous estats, auec le remede à iceux, imprimee à Paris chez N. Chesneau l'an 1576.

Traicté de la venuë & personne de l'Antechrist, selõ l'escriture sainte, & l'aduis des plus anciens docteurs de l'Eglise catholique, contre l'intelligence des Heretiques, imprimé à Paris chez ledict Nicolas Chesneau l'an 1575.

Il a traduit plusieurs vies de Saincts & Saintes, imprimees au premier, second & troisiesme volume de l'histoire des Saincts, chez Nicolas Chesneau l'an 1577.

Il florissoit à Paris l'an 1577. Ie feray mention de ses œuures Latins autre part.

CLEMENT MAROT, natif de Cahors en Quercy, pres Tolose, fils de Iean Marot, natif de Caën en Normandie, tous deux tresexcellents Poëtes François &c. Ledict Clement fut valet de chambre du Roy Frãçois premier, soubs lequel il a escrit plusieurs Poëmes, & estoit estimé le premier de son siecle, & peult estre de ceux qui viendront apres luy.

Il a traduit les Psalmes de Dauid, selon la traduction que luy en faisoit en prose Françoise Melin de S. Gelays, & autres hommes doctes de ce temps-là.

Il a escrit plusieurs Elegies, Epitaphes, Epigrammes, & autres genres de poësie Françoise, imprimees en plusieurs endroicts de France, & à diuerses annees.

Il a escrit le sermon du bon & mauuais pasteur, imprimé.

Il a escrit quelques chants royaux, à l'honneur de la vierge Marie, imprimez à Roüen.

Il a traduit le colloque d'Erasme, en vers François, intitulé de l'Abbé, & de la femme sçauante, imprimé.

Il mourut à Thurin en Piedmont, âgé de 60. ans ou enuiron.

CLOVIS, OV LOYS HESTEAV, sieur de Nuysement, natif de Bloys, secretaire de la chambre du Roy & de Monsieur, &c.

Il a fait imprimer vn iuste volume de ses poësies Françoises.

Il florist à Paris cette annee 1584.

S.L. CONRAD BADIVS, imprimeur &c.

Il a traduit l'Alcoran des C. imprimé l'an 1560. à G.

COSME DV PORT, Gentilhomme de Brie, Poëte François, Philosophe, & Mathematicien.

Il a escrit plusieurs vers François, non encores imprimez.

Il florist à Paris cette annee 1584.

COLIN MVSET, ancien Poëte François, excellent ioueur de Violes l'an 1250. ou enuiron.

Il a escrit plusieurs chansons d'amours.

COLARD OV COLARS LE BOVTTILLIER, ancien Poëte François l'an 1250. ou enuiron.

Il a escrit quelques poësies d'amours.

S'ensuiuent plusieurs noms d'autheurs desquels les premiers noms sont incogneuz.

CHARDON, ancien Poëte François l'an 1250. ou enuiron.

Il a escrit quelques vers amoureux.

CLARATON.

Il a traduit de Latin en vers François, l'histoire de Galfridus Monemutensis, contenant 8. liures des gestes des Anglois & Bretons, voy Symlerus.

C. MOISSON, Dijonnois, Poëte François du temps de François 1.

CH..... P.......

Il a traduit de Latin en vers François les sentences selectes de Periãder, Publian, Seneque, & Isocrate, imprimees à Paris chez Vincent Sertenas l'an 1561.

3.L. C. DE BLOCKLAND, natif de Montfort en Hollande, excellent musicien.

Il a escrit en François vne instruction de Musique, imprimee à Lyon chez Iean de Tournes l'an 1573. par cette instruction lon peult facilement apprendre la Musique-pratique sans aucune Gamme, ou sans la main.

Il florissoit l'an 1571.

CL. D. VV. E. S. D. R.

Il a escrit en prose Françoise, vn discours du vray moyen pour paruenir à la paix entiere, & se maintenir en icelle, imprimé à Paris chez Thomas Belot l'an 1570.

...... CHARDON Tourengeau.

Il a traduit de Latin en François les Epistres de Hildebert, premieremẽt Euesque du Mans & depuis Archeuesque de Tours l'an 1000. &c. non encores imprimees.

CASTEL, Historien & Poëte François, grãd chroniqueur de France, fils de Christine femme tresdocte en Grec & Latin, &c.

Le second volume de la chronique Martiniane est imprimé soubs les noms de Castel, & de Guaguin historiens François, à Paris par Antoine Verard l'an 1500.

Il florissoit l'an 1399. ou enuiron.

Iean Moulinet fait mention de luy & l'appelle le grand chroniqueur de France, & l'appelle LET SAC par anagramme qui est Castel.

La CHESNAYE Normand, homme docte.

Il a

Il a escrit quelques choses imprimees auec le Ballet sur les nopces de M. le Duc de Ioyeuse, à Paris chez Adrien le Roy, & Robert Ballard Freres.

COVRTOIS, natif d'Arras en Picardie, ancien poëte François l'an 1300. ou enuiron.

Il a escrit vn plaisant conte ou fable de Foucher Boyuin.

COVRTEBARBE ancien poëte François l'an 1260. ou enuiron, ioüeur d'instrumens de Musique.

Il a escrit le Fabliau des trois aueugles de Compiegne en Picardie.

CVPELIN excellẽt ioüeur d'instrumẽs en Musique l'an 1260. ou enuiron, Poete François, &c.

LE CHEVALIER DE LA TOVR, &c. voy cy apres Messire Geoffroy de la Tour Landry en Anjou, cheualier l'an 1371. &c.

Le sieur de COLLES.

Il a escrit en vers François l'Enfer de Cupidon.

LE CONTE DE LA MARCHE, ancien Poëte François,

Il a escrit plusieurs chansons d'amours, l'an 1260. ou enuiron.

C. DE L'ESTRANGE, Abbé de la Celle.

Il florissoit l'an 1536.

COVPEL.
CHAPVT.
CRIGNON.
CROZON. } Tous quatre Poëtes François viuans du temps de Loys 12.

FIN DE LA LETTRE C.

D

B.L. DANIEL D'Auge Champenois, dit Augentius, natif de Villeneufue l'Archeuesque au diocese de Sens, Lecteur du Roy en l'vniuersité de Paris és lettres Greques.

Il a escrit vne oraison consolatoire sur la mort de Messire François Oliuier Chancelier de France, imprimee à Paris chez Benoist Preuost l'an 1560.

Il a traduit de Grec en François l'institution du Prince Chrestien imprimee.

Deux dialogues de l'inuention poëtique, de la vraye cognoissance de l'art oratoire, & de la fiction de la fable, imprimez à Paris par Richard Breton l'an 1560.

Discours sur l'arrest donné au Parlemét de Dole en Bourgogne, touchant vn hõme accusé & cõuaincu d'estre Loup-garou. &c. imprimé.

Il a reueu & corrigé les Opuscules de Guillaume Telin sieur de Gutmont & de Morilonuilliers, &c. imprimez à Paris chez Mathurin Preuost l'an 1565. esquels se list vne epistre dudit Daniel d'Auge, addressee au Seigneur de Gutmont Anthoine Telin fils du susdit.

Il peut auoir composé plusieurs autres œuures, mais ie ne les ay pas veues, ie feray mention de ses compositions Latines dans mon autre Bibliotheque Latine.

Il florist à Paris ceste annee 1584.

DANIEL CHARTIER Orleanois fils de M. Marin Chartier Aduocat audit Orleans.

Il a reueu & recorrigé quelques œuures d'Alain Chartier ancien Poëte François & Orateur, Secretaire du Roy Charles 7. &c. & se lit vn preface dudit Daniel touchant ledit A. Chartier son parent, &c. le tout imprimé à Paris chez Corrozet, l'an 1583.

DANIEL DROVIN natif de Loudun en Poitou.

Il a composé plusieurs Poëmes François, imprimez.

DARINEL DE TIREL Pasteur des Amadis, &c.

Il a escrit la Sphere des deux Mondes, & vn Epithalame sur le mariage de Philippes Roy d'Angleterre, le tout imprimé à Anuers chez Richard l'an 1555. auec les tables Cosmographiques &c. Voy cy apres Gilles Boyleau de Buillõ surnõmé Darinel de Tirel Pasteur des Amadis, &c.

Frere DAVY ou DAVID BROSSART religieux de l'Abbaye de S. Vincent pres le Mans.

Il a escrit vn liure de l'art & maniere de semer Pepins, & faire Pepinieres & sauuageaux, enter en toutes sortes d'arbres, & faire vergers, &c. auecques vn autre traitté de la maniere de semer graines en iardins, le

temps

temps & la saison de planter, replanter, recueillir graines, & cultiuer toutes sortes d'herbes &c. Le tout imprimé à Paris par la veufue Nicolas Buffet l'an 1552. & depuis en autres endroits, &c.

DAVID CHAMBRE Escossois sieur d'Ormont, Conseiller au Parlement d'Edimburg, ville capitale d'Escosse, &c.

Il a escrit vn abregé de la Chronique des Roys de France, Angleterre, & Escosse, imprimé à Paris chez Michel Gadouleau l'an 1579.

Sommaire Recueil des singularitez d'Escosse & autres discours.

Il florissoit à Paris l'an 1572. & 1579.

DAVID FINARENSIS Medecin, &c.

Il a escrit vn abregé de la vraye astrologie & de la reprouuee, imprimé à Paris chez Estienne Grouleau, l'an 1547.

DENIS PERRONNET docteur en Theologie en l'vniuersité de Paris, & chanoine Theologal de l'Euesché de Perigueux, &c.

Il a escrit deux volumes de Sermons imprimez à Paris chez Guillaume Chaudiere l'an 1579.

DENIS POSSOT.

Il a fait la description tresample du voyage de la terre Saincte, imprimé à Paris chez Simon de Colines.

DENIS SAVVAGE sieur du Parc, natif de Fontenailles en Brie au Conté de Champagne &c. historiographe du Roy.

Il a traduit de Latin en François les histoires ou chroniques de Paule Ioue des choses aduenues en son temps, en toutes les parties du Monde, imprimees à Paris & à Lyon.

Il a traduit d'Italien en François la Circé de Iean Baptiste Gello Academic Florentin, imprimee à Paris par Galiot du Pré l'an 1572.

Il a escrit vn traité de l'Orthographe & Grammaire Françoise, non imprimé.

Il a reueu l'histoire de Loys 12. composee par Claude Seicel, imprimee à Paris: Ensemble la chronique de Loys vnziesme composee par Philippes de Commines.

Il a dauãtage reueu & corrigé les Chroniques de Froissart, & les Annales de France composees par Nicole Gilles.

Il florissoit soubs Henry 2. l'an 1550.

DENIS ZECHAIRE gentilhomme Guiennois, grand Philosophe naturel.

Il a escrit vn opuscule tresexcellent de la vraye Philosophie naturelle des metaux, traittant de l'augmentation & perfection d'iceux, &c. imprimé à Anuers chez Guillaume Syluius l'an 1567.

DENVYSEMENT, Voy cy deuant Clouis Hesteau sieur de Nuysemẽt.

DIANE DE MOREL sœur de Camille & Lucrece de Morel, toutes trois tresdoctes filles, &c. Elle mourut à Paris l'an 1581. ou enuiron. Voy cy deuant Anne de Morel.

DIANE SYMON Parisienne fort bien versee en la poësie Françoise. Ie n'ay point veu de ses compositions imprimees. Elle florissoit l'an 1570. ou enuiron.

DIDIER CHRISTOL, ou CRISTOL, Medecin à Mõtpellier l'an 1548.

Il a traduit de Latin en François le liure de l'Honeste volupté de Bap. Platine, imprimé à Lyon l'an 1548.

DIDIER LVPI Second, fort excellent Musicien.

Il a mis en Musique les Chansons spirituelles de Guillaume Gueroult, imprimees à Paris chez Nicolas du Chemin.

DOMINIQVE BERTIN Parisien, fort excellent Architecte & Mathematicien.

Il a composé (auec Iean Guardet Bourbonnois) l'epitome ou extrait abregé des dix liures d'Architecture de Marc Vitruue Polion, &c. auecques explications des plus difficiles passages d'iceluy Vitruue, imprimé à Paris chez Buon l'an 1565. 1567. & à Tolose.

Il florissoit à Tolose, l'an 1556.

DOMINIQVE BOVLARDET Ministre à Geneue, &c.

DOMINIQVE IAQVINOT Champenois.

Il a escrit l'vsage de l'Astrolabe, auec vn petit traité de la Sphere, imprimé à Paris chez Marnef l'an 1573. auec l'amplification de l'vsage de l'Astrolabe par Iacques Bassentin Escossois.

DOMINIQVE REVLIN natif de Bordeaux, & Medecin en ladite ville.

Il a escrit les contredits aux Erreurs populaires de M. Laurẽt Ioubert, & autres liures imprimez à Paris, à Bordeaux & autres lieux.

DOMINIQVE SERGEANT natif de Laual au Maine, docteur en Theologie à Paris de l'ordre des Iacobins au conuent du Mans.

Il a composé deux liures du Baptesme contre Pierre Viret, imprimez à Auignon l'an 1566.

Il florissoit audit Auignon l'an 1566.

∴∵∴ DAMPIERRE gentilhomme suyuant monsieur le Duc de Rouannois, grand Escuyer de France &c.

Il a escrit vne lettre à Madame la duchesse de Rouannois femme dususdit grand Escuyer, &c. par laquelle se voit la façon dont ledit grand Escuyer a esté pillé, pris, & emmené de sa maison par aucuns hommes d'armes, &c. imprimee à Paris par Robert Estienne l'an 1568.

∴∵∴ DANDONVILLE.

Il a escrit en vers François vn traité des moyens de cognoistre ses amis, &c. imprimé à Paris par Iaques Niuerd.

∴∵∴ DAVTHON abbé, &c. Chroniqueur de France. Voy cy apres Iean Dauthon abbé.

DOETE de Troye en Champagne, ancienne poëtrice Françoise.

Elle a escrit plusieurs chansons amoureuses soubs Conrad Empereur l'an 1260. ou enuiron.

DRVSAC

DRVSAC, I. C. de Tolose Poëte François, autheur du liure intitulé les controuerses des sexes masculin & feminin, &c. imprimez à Paris l'an 1537. Voy cy apres Gabriel du Pont surnommé Drusac.

DVRAND, ancien Poëte François.

Il a composé le Fabliau ou discours fabuleux des trois Bossuz.

Il florissoit en l'an 1300. ou enuiron.

FIN DE LA LETTRE D.

EBLES

E

EBLES D'VZEZ gentilhomme Prouençal, frere puisné de Guy d'Vzez sieur dudit lieu.

Il a escrit plusieurs poëmes en langue prouençale, non encores imprimez.

Il viuoit en l'an de salut 1230.

EDOART BREDIN Geometre.

Il a fait la description de la ville de Dijon en Bourgogne l'an 1574. imprimee.

ELEBRANS.

Il a escrit vn traitté de Physique en François, lequel enseigne à garder le corps & les mẽbres en santé. Il n'est encores imprimé que ie sçache, ie l'ay par deuers moy escrit à la main sur parchemin & contient 36. fueilles.

ELIE ou ELIAS DE BARIOLS gentilhomme natif dudit lieu, Poëte Prouensal.

Il a escrit vn traité de la guerre pour la Conté de Prouẽce & des terres Bausenques, &c. non imprimé.

Il mourut en la fleur de son aage l'an 1180.

ELIE DE CADENET autrement appellé Elzias de Cadenet fils du sieur de Cadenet en Prouence, &c. fort bon Poëte en langue Prouençale & sçauant és lettres humaines, &c.

Il a escrit vn traité contre les menteurs & médisants, lesquels il appelle Gladiadours &c.

Il a escrit plusieurs chansons à l'honneur de la vierge Marie & autres Dames non encores imprimees.

Il mourut en la guerre des Templiers contre les Sarrazins l'an 1280.

ELIE VINET natif de Barbezieux en Xaintonge, homme fort docte és Mathematiques, & consommé en plusieurs autres arts, & sciences: grãd historien & Philosophe, &c. principal du college d'Aquitaine à Bordeaux, &c.

Il a escrit vn traité des Arpentages, ou mesures par arpent, imprimé à Bordeaux par Symon de Millanges, l'an 1577.

Les Antiquitez de Bordeaux & de Bourg, imprimees par Millãges à Bordeaux l'an 1565. & depuis reueues & augmentees par ledit Vinet & imprimees audit lieu l'an 1574.

Antiquitez de Xaintonge, Angoulmois, & autres lieux d'alentour, imprimees.

Il florist à Bordeaux ceste annee 1584. agé de pres de 80. ans & ne cesse de composer tous les iours. Ie feray mention de ses œuures Latines autre part.

ELISENNE DE CRENNE damoiselle natiue de Picardie.

Elle a escrit en prose vn discours de l'Amour, imprimé à Paris par Denis Ianot, voy cy apres Helisenne par H.

ELOY Recteur des eschcoles de Mascon, &c.

Il a escrit en Latin & en François vn petit liure intitulé les Parts de maistre Eloy, imprimé à Lyon l'an 1569. par Benoist Rigault.

ELOY MAIGNAN medecin à Paris. Il a traduit de latin en François les Commentaires de Leonard Fuchius medecin Alleman, touchãt l'herberie, imprimez à Paris.

EMAR OU AIMAR DE CHABANOIS natif de Chabanes au Duché de Angoulesme, ancien historiographe de France, &c.

Il a escrit l'histoire d'Angoulesme non encores imprimee, Belle-forest, & Corlieu font mention de luy en plusieurs de leurs œuures.

EMAR DE FROIDEVILLE de Viers escuyer, docteur és droits, iuge general des Bastilles de Perigort, &c. natif d'Auuergne.

Il a escrit vn dialogue de l'origine de la Noblesse, imprimé à Lyon par Berthelemy Honorat l'an 1574. auquel temps il florissoit &c.

Il s'appelle autrement Emar Deuiers &c.

EMAR HENNEQVIN Parisien, issu de la tres-ancienne famille des Hennequis à Paris, Euesque de Renes en Bretagne.

Il a escrit vn catechisme imprimé à Paris.

Il a traduit les confessions de S. Augustin, imprimees à Paris chez l'Huillier l'an 1582.

Il florist ceste annee 1584.

EMAR RANCONNET, natif de Bordeaux, President au Parlement de Paris, l'vn des plus doctes hommes de son temps.

Il a escrit plusieurs ouurages tant en Latin qu'en François, mais ils ne sont encores imprimez.

Ie feray mention de ses escrits Latins en ma Bibliotheque Latine.

Il florissoit l'an 1550. soubs Henry 2.

EMERY DE BELMY, natif d'Espagne, & selõ d'autres de Bordeaux, appellé Amerigo de Belmy, & Bellengy &c.

Il a escrit quelques poëmes & rithmes en langage Prouençal.

EMERY DE BELVEZER, Poëte Comique Prouençal.

Il a escrit vn traicté des Amours de son ingrate.

Il mourut l'an de salut 1264.

EMERY DE PINGVILLON OV PVYGVILLON, natif de Tolose, ancien Poëte Prouençal.

Il a escrit des Satyres, & plusieurs belles & for doctes chansons. Les angoisses d'Amour. Petrarque fait mention de ce Poëte en son triomphe d'Amour & l'a imité en plusieurs endroits.

Il mourut enuiron l'an 1260.

EMERY DE SAINCTE ROZE, Escuyer.

Il a escrit vn liure des Ruzes & finesses de guerre extrait de Frõtin & autres autheurs: ce liure a esté augmenté par Remy Rousseau, lequel l'a fait imprimer à Paris l'an 1514. chez Iean Petit.

Il florissoit soubs Loys 12. l'an 1500.

EMERY DE SARLAC gentilhomme seruant en la maison du Comte de Prouence Philippes le Long, qui depuis fut Roy de Frãce, l'an 1321.

Il a escrit plusieurs chansons en rithme Prouençale, à la loüange d'vne dame de Fontenay en Poictou.

Il florissoit l'an susdit 1321.

EMOND AVGER, natif du diocese de Troye en Champagne, l'vn des plus sçauants & eloquents de tout l'ordre des Iesuistes.

Il a escrit vn Catechisme ou instruction Chrestienne pour les enfans, imprimé à Paris chez Gabriel Buon & Thomas Brumen par diuerses fois.

Traité de la vraye, realle & corporelle presence de Iesus-Christ, au sainct Sacrement de l'Autel, imprimé à Paris chez Pierre l'Huillier l'an 1566.

Traicté des Sacrements de l'Eglise, imprimé à Paris chez l'Huillier audit an 1566.

Sucre spirituel pour oster l'amertume des malheurs qui regnent auiourd'huy.

Le Paidagogue d'armes, imprimé à Paris chez Sebastien Niuelle l'an 1568.

Thresor des prieres pour tous estats, imprimé à Bordeaux par Symon Milanges l'an 1578.

Discours du sainct Sacrement de Mariage imprimé chez Buon, 1572.

Il ne cesse d'escrire ou enseigner tous les iours la parole de Dieu, & esperons voir encores de luy plusieurs tresdoctes traictez Latins & François, lesquels il mettra en lumiere quand il plaira à Dieu.

Il florist à Paris ceste annee 1584. soubs Henry 3.

EMOND DV BOVLAY dit Lorraine, premier heraut & Roy d'armes de Lorraine, Poëte François, historien & orateur.

Il a composé en vers François le combat de la chair & l'esprit, imprimé à Paris l'an 1549. chez Iean Longis.

La genealogie des Ducs de Lorraine, auec les discours des alliances & traitez de mariages en icelle maison, iusques au Duc François dernier decedé, imprimé à Paris chez Iean Longis l'an 1549.

Les obseques & funerailles de Messire Claude de Lorraine Duc de Guise & d'Aumale, imprimees à Paris par Arnould l'Angelier l'an 1551.

Le Catholique enterrement de feu M. le R. Cardinal de Lorraine, lequel

quel mourut à Nogen sur Yõne l'an 1550. imprimé à Paris par Iean Dalier l'an 1550. c'est vn autre que le defunct Charles Cardinal de Lorraine.

Il florissoit soubs Henry 2. l'an 1550.

EMOND LE MAISTRE, Prouençal, grand Mathematicien, &c.

Il a escrit vn Aduertissement ou presage fatidique pour 6. ans, imprimé à Paris l'an 1578. chez Iean de Lastre.

Il florissoit à Arles en Prouence, l'an 1577.

EMOND DE PANIGROLLES, Escuyer (qui est vn nom supposé.)

Il a escrit vn discours de ce qui s'est passé aux estats prouinciaux de Normandie tenuz à Roüen l'an 1578. imprimé à Paris l'an 1578. chez Berthelemy des Planches qui est vn autre nom supposé.

Messire ENGVERRAND DE MARIGNI cheualier, Conte de Longueville en Normandie grand general des finances de France soubs Philippes le Bel, & Loys Hutin son fils l'an 1300.

Il estoit homme fort eloquent, & prononça vne oraison ou harangue au peuple de Paris en la presence du Roy Philippes le Bel, non encores imprimee, ledit de Marigny fut pendu & estranglé à Paris l'an 1314. le dernier iour d'Auril.

ENGVERRAND DE MONSTRELET gentilhõme natif de Cambray en Picardie.

Il a escrit trois gros volumes de l'histoire de France, imprimez à Paris chez Iean Petit & Michel le Noir, l'an 1512. & depuis chez Michel Somnius, Chesneau & autres, l'an 1572. reueuz & recorrigez.

Il florissoit l'an 1444.

ERVE FAYARD Perigordin.

Il a traduit toutes les œuures de Galien en François.

Le liure dudict Galien de la faculté des simples medicaments, auec l'addition de Fuchius Alleman & autres, traduit par ledit Fayard, a esté imprimé à Lymoges chez Guillaume de la Noaille l'an 1548.

ESAIE LE LIEVRE Medecin natif de Vermandois en Picardie, Poëte, Philosophe, & Medecin, &c.

Il a escrit vn liure intitulé Epydymyomachie, ou combat de la Peste auec le reglement politique, imprimé à Paris chez Robert Colombel l'an 1582.

Douze tables demonstratiues des choses naturelles & contre nature, imprimees chez ledit Colombel auec le susdit traité de la Peste.

ESTIENNE D'ACIER, natif de Bar sur Aulbe en Bourgongne.

Il a escrit en vers François l'Hymne du Pasteur, imprimé à Paris chez Thomas Ricard, l'an 1564.

S.L. ESTIENNE DE L'AIGVE, DIT AQVEVS, Escuyer sieur de Beauuais en Berry.

Il a escrit vn traicté de la proprieté des Tortues, Escargots, Grenouilles & artichaux, &c. imprimé à Paris chez Galliot du Pré, l'an 1530.

Il a traduit de Latin en François les commentaires de Iules Cesar de la guerre ciuile, & les commentaires de Hirtius Opius, de la guerre d'Alexandrie, Afrique, & Espagne, le tout imprimé à Paris chez Arnould & Charles les Angeliers l'an 1539.

Il florissoit soubs François premier l'an 1530.

ESTIENNE DE L'AVLNE Parisien, l'vn des plus excellents hommes pour le burin & taille douce de toute la France, comme il se voit par vne infinité de pourtraits faits de sa main, & imprimez tant à Paris qu'en autres lieux.

Il mourut à Paris le iour de la Pentecoste l'an 1583. âgé de 67. ans.

ESTIENNE BARITEL, ancien Poëte comique, voy de luy les epistres d'Estienne du Tronchet.

ESTIENNE DE BOIENVAL Picard, natif de la ville de Chelle au diocese de Beauuois, homme fort curieux des simples & compositions naturelles, grand distillateur, &c.

Il florist à Paris ceste annee 1584.

S.L. ESTIENNE DE LA BOETIE natif de Sarlat en Perigort, Conseiller du Roy au Parlement de Bordeaux l'an 1560. ou enuiron, Poëte Latin & François, historien & orateur, I.C. homme docte és langues, &c.

Il a traduit de Grec en François la Menagerie de Xenophon, les Regles de mariage de Plutarque, plus vne lettre de consolation dudit Plutarque à sa femme, le tout imprimé à Paris chez Federic Morel l'an 1571. auec quelques vers Latins & François dudit Boëtie.

Il a escrit plusieurs sonnets desquels il s'en voit 29. imprimez dans le 1. liure des Essais de Messire Michel de Montagne cheualier &c.

Il a escrit quelques memoires ou aduertissements sur l'Edit de Ianuier, ensemble le Contre-vn, traittant de la seruitude volontaire imprimé, &c. lequel il escriuit l'an de son âge 18. comme tesmoigne ledit sieur de Montagne au chapitre de l'amitié, imprimé auec ses Essais.

Il mourut l'an 1563. le 18. iour d'Aoust âgé de 32. ans 9. mois & 17. iours, comme il se voit par vn discours de sa mort fait par ledict sieur de Montagne, imprimé sur la fin de la Menagerie de Xenophon chez Morel à Paris, l'an 1571.

Estienne Colas Professeur des langues Françoise & Angloise au pays d'Anglererre,&c.

Il a escrit vn traité pour apprendre à parler François & Anglois, imprimé à Roüen chez Bonaduenture Belys l'an 1554.

Estienne Coppe'.

Il a traduit de Latin en François les Opuscules de Guillaume Gratarolle de Bergome docteur en medecine &c. imprimees à Lyon.

Estienne Dolet natif d'Orleans, imprimeur à Lyon, Poëte Latin, orateur & Grammairien.

Il a escrit quelques vers François sur son second emprisonnement, intitulé le second Enfer d'Estienne Dolet, imprimé à Troye l'an 1544. par Nicole Paris, auec quelques dialogues dudit Estienne Dolet.

Les gestes de François de Valois Roy de France, 1. du nom, escrits premierement en vers Latins par ledit Dolet, & depuis traduits en vers Frãçois par luy-mesme, imprimez par luy à Lyon l'an 1540.

Il a traduit en François deux dialogues de Platon, sçauoir est Axiochus, & Hyparchus, le tout imprimé l'an 1544. auec son deuxiesme enfer.

Il promettoit de traduire tout le Platon en François, mais il n'est encores imprimé.

Il a traduit quelques epistres de Cicerõ, imprimees à Paris chez Buõ. Les Philippiques.

Traité de la maniere de bien traduire d'vne langue en autre, imprimé à Paris, l'an 1545. auec le traicté de l'orthographe de Loys Meigret.

L'Orateur François, non encores imprimé.

Exhortation à la lecture des sainctes lettres, imprimé à Lyõ l'an 1542. par luy-mesme.

Discours de la Republique Françoise, imprimé par luy l'an 1544.

Le cantique des cantiques.

Les Epistres & Euangiles de 52. Dimenches de l'an, auec les expositions.

Exposition sur la 1. epistre de S. Iean, diuisee par Sermons.

Il y a plusieurs de ses liures censurez, &c.

Il fut bruslé à Paris du temps de François 1. le iour de S. Estienne en la place Maubert, paroisse de S. Estiẽne, & auoit nom Estienne, qui sont rencontres memorables.

Estienne Forcadel, natif de Beziers pres Narbonne, docteur és droicts, & lecteur ordinaire en l'Vniuersité de Tolose, &c. frere de Pierre Forcadel, lecteur du Roy és Mathematiques à Paris, &c.

Il a eſcrit vn petit traité de la maiſon de Montmorency, lequel il intitule Montmorency Gaulois, imprimé à Lyon par Iean de Tournes l'an 1571.

Le chant des Seraines, auec pluſieurs autres poëmes François dudit Forcadel, le tout imprimé à Paris par Gilles Corrozet l'an 1548.

Il floriſſoit à Toloſe l'an 1570.

Il a eſcrit pluſieurs œuures en Latin, eſquels ie feray mention autre part.

2. L. ESTIENNE GOVRMELAN natif de Cornuaille en la baſſe Bretagne Armorique, docteur en medecine à Paris.

Il a eſcrit l'hiſtoire de Bretagne non encores imprimee.

Il a eſcrit les vies de pluſieurs Saints & Sainctes, leſquelles il a extraites des Martyrologes, imprimees auec les grands volumes de l'hiſtoire des Saincts, chez Nicolas Cheſneau & autres.

Aduertiſſement & conſeil à meſſieurs de Paris pour ſe preſeruer de la Peſte, imprimé à Paris l'an 1581. chez Nicolas Cheſneau.

Il floriſt à Paris ceſte annee 1584.

Il a eſcrit pluſieurs liures Latins imprimez à Paris.

3 L. ESTIENNE IDELI preſtre chapelain ordinaire des Peſtiferez de Bezançon, & maintenant de la ville de Lyon, &c.

Il a eſcrit deux liures de ſacretz ſouuerains & vrais remedes contre la Peſte, imprimez à Lyon l'an 1581, par Iean Stratius.

Il floriſſoit à Lyon l'an 1580.

ESTIENNE IODELLE Pariſien, ſieur du Lymodin, treſexcellent Poëte Latin & François.

Il a eſcrit vn recueil des inſcriptions, figures, deuiſes & maſcarades ordonnees en l'hoſtel de ville à Paris l'an 1558. auec pluſieurs vers Latins &c. imprimé à Paris chez André Vuechel audit an 1558.

Cleopatre & Didon tragedies Françoiſes dudit Iodelle imprimees.

Eugene comedie Françoiſe imprimee.

Contramours, qui eſt vn poëme contenant plus de 300. ſonnets.

Les diſcours de Ceſar au paſſage du Rubicon, lequel contient enuiron de dix mille vers.

Ode de la Chaſſe, Poëme contre l'arriere-Venus, ou peche de Sodomie.

Il a eſcrit pluſieurs oraiſons Françoiſes, non imprimees.

Son œuure de meſlanges a eſté imprimé à Paris chez Nicolas Cheſneau & Mamert Patiſſon l'an 1574.

Il mourut à Paris en Iuillet l'an 1573. âgé de 41. an.

Charles de la Motthe a eſcrit vn diſcours de ſa vie, imprimé auec les œuures dudit Iodelle, comme nous auons dit cy deuant.

2 L. ESTIENNE DE LVSIGNEN, natif de la ville de Nicoſſie au Royaume de Cypre

de Cypre, iſſu de la Royalle maiſon de Luſignan, Rois de Cypre, religieux de l'ordre des Iacobins, ou freres preſcheurs &c.

Il a eſcrit la deſcription de toute l'Iſle de Cypre, imprimee à Paris chez Guillaume Chaudiere l'an 1579.

L'hiſtoire contenant vne ſommaire deſcription des Genealogies, alliances, & geſtes de tous les Princes & grands ſeigneurs, qui ont cõmandé és Royaumes de Hieruſalem, Cypre, Armenie & lieux d'alentour, imprimé à Paris l'an 1579. chez Guillaume Chaudiere.

Les chroniques de Cypre.

La defenſe des religieux, contre ceux qui ſouſtiennent que l'habit de religion, eſt ſeulement pour les pauures inutiles & pareſſeux, & non pour les riches & de noble maiſon &c. imprimé à Paris chez Charles Roger l'an 1581.

Il a eſcrit vn for ample traicté des genealogies des maiſons les plus nobles de toute la chreſtiété, leſquelles il eſpere faire imprimer en bref.

Il a mis en lumiere celles de Valois, Bourbon, & Luſignan, imprimees à Paris chez Iean le Clerc, & autres.

Il floriſt à Paris cette annee 1584. âgé de quaranteſept ans.

ESTIENNE MAINALD, profeſſeur de medecine à Bordeaux &c.

Il a traduit de Latin en François le traicté de Verolle, eſcrit par G. Rondelet medecin à Montpellier &c. imprimé à Bordeaux par Symõ de Millanges l'an 1576.

ESTIENNE PARIS, docteur en Theologie, Eueſque d'Antibe, ou d'Antipole.

Il a eſcrit pluſieurs Homelies, imprimees à Paris chez Vincent Gaulterot.

ESTIENNE PASQVIER Pariſien, l'vn des plus eloquents Aduocats de la cour du Parlement de Paris, & des plus doctes, Poëte Latin & Frãçois, hiſtorien & orateur &c.

Il a eſcrit ſix liures de recherches ou anciennetez de la France, deſquels les deux premiers ont eſté imprimez en diuers lieux, tant à Paris qu'à Orleans.

Le Monophile ou ſeul-âymant, qui eſt vn diſcours en proſe, touchãt l'amour, imprimé à Paris par deux ou trois fois.

Le pour-parler du Prince, imprimé auec ſes recherches.

Les ordonnances d'amour, imprimees au Mans & en autres lieux, ſoubs noms diſſimulez, le 26. Arreſt d'Amour, Pluſieurs vers ſur la pulce, imprimez chez l'Angelier l'an 1582.

Il a prononcé pluſieurs treſdoctes oraiſons, tant au Parlement qu'en autres lieux, leſquelles ne ſont encores imprimees.

Ie feray mention de ſes œuures Latins autre part.

Il floriſt à Paris cette annee 1584. non ſans ſ'eſtudier à profiter au public, en toutes façons treſlouables.

S. L. ESTIENNE PERLIN.

Il a escrit la description des Royaumes d'Angleterre & d'Escosse, imprimee à Paris chez François Terpeau l'an 1558.

Cosmographie ou description de toute la terre, & diuision d'icelle, auec le changement ou mutation des Empires ou Royaumes.

Ie ne sçay si cet œuure est imprimé.

ESTIENNE DE LA PLANCHE, Aduocat au Parlement de Paris.

Il a traduit les cinq premiers liures des Annales de Cor. Tacitus, imprimez à Paris l'an 1555. & derechef imprimez l'an 1581.

Il florissoit à Paris l'an 1555.

ESTIENNE PORCHIER, duquel la deuise & anagramme est,

En reproche ny siet.

Il est autheur du Rosier des Princes, escrit à la main l'an 1470.

ESTIENNE DE LA RIVIERE, Chirurgien à Paris.

Il a composé les figures & declaration des incisions, de la dissection des parties du corps humain, imprimees à Paris auec les trois liures de Charles Estienne Medecin, chez Robert Estienne & Symon de Colines.

ESTIENNE DE LA ROCHE, dit Villefranche, natif de Lyon sur le Rhosne.

Il a escrit vne Arithmetique & Geometrie, imprimees à Lyon l'an 1538. par les Huguetans.

ESTIENNE SPIFAME, gentilhomme François.

Il a escrit quelques œuures, tant en vers qu'en prose Françoise, imprimees à Paris chez la veufue Lucas Breyer l'an 1583.

S. L. ESTIENNE TABOVROT, Aduocat au Parlement de Dijon en Bourgongne.

Il a mis en lumiere vn sien œuure, remply de faceties & ioyeusetez, intitulé les Bigareures, que les Grecs appellent Stromata &c. soubs le nom du sieur des Accords, imprimé à Paris chez Richer l'an 1583. & 1584. auecques augmentations.

Il florist à Dijon l'an 1584.

Il a composé plusieurs autres ouurages plus serieux, lesquels ne sont encores en lumiere.

ESTIENNE DV TRONCHET, natif de Montbrison en Forests, secretaire de la Roine mere du Roy, Tresorier de Forests, &c.

Il a escrit vn volume de lettres missiues & familieres, imprimees à Paris chez Nicolas du Chemin l'an 1569.

Lettres amoureuses, auec septante Sonnets de Petrarque, traduits en vers François, par ledict du Tronchet, imprimez à Paris chez la veufue Lucas Breyer l'an 1575.

Le vol de la plume en France, imprimé.

Discours Academiques Florẽtins, appropriez à la langue Françoise, imprimez

imprimez chez ledict Breyer l'an 1576.

Le contentement d'vn vieil laboureur &c. imprimé à Lyon par Benoist Rigaud, auec les questions Enigmatiques d'Antoine du Verdier.

Il florissoit l'an 1569.

ESTIENNE VALENCIER Foresien, secretaire de Monsieur le Conte de Sault en Prouence &c.

Il a escrit vne complainte de la France, touchant les miseres de son dernier temps, imprimee l'an 1568.

Eglogue sur la mort de Madame Charlote de Laual, admiralle de France, imprimee l'an 1568. auec quelques Epitaphes & cantiques dudict Valencier.

Discours sur la mort de monsieur le Conte de Sault, Messire Frãçois d'Agoult, imprimé audict an 1568.

Eglogue presentee au Roy & à la Royne pour Estrenes, auec vne Ode de la paix, imprimé chez Federic Morel l'an 1576.

Il florissoit l'an 1568.

ESTIENNE YDELY, voy cy dessus Estienne Idely par I. Latin.

EVDE OV ODE DE LA COVROIERE, ancien Poëte François l'an 1250. ou enuiron.

Il a escrit plusieurs chansons amoureuses non encores imprimees.

EVSTACE OV EVSTACHE DV COVRROY, maistre de la chapelle du Roy, l'vn des plus grands musiciens, & des mieux versez en la theorique & pratique de tous ceux de nostre temps.

Il a mis en lumiere quelques œuures touchant la musique, imprimez à Paris chez Adrian le Roy.

Il a dauantage escrit, plusieurs œuures touchant la theorique & pratique de musique, non encores imprimez.

Il florist à Paris cette annee 1584.

EVSTACE OV EVSTACHE, & selon autres HVISTACE OV VVISTACE, ancien Poëte François.

Il a escrit en vers François vn Roman appellé Brut, non imprimé.

Il florissoit l'an 1155.

Ce Roman se voit escrit à la main, en la Bibliotheque de monsieur Moreau, thresorier de France.

EVSTACE, surnommé le Peintre, tresbon Poëte François.

Il a escrit plusieurs chansons amoureuses, non encores imprimees.

Il florissoit l'an 1260. ou enuiron.

EVSTACE OV HVISTACES, natif d'Amiens en Picardie, ancien Poëte François.

Il a escrit vn Fabliau du Boucher d'Abeuile.

Il florissoit l'an 1300. ou enuiron, voy CL. F.

EVSTORG de Beaulieu, natif dudict lieu, au bas Lymosin, iadis prestre, musicien, & organiste, & depuis Ministre à Geneue.

Il eſt autheur d'vn liure, intitulé les Diuers rapports &c. contenant pluſieurs poëſies Françoiſes, imprimé à Lyon l'an 1537.

Il a mis en muſique 39. chanſons, non encores imprimees.

Chreſtienne reſiouïſſance, qui eſt vn amas de pluſieurs chanſons, imprimee l'an 1546.

Le Pater & Aué des ſolliciteurs de procez &c. imprimé.

Il floriſſoit l'an 1546.

EXVPERE DE CLAVEISON, ſieur de Parnas, il peult auoir compoſé quelques œuures, leſquelles ie n'ay point encores veuës.

FIN DE LA LETTRE E.

FEDERIC

F

FEDERIC OV FERRY, premier du nom, surnommé Barbe-dor, Empereur des Romains l'an 1162. neueu de Conrad troisiesme Empereur &c.

Il a escrit plusieurs chansons & Epigrammes, en langue Prouençale, & entre autres vn, à la louange de toutes les nations, qu'il auoit suyuies, en ses victoires, &c. non imprimez.

Il florissoit l'an susdict 1162.

FEDERIC BLANCHET, natif de Sainčthon en Forests, Aduocat au Parlement de Paris.

Il a traduit for heureusement de Latin en vers François les Baisers de Iean second, Flamand de nation, non encores imprimez.

Il florist à Paris cette annee 1584.

FEDERIC IAMOT, natif de Bethune en Picardie, docteur en medecine, homme docte en Grec & Latin.

Il a traduit de Grec en François vn traicté de la goute, contenant les causes & origine d'icelle, imprimé à Paris chez Philippes de Rouuille l'an 1567. & depuis chez Galiot du Pré l'an 1573.

Il florissoit l'an 1567.

FEDERIC MOREL Champenois, imprimeur du Roy à Paris &c. homme docte en Grec & Latin, pere de Federic Morel Parisié, duquel nous allons parler, &c.

Il a extraict des œuures de S. Cyprien, vn traicté des douze manieres d'abuz qui sont en ce monde, & le moyen de les euiter: ensemble il a traduit les douze regles de Iean Pic de la Mirandole, comprenant les choses plus requises pour viure Chrestiennement, le tout imprimé à Paris par luy-mesme l'an 1571.

Il mourut à Paris le Ieudy septiesme iour de Iuillet l'an 1583. âgé de 60. ans ou enuiron.

FEDERIC MOREL Parisien, filz du susdict, ieune homme, docte en Grec & en Latin &c.

Il a traduit de Grec en François plusieurs traictez de S. Basile le grād, entre autres vn abregé de celuy qu'il a fait du S. Esprit, imprimé par luy l'an 1584.

Traicté de Galien, touchant l'exercice de la Paulme.

Discours de Theodoret, autheur Grec, touchant la prouidence de Dieu.

Le conuiue ou Banquet de Xenophon, & plusieurs autres, lesquels il mettra bien tost en lumiere.

Il florist à Paris cette annee 1584.

FELIX LE VOYER, voy cy apres Fœlix, escrit par œ en cette sorte Fœlix.

S.L. FERRAND DE BEZ Parisien, Poëte Latin & François, principal du college du Plessis à Paris, autrefois Regent à Nismes en Languedoc.

Il a escrit en vers François l'Esiouissance de Nismes, imprimee en Auignon l'an 1553.

L'Institution Puerile, en vers François, imprimee à Nismes l'an 1553.

Les Epistres Heroïques amoureuses aux Muses, escrites en vers François, imprimees à Paris chez Claude Micard l'an 1579.

Il mourut à Paris l'an 1581. ou enuiron.

FERRY, voy cy deuant Federic.

S.L. FOELIX LE VOYER, autremẽt appellé Felix de la Mothe le Voyer &c. natif du Mans, Aduocat en Parlement, frere puisné de M. le secretaire le Voyer &c. homme docte és langues Grecque & Latine, & bien versé en la iurisprudence, Medecine, Philosophie, Mathematiques, Poësie, Histoire, art oratoire & autres. Ce que ie dy selon que la verité me le commande, & non pour la grande amitié que ie luy porte.

Il a escrit premierement en Latin vn for docte traicté, de l'Ambassade, lequel il a fait imprimer à Paris chez Michel de Roigny l'an 1579. & depuis il l'a traduit en François, non encores imprimé.

Il a composé plusieurs vers, sur diuers subiects, non encores imprimez, & entre autres plusieurs tresdoctes Sonnets.

Il a escrit plusieurs oraisons Latines & Françoises, non encores mises en lumiere, desquelles ie feray mention autre part.

Dialogue de la Musique, dedié à M. des Roches de Poitiers, non imprimé.

Il florist à Paris cette annee 1584.

S.L. FLORENT CHRESTIEN, natif d'Orleans, precepteur du Roy de Nauarre, & garde de sa Bibliotheque à Vendosme, filz de Guillaume Chrestien, docteur en medecine &c. homme tresdocte és langues, & tresexcellent Poëte Latin & François.

Il a traduit de Grec en vers François la Venerie d'Opian, imprimee à Paris chez Robert Estienne l'an 1575.

Il a traduit de Latin en vers François la tragedie de G. Buchanan Escossois, intitulee Yephté, ou le vœu, imprimee à Orleans chez Loys Rabier l'an 1567.

Il a escrit tant en vers Latins que François vn Poëme, intitulé le Rossignol.

Memoires des troubles de France, qui est vne histoire de nostre tẽps, ie ne sçay s'il les a fait imprimer.

Il a escrit quelques Poëmes contre P. de R. soubs noms desguisez, imprimez à Orleans.

I'entends qu'ils sont auiourd'huy bons amis, c'est pourquoy ie passe celà soubs silence.

Il

Il florist cette annee 1584.

Ie feray mention de ses escrits Latins en ma Bibliotheque Latine.

FLORENT COPIN, Poëte François, du temps de Marot.

FLORENT DE CROX, Mathematicien.

Il a escrit plusieurs almanachs & prognostications, imprimees à Paris, & en diuers autres lieux.

Il florissoit l'an 1570.

Iean le Peletier Parisien, docteur en medecine, a mis plusieurs prognostications, soubs le nom dudict Florent de Crox, comme nous dirons en son lieu.

FLORENT GOVLET, Poëte François, natif de Nogen au Perche.

Il a escrit quelques Epitaphes sur la mort de Messire Chrestofle de Thou, premier P. de Paris, imprimez audict lieu l'an 1583. par Iean du Carroy.

FLORIMOND ROBERTET, natif de Montbrison en Forests, Baron d'Alluye, secretaire d'Estat & des finances, soubs les Rois de France Charles huictiesme, Loys douziesme & François premier.

Il a escrit infiniz memoires & despeches, touchant les affaires de France, non imprimez.

Il florissoit l'an 1530.

Clement Marot parle souuent de luy en ses œuures.

FOVLQVES OV FOVQVET DE MARSEILLE, ancien Poëte Prouençal, issu de Genes en Italie, Abbé du Thorondet en Prouence, pres de Luc, de l'ordre de Cisteaux, depuis Euesque de Marseille, & en fin Archeuesque de Tolose l'an 1230.

Il a escrit vn traicté des complaintes de Beral.

Dante fait mention de plusieurs de ses escrits, en rithme Prouençale.

Il mourut le iour de Noel en la guerre contre les Albigeois l'an 1231.

FRANCOIS ABERT D'YSSOVDVN en Berry &c. voy cy apres François Habert escrit par H.

FRANCOIS DE L'ALLOVETTE Lequel s'appelle en Latin ALAVDANVS, Bailly de la Conté de Vertus en Champagne, & President de Sedan Maistre des Requestes de l'hostel du Roy, homme docte és langues, & des mieux versez, & plus curieux de l'histoire, tant ancienne que moderne.

Il a escrit vn traicté des Nobles, & des vertuz dont ils sont formez, imprimé à Paris l'an 1576. chez Robert le Mangnier.

L'Histoire ou descriptiō genealogique de l'Illustre maison de Coucy & Veruin en Picardie, le tout imprimé auec le susdit traicté des Nobles, & reduit en 4. liures, imprimez chez ledict Mangnier l'an susdict 1576.

Harangue ou oraison funebre pour deux excellents Cheualiers, Monsieur le Mareschal du Biez, & le seigneur de Coucy son gendre, imprimees à Paris chez Iean de Lastre l'an 1578. soubs le nom de Iean

Faluel docteur en Theologie.

Genealogie de la tref-illustre maison de la Marck en Allemagne, de laquelle est yssu monsieur le Conte de Mauleurier, Cheualier des deux ordres du Roy &c. imprimee à Paris par Martin le Ieune l'an 1584. & au parauant.

Il a dauantage escrit plusieurs autres liures, lesquels il espere mettre bien tost en lumiere, sçauoir est, vingt liures de la philosophie Françoise.

Deux liures de la langue Gauloise & Françoise.

Origine des François & ancienne extraction d'iceux, des Peres Gaulois seulement, & non d'ailleurs, contenant deux liures.

Office & charge du Prince souuerain, & debuoir du subiect, &c.

Traicté du Royaume & de l'Estat du peuple Hebreu, & de la conformité qu'il auoit auec celuy de France.

Vray & parfait establissement des affaires d'Estat, d'vn grand & petit Royaume.

Traicté des fiançailles.

De la discipline de l'Eglise & du debuoir & authorité du Prince en icelle.

De la Iustice, & des moyens qu'il faut tenir, pour espuiser & faire tarir la source de tous procez en la France, & ailleurs.

Des pollices du Royaume, des villes & plat païs de France.

De l'vsage & seruice du glaiue.

De l'ignorance des lettres.

Traicté de l'enuie & calomnie.

Memoires pour faire le corps du droict François, contenant trois Volumes.

Histoire genealogique de ladicte maison de la Mark.

Ces liures susdicts ne sont encores imprimez, ce sera quand il luy plaira qu'il les mettra en lumiere.

Il florist cette annee 1584.

FRANCOIS D'AMBOISE Parisien, premierement Aduocat au Parlement de Paris, & depuis Conseiller du Roy au Parlement de Renes en Bretagne, frere aisné d'Adrian d'Amboise, docteur en Theologie, duquel nous auons parlé cy dessus, &c.

Ledict François a escrit plusieurs œuures, tant en Latin qu'en François, soit en prose ou en vers, ayant cognoissance de beaucoup de langues, & ayant voyagé en diuers païs loingtains.

Il a escrit dés ses plus ieunes ans, plusieurs Tragedies & Comedies, & entre autres vn liure intitulé Amours Comiques, contenant plusieurs histoires facetieuses, entre lesquelles est celle qu'il appelle les Neapolitaines, imprimee à Paris chez Abel l'Angelier l'an 1584.

Francion,

Francion, qui est vn œuure à l'imitation des liures d'Amadis de Gaule, non encores imprimé.

Panegyrique sur le mariage de Monsieur le Duc de Guise, Henry de Lorraine, & de Madame Catherine de Cleues, Contesse d'Eu, imprimé à Paris chez Nicolas du Mont l'an 1570.

Theralogue ou Eglogue Forestiere, au Roy, imprimee à Paris chez Malot l'an 1571.

Elegie sur le trespas de Messire Anne de Montmorency, Connestable de France, & autres poësies dudict autheur, le tout imprimé à Paris chez Rouuile l'an 1568.

Huict liures des amours de Clion, desquels il se voit vn Poëme, qu'il intitule les desesperades ou Eglogues amoureuses, imprimees à Paris chez Nicolas Chesneau l'an 1572.

Le tombeau de M. Bourdin, procureur general du Roy à Paris.

Trois Tragedies, quatre Comedies.

Dialogue & deuis des Damoiselles, imprimé à Paris par Robert le Mangnier l'an 1583. soubs vn nom deguisé, de Thierry de Timophile G. Picard.

Soubs lequel nom il a autrefois traduit d'Italien en François les regrets funebres de quelques animaux, imprimez l'an 1576.

Ensemble la Comedie des Neapolitaines, dont nous auons parlé cy dessus.

Il a escrit plusieurs œuures Latins, desquels nous parlerons autre part.

Il florist à Paris cette annee 1584.

FRANCOIS ARNAVLT de la Borie, sieur dudict lieu, gentilhomme Perigordin, Chanoine des deux Eglises de S. Front, & de S. Estienne de Perigueux l'an 1583.

Il a escrit vn discours des antiquitez de Perigort, lequel il enuoya à François de Belle-forest, pour employer en sa Cosmographie.

B.L. FRANCOIS ARNOVL, Chanoine de l'Eglise de sainct Estienne de Troye en Champagne.

Il a escrit en Latin & en François, la vie de sainte Heilde, dite en Latin Hildis, voy le 3. tome de l'histoire des Saincts fol. 1451. des premieres impressions.

B.L. FRANCOIS BALDVIN, natif d'Arras en la Gaule Belgique, docteur és droicts, l'vn des plus grands Iurisconsuls, Theologien, & Historien de nostre temps, &c.

Conseiller & maistre des Requestes de Monsieur le Duc d'Anjou, à present Roy de France, son pere s'appelloit Antoine Bauduin, ou Balduin, Conseiller & premier Aduocat du Roy à Arras, auquel lieu ledict François Balduin nasquit le premier iour de Ianuier l'an 1520.

Il a escrit plusieurs œuures en Latin, desquels nous ferons mention autre part.

Il a composé vn Panegyric sur le mariage du Roy, lequel il prononça à Angers, en la presence de Messieurs les gens du Roy dudict lieu, imprimé à Angers chez René Picquenot l'an 1571.

Discours sur le fait de la reformation de l'Eglise, imprimé l'an 1564. auec la response d'vn grand seigneur, auquel il l'adressoit.

L'Histoire d'Anjou, non encores imprimee.

Proposition d'erreur, sur les memoires d'Anjou, lesquels ne sont imprimez.

Il a escrit plusieurs Genealogies, non encores imprimees, & autres memoires, sur le droit & appartenances d'aucunes nobles familles de France, comme entre-autres de celle de Bourbon, Nauarre, Lorraine, Anjou, Bourgongne, Montmorency, & plusieurs autres. Ces memoires ou recueils d'histoires ne sont encores imprimez, ils se voyent és cabinets d'aucuns grands seigneurs de France, & autres hommes curieux de telles richesses.

Aduis sur le fait de la reformation Ecclesiastique, auec la response à vn predicant calomniateur, lequel soubs vn faux nom & tiltre d'vn Prince de France, s'opposa à l'aduis susdict. C'est le tiltre du liure imprimé à Paris chez Nicolas Chesneau l'an 1576.

Il mourut à Paris le vintgquatriesme iour d'Octobre l'an 1574. âgé de cinquantetrois ans, neuf mois 24. iours, & fut enterré en l'Eglise des Mathurins à Paris.

FRANCOIS BARAT prestre, natif d'Argenton en Berry.

Il a escrit quelques œuures.

FRANCOIS DE LA BARONNIE (qui est vn nom supposé.)

Il a escrit quelques Poëmes François contre P. de R. imprimez à Orleans, auec ceux de A. Zamariel B. de Mont-dieu, l'hōme Chrestien & autres, qui sont tous noms supposez.

FRANCOIS DE BELLE-FOREST, Gentilhomme Commingeois, Gascon naturel.

Il nasquit au mois de Nouembre l'an 1530. pres la ville de Samathan, sur la riuiere de Sabe, ou Saue, au conté de Comminges &c.

Il a escrit de son inuention, & traduit de langue Latine, Italienne, Espagnole & autres, en la nostre Françoise, plus de cinquante Volumes ou traictez diuers & separez, sçauoir est, la Cosmographie, ou description de l'Vniuers, auecques tout ce qui se peult desirer, de recherches de l'antiquité & illustration des quatre parties du monde, imprimee à Paris en trois grands Volumes l'an 1575. chez Nicolas Chesneau, Michel Somnius & autres.

Les grandes Annales de France, imprimees pour la premiere fois en

vn

vn Volume, chez G. Buon l'an 1573. & depuis augmentees par ledict Belleforest, de plus de moitié, & imprimees en deux grands Volumes, chez ledict Buon l'an 1579.

L'Histoire des 9. Charles Rois de France, imprimee à Paris chez l'Huillier l'an 1568.

Deploration sur la mort de Monsieur le Conte de Martigues, Sebastien de Luxembourg, escrite en vers François, imprimee à Paris.

L'Histoire Vniuerselle, qui est comme vn abregé de sa Cosmographie, imprimee à Paris chez Geruais Mallot, & fault noter qu'és dernieres editions il y a augmentation de plus de la moitié.

Complainte sur la mort de Monsieur le Duc d'Aumale, lequel mourut deuant la Rochelle, imprimee à Paris en vers François, chez Iean Hulpeau.

La chasse d'Amours, imprimee à Paris.

La Pastorale, imprimee à Paris.

Allegresse au peuple & citoyens de Paris, sur la receptiõ de la Royne Elizabet d'Austriche, auec les genealogies de sa maison, imprimee à Paris chez Geruais Mallot l'an 1571.

Discours memorables de plusieurs choses tragiques, imprimez à Paris chez Geruais Mallot l'an 1570. & chez Iean Hulpeau, Robert le Mãgnier & autres.

Recueil d'aucunes histoires prodigieuses, imprimees à Paris chez Ieã de Bordeaux.

Presage des miracles aduenuz au Roy Charles neufiesme, imprimé à Paris l'an 1568. chez Vincent le Normand, & depuis chez Robert le Mangnier l'an 1572.

Deploratiõ sur la mort de Mõsieur le Cõte de Brissac, Messire Timoleõ de Cossé, auec le tõbeau dudict seigneur, imprimé à Paris l'an 1569.

Remonstrance au peuple de Paris, pour demeurer en la foy de leurs ancestres, imprimee à Paris chez Vincent le Normand l'an 1568.

La Pyrenee ou Pastorale amoureuse, imprimee à Paris chez Geruais Mallot l'an 1571.

Arraisonnement fort gentil, sur le malheur qui accompagne ordinairement les grands seigneurs, imprimé à Paris.

Chant funebre, sur le trespas de Henry 2. du nom, Roy de France, imprimé à Paris par Pierre Gaultier l'an 1559.

Epithalame sur les nopces de Monsieur le Duc de Sauoye, imprimé à Paris chez Benoist Gourmont l'an 1559.

Poëme historial, touchant l'origine, antiquité & excellence de la maison de Tournon, imprimé à Paris chez Hulpeau l'an 1568.

Discours sur les rebelliõs, imprimé à Paris chez Ieã Hulpeau l'an 1572.

Catalogue des hommes illustres, lesquels ont reluy en sçauoir & bonnes œuures, és monasteres, lequel liure il intitule autrement,

Recueil des hommes plus ſignalez de tous âges, leſquels ſ'eſtant ſeparez de la corruption de ce ſiecle, ont ſeruy Dieu, par les Conuents & Monaſteres. Ie n'ay veu ce liure imprimé : il en fait mention en ſa Coſmographie, au lieu où il parle de la cité de Paris, fol. 193. col. 2. de la premiere impreſſion.

Il a eſcrit pluſieurs traictez, touchant les troubles & guerres ciuiles de France.

L'Innocence de la Royne d'Eſcoſſe, imprimee à Paris, ſans que ledict de Belleforeſt y ait mis ſon nom.

Le threſor des Hiſtoires tragiques, imprimé à Paris chez Mallot l'an 1583.

Voylà quand aux inuentions dudict François de Belle-foreſt & touchant ſes traductions, voicy celles que i'ay veuës imprimees.

Cinq ou ſix tomes d'hiſtoires tragiques, priſes du Bandel Italien, imprimees à Paris chez Buon, Geruais Mallot, Iean de Bordeaux, R. le Mangnier & autres.

Le Labirinth d'Amour, imprimé à Paris.

Les heures de recreation de Loys Guichiardin Italien, imprimees à Paris chez Iean Ruelle l'an 1571.

Les lettres des Princes, imprimees à Paris chez Iean Ruelle l'an 1572. & encores depuis par pluſieurs fois l'an 1574.

Les concions & harangues militaires, imprimees à Paris.

Les Epiſtres de Ciceron, imprimees à Paris chez Buon & autres.

Secrets de la vraye agriculture ou labourage, eſcrits par Auguſtin Gallo, de Breſſe en Italie, imprimez à Paris chez Nicolas Cheſneau l'an 1571.

Les Sermons de Gueuarre Eſpagnol, traduits par luy en François, & imprimez à Paris chez Malot & autres.

Le commentaire premier du ſeigneur Alphonſe d'Vlloé, touchant les troubles aduenuz en Flãdres l'an 1568. imprimez à Anuers l'an 1570. & à Bruxelles l'an 1568.

L'Hiſtoire des perſecutions faites en Afrique par les Arriens, ſur les catholiques, imprimee à Paris chez Gabriel Buon l'an 1563.

Les Sermons de S. Cyrile, imprimez à Paris chez Vincent Sertenas l'an 1565.

Polidore Virgile des inuenteurs des choſes, imprimé à Paris chez Robert le Mangnier.

Les Amours de Clitophon & de Leucipé, eſcrits en Grec par Achilles Statius, imprimez à Paris par diuerſes fois.

Les maniements de la guerre, eſcrits par Rocca Italien, imprimez à Paris chez Nicolas Cheſneau.

Les liures de la Trinité, de S. Auguſtin, reueuz & recorrigez par ledict Belleforeſt, apres la traduction de Gentien Heruet d'Orleans, imprimez à Paris chez Cheſneau l'an 1570.

Hiſtoire

Histoire de la guerre qui s'est passee entre les Venitiens & la saincte ligue touchant l'isle de Cypre és annees 1570.1571.& 1572.escrite en Latin par Pierre Bizarre,& traduite en François par ledit Belle-forest.

Les œuures de Sainct Cyprian.

La harangue de Iean François Commendon Cardinal,&c.prononcee deuant la noblesse de Pologne, imprimee à Paris chez Thomas Brumen l'an 1573.

Discours de la braue resistance faite aux rebelles l'an 1567.par Madame de Tournon Contesse de Roussillon nommee Claude de Turaine, escrit premierement en vers Latins par Iean Villemin,& depuis traduit en vers François par ledit Belle-forest, imprimé à Paris chez Iean Hulpeau l'an 1569.

Il a traduit les vies de plusieurs Saints & Sainctes,& entre autres celle de S.Denys Areopagite celebree le 9.d'Octobre,imprimee auecques les 3.grands volumes de l'histoire des Saincts & Martyrs, chez Chesneau & autres.

La ciuile conuersation de Gazo Italien,imprimee à Paris l'an 1579.

La description de tous les pays bas de Flandres, autrement appellez la Germanie inferieure,ou basse-Allemagne,escrite en Italien par Loys Guichardin Florentin,neueu de François Guichardin historien,&c.imprimee à Anuers chez Chrestofle Plantin l'an 1582.auec 77.protraits de villes & autres superbes edifices,le tout en taille douce.

Les 8.liures de Saluian Euesque de Marseille en Prouence,traitans du vray iugement,& prouidence de Dieu: ils ne sont encores imprimez que ie sçache.

Le Galathee ou instruction pour la ciuilité,escrite par Iean de la Case Italien,imprimee soubs le nom d'autres que dudit Belle-forest chez Iaques Keruer à Paris.

L'histoire de Iosephe traduite par ledit Belle-forest.

Il a peu escrire de son inuention, & a traduit aussi plusieurs œuures ausquelles il n'a pas mis son nom, tellement que i'ay racompté cy dessus ce que i'ay peu voir de ses œuures imprimees.

Il mourut à Paris le premier iour de Iãuier l'an 1583.en l'an de son âge 53.& fut enterré en l'Eglise des Cordeliers à Paris,deuant le grand Autel selon qu'il auoit ordonné par son Testament.

FRANÇOIS DE BEROALDE, sieur de Veruille, G. Parisien, Poëte François, Philosophe naturel,& Mathematicien,&c. fils de Matthieu de Broald ou Beroald historien Latin,&c.

Il a escrit (estant encore fort ieune d'ans) des commentaires ou annotations bien doctes sur les Mechaniques de Iaques Besson, imprimees à Lyon chez Bertelemy Vincent,l'an 1580.& 1581.

Les Elements Mecaniques non encores imprimez.

La duplication du Cube,imprimee.

Poëme François qu'il intitule l'Idee de la Republique, à l'imitation (comme il semble) du sçauant Thomas Morus Chancelier d'Angleterre, lequel a escrit l'Vtopie, c'est à dire chose qui ne se voit point encores obseruee en aucun lieu, touchant le gouuernement des Republiques.

Le second liure des recherches de la pierre Philosophale, où il fait vne description de la nature des metaux.

Abregez des œuures de Hierosme Cardan medecin Milanois touchant la Subtilité & Varieté des choses, non encores imprimez.

Deux dialogues, l'vn de la verité, & l'autre de la Vertu, non imprimez.

Deux tragedies Françoises non encores imprimees.

Les Apprehensions spirituelles, Poëmes, & autres œuures philosophiques auec les recherches de la Pierre Philosophale, &c. imprimees à Paris chez Timothee Iouan, l'an 1583.

Il florit à Paris ceste annee 1584.

FRANCOIS DE BILLON secretaire, natif de Paris.

Il est autheur du liure intitulé Le fort inexpugnable de l'honneur du sexe feminin, imprimé à Paris chez Iean Dallier l'an 1555.

Il florissoit l'an 1550 soubs Henry 2.

FRANCOIS BONNERRIER, sieur du Plessis, natif de Saumur en Aniou.

Il a escrit quelques poësies Françoises non encores imprimees.

Il florist à Paris ceste annee 1584.

FRANCOIS BOVRGOIN Niuernois, sieur de Daignon, premierement chanoine en l'Eglise de Neuers & depuis Ministre à Geneue.

Il a escrit l'histoire Ecclesiastique extraite des Centuries de Magdebourg, imprimee l'an 1560. ou enuiron à G.

Il a traduit de Grec en François l'histoire de Flaue Iosephe, des Antiquitez Iudaiques, auec l'Apologie contre Appion & autres, le tout imprimé.

Il viuoit en l'an 1560.

FRANCOIS LE BRETON natif de Constãces ou Coutances en Normandie.

Il a traduit de Latin en prose Françoise vn liure de Baptiste Mantuan, imprimé l'an 1544.

FRANCOIS BRIBART, Poëte François du tẽps de Clement Marot, duquel il estoit fort grand amy.

Il a escrit plusieurs poëmes François, lesquels nous auons par deuers nous escrits à la main.

FRANCOIS BVRGAT de Mascon, chanoine de la SaincteChapelle du Palais Royal de Bourges, Prestre habitué de l'Eglise de Sainct Vincent de Mascon, clerc de chapelle de Monsieur le Duc d'Orleans, &c.

Il est autheur d'vn liure intitulé, La touche naifue pour cognoistre

le

le faux aloy de la doctrine de Caluin.

Exhortation pour la conseruation & entretenement de la paix, imprimee à Lyon l'an 1570.

Traicté en forme d'exhortation, sur l'efficace & la vertu de l'oraison Chrestienne, & la maniere de la rendre agreable à Dieu, &c. imprimé à Paris par Iean André l'an 1551.

Il florissoit l'an 1570.

FRANCOIS DE CHANTELOVVE, gentilhôme Bourdelois, cheualier de l'ordre de S. Iean de Hierusalem.

Il a escrit en vers François la Tragedie de feu Gaspard de Colligny, iadis Admiral de France, contenant ce qui aduint à Paris le 24. iour de Aoust l'an 1572. auec les noms des personnages, &c. imprimé à Paris l'an 1575.

FRANCOIS CHARTIER sieur de la Mahotiere Conseiller du Roy au siege Presidial du Mans.

Il a escrit en Latin & depuis traduit en François vn liure de l'Origine & conference des Magistrats Romains auec ceux de France, il ne les a encores fait imprimer.

Il florist au Mans cette annee 1584.

FRANCOIS LE CHAT docteur és droits, Chantre en l'Eglise de S. Iulien du Mans, natif de laditte ville.

Il a escrit vn iuste volume touchant les coustumes, ceremonies & obseruances, lesquelles doiuent estre gardees entre M. de l'Eglise de S. Iulien du Mans, & autres prestres & chapelains de laditte Eglise. Ce liure n'est encores imprimé.

Il florissoit au Mans l'an 1520.

FRANCOIS LE CLERC Parisien, principal du College des Orfelins à Verdun.

Il a traduit de Latin en François la septiesme session du concile de Trente.

Il a dauantage traduit quelques opuscules de S. Iean Chrisostome.

FRANCOIS DE CORLIEV natif d'Angoulesme & Procureur du Roy audit lieu l'an 1576.

Il a escrit vn recueil en forme d'histoire de ce qui se trouue par escrit de la ville, & des Contes d'Angoulesme, &c. imprimé à Angoulesme l'an 1566. par Iean de Minieres.

FRANCOIS DE LA COVDRAIE, natif de Pontiuy en Bretagne, aduocat au Parlement de Renes, Poëte Latin & François, & lequel a esté disciple de Iaques Peletier du Mans, tant és Mathematiques qu'en autres sciences.

Il a escrit plusieurs vers Latins & François outre ceux qui se voyent de luy au recueil de la Pulce de M. des Roches, &c. sçauoir est 60. sonnets amoureux & autres, deux Eglogues, vn Epithalame ou chant nuptial, vn poëme intitulé l'Amour déplumé, ou de la constance d'Amour, l'Assiegement d'Amour, La complainte du Noyer, à l'imitation d'Ouide, poëme sur le subiect d'vne bource.

Trois hymnes Chrestiens à l'imitation de Hierosme Vida, tout celà est de son inuention, & ne l'a encores fait imprimer, voicy quant à ses traductions.

Il a traduit quelques oraisons & Epistres de Ciceron.

Le Panegyric de Pline à l'Empereur Traian.

La vie de Iaques Sadolet, Cardinal & Euesque de Carpētras en Prouence, prise du Latin de Antoine Florebel.

Le premier dialogue de Platon, intitulé Hipparchus, ou du gaing.

Trois traictez d'Aristote, le premier, Du dormir & du vueiller, le 2. des Songes, le 3. De la diuination par les songes.

Les demandes ou questions amoureuses de Nicolas Leonic.

Les demandes, ou questions naturelles du mesme autheur, il n'a encores fait imprimer les œuures susdittes.

Il florist ceste annee 1584.

FRANCOIS LE COVSTELIER sieur d'Ozé, & de S. Pater pres Alençon, Iuge de Touraine, & depuis Seneschal de Beaumōt au Maine, pere de Monsieur d'Ozé Thomas le Coustelier gentilhomme Alençōnois.

Il estoit l'vn des plus sçauants hommes, & des plus excellents de son temps pour l'Architecture & pour peindre à la main les plants & protraits des villes, chasteaux, & autres superbes edifices, Ses œuures ne sont imprimees.

Il florissoit l'an 1575.

B.L. FRANCOIS DE LA CROIX-DV MAINE sieur dudit lieu & de la Vieille-cour, à quatre lieües de la ville du Mans, autheur de ceste Bibliotheque Françoise, &c.

Tous les autheurs tant anciens que modernes, lesquels ont escrit les catalogues des escriuains, ou facteurs de quelques ouurages, ont tousiours fait mention de leurs escrits, quand celà est venu en leur rang, & pour mon regard, afin d'aduertir ceux qui verront ce mien œuure, des escrits que i'ay iusques icy elabourez, sans les auoir encores mis en lumiere, ie veux bien qu'ils sçachēt, que ie n'en desire pas mettre icy le catalogue ou denombremēt, que i'ay fait imprimer il y a cinq ans, & lequel ie delibere de faire voir encores sur la fin de ce mien abregé de Bibliotheque, à fin que ceux qui desireront sçauoir quelles sont noz entreprinses, les voyēt tout à leur aise. Et pour dire en vn mot quelles œuures i'ay faites, ou bien quelles sont mes entreprises, que ceux qui lirōt cecy s'asseurant qu'il n'y a subiect ou matiere au monde, cogneüe des hommes, de laquelle ie n'aye escrit, ou recueilly memoires, iusques à auoir amassé huit cent volumes de Memoires & Recueils de toutes façons, contenant vingtcinq ou trente mille cayers de matieres differentes.

tes, esquels il y a plus de treze ou 14. mil fueilles escrites de ma main & n'appelle point fueille s'il n'y a cent lignes, & n'appelle point ligne s'il n'y a dix ou douze syllabes, ce que ie ne veux alleguer pour vne arrogançe, car c'est ce que i'ay le plus en horreur, mais ie le fay pour preuenir en celà ceux qui ayans ouy parler des volumes de ma Bibliotheque penseroient que ce ne fussent que papiers blancs, ou liures d'attente, entre lesquels il y en a plus de quatre ou cinq cens escrits à la main, d'autre main que la mienne, desquels i'ay fait par cy deuant assez ample mention, tant en mon Discours imprimé l'an 1579. qu'en celuy que ie presentay au Roy l'an 1583. lesquels pour ne s'estre venduz publiquemēt ie feray imprimer sur la fin de l'Abregé de cette Bibliotheque, afin, de satisfaire à plusieurs qui ne les ont encor' veuz, cōbiē que ie sois tout asseuré que le premier a esté leu par plus de dix mille hommes de nation Françoise ou estrangers, mais la promesse contenue en iceluy, s'est trouuee tellement surpasser les forces humaines, qu'ils ont pensé que ce n'estoient que des idees ou imaginations, ce qui les a empeschez d'entendre à m'enuoyer des Memoires, pour paracheuer cette Bibliotheque, se persuadans que ce n'estoit qu'vne entreprise sans en pouuoir iamais voir l'effet sortir en euidence: ie parleray de cecy autre part.

FRANCOIS DAMBOISE Parisien, voy cy deuant François d'Amboise escrit par A.

FRANCOIS DASSI Breton, controlleur des Briz sur la mer en Bretagne, Secretaire du Roy de Nauarre, & de madame Loyse Duchesse de Valentinois.

Il a traduit d'Italien en François le dialogue du Peregrin, traitant de l'honesteté & pudic Amour, &c. imprimé à Lyon, l'an 1528. & en autres lieux auec les Annotations & corrections de Iean Martin Parisien Secretaire de Monsieur le Cardinal de Lenoncour.

FRANCOIS LE DVCHAT, natif de Troie en Champagne.

Il a escrit en vers Alexandrins la Tragedie d'Agamemnon, imprimee à Paris chez Iean le Preux, l'an 1561.

L'histoire de Lucrece prise du 2. des Fastes d'Ouide, imprimee auec la susdite Tragedie d'Agamemnon.

La Tragedie de Susanne, ie ne sçay si elle est imprimee.

Il florissoit l'an 1561.

FRANCOIS DE FERRIS Medecin.

Il a traduit de Latin en François, & en partie escrit de son inuention vn liure intitulé, Des offices mutuels, qui doibuent estre entre les grands seigneurs & leurs Courtisans, escrit en Latin par Iean de la Case Archeuesque de Beneuent en Italie.

Plus vn traité du deuoir qui doit estre reciproquemēt gardé & obserué entre les maistres & seruiteurs priuez, &c. le tout imprimé à Paris chez Geruais Mallot, l'an 1571.

Il florissoit à Tolose audit an 1571.

Frere FRANCOIS FEV-ARDANT de l'ordre de S. François, docteur en Theologie en l'Vniuersité de Paris.

Il a traduit de Latin en François, Les diuins opuscules & exercices spirituels du S. Pere Efrem Archidiacre d'Edesse, en Mesopotamie, escrits par ledit Efrem en langue Syriaque l'an de salut 350. imprimez à Paris chez Sebastien Niuelle l'an 1579.

Sermon de S. Cyrille Alexandrin, touchant l'issuë & sortie de l'ame hors du corps humain, traduit par ledit Feu-ardant.

Responce aux lettres & questions d'vn Caluiniste, touchant l'innocence, virginité, excellence, & inuocation de la glorieuse vierge Marie mere de Dieu, le tout imprimé à Paris chez Sebastien Niuelle l'an 1579.

Il florist ceste annee 1584.

FRANCOIS LE FEVBVRE OV FEVRE natif de Bourges en Berry.

Il a traduit du Grec en François le premier & second liure de Suidas & en a fait vn extrait qu'il intitule Le secret & mystere des Iuifs, imprimé à Paris chez Iaques Keruer l'an 1557.

Il a traduit de Grec en François l'histoire de Theodose pontife de la Loy, & de Philippes homme Chrestien par laquelle le secret des Iuifs est reuelé, imprimé à Roüen par Iaspard de Remortier & Marguerin d'Oruial l'an 1557.

Il florissoit audit an 1557.

FRANCOIS DE FOIX, autrement appellé François Monsieur de Foix, issu de la tresnoble maison de Candale, captal de Buchs, Euesque d'Aire.

Il a traduit du Grec en François & enrichy de tresdoctes annotatiõs Le Pymandre de Mercure Trismegiste, escrit premierement en langue Syrienne, par ledit Mercure, imprimé à Bordeaux par Symon ds Milanges l'an 1579.

Il a escrit des Commentaires sur Euclide, imprimez l'an 1566. ou enuiron.

Il florist ceste annee 1584.

FRANCOIS GARRAVT sieur des Gorges, Conseiller du Roy, & General en sa Cour des Monnoyes à Paris.

Il a escrit trois liures de la recherche de la Monnoye, imprimez à Paris l'an 1577.

Deux Paradoxes sur le fait des Monnoyes, imprimez à Paris chez Iaques du Puys, l'an 1578.

Recueil des principaux aduis dõnez és assemblees faites en l'Abbaye de S. Germain prez Paris, par le commandement du Roy, l'an 1577. touchant le conte par escus & suppressiõ de celuy par sols & liures, &c. imprimé à Paris chez Iaques du Puys l'an 1578.

Il florist à Paris ceste annee, 1584.

FRAN-

FRANCOIS GENTILET Dauphinois, President en la chambre de l'Edit de Grenoble.

Il a escrit plusieurs liures, esquels il n'a pas mis son nom : plusieurs pensent qu'il soit autheur du liure appellé vulgairement l'Antimachiauel imprimé par plusieurs fois, &c.

Remonstrance au Roy Henry troisiesme, imprimee l'an 1573.

La Republique des Suisses escrite en Latin par Iosias Simlerus, & traduite par ledit Gentilet, selon que l'asseurent aucuns.

Il a escrit quelques aduertissements ou preceptes touchant la police.

Il florist ceste annee 1584.

FRANCOIS GILBERT DE LA BROSSE, Angeuin.

Il a traduit plusieurs liures d'Italien en François, imprimez à Paris chez Guillaume Chaudiere, & Nicolas Chesneau, & entre autres celuy de la perfection de la vie Politique, imprimé l'an 1583. chez Chesneau.

Il florist à Angers cette annee 1584.

FRANCOIS GIRAVLT.

Il a escrit vn poëme François intitulé le Moyen de soy enrichir, imprimé à Paris.

FRANCOIS GOEDT-HALS Flamant.

Il a escrit en François vn recueil de prouerbes anciens, Flamengs & François, correspondants de sentence les vns aux autres, imprimé à Anuers chez Chrestofle Plantin.

FRANCOIS GORACEVS Florentin docteur en Theologie, escolier de la Roine mere du Roy.

Il a escrit vne confutation des mensonges controuuez touchant la dedicace de l'Eglise des freres Minimes dits Bons-hommes pres Paris, imprimé à Paris chez Iean du Carroy l'an 1578.

FRANCOIS LE GRAND, Procureur du Roy au bailliage de Meleun l'an 1553.

Il a traduit le traité de Plutarque, de la honte vicieuse, imprimé à Paris l'an 1554.

FRANCOIS GRANDIN curé de l'Eglise collegiale de S. Iean-Baptiste d'Angers.

Il a escrit vn liure de la destruction de l'orgueil mondain, ambition des habits, & autres inuentions nouuelles, imprimé à Paris chez Claude Fremy l'an 1558.

FRANCOIS GRIMAVDET Angeuin, Aduocat du Roy & de Monseigneur le Duc d'Anjou au siege Presidial d'Angers.

Il escrit vn traité des causes qui excusent le dol, imprimé à Paris chez Martin le Ieune, l'an 1569.

Traité des Monnoyes, imprimé à Paris chez Martin le Ieune l'an 1576.

Remonstrances faites aux Estats d'Anjou assemblez audit lieu l'an

1560. le 24. iour d'Octobre, imprimees à Tours l'an 1561.

Opuscule politique de la puissance Royalle & sacerdotale, imprimé l'an 1579. sans le nom de l'autheur, ny de l'imprimeur.

Traité des Vsures, imprimé.

Traité du Retrait lignager, imprimé à Paris.

Annotations sur les coustumes d'Anjou, non encores imprimees.

Opuscules Politiques, imprimees à Paris chez Gabriel Buon, l'an 1580. Ie feray mention de ses œuures en Latin autre part.

Il mourut à Angers au mois d'Aoust l'an 1580. âgé de plus de 60. ans.

FRANCOIS GRVGET natif de Loches en Touraine, Conseiller du Roy & referendaire en la Chancelerie de France.

Il a escrit la description de Loches en Touraine, auec plusieurs antiquitez dudit pays, desquelles fait mention Belle-forest au 2. volume de sa Cosmographie en la description de Touraine fol. 30.

Il florissoit soubs Henry 2. l'an 1550.

FRANCOIS DE LA GVILLOTIERE natif de Bordeaux, comme luy mesme me l'a asseuré, & selon que A. Theuet a escrit de luy en sa Cosmographie au 2. volume liure 20. chapitre 9. &c. natif de S. Iean d'Angeli, &c.

Il a mis en lumiere la description de tout le Royaume de Pologne, Duchez & Prouinces iointes à iceluy auec ses confins, imprimee à Paris par Iean le Clerc, l'an 1573.

La description du Royaume d'Austrasie, ou Austriche, ensemble de Transsyluanie.

Il a auiourd'huy entre mains toutes les cartes ou descriptions de France, lesquelles il espere mettre en lumiere en bref, lesquelles il a curieusemẽt obseruees, selõ la Chorographie, en laquelle il est des mieux versez de nostre âge, & a vne extresme adresse pour la peinture.

Il florist à Paris ceste annee 1584.

FRANCOIS HABERT natif d'Issouldun en Berry, surnommé le Banny de Liesse, Poëte François, &c.

Il a escrit plusieurs œuures de son inuentiõ, & en a aussi traduit quelques-vns des Poëtes Latins, sçauoir est les quinze liures de la Metamorphose d'Ouide, imprimez à Paris chez Fezandat.

Plusieurs sonnets Heroiques sur le mariage de Charles Duc de Lorraine, & de Madame Claude 2. fille du Roy Henry 2. auec vne Ode sur ledit mariage, le tout imprimé à Paris chez Martin l'Homme, l'an 1559.

Eglogue pastorale sur l'vnion nuptiale de Philippes Roy d'Espagne & de Madame Elizabeth premiere fille du Roy Henry 2. imprimee à Paris chez la veufue de Nicolas Buffet, l'an 1559.

Les Amours coniugales d'Emanuel Duc de Sauoye, & de Marguerite de Valois Duchesse de Berry, imprimees à Paris chez Pierre

Gaultier

Gaultier, l'an 1559.

Les regrets & tristes lamentations sur le trespas du Roy treschrestien Henry 2. imprimez à Paris chez Iean Moreau l'an 1559.

La reception faite par les deputez du Roy d'Espagne & de la Royne, à la deliurance qui leur a esté faite à Ronceuaux, par le Roy de Nauarre & autres, le tout imprimé par Vincent Sertenas l'an 1559.

La deploration sur le trespas de monsieur le Chancelier Oliuier, auec vne epistre Latine & Françoise de l'excellence du Senat de Paris, imprimee à Paris chez Michel Fezandat l'an 1560.

La harangue de la deesse Astree sur la reception de M. Iean le Mosnier au degré de Lieutenant Ciuil à Paris, imprimee à Paris chez Guillaume Thiboult & Estienne Denise, l'an 1556.

Les Epistres Heroides pour seruir d'exemple aux Chrestiens, imprimees à Paris.

Les trois Deesses, sçauoir est la nouuelle Pallas, la nouuelle Venus, & la nouuelle Iunon, imprimees à Lyon.

La naissance de monsieur le Duc de Bretagne & autres poëmes imprimez à Lyon chez Iean de Tournes l'an 1548. auec vn petit œuure Bucolique, & vn Cantique du pecheur conuerty à Dieu.

Les premieres Poësies Françoises qu'il feist estant à Tolose.

L'histoire de Titus & Gisippus & autres petits œuures de Beroalde, auec l'exaltation de la vraye & parfaite noblesse, ensemble les quatre amours du nouueau Cupidon, & le tresor de vie de l'inuention dudict Habert: le tout imprimé à Paris chez Michel Fezandat l'an 1551.

Le combat de Cupidon & de la Mort, la contemplation poëtique, Eglogue sur la mort d'Erasme, la querimonie de Venus ayant perdu son bel Adonis, l'exclamation contre dame Verole, epistres, ballades, rondeaux, dixains, huitains, chansons, epitaphes, elegies d'Ouide, &c. le tout imprimé.

Deploration sur la mort de Messire Antoine du Prat, Chancelier de France.

La Chrysopee, ou maniere de faire l'or, traduite sur le Latin d'Augurellus, imprimee à Paris l'an 1549.

Le songe de Pantagruel auec la deploration de feu Messire Antoine de Bourg, Chancelier de France, &c. imprimé à Paris.

Les diuins oracles de Zoroastre ancien Philosophe Grec, interpretez en rithme Françoise par ledit Habert, auec vn commentaire moral.

La comedie du Monarque & autres petits œuures imprimez à Paris chez Philippes Danfrie & Richard Breton l'an 1558.

Les mots dorez de Caton traduits de Latin en vers François, imprimez à Caën l'an 1579.

La Metamorphose de Cupidon fils de la deesse Cytheree, imprimee à Paris chez Iaques Keruer l'an 1561.

Les sermons Satyriques d'Horace, traduits en vers François par ledit Habert auec aucunes epistres dudit Horace.

Epistres à Melin de S. Gelais sur l'immortalité des Poëtes François, le tout imprimé ensemble chez Fezandat l'an 1551.

La nouuelle Pallas presentee à monsieur le Dauphin, imprimee à Lyon chez Iean de Tournes l'an 1548.

Le iardin de felicité, auec la louange du sexe feminin extraite du liure de Cornelius Agrippa, imprimé à Paris chez Pierre Vidoüe l'an 1541.

La premiere Monarchie Romaine, & l'origine des Roys Romains, auec la loüange des sept Embassadeurs, la louange & vitupere de Pecune, vne Eglogue morale sur Horace, La priere du Roy Manasses : le tout imprimé ensemble à Paris, par Iean Caueiller l'an 1558.

L'excellence de poësie, contenue en epistres, dixains, huictains, epitaphes, auec plusieurs epigrammes, le tout imprimé à Lyon l'an 1556. par Benoist Rigault, & Iean Saugrain. S'il a composé autres choses ie ne les ay encores veües.

Il florissoit soubs Henry 2. l'an 1559.

21. FRANCOIS HOTMAN OV HOTOMAN, natif de Paris, l'vn des plus grands Iurisconsuls de nostre temps, & lequel a fait profession du droit en plusieurs Vniuersitez tant de la Frãce que d'Allemagne & autres lieux, homme fort bien versé en l'histoire, & autres sciences.

Il a traduit de Grec en François l'Apologie de Socrates escrite en Grec par Platon, imprimee à Lyon l'an 1549. par Sebastien Gryphius. Quant à ses œuures Latines i'en feray mention autrepart.

Il florit à Basle en Alemagne cette annee 1584.

Le liure dudit Hotoman intitulé Francogallia, ou la Gaule Françoise, a esté imprimé plusieurs fois en Latin & en Frãçois, auquel Antoine Matarel a fait response.

FRANCOISE HVBERT natiue de Nogen au Perche, femme de Monsieur Garnier Iuge criminel du Maine, l'vn des plus excellens Poëtes tragiqs de nostre siecle, & duquel nous ferons mention plus ample cy apres, &c. sœur de monsieur le Bailly de Nogen audict païs du Perche, &c.

Cette Dame merite d'auoir rang, entre les plus excellẽtes, tant pour son eloquence & sçauoir, que pour estre assez bien versee en nostre poësie Françoise. Le respect & amitié que ie luy porte & à ceux ausquels elle appartient, m'empesche d'en dire icy dauantage, pour euiter le soupçon d'vn amy trop affectionné. Elle n'a encores mis ses escrits en lumiére.

Elle

Elie florist au Mans cette annee 1584.

R. P. M. FRANCOIS DE IOYEVSE, Archeuesque de Narbonne & Cardinal, frere puisné de Messire Anne Duc de Ioyeuse Païr & Admiral de France, &c.

Ce seigneur a tellement les lettres en recommendation, & est tant desireux d'apprendre les langues, & les arts necessaires à sa profession (comme lon peut aiseemẽt le iuger, par le grand nõbre d'hommes doctes, qui ont accez en sa maison, pour les raisons susdittes) que celà me fait esperer de voir vn iour sortir de son diuin esprit, quelques œuures qui seront tesmoins irreprochables de ses labeurs, & veilles continues à l'exercice de Pallas.

Il florist ceste annee 1584. soubs Gregoire 13. & Henry 3. Roy de France.

FRANCOIS INOY OV IVOY.

Il est autheur d'vn liure intitulé les Aduertissemens és trois estats du monde, selon la signification du monstre nay à Rauenne en Italie l'an 1512. le 6. iour de Mars, imprimé à Valence en Dauphiné l'an 1513. auquel temps viuoit ledit autheur.

B. L. FRANCOIS DE L'ISLE Parisien dit Insulanus, Procureur en Parlemẽt, Poëte Latin & Mathematicien.

Il florist à Paris cette année 1584. ie n'ay encores point veu de ses escrits François imprimez, mais bien de ses Latins, desquels ie parleray autre-part.

B. L. FRANCOIS IVNCTIN natif de Florence en Italie, docteur en Theologie, grand Astrologue & Mathematicien.

Il se list de luy vn discours sur ce que menace deuoir aduenir la comete apparuë à Lyon le douziesme iour de Nouembre l'an 1577. imprimé à Paris chez Geruais Mallot l'an 1577.

Il florist à Lyon cette annee 1584.

Il a escrit plusieurs œuures de Mathematiques en langue Latine, imprimez à Lyon.

B. L. FRANCOIS LAMBERT, natif d'Auignon en Prouence.

Il a escrit vne declaratiõ de la regle des Cord. &c. quant à ses œuures Latines i'en feray mentiõ autre-part. Ses œuures sont censurees par les Theologiens de Paris.

B. L. FRANCOIS LIBERATI de Rome, grand Mathematicien & Astrologue.

Il a escrit la description de l'estrange & prodigieuse comete apparuë l'an 1577. imprimee à Paris chez Iean de Lastre audict an 1577.

Discours contre Cyprien Leouitius & autres modernes astrophiles, touchant la grande conionction du monde, & des quatre Eclipses du Soleil, imprimé à Paris & au Mans par Hierosme Oliuier l'an 1576.

Almanach pour l'an de Bissexte, 1576. imprimé.

L'Ephemeride pour 19. ans.

Il a escrit diuers Almanachs pour les annees 1575. 76. 77. 78. 79. 80. 81. 82. 83. 84. &c. imprimez à Paris par Iean de Lastre & autres.

Il florit à Paris cette annee 1584.

FRANCOIS DE MARILLAC dit en Latin Franciscus Merula.

Il a escrit en François vn traité de la Hierarchie celeste, imprimé l'an 1556.

Il a escrit deux discours de la Paix, imprimez à Paris.

Il florissoit soubs Henry 2. l'an 1555.

s.L. FRANCOIS MARTEL Chirurgien ordinaire du Roy de Nauarre.

Il a escrit quelques discours touchant la curation des Arquebusades & autres playes.

Il florissoit l'an 1577.

FRANCOIS MOEAN de Quinpercorentin en la basse Bretagne Armorique.

Il a escrit quelques Poësies Françoises, non imprimees que ie sçache.

FRANCOIS NAV.

Il a escrit la description de l'entree de Messire Antoine du Prat, Cardinal Legat & Chancelier de France, &c. fait à Paris & imprimee audit lieu.

FRANCOIS DE NEVFVILLE Abbé de Grandmont.

Il a escrit vn discours sur la vie des hommes illustres de la genealogie de nostre Seigneur Iesus-Christ imprimee à Paris par Gilles Gourbin l'an 1577.

FRANCOIS PEPIN sieur de la Ruelle, gentilhomme natif de Renes en Bretagne, for excellent pour composer en vers & en prose.

Il a traduit l'histoire de Zosime autheur Grec, non encores imprimee.

Il a traduit fort heureusement plusieurs poëmes de Claudian excellent poëte Latin, & entre autres le Rauissement de Proserpine, lequel il fera bien tost imprimer auec plusieurs autres poëmes François de son inuention.

Il florit à Paris cette annee 1584.

FRANCOIS PERREAV Parisien, precepteur des nouices de Cormery en Touraine.

Il a escrit en vers François, vn discours sur l'exemplaire punition des rebelles de France, fait à Paris le vingtquatriesme iour d'Aoust l'an 1572. imprimé à Tours audit an par Pierre Regnard.

s.L. FRANCOIS LE PICARD docteur en Theologie à Paris, l'vn des plus renommez predicateurs de son temps.

Il a escrit plusieurs Sermons, imprimez à Paris.

Il mourut à Paris au mois de Septembre l'an 1556.

11. FRANCOIS LE PICARD, natif de Caux, autre que le susdict Theologien, &c.

Il a escrit quelques vers François, & entre autres vne complainte sur la mort d'Adrien Turnebe, lecteur du Roy à Paris, imprimee chez Ricard l'an 1565.

FRANCOIS DE LA PIE, religieux de l'ordre de S. Dominique ou des Iacobins &c. natif de Poitiers.

Il a mis en lumiere la confession generale, extraicte des Saincts docteurs de l'Eglise, imprimee à Paris chez Michel Bufet.

FRANCOIS PIERRON, natif de la Brie en Champagne, grand vicaire de Monsieur l'Abbé de Molesmes, &c.

Maurice de la Porte fait for honorable mention de luy en son liure des Epitheres Françoises, le mettant au rang des plus sçauants & diuins Philosophes de son temps.

Ie n'ay point veu de ses escrits.

Il florissoit l'an 1557. ou enuiron.

11. Frere FRANCOIS PONISSON.

Il a escrit premierement en Latin, & depuis traduit en François, vn dialogue de la maniere d'examiner ceux qui veulent prendre les ordres sacrez, imprimé à Tolose l'an 1552.

11. FRANCOIS PORTES, Grec de nation, natif de Candie &c. professeur és lettres Grecques à G. l'an 1572.

Il a escrit vne responsе à Pierre Charpentier I. C. Tolosain &c. imprimee l'an 1573.

11. FRANCOIS RABELAIS, docteur en Medecine, Astrologue & Mathematicien, natif de Chinon en Touraine, medecin ordinaire de Monsieur le Cardinal du Bellay, Euesque de Paris &c.

Il a escrit plusieurs liures de faceties ou moqueries, imprimez plusieurs fois, tant à Paris qu'à Lyon.

Ces liures ont esté censurez pour beaucoup de raisons.

Il se voit de luy vn almanach ou pronostication pour l'an 1548. imprimee à Lyon audict an.

Il viuoit du temps de Henry deuxiesme.

Il a escrit plusieurs œuures en Latin.

FRANCOIS DE RABVTIN Bourguignon, Gentilhomme de la compagnie du Duc de Niuernois.

Il a escrit des commentaires des dernieres guerres du Roy Henry deuxiesme, & de l'Empereur Charles cinquiesme, en l'an de salut 1552. pour la liberté des Princes d'Allemagne, &c. imprimez à Paris chez Michel Vascosan l'an 1555.

La continuation des Commentaires des dernieres guerres en la

Gaule Belgique, d'entre le Roy Henry deuxiesme, & l'Empereur Charles 5. & Philippes son fils, imprimee à Paris chez ledict Vascosan l'an 1559.

Tous les vnze liures des guerres de Henry deuxiesme Roy de France, composez par ledict Rabutin, ont esté imprimez chez Nicolas Chesneau, à Paris.

La description du voyage dernier, que feist Monsieur le Duc de Guise en Italie, non encores imprimee.

Traduction du liure d'Erasme, intitulé Moriæ Encomium, c'est à dire louange de la folie, non encores imprimee.

Il florissoit l'an 1569. soubs Charles neufiesme.

B.L. FRANCOIS RAGVEAV Berruyer, lieutenant au bailliage de Mehun en Berry &c.

Il a commenté les coustumes de Berry, non encores imprimees.

Indice des droicts Royaux & Seigneuriaux, qui est vn recueil des nõs les plus difficiles, & des façons de parler, vsitees entre les vieux praticiens ou escriuains en droict, auec les explications & etymologies des noms les plus remarquables &c. imprimé chez Nicolas Chesneau l'an 1583.

Il florist cette annee 1584.

FRANCOIS REGNARD, natif de Douay en Flãdres, maistre de la chapelle de l'Eglise cathedrale de Tournay l'an 1573.

Il a mis en musique à quatre & cinq parties cinquante chansons, cõuenantes tant aux instruments qu'à la voix, imprimees à Douay l'an 1575. chez Iean Bogaerd.

B.L. FRANCOIS RICHARDOT, natif de Bourgongne, Euesque d'Arras l'an 1564. homme for docte & grand Theologien.

Il a escrit la reigle & guide des Curez & vicaires, imprimee à Anuers chez Plantin, & à Paris chez Nicolas Chesneau l'an 1564.

Six Sermons sur l'oraison Dominicale, & quatre sur l'oraison qui se commence, Missus est Gabriel Angelus &c. faits à Douay par ledict Richardot, imprimez chez Plantin à Anuers.

Deux oraisons funebres, prononcees aux obseques des Royne, & Prince d'Espagne par ledict Richardot l'an 1569. imprimees chez Plantin à Anuers.

Il mourut l'an 1574.

Il a escrit plusieurs liures Latins.

FRANCOIS DE RONSSIN, sieur du Plessis Ronssin Gentilhomme du Maine, l'vn des plus excellents ioueurs de Luth de France, voire de toute l'Europe, grand musicien, philosophe naturel, & Poëte François, comme il se voit en quelques sonnets de sa façon, lesquels il n'a encores mis en lumiere.

Il florist à Paris cette annee 1584.

FRANCOIS ROSE OV ROZE Parisien, docteur en Theologie à Paris, grand maistre du College Royal de Nauarre, fondé à Paris, predicateur ordinaire du Roy Henry troisiesme, à present Euesque de Senlis &c.

Ie diray sans flaterie, l'opinion que i'ay dudict Euesque, c'est que ie n'ay onques ouy homme, duquel les predications ou sermons prononcez de viue voix, me pleussent tant que ceux que ie luy ay veuz faire, tant en la presence du Roy, qu'en autres endroicts de Paris, soit pour son eloquence, sa doctrine, son stil doux-coulant, & pour voir si bien suiure vn subiect proposé.

Il se trouue peu de ses escrits François, mis en lumiere, ie sçay qu'il a prononcé plusieurs oraisons funebres, lesquelles ne sont encores imprimees.

I'ay entendu depuis que cette fueille a esté imprimee, que Monsieur ROSE *Euesque de Senlis, s'apelle Guillaume Rose, & qu'il est natif de Chaumont en Baßigny, cõme nous auons dit cy apres aux additions fol.* 481. *&* 486. *& remarqué aux faultes, & encores en la table des surnoms.*

Il florist cette annee 1584. & trauaille sans cesse à faire valoir l'esprit que Dieu luy a donné.

FRANCOIS DE ROSIERES, Gentilhomme Lorrain, Chanoine de Thoul audict pays de Lorraine.

Il a escrit vn discours des Politiques & Republiques du Monde, imprimé.

Il a dauantage escrit en François des Memoires, touchant la tres-illustre & tres-ancienne maison de Lorraine, non encores imprimez.

Quant à ses doctes & infiniment laborieux volumes, touchant les Ducs de Lorraine, & leur antiquité &c. ie n'en feray pas icy mentiõ, me reseruant d'en escrire dans ma Bibliotheque Latine.

I'ay entendu qu'il les auoit traduits en François, mais ils ne sont encores imprimez qu'en Latin, chez Chaudiere à Paris.

Il florist cette annee 1584.

FRANCOIS ROSSELET OV ROVSSELET, docteur en Medecine, natif de Vesoul.

Il a escrit vn discours qu'il appelle Chrisospagirie, c'est à dire transformation de l'or, imprimé à Lyon chez Charles Pesnot l'an 1582.

Il florissoit audit an.

FRANCOIS ROVSSET, docteur en Medecine, natif de Pithuyers, medecin ordinaire de monsieur le Duc de Geneuois & de Nemours l'an 1580.

Il a escrit premierement en Latin, & depuis traduit en François vn Traicté for docte de l'Enfantement Cæsarien, lequel il appelle en Grec Hysterotomotokie, imprimé à Paris chez Denis du Val l'an 1581.

FRANCOIS SAGON, natif de Roüen en Normandie, surnommé l'indigent de Sapience, domestic de M. Felix de Brie, abbé de S. Euroul en

Normandie,& grand doyen en l'Eglise de S. Iulien du Mans.

Il a esté de son temps, comme le fleau ou verge de Clement Marot, contre lequel il a escrit beaucoup de vers, lesquels se voyent imprimez.

Il a escrit le chant de la Paix, fait entre le Roy Henry deuxiesme,& Philippes Roy d'Espagne, imprimé à Paris par Barbé Regnault.

La resiouissance du traicté de Paix en France, publiee l'an 1559. imprimee à Paris par Oliuier de Harsy audit an 1559.

Recueil d'Estrenes dudit François Sagon pour l'an 1538. imprimé à Paris audit an.

Recueil moral d'aucuns chants Royaux, Ballades & Rondeaux dudit Sagon, presentez à Roüen, à Diepe & à Caën, Nous les auons par deuers nous escrits à la main.

Il a composé tous, ou la plus grande partie des Epitaphes, qui se voyent en la chapelle du Chasteau de Serrant en Anjou, à trois lieuës d'Angers, faits en l'honneur des sieurs dudit Serrant, surnommez de Brie, qui est vne for ancienne & tres-noble maison.

Il florissoit l'an 1538. soubs François premier, & encores soubs Henry second.

FRANCOIS DE SIGNAC, sieur de la Borde, roy d'armes de Dauphiné.

Il a mis par escrit le trespas & ordre des obseques, funerailles & enterrement du feu Roy Henry second du nom, imprimé à Paris chez Robert Estienne l'an 1559.

FRANCOIS DV TERTRE, il a escrit vn chant Pastoral, sur l'arriuee & bien-venue de Loyse de Lorraine, Royne de France l'an 1575. imprimé à Paris audit an.

R.L. FRANCOIS TILLIER Tourengeau, Aduocat à Tours.

Il a escrit deux liures du Philogame, ou amy du Mariage, imprimez à Paris chez Poupy l'an 1578.

R.L. FRANCOIS DE VALOIS premier du nom, tres-chrestien Roy de France.

Il a esté appellé le Pere des lettres, pour y auoir employé toute son industrie à les mettre en leur perfection, & n'a iamais espargné or ny argent pour entretenir les hommes doctes, & pour recouurer liures de toutes parts, pour enrichir cette superbe & magnifique Bibliotheque Royalle, dressee à Fonteinebleau.

Il estoit for docte & tres-eloquent, ayant cognoissance de plusieurs langues, & entre autres de la Latine & Françoise, en laquelle il a escrit plusieurs liures, sçauoir est, La response aux Protestans d'Allemagne.

Plusieurs epistres Françoises, faites Latines par Messire Guillaume du Bellay, sieur de Langey, & plusieurs Latines qu'il a mises en François.

Plusieurs Poëmes tres-eloquents, sonnets, Epigrammes & autres gēres de poësie Frāçoise, desquels Salmon Macrin de Loudun en Poictou fait mention, & lesquels il a traduits en Latin, & quelques vers touchāt le le labourage, desquels parle Iean Liebault, au commencement de sa maison Rustique.

Traicté touchant la discipline militaire de ses Legionnaires, lesquels furent assis en sept diuerses prouinces du Royaume de France l'an 1533. à l'imitation des Romains.

Il se list quelques vers dudit Roy, à la louange de Madame Laure d'Auignon, tant celebree par Petrarque.

Il mourut l'an 1547. au Chasteau de Rambouillet en Beausse, au grand regret de tous hommes de lettres, & autres de ses subiects.

FRANCOIS DE VERNASSAL, de Cahors en Quercy, pres Tolose.

Il a traduit d'Espagnol en François, l'histoire ou plustost Roman de Primaleon de Grece.

FRANCOIS VILLON, natif de Pontoise pres Paris.

Il a escrit quelques œuures en vers François, contenant deux testaments, ensemble plusieurs Ballades, & autres poësies, imprimees à Paris auec les finesses & tromperies dudit Villon l'an 1533. par Galiot du Pré.

Il viuoit en l'an 1456. aucuns asseurent qu'il fut pendu pour ses maluersations &c.

Frere FREMIN CAPITIS, de l'ordre de sainct François, docteur en Theologie &c.

Il a escrit vn liure, intitulé la Sauuegarde & protection de la foy Catholique, contre les principaux heretiques de nostre temps, imprimé à Reims l'an 1566.

FRANCOVR, Chancelier du Roy de Nauarre &c. voy cy apres Geruais le Barbier, surnommé Francour &c.

.... FRESSE, Euesque de Bayonne.

Il a escrit vn liure, intitulé liure premier des Estats, & maisons plus illustres de la Chrestienté, imprimé à Paris l'an 1549. chez Vincent Sertenas.

Il florissoit du temps de Henry second, audit an 1549.

.... LE FORESTIER, de l'ordre des Celestins, Poëte François &c.

Il a escrit quelques vers à l'honneur de la Vierge Marie, imprimez à Roüen, & en autres lieux l'an 1520. ou enuiron.

F. R. Parisien.

Il a escrit vn Epithalame sur le mariage du Roy, & de la tres-excellēte Princesse Loyse de Lorraine, imprimé chez Denis du Pré l'an 1575. auec le sacre & coronnement dudit Roy.

F. D. L. T.

Il a escrit le discours des Villes, Chasteaux & forteresses batues, assaillies & prises par la force de l'artillerie, durant les regnes des treschrestiens Rois, Henry second & Charles neufiesme, estant grand maistre & Capitaine general d'icelle, le seigneur d'Estrees, Cheualier de l'ordre de leurs Maiestez &c. imprimé à Paris chez Gabriel Buon l'an 1566.

FIN DE LA LETTRE F.

GABRIEL

G

GABRIEL BONIN, OV BOVNIN, natif de Chasteau-roux en Berry, & Bailly dudict lieu.

Il a traduit en vers François, vne Tragedie appellee la Soltane, imprimee à Paris chez Guillaume Morel.

Il a traduit de Grec en François les Oeconomiques d'Aristote, c'est à dire la maniere de bien gouuerner vne famille, imprimees à Paris chez Vascosan l'an 1554.

Poëme François, contenant les ioyes & allegresses, pour l'entree de Monsieur frere du Roy, en sa ville de Bourges &c. imprimee à Bourges, & depuis à Paris chez Iean de l'Astre l'an 1576.

GABRIEL CHAPVIS, natif d'Amboise en Touraine, homme docte & des plus diligents escriuains de nostre temps, comme il monstre par le grand nombre de ses œuures tant de son inuention, qu'en ses traductions de liures Latins, Italiens & Espagnols, &c.

Il a traduit de Latin en François, les doctes commentaires hierogliphiques de Pierius, imprimez en deux volumes in fol. à Lyon par Berthelemy Honorat l'an 1576.

Les Mondes de Doni Florentin, traduits d'Italien en François, & imprimez à Lyon par diuerses fois chez Berthelemy Honorat.

Il a traduit d'Espagnol en François sept liures d'Amadis de Gaule, sçauoir est le quinze, seize, dixsept, dixhuict, dixneuf, vingt & vingt vn, imprimez à Lyon chez Benoist Rigault à diuerses annees.

Cinq liures de Primaleon de Grece, qui est vn Roman ou histoire fabuleuse, sçauoir est le deuxiesme, troisiesme, quatriesme & cinquiesme, traduits par ledit Chapuis, & imprimez à Lyon chez Benoist Rigault.

Les estranges aduentures des amours d'vn Cheualier de Seuile en Espagne nommé Luzman, traduites d'Espagnol, imprimees chez Benoist Rigault à Lyon.

L'Hexameron ou six iournees, traduites d'Espagnol, imprimees à Lyon par Antoine de Harsy l'an 1582. & ailleurs. L'autheur d'icelles s'appelle Antoine Torquemade Espagnol.

L'Anacrise, ou examen des Esprits, traduit d'Espagnol, imprimé à Lyon chez François Didier l'an 1580.

Le second & troisiesme volume de la Diane de Georges de Montemaior, traduits d'Espagnol, imprimez à Lyon par Cloquemin.

Les dialogues de Nicolas Franco Italien, reueuz par ledit Chapuis, & imprimez à Lyon chez Berthelemy Honorat.

La ciuile Conuersation d'Estienne Guazzo Italien, imprimee à Lyõ par plusieurs fois chez Iean Berault.

Il a traduit de Latin en François, la harangue ou oraison funebre sur la mort de Madame Marguerite de Valois, Duchesse de Sauoye & de Berry, femme de Philbert Emanuel, Duc de Sauoye, & Prince de Piedmont &c. escrite en Latin par Charles de Paschal &c. imprimee à Paris chez Iean Poupy l'an 1574.

Cinq chants de l'Arioste Italien, pris sur la fin du liure de Roland furieux, imprimez à Lyon par Berthelemy Honorat, par diuerses fois, auec la suite ou continuation du mesme liure.

La Methode de se bien confesser, traduite d'Italien en François, & imprimee à Lyon chez Benoist Rigault.

Poëme François sur la venuë du Roy Henry troisiesme en France, & son retour de Polongne &c. imprimé à Lyon chez Benoist Rigault.

Le courtisan de Balthazar de Castillon ou Chastillon, traduit en François par ledit Chapuis, & imprimé à Lyon par Loys Cloquemin.

Il a traduit d'Espagnol en François le deuxiesme & troisiesme liures de l'histoire de Flandres, escrite par M.P.C. imprimee à Lyon l'an 1578. par Iean Stratius.

Commentaires ou Scholies tresamples, sur Seneque, traduits d'Espagnol en François, non encores imprimez.

Les leçons ou sermons de Panigarole, traduits d'Italien en Frãçois, imprimez à Lyon chez Stratius.

La vie de Iesus-christ, escrite par Sainct Bonauenture, non encores imprimee. La copie en est à Lyon chez Iean Stratius.

Les Epistres facetieuses de Rao, traduictes d'Italien en François, imprimees à Lyon chez Antoine Tardif.

Le Sommaire des Sciences, traduit d'Italien en François, imprimé à Lyon chez Antoine Tardif.

Les

Les Stances miſes au deſſous des figures de la Bible, imprimees à Lyon chez Berthelemy Honorat.

Le Manuel du catechiſme catholiq. recueilly par Georges Eder, conſeiller de l'Empereur &c. traduit de Latin en François, & imprimé à Lyon chez Patraſſon.

Six liures de la nobleſſe, traduits d'Italien en François.

Les cent Nouuelles de B. Giraldi Ferrarois, reduits en deux volumes, imprimez à Paris, le premier chez Perier, & le ſecond chez Abel l'Angelier.

Les trois dialogues du ſuſdit Giraldi, imprimez chez Abel l'Angelier 1584.

Les ſecrets de nature, imprimez chez Honorat à Lyon l'an 1584.

Additions au Promptuaire de Medailles, imprimé à Lyon chez Rouile l'an 1581.

Les Sermons de Corneille Muſſo, Eueſque de Bitonte, reduicts en quatre volumes, deſquels le premier & ſecond ſont imprimez chez Chaudiere & Malot l'an 1584. & les deux autres le ſeront en bref par les ſuſdits de la traduction dudit Chapuis.

Il a recueilly de pluſieurs autheurs, & en partie traduit vn liure qu'il intitule les faceticuſes Iournees, imprimé à Paris chez Iean Houſé l'an 1584.

Les lettres & Miſſiues amoureuſes de Paſqualigo, traduites d'Italien en François, imprimees à Paris chez Abel l'Angelier l'an 1584.

Le Miroir vniuerſel des arts & ſciences, traduit d'Italien en François, imprimé à Paris chez Pierre Cauelat l'an 1584. l'autheur de ce liure s'appelle Leonard Fiorauenti &c.

Les Colloques de Mathurin Cordier, traduits de Latin en François, imprimez à Lyon chez Cloquemin & ailleurs, par diuerſes fois.

Il floriſt à Paris cette annee 1584. auquel lieu il fait maintenant ſa demeure ordinaire, & ne ceſſe de trauailler pour illuſtrer la France, tant par liures de ſon inuention, que par ſes traductions.

GABRIEL DE COLLANGE, natif de Tours en Auuergne, qui eſt vne autre ville que celle de Tours ſur Loire &c. valet de chambre du Roy Charles neufieſme, autresfois precepteur & gouuerneur de monſieur le Duc d'Atry l'an 1566. homme for grand ingenieur, & doüé d'vn eſprit eſmerueillable &c.

Il a traduit de Latin en François la Poligraphie de Iean Triteme, Abbé, imprimee à Paris chez Iaques Keruer in 4. l'an 1561. auec quelques additions de l'inuention dudit Collange.

Il a traduit de Latin en François les vingtſept liures de l'hiſtoire d'Angleterre, deſcrite bien au long, par Polydore Virgile, non encores imprimee.

L'Histoire Vniuerselle, depuis la creation du mõde, iusques à nostre temps, selon les concordances de la verité theologique, auec l'Astronomique & historique, non encores imprimee.

Il a traduit les trois liures de la philosophie cachee de Henry Corneille Agrippa, enrichie par ledit de Collange, de plusieurs additions & annotations, non encores imprimees.

Discours de la Policratie, & institution politique, en laquelle sont discourus & notez les abus de la cour, & de la forme & maniere de la voye philosophique il semble que ce soit la traduction du liure de Ioannes Sarisberiensis, Euesque de Chartres &c. ce liure n'est encores imprimé.

Traicté de l'heur & malheur du mariage, contenant trois declamations, la premiere de l'homme contre la femme, la seconde de la femme contre l'homme, & la derniere en faueur du mariage, &c. non imprimé.

Description & discours des Sectes & ordres de religion, depuis la premiere institution de la religion chrestienne & catholique, iusques à present.

Le reste de ses autres œuures & compositions, se voit dans vn liure presenté au Roy Charles neufiesme par ledit de Collange l'an 1566. intitulé Response au Roy, sur la demande qu'il luy auroit pleu faire à Gabriel de Collange, valet de chambre de sa maiesté &c. imprimé à Paris audit an 1566. sans mettre le nom de l'imprimeur.

Il fut tué à Paris l'an 1572. au mois d'Aoust, ayant esté pris pour Huguenot, encores qu'il ne fust de la religion reformee, selon qu'il m'a esté asseuré par hommes qui en auoyent bonne cognoissance.

B.L. GABRIEL DE LERM, DIT LERMEVS, sieur de Barjac, gentilhomme né au pays de Languedoc, tresdocte poëte Latin & Frãçois, maistre des requestes de la Roine de Nauarre.

Il a escrit plusieurs poëmes, Epistres & oraisons Françoises, & traduit quelques liures d'Italien en François, desquels il y en a quelque partie d'imprimez.

Il florist à Paris cette annee 1584. c'est celuy qui a si heureusement & doctement traduit en vers Latins, la Sepmaine de Sallust e du Bartas, imprimee à Paris chez Gadouleau l'an 1583. & 1584.

B.L. GABRIEL DE MARILLAC, Conseiller & Aduocat du Roy au Parlement de Paris, homme for docte en Grec, Latin & François, & des plus eloquents de la cour.

Il a peu escrire plusieurs ouurages (selon qu'il estoit bien versé en plusieurs sciences) lesquelles ne sont en lumiere.

Il mourut à Paris l'an 1551. au grand regret de tous ses amis, & autres qui auoyent ce bien de le hanter.

GABRIEL

GABRIEL MEURIER.

Il a escrit le bouquet de Philosophie morale, imprimé à Anuers chez Iean Vvaësberge l'an 1568.

La Grammaire Françoise, imprimee à Anuers chez Plantin l'an 1557.

Le Thresor des sentences dorees, prouerbes, & dits notables, imprimé à Roüen chez Nicolas l'Escuyer l'an 1579.

Il florissoit à Anuers l'an 1568.

B.L. GABRIEL DE MINUT DIT MINUTIUS, sieur du Castera, gentilhomme Tolosain, senechal de Rouergue, docteur és droicts, maistre des requestes de la Roine mere du Roy, gentilhomme ordinaire de la chambre, &c. filz de Messire Iaques de Minut, autresfois premier president de Tolose, &c.

Ce seigneur est for bien versé en tous arts & disciplines.

Il a escrit vn liure de la Musique, non encores imprimé.

Il a escrit plusieurs vers François.

Le Sieur du Bartas luy a dedié son Vranie.

Il florissoit à Paris l'an 1583.

GABRIEL DU PONT, sieur de Drussac, gentilhomme, natif de Tolose, I. C. & poëte François.

Il est autheur du liure, intitulé les Controuerses des sexes, masculin & feminin, imprimez pour la premiere fois à Tolose l'an 1534. & depuis l'an 1537. à Paris & à Lyon.

Estienne Dolet a for escrit contre ce Drussac en ses Epigrammes Latins.

Il florissoit à Tolose l'an 1536.

B.L. GABRIEL DU PREAU DIT PRATEOLUS, natif de Marcoussis, pres Mont-l'Hery, docteur en Theologie.

Il a traduit de Latin en François, deux traictez de Claude Cotereau, I. C. l'vn du debuoir d'vn Capitaine & chef de guerre, l'autre du combat en camp clos, ou duel, imprimez à Poitiers par les Marnefs l'an 1549.

Il a traduit de Grec en Frãçois, deux liures de Mercure Trismegiste, l'vn de la puissance & sapience de Dieu, & l'autre de la volonté de Dieu, auec vn dialogue de Loys Lazarel, poëte Chrestien, intitulé le Bassin d'Hermes, le tout imprimé à Paris par Estienne Grouleau l'an 1557.

Il a traduit de Toscan en François, la Geomance de Catan, imprimee à Paris chez Gilles Gilles l'an 1558. 1561. & à autres diuerses fois.

Catechisme, ou instruction pour les Chrestiens, imprimé à Paris.

Arrest au profit des Catholiques, par les propres tesmoignages des 24. Ministres &c. imprimé à Paris chez Thomas Brumen l'an 1567.

Discours des faux Prophetes, imprimé à Paris l'an 1564.

Enchiridion, ou Manuel & instruction des Curez, imprimé à Paris l'an 1567.

Harangue sur les causes de la guerre entreprise contre les rebelles & seditieux, qui en forme d'hostilité ont pris les armes contre le Roy & son Royaume, imprimée à Paris l'an 1562.

La Franciade Orientale, qui est vne histoire de la terre Saincte, escrite par Guillaume Archeuesque de Thyr, imprimee à Paris chez Robert le Mangnier l'an 1574.

L'authorité du Concile, auec les signes pour sçauoir discerner l'Eglise de Iesus-Christ d'auec le Synagogue de l'Antechrist, imprimée l'an 1564.

L'estat de l'Eglise, qui est vne histoire de tous les troubles aduenuz en l'Eglise des Chrestiens & Catholiques, iusques à nostre temps, imprimee à Paris chez Iaques Keruer & Guillaume Chaudiere l'an 1583.

Il florist cette annee 1584. âgé de soixante & dix ans.

Il a escrit plusieurs œuures tresdoctes, en langue Latine, desquels ie feray mention en ma Bibliotheque Latine.

B.L. GABRIEL DV PVYHERBAVLT, dit en Latin Putherbeus, natif de Touraine, religieux de l'ordre de Fonteurault en Poictou.

Il a traduit en prose Françoise les Psalmes de Dauid. Le psaultier Latin & François, de la traduction dudict Puyherbault, a esté imprimé à Paris chez Iean de Roigny l'an 1565.

Traicté de Penitence, imprimé par ledict Roigny l'an 1555.

Le Paradis de l'ame, imprimé chez Roigny.

Le supplement de deuotion, imprimé chez Roigny.

La regle de prier Dieu.

La tranquillité d'esprit.

Le manuel des gens de religion, tous trois imprimez à Paris chez le susdit.

Postiles sur le Caresme, imprimez en huict volumes chez ledict de Roigny.

Expositions des 52. Dimenches, diuisez en deux volumes, imprimez chez Nicolas Chesneau l'an 1565. à Paris.

Epitaphes sur la mort du Roy François premier du nom.

Il a escrit plusieurs liures en Latin, desquels ie feray mention autre part.

Il florissoit à Fonteurault en Poictou l'an 1547.

GABRIEL DE SACONAY, precenteur & Conte de l'Eglise de Lyon l'an 1569.

Il a escrit vn discours des premiers troubles aduenuz à Lyon, auec vne apologie pour la ville de Lyon, contre vn libelle intitulé, La iuste & saincte defense de la ville de Lyon, &c. imprimé à Paris l'an 1559.

GABRIEL SIMEON Florentin, homme for docte és langues, & des plus grands rechercheurs d'Antiquitez: Outre qu'il a escrit plusieurs liures en Latin & en langue Italiẽne, il en a aussi fait beaucoup en la nostre Françoise, desquels s'ensuyuent les tiltres.

Illustres obseruations en son dernier voyage d'Italie l'an 1557. imprimees à Lyon l'an 1558. par Iean de Tournes, auec plusieurs figures de medailles, sepultures, & autres antiquitez remarquables, le tout en taille douce.

L'Epitome de l'origine & succession de la duché de Ferrare, escrite premierement en langue Toscane par ledit Symeon, & depuis traduite en François par luy-mesme, auec certaines epistres à diuers personnages, auec aucuns epigrammes sur la proprieté de la Lune par 12. signes du ciel, imprimé Paris.

Cæsar renouuellé, par les obseruations militaires dudit Symeon, imprimé à Paris chez Vincent Sertenas l'an 1558.

Deuises ou Emblemes imprimees auec celles de Claude Paradin à Anuers l'an 1563. par Guillaume Syluius, & à Lyon chez Rouuille l'an 1567.

L'interpretation du monstre d'Italie, imprimé à Lyon l'an 1555. par Antoine Volant.

La Tetrarchie, &c.

Il a escrit plusieurs autres liures en langue Italienne, comme la description de la Limagne d'Auuergne, &c. traduite en François par Antoine Chapuis Dauphinois, duquel nous auons parlé cy deuant à la lettre A.

Il florissoit l'an 1558.

GABRIEL TAMOT, Aduocat au Mans l'an 1540. ou enuiron.

Il a escrit quelques poësies Françoises, desquelles il s'en voit quelques vnes, imprimees auecques celles de Charles Fonteine Parisien.

Il a escrit quelques recherches des antiquitez de la ville & cité du Mans, mais ses œuures ne sont imprimees.

Madame GABRIELLE DE BOVRBON, de la tres-illustre maison de Montpensier, femme de messire Loys de la Trimouille &c.

Cette dame auoit vn esprit & iugement esmerueillable. Elle a composé en prose Françoise, le voyage du penitent.

Le temple du saint Esprit.

L'Instruction des ieunes pucelles.

Les cõtemplations de l'ame deuote, sur le mystere de l'incarnation, & passion de Iesus-christ.

Elle florissoit l'an 1484. soubs Charles 8. Roy de France.

Ses œuures ne sont encores imprimees.

Iean Bouchet en fait mention en ses Annales d'Aquitaine, & au Panegyric du Cheualier sans reproche, nommé Loys de la Trimouille.

GACES BRVLEZ cheualier, fort bon Poëte François.

Il a escrit plusieurs poësies Françoises, & entre autres, 49. chansons non encores imprimees.

Il estoit fort aimé de Thibaut Roy de Nauarre & florissoit en l'an 1235.

GACES DE LA VIGNE, gentilhomme François.

Il a escrit en vers François le Roman des oyseaux, traitant de la Fauconnerie, lequel il composa en faueur de Philippes de Valois, Roy de France. Ce liure n'est encore imprimé.

Il florissoit du temps de Philippes de Valois, Iean & Charles 5. Rois de France l'an 1328. 1350. & 1364.

GAMARS OV GOMARS DE VILIERS, ancien Poëte Frãçois l'an 1300. ou enuiron.

Il a escrit quelques Poësies Françoises non encores imprimees.

GASBERT DE PVYCIBOT, gentilhomme Limosin.

Il a escrit en langue Prouençale vn traité qu'il appelle, Las Bauzias d'Amours, non encore imprimé.

Il mourut l'an 1263.

GASPARD D'AVVERGNE.

Il a traduit d'Italien en prose Françoise, quelques discours de Nicolas Machiauel Florentin.

GASPART LAET, docteur en Medecine & Astrologue en l'Vniuersité de Louuain

Il a escrit la Prognosticatiõ de Louuain pour l'an 1540. imprimee audit an.

Prognostication pour l'an 1551. imprimee à Rouen audit an.

Messire GASPARD DE SAINCT SIMON, Protenotaire de Sãdricour, gentilhomme François, &c.

Il a escrit vn discours de la guerre spirituelle d'entre l'ame raisonnable, & les trois ennemis d'icelle, la Chair, le Monde, & le Diable, le tout diuisé en trois liures, imprimé à Paris chez l'Huillier, l'an 1579.

Il a traduit de Latin en François vn traicté de l'aumosne & des œuures de charité, imprimé à Paris l'an 1583. chez Thomas Brumen.

Il a peu composer d'autres œuures desquelles ie n'ay pas cognoissance.

Il florissoit l'an 1579.

Messire GASPARD DE SAVX, cheualier de l'ordre du Roy, sieur de Tauanes, Mareschal de France, &c.

Il a escrit des Memoires touchant l'instruction d'vn vray chef de guerre & general d'armee, desquels Charles de Neuchaizes, sieur des Frãcs, neueu dudit sieur, a fait vn recueil, imprimé à Paris l'an 1574. chez Hulpeau, comme nous auons dit cy dessus.

Il florissoit soubs Charles 9. Roy de France.

GASPARD OV GAZAL DV TRONCHAY, natif de la ville de Mayēne la Iuhel au Conté du Maine, docteur en Medecine, homme tresdocte en Grec, Latin & François, grand Philosophe & Medecin, &c. Frere de Baptiste du Tronchay duquel nous ferons mention cy apres &c.

Il a escrit en vers François vn liure de la Santé, autrement intitulé l'Allegresse contenant 1208. vers de 16. syllabes, non imprimé.

La Grammaire Françoise auec vne orthographe nouuelle, inuentée par ledit du Tronchay.

Traicté en vers de mesme sorte que les susdits, intitulé le iour lequel il a dedié au Seigneur Iean Antoine de Bayf, son intime amy.

Complainte à Dieu lors qu'il estoit malade de la fiebure contenant 262. vers, dediee à Monsieur Pena docteur en medecine.

Il a escrit plusieurs autres liures desquels ie n'ay pas cognoissance, les susdits ne sont encores imprimez: quant à ses œuures Latins, comme celuy *de Sanitate tuenda* & autres, nous en ferons mention autre part.

Il florist à Renes en Bretagne, y exerceant sa profession de Medecine cette annee 1584. âgé de plus de 60. ans.

GASTON DE CHEVALIERS OV CAVALIERS, gentilhomme Bearnois, tresdocte poëte François.

Il a mis en lumiere vn sien treselegant Poëme François intitulé, Le decez ou fin du Monde, diuisé en trois visiōs, imprimé à Paris chez Robert le Fizelier l'an 1584.

Il florist à Paris cette annee 1584.

GASTON DE FOIX surnommé Phebus, Conte de Foix, par aucuns appellé Gaston de Foix, seigneur de Beau-ru, ou plus tost Bearn.

Il a escrit vn liure de la chasse ou Venerie, lequel se voit escrit à la main.

Il mourut l'an 1390. âgé de 72. ans. Il est enterré à Ortais en Bearn au couuent des freres prescheurs ou Iacobins.

GAVLTIER D'ARGIES cheualier & Poëte François, l'an 1220. ou enuiron.

Il a escrit plusieurs Poësies Françoises, & entre autres des chansons amoureuses.

Il florissoit soubs le Roy S. Loys, ses œuures ne sont imprimees.

GAVLTIER, Duc d'Athenes Connestable de France, duquel sont issuz les Seigneurs de la Trimoüille, Vicontes de Thoüars en Poictou, &c.

Il estoit homme docte en Grec, Latin & François, comme tesmoigne Iean Bouchet aux Annales d'Aquitaine. Ie n'ay point veu de ses escrits.

Il florissoit l'an 1351.

GAVLTIER DE LA BELLE-PERCHE en Bourgonge, autrement appellé Gaultier l'Arbalestrier, de Belle-perche, ancien Poëte François.

Il a escrit le Roman de Iudas Machabee, lequel fut paracheué par Pierre du Riez.

Il florissoit l'an 1270. ou enuiron.

GAVLTIER D'ESPINOIS OV D'ESPINOY, ancien Poëte François, parent de Iaques d'Espinois.

Il a escrit plusieurs poëmes François, non encores imprimez.

Il florissoit l'an 1250. ou enuiron.

GAVLTIER DE SOIGNIES OV DE SAGVIES, ancien Poëte François l'an 1250. ou enuiron.

Il a escrit plusieurs chansons amoureuses. Cl. Fauchet fait mention des susdits en son recueil des Poëtes.

GAZAL DV TRONCHAY medecin à Renes, &c. Voy cy deuant Gaspard du Tronchay, &c.

GEORGES DE ALLVIN gentilhomme François, voy cy apres Georges de Halluin escrit par H.

GEORGES DE LA BOVTHIERE natif d'Authun en Bourgongne.

Il a traduit la Metamorphose, ou l'Asne doré d'Apulee Philosophe Platoniq, imprimé à Lyon Par Iean de Tournes & Guillaume Gazeau l'an 1553.

Iean Louueau d'Orleans a aussi traduit ledit liure comme nous dirons en son lieu.

Il a traduit le liure de Iules Obsequent traitant des prodiges, ensemble les trois dialogues de Polidore Virgile traictant de pareille matiere & semblable argument, lesquels liures il a enrichiz de for doctes annotations. Le tout a esté imprimé ensemble à Lyon, par Iean de Tournes l'an 1558. in 8.

Il a traduit le docte liure de Suetone Trãquille de la vie des 12. Cęsars, ou premiers Empereurs de Rome, imprimé à Lyon par Iean de Tournes in 4. l'an 1569. & depuis in 16. en petite marge.

Il florissoit l'an 1558.

GEORGES CHASTELAIN DIT L'ADVENTVRIER, treselegant poëte historien, & orateur François pour son temps.

Il a esté nourry & esleué en la maison des Ducs de Bourgongne, cõme tesmoigne Iean le Maire de Belges.

Il a escrit en vers François vn recueil des choses merueilleuses, aduenues de son temps, imprimé auec les œuures de Iean Moulinet.

Il a escrit le Temple de la ruine d'aucuns Nobles malheureux, tant de France que d'autres nations estrangeres, à l'imitation de Bocace, imprimé à Paris par Galiot du Pré l'an 1517.

Il a escrit l'instruction du ieune Prince, contenant 8. chapitres, imprimee auec les autres œuures.

Il florissoit l'an 1460. ou enuiron.

GEORGES D'ESCLAVONIE, maistre éz arts & docteur en Theologie

gie, chanoine & penitencier de l'Eglise de Tours en Touraine.

Il a escrit en François vn liure intitulé, La Vierge Sacree, imprimé à Paris, chez Simon Vostre.

GEORGES HALLOIN OU DE HALLUIN DIT HALLOINUS, gentilhomme François (ie ne sçay s'il est issu de la noble maison de Haluin en Flandres, Marquis de Piennes en Picardie, &c.)

Il a escrit quelques traitez en François contre les erreurs de Martin Luther Alleman, ie ne sçay s'ils sont imprimez. Iosse Clitoue dit Iodocus Clitoueus en fait mention en son liure du Libre arbitre, escrit contre ledit Luther, & en l'epistre à M. Loys Guillard Euesque de Chartres auquel il dedie son liure, &c.

GEORGES LOISELET.

Il a traduit de Latin en François, vn traicté de S. Cyprien des douze manieres d'abus qui sont en ce monde, en diuerses sortes de gens, & du moyen de les corriger, imprimé à Roüen l'an 1558.

GEORGES REVERDY Piedmontois, excellent graueur au burin, c'est celuy qui a graué les protraicts ou effigies du Promptuaire des Medailles, imprimé à Lyon chez Rouuile, par plusieurs fois.

Il florissoit à Lyon l'an 1555.

GEORGES DE SELVE, Euesque de la Vaur, homme docte és langues, Ambassadeur pour le Roy Frãçois premier, vers Charles le quint, Empereur des Romains &c.

Il a traduit en Frãçois les vies de huit Grecs & Romains, escrites en Grec par Plutarque, imprimees à Lyon chez Ieã de Tournes l'an 1548.

Les œuures dudit Euesque ont esté imprimees à Paris chez Galiot du Pré l'an 1559. in folio, & contiennent ce qui s'ensuit.

Vn sermon, quelques exhortations, Oraisons, contemplations, lettres, discours, sommaire de l'Escriture sainte, le moyen de faire & entretenir paix, Deux remonstrances aux Allemans &c.

Il mourut l'an 1529.

Raymond le Roux I. C. dit Rufus, à escrit vn ample discours de sa vie, en sa response à Charles du Moulin Parisien.

GEORGES DU TRONCHAY, sieur de Balladé, gentilhomme Angeuin, lequel plusieurs pensent auoir esté né en la ville du Mans, pour y auoir presque tousiours fait sa demeure durant sa vie, mais il nasquit à Morenne à huict lieuës de la ville d'Angers l'an 1540. Il estoit fils de Baptiste du Tronchay, conseiller du Roy au Mans (duquel nous auõs parlé cy dessus) & neueu de Gazal ou Gaspard du Tronchay, medecin à Renes, duquel nous auons aussi parlé en son lieu.

Ie seroy trop ingrat si ie ne faisoy tres-honorable mention de celuy, lequel durant sa vie m'a tellement aymé, qu'il n'auoit pas vn plus grand amy en ce monde, & auquel reciproquement i'ay porté telle amitié que ie peux dire n'en auoir iamais eu de telle, auecques autre, pour les raretez qui estoient en luy, & pour la cognoissance de tant de choses singulieres, desquelles il estoit amateur : c'estoit le plus entendu & le mieux versé en la cognoissance des medailles, & autres antiquitez Greques ou Romaines, que pas vn de son siecle, & lequel les sçauoit le mieux peindre, ou representer à la main. Il auoit deliberé de faire l'explication des reuers de toutes celles qu'il auoit, desquelles le nombre estoit presque incroyable, ensemble des cornalines, & pierres grauees, qui estoient en son cabinet.

Il a escrit plusieurs poëmes François, & plusieurs liures en prose, desquels c'est grand dommage qu'il ne les a fait imprimer, car c'estoit l'homme des mieux couchant par escrit, qui fust en France, comme peuuent iuger ceux qui ont veu de ses compositions, & entre autres, La remonstrance des plaintes du tiers Estat du pays & Conté du Maine, qui estoient les cayers pour les estats de Blois : elle n'est encores imprimee nomplus que sa Grammaire Françoise, ses Etymologies, Prouerbes, & autres belles choses encommençees par luy.

Il mourut au Mans l'an 1582. le 20. iour d'Aoust en l'an de son âge 43. au grand regret de tous ses amis, & sur tout au mien son plus fidel amy.

GEORGETTE DE MONTENAY damoiselle seruante de la Royne de Nauarre Madame Ieanne d'Albret, &c.

Elle a escrit vn for beau liure en vers François, intitulé Emblemes Chrestiens, imprimé à Lyon auec les figures l'an 1571.

B.L. GENTIEN HERVET natif d'Oliuet pres Orleans, homme docte és langues, curé de Creuant pres Beaugency l'an 1561. docteur en Theologie à Paris, Chanoine de Rheims en Champagne l'an 1562. & 1564.

Il a escrit en François ce qui s'ensuit.

Les ruzes & finesses du Diable pour tascher à abolir le sainct sacrifice de Iesus Christ, imprimé à Reims l'an 1562. & à Paris chez Chesneau.

Apologie contre les heretiques, Ministres de Caluin, imprimee chez Chesneau l'an 1564.

Il a traduit de Latin en François les liures de la Cité de Dieu, escrits par S. Augustin, reueuz & recorrigez par François de Belle-forest & imprimez à Paris.

Epistre aux Ministres d'Orleans, imprimé par Chesneau l'an 1562.

Response au discours des Ministres, imprimé par Chesneau.

Mensonges de Caluin. imp. par Chesneau.

Epistre aux Catholiques d'Orleans imp. par Chesneau.

Responsé à Hugues Sureau dit des Rosiers, maistre d'Escole à Orleans, imp. par Chesneau.

Sermon de l'Ascension imp. par Chesneau.

Consultation des signes sacrez, imprimé par Chesneau l'an 1565.

L'Anti-hugues, ou responsé à Hugues Surreau dit des Roziers, imprimé par Chesneau, l'an 1566.

Traicté

Traicté de S. Hierosme de la vraye Eglise, traduit par ledit Heruet, imprimé par Gilles Gourbin l'an 1567.

Catechisme pour les curez, imprimé l'an 1567. par Nicolas Chesneau.

Catechisme ou sommaire de la foy Chrestienne, recueilly des œuures de Lyndan Euesque en Allemagne &c. imprimé à Paris chez Nicolas Chesneau l'an 1561.

Confutation d'vn liure intitulé Les signes sacrez, imprimé à Reims par Iean de Foigny l'an 1565. in 4. ch. 25.

Response aux calomnies de Iean Loys Miqueau, contenues au liure intitulé, Confutation des erreurs, & prodigieuses heresies de Gentien Heruet, imprimé à Reims par Iean de Foigny l'an 1569.

Seconde epistre aux Ministres, Predicans, & supposts de la nouuelle Eglise, &c. imprimee à Paris chez Nicolas Chesneau l'an 1561.

Apologie ou defense contre vne response des Ministres de la nouuelle Eglise d'Orleans, escrite par vn qui s'appelle l'vn pour tous, imprimee à Paris chez Nicolas Chesneau l'an 1561.

Il florissoit l'an 1564.

Il a escrit plusieurs liures en Latin.

GERMAIN CHARTELIER, Conseiller du Roy au Parlement de Paris.

Il a recueilly plusieurs Arrests memorables, prononçez en la Cour du Parlement de Paris, desquels fait mention Loys le Charon en ses responses du droit obserué en France, &c.

GERMAIN COLIN, natif d'Angers, Poëte François du temps de Marot, &c.

GERMAIN COLIN BVCHER, grand orateur & secretaire de Messire Philippe de l'Isle-Adam, grand Maistre de Malte, &c. Iean Bouchet fait mention de luy aux annales d'Aquitaine.

GERMAIN FORGET Aduocat à Eureux en Normandie, poëte Latin & François.

Il a escrit vn Panegyric, ou chant d'alegresse sur la venue du tres-Chrestien Henry 3. Roy de France & de Pologne, imprimé à Paris l'an 1574. par Iean Poupy.

GERMAIN DE LA MAGDELEINE, praticien en la Chancelerie de France, & cour de Rome l'an 1557.

Il a recueilly plusieurs Edicts, ordonnances, mandemẽs & commissions du Roy, plusieurs Arrests du Parlement & sentences du chastelet de Paris, &c. concernans le fait de la iustice & pollice de Paris, imprimé à Paris chez Charles l'Angelier l'an 1557.

GERMAIN PILLON Parisien, issu du pays du Maine, car son pere estoit né de la paroisse de Loué, à six lieues du Mans, qui estoit aussi le lieu de la naissance d'Abel Foullon, duquel nous auons parlé au commencement de ce liure, ce que ie repete pour l'amour de mon pays.

Cestuy-cy est des plus excellents Statuaires de Paris, voire de toute la France, comme il se voit par tous ses ouurages, tant à Paris qu'en diuers lieux de France tant ingenieusement elabourez. Ie desirerois qu'il voulust mettre les secrets de sa science en lumiere, pour seruir à ceux qui font profession de cest art.

Il florist à Paris cette annee 1584.

2.2. GERMAIN VAILLANT DE GVELLIS, Abbé de Pimpont, Conseiller du Roy au Parlement de Paris.

La ville d'Orleans a cet heur que d'auoir produit vn grand nombre d'hommes doctes, & entre autres cetuy-cy, lequel a escrit plusieurs œuures Latins, desquels ie feray mention autre-part, & quāt à ce qu'il peut auoir escrit en François ie n'en ay encores cognoissance.

Il florist à Paris cette annee 1584.

GERARD LE FRANCOIS, docteur en medecine, homme tresdocte.

Il a escrit en vers François trois liures de la Santé. Imprimez à Paris, chez Iean Richer, l'an 1584.

GERARD DE VIVRE, natif de la ville de Gand en Flandres, maistre de l'Eschole Françoise instituee en la ville de Cologne en Allemagne, &c.

Il a escrit vne Comedie de la fidelité nuptiale cōposee en prose Frāçoise, & imprimee à Paris chez Nicolas Bōfons l'ā 1578. & à Anuers l'ā 1577.

Comedie des amours de Theseus & Deianira, imprimee chez ledit Bonfons l'an 1577 & à Anuers chez Henry Heindrick audit an 1577.

Comedie d'Abraham & de Hagar.

Il florissoit à Colongne l'an 1577.

2.2. GERAVLT DE BARIET, de Cahors en Quercy Docteur és loix, Conseiller & Enquesteur audit Cahors.

Il a recueilly & mis par articles, les loix, statuts & ordonnances du Roy Henry 2. auec sommaires sur lesdits articles, imprimees à Paris chez Vincent Sertenas l'an 1553.

Il florissoit à Cahors l'an 1552.

ADVERTISSEMENT AVX LECTEVRS.

Faut noter que les noms commenceants par ces mots, Girard, Girault, & Girardin, que ie les ay mis cy apres en leur ordre, sans auoir voulu changer leur appellation premiere, peut estre plus cogneuë par ces mots que par Gerard, Gerault, ou Gerauldin, qui sont diuerses prononciations, vsitees entre les François: & l'ay fait afin que celà se trouuast plus aiseement de ceux qui ont de coustume de les nommer ainsi.

GERVAIS LE BARBIER, surnommé FRANCOVR, natif du village de Torcé, à quatre ou cinq lieües de la ville du Mans, premierement aduocat en ladite ville, & depuis Chancelier de Roy de Nauarre, & en fin Maistre des requestes de l'hostel du Roy Charles 9. l'an 1572.

Cetuy

Cetuy-cy a esté l'vn des plus adextres à manier les affaires d'estat, qu'autre qui fust de son temps, comme il l'a bien monstré par tous les effects que l'on en a veu produire durant les troubles de France pour la Religion.

Il a escrit plusieurs liures, lesquels se voyent imprimez: sçauoir est, La Remőstrance enuoyee au Roy, pour la Noblesse du Maine, auec vn aduertissemēt de ce qui s'est passé de remarquable audit pays l'an 1564. iusques au mois de May l'an 1565. Le tout imprimé à Orleans audit an.

Conseil sacré d'vn gentilhomme François, aux Eglises de Flandres, seruant d'aduertissement aux seigneurs des pays bas, & d'exhortation aux Princes protestants de l'empire, imprimé à Anuers l'an 1567.

Il a escrit plusieurs memoires des troubles aduenuz au Maine touchant le fait de la religion & de la prise de la ville du Mans l'an 1562. &c. lesquels se voyent escrits à la main, & non encores imprimez.

Il fut tué à Paris le iour de la S. Berthelemy 24. iour d'Aoust l'an 1572. soubs le regne de Charles 9.

GERVAIS DE TOVRNAY Picard, chanoine & docteur scholastiq en l'Eglise de Soissons.

Il a traduit de Grec en François les Oraisons de Demostene, Æschine, Libanius, & autres orateurs Grecs, le tout reduit en deux volumes, imprimez à Paris.

Frere GEVFROY DE BEAVLIEV, appellé par aucuns Godefroy, &c. aumosnier du Roy S. Loys, & son confesseur par l'espace de 20. ans.

Il a escrit la vie du Roy S. Loys son maistre, laquelle se voit escrite à la main au college royal de Nauarre à Paris, selon que tesmoigne Loys Lasseré grand maistre dudit college, en la vie qu'il a escrite de S. Hierosme, &c.

Il florissoit l'an de salut 1250.

GEOFROY DE BILLY Abbé de Sainct Vincent de Laon en Picardie.

Il a traduit en François les meditations & prieres à Dieu, escrites en Latin par Iean Loys Viues de Vallence en Espagne, &c. imprimees à Paris l'an 1570.

GEVFROY BOVSSARD natif de la ville du Mans, docteur en Theologie à Paris, & Chancelier de ladite Vniuersité l'an 1536. ou enuiron.

Cetuy cy estoit yssu de la tresanciēne famille des Boussards au Maine & estoit oncle de M. Felix Boussard, Conseiller du Roy au siege presidial du Mans, homme docte és langues, & doüé d'vn esprit esmerueillable, de grand iugement & de rare doctrine.

Cetuy Geufroy a composé en François, vn liure qu'il a intitulé le Regime & gouuernement pour les Dames & femmes de chacun estat, qui veulent viure au monde selon Dieu. Ce liure n'est encores imprimé que ie sçache, nous l'auons par deuers nous escrit à la main, & contient enuiron d'vne main de papier escrit en forme de minute.

Il a escrit plusieurs œuures en Latin, desquels ie feray mention autre part, c'estoit l'vn des plus doctes & des plus eloquents de son temps, & pour ce fut enuoyé vers le Pape Iules 2. pour les affaires du royaume de France, deuãt lequel il harengua publiquemẽt à Bologne la Grasse, l'an 1505. son corps gist en l'Abbaye de Sainct Vincent pres le Mans.

3.L. GEVFFROY CAVCER OV CHAVCER, gentilhomme Anglois, homme tresdocte en Latin & en François.

Il a escrit quelques œuures en nostre lãgue Frãçoise, tãt de son inuẽtion que des ses traductiõs, desquelles Iean Ballee Anglois fait mẽtion.

Il florissoit en l'an de salut 1420.

3.L. GEVFROY DE LA CHASSAGNE, sieur de Pressac, natif de la ville de Bordeaux gentilhomme ordinaire de la chambre du Roy Henry 3. poëte Latin & François, grand orateur, & historien &c. son pere s'appelloit Isaac de la Chassagne, l'vn des plus doctes & renõmez entre les conseillers dudit Parlement de Bordeaux en Guienne, &c.

Il a traduit fort heureusement de Latin en François plusieurs Epistres de Seneque, imprimees à Paris chez Chaudiere l'an 1582. & auparauant encores.

Il a escrit vn tresdocte discours traittant de l'honneur & de la vaillãce, lequel il a intitulé Le Cleandre, imprimé auec les Epistres susdites de la derniere edition, & separement aussi.

Il florist cette annee 1584.

GEVFROY OV GODEFROY DE LEIGNI en Brie, ancien Poëte François.

Il a escrit Le Roman de la Charette ou de Lancelot, commencé par Chrestien de Troye, duquel nous auons parlé cy deuant.

Il florissoit en l'an 1109.

4.L. GEVFROY DV LVC, gentilhomme natif dudit lieu en Aquitaine, homme docte és langues Grecque, Latine & Prouençale, ancien Poëte François.

Il a escrit plusieurs œuures en langue Prouençale.

Il mourut l'an 1340.

GEVFFROY RVDEL, gentilhomme Sauoisien sieur de Blieux en Prouence l'an 1162.

Il a escrit vn discours de la guerre de Tressin, prince des Sarrazins, contre les Roys d'Arles en Prouence, non encores imprimé.

3.L. GEVFROY THORY OV TORY natif de Bourges en Berry, Imprimeur du Roy & Libraire iuré en l'Vniuersité de Paris, autrefois regent au college de Bourgongne à Paris, par aucuns appellé le maistre du pot cassé, qui estoit l'enseigne de sa maison, &c.

Il a composé vn liure qu'il intitule le Champ Fleury, contenant l'art & science de la proportion des lettres attiques, ou antiques, & vulgairemẽt appellees lettres Romaines, proportionnees selon le corps & visage

visage humain, imprimé à Paris par luy-mesme l'an 1529. in 4. & depuis in 8.

Il a traduit les Hieroglyphes d'Orus Apollo autheur Grec.

Il a traduit les politiques de Plutarque, imprimees à Lyon par Guillaume Boulle.

Le tableau de Cebes ancien Philosophe Thebain, traduit par ledit Thory.

Trente Dialogues de Lucien, imprimez à Paris chez Iean Petit l'an 1529. auec ledit tableau de Cebes.

Sommaire des Chroniques de Iean Baptiste Egnace Venitien, traduit de Latin en François par ledit Thory, imprimé à Paris par luy-mesme l'an 1529. auquel temps il florissoit.

GEVFROY DE LA TOVR LANDRI, gentilhomme Angeuin, surnommé le cheualier de la Tour, (qui est l'vne des plus anciennes & nobles maisons de tout le Pays & Duché d'Aniou) sieur de nostre Dame de Beaulieu l'an 1371.

Ledit cheualier de la Tour estant fort âgé escriuit vn liure qu'il intitula, Le cheualier de la Tour, & contient l'instruction pour entretenir en vertu & honesteté les femmes tant mariees, qu'à marier. Ce liure se trouue imprimé à Paris chez Guillaume Eustache l'an 1514. Ie l'ay aussi par deuers moy escrit à la main.

Il a escrit le Guidon des guerres, imprimé auec le liure susdit.

Il florissoit l'an susdit 1371.

GEVFROY DE LA VALLEE, Orleanois, surnõmé le Beau Valee, &c.

Il fit imprimer à Paris vn liure, intitulé Erre Geru, le fleau de la foy bigaree, lequel est plain de blasphemes & impietez contre I. Ch.

Il fut bruslé à Paris pour son heresie l'an 1574.

Messire GEVFROY DE VILLE-HARDVIN, Cheualier François, Mareschal de Champagne, chef des Champenois en la Terre Saincte, l'an 1181. iusques en l'an 1200. ou enuiron.

Il a escrit bien amplement & selon la verité le discours du voyage des Chrestiens en la Terre Saincte, l'an de salut 1202.

Pierre Pithou tresſçauant Iurisconsul & historien de nostre temps, faisant mention dudit Villehardüin en son catalogue des Euesques de Troye l'appelle Guillaume & non Geufroy.

GILBERT OV GVILLEBERT DE BERNVVILLE, ancien Poëte Frãçois, l'an 1260. ou enuiron.

Il a escrit plusieurs poësies non imprimees.

GILBERT COIFFIER OV COEFFIER gentilhomme Tourangeau, seigneur d'Effiat en Auuergne, nepueu de Messire Guillaume Ruzé Euesque d'Angers, &c.

Il a escrit plusieurs œuures tant en Latin qu'en François non encores imprimees, entre lesquelles il y en a vn, qu'il a intitulé Le

Palais Royal qui est vne instruction pour les Princes & courtisans, &c.

Il florissoit l'an 1574. ie ne sçay s'il est encores viuant.

GILBERT COVSIN DIT COGNATVS, natif de Nozerêt en la Frãche conté de Bourgogne, grand Theologien, poëte, historien, orateur & philosophe.

Il a escrit non seulement en Latin, mais aussi en François plusieurs tresdoctes liures, sçauoir est la Tragedie de l'homme affligé.

Deux oraisons de la natiuité & de la mort de Iesus Christ, le tout escrit premierement en Latin par ledit Cousin & depuis traduit en François par luy mesmes.

Il florissoit l'an 1560 âgé de 55. ans.

Frere GILBERT DERT natif de Bourges en Berry, Theologien & orateur, poëte François, & entendant bien la langue Italienne, &c.

Il a traduit de Toscan en François vn dialogue intitulé, Le soulas du cours naturel de l'homme, qui est vn traité touchant la foy Chrestienne à l'encontre des Iuifs, imprimé à Lyon l'an 1558. par Iean Dogerolles.

Il a traduit vn traicté de l'humilité, imprimé à Lyon par ledit Dogerolles audit an.

Il florissoit soubs Henry 2. Roy de France.

GILBERT LE FEVBVRE OV FEVRE, Prince du Puy à Roüen, Poëte François.

Il a escrit quelques rondeaux, ballades, ou chants royaux, en l'honneur de la Vierge, imprimez auecques vn recueil de mesme subiect.

GILBERT GENEBRARD natif d'Auuergne, docteur en Theologie, & Professeur du Roy és lettres sainctes & Hebraiques à Paris, l'vn des plus sçauants hommes en cette langue & des plus grands Theologiens de nostre temps, tresconsommé és histoires saintes & prophanes.

Il a mis en lumiere l'Oraison qu'il pronõça à Paris le 27. iour d'Auril l'an 1577. sur le trespas de messire Pierre Danés Euesque de la Vaur, imprimee à Paris chez Martin le Ieune audit an 1577.

Il a traduit fort heureusement & doctement de Grec en François, l'histoire de Flaue Iosephe sacrificateur Hebreu, traitant de l'antiquité des Iuifs, imprimee à Paris l'an 1578. chez Michel Somnius. Laditte histoire auoit esté auparauant traduite par François Bourgoin, Iean le Frere de Laual, François de Belleforest & autres, comme nous auons dit en leur lieu, mais sa traduction passe les autres.

Il florist à Paris cette annee 1584.

Nous ferons mention de ses œuures en Latin autre part. Gesnerus l'appelle Georges Genebrard, ne sçachant pas que la premiere lettre de son nom signifioit Gilbert, comme aussi il s'est abusé parlant d'Auger Ferrier Medecin Tolosan, l'appellant Augustin Ferrier. Ce que ie dy en passant, afin que ceux qui voudront voir les œu-

ures

ures Latines dudit Genebrard, dans la Bibliotheque de Gesnerus, augmentee par Symlerus, les cherchent soubs le nom de Georges Genebrard &c.

GILLES D'AVRIGNY, dit le Pamphile, & lequel en plusieurs de ses œuures s'appelle l'Innocent esgaré, & mesmement au liure intitulé la genealogie des Dieux, imprimé à Poictiers chez les de Marnefs l'an 1545.

La peinture de Cupidon, par l'Innocent esgaré, imprimee chez lesdits de Marnefs à Poitiers audit an 1545.

Il a traduit de Grec en François, le dialogue de Lucian, touchant le protraict d'Hercules Gaulois, imprimé auec la genealogie des Dieux.

Il a escrit de son inuention en vers François, vn liure intitulé le Tuteur d'Amours, imprimé à Lyon par Iean de Tournes l'an 1547.

Il a recueilly quelques ordonnances des Rois de France, imprimees.

Il a traduit trente Psalmes de Dauid, imprimez.

Traicté de la vraye & parfaite subiection des Chrestiens, ensemble de la sacree, frãchise & liberté qu'ils ont au saint esprit, imprimée à Paris.

Brief recueil de la substance & principal fondement de la doctrine Euangelique, imprimé à Paris.

Il semble qu'il soit autheur d'vn liure intitulé de la foy & de l'Euangile, de l'effect & force des deux, & de la difference d'iceux.

Les responses à quinze obiections de predestination, le tout imprimé.

Il florissoit en l'an 1547. sous François premier.

GILLES BOILEAV, natif de Buillon en Lorraine pres Mesieres &c. commissaire & controlleur durant les guerres de Cambray (Claude Gruget dit qu'il estoit Flaman) &c.

Il a traduit d'Espagnol en François, les commentaires de Loys d'Auila, contenant la guerre d'Allemagne, faite par l'Empereur Charles le quint, és annees 1547. & 1548. imprimez à Paris par Vincent Sertenas, auec les annotations tresdoctes dudit Boileau, seruantes à la discipline militaire l'an 1551.

Il a traduit les liures d'Albert Durer, touchant la fortification des Villes, ie ne sçay s'il est imprimé.

Il a commenté, glosé & enrichy de plusieurs fables poëtiques la Sphere des deux Mondes, cõposee par luy-mesme, & imprimee soubs le nom de DARINEL, pasteur des Amadis, qui sont tous noms supposez, comme nous auons dit cy deuant à la lettre D parlant de Darinel de Tirel &c. Ce liure a esté imprimé à Anuers chez I. Richard l'an 1555.

Il a traduit le neufiesme liure d'Amadis de Gaule, lequel toutesfois se trouue imprimé soubs le nom de Claude Colet Champenois.

Il florissoit l'an 1551. estant for versé en beaucoup de langues, & ayãt beaucoup voyagé.

Messire GILLES BOVRDIN Cheualier, seigneur d'Assy, Bougiual, Santo, Rouueray & autres seigneuries &c. Conseiller an priué conseil du Roy, & Procureur general de sa Maiesté, au parlement de Paris, & auparauant son premier Aduocat audit parlement.

Ce seigneur estoit for docte és langues, grand Iurisconsul, & extremement versé és affaires d'Estat.

Il a escrit beaucoup d'œuures en Latin, & en François il a prononcé plusieurs oraisons en parlement, durant son estat d'Aduocat du Roy, lesquelles ne sont imprimees.

Il mourut à Paris d'vne apoplexie le 23. iour de Ianuier l'an 1570. âgé de 53. ans.

Plusieurs doctes hommes ont escrit des epitaphes sur la mort d'iceluy, imprimez à Paris chez Robert Estienne l'an 1570.

GILLES CAILLEAV, de l'ordre des Cordeliers, ou freres mineurs.

Il a traduit de Latin en François, deux Epistres de Sainct Hierosme & de S. Basile, imprimees à Lyon par Iean de Tournes l'an 1543.

Il a fait vn recueil de toutes les veufues femmes, tant du vieil que du nouueau Testament, lesquelles ont vescu soubs la regle de Sainct Paul &c.

Il florissoit audit an 1543.

GILLES CORROZET Parisien, nasquit en la ville de Paris le quatriesme iour de Ianuier l'an 1510.

Cestuy-cy encores qu'il n'eust esté entretenu aux estudes, toutesfois ayant vn grand iugement & esprit esmerueillable, il n'a laissé d'aprendre les langues, Latine, Italienne & Espagnole, & se voyent tant de son inuention que de sa traduction, plusieurs liures que luy-mesmes a imprimez, sçauoir est. Les antiquitez, chroniques & singularitez de Paris, imprimees par luy l'an 1561.

Le catalogue des Villes & citez de la France & des Gaulles, imprimé à Paris chez Denis Ianot l'an 1538. & l'an 1540. & depuis à Lyõ l'an 1556. & à autres diuerses fois, auec le second liure de Claude Champier Lyonnois, fils de Symphorian &c.

Il a traduit de Castilan en François, la prison d'amour, imprimee en langue Espagnole & Françoise, soubs le nom de Carcel d'Amor, à Paris l'an 1567. par ledit Corrozet & Robert le Mangnier, & depuis imprimee à Anuers & en autres lieux.

Recueil d'epitaphes singuliers de plusieurs dames illustres, traduits d'Italien en François.

Le tresor de vertu, ou sentences recueillies de plusieurs autheurs, traduit d'Italien en François, & imprimé en ces deux langues à Paris, & à Lyon.

Le

Le premier & second liures des fables d'Æsope, imprimez.

Brefue instruction catholique aux Chrestiens, imprimee à Paris l'an 1566.

La plaisante & agreable histoire d'Apolonius, prince de Thir en Afrique, & Roy d'Antioche, traduite par ledit Corrozet en ses ieunes ans, imprimee à Paris par Alain Lotrain, & Denis Ianot.

Epitaphes sur le trespas de Messire Robert de la Marche, seigneur de Florenges, Mareschal de France &c. imprimez à Paris par ledit Corrozet & Iean André l'an 1536.

Hecatongraphie, c'est à dire les descriptions de cent figures ou histoires & Emblemes, contenans plusieurs sentences & prouerbes, tant des anciens que des modernes, imprimee à Paris chez Denis Ianot l'an 1543.

Il a traduit d'Italien en François, l'histoire d'Aurelio & Isabella, imprimee à Paris & à Lyon.

La Tapisserie de l'Eglise catholique, escrite en vers François, par dizains & huictains, contenant la mort & passion de nostre seigneur Iesus Christ, imprimee à Paris.

Plusieurs instructions & enseignemens, ensemble plusieurs nouueaux prouerbes, demandes & ioyeux quolibets, composez en vers François, & imprimez.

Les diuers propos memorables de toutes sortes d'hommes illustres, imprimez à Lyon par Gabriel Cotier l'an 1560. & à Paris par Galiot du Pré l'an 1567. & à plusieurs autres fois.

Le Tableau de Cebés, traduit par ledit Corrozet en vers François, imprimé à Paris par Loys Ianot l'an 1543.

Les fleurs de poësie, traduites d'Italien en vers François.

Le conte du Rossignol, imprimé à Paris l'an 1546. par ledit Corrozet, & depuis à Lyon par Iean de Tournes l'an 1547.

Il a traduit les liures de Gabriel Symeon Florentin, contenant l'origine & les faits de Venise, de Milan & de Mantouë, imprimez à Paris par luy-mesmes.

Epitome des histoires des Rois d'Espagne, de Castile, d'Arragon, de Boheme, Hongrie, & des maisons d'Ausbourg & Austriche, le tout recueilly par ledit Corrozet, & imprimé par luy-mesmes à Paris l'an 1553.

Le Parnasse des Poëtes François modernes, imprimé à Paris depuis sa mort.

Le thresor des histoires de France, reduites par tiltres, imprimé à Paris chez Galiot Corrozet, fils du susdit l'an 1583.

Recueil d'aucunes histoires de Frãce, par lieux cõmuns, depuis Pharamond iusques au regne de Charles neufiesme &c. Ie ne sçay si c'est ledit liure du tresor des histoires, lequel a esté imprimé apres sa mort.

Trente chants royaux, composez par ledit Corrozet d'an en an, pour le May de nostre Dame à Paris.

Le conseil des sept sages, escrit tant en prose qu'en vers, imprimé à Lyon chez Iean de Tournes l'an 1549.

L'entree de l'Empereur Charles le quint, imprimee à Paris.

Les preceptes de Iesus-christ, auecques aucunes oraisons.

Il a traduit d'Italien en prose Françoise la Deiphire, imprimee.

Les pompes & funerailles de Monsieur le Duc de Guise.

Le ieu de l'aduenture des hommes & des femmes.

Les blasons domestiques, ou inscriptions pour mettre à tous les endroicts de la maison, imprimé.

Les exemples des œuures de Dieu, escrits en vers François.

Les Quadrains de la Bible, autres que ceux de Paradin &c.

Le blason des couleurs en armoiries, imprimé.

Le ieu des cartes, escrit en vers.

Il peult auoir escrit plusieurs autres liures, soit de son inuention ou autrement, desquels ie n'ay pas cognoissance.

Il mourut à Paris le quatriesme iour de Iuillet l'an 1568. âgé de 58. ans ou enuiron.

B.L. GILLES FVMEE Bessinois, precepteur des enfans de monsieur de Long-aulnay.

Il a traduit en vers François l'histoire, ou plustost Roman de Zerbin Prince d'Escosse, & d'Isabelle infante de Gallice, qui est vn subiect tiré de l'Arioste, lequel liure il l'appelle autremẽt, le miroir de loyauté, imprimé à Paris chez Guillaume Auuray l'an 1575.

Auquel temps ledit Fumee florissoit.

B.L. GILLES DE HOVSTEVILE, de Constances, ou Coutances en Normandie.

Il a escrit quelques œuures, tant en Latin qu'en François, imprimees à Paris.

GILLES HVGVETAN, Lyonnois.

Il a escrit les tables de diuers comptes ou supputations, auec leurs canons & regles, imprimez à Lyon l'an 1538. auec l'Arithmetique d'Estienne de la Roche, dit Ville-franche.

B.L. Messire GILLES LE MAISTRE, DIT MAGISTRI, Cheualier, & premier president de la cour du Parlement de Paris &c. homme tresdocte en droit.

Il a escrit en François vn liure des decisions notables, & plusieurs autres en Latin, imprimez.

Il florissoit l'an 1560.

B.L. GILLES DE ROMME, Archeuesque de Bourges en Berry.

Il se trouue vn liure imprimé soubs le nom dudit Archeuesque, intitulé le miroir du regime & gouuernement des Princes, escrit en prose Françoise,

Françoise, imprimé à Paris & en autres lieux.

Il a escrit plusieurs liures en Latin.

Il mourut à Paris le 22. iour de Decembre l'an 1316. & est enterré en l'Eglise des Augustins, duquel ordre il estoit.

GILLES DE VIEZ-MAISONS, OV VIEILLES-MAISONS, ancië Poëte François l'an 1250. ou enuiron.

Il a escrit quelques poësies, non encores imprimees.

GILLES DV VAL.

Il a escrit en prose Fräçoise, vn liure intitulé les grans & merueilleux signes, veuz sur la ville de Rasis, auec lettres du grand Turc enuoyees à nostre S. Pere le Pape, ensemble la rencontre qui a esté deuant la ville de Garruy, faite par l'armee d'Escosse à l'encötre des Anglois l'an 1548. imprimee à Paris par Iean le Dun.

GIRARD OV GIRARDIN d'Amiens, ancien Poëte François l'an 1260. ou enuiron.

Il a composé le Roman de Meliadius.

GIRARD DE BOLLONGNE, sur la mer, és frontieres de la Picardie & Normandie, ancien Poëte François l'an 1300. ou enuiron.

Il a escrit quelques Ieux partis d'amours.

GIRARD OV GIRAVLT DE BOVRNEIL, gentilhomme Lymosin, surnommé le maistre des Poëtes Prouençaux.

Il a escrit plusieurs poëmes, chansons & Satyres, en langue Prouençale.

Il est le premier des Poëtes Prouençaux, qui a inuenté les sonnets & les chanterels.

Il mourut l'an 1278.

GIRARD CORLIEV d'Angoulesme, parent de François de Corlieu, duquel nous auons parlé cy dessus.

Il a escrit l'instruction pour tous estats, imprimee à Paris chez Richard le Breton l'an 1571.

GIRARD DE MONTAGV, secretaire & thresorier des Chartres de Charles cinquiesme Roy de France l'an 1370.

Il a escrit vn repertoire general, ou bien vn registre entier des lettres du thresor des Chartres &c.

Iean du Tillet, greffier du Parlement de Paris, fait mention de luy en ses Memoires.

Il florissoit soubs ledit Charles l'an 1370. ou 1364.

GIRARD OV GERARD LE ROVX, autrement appellé GIRAVDON, gentilhomme, seruant de la maison du Conte de Poictou, nommé Philippes, qui depuis fut Roy de France, surnommé le Long l'an 1320.

Il a escrit plusieurs chansons en ritl me Prouençale, à la louange de Dame Albe Flote de Prouence.

Il florissoit l'an 1321.

GIRARD RVFFY, docteur en Theologie à Paris, & depuis Ministre de la Roine de Nauarre, nommee Marguerite de Valois, sœur de François premier, Roy de France &c.

Il a escrit quelques œuures, desquelles ie n'ay pas cognoissance.

Il viuoit l'an 1537.

GOMARS OV GAMARS DE VILLIERS, ancien Poëte François l'an 1300. ou enuiron, voy cy deuant GAMARS.

GREFIN ARFAGART, sieur de Courteilles en Normandie, & de Courteilles au Maine, (qui sont deux seigneuries de mesme nom, & separees en diuers lieux) Cheualier du sainct Sepulchre &c.

Il a escrit le voyage qu'il a fait en Hierusalem, & au mont de Sinay l'an de grace 1533. auec frere Bonaduenture Brochard, de l'ordre des freres Mineurs de la prouince de France, du conuent de Bernay &c. (duquel nous auōs parlé cy deuāt.) Ledit voyage n'est encores imprimé. Il se voit escrit à la main en plusieurs maisons du pays du Maine & autres lieux. Ledit sieur de Courteilles a esté en voyage audit lieu de Hierusalem par trois diuerses fois: la fille vnique dudit Cheualier, est femme de Monsieur de Iuigné au Maine, surnommé le Clerc.

B.L. GREGOIRE GOVRDRY, natif de Vermandois en Picardie.

Il se voit de luy vne epistre en vers François, imprimee auec les sonnets de Nicolas Ellain Parisien, imprimez l'an 1561.

GVY BECQVET, Mathematicien & Astrologue.

Il a escrit & composé vn Almanach & pronostication l'an 1551. imprimé à Roüen audit an.

B.L. GVY DE BRESLAY, Conseiller du Roy au grand conseil à Paris, & depuis President en icelle cour, homme de grand iugement & singuliere doctrine.

Il a escrit en François vn dialogue du bien de la Paix, & calamité de la guerre, imprimé à Paris par Galiot du Pré l'an 1538.

Il florissoit l'an susdit 1538.

GVY DE BRVES, natif de Languedoc.

Il a escrit quelques dialogues, par lesquels il s'essaye de prouuer que tout ne gist qu'en opinion, imprimez à Paris.

Il a reueu & recorrigé les commentaires de François Rabutin, touchant les dernieres guerres du Roy Henry 2. auec l'Empereur.

GVY COQVILLE, sieur de Romenay, Procureur general de Niuernois.

Il a recueilly les choses les plus remarquables de l'antiquité dudit pays, lesquelles sont imprimees auec la Cosmographie de François de Belle-forest au 2. volume fol. 393. de la premiere edition.

B.L. Messire GVY DV FAVR, seigneur de Puybrac, issu de la tres-noble & tres-ancienne famille des du Faurs à Tolose &c. il s'appelle en Latin Guido ou Vido Faber. Il fut premieremēt Conseiller du Roy à Tolose,

& depuis

& depuis ſon Aduocat au Parlement de Paris, & maintenant Preſident en ladite Cour, & Chancelier de Monſieur frere du Roy &c.

Ce ſeigneur a eſté employé en pluſieurs honorables Ambaſſades, és pays eſtranges, de par les Rois de France, & entre autres lieux à Rome, durant le Concile de Trente, auquel lieu il harangua, & prononça des oraiſons ſi doctes, & tellement Latines, qu'il eſtonna tous les Romains de ſon eloquence, laquelle il auoit apriſe de Pierre Bunel, autresfois ſon precepteur, ce qu'il n'a pas celé en quelques-vns de ſes ouurages mis en lumiere &c.

Il a prononcé, lors qu'il eſtoit Aduocat du Roy au Parlement de Paris, pluſieurs oraiſons & remonſtrances faites à l'ouuerture des Plaidoyers, tant apres la Saint Martin, qu'apres Paſques, imprimees à Paris, & à Lyon, par diuerſes fois, toutes reduites en vn volume.

Loüanges de la vie Ruſtique, imprimees à Paris.

Pluſieurs treſ-doctes Quadrains, contenans des preceptes & enſeignemens treſ-vtiles pour la vie des hommes, compoſez à l'imitation des anciens Poëtes Grecs, imprimez à Paris chez Federic Morel, à pluſieurs fois, & en autres diuers pays, tant ils ont eſté bien receuz d'vn chacun.

Il a compoſé pluſieurs autres choſes treſ-doctes en Latin, deſquelles ie feray mention plus à propos, n'eſtant icy mon intention, que d'eſcrire des liures François, en laquelle langue il en a peu eſcrire en plus grand nombre, que ceux que i'ay racontez, mais ils ne ſont encores en lumiere.

Il floriſt à Paris cette annee 1584. non ſans mettre peine de laiſſer vne louable memoire de ſon nom, en toutes ſortes.

GVY LE FEVRE, ſieur de la Boderie, natif de Falaiſe en Normandie, homme des plus doctes és langues, que nous ayons veu de noſtre tẽps, precepteur de Monſieur frere du Roy, & ſon interprete és langues eſtrangeres.

Le pays de Normandie ſe peult vanter bien heureux, entre pluſieurs autres nations de France, d'auoir produit tant de doctes hommes de noſtre temps, outre ceux des ſiecles paſſez. Entre leſquels Poſtel, Guerſans, du Perron (pere & fils) le Gras, les Cheualiers ſurnommez d'Agneaux, & autres en nombre infiny, y ont pris leur origine & naiſſance, hommes leſquels ie mets icy en ranc de conte, pour leur valeur & merite, m'aſſeurant bien que lors que ie feray mention d'eux en ce liure, il ſera honoré de leurs noms, & non pas eux de par moy, qui ſuis encores trop peu cogneu, pour les rendre recommandables par mes eſcrits, ſ'ils ne l'eſtoyent aſſez par autres publics teſmoignages, qu'ils ont donnez de leur grande erudition.

Ce pays dy-ie est tellement louable pour ce respect, que l'inimitié que les autres nations luy ont iusques icy portee, doibt cesser pour le moins à l'endroict de ceux qui ont la vertu en recommandation.

Ie peux donques apres cette digression, ou parenthese (peult estre ennuieuse à d'aucuns) mettre en ranc les sieurs de la Boderie, qui sont trois freres, dont cetuy-cy est l'aisné, & les autres nommez Nicolas & Antoine (desquels nous ferons mention en leur ordre) comme trois perles resplandissantes en nostre âge, chascun en sa profession & particulieres estudes.

Donq pour venir à faire mention des escrits de cetuy-cy, il a escrit de son inuention en vers François vn liure, intitulé l'Encidie des secrets de l'Eternité, imprimé par Chrestofle Plantin à Anuers l'an 1570. contenant plusieurs belles raisons, pour confondre les Athees &c.

Il a traduit d'Italien en François, la Confusion de la secte de Muhamed, escrite premierement en Espagnol par Iean André, imprimee à Paris chez Martin le Ieune l'an 1574. & dediee à monsieur le Viconte de Paulmy Bailly de Touraine, ce que i'allegue expressément, pour le respect de ce Seigneur.

Il a traduit de Latin en François, le liure de la religion Chrestienne, de Marsile Ficin Florentin, imprimé à Paris l'an 1578.

Il a traduit le liure de Picus Mirandula, ou de la Mirandole, Conte de Concorde &c. touchant la dignité de l'homme, imprimé à Paris l'an 1578.

Il a escrit de son inuention, en vers François, vn liure intitulé la Galliade, traictant de la reuolution des arts & sciences, imprimee à Paris l'an 1578. chez Guillaume Chaudiere, auec annotations ou commentaires sur icelle Galliade.

Il a traduit de Toscan en François les commentaires du susdit Marsile Ficin, sur le Sympose ou Banquet de Platon, traictant de la beauté, imprimez à Paris l'an 1578.

Ie n'ay pas cognoissance de ses autres escrits.

Il florist cette annee 1584.

GVY DE LA GARDE, escuyer de Chambonas, lieutenant particulier du Senechal de Prouence, au siege d'Arles l'an 1550.

Il a escrit en vers heroïques, l'histoire & description du Phenix, composee à l'honneur & louange de Madame Marguerite de France, imprimee à Paris par Regnault Chaudiere l'an 1550.

Il a traduit de Latin en François, vn traicté de Claude Baduel, touchant la dignité de mariage, & de l'honeste conuersation des gens

doctes

doctes & lettrez &c. imprimé à Paris par Arnoul l'Angelier l'an 1548. auquel temps ledit de la Garde florissoit.

GVY GAVSSARD Flamingon, Prieur de saincte Foy à Coulommiers l'an 1574.

Il a traduit en Frãçois l'Apologie d'Athenagoras, philosophe Athenien, prononcee ou enuoyee à l'Empereur Antonin philosophe, & à Commodus son fils, pour la defense des Chrestiens, imprimee à Paris l'an 1574. chez Symon Caluarin.

Il a extrait de diuers autheurs Chrestiens & prophanes, six liures de Similitudes, tirees de toutes sortes d'Animaux, imprimez à Paris l'an 1577.

81. GVY IOVENNEAVX, natif du pays du Maine, appellé en Latin Guido Iuuenalis Cenomanus &c. Abbé de S. Sulpice en Berry, de l'ordre de S. Benoist l'an 1500. ou enuiron.

Il a escrit plusieurs liures en langue Latine, & en François.

Il a mis en lumiere quelques epistres Françoises, imprimees auec ses Latines, à Paris.

Il a traduit de Latin en François, la regle de l'ordre de S. Benoist, imprimee à Paris, tãt en Latin qu'en François, chez Hierosme de Marnef, & Guillaume Cauelat l'an 1573.

82. GVY DE LESRAT, sieur des Briotieres, gentilhomme Angeuin, president & lieutenant general en la Seneschaussee d'Anjou, frere puisné de Messire Guillaume de Lesrat president en Bretagne, tous deux enfans du defunct presidẽt d'Angers, nommé Guillaume de Lesrat &c. desquels nous parlerons en leur lieu.

Cetuy-cy a mis en lumiere, les doctes remonstrances, faites & prononcees par luy-mesme, à l'ouuerture des plaidoiers d'Angers, le iour de la S. Martin, imprimees à Paris.

Il florist cette annee 1584. ie n'ay point cognoissance de ses autres oeuures.

GVY DE MORIN, sieur de Loudon au Maine, frere aisné de Iaques Morin de Loudon, duquel nous parlerons cy apres.

Cetuy-cy encores qu'il fust homme d'armes de la compagnie de Messire Iaques de Daillon, Conte du Lude en Anjou &c. ne laissoit pas de vaquer aux lettres, comme il a monstré par sa traduction du liure d'Erasme, intitulé le preparatif à la mort, imprimé à Lyon premierement, sans le nom du traducteur, & depuis à Paris chez Denis Ianot l'an 1541. auec le nom dudit sieur de Loudon.

Il fut tué pres Turin en Piedmont, estant au seruice du Roy François premier l'an 1536. le vingtquatriesme iour de Iuillet.

GVY OV GVIOT, MARCHANT, natif de Paris.

Il a escrit en vers François le Miroir salutaire pour toutes gens, & de tous estats, imprimé à Paris.

GVY PAGEAV, prestre, natif de la ville du Mans.

Il a escrit plusieurs Cantiques & Noels, sur l'aduenement de nostre seigneur Iesus-christ, imprimez au Mans, par Hierosme Oliuier à diuerses annees.

Il florist au Mans cette annee 1584.

GVY OV GVIOT DE PROVINS, natif dudit lieu en Brye, ancien Poëte François, moyne de l'ordre S. Benoist l'an 1200.

Il a escrit vn Poëme, ou Satyre remplie de medisance, laquelle il a intitulee la Bible Guiot, non encores imprimee.

GVY DE QVINCAY, gentilhomme du Maine, procureur du Roy au Duché d'Allençon, homme docte en Grec & en Latin.

Ie n'ay point veu de ses escrits.

François de Belle-forest luy a dedié quelques œuures.

GVY DE ROYE, Euesque de Verdun en Lorraine.

I'ay veu quelques-vns de ses escrits imprimez.

GVY VIDAME, docteur en Medecine.

Il a mis en lumiere vne sienne prognostication, sur la theorique & dignité des Planettes, composee sur les climats de France, Bretagne & Normandie, imprimee à Paris l'an 1546.

Plus il a escrit vne autre prognostication de Louuain pour l'an 1548. imprimee au Mans audit an.

GVY D'VZEZ, sieur dudit lieu, gentilhomme & Poëte Prouençal.

Il a escrit vn liure, intitulé la vie des Tyrans, non encores imprimé.

Il florissoit en Prouence l'an 1230.

GVILLAVME ADHEMAR gentilhomme, natif de Prouence, fils de Gerard, seigneur de Grignan l'an 1190.

Il estoit for bon Poëte Comique.

Il a escrit le catalogue des Dames illustres, lequel il dedia à l'Imperatrice, femme de l'Empereur Federic.

Il a inuenté le jeu qu'on appelle le jeu de l'oreille, & a composé plusieurs comedies en langage Prouençal, non imprimees.

Il mourut à Grazignan l'an susdit 1190.

GVILLAVME D'AGOVLT, sieur dudit lieu en Prouence l'an 1181.

Il a escrit en langue Prouençale, vn traicté contenant la façon & maniere d'aimer du temps passé.

Il mourut audit an 1181. Ses œuures ne sont imprimees.

Frere GVILLAVME ALEXIS, vulgairement appellé le Moyne de Lyre, qui est vne Abaye situee en Normandie, Prieur du conuent & Monastere de Bussy ou Buzy au Perche, au diocese d'Eureux.

Il a

Il a escrit plusieurs Rondeaux, Ballades, & chants royaux, en l'honneur de la Vierge, imprimez à Paris, à Roüen & autres lieux.

Il est autheur du grand blason des faulses amours.

Il a composé le liure du debat de l'homme & de la femme, imprimé à Paris chez Guillaume Niuerd.

Le dialogue du Crucifix & du pelerin, composé par ledit Alexis, en la ville de Hierusalem l'an 1486. imprimé à Paris par Robinet Macé, il y a pres de cent ans. Ledit Moyne de Lyre florissoit l'an susdit 1486. & estoit for estimé pour sa poësie.

GVILLAVME DES ALMARICS, gentilhomme Prouençal, & seruant du Conte de Poictou, nommé Philippes, l'an 1320. lequel depuis fut Roy de France.

Il a escrit plusieurs belles chansons en langage Prouençal, tant à la louange de Robert, Roy de Sicile & de Naples, Conte de Prouence, que de la Contesse de Haultemure & autres.

Il florissoit en l'an de salut 1321. ses œuures ne sont imprimees.

GVILLAVME D'ASSONVILE, docteur en Medecine, demeurant à Bethune, natif du pays d'Artois &c.

Il a escrit vn traicté, contre les fiebures pestilentielles, Bosse, Antrax, & autres manieres d'Epidimie, imprimé à Paris par René Auril l'an 1546.

Il florissoit à Bethune l'an 1545.

GVILLAVME AVBERT, natif de la ville de Poitiers, homme for docte & des plus eloquents de la Cour, premierement Aduocat au Parlement de Paris, & maintenant Aduocat du Roy aux Generaux.

Il a escrit l'histoire de la terre Saincte, conquise par les Chrestiens, sur les Barbares, soubs la conduite de plusieurs Princes & grands Seigneurs de France, imprimee l'an 1562. à Paris à l'enseigne de la Concorde.

Il auoit entrepris de recueillir en vn beau corps d'histoire, tout ce que les Rois, Princes & peuples de France auoyent iamais fait de memorable, en temps de guerre & en temps de paix, tant par mer que par terre, soit en leurs pays, ou és contrees estranges, & fist entendre cette sienne deliberation au feu Roy de France Henry second du nom, & à plusieurs autres Princes & grands seigneurs de sa Cour, dont cette histoire susdite est comme vn essay, mais son offre ne fut pas acceptee. Il auoit aussi deliberé de poursuiure l'histoire de France, suyuant & à l'imitation de ce qu'il a mis en lumiere de l'histoire de la terre Sainte.

Il a traduit d'Espagnol en François le douziesme liure d'Amadis de Gaule, imprimé à Paris par Iean Longis & Robert le Mangnier l'an 1560.

Il a escrit vne bie͂docte oraison de la paix, & les moye͂s de l'entretenir, & qu'il n'y a raison aucune, suffisante pour faire prendre les armes aux Princes Chrestiens, les vns contre les autres, imprimee à Paris chez Vincent Sertanas l'an 1559.

Il florist à Paris cette annee 1584. âgé de 50. ans ou enuiron.

GVILLAVME DES AVTELS, DIT ALTARIVS, gentilhomme Charrolois, natif de Montcenis en Bourgongne &c. qui est vn autre que celle de Sauoye.

Il a escrit les Amours de sa Sainte, autrement appellez l'Amoureux repos, lesquels il composa l'an de son âge vingtquatriesme, & de salut 1553. imprimez à Lyon audit an par Iean Temporal.

Le tombeau de Charles cinquiesme, Empereur.

La paix venuë du Ciel.

Il a traduit de Latin en vers François, les six liures de la nature des choses de Lucrece, poëte Latin tres-renommé.

Harangue au peuple François, contre la rebellion, imprimee à Paris par Vincent Sertenas l'an 1560.

Traicté touchant l'ancien ortographe François, & escriture Françoise, & de sa poësie, contre les Meigretistes. Ce traicté a esté imprimé soubs le nom de Glaumalis du Vezelet, qui est l'anagramme, ou nom retourné de Guillaume des Autels.

Response aux furieuses defenses de Loys Meigret Lyonnois, touchant son ortographe, imprimé auec autres de ses œuures à Lyon l'an 1551. par Iean de Tournes.

Remonstrance au peuple François de son deuoir en ce temps, enuers la Maiesté du Roy, escrite en vers François, imprimee à Paris chez André Vechel, l'an 1559. auec trois Eglogues dudit autheur, sçauoir est la premiere de la paix, la 2. de la tresue, & la 3. de la guerre.

Il a escrit quelques poësies Latines, imprimees.

Il florissoit l'an 1570. Ie ne sçay s'il est encores viuant.

Messire GVILLAVME DE BAILLY, Cheualier, conseiller du Roy en son priué conseil, second President en sa chambre des comptes à Paris.

Il a escrit vne belle & docte remonstrance au Roy Charles neufiesme, sur le fait de certain Edict, contenant la suppression de plusieurs Cours, & Officiers de France, laquelle il prononça deua͂t le Roy Charles neufiesme, à S. Maur des fossez le 10. iour de May l'an 1566. imprimee à Paris chez Pierre l'Huillier l'an 1576.

GVILLAVME DE BARGEMON, sieur dudit lieu, gentilhomme & Poëte Prouençal.

Il a escrit plusieurs poësies en langue Prouençale, non encores imprimees.

Il mourut l'an 1285.

Messire

91. Messire GVILLAVME DV BELLAY, seigneur de Langey Cheualier de l'ordre du Roy, & Vice-roy en Piedmont du temps de François 1. Roy de France.

Il estoit fils de Messire Loys du Bellay sieur de Langey & de Glatigny pres Montmirail au Perche, auquel lieu de Glatigny ledit Guillaume nasquit l'an 1498. ou enuiron. Sa mere s'appelloit Marguerite de la Tour-Landry.

Cette maison du Bellay est l'vne des plus anciennes & nobles de tout le pays d'Aniou, de laquelle ceux-cy sont sortiz puisnez, comme aussi est celle de la Tour-Landry à trois lieuës d'Angers.

L'on trouue imprimé soubs le nom dudit sieur de Langey, l'instruction de l'art militaire, de laquelle aucuns pensent que Messire Anne de Montmorency Connestable de France soit autheur: mais ce qui me fait penser, que s'en doiue estre vne autre non encores imprimee, c'est que lisant ce liure i'y ay trouué que l'autheur d'iceluy loüe for le Seigneur de Langey Messire Guillaume du Bellay & le recommande pour les lettres & les armes: ce qui me fait croire qu'il n'en est pas autheur, mais que cela est aduenu que l'on ait trouué ces memoires dans sa Bibliotheque, sans le nom de celuy qui l'eust fait, & que l'on a presupposé que se fust de sa façon, à cause qu'il auoit promis d'en escrire. Ie n'asseure pas que ce soit de luy, & aussi ie ne l'improuue pas.

Or venons à ses autres œuures tresdoctes, lesquels il a composez. L'epitome de l'antiquité des Gaules & de France, imprimé à Paris par Vincent Sertenas l'an 1556.

Plusieurs Dialogues, Epigrammes, Elegies, Sylues, Epistres, Panegyriqs faisans mention des choses arriuees de son temps, desquels il parle en son prologue imprimé auec l'antiquité des Gaules, & racompte encores celles-cy.

Les Dits, faits, & choses memorables de la Gaule & de France.

Recueil ou vocabulaire par ordre d'A, B, C, de toutes les prouinces, citez, villes, chasteaux, montagnes, valees, forests, riuieres, & autres lieux de ce royaume auec l'exposition des appellations d'iceux, & des batailles, rencontres, sieges & autres choses dignes de memoire qui se trouuent y estre aduenues, non encores imprimé.

Recueil d'exemples des dits & faits memorables des François, à l'imitation de Valere le Grand historien Latin, & vn autre à l'exemple de Plutarque de la conference des vies & gestes d'aucuns Roys, Princes, & capitaines de ce Royaume, auec celles d'aucuns autres Grecs, Latins & Barbares, non encores imprimé.

L'Ogdoade, qui est vn œuure contenant huit liures, duquel les fragments se voyent imprimez à Paris chez Pierre l'Huillier auec les Memoires de Messire Martin du Bellay son frere. Monsieur de Roissy, Messire Henry de Mesmes, (duquel nous parlerons en son lieu) a quelques œuures dudit ſieur de Langey eſcrites à la main, comme auſſi nous en auons par deuers nous, mais de ſes lettres ou epiſtres ſeulement lors qu'il eſtoit enuoyé en Ambaſſade pour le Roy François ſon maiſtre, tant en Italie qu'en Almagne.

Il a eſcrit en Latin l'hiſtoire des François, laquelle il a depuis traduite en noſtre langue par le commandement du Roy, & traite principalement des choſes aduenues durant le regne dudit Roy, non imprimee.

Il a traduit de Latin en François plusieurs epiſtres, oraiſons, harangues, & autres ſemblables choſes, enuoyees par le Roy François 1. aux proteſtants d'Almagne, comme nous auons dit cy deſſus parlant du Roy François 1.

Epiſtre du ſieur de Langey enuoyee à vn ſecretaire Aleman, imprimee à Paris.

Epiſtre ou oraiſon conſolatoire au Roy François 1. du nom, lors qu'il eſtoit priſonnier en Eſpagne. Elle ſe voit eſcrite à la main au cabinet de Meſſire René du Bellay Baron de la Lande, heritier dudit ſieur de Langey, comme auſſi ſe voit l'Epiſtre qu'il enuoya à Madame la Ducheſſe ſœur du Roy François 1.

Il a eſcrit pluſieurs poëſies Françoiſes amoureuſes & autres, lors qu'il eſtoit en ieune âge, non encores imprimees.

Diſcours ſur les occaſions qui remirent le Roy & l'Empereur en guerre, depuis le traicté de Cambray, non imprimé.

Diſcours du voyage de l'Empereur en Prouence, non imprimé.

Harangues prononcees deuant le Pape, l'Empereur & autres Seigneurs de l'Empire, ou Princes tant eſtrangers que de France, non encores imprimees.

L'oraiſon faite en faueur du Roy Iean de Hongrie, de la guerre contre le Turc, traduite de Latin en François par ledit ſieur de Langey.

Lettre eſcrite à vn Aleman, ſur les querelles & differés d'entre Charles 5. Empereur, & le treſ-Chreſtien Roy de France, François 1. du nom. Cette lettre & l'oraiſon ſuſdite, ont eſté imprimees à Paris par Vincent Sertenas l'an 1556. aueques l'epitome de l'antiquité des Gaules.

Ses autres œuures ſont au cabinet de Monſieur le Baron de la Lande ſon heritier, leſquelles il mettra en lumiere quand il luy plaira, pour le ſoulagement du publiq, & pour l'ornement de noſtre France.

Quant aux œuures en Latin, eſcrits par ledit ſieur de Langey, nous en ferons mention dans noſtre Bibliotheque Latine.

Il mourut à Saint Saphorin au mont de Tarare pres Lyon, le 9. iour de Ianuier l'an 1543. âgé de 47. ans ou enuiron. Sa ſepulture ſe voit ſuperbement & magnifiquement eſleuee en marbre dans l'Egliſe de S. Iulien du Mans, par Meſſire Iean du Bellay Cardinal & Eueſque de Paris ſon frere puiſné: pour le reſpect que ie porte à ce defunt, ie mettray

tray icy l'Epitaphe, lequel i'ay fait imprimer par cy deuant en mes autres œuures.

CY GIST LANGEI, QVI DE PLVME ET D'ESPEE,
A SVRPASSE' CICERON ET POMPEE.

I'ay fait vn tresample discours de la vie dudit Seigneur, lequel (Dieu aidant) ie feray imprimer auec les vies des hommes illustres en guerre de nation Françoise.

GVILLAVME BELLIARD, Secretaire de la Roine de Nauarre l'an 1578.

Il a fait imprimer le premier de ses doctes poëmes François, contenant les delicieuses Amours de Marc Antoine & de Cleopatre, les triõphes d'Amour & de la Mort, & autres imitations d'Ouide, Plutarque, & de l'Arioste Italien, &c. Le tout imprimé à Paris pour Claude Gaultier l'an 1578. in 4.

Il florist ceste annee 1584.

a.1. GVILLAVME BIGOT de Laual au Maine, medecin & philosophe.

Il a escrit quelques vers François, imprimez auec les poësies de Charles de Sainɛte Marthe, oncle de Sceuole, &c.

Il florissoit l'an 1530.

Il a escrit plusieurs poëmes Latins & autres œuures en Philosophie, lesquels sont imprimez, mais nous en traiterons autre-part.

Messire GVILLAVME DE BISSIPAT, Cheualier de l'ordre du Roy, sieur de Hanaches, Viconte de Falaise en Normandie, l'vn des cent gentils-hommes de sa maiesté, &c.

Il estoit homme tresdocte és langues Grecque, Latine, & Françoise, & composoit en autant bon stil, que pas vn de son temps. Outre ce, il estoit fort excellent à la Musique & ioüoit de toutes sortes d'instrumens.

Il fut tué à la prise de Boulogne la Grasse en Italie l'an 1511.

Iean Bouchet & Guillaume Cretin le louënt fort en leurs œuures

1. Frere GVILLAVME BOITVIN OV BOYVIN, natif de la ville d'Angers, religieux & Châtre de l'abbaye de S. Serge ou Sierge pres Angers.

Il a composé en vers François vn recueil des choses memorables aduenuës tant en France qu'en autres lieux depuis l'an 1485. iusques en l'an 1506. nous auons ce liure escrit à la main par deuers nous.

Il florissoit à Angers l'an 1494. & 1506.

GABRIEL BONI OV DE BONI, natif de Sainɛt Flour en Auuergne, maistre des enfans de chœur de S. Estienne de Tolose, &c.

Il a mis en musique les Sonnets de Ronsard, imprimez à Paris l'an 1576. auquel temps il florissoit, & estoit estimé tresexcellent en sa profession de Musique.

GVILLAVME DES BORDES, gentilhomme Bourdelois docteur és droits & professeur és mathematiques, &c.

Il a traduit de Latin en François la Sphere de Iean de Sacrobosco auec ſes commentaires, imprimee à Paris chez Hieroſme de Marnef & Guillaume Cauelat l'an 1570. & à autres diuerſes fois.

Il a traduit l'inſtruction de l'aſtrolabe de Stoflerus, annoté par Iean Pierre de Meſmes, imprimee à Paris.

Il floriſſoit l'an 1569.

GVILLAVME BOVCHARD, valet de Chambre de Philippes le Long, Conte de Poictou, qui depuis fut Roy de France en l'an 1320.

Il a eſcrit pluſieurs chanſons & autres poëmes en langue Prouençale, à la louange de Dame Tyburge de Laincel de Prouence.

Il floriſſoit l'an 1321.

GVILLAVME BOVCHETEL natif de Berry, Notaire & Secretaire du Roy François 1. ſignant en ſes finances, &c.

Il a eſcrit l'entree du Roy François 1. du nom, en ſa ville de Paris l'an 1530.

Il a traduit de Grec en François quelques tragedies d'Euripide, comme teſmoignent François Habert, & Berthelemy Aneau Berruiers.

Iean Bouchet fait mention du ſuſdit Bouchetel, en ſes Annales d'Aquitaine, & racompte ſes œuures.

Il floriſſoit ſoubs François 1. l'an 1530.

GVILLAVME BOYER, natif de la ville de Nice pres Auignon en Prouence, poteſtat en laditte cité, grand philoſophe, mathematiciē & poete Prouençal.

Il a eſcrit pluſieurs rithmes en langue Prouençale & entre autres les louanges d'amour, non imprimees.

Il a eſcrit vn treſdocte liure de la cognoiſſance des metaux & de la ſource des fonteines de Valcluſe, & de ſes desbordemens admirables, enſemble de pluſieurs autres fonteines ſalees, & ſulphurees, & de la bōté des baings d'Aix en Prouence, & de Digne.

Il a eſcrit des ſimples qui croiſſent és montagnes de Prouence, & autres choſes ſingulieres que le pays de Prouence produit.

Il mourut fort vieil l'an 1355.

Meſſire GVILLAVME BRICONNET gentilhomme Pariſien, iſſu de la Treſnoble & treſancienne famille des Bricōnets, autrefois Chanceliers de France. Ceſtuy-cy eſtoit Eueſque de Meaux, & Abbé de S. Germain des Prez pres Paris, l'an 1523.

Il a eſcrit pluſieurs liures en Latin deſquels nous ferons mention autrepart, & en François, il a eſcrit vne oraiſon pour Loys 12. Roy de France contre l'Empereur Maximilien l'an 1497. ie ne ſcay ſi elle eſt imprimee. Il eſtoit frere de M. Denis Briconnet Eueſque de S. Malo en Bretagne.

Il a traduit de Latin en François les Contemplations faites à l'honneur de la treſſacree Vierge Marie, par quelque deuote perſonne qui ſ'eſt voulu nōmer l'Idiote &c. imprimees à Paris par Simon de Colines.

Il

Il floriſſoit à Paris ſoubs François 1. l'an 1523.

GVILLAVME LE BRETON, Niuernois ſeigneur de la Fon, homme docte en Grec, Latin & autres langues, Poëte Latin & François, autrefois Aduocat au Parlement de Paris.

Il a eſcrit la tragedie d'Adonis, imprimee à Paris 1579. en quoy il faut remarquer, qu'en ce liure il eſt nommé Gabriel le Breton au lieu de Guillaume, mais ie croy que cette faute ſera corrigee és ſecondes impreſſions de ſon liure.

Il a dauantage eſcrit pluſieurs autres tragedies & comedies Françoiſes, entre leſquelles ſont celles-cy, Tullie, Charite, Didon, Dorothee & autres poëmes de ſon inuention non encores imprimez.

Il floriſt ceſte annee 1584.

GVILLAVME LE BRETON, natif de la Bretagne Armorique ou Gauloiſe, precepteur de Charles fils de Philippes Auguſte Roy de France l'an 1180. Eueſque de Noyon en Picardie l'an 1200.

Il a eſcrit en vers Latins & François, la victoire que ledit Philippes Auguſte obtint deuant Bouines l'an 1214. Voy de luy les Memoires de Iean Du Tillet, & l'epiſtre de Charles de la Mothe, miſe au deuant des œuures d'Eſtienne Iodelle.

I'ay les œuures dudit le Breton eſcrites à la main ſur parchemin de lettre for ancienne.

GVILLAVME DV BRVEIL.

Il a eſcrit vn traité ſur le Stil & pratique de la Cour de Parlement à Paris, lequel n'eſt encores imprimé.

Il a reduit le Stil ſuſdit par chapitres & par rubriches.

GVILLAVME BVDE' Pariſien, Conſeiller & maiſtre des requeſtes de François 1. du nom Roy de France, Secretaire & maiſtre de la Librairie dudit Roy. &c. Il naſquit l'an 1467. C'eſtoit le plus docte homme de ſon temps, & eſtoit recogneu pour tel, non ſeulement des François, mais de tous les eſtrangers.

Il a eſcrit en proſe Françoiſe le docte liure de l'inſtitution du Prince, imprimé à Paris par Iean Foucher l'an 1548.

Il a eſcrit pluſieurs liures en Latin, & entre autres ce tant penible & laborieux œuure des monnoyes qu'il a intitulé de Aſſé, duquel l'epitome ou abregé ſe voit imprimé en François, tant à Paris qu'à Lyon.

Il mourut à Paris au grand regret de tous les hommes doctes l'an 1540. le 25. iour d'Aouſt âgé de 73. ans.

Il fut enterré en l'Egliſe de S. Nicolas des champs à Paris, ſa vie a eſté deſcrite for doctement par Loys le Roy dit Regius & imprimee à Paris par Iean de Roigny.

GVILLAVME DE CABESTAN OV DE CABESTAING, gentilhomme & Poëte Prouençal, iſſu de la noble maiſon de Seruieres en Prouence.

Il a escrit plusieurs poëmes en sa langue prouençale.

Il fut tué par trahison l'an 1213.

GVILLAVME CAILLIER, Prestre, autresfois Ministre, & maintenant reduit à l'vnion de l'Eglise Catholique & Romaine, &c.

Il a escrit & mis en lumiere sa confession de foy, imprimee à Lyon l'an 1568. par Michel Ioue, auquel temps il florissoit.

B.L. GVILLAVME CAPEL Parisien, docteur en la faculté de Medecine à Paris, homme docte & treseloquent, tant en Latin qu'en François, fils aisné de Monsieur l'Aduocat du Roy Capel, & frere d'Ange Capel, sieur du Luat (duquel nous auons fait mention par cy deuant) &c.

Il a traduit d'Italien en François, le liure de Nicolas Machiauel Florentin, intitulé le Prince, imprimé à Paris l'an 1553. chez Charles Estiêne.

C'est luy qui a mis en lumiere les Memoires de Messire Guillaume du Bellay sieur de Langey, & de Messire Martin du Bellay son frere, imprimez à Paris chez l'Huillier par diuerses fois.

Il a composé plusieurs œuures en Latin, desquelles nous ferons mention autre-part.

Il florist à Paris cette annee 1584. exerceant sa profession de Medecine.

B.L. Messire GVILLAVME CHARTIER, Euesque de Paris l'an 1470.

Il a composé vne oraison treselegante sur la police du Royaume de France, laquelle il prononça deuant le Roy Loys XI. apres la bataille dõnee entre ledit Roy, & le Conte Charles de Charolois, elle se voit escrite à la main.

Il mourut l'an 1472. le 1. iour de May.

GVILLAVME CHARTIER DE VICTRAY, Ministre à Geneue, &c.

Ie n'ay point veu de ses escrits imprimez.

GVILLAVME DV CHOVL DIT CAVLIVS Gentilhomme Lyonnois, Conseiller du Roy & Bailly des montagnes du Dauphiné, homme le plus diligent & le plus grand rechercheur d'antiquitez, qu'autre qui ait esté de son temps.

Il a escrit plusieurs liures tant en Latin qu'en François touchant la recherche des antiquitez Grecques & Romaines, entre lesquels sont ceux cy qu'il a composez en nostre langue.

Discours sur la Castrametation & discipline militaire des Romains.

Traicté des Bains & antiques exercitations Greques & Romaines.

Discours de la religion des anciens Romains, le tout imprimé à Lyon, par Guillaume Rouille l'an 1557. auec les figures, tirees sur les marbres antiques, & auec les medailles, monnoyes & monumens des anciens Empereurs Romains.

B.L. Epistre Consolatoire à Madame de Cheurieres, imprimee par Iean Temporal l'an 1555. à Lyon, auec vne autre de Seneque à Lucile, &c.

Douze liures des Antiquitez de Romme.

Traitez

Traitez des animaux feroces & estranges.

Les Epigrammes de toute la Gaule.

Traitez de la nature des Dieux. Ie ne sçay si les susdits liures sont imprimez.

Il florissoit à Lyon l'an 1558.

GVILLAVME CHRESTIEN natif d'Orleans, docteur en Medecine à Paris, premierement Medecin de monsieur le Duc de Boüillon, & depuis du Roy Henry 2. &c.

Il a traduit vn traité d'Hippocrat, de la geniture & generation de l'homme, auec le traité de Iaques du Bois dit Syluius, touchant les mois des femmes, des maladies prouenantes d'iceux, & de leur cure ou garison, imprimé à Paris chez Guillaume Morel.

Traité intitulé Philalethes, sur les erreurs anatomiques de certaines parties du corps humain, reduites & colligees selon la sentence de Galien par ledit Guillaume Chrestien, imprimé à Orleans l'an 1536. & à Lyon aussi en laditte annee.

Il a escrit beaucoup d'œuures en Latin, desquelles il y en a quelques-vnes en lumiere, le reste pourra estre imprimé s'il plaist à Florent Chrestien son fils de les publier, pour le soulagement des amateurs de la Medecine.

Il florissoit l'an 1550. soubs Henry 2.

GVILLAVME COLOMBE, Poëte François.

Il a escrit vn chant royal à l'honneur de la Vierge, imprimé.

GVILLAVME COQVILLART, Official en l'Eglise de Rheims en Châpagne l'an 1478.

Il a escrit en vers François plusieurs traitez, desquels s'ensuyuent les titres, Les Droits noueaux, Le Plaidoyé & Procez d'entre la simple & la rusee, Le Blason des armes & des Dames, Le Monologue de la botte de foin, Le Monologue du Puis, Le Monologue du gendarme cassé, & autres petites œuures: le tout imprimé ensemble à Paris chez Galiot du Pré, l'an 1532.

Il a dauantage escrit le purgatoire des mauuais mariz.

L'Aduocat des Dames de Paris allant aux Pardons.

Il florissoit à Rheims en Champagne l'an 1478.

GVILLAVME COTELAY, natif de Fontanges en Auuergne, tresexcellent Musicien de nostre temps.

Il a fait imprimer quelques Chansons de Musique composees par luy, l'an 1570. & de son âge 39.

Messire GVILLAVME COVSINOT cheualier François, tresexcellent historien.

Il a escrit vne Chronique tresample & tres-veritable des choses aduenues de son temps, laquelle n'est encores imprimee.

Iean le Feron Aduocat en Parlement (duquel nous parlerons cy apres) asseure en ses œuures l'auoir par deuers soy escrite à la main.

Il florissoit soubs Loys XI. Roy de France l'an 1469.

GVILLAVME CRETIN Poëte François & historié, Secretaire & Chroniqueur du Roy de France Loys 12. Thresorier de la chapelle du Bois de Vincennes, ou Vie-saine pres Paris, Chantre & Chanoine de la saincte Chapelle du Palais royal de Paris.

Il a escrit en vers François les Annales & Chroniques de France diuisees en quatre parties, nous les auons escrites à la main en nostre Bibliotheque, elles n'ont esté imprimees que i'aye peu voir.

Il a escrit en vers & rithme Françoise le debat de deux Dames sur le passetemps de la chasse des chiens & oyseaux, Le loyer des folles amours, le tout imprimé à Paris l'an 1528.

Chants Royaux à l'honneur de la Vierge.

Il florissoit à Paris du temps du Roy Loys 12. l'an 1500.

Messire GVILLAVME DE CVRSOL Cheualier de l'ordre du Roy &c.

Il a traduit d'Espagnol en François plusieurs beaux & doctes liures traictans de la Theologie, imprimez à Paris chez Chaudiere.

GVILLAVME DRIEV Mathematicien.

Il a mis en lumiere vn liure de son inuention intitulé, Le tabulaire Astronomique, ou Calendier perpetuel, auquel liure sont contenuz les principaux passages tant du vieil que du nouueau Testament, imprimé à Lyon par ledit autheur & Antoine Voulant, l'an 1562. auquel temps florissoit ledit Guillaume Drieu.

s.L. GVILLAVME DVRANT, surnommé le Speculateur, grand Iuriscõsulde son temps, il estoit natif de Puymosson au diocese de Riez selon aucuns, & selon autres, il estot de Montpellier, Belleforest a escrit qu'il estoit natif de Beauuais en Picardie, mais ce qui les fait ainsi contredire c'est qu'il y en a eu plusieurs de ce nom de Durant: au reste, ie croy plus tost que cettuy-cy ait esté né en la Gaule Narbonnoise qu'autrement, car il a escrit en langue Prouençale plusieurs poësies bien estimees de son temps.

Il a escrit en Latin, mais nous en ferons mention autre part.

Il mourut l'an 1270.

s.L. GVILLAVME FAREL natif de l'Euesché de Gapt en Dauphiné, Ministre à Geneue.

Il a escrit plusieurs liures censurez par Messieurs de la faculté de Theologie à Paris, & encores par le Concile de Trente.

Il mourut l'an 1565. le 13. iour de Septembre âgé de 76. ans.

Sa response à maistre Pierre Caroli, & enuoyee à monsieur le Duc de Lorraine a esté imprimee, auec vne secõde epistre dudit Farel ou Pharel.

GVILLAVME FIGVIER OV FIGVIERA I. du nom, citadin d'Auignon, grand historien.

Il a

Il a escrit plusieurs histoires & autres belles œuures tant en Latin que en langue Prouençale. Il florissoit l'an 1270.

GVILLAVME FIGVIER OV FIGVIERA, 2. du nom, gentilhomme natif d'Auignon en Prouence, fils du susdit Guillaume.

Il estoit surnommé de son temps le Satyrique, ayant escrit plusieurs Satyres & inuectiues contre les Princes Tyrans, lequel liure il intitule le Fleau mortel des Tyrans.

Il a escrit vn autre poëme en langue Prouençale, qu'il a nommé Contr'-amour.

Il a escrit plusieurs chansons à la louange d'vne dame d'Auignon, de la maison des Matherons, ses œuures ne sont imprimees.

Petrarque a imité ce poëte en plusieurs de ses sonnets.

Il florissoit en Prouence l'an 1270.

GVILLAVME LE GAINGNEVR secretaire & escriuain du Roy. C'est le plus renommé pour l'escriture qui viue auiourd'huy en France.

Il florist à Paris ceste annee 1584. Ie ne sçay s'il a fait imprimer quelques vns de ses Alphabets ou exemplaires d'Escriture, comme auoit fait Pierre Hamon, duquel nous parlerons cy apres.

GVILLAVME GAVTERON DE CENQVOINS, Secretaire de Monsieur de Mont-Luc lors qu'il estoit Embassadeur à Venize l'an 1542.

Il a traduit de Toscan en François vn liure intitulé Scanderbeg, qui est vn commentaire d'aucunes choses des Turcs & du seigneur Georges Castriot dit Scanderbeg, Prince d'Epire & d'Albanie, lequel liure contient sa vie & les victoires par luy obtenues, imprimé à Paris l'an 1544. chez Denys Ianot.

Iaques de Lauardin sieur du Plessis Bourrot a escrit amplemēt la vie dudit Scanderbeg, imprimee à Paris comme nous dirons en son lieu.

GVILLAVME GOSSELIN, natif de Caën en Normandie, homme docte és Mathematiques.

Il a mis quelques siens œuures de Mathematiques en lumiere, sçauoir vne Arithmetique composee par vn sçauant Mathematicien d'Italie, augmentee & annotee par ledit Gosselin, imprimee à Anuers chez Plantin l'an 1578.

Il a escrit quelques liures Latins, mais ce n'est pas nostre deliberation d'en faire icy mention, nous reseruant à nostre Bibliotheque des escriuains Latins.

Il florist à Paris cette annee 1584. Quant à M. Iean Gosselin Garde de la Bibliotheque du Roy, natif de Vire en Normandie, homme docte és Mathematiques, & parent du susdit (comme il semble) nous en ferons mention en son ordre.

GVILLAVME DES-GROS.

Il a escrit vn traité de la Confession auriculaire, imprimé à Paris l'an 1568.

GVILLAVME GVEROVLT natif de Roüen en Normandie.

Il a traduit de Latin en François vn liure de I.P. Cermenat Milanois, lequel s'intitule Discours de la droite administration des Royaumes & Republiques, imprimé à Lyon par Loys & Charles Pesnot à la Salemādre l'an 1561.

Le premier liure du naturel des Oyseaux.

Le second du naturel des Animaux, imprimez à Lyon par Balthazar Arnoulet l'an 1550. auec les protraits ou figures d'iceux.

Chansons spirituelles mises en Musique par Didier Lupi second, imprimees à Paris par Nicolas du Chemin.

Il a traduit le premier liure des narrations fabuleuses de Palephatus autheur Grec auec le discours de la verité & histoire d'icelles, auquel ont esté adioustees quelques œuures poëtiques du mesme traducteur. Le tout a esté imprimé à Lyon par Robert Granjon l'an 1558. de caracteres François.

Le premier liure d'Emblemes auec les figures, imprimé à Lyon par Balthazar Arnoulet l'an 1550.

Sentences des bōs autheurs Grecs & Latins, traduites en rithme Frāçoise par ledict Gueroult, imprimees à Lyon par Arnoulet, auec celles de Ciceron, traduites par Pierre Lagnier de Compiegne, &c.

L'hymne du temps & de ses parties.

Les Chroniques & gestes admirables des Empereurs de Rome, auec leurs effigies, le tout contenant deux volumes, imprimez à Lyon par Balthazar Arnoulet l'an 1552.

Il florissoit à Lyon l'an 1560.

GVILLAVME DE GVILLE-VILLE, Moine de Chaliz de l'ordre de Cisteaux, il s'appelle en Latin Guilelmus de Deguilla-villa : & selon aucuns il estoit natif de Chaliz & Moine de Pontigni-fille, &c. l'an 1310.

Il a composé en rithme Françoise vn liure intitulé, Le pelerinage de l'homme, lequel a esté reueu & corrigé par vn Moine de Cleruaux, imprimé à Paris par Antoine Verard, l'an 1511.

Ce liure s'intitule autrement le Roman des trois pelerinages, Le premier est de l'homme durant qu'il est en sa vie, Le second de l'ame separee du corps, Le tiers est de nostre Seigneur Iesus-Christ. Ce liure a esté derechef imprimé par maistre Barthole & Iean Petit au soleil d'or.

Il florissoit l'an 1310.

GVILLAVME HAVDENT.

Il a traduit de Latin en vers François la Rustique de Politian, imprimee chez Iean Petit, & chez Martin le Megissier à Roüen.

GVILLAVME DE HERIS, homme docte és langues.

Il a traduit plusieurs liures, tant Grecs que Latins en nostre langue Frāçoise, & entre autres celuy de S. Iean Chrysostome, ou Bouche-dor, auquel

auquel il monstre que nul n'est blessé que de soy-mesme, imprimé à Anuers par Matthieu Crom l'an 1544. auquel temps ledit de Herys florissoit à Anuers.

GVILLAVME HOVVET, Chartrain.

Il a escrit plusieurs Epistres, tant en Latin qu'en François, imprimees l'an 1530. à Paris, auquel temps il florissoit & estoit grand Grammairien.

GVILLAVME DES INNOCENS, maistre iuré en Chirurgie de la ville de Tolose.

Il a traduit de Latin en François le traicté de la Peste, composé par M. Laurent Ioubert, l'vn des plus doctes medecins de nostre siecle.

Il a escrit vne question de la Paralisie, & deux Paradoxes de la reuulsion, le tout en Latin, & traduit par G. des Innocens: le tout a esté imprimé ensemble par Iean Lertout, l'an 1581.

GVILLAVME LANDRE' d'Orleans, Poëte & historien François, autre que Chrestofle Landré Medecin & Lecteur de Monsieur le duc de Orleans, &c.

Cestuy Guillaume a traduit en vers François le liure de Roland le Furieux.

Plus il a traduit d'Espagnol en prose Françoise l'histoire de Primaleon de Grece, imprimee à Paris l'an 1577.

GVILLAVME LAVRENT Xaintongeois, docteur en Theologie, profez au conuent des freres Prescheurs ou Iacobins de Xaintes.

Il a escrit en prose Françoise la declaration de la diuersité de l'Eglise reformee.

GVILLAVME DE LAVRIZ OV DE LORRIZ en Gastinois, ancien Poëte François, & I.C. l'an 1260. ou enuiron.

Il a commancé le Roman de la Roze, lequel a esté depuis continué & acheué par Iean Clopinel, surnommé de Meun ou Mehun sur Loire, comme nous dirons en son lieu.

Ce liure a esté escrit en vers François par les susdits, & contient en somme les Commandemens d'Amour pour paruenir à la iouissance, imprimé à Paris l'an 1531. par Galiot du Pré.

Nous l'auons par deuers nous escrit à la main sur parchemin de lettre antique, & suyuant le langage vsité de leur temps, ce liure a depuis esté imprimé soubs le nom du songe du Verger, mais c'est vn autre liure traitant toute autre chose. Iean Moulinet a mis en prose le susdit Roman, afin d'estre mieux entendu, & y a adiousté quelques alegories de son inuention. Il a esté imprimé à Paris l'an 1521. chez Michel le Noir. Iean Gerson a escrit vn traité contre ledit Roman, &c.

Messire GVILLAVME DE LESRAT, G. Angeuin, sieur de Lancrau, Conseiller du Roy & President au Parlement de Bretagne, fils aisné de

M. le President d'Angers nommé Guillaume de Lesrat, lequel mourut l'an 1563. &c. & frere de mõsieur des Briotieres Guy de Lesrat President d'Angers, &c. duquel nous auons parlé cy deuant.

Il a mis en lumiere les cinq Arrests pronõçez par luy en robbe rouge au Parlement de Renes en Bretagne, imprimez à Paris chez Nicolas Chesneau l'an 1581.

Ce liure a esté bien receu & applaudy de tous les doctes de France & autres qui l'ont veu.

Ie n'ay pas cognoissance de ses autres escrits, tant Latins que François.

Il florist cette annee 1584.

B. L. GVILLAVME LIMANDAS, natif de Treuols licentié és loix, conseiller du Roy en la Senechaussee & Cour conseruatoire de Lyon l'an 1546.

Il a traduit de Latin en François les trois premiers liures des Institutions Forenses de M. Iean Imbert, lesquelles il a si heureusement tournez que ledit Imbert aduoüe que l'on n'eust peu mieux faire. Ces liures ont esté imprimez à Paris & autres lieux par diuerses fois.

La paraphrase du 2. 3. & 4. liures des Institutions Forenses, ou pratique Iudiciaire dudit Imbert traduite par ledit Lymandas a esté imprimee à Lyon par Iean de Tournes l'an 1546.

Il florissoit l'an susdit 1546.

GVILLAVME DE LORRIS, voy cy dessus Guillaume de Lauris escrit par a.

GVILLAVME MAIGNART, Poëte François.

Il a escrit quelques poëmes à l'honneur de la Vierge, imprimez à Paris.

B. L. GVILLAVME DV MAINE, DIT MAINVS, natif de Loudun en Poictou, Abbé de Beaulieu, Lecteur de Madame la Duchesse de Berry, sœur vnique du Roy, & depuis precepteur de Messieurs les enfans de France &c. homme docte és langues, Poëte Latin & François.

Il a escrit plusieurs Epistres en vers François, l'vne sur la venue de Monseigneur le Mareschal de Brissac.

Le Laurier contenant la loüange de l'estude & l'vtilité qui en vient.

L'heureux partage des excellents dons de la Deesse Pallas, resignez au Roy Henry 2. Le tout imprimé à Paris chez Michel Vascosan l'an 1556. auquel temps ledit autheur florissoit.

B. L. GVILLAVME DE LA MARE, DIT DE MARA, natif de Coutances, ou Constances en Normandie, homme tresdocte, & treseloquent tant en Latin, qu'en François.

Il a escrit plusieurs œuures en nostre langue non encores imprimees que ie sçache. Celuy qui a augmenté le liure de Trithemius des Escriuains Ecclesiastiques, le louë grandement.

Il florissoit l'an 1520. ou enuiron.

GVIL-

GVILLAVME LE MENAND Cordelier, ou de l'ordre de S. François.

Il a traduit de Latin en François, le liure intitulé le grãd Vita Christi, autrement la vie de Iesus-christ, escrite premierement en Latin par Lodolphe Chartreux &c. imprimee à Paris il y a pres de cent ans.

Ce liure a depuis esté traduit en François par Iean l'Anglois, sieur de Fresnoy, comme nous dirons cy apres.

Il a dauantage traduit les liures de la saincte Bible en nostre langue, imprimez à Lyon il y a pres de cent ans, suyuant la traduction Latine de Pierre Comestor ou Manducator &c.

GVILLAVME MICHEL, dit de Tours.

Il a traduit de Latin en prose Françoise, les trois liures de Polydore Virgile, des inuenteurs des choses, imprimez à Paris par Pierre le Brodeur l'an 1520. (François de Belle-forest à traduit depuis les 8. liures dudit Polydore, imprimez à Paris.)

Il a traduit les Georgiques de Virgile, imprimees à Paris l'an 1519.

Il a traduit Suetone des vies des 12. Cesars, imprimé à Paris chez Pierre Vidouë, & Galiot du Pré l'an 1520. lequel a esté depuis traduit for heureusement, par Georges de la Bouthiere, comme nous auons dit cy deuant.

Il a traduit de Latin en François l'Epitome des histoires de Valere le grand, recueilly par Robert du Val, imprimé à Paris l'an 1525. chez Pierre de Bordeaux.

Il florissoit l'an 1520.

GVILLAVME LE MOINE, de Villedieu en Normandie.

Il a recueilly de plusieurs autheurs, & entre autres de Calepin & Nebrisense, vn Epitome ou abbregé des mots & dictions Latines, lesquelles il a tournees en François. Cet œuure a esté imprimé à Caën en Normandie l'an 1529. auquel temps viuoit ledit Moyne.

s.L. GVILLAVME MOREL, natif de la ville du Tailleul en Normandie, homme docte és langues, & en Grec principalement.

Il a composé en Grec, Latin & François, vn for penible & laborieux Dictionnaire, imprimé par luy-mesme à diuerses fois, & depuis à Lyon & en autres lieux.

Il a escrit vne brefue declaration de l'auctorité des escritures, & du S. Sacrement de l'Autel, imprimé à Paris par luy-mesme.

Il mourut l'an 1564. ou enuiron.

Il auoit vn sien frere, lequel fut bruslé à Paris pour le fait de la religion, lequel s'appelloit Iean Morel, homme docte és langues, aussi bien que son frere susdit.

GVILLAVME LE MVNIER, ancien Poëte François.

Il a escrit vn chant Royal, & plusieurs Ballades, lesquelles se voyent escrites à la main.

s.L. GVILLAVME DE NANGY, OV DE NANGIS en Brie, dit de

Nangiaco, religieux en l'Abbaye de S. Denis pres Paris.

Il a escrit en prose Françoise, les Annales & Chroniques de France, non encores imprimees, elle se voyent en plusieurs Bibliotheques de ce Royaume, & entre autres en ladite Abbaye de S. Denis.

Il a traduit de Latin en François, & recueilly des Chroniques ou Annales de son Abbaye de S. Denis, la genealogie des Rois de France, iusques en l'an de salut 1285. nous auons ce liure par deuers nous.

Il a escrit la vie du Roy Sainct Loys, soubs lequel il florissoit, en l'an 1227.

Nous l'auons par deuers nous escrite à la main, sur parchemin.

Ie ne sçay s'il en est autheur, ou bien le Syre de Ionuille, &c. car il n'y a point de nom de l'autheur d'icelle.

GVILLAVME PARADIN, natif de Cuisseaux en Bourgongne, chanoine de Beaujeu, frere de Claude Paradin &c.

Il a escrit premierement en Latin, & depuis traduit en François, l'histoire de nostre temps, imprimee à Paris par Iean de Tournes à diuerses fois.

La Chronique de Sauoye.

Les Annales & Chroniques de Bourgongne, imprimees à Lyon par Antoine Gryphius l'an 1566.

L'histoire de l'Eglise Gallicane.

Memoires des insignes maisons de France.

Memoires de l'histoire de Lyon sur le Rhosne, imprimez l'an 1575.

Il a traduit de Latin en François, l'histoire des batailles & conquestes des Gots, escrite par Procope de Cesaree, imprimee à Lyon l'an 1578.

Il a traduit de Latin en François, la methode ou briefue institution, pour paruenir à la cognoissance de la vraye & solide medecine, composee par Leonard Fuschs, medecin Alleman, dit Fuschius, imprimee à Lyon par Iean de Tournes l'an 1552.

L'histoire d'Aristee, touchant la translation de la Loy de Moyse, imprimee à Lyon l'an 1564. par Claude Senneton.

Il florissoit l'an 1563.

Quant à son frere Claude Paradin, autheur des Alliances genealogiques, & des deuises heroïques &c. nous en auons parlé cy dessus à la lettre C.

GVILLAVME DE LA PERRIERE Tolosain, docteur és droicts, & professeur d'iceux à Tolose.

Il a escrit en vers François, vn liure intitulé le Theatre des bons engins, contenant cent Emblemes moraux, imprimé à Paris par Estienne Grouleau.

La Morosophie, ou folle-sagesse, escrite en vers Latins & François, par ledit de la Perriere, auec les figures, le tout diuisé en cent Emblemes, qui sont compris soubs cent quadrains Latins & François, imprimee

mee à Lyon par Berthelemy Bon-homme.

Les considerations des quatre Mondes, sçauoir est Diuin, Celeste, Spirituel & Mondain, imprimees l'an 1552. à Lyon par ledit Bon-homme.

Epistre consolatoire.

Le Miroir Politiq, imprimé à Lyon par ledit Bon-homme, & depuis à Paris, auec ce tiltre, Institution du gouuernement des Republiques &c.

Il a escrit la chronique de la noble maison de Foix.

Il florissoit à Tolose l'an 1550.

Frere GVILLAVME PETIT Iacobin, ou bien de l'ordre des freres Prescheurs, natif du pays de Normandie, premierement Euesque de Senlis, & depuis 79. Euesque de Troye en Champagne, confesseur du Roy Loys douziesme, & de François premier, docteur en Theologie à Paris.

Il a escrit vn traicté de la reformation de l'homme, & son excellence, & ce qu'il doibt accomplir pour auoir Paradis, imprimé à Paris l'an 1540. par Gilles Corrozet.

Il florissoit l'an 1520.

Il a escrit quelques œuures en Latin.

Messire GVILLAVME POIET, Baron de Beine, natif de la ville d'Angers, fils de maistre Guy Poiet, sieur de Iupilles, Aduocat en ladite ville d'Angers.

Cetuy-cy apres auoir obtenu plusieurs estats en France, fut à la fin Chancelier dudit Royaume l'an 1538.

Il a escrit vne Pratique Iudiciaire, non encores imprimee: Ie l'ay veuë en la Bibliotheque de maistre Symon Ioussel in, sieur de Bassauges, Cõseiller du Roy au Mans, nepueu dudit Chancelier.

Il a escrit plusieurs oraisons & harangues, lesquelles il a prononcees au Parlement de Paris & autres lieux, elles ne sont encores imprimees.

Il se voit plusieurs Edits & ordõnances Royalles faites par luy, pour la police du Royaume, lesquelles sont imprimees auec les grandes Ordonnances.

Il estoit homme des plus eloquents de son siecle, & des plus entendus aux affaires d'Estat, mais il ne les sceut si bien manier, qu'en fin le Roy François premier ne luy ostast les Seaux, l'an 1544. Arnoul du Ferrier, Conseiller du Roy à Bordeaux, a escrit amplement la vie dudit Chancelier en ses additions à Paule Æmil. imprimees à Paris chez Vascosan.

GVILLAVME DV PVYS, DIT PVTEANVS, docteur en medecine, & excellent professeur d'icelle, en la Ville & Cité de Grenoble en Dauphiné.

Il a escrit quelques œuures, tant en Latin qu'en François, desquelles il y en a d'imprimees. Gesnerus en fait mention.

GVILLAVME ROGER, Poëte François l'an 1520.

Il a escrit quelques chants Royaux, à l'honneur de la Vierge Marie.

GVILLAVME RONDELET, docteur en medecine, & Chancelier de l'Vniuersité de Montpellier, en laquelle ville il nasquit, le 27. iour de Septembre l'an 1507.

Il a escrit l'histoire des Poissons, tant en Latin qu'en François, imprimee à Lyon: sa vie a esté descrite par Laurent Ioubert, son successeur à Montpellier &c.

Il mourut l'an 1566. le troisiesme iour de Iuillet, l'an de son âge 58.

Il a escrit plusieurs doctes œuures en Latin, estant estimé le premier de son temps, pour la medecine, & recherche des secrets en nature.

GVILLAVME ROSE, docteur en Theologie à Paris, predicateur du Roy &c. ainsi appellé par plusieurs, mais il se nomme François, & auōs parlé de luy cy deuant à la lettre F.

GVILLAVME LE ROVVILLE, natif d'Alençon, à dix lieuës du Mans, licentié és loix, lieutenant general de Beaumont & de Fresnay, au pays & Conté du Mayne. Il nasquit l'an 1494.

Il a escrit en prose Françoise, le recueil de l'Antique precellence de Gaule & des Gaulois (qui est le tiltre de son liure) imprimé à Paris chez Chrestien Vechel l'an 1551.

Il a escrit plusieurs liures en droict, & entre autres, il a commenté les Coustumes du Maine, lesquelles sont imprimees à Paris.

Il florissoit à Alençon l'an 1550.

GVILLAVME ROVVILLE Tourengeau, Imprimeur à Lyon. C'a esté par sa diligence & industrie, que nous auons le Promptuaire des Medailles, imprimé par luy en Latin, François, Italien & Espagnol.

Messire GVILLAVME RVZE', issu de la noble & ancienne famille des Ruzez en Touraine, docteur en Theologie à Paris, premierement Aumosnier & confesseur du Roy Charles neufiesme, Abbé de l'Estep, & maintenant Euesque d'Angers.

Il a traduit for doctement, de Latin en François, vn traicté de Vincent Lirinense, ou de Lerins en Prouence, touchant la verité & antiquité de la foy Catholique, imprimé à Paris l'an 1561. chez Vascosan, & à Lyon l'an 1570.

Il florist à Angers cette annee 1584.

Il a composé de son inuention, & traduit d'autres liures, desquels ie ne sçay pas les tiltres.

GVILLAVME DE SALLVSTE, sieur du Bartas, gentilhomme natif dudit lieu, pres Bordeaux en Gascōgne, appellee des Latins Aquitaine.

La reputatiō qu'il s'est acquise le dit sieur, par ses doctes escrits, m'empesche de le loüer icy dauantage, car ce seroit vouloir apporter de l'eau en la mer, pour la croistre, & d'autre part ie me rendroy suspect à tous

ceux

ceux qui tachent de rabaiſſer ſa gloire, ce que i'aime mieux taire que d'en parler plus auant, n'ayant iceluy du Bartas beſoing d'autre trompette de ſes louanges, que les œuures miſes par luy en lumiere, depuis quelques annees en ça, leſquelles ont eſté ſi bien receuës de tous hommes de lettres, qu'elles ont eſté imprimees par plus de trente fois diuerſes, depuis cinq ou ſix ans : & l'on a veu ſa Sepmaine traduite en vers Latins, par pluſieurs de ſes amis, & entre autres par Gabriel de Lerm, duquel nous auons parlé cy deuant, & commentee par pluſieurs hommes de marque : entre leſquels a eſté Symon Goulard, & Theuenin, duquel Theuenin les commentaires ſeront bien toſt imprimez.

Voy-cy donq ce qu'il a mis en lumiere: La Sepmaine ou creation du Monde, imprimee chez Feuburier & Gadouleau à Paris, par vne infinité de fois.

La Muſe Chreſtienne, qui eſt vn Poëme contenant ce qui ſ'enſuit, La Iudith, le triomphe de la foy, l'Vranie & pluſieurs Sonnets : Le tout imprimé à Bordeaux chez Symon de Milanges l'an 1574. & depuis à Paris chez Buon.

L'enfance du Monde, dudit ſieur du Bartas, ſ'imprime maintenant à Paris chez Pierre l'Huillier l'an 1584.

Il floriſt cette annee 1584. en ſon pays de Bordeaux, quoy que pluſieurs ayent fait courir le bruit qu'il fuſt mort.

GVILLAVME DE S. DIDIER, gentilhomme, natif du pays de Velay, Poëte Prouençal l'an 1185.

Il a traduit de Latin en rithme Prouençale, les fables d'Eſope.

Il a dauantage eſcrit vn for beau traicté de l'Eſcrime.

Il mourut l'an 1185. ou enuiron.

C'eſt vne rencontre bien memorable de ce que il ſe trouue, que vn autre gentilhomme du meſme ſurnom, de meſme qualité, & de meſme pays, ayt à quatre cent ans apres la mort du ſuſdit Guillaume, eſcrit vn liure de l'Eſcrime: qui eſt Henry de S. Didier, lequel a fait imprimer ſon liure de l'Eſcrime à Paris, depuis dix ans en ça, comme nous dirons en ſon lieu.

GVILLAVME SAVLNIER Normand, Poëte Latin & Frãçois l'an 1536.

Il a eſcrit quelques poëſies, non encores imprimees.

GVILLAVME LE SENESCHAL, natif du pays de Normandie, docteur en Theologie à Paris, Curé de S. Seuerin en ladite ville, homme for docte & for eſtimé de ſon temps.

Il a eſcrit les Sermons de Careſme, imprimez à Paris chez Nicolas Cheſneau l'an 1559.

Il floriſſoit ſoubs Charles neufieſme l'an 1564.

GVILLAVME DE SILVECANE, Poëte Prouençal, for excellent à compoſer des vers Lyriques &c.

Il a eſcrit pluſieurs chanſons en rithme Prouençale, qu'aucuns ont voulu dire, que Hugues de Penna son compagnon s'est attribuee.

Il florissoit l'an de salut 1280.

B.L. GVILLAVME LE SVEVR, natif de Bollongne sur la mer en France, Poëte Latin & François.

B.L. GVILLAVME TABOVROT, Aduocat au Parlement de Dijon en Bourgongne, homme docte, Conseiller du Roy, & maistre extraordinaire en la chambre des comptes de ladite ville, pere d'Estienne Tabourot, autheur du liure intitulé les Rithmes Françoises, duquel nous auons parlé cy deuant en son lieu. Pierre de S. Iulien louë for ledit Guillaume, en son liure de l'origine des Bourguignons, & sondit fils en parle aussi en son liure des Bigareures.

Il mourut l'an 1561. âgé de 45. ans, cinq mois, le 24. iour de Iuillet.

Ie n'ay encores point veu de ses escrits imprimez.

GVILLAVME DE LA TAISSONNIERE, DIT DE CHANEIN, gentilhomme Dombois, seigneur de la Tour des Moles, au pays de Masconnois.

Il a escrit vn poëme François, qu'il a intitulé la Sourdine Royalle, imprimee à Paris l'an 1569. par Federic Morel.

L'Idilie de la vertueuse & modeste amitié d'vn gentilhomme, non Courtisan, imprimee par ledit Morel.

Les amoureuses occupations dudit sieur de Chanein, imprimees à Lyon par Rouuille l'an 1555. & à Paris par Iean Caueiller l'an 1556.

Il promet vn liure de la chasse, de toutes sortes d'Animaux terrestres, tant par violence de fer & bastons à traict, course de chiens & vol d'oyseaux, rets ou filets, laqs, pieges, trebuchets, cages, gluz & empoisonnements, qui sont en nombre de 857. sortes de chasse, differentes les vnes des autres, lesquelles il a mises par memoire, pour parapres les dilater.

Ce liure n'est encores en lumiere: Ie ne sçay si l'autheur, ou l'imprimeur se sont trompez à ce nombre de 857. contenu en l'Epistre dudit de la Taissonniere, presentee au Roy.

Epistre au Roy Charles neufiesme, imprimee à Paris.

Abregé de l'Arithmetique, imprimé à Lyon l'an 1572. par Rigault.

L'Atifet des damoiselles, auec vn Epithalame du mesme autheur, le tout imprimé à Paris chez Federic Morel l'an 1575.

Il florissoit soubs Charles neufiesme l'an 1570.

B.L. GVILLAVME TARDIF, natif du Puy en Velay, lecteur de Charles 8. du nom, Roy de France l'an 1484.

Il a recueilly de plusieurs autheurs, vn liure de la faulconnerie, departy en deux liures: le premier enseigne à cognoistre les oyseaux de proye (desquels on vse) les enseigner & gouuerner, & les medecines pour les entretenir en santé: la seconde enseigne les medecines des oyseaux. C'est icy le tiltre du liure du susdit Tardif, lequel nous auons par deuers nous escrit à la main, ensemble celuy de Iean de Franchieres, lesquels

lesquels ont esté depuis imprimez à Poictiers par les Marnefs, & Bouchets l'an 1567.

Il florissoit l'an 1480.

GVILLAVME TELIN OV THELIN, de Cusset en Auuergne, escuyer, seigneur de Gutmont, & de Morillonuilliers &c.

Il a escrit en prose Françoise, vn liure intitulé les Opuscules diuins, recueilliz des saintes escritures, imprimez à Paris l'an 1565. par Mathurin Preuost, lesquelles ont esté reueuës par Daniel d'Auge, comme nous auons dit cy dessus.

Recueil d'aucunes histoires, esquelles est mõstré que les Empereurs & Rois anciens, furent plus riches & magnifiques, que ne sont ceux du iourd'huy, imprimé à Paris par ledit Mathurin Preuost l'an 1565.

Le Sommaire des sept vertuz, sept arts liberaux, sept arts de poësie, sept arts mechaniques des philosophes, & plusieurs autres choses dudit Telin, imprimees en vn volume à Paris par Galiot du Pré l'an 1533. auquel temps ledit autheur viuoit.

GVILLAVME DE TERRAVBE, Abbé de Boilas en Gascongne, Aumosnier du Roy de France, Henry second l'an 1558.

Il a escrit vn brief discours, des choses plus necessaires & dignes d'estre entenduës en la Cosmographie, &c. reueu & recorrigé par l'Autheur, & imprimé à Paris pour la seconde fois, chez Federic Morel à Paris l'an 1568.

GVILLAVME TERRIEN, Lieutenant general du bailliage de Diepe en Normandie.

Il a escrit des commentaires du droict ciuil, tant publiq que priué, obserué au pays & Duché de Normandie, imprimez à Paris chez Iaques du Puis in fol. l'an 1574. auquel temps ledit Terrien florissoit.

GVILLAVME THIBAVLT, Poëte Latin & François.

Il a escrit quelques chants Royaux à l'honneur de la Vierge.

Messire GVILLAVME DE THIGNONVILE, OV TIGNONVILLE Cheualier, Conseiller & Chambellan du Roy de France Charles 6. Preuost de Paris l'an 1408.

Il a traduit de Latin en François les dicts moraux des philisophes, ensemble les dicts des sages, & le secret des secrets d'Aristote, imprimé à Paris par Pierre Vidouë & Galiot du Pré l'an 1531.

Ce liure a esté depuis imprimé à Paris par Pierre le Ber l'an 1532. soubs le nom & tiltre de la Forest, & description des grands & sages philosophes du temps passé.

Messire GVILLAVME Euesque de Tournay, Cheualier de la Toison d'or, du temps de Philippes Duc de Bourgongne, &c.

Il a escrit vn liure intitulé la Toison d'or, imprimé à Paris.

Quelques-vns penſent que ce liure traicte de la pierre philoſophale, à cauſe du tiltre d'iceluy.

GVILLAVME TROVILLARD, ſieur de Montchenou, Aduocat au Mans, iſſu de la treſ-ancienne famille des Trouillards au Maine, & frere de Iaques Trouillard, ſieur de la Boulaie, docteur en medecine, duquel nous parlerons cy apres.

Cetuy-cy eſtoit l'vn des plus doctes, & des plus eloquents Aduocats de la ville du Mans, en laquelle il ſ'en eſt touſiours trouué vn tel nombre, que tous les autres ſieges les ont en honneur, tant pour la theorique, que pour la pratique, & pour le grand iugement deſquels ils ſont douez: ce que ie ne dy par flaterie, mais ſelon que la verité m'y conuie.

Aucuns penſent qu'il ſoit autheur d'vn liure, imprimé l'an 1564. traictât des troubles aduenuz au Maine: mais ie penſe que le ſeigneur Francour, Chancelier de Nauarre, l'aye compoſé, comme nous auons dit en ſon lieu.

Il floriſſoit au Mans, du temps de Henry ſecond, l'an 1559.

Meſſire GVILLAVME VEAV OV VIAVX, ancien Poëte François l'an 1260. ou enuiron.

Il a eſcrit quelques poëmes François, non encores imprimez.

GVILLAVME DE VILLENEVFVE, ancien Poëte François l'an 1300. ou enuiron.

Il a eſcrit vn Poëme François, des criz de Paris.

GVILLAVME VINCENT, ancien Poëte François & hiſtorien, premier huiſſier du Parlement de Bordeaux.

Il a eſcrit pluſieurs Ballades, leſquelles ſe voyent eſcrites à la main par deuers nous, & entre-autres il en adreſſe pluſieurs d'icelles, à Octauien de Saint Gelays, Eueſque d'Angouleſme, duquel i'ay auſſi les reſponſes.

Il viuoit en l'an 1480. ou enuiron.

GVILLAVME VINCENT DE CLAMECY, Poëte François l'an 1552. autre que le ſuſdit.

Il a eſcrit en vers François, le conuy de Pallas deeſſe de Science, au treſ-chreſtien Roy de France Henry ſecond du nom, pour faire ſon entree en ſa noble ville de Tours, imprimé audit lieu l'an 1552. par Iean Rouſſet &c.

Meſſire GVILLAVME DE VINIERS Cheualier, Poëte François l'an 1250. ou enuiron.

Il a eſcrit pluſieurs poëſies amoureuſes, non encores imprimees.

GVILLAVME LE VINIERS, ancien Poëte François l'an 1300. ou enuiron, parent de Gilles le Viniers &c.

Il a eſcrit quelques poëſies, aſſez eſtimees de ſon temps.

Ie ne ſçay ſi les deux ſuſdits ne ſont qu'vn meſme.

GARIN

GARIN, ancien Poëte François l'an 1260. ou enuiron.

Il a escrit vn Fabliau qu'il appelle le Cheualier.

G. D. P. P.

Il a escrit vn discours en forme d'histoire, touchant l'origine, antiquité, excellence, progrez, loix, coustumes & autres choses semblables du Royaume de Polongne.

G. LE BRETON, natif du pays de Normandie, Aduocat en Parlement.

Il a traduit de Grec en François, les œuures de Platon.

Il a traduit les Odes d'Anacreon, en vers François, non encores imprimees, selon que i'ay apris du sieur de Buissay Roland Seigneur &c.

G. DREVIN.

Il a escrit en prose, vn traicté de l'exercice de guerre, & instruction des Cheualiers & gentilhommes, imprimé à Paris par Guillaume Niuerd.

G. MONTAGNE, procureur de Monsieur le Cardinal de Tournon.

Il a escrit vn discours de la Police des pauures de Paris, imprimé audit lieu.

G. RHOYER, Dijonnois.

Il a traduit en vers François, la Vatrachomiomachie d'Homere, qui est à dire en François, la bataille des Grenoüilles, & des Rats ou souris.

G. DE LA VIGNE, gentilhomme Breton.

Il a escrit vn brief discours de la surprise de la ville & forteresse de Concq, pres de Vannes en Bretagne, imprimé à Paris l'an 1577. par Pierre Laurent.

...... GREBAN, natif de Compiegne en Picardie.

Il a escrit vn liure, intitulé la creation du monde.

Ie ne sçay lequel c'est d'Arnoul, ou Symon les Grebans freres, qui est autheur de ce liure.

...... LE GRAS, Aduocat au Parlement de Roüen, homme for docte és langues, & Poëte François tres-excellent.

Il a composé plusieurs œuures, non encores mises en lumiere.

Il florist à Roüen cette annee 1584.

.... GRIGNON, ancien Poëte François, natif de Diepe en Normandie.

Il a escrit quelques chants Royaux à l'honneur de la Vierge Marie.

.... GREVILLIER, ancien Poëte François l'an 1264.

Il a escrit plusieurs Poëmes du ieu party d'amours.

.... GVIGNART OV GVINGVART, Apoticaire, &c.

Il a escrit quelques chants Royaux, à l'honneur de la Vierge, imprimez à Roüen l'an 1520. ou enuiron.

...... GVIART, ancien Poëte François l'an 1260. ou enuiron.

Il a escrit vn liure de l'art d'aimer à l'imitation d'Ouide, non imprimé.

...... GVTTHERRY.

Il a traduit d'Espagnol en François, les Epistres dorees d'Antoine de Gueuarre, predicateur de l'Empereur, imprimees à Paris par Iean Macé par diuerses fois.

FIN DE LA LETTRE G.

HAISEAV,

H

HAISIAV OV HESIAVX, ancien Poëte François, lequel florissoit l'an 1300. ou enuiron.

Il a escrit vn fabliau ou plaisant discours en vers, de l'Aneau qui faisoit roidir le membre.

Il n'est pas imprimé, voy CL. F.

HAITON, sieur de Courchy, cousin du Roy d'Armenie.

Il a escrit les histoires des parties d'Orient, en nostre langue Françoise, lequel liure il intitule autrement le passage de la terre saincte, qui a esté depuis traduit en Latin, par Nicolas Salcoin, dit Salconi, par le commandement du Pape Clement, cinquiesme du nom, &c. faisant lors sa residence à Poictiers ledit Salcoin, ou Salconi l'an 1307.

Lesdites œuures se voyent escrites à la main en la Bibliotheque du Roy de Nauarre, à Vendosme, & la traduction Latine a esté imprimee en Almagne l'an 1529. Ledit frere Haiton estoit de l'ordre de Premonstré, & florissoit en l'an de salut 1300. lequel dicta ou racompta de viue voix cette histoire audit Salconi, pour la mettre en Latin, afin d'estre veuë & leuë de plusieurs, n'entendants pas le François.

HEBERT OV HEBERS, ancien Poëte François l'an 1200. ou enuiron.

Il a traduit de Latin en François, le Roman des sept sages, escrit en Latin par vn nommé Iean, moyne de l'Abbaye de Haulte-Selue.

HECTOR DE BEAVLIEV, natif dudit lieu en Lymosin, voy cy deuant Eustorg, qui est le nom qu'il s'est donné en ses œuures, imprimees &c.

HELIAS, gentilhomme Prouençal, parent de Guy d'Vzes, sieur dudit lieu.

Il estoit bon Poëte Comique, & reputé pour tel de son temps, sçauoir en l'an 1230. ses escrits ne sont imprimez.

HELIE ANDRE'. Il a escrit, mais ie n'ay point veu ses œuures.

HELIE CADV Angeuin, ie n'ay point veu ses œuures.

E.L. HELIE VINET, Xaintongeois, homme for docte.

I'ay parlé de luy cy deuant à la lettre E, auquel lieu son nom se voit escrit par E, sans aspiration, en cette sorte Elie Vinet &c.

I'auois obmis à dire de luy qu'il a traduit de Grec en François, la Sphere de Procle, imprimee à Poictiers par les Marnefs l'an 1544.

E.L. HELINAND, natif de Beauuais en Picardie, moyne de l'Abbaye de Froidmont ou Fremont l'an 1200. Poëte Latin, Theologien, & Historien.

Il a escrit quelques Rithmes en vers François, & entres autres de la mort.

Il a escrit vne Chronique depuis le commencement du monde, iusques au temps qu'il viuoit, sçauoir est en l'an susdit 1200.

Il a escrit plusieurs autres liures, tant en Latin qu'en Frãçois, desquels fait mention Vincent de Beauuais, en son miroir historial, liure trentiesme, chapitre cent huictiesme, & Antonin Archeuesque de Florence en la troisiesme partie de ses chroniques au tiltre dixhuict, chapitre cinq.

HELION DE GLANDEVES escuyer, natif de Peipin en Prouence.

Il a escrit quelques œuures, lesquels ie n'ay point veuz.

HELISENNE DE CRENNE, damoiselle Picarde.

Elle a escrit vn liure, des angoisses doloreuses qui procedent d'Amours, epistres familieres & inuectiues.

Le songe de ladite dame Helisenne, le tout en prose Françoise, imprimé à Paris par Charles l'Angelier l'an 1544.

Nous auons parlé d'elle cy dessus à la lettre E, voy Elisenne escrit sans H, ou aspiration.

HENRY DE BARAN.

Il a escrit vne Comedie Françoise, du pecheur iustifié par la foy, imprimee l'an 1561.

HENRY Duc de Brabant l'an 1250. ou enuiron, ancien poëte François, pere de Marie, Roine de France, seconde femme de Philippes 3. Roy de France &c.

Il a escrit plusieurs Dialogues & chansons amoureuses, non encores imprimees.

Il mourut enuiron l'an 1260.

s.L. HENRY BVLLINGER, Suisse de nation, premier Ministre à Zury, dit en Latin Tigurum.

Il a escrit en François deux Sermons, de la fin du iugement de Dieu, prononcez par luy-mesmes, & imprimez l'an 1561.

Il a escrit plusieurs liures en Latin, & en langue Allemande, reduits en dix Volumes.

Il viuoit en l'an 1574. âgé de soixante & dix ans.

s.L. HENRY ESTIENNE Parisien, fils de Robert Estienne, & nepueu de Charles Estienne (duquel nous auons parlé cy deuant.) Ces trois ont aquis si grãde reputation, & se sont tellement fait conoistre, tant par les doctes œuures de leur inuention, que par les anciens autheurs, soyent Poëtes ou Orateurs, Grecs & Latins) qu'ils ont non seulement imprimez, corrects, & de for beaux caracteres, mais encores auec conference de tous les Exemplaires main-escrits, ou manuscripts, qu'ils on peu recouurer en diuerses Bibliotheques) qu'ils ont emporté le pris par sur tous autres, tant du siecle passé, que de nostre temps.

Et pour

Et pour dire encores vn mot de cetuy-cy nommé Henry, ie ne craindray point d'asseurer qu'il est en reputatiõ d'estre l'vn des plus sçauans hommes en Grec de nostre temps, & des mieux versez en la cognoissance de nostre langue Frãçoise, en laquelle il a escrit plusieurs liures: dont aucuns apartiẽnent à l'illustration de cete langue, les autres sont sur diuers subiects, tant en prose qu'en vers, desquels s'ensuyuent les titres.

OEVVRES EN PROSE.

Traicté de la conformité du langage François auec le Grec.

En ce liure il est monstré (entre autres choses) comment le naturel du Grec se cõforme & accorde mieux à celuy du François, qu'à celuy du Latin.

Au bout sont quelques mots François, etymologisez du Grec, mais l'Autheur dit ailleurs touchant ce recueil, qu'il s'en acquitta de-leger; pource qu'il ne le donnoit que comme vn succrest de l'autre liure: & le promet beaucoup plus ample: en reiettant toutesfois plusieurs etymologies, lesquelles il monstrera estre, les vnes, contraintes & forcees: les autres, sorties de l'ignorance de la langue Grecque: imprimee premierement par l'autheur l'an 1567. & depuis par son frere l'an 1568. à Paris.

L'introduction au traité De la conformité des merueilles anciennes auec les modernes, ou Traité preparatif à l'Apologie d'Herodote.

L'Autheur se plaind ailleurs, tant de ceux qui depuis la premiere impression ont brouillé ce liure, par les choses qu'ils y ont inserees: qu'aussi de ceux qui lisent là, les histoires choisies par luy, pour seruir de tesmoignage à son propos, sans les rapporter à leur but, qui est l'Apologie ou defense d'Herodote.

Les plus notables & plus anciennes histoires entre les Grecques & Latines, recueillies & traduites par luy.

Comment chacun peut acquerir de la prudence par la lecture des histoires.

Haranges prinses des plus anciens historiens: traduites par luy au plus pres du Grec, & sans changer, adiouster, ou diminuer, comme il a esté fait és precedentes traductions.

Deux oraisons d'Isocrate, traduites par luy.

Quatre oraisons de Dion (surnommé Chrysostome, à cause de son eloquen ce: c'est à dire, Bouche-d'or) de sa traduction.

Trois traitez de Plutarque, traduits par luy.

Deux Oraisons de Synesius: dont l'vne est, De la Royauté, ou gouuernement d'vn Royaume, de sa traduction.

Aduertissement aux Princes touchant les flatteurs.

Discours sur l'opinion de Platon & Xenophon (disciples de Socrates) touchant la capacité de l'esprit feminin.

Des anciens guerriers de la Gaule, & de leurs successeurs.

De la preeminence de la couronne de France.

Epistres Laconiques (c'est à dire, ayans vne gentile brefueté) de plusieurs Grecs. Ensemble les epistres de Brutus, auec les respõses, recueillies & traduites par luy.

De la brefueté qu'admet le langage François, non moins que le Grec, ou le Latin, auec vn aduertissement de plusieurs superfluitez de langage (appellees Pleonasmes) qui nous sont ordinaires.

Traité touchant les dialectes François, monstrant que nostre langage en est enrychi, comme le Grec par les siens : & qu'aussi la diuersité est semblable en quelques choses.

Oraison monstrant qu'il ne faut croire aisément aux accusateurs, traduite de Lucian, ou plustost de celuy auquel on a donné ce nom.

En l'epistre mise deuant sa traduction, il rend raison pour laquelle il n'estime point ce liure estre de Lucian: & pourquoy il a interpreté ainsi le tiltre, & non pas, de ne croire aisément à calomnie. Il aduertit aussi de plusieurs autres fautes notables commises par les precedents traducteurs.

Plusieurs dialogues de Lucian, traduits par luy.

Obseruations de quelques secrets du langage François. Ensemble les expositions d'aucuns mots empruntez du Grec, ou du Latin, dont la naifue & vraye signification est ignoree de plusieurs.

De la difference de nostre langage François d'auec l'ancien.

Dialogue intitulé, Le correcteur du mauuais langage François. C'est à dire des fautes que plusieurs y commettent.

De l'orthographie & Kakographie Françoise.

Deux dialogues, du nouueau langage François Italianizé, & autrement desguisé, principalement entre les Courtisans de ce temps, imprimé par l'autheur, l'an 1578. & depuis par vn autre à Lyon.

Traité des prouerbes François.

Proiect du liure intitulé, De la precellence du langage François, dedié au Roy, imprimé à Paris par Mamert Patisson, l'an 1579.

Plusieurs aduertissemens touchant les traductions du Grec ou Latin en François.

OEVVRES DVDIT HENRY ESTIENNE en poësie Françoise.

Epistre au Roy touchant l'enrichissement du langage François par le le moyen du Grec:pour luy estre presentee auec le Thesor de la langue Grecque,composé par ledit Estienne.

Epigrammes sur diuers subiects.

Plusieurs epigrammes Grecs traduits par luy.

Poësies Grecques & Latines,de diuers,traduites par luy.

Plusieurs sentences des Poëtes Grecs & Latins,de sa traduction.

Conseils & enseignemens,concernans la Philosophie morale.

Autres enseignemens,par similitudes,ou comparaisons.

Deploration de la mort de tres-vertueuse Damoiselle Barbe de Villay.

Les Adieux & Contradieux à vne damoiselle.

Poëme contre la calomnie,& les calomniateurs,dedié au Roy.

Poëme contre le Babil,& les babillards.

Poëme contre l'Hypocrisie,& les hypocrites.

Poëme contre la flatterie,& les flatteurs.

Poëme contre l'ingratitude,& les ingrats.

Poëme contre l'Auarice,& les auaricieux.

Poëme contre l'Orgueil,& les orgueilleux.

Poëme contre l'Iurongnerie,& les yurongnes.

Poëme sur la louange de la Poureté contente.

Poëme de la loüange des lettres,& des hommes lettrez.

Poëme à la loüange de ceux qui ont ioint l'amour & l'estude des lettres à l'amour & l'exercice des armes.

Poëme contre les ignorans & ennemis des lettres.

Aucuns des liures susdits courent soubs le nom du sieur de Griere, qui est vne sienne Terre.

Il florist à Paris cette annee 1584.

Frere HENRY GODEFROY Parisien, religieux profez en l'Abbaye de S.Denys en France,docteur en Theologie à Paris.

Il a composé & mis en lumiere,les liures qui s'ensuyuent.

Sermon funebre prononcé par luy mesmes en l'Eglise de nostre Dame à Paris, aux honneurs & pompes funebres du trespuissant Empereur Maximilian d'Austriche 2.du nom,le 9.iour de Ianuier l'an 1577. auec vn brief aduertissement pour nous consoler en Dieu, imprimé à Paris chez Denys du Pré,l'an 1577.

Declaration des saintes reliques trouuees le 22.iour de May l'an 1577. en l'Eglise-Prioré de Sainct Denys de Lettree, aux dessoubs des sepultures:esquelles premierement estoient les corps de S.Denys,S.Rustiq, & S.Eleuthere, auec vn brief narré de la fondation dudit Priore de S. Denys de L'Estree,escrit en vers François, le tout imprimé à Paris chez Nicolas Roffet à la Rose blanche sur le pont S.Michel,l'an 1577.

Messire HENRY DE MESME,gentilhomme Parisien, sieur de Roissy & de Malasisse,Conseiller du Roy & Maistre des Requestes ordinaire de son hostel, Chancelier du Roy de Nauarre, apres la mort du sieur de Francour, nommé Geruais le Barbier, duquel nous auons parlé cy deuant.

Cetuy cy est fils de Messire Iean Iaques de Mesmes, premier & ancien maistre des Requestes soubs François 1. Henry 2. François 2. & Charles 9. lequel mourut l'an 1569. Nous ferons plus ample mention dudit Iaques par cy apres en son rang.

Encores que nous n'ayons rien veu mis en lumiere par Monsieur de Roissy, si n'est il pas à croire qu'il n'aye dressé plusieurs cayers & memoires, touchant le maniemēt des affaires qu'il a executees en sa charge de Chancelier & de maistre des Requestes, lesquelles choses s'il luy plaisoit de faire imprimer, ensemble le grand nombre de liures Grecs, Latins, François & autres en nombre infiny qui sont en sa Bibliotheque tous escrits à la main, il obligeroit beaucoup son siecle & la posterité, à luy en rendre graces, & le remercier d'vn si grand bien : ce que i'espere qu'il fera, pour se rendre de plus en plus aymé, & fauory des hommes de lettres.

Il florist à Paris ceste annee 1584.

HENRY PENNETIER, autrefois Ministre de la religion pretendue reformee, & maintenant de l'Eglise Catholique, Apostolique & Romaine.

Il a fait imprimer quelques siens œuures, & entre autres des responses aux Ministres.

HENRY ROMAIN, licentié en l'vn & l'autre droit.

Il a escrit quelques œuures, lesquelles on m'a asseuré, auoir veües au Chasteau de Gallerande au Maine (appellé d'aucuns Garlande) qui est vne maison appartenant à monsieur de Clermont d'Amboise. I'en parleray cy apres, lors que ie feray mention des œuures de Raoul de Presles, &c.

HENRY DE SAINCT DIDIER gentilhomme Prouençal, grand Philosophe naturel & des plus estimez de son temps, pour tirer bien de toutes sortes d'armes, desquelles il a escrit vn Traitté pour apprendre l'Escrime, contenant les secrets du premier liure sur l'Espee seule, mere de toutes armes, imprimé à Paris l'an 1573. par Iean Metayer, & Mathurin Chalange, & se vendent chez Iean Dallier sur le pont S. Michel à la Roze blanche.

Il dedia ce liure au deffunt Roy Charles 9.

I'ay parlé dudit Henry de sainct Didier icy deuant, lors que i'ay fait mention de Guillaume de sainct Didier, d'autant qu'entre ces deux il y a vne chose fort digne de remarque, sçauoir est (afin de repeter ce que i'ay dit cy dessus, lequel aucuns n'auront pas leu) que l'vn & l'autre ont escrit vn liure de mesme subiect ou argument, sçauoir est de l'Escrime, & que tous deux auoient mesmes surnoms de S. Didier, tous deux gentilshom-

tils-hommes, & nez en vne mesme Prouince, & n'y a de difference que des temps: car cetuy Guillaume florissoit l'an 1174. & cetuy-cy florist, & est encores viuant cette annee 1584. qui sont quatre cens ans entredeux.

Il est apres à faire imprimer d'autres liures touchant sa science de l'Escrime, & encores touchant plusieurs autres beaux secrets de nature, ausquels il employe tout son plaisir.

HENRY DE SAFESSAN, ancien poëte François, ie n'ay point veu ses œuures imprimees.

HENRY DE SALLENOVE, gentilhomme natif de Fontenay le Conte en Poictou.

Il a traduit de Latin en François le premier & second liure de la premiere Decade de Tite Liue Padoüan, Prince des historiens Romains, &c. imprimez à Poictiers par les de Marnefs.

HENRY DE VALOIS, III. du nom, tres-Chrestien Roy de France & de Pologne, fils de Henry II. du nom, & frere de Charles 9. (duquel nous auons fait mention cy deuant,) comme aussi nous auons parlé de son pere grand le Roy François 1. (ce que ie repete pour monstrer que les Roys de France ont aymé les lettres & qu'ils en ont rendu tesmoignage par leurs escrits.)

I'ay peur que voulant dire selon la verité, les loüanges qui sont en ce Prince, l'on n'aye opinion de moy, que ie le face plustost par flaterie qu'autrement: d'autãt que ie me suis proposé de consacrer à sa maiesté, ce mien œuure des Escriuains François: mais ceux qui auront bien cogneu, combien il est eloquent, voire des plus de son siecle, on iugera que ie ne fay que le deuoir d'vn historien veritable, d'asseurer que sa Maiesté a cet heur là, donné de Dieu, qu'aucun ne se peut vanter de discourir & poursuyure plus elegamment vn subiect proposé, qu'elle fera si elle employe les forces de son diuin esprit, & vse des dons, que la nature luy a prodiguement departis, non en ce cas seulement, mais en plusieurs autres desquels i'en remets le iugement à la posterité, exempte de toute passion, affection, ou ialousie: & pour tesmoing de cecy, i'allegueray la harangue, qu'il prononça en la presence des estats de son Royaume, assemblez en sa ville de Blois, l'an 1576. le 6. de Decembre, laquelle se voit imprimee à Paris, & en autres diuers lieux de son Royaume. Sa maiesté en a prononcé plusieurs autres, tant en son Parlement de Paris, qu'en d'autres endroits, non encores imprimees. Les doctes hommes qu'il a d'ordinaire au seruice de sa Maiesté, tesmoignent assez l'affection qu'il porte aux lettres, sans que i'en parle icy plus amplement.

Il florist cette annee 1584. & ie prie Dieu vouloir augmenter son regne en toutes sortes de felicitez, & luy donner l'accomplissement de ses desirs.

HERMANTERE, religieux du monastere de Sainct Honoré en l'isle de

Lerins en Prouence, homme for docte en toutes sciences & langues, excellent pour l'escriture, la peinture & enlumineure, grand mathematicien & architecte.

Il a escrit vn recueil des vies des Poëtes Prouençaux, les œuures desquels il a transcrites & recorrigees.

Il a fait la description des Isles d'Yeres & des villages qui sont situez en icelles, ensemble de toutes sortes d'herbes, plantes, fleurs, fruits, arbres, bestes, & autres animaux de toutes especes qui sont esdittes isles.

Il a fait vn recueil des victoires des Roys d'Arragon, Contes de Prouence.

Il a escrit (auant que d'estre Moyne) quelques poësies amoureuses, en langue Prouençale, ses œuures susdites ne sont encores imprimees.

Il mourut audit Monastere ou Abbaye de Lerins l'an 1408.

HERVE' FAIARD Perigordin, voy cy deuant Erué escrit par E. sans aspiration.

HIEROSME D'AVOST natif de la ville de Laual à 7. lieües de Victray en Bretagne, Officier de Madame Marguerite de France, Royne de Nauarre, sœur du Roy Henry III. &c.

Il a traduit for heureusement, & auec beaucoup de diligence, plusieurs Sonnets de Petrarque, imprimez à Paris tant en Italiẽ qu'en Frãçois, chez Abel l'Angelier l'an 1584. auec plusieurs poësies de son inuẽtion, mises sur la fin de sa traduction desdits Sonnets.

Il se delibere de continuer la traduction de tout le Petrarque entier, s'il voit que ce qu'il a mis en auant, soit bien reçeu: aussi n'a il intitulé son liure, que par ce nom d'Essais, &c.

Il a traduit d'Italien en François, le Dialogue des graces & excellences de l'homme, ensemble de ses miseres & disgraces, imprimé à Paris chez Pierre Cheuillot l'an 1583.

Il a traduit d'Italien en François les Amours d'Ismene escrits premierement en Grec, imprimez à Paris chez Nicolas Bonfons l'an 1582.

Il a traduit le quatriesme Volume des Epistres de Gueuare, lesquelles ne sont encores imprimees.

Il a escrit plusieurs Quadrains de la mort, imprimez chez Iean le Clerc à Paris.

Il florist à Paris l'an 1584. âgé de vingt six ans.

HIEROSME DE BARA, Parisien, il est autheur du liure intitulé le Blason des Armoiries, contenant plusieurs escuz, ou Armoiries differentes auec le blason de chacun d'icelles, imprimé à Lyon pour la premiere fois par Claude Rauot l'an 1579. & depuis chez Berthelemy Vincent l'an 1581. auec plusieurs additions & augmentations d'Armoiries, qui n'estoient pas en la premiere edition, comme entre autres de celles des cheualiers de la table ronde, & plusieurs autres armes de Royaumes & maisons illustres en la Chrestienté.

HIEROSME BOLSEC Parisien, autrement appellé Hierosme Hermes Bolsec.

Il a escrit les vies de Zuingle, Luther, Oecolampade, Caluin & autres hōmes de la religion reformee, imprimees ensemblement à Lyon par Iean Patrasson l'an 1577. & depuis à Paris chez Geruais Mallot audit an.

L'histoire de la vie dudit Caluin faite par ledit Bolsec contenant 26. chapitres, a esté imprimee separement chez les susdits Patrasson & Mallot.

Il a escrit vn liure de la prouidence de Dieu.

Il a escrit vn liure soubs le nom de Martin Bellie, lequel il a fait imprimer en Latin & en Frãçois, auquel Theodore de Beze a fait respōse.

Il a escrit vn traité du vieil & nouuel homme, premierement escrit en Latin, soubs le nom de Theophile, lequel il a intitulé Theologia Germanica.

Il a traduit la Bible de Latin en François. Theodore de Beze racompte cecy en la vie qu'il a escrite de Caluin. Ledit HERMES BOLSEC florissoit à Lyon, l'an 1577. Ie ne sçay s'il est autheur des liures susdits, ou si on les luy impute par animosité.

HIEROSME CHOMEDEI Parisien.

Il a traduit en François le liure de Salluste historien Latin, touchant la guerre Iugurtine, imprimé à Paris l'an 1581.

Il a traduit en François vn Abregé d'histoire des Ducs de Florence.

Il a traduit de Latin en François l'Aduis donné à Iules Cesar, à l'issuë de la bataille de Pharsale, imprimé à Paris chez denis du Pré l'an 1582.

Il a traduit d'Italien en François, l'histoire d'Italie escrite par Guicchiardin, imprimee à Paris chez Bernard Turisan.

L'histoire de la coniuration de Catilin, traduite par ledit Chomedei a esté imprimee à Paris par Abel l'Angelier l'an 1575. auec l'extrait des coniurations de Machuiauel traduit d'Italien. Ie n'ay pas cognoissance de ses autres œuures.

Il florist à Paris l'an 1584.

HIEROSME D'AVOST de Laual, voy cy dessus Hierosme d'Auost par A.

HIEROSME DE GOVRMONT imprimeur à Paris l'an 1548.

Il a mis en lumiere la carte ou description d'Espagne, imprimee audit an 1548. par luy-mesme.

HIEROSME DE HANGEST, natif de Compiegne en Picardie, docteur en Theologie à Paris, Scholastiq, ou maistre d'escolle & Chanoine en l'Eglise de S. Iulien du Mans, issu de la noble maison de Hangest en Picardie, lequel fut en fin grand vicaire de Monsieur le Cardinal de Bourbon Euesque du Mans.

Il estoit homme for grand Philosophe, & Mathematicien.

Il a escrit vn liure en prose Françoise contre les heretiques de son tēps, qu'il a intitulé le liure de lumiere Euãgelique pour la S. Eucharistie.

contre les Tenebrions, imprimé à Paris chez Iean Petit, l'an 1534.

Il a escrit en vers François, vn petit liure qu'il appelle le Iardin aux pensees, lequel il composa au mois d'Aoust l'an 1538.

Il a composé plusieurs Cantiques, sur l'Aduenement de nostre Seigneur, lesquels nous auons par deuers nous escrits à la main.

Il mourut l'an 1538. le 8. iour de Septembre, & est enterré en l'Eglise de S. Iulien du Mans, en la chapelle du Sepulchre.

Il a escrit plusieurs liures en Latin, lesquels ont esté imprimez à Paris.

HIEROSME HANNEQVIN Parisien issu de la tresancienne famille des Hennequins tant renommee à Paris pour ses grandes alliances, &c.

Il a escrit quelques poësies Françoises, imprimees à Paris.

HIEROSME HERMES BOLSEC. Voy cy deuant Hierosme Bolsec.

B.L. HIEROSME DE LA VAIRIE gentilhomme du Maine, sieur dudit lieu & de la Vaudelle, au bas pays du Maine, appellé vulgairement le pays de Nuz ou Nustrie, &c. Poëte Latin & François, Theologien, orateur & historien.

Il a traduit en François les harangues de Thucidide & de Tite Liue, non encores imprimees.

Il a dauantage traduit l'histoire Romaine de Tite Liue le plus renommé historien de son temps, laquelle n'est encores imprimee: il la fist transcrire au Mans, par vn escriuain nommé Meserette, pour la faire imprimer. I'ay apprins cecy de Georges du Tronchay sieur de Balladé, duquel nous auons parlé en son lieu.

B.L. HILAIRE COVRTOIS, natif d'Eureux en Normandie, Aduocat aux sieges Presidiaux du Chastelet de Paris, & de Mante sur Seine.

Il a escrit plusieurs Epitaphes tant en Latin qu'en François sur la mort de Messire Claude d'Annebaut, Admiral de France, imprimez à Paris l'an 1553. chez Nicolas Buffet.

HILAIRE des Martins, gentilhomme Prouençal, religieux du Monastere de S. Victor de Marseille.

Il a escrit les vies des poëtes Prouençaux, desquelles s'est seruy Iean de Nostredame, en ce qu'il a mis en lumiere touchant ce subiet.

HILAIRE VALENCHERE, natif de Mouleron en Parois soubs la seigneurie de la Chasteigneraie an Poictou, Greffier de la Baronnie d'Oulmes.

Il a escrit vn petit traité des presages des choses à aduenir à vn chacũ, selon la disposition du ciel, au temps prefix de la natiuité, imprimé à Strasbourg l'an 1561. auquel ledit autheur viuoit.

B.L. HONORAT RAMBAVLT, maistre d'Escholle à Marseille l'an l'an 1580.

Il a escrit vne declaration des abus que l'on commet en escriuant, & le moyen de les euiter, & representer naifuement les paroles, impri-

imprimé à Lyon par Iean de Tournes, l'an 1578.

HVBERT DE L'ESPINE natif d'Auignon.

Il a escrit la description des diuerses regions & lointains pays d'Europe, imprimee à Paris l'an 1558.

Il florissoit l'an 1542. auquel temps il partit d'Auignon pour faire ses voyages.

HVBERT PHILIPPES DE VILLIERS, autrement appellé Philippes Hubert de Villiers.

Il a traduit d'Italien en François les Cinquante Ieux diuers d'honeste entretien, industrieusement inuentez par Innocent Rhingier gentilhomme Boullongnois, &c. impimez à Lyon par Charles Pesnot l'an 1555.

Il a traduit for heureusement les lettres amoureuses du Seigneur Girolam Parabosque Italien, imprimees à Lyon par ledit Pesnot, & depuis aussi par Benoist Rigault in 16. l'an 1570. auec les sommaires ou arguments desdites epistres, lesquels n'estoient pas à la premiere edition in 4.

Il a escrit le triomphe sur le trespas de Monsieur le Prince Portian son maistre, lequel mourut à Paris l'an 1567. auquel temps florissoit ledit de Villiers.

HVBERT SVSAN natif de Soissons en Picardie, for excellẽt Poëte Latin.

Il a escrit quelques choses en François, desquelles ie n'ay pas cognoissance.

Il florissoit du temps de François 1. l'an 1520.

HVE DE CAMBRAY Picard, anciẽ Poëte François l'an 1300. ou enuiron.

Il a escrit le Fabliau intitulé La male honte, qui est vne Satyre ou moquerie, faite contre Henry Roy d'Angleterre, non imprimee.

HVE LE MARONNIER, OV LI MARONNIERS, ancien Poëte François l'an 1300. ou enuiron.

Il a escrit les Ieux partiz d'Amours.

HVE PIANCELLES, ancien Poëte François l'an 1260. ou enuiron.

Il a fait le Fabel ou Fabliau de Sire Hams, & Dame Auieuse sa femme, qui est à dire vn conte fabuleux de Sire Iean & de sa femme nommee Auoye.

HVGVES DE BERCY OV BERSSY, & selon d'aucuns Bresy ou Bersil, cheualier, tresbon poëte François l'an 1250. ou enuiron.

Il a escrit en vers François, quelques Satyres contre les vices qui regnoient de son temps, non encores imprimees. Claude Fauchet, Estienne Pasquier & Henry Estienne font mention de ce poëte.

HVGVES DE BRAIE-SELVE pres Oignon, for recommandé de son temps, pour sçauoir excellemment ioüer, des instrumens de Musique.

Il a escrit plusieurs chansons amoureuses.

Il florissoit l'an 1260.

l'appellent Brunet Latin Florentin, precepteur de Dante.

Il a escrit en nostre langue Françoise, ou plustost Prouençale, vn liure intitulé Il Thesoro.

Il a escrit vn liure intitulé Las Drudarias d'Amour, nous auons parlé de luy cy dessus à la lettre B. là où nous le nommons simplement Brunet Latin Florentin.

HVGVES DE LOBIERES, OV LOVBIERES gentilhomme Prouençal, natif de la ville de Tarascon.

Il a escrit plusieurs poësies en langue Prouençale.

Il florissoit l'an 1227.

HVGVES DE MERY, ancien Poëte François, autrement appellé Hugon ou Huon de Mery religieux de l'Abbaye de S. Germain des Prez à Paris.

Il a escrit vn vieil Roman intitulé le Tournoy de l'Antechrist, duquel fait mention Geufroy Thory de Bourges en son champ Fleury, & Henry Estienne pareillement en son liure de la precellence du langage François, ensemble Claude Fauchet.

Il florissoit l'an 1227. soubs le regne de S. Loys Roy de France.

HVGVES DE PENNA gentilhomme natif de Monstiers, Poëte comique Prouençal.

Il a escrit vn traité intitulé Contra las enianairas d'Amour.

Il a escrit plusieurs belles chansons à la louange de Madame Beatrix heritiere de Prouence. Il mourut l'an 1280.

HVGVES DE SAINCT CESARI, gentil-homme & Poëte Prouẽçal.

Il a escrit le Catalogue des Poëtes Prouençaux, lequel à imité Iean de Nostre-dame en son recueil des vies des poëtes Prouençaux.

Il a fait vn recueil de quelques chansons d'Amours.

Il estoit religieux du Monastere de S. Pierre de Montmaiour pres d'Arles en Prouence, & florissoit l'an 1435.

HVGVES SALEL natif du Pays de Quercy pres Tolose, Abbé de S. Cheron pres Chartres.

Il a traduit en vers heroiques François, les dix premiers liures de l'Iliade d'Homere, imprimez à Paris.

Il a dauantage traduit l'vnziesme & douziesme, & vne partie du treziesme de ladite Iliade, imprimez apres sa mort.

Il a escrit quelques vers de la natiuité de monsieur le Duc, premier fils de Monseigneur le Dauphin de France, imprimez à Paris par Iaques Nyuerd, l'an 1543.

Il a traduit de Grec en François la tragedie d'Heleine, comme tesmoigne Ponthus du Thiard en ses Erreurs amoureuses.

Eglogue marine sur le trespas de feu M. François de Valois fils aisné du Roy, ensemble vn chãt royal sur l'entreprise de l'empereur auec plusieurs autres poësies Françoises, le tout imprimé à Paris l'an 1536.

Il florissoit

Il florissoit du temps de François I. Roy de France, & de Henry II.

HVGVES SAMBIN, architecte demeurant à Dijon en Bourgogne.

Il a escrit vn liure de la diuersité des Termes, dont on vse en l'architecture, imprimé à Lyon par Iean Durant l'an 1572.

HVGVES DE SANTCYRE Escuyer, Poëte Prouençal l'an 1225.

Il a escrit vn traité des riches vertuz de sa Dame.

HVGVES SVREAV, DV ROSIER, OV DE LA ROSIERE, ET DES ROSIERS, ainsi nommé par aucuns, natif de Rosoy en Thierasche ou Thierasse au pays de Picardie, iadis Ministre de l'Eglise pretendue reformee, l'an 1568.

Il a escrit plusieurs liures en François, & entte autres cetuy cy par lequel il s'efforçe de monstrer qu'il est loisible de tuer & Roy & Royne, ne voulans obeir à la religion pretēdue reformee, & porter le party des Protestans. Voy de cecy l'histoire Françoise de nostre temps de la derniere edition augmētee par Iean le Frere de Laual, & encores Belleforest au 2. volume des ses grādes Annales de France fol. 1689. 1653. &c.

Il a escrit vn traité touchant sa Confession de foy, auec abiuration de la profession Huguenotique &c. imprimé à Paris chez Sebastien Niuelle l'an 1573. Il fut mis prisonnier durant l'execution qui se fist à Paris à la S. Barthelemy l'an 1572. le 24. d'Aoust, & se sauua la vie par le moyen de cete Confession de Foy.

HVGON OV HVON DE MERY ancien Poëte François autheur du Roman intitulé le Tournoyment de l'Antechrist, &c. Voy de luy cy deuant Hugues de Mery.

Il florissoit l'an 1227.

HVON LE ROY ancien Poëte François l'an 1300. ou enuiron.

Il a escrit le Lay du vair Palefroy.

HVON DE VILLENEVFVE, Poëte François l'an 1200. ou enuiron.

Il est autheur du Roman de Regnault de Montauban, Guyon de Nantueil, & Garnier de Nantueil, son fils, & encore de Aye d'Auignon.

H. D. C. Aduocat à Lyon.

Il a escrit vn brief & vtile discours sur l'immodestie & superfluité des habits, aueques deux oraisons Latines prises de Tite Liue, l'vne de Marcus Portius Cato Consul Romain, & l'autre de L. Valerius Tribun du peuple, &c. le tout a esté imprimé à Lyon l'an 1577. chez Antoine Gryphius, auquel temps il florissoit.

FIN DE LA LETTRE H.

I

IACQVEMARS GIELEE, ancien Poëte François demeurant en la ville de l'Isle en Flandres, l'an 1290.

Il a composé le Roman du nouueau Renard, qui est vne satyre contre toutes sortes de gens, Rois, Princes & autres. Ce liure n'est imprimé.

IAQVES ACONCE.

Il a escrit les ruzes, finesses & tromperies de Sathan, recueillies & comprinses en huit liures, imprimees à Basle, l'an 1565.

IAQVES DE L'AERIERE, Abbé d'Enron. Ie n'ay point cognoissance de ses escrits, encores qu'il en ait cõposé & mis en lumiere quelques-vns.

IAQVES AVBIN, natif de Valzergues, chantre en l'Eglise de Tholose. Gilbert Genebrard fait mention de luy en sa Chronologie, ie ne sçay pas, quels escrits il a mis en lumiere, soit en Latin ou en François.

I.L. IAQVES AMIOT, natif de Meleun sur Seine pres Paris, premierement Abbé de Bellosane, & de S. Cornille, & maintenant Euesque d'Auxerre en Bourgogne, Precepteur du Roy Charles 9. & son grand Aumosnier, & encores de Henry 3. à present regnant.

La renommee de ce personnage est tellement espandue, non seulement par la France, mais en tous les autres lieux où nostre langue Françoise a cours, qu'il a emporté la gloire, du plus sçauant & plus fidel traducteur des œuures de ce diuin, & tant renommé Plutarque, & des autres œuures qu'il a traduites, des autheurs Grecs, en nostre langue Françoise: ce que mesmement ont esté contraints d'aduoüer ceux qui par autre part ne luy sont pas amis. Voicy donq ce qu'il a traduit du susdit Plutarque.

Les Vies des plus illustres hommes Grecs & Romains, imprimees à Paris par Vascosan, Frederic Morel & autres.

Les Opuscules Morales de Plutarque, imprimees chez les susdits & en autres lieux.

Plusieurs liures de Diodore Sicilien, autheur Grec, ont esté traduits par ledit sieur Amiot, & imprimez à Paris par Vascosan.

L'histoire Æthiopique d'Heliodore autheur Grec, imprimee plusieurs fois.

Il a traduit plusieurs tragedies Greques en vers François, non encores imprimees.

Toutes ses œuures s'impriment chez Federic Morel cette annee 1584. reueües & augmentees par luy.

Il florist à Paris cette annee 1584. & auons esperance de voir encores de ses de ses doctes traductions d'Autheurs, tant sacrez que prophanes.

IAQVES ANDROVET Parisien, surnommé du Cerceau, qui est à dire cercle, lequel nom il a retenu pour auoir vn cerceau ou cercle pendu à sa maison, pour la remarquer & y seruir d'enseigne, (ce que ie dy en passant, pour ceux qui ignoreroyent la cause de ce surnom).

Il a esté l'vn des plus sçauants architectes de nostre temps, & des mieux apris en l'art de perspectiue & ordonnance de bastir.

Il a par son industrie & labeur, recueilly les desseins & protraicts de la pluspart des anciens & modernes bastiments & edifices de Paris, lesquels il a dressez en planches de cuyure, & taille douce, suyuant le mandement & permission du Roy. Le tout pour le bien & honneur des Parisiens.

Il a graué en taille douce, la carte ou description de tout le pays & Conté du Maine, imprimee au Mans dés l'an 1539. pour la premiere fois par Mathieu de Vaucelles, & depuis encores l'an 1575. par le mesmes.

Le premier & second Volumes, des plus excellents bastiments de France, dressez par ledit Iaques Androuet, dit du Cerceau, & ont esté imprimez à Paris chez Gilles Beys l'an 1579. esquels sont designez les plants d'iceux bastiments & leur contenu, ensemble les eleuations & singularitez d'vn chacun.

Il florissoit l'an 1570.

IAQVES AVBERT, medecin Vandômois.

Il a escrit des natures & complexions des hommes, & d'vne chacune partie d'iceux, & aussi des signes par lesquels on peult discerner la diuersité d'icelles, imprimé à Paris chez la veufue de Pierre du Pré l'an 1572.

IAQVES D'AVGARON, & non pas d'Angaron (comme l'escriuent quelques-vns) chirurgien ordinaire du Roy de Nauarre.

Il a escrit quelques discours, touchant la curation des arquebusades & autres playes.

Il florissoit l'an 1577.

IAQVES DE BASMAISON PONGNET, Aduocat à Rion en Auuergne.

Il a escrit vn traicté des Fiefs & arriere-fiefs, ou riere-fiefs, imprimé à à Paris l'an 1579.

Il a escrit des commentaires sur les coustumes d'Auuergne.

IAQVES BASSENTIN, Escossois.

Il a escrit vn liure d'Astronomie, imprimé à Lyon chez Iean de Tournes.

IAQVES BASTARD DE BOVRBON, Commandeur de Sainct Mauluys, d'Oysemont & Fonteines au Prieuré de France, fort vaillant & noble Cheualier.

Il a eſcrit en proſe Françoiſe, la priſe de la ville de Rhodes, par Sultan Soliman, imprimee à Paris chez Gilles Gourmont l'an 1526.

IAQVES DE BERNAY, Abbé de la Chapelle, preſident des enqueſtes au Parlement de Toloſe.

Il a eſcrit vne paraphraſe, ſur l'inſcription que la feüe dame Philippe Ducheſſe de Camerin, ordonna eſtre affigee à ſon Tombeau ou ſepulture &c. imprimee auec l'altercation de l'Empereur Adrian, & du philoſophe Epictete, commentee par Iean de Coras &c.

B. L. IAQVES BESSON Daulphinois, grand Mathematicien, Philoſophe & Ingenieur.

Il a eſcrit trois liures, de l'art & ſcience de trouuer ſeuremẽt les eaues, ſources & fontaines cachees ſoubs terre, autrement que par les moyẽs vulgaires des Agriculteurs & Architectes, imprimez à Orleans chez Eloy Gibbier l'an 1569.

Traicté de l'art & moyen parfait, de tirer huilles & eaues de tous medicaments, ſimples & oleagineux, imprimé à Paris chez Iean Parant l'an 1580.

Le Coſmolabe ou inſtrument vniuerſel, contenant la demonſtratiõ de toutes les obſeruations, qui ſe peuuent faire par les ſciences Mathematiques, tant au ciel & en la terre, comme en la mer.

Traicté declaratif de diuerſes machines & inuentions mathematiques, for recommandables & neceſſaires à noſtre republique.

François Beroalde de Veruile, a eſcrit des commentaires ou annotations, ſur les Mechaniques de Iaques Beſſon, imprimees à Lyon l'an 1580. & 1581. chez Berthelemy Vincent, comme nous auons dit cy deſſus, parlant dudit François Beroalde. Le ſuſdit Beſſon floriſſoit à Paris l'an 1570.

B. L. Meſſire IAQVES DE BETON, Archeueſque de Glaſco en Eſcoſſe, Abbé de Laſſy en Poictou, Conſeiller & Ambaſſadeur ordinaire de la Roine d Eſcoſſe, douairiere de France vers la Maieſté du Roy &c.

Il a prononcé pluſieurs doctes harangues ou oraiſons Françoiſes en preſence, des Rois & Roines de Frãce, pour les affaires de ſa Maitreſſe, la Sereniſſime Roine d'Eſcoſſe, veufue de François ſecond du nom &c. leſquelles ne ſont encores imprimees. Il floriſt à Paris cette annee 1584. & fauoriſe tant les lettres & ceux qui en font profeſſiõ, qu'il en mõſtre aſſez l'experience, à l'endroit de ceux qu'il entretient aux eſcholes, és Vniuerſitez, tant de Paris que d'autres lieux.

B. L. IAQVES DE BILLY, Abbé de S. Michel en l'Herm pres la Rochelle, au pays d'Aquitaine &c. iſſu de la noble maiſon de Prunay, frere de Iean de Billy &c.

Il eſtoit homme for docte en Grec & en Latin, & a traduit pluſieurs liures en noſtre langue Françoiſe, ſçauoir eſt, la vie de Sainct Gregoire Nazianzene, traduite de Grec.

Il a escrit plusieurs Sonnets Spirituels, recueilliz pour la pluspart des anciens Theologiens, tant Grecs que Latins, auecques autres semblables traictez poëtiques, imprimez à Paris chez Nicolas Chesneau l'an 1573.

Discours politiq, imprimé.

Il mourut à Paris l'an 1581. âgé de 47. ans, & fut enterré dans l'Eglise de S. Seuerin à costé dextre du grand Autel. Le discours de sa vie se trouue imprimé à Paris chez Pierre l'Huillier l'an 1582.

IAQVES DV BOIS, OV DV BOES, DIT SILVIVS, natif d'Amiẽs en Picardie, l'vn des plus doctes medecins de son temps, frere de François Siluius, orateur & grammairien &c.

Il a escrit vne grammaire Latine & Françoise, imprimee à Paris chez Robert Estienne l'an 1531. Ledit Iaques Syluius nasquit l'an 1478. & mourut à Paris le treiziesme iour de Ianuier l'an 1555. âgé de 77. ans. Il est enterré à Paris, au cimetiere des pauures Escholiers deuãt Montagu, pres la sepulture duquel, est aussi le corps d'Adrian Turnebe, autresfois Lecteur du Roy à Paris &c.

IAQVES DV BOES, natif de Peronne en Picardie, autre que le susdit medecin dit Siluius.

Il a escrit en vers François, les pleurs tragiques de la vertu, pour le trespas du Roy de France tres-chrestien Henry second, auec son Epitaphe, imprimé à Paris par Oliuier de Harsy l'an 1559.

IAQVES BOVIV Angeuin, natif de la ville de Chasteau-neuf en Anjou, sur la riuiere de Sarte, à cinq lieuës de la ville d'Angers, President au Parlement de Rennes en Bretagne &c. Il nasquit le iour de Saint Iaques, le 25. iour de Iuillet l'an 1515.

I'ay eu ce bien de cognoistre ledit sieur President Bouiu, & n'a pas esté sans remarquer les graces & perfections, qui estoyent en luy, sçauoir est, vne memoire qui estoit admirable: car il sçauoit dire sans liure tout ce qu'il auoit iamais composé, soit en Grec, Latin ou François, & pour estre meslé en tant de genres de doctrines & gentillesses, (desquelles il faisoit profession apres ses plus serieuses estudes) & cela luy aquist tellement l'amitié du Roy François premier, qu'il le caressoit & aimoit par sur tous ceux de sa robe. Voicy ce qu'il a escrit en nostre lãgue, dont la pluspart n'est imprimé.

Le Royal, qui est vn œuure escrit en vers François, contenant vn succinct discours, de toutes les choses memorables, qui ont esté faites par les Rois de France, iusques au regne de Henry troisiesme.

Ce liure n'est encores imprimé.

Louanges de la vie Rustique.

Plusieurs vers à la louange de François premier, Henry second, Charles neufiesme & Henry troisiesme.

Il a traduit de Latin en François, les six premiers liures des Decades de Tite Liue,non encores imprimez.

Poëme François,du ris de Democrit, & pleurs de Heraclit, non imprimez.

Les douze Roines.

La description de la Tournelle de Paris.

L'Epiceliere au Maine, & sa description, escrite en vers Latins & François.

Le Verger en Anjou,& sa description, escrite en vers Latins & François.

Il mourut à Angers l'an 1578. âgé de 63. ans. Ie feray mention de ses poëmes Latins autre-part, desquels nous auōs quelque partie escrite à la main.

Ioachin du Bellay Angeuin,louë for en ses œuures ce President Bouiu:nous esperons que son fils mettra peine de recouurer tous ces escrits,pour les faire imprimer.

IAQVES BOVLONGNE OV BOVLOIGNE Liegeois,ou du Liege en Almagne.

Il a escrit quelques poësies Françoises, entre lesquelles il y en a d'imprimees, auecques la Sphere des deux Mondes de Darinel de Tyrel, qui est le nom supposé de Gilles Boileau de Bouillon &c.

IAQVES BOVRGEOIS.

Il a escrit en vers François le premier & second liure des rencontres Chrestiennes à tous propos,imprimez l'an 1555.

B.L. IAQVES BOVRGOING, DIT BVRGOINVS, Conseiller du Roy en sa cour des Aides à Paris l'an 1583.homme docte és langues,& bien versé en la poësie Latine.

Il a escrit vn iuste volume de l'origine, vsage & raison des mots ou dictions vsitees és langues,Françoise,Italienne & Espagnole.

Ce liure est escrit en Latin,& l'Epistre au Roy mise au deuant, est en François,le tout imprimé à Paris chez Estienne Preuosteau l'an 1583.

Il florist à Paris cette annee 1584.

B.L. IAQVES BOVRLE', natif de Longmesnil, au diocese de Beauuais, docteur en Theologie à Paris, & Curé de S. Germain le vieil en ladite ville l'an 1567. homme for versé en la philosophie.

Il a escrit les liures qui s'ensuyuent.

L'Affliction du corps,pour recreer l'esprit,imprimé à Paris par Alexandre Guillard.

Congratulation au Roy, pour l'Edict de Ianuier rompu, imprimee chez Denis du Pré à Paris.

Dissuasion de la paix fourree,tournee du Latin de monsieur à Quercu,imprimé l'an 1567. chez Iean Charron à Paris.

Adhortation au peuple de France,de se tenir sur ses gardes,chez Denis du Pré.

Priere à Iesus-christ, sur le mariage de Charles neufiesme Roy de Frâce, & Elizabeth d'Austriche, fille de l'Empereur Maximilian, imprimee chez ledict du Pré.

Deploration de la mort dudit Roy Charles neufiesme, imprimee par Hulpeau.

La messe de sainct Denis, imprimee par Guillaume de la Noue à Paris.

Discours sur la surprise de Mande, par les heretiques, imprimee par Henry Thierry à Paris l'an 1580.

Les liures à imprimer.

Tous les sermons de sainct Bernard en vn Tome.

Les secrets dudit sainct Bernard, auec scholies & argumens.

Les œuures de sainct Denis, en Latin & en François.

Deux liures de la clemence Chrestienne, en Latin & en François.

Vnze sermons sur l'oraison Dominicale, Latins & François.

Les six comedies de Terence, tournees vers pour vers.

Sonnets François, de tous les Dimanches de l'an, de tous les iours de Caresme, & de toutes les festes de l'an: ausquels respondent autant d'Epigrammes Latins, vers pour vers.

Quadrains sur tous les chapitres de Genese, ausquels respondent autant de tetrastiques Latins, vers pour vers.

Les distiques de Caton, tournez vers pour vers.

Les paraboles d'Alain, vers pour vers.

Le mespris du monde, attribué à Sainct Bernard.

Le Florel, contenant six poincts des principes de la religion Chrestienne.

Il florist à Paris cette annee 1584. & fait leçons ordinaires és Escholles de Sorbonne.

IAQVES BROCHIER, natif de Pertuys en Prouence, ieune homme for docte és Mathematiques, & grand Astrologue.

Il a escrit la Prognostication pour l'an 1570. en laquelle sont inserees dix figures celestes, sur l'eleuation du Meridian de Paris, imprimee à Paris l'an 1569. par Nicolas du Mont.

Il a escrit l'Almanach pour l'an 1570. calculé sur l'eleuation de 48. degrez, auec les presages de ladite annee, auec quatre figures celestes, & encores auec l'Almanach de la cour du Parlement de Paris, & autres choses singulieres, le tout imprimé par ledit Nicolas du Mont l'an 1570.

Il florissoit à Paris l'an 1569.

IAQVES CAPEL Parisien, Aduocat du Roy au Parlement de Paris, pere de Guillaume Capel, docteur en Medecine, & d'Ange Capel, sieur du

Luat (desquels nous auons fait mention cy dessus). C'estoit l'vn des plus estimez de son temps, pour l'eloquence & doctrine, en diuers arts & sciences, en quoy n'ont pas degeneré ses enfans.

Il a escrit plusieurs liures en Latin, desquels nous parlerons en autre lieu, & quant à ses escrits François, l'on voit quelques doctes plaidoyez faits par luy, lors qu'il estoit Aduocat du Roy audit Parlement: & entre autres celuy qu'il pronōça pour les Contez de Flādres, Arthois & Charrolois, imprimez à Paris chez Charles l'Angelier l'an 1561. auquel temps il florissoit.

IAQVES CARTIER, natif de S. Malo en Bretagne, l'vn des plus sçauants & experimentez Pilotes de son temps.

Ceux qui ont fait la description des terres neufues, ou nouueau mōde, font mention tres-honorable dudit Iaques Cartier, Breton.

Ie n'ay point veu les memoires de ses voyages esdits pays, & ne sçay s'il les a iamais fait imprimer.

Il florissoit du temps de François premier, Roy de France.

IAQVES DV CERCEAV, DIT ANDROVET, Parisien, le plus grand architecte de son temps, nous en auons parlé cy dessus, voyez Iaques Androüet, surnommé du Cerceau.

IAQVES DE CHISON, excellent Poëte François l'an 1250. ou enuiron.

Il a escrit plusieurs chansons amoureuses en viel langage François.

IAQVES DV CLERC.

Il a traduit de Latin en prose Françoise, le colloque du vray pudiq, & sincere amour concilié entre deux Amants, imprimé à Paris chez Galiot du Pré l'an 1540. auquel temps viuoit ledit autheur.

IAQVES COLIN, Abbé de sainct Ambroise à Bourges, secretaire ordinaire du Roy François premier, il estoit homme docte & a escrit plusieurs liures en François: & entre-autres de ses compositions, se voit imprimee vne sienne Epistre, mise au deuant de l'histoire de Thucidide, traduite par Claude de Seicel. Il florissoit soubs François premier l'an 1540. Voy de luy les nouuelles recreations de Bonaduenture des Periers, le liure des Bigareures, & l'histoire de Berry, qui en font mētiō.

IAQVES COPPIER de Velay.

Il a escrit en vers François, le deluge des HUGUENOTS, imprimé à Paris chez Dallier l'an 1572.

IAQVES CORLIEV, d'Angoulesme.

Il a composé quelques poësies Françoises, desquelles fait mention Gilles Corrozet en son Parnasse. Il y a vn Frāçois Corlieu d'Angoulesme, duquel nous auons parlé cy dessus, & ne sçay s'ils estoyent parents.

IAQVES DE COVRTIN, sieur de Cyssé, gentilhomme Percheron, fils aisné de Monsieur le Bailly du Perche defunct.

Il a traduit de Grec en vers Frāçois, les HYMNES de Synesius, Euesque de de Ptolemaide, auec vn tel heur & tant de grace, que c'est chose digne d'admiration, pour le bas âge auquel il estoit, quand il en fit la version: laquelle a esté approuuee par les plus doctes de nostre siecle. Il les a fait imprimer à Paris, auecques autres poësies de son inuention, chez Gilles Beys.

Il a escrit à l'imitation de Remy Belleau, & du docte Sannazar Italien, vne Bergerie non encores imprimee.

Plusieurs sonnets & autres vers sur la pulce de M. des Roches de Poictiers, desquels les vns sont imprimez, & les autres il les mettra bien tost en lumiere.

Il florist à Paris cette annee 1584. âgé de vingtquatre ans ou enuiron.

IAQVES DE CVIAS Tolosain, Conseiller du Roy en sa Cour de Parlement à Grenoble, & professeur ordinaire en loix à Bourges en Berry, & auparauant à Valence en Dauphiné, & autres Vniuersitez de France, esquelles il a fait telle preuue de profonde & solide doctrine, tant par ses doctes lectures, que par ses laborieux & tres-accomplis œuures, qu'il a mis en lumiere, que nostre siecle ne se peut vanter d'en auoir vn plus grand, soit pour les Loix ou pour les autres sciences & langues, esquelles il est tellement versé, que mesmes les Estrangers, Allemands, Italiens & autres, le recognoissent pour vn miracle de nostre siecle. Il n'a pas beaucoup escrit en nostre langue, n'estant pas sa profession, mais en Latin il s'en voit plusieurs volumes, imprimez à Paris, desquels nous ferons mention autre part.

Voicy donq ce qu'il a escrit en François, l'oraison funebre, qu'il prononça aux obseques & funerailles de Messire Gaspard de la Chastre en Berry, seigneur de Nancey, non encores imprimee.

Quelques-vns pensent qu'il aye escrit les defenses pour Monsieur de Mont-Luc, Euesque de Valence en Dauphiné, imprimees à Paris l'an 1575. chez Robert le Mangnier, mais ie n'en asseure rien à cause que son nom n'est pas en ce liure.

Il florist à Bourges ville capitale de Berry cette annee 1584.

IAQVES DALECHAMPS, natif de Caën en Normandie, homme tres-docte en Grec, docteur en Medecine, & professeur d'icelle, en la ville de Lyon.

Il est autheur d'vn liure, intitulé la Chirurgie Françoise, imprimé à Lyon.

Il a traduit de Grec en François, les liures de Galien, de l'vsage des parties du corps humain, desquels fait mention Iaques Aubert Vandomois, en sa preface sur son liure des natures & complexions des hommes.

Antoine du Verdier fait mention de luy en ſa proſopographie, & Gabriel Chapuis auſſi en ſes additions au promptuaire des Medailles.

Il floriſſoit à Lyon l'an 1580.

Ie ne parle point icy de ſa docte verſion d'Athenee, d'autant que elle eſt en Latin, imprimee depuis vn an à Lyon, ce que nous reſeruons à dire en noſtre Bibliotheque Latine.

B. L. IAQVES DAVID DV PERRON, ſieur dudit lieu, **Lecteur** du Roy de France & de Polongne, Henry troiſieſme du nom: fils aiſné de defunct Iulien Dauid du Perron (duquel nous parlerons cy apres) tous deux nez en la ville de Sainct Lo en Normandie &c.

Il a fait vn recueil des diſcours, ſur pluſieurs differents ſubiects, en Philoſophie & Mathematiques, leſquels il a prononcez deuant la Maieſté du Roy: Il y en a plus de ſoixante fueilles imprimees, chez Federic Morel à Paris, leſquels ne ſont pas encores en lumiere, encores qu'il y ait pres de trois ans, qu'ils ayent eſté commencez à imprimer: mais i'ay opinion, que la principalle occaſion qui l'a retenu de les faire publier, eſt que il y a pluſieurs choſes en ce liure, faiſans mention de Caie Iules de Guerſans (duquel nous auons parlé cy deuant) leſquelles il ne voudroit mettre en public, auparauant que de l'auoir bien reueu: d'autant que pour lors ils n'eſtoyent ioincts de telle amitié, comme ils ont eſté par apres.

Ie croy donq que le retardement de l'edition de ſon liure ne prouient que pour cette raiſon, ou pour auoir eſté depuis empeſché à choſes, qui ne luy permettoyent d'y vaquer, ſelon qu'il l'euſt bien deſiré.

Ie n'ay encores veu ce liure, qui eſt cauſe, que ie n'en peux pas donner iugement, ny meſmes parler au vray des matieres contenues en iceluy. Si pourray-ie bien toutesfois aſſeurer, que ledit ſieur du Perron ne cede en rien aux plus rares eſprits de ſon ſiecle, ſoit pour la cognoiſſance des langues, ou pour la philoſophie & les Mathematiques: ou bien encores pour toutes les autres parties, que l'on voudra rechercher en ſon diuin eſprit: meſmes iuſques à là, que d'auoir vne perfection de compoſer, en tous genres de vers: Ce que ie ne dy pour penſer m'aquerir ſon amitié par ces propos ſuſdits, mais ſelon que la verité, que ie cognoy en cela, me conuie à la dire: eſtant contraire en cecy à beaucoup, qui eſtans ialoux des autres, ne peuuent loüer aucun. Ce n'eſt pas ſeulement pour les perfections ſuſdites, que l'on fait tant de cas du ſieur du Perron: mais encores pour la diuine memoire, qu'il a pleu à Dieu luy departir, laquelle eſt telle, & ſi eſmerueillable,

que

que si ie n'eusse moy-mesme fait l'experience d'icelle, ie n'eusse iamais creu, ce que i'y ay cogneu de tant miraculeux : mais ie suis contraint (pour le respect & amitié que ie luy porte) d'en laisser icy le tesmoignage qu'il m'en fist, il y a plus d'vn an: ce que ie repeteray d'autant plus volontiers pour les propos qu'il me tint durant cet affaire, qui estoyent tels, qu'il auoit mieux aimé faire cet essay de luy en mon endroit, qu'à pas vn autre quel qu'il fust, à cause (disoit-il) que ie m'en pourrois mieux souuenir & rendre tesmoignage (en quoy il ne s'est point abusé) car il preuoyoit bien en celà, ce que il en verra aduenir tout maintenant.

Voicy donq ce qu'il y a de tant remarquable, touchant sa diuine memoire (ce qui ne deura estre odieux à pas vn, si ie suis vn peu long à le discourir) car ie pourroy dire autres choses, qui ne seroyent pas de telle consequence, & pour personnes de moindre valeur.

L'an passé 1583. Mathieu Bossulus Parisien (l'vn des premiers philosophes, & des plus eloquents Orateurs de nostre siecle) prononça vne for docte harangue, au college de Boncour à Paris, en la louange de l'art Oratoire & des Orateurs, laquelle dura enuirõ d'vne heure & demie, à la prononciation de laquelle estoit present ledit sieur du Perron, auec autres, des premiers hommes de ce siecle (lesquels ie nommeray par honneur) sçauoir est, Messieurs Cuias, Scaliger, Baif, des Portes, & autres en nombre infiny, & il aduint qu'à trois iours apres, le sieur du Perron me rencontra dans la grande salle du Palais de Paris, auquel ie feis recit du plaisir que i'auois receu ayant ouy haranguer vn si gentil personnage que ledit Bossulus, il me respondit alors, que si ie voulois ouir repeter de mot à mot toute ladite harangue, qu'il me la reciteroit promptement, & sans y faillir d'vn seul point, ce que l'ayant prié de ce faire, il commença à reciter cette docte Oraison, par les mesmes vers desquels auoit vsé ledit Bossulus, & la continua si auant, que voyant assez de preuue de sa memoire, ie le priay de cesser : car cela eust duré plus d'vne heure, mais seulement ie me contentay de l'auoir ouy discourir par l'espace d'vne demie heure ou enuiron. Et de peur que l'on ne pense que ie ne sceusse pas, s'il repetoit la mesme chose qui auoit esté dite : I'aduertis ceux qui liront cecy, que ie me souuenois bien, si ce qu'il disoit estoit ainsi : car ie fuz present à ladite oraison prononcee par Bossulus, & m'en souuenois aussi bien que si ie l'eusse leuë escrite dans vn liure: mais ce qui est plus à admirer, c'est que ie le prioys de me repeter les periodes entrelacees sans la continuer, ce qu'il fist encores: & sur ce qui est le plus difficile en cecy, c'estoit de nommer toutes les sortes d'armes, & tous les noms vsitez en guerre, desquels vsa ledit Bossulus, parlant d'vn certain Orateur, qui sembla estre descendu du ciel, pour empescher que les deux armees du Roy François premier,

&l'Empereur Charles le quint, ne se combatissent: il vsa pour lors d'vne infinité de mots vsitez entre les guerriers, & n'en laissa pas vn seul, ny mesmes les vers ou carmes de plusieurs autheurs, contenus en la harangue dudit Bossulus. Que si quelques-vns auoyent opinion qu'il eust apris ladite harangue, soit deuant ou apres qu'elle fut prononcee, cela ne se peult faire, car le seigneur Bossulus ne l'eust sceu luy-mesme repeter de mot à mot, comme il l'auoit recitee, d'autant qu'il l'auoit prononcee tout autrement en chaire, qu'il ne l'auoit premeditee en son cerueau, tant à cause des celebres personnes, qui se trouuerent audit Boncour pour l'ouir (desquels il n'estoit pas aduerty) que aussi pour auoir de coustume de ne riẽ escrire au long, de ce qu'il auoit à dire en public (tant il est eloquent) mais bien seulement ayant mis par articles les poincts qu'il veult traicter. Ce que ie dy pour preuenir aucuns, qui pourroyent tourner cecy autremẽt que selon la verité du fait.

Monsieur de la Ruelle Pepin, gentilhomme de Bretagne, pourroit tesmoigner cecy auecques moy en la presence duquel il fit la preuue de cette belle & heureuse memoire, laquelle ie prie à Dieu luy vouloir conseruer. Cecy n'est moins digne de merueille, que ce que nous lisons és diuerses leçons de Muret, touchant vn Sicilien.

I'entends qu'il traduist maintenant les liures d'Aristote traictants de l'ame.

Il florist à Paris cette annee 1584. & deuons esperer voir vne infinité de belles choses rares, tãt de son inuentiõ que de sa traduction, s'il plaist à Dieu luy donner vne longue vie, laquelle ie luy prie vouloir donner telle, que ie me la desire pour moy-mesme.

IAQVES D'ESPINOIS OV D'ESPINAY, parent de Gaultier d'Espinois &c. ancien Poëte François, viuant l'an 1250. ou enuiron.

Il a escrit plusieurs chansons d'amours, & autres poësies.

a.L. IAQVES FILLASTRE, DIT FILLASTER, Poëte Latin & François.

Il a escrit quelques chants Royaux à l'honneur de la Vierge.

IAQVES FIOLE OV DE LA FAIOLLE, natif de Nantes en Bretagne, fourrier de la compagnie de Monsieur de la Trimoüille.

Il a escrit plusieurs chansons, & entre-autres celles qu'il fist à l'honneur des Dames du Mans, lors qu'il y estoit auec son maistre, imprimees audit lieu l'an 1568. par Hierosme Oliuier.

Il a escrit plusieurs Satyres ou Coqs à l'asne, & entre-autres celuy du Coq au lieure, imprimé.

Il florissoit l'an 1568.

IAQVES FONTEINE, natif de S. Maxemin en Prouence.

Il a escrit vn discours de la puissance du ciel, sur les corps inferieurs, & principalement de l'influence, contre les Astrologues iudiciaires, auec vne dispute des Elements, contre les Paracelsistes, imprimé à Paris chez Gilles Gourbin l'an 1581.

IAQVES

IAQVES DE FORAIS Prouençal, docteur en Medecine & Astrologie.

Il a escrit vn Almanach vniuersel, pour l'an 1571. composé & calculé sur tous les climats de France, & autres lieux, imprimé à Paris par Symon Caluarin audit an 1571. auquel temps il florissoit.

IAQVES DV FOVILLOVX, sieur dudit lieu, au pays de Gastine en Poictou (duquel lieu il est natif) gentilhomme des plus exercez à la chasse & venerie, qu'autre de son temps.

Il a mis en lumiere son liure de la venerie, ensemble vn Poëme François, contenant son adolescence, ou discours de sa vie estant ieune, le tout imprimé ensemble à Poictiers, par les Marnefs & Bouchets freres l'an 1562. & depuis imprimez à Paris chez Galiot du Pré l'an 1573.

Il florissoit soubs Charles neufiesme l'an 1560.

IAQVES FOVRRE' Chartrain, né és faux-bourgs de la ville de Chartres &c. Docteur en Theologie à Paris, Abbé de Liury, pres ladite ville, predicateur du Roy Charles neufiesme. Il estoit de l'ordre des freres prescheurs ou Iacobins, du Conuent de Chartres, & fut creé Euesque de Chalon sur Saone l'an 1574.

Il a escrit vn sermon funebre, prononcé aux obseques & funerailles de l'Empereur Ferdinand, celebrees en l'Eglise de Nostre-Dame à Paris, le dixneufiesme iour de Septembre l'an 1544. imprimé à Paris chez Guillaume Niuerd.

Il mourut le 20. iour de Ianuier l'an 1578. Voy sa vie escrite assez amplement, par Pierre de Sainct Iulien, aux antiquitez de Chalon, imprimees auec son grand volume de l'origine des Bourgongons, ou Bourguignons &c.

IAQVES GIRARD, de Tournus en Masconnois, au pays de Bourgongne.

Il a traduit de Latin en François, l'Aumosnerie de Iean Loys Viues Espagnol, diuisee en deux liures, imprimee à Lyon par Iean Stratius à l'Escu de Basle l'an 1583.

Il a traduit d'Italien en François, vn opuscule de Claude Celestin, traictant des choses merueilleuses en nature, où il est fait mention des erreurs des sens, des puissances de l'ame, & des influences des Cieux, imprimé à Lyon par Macé Bonhomme l'an 1557.

Il a traduit de Latin en François, vn liure de Roger Bachon, touchant l'admirable pouuoir de l'art & de la nature, imprimé à Lyon l'an 1558.

Il florissoit en sa maison de Boye pres Tournus l'an 1549. & encores l'an 1583.

a.t. IAQVES GODARD, Curé & Chanoine de la Chastre en Berry.

Il a escrit en vers François, vn dialogue serieux & Moral, de Narcis ou Narcissus, & d'Echo, imprimé à Poictiers au Pelican l'an 1539.

Il a eſcrit vne epiſtre Latine & Françoiſe, laquelle il enuoya à Maiſtre Iean des Foſſez, lieutenant du bailly de Berry &c.

IAQVES GOHORRY Pariſié, ſurnommé le Solitaire, lecteur ordinaire és Mathematiques à Paris, philoſophe & grand Chimiſte &c.

Il ſ'appelle en plusieurs de ſes œuures, tant Latins que François, Leo Suauius, Solitarius &c. Il a fait imprimer plusieurs de ſes œuures, ſans y mettre autre choſe que ces trois lettres I. G. P. qui eſt à dire Iaques Gohorry Pariſien, ou bien n'y mettant que cette deuiſe, Enuie, d'enuie, en vie &c.

Il a traduit de Latin en François, le premier & ſecond liures, de la premiere decade de Tite Liue Padoüan, imprimez à Lyon chez Balthazar Arnoulet l'an 1553. leſquels il appelle autrement, Decades Romaines, & les diſcours Italiens, formez ſur icelles.

Il a traduit les ſept liures de l'art militaire, de Nicolas Machiauel Florentin, eſcrits par luy en langue Toſcane, & depuis faits Latins par Iean Morel Pariſien.

Il a traduit quelques liures d'Amadis de Gaule, d'Eſpagnol en François, ſçauoir eſt, le 10. 11. & 13. imprimez à Paris chez Robert le Mangnier l'an 1560. & 1563. & à autres diuerſes fois.

Le ſuſdit Gohorry promettoit d'eſcrire l'hiſtoire de France, mais elle n'eſt encores en lumiere.

Il a traduit de Latin en François, les Occultes merueilles & ſecrets de nature de Leuin Lemne, Medecin de Zirizee en Hollande, imprimez à Paris l'an 1567. par Pierre du Pré. Ce liure a eſté auſſi traduit par Antoine du Pinet, & imprimé à Lyon.

Il a eſcrit en proſe, le deuis ſur la vigne, vin & vendanges, auquel la façon ancienne du plant, labour, & garde, eſt deſcouuerte & reduite au preſent vſage, imprimé à Paris par Vincent Sertenas l'an 1549.

Il a mis par eſcrit & reduit par ordre l'hiſtoire de Iaſon, laquelle René Boyuin, d'Angers, (treſ-excellent homme pour le burin,) a grauee en planches de taille douce. C'eſt le liure de Iean de Monregard, de la conqueſte de la Toiſon d'or, par le prince de Theſſalie, imprimee à Paris l'an 1563. auec les figures, comme nous dirons cy apres en ſon lieu, parlans dudit Iean de Monregard.

Commentaires dudit Gohorry, ſur vn liure François, intitulé la Fōtaine perilleuſe, auec la chartre d'Amours, autrement intitulé le ſonge du Verger, imprimez à Paris l'an 1572. par Iean Ruelle.

Il a eſcrit vn diſcours reſponſif à celuy d'Alexandre de la Torrette, ſur les ſecrets de l'art Chimique, & confection de l'or potable, fait en la defenſe de la philoſophie, & medecine antique, contre la nouuelle Paracelſique, ſoubs le nom de L. S. S. qui eſt à dire Leo Suauius, Solitarius, imprimee à Paris chez Iean de l'Aſtre 1575.

Inſtruction de la cognoiſſance des vertus & proprietez de l'herbe, nommee

nommee Petum, appellee en France, l'herbe à la Roine ou Medicee, ensemble la racine Mechoacan, ou Mechiocan, &c. imprimee à Paris chez Iean Parent l'an 1580.

Il peut auoir escrit plusieurs autres œuures desquels ie n'ay pas cognoissance: & en a aussi beaucoup fait en Latin, mais nous en parlerons autrepart.

Il mourut à Paris le Ieudy 15. iour de Mars l'en 1576.

Il est enterré en l'Eglise des Cordeliers à Paris, comme il auoit ordõné par son testament, autres disent que c'est à S. Estienne du mont.

IAQVES LE GRAND.

Il a escrit en François le liure des bonnes œuures & bonnes mœurs.

IAQVES GREMOND prestre, natif de Chastel-Charlon au Conté de Bourgongne.

Il a escrit en vers François, la reformation du Chrestien, selon le mystere de la resurrection de nostre seigneur Iesus Christ, & du S. Sacrement de l'Autel, imprimé à Paris par Thomas Richard l'an 1568.

IAQVES GREVIN natif de Clermont en Beauuoisis au pays de Picardie docteur en Medecine à Paris, & Medecin de Madame la duchesse de Ferrare, &c. Cestuy-cy estoit for bien versé en la poësie Françoise, & dés ses plus tendres ans, il escriuit vn iuste volume de ses Amours, lequel liure s'intitule l'Olympe, imprimee à Paris chez Robert Estienne. Il le composa en faueur de sa maistresse nommee Nicole Estienne, femme de M. Iean Liebaut Docteur en Medecine, & fille de Charles Estienne (duquel nous auons parlé cy dessus) ce qu'il en faisoit, c'estoit en esperance de l'auoir en mariage.

Le Theatre dudit Greuin, ensemble la seconde partie de l'Olympe, & de la Gelodacrie, ont esté imprimez à Paris, pour Vincẽt Sertenas & Guillaume Barbé l'an 1562. Ce liure contient la tragedie de Cæsar. Vne Comedie intitulee La Thresoriere, la Comedie des Esbahiz, & autres Poësies Françoises.

Il a traduit de Grec en François les preceptes de Plutarque, de la maniere de se gouuerner en mariage, imprimez à Paris chez Martin l'Hõme l'an 1558.

Il a traduit de Grec en vers François les œuures de Nicandre, Medecin & Poete Grec: ensemble deux liures des Venins: ausquels il est amplement discouru des bestes venimeuses, Theriaques, poizons, & contre-poizons, imprimez à Enuers par Plantin l'an 1567. & 1568.

Il a traduit l'Anatomie d'André Vesal dit Vesalius, le plus excellent anatomiste de nostre temps, imprimee à Paris chez André Vechel l'an 1569. ou enuiron.

Il a traduit de Latin en François les cinq liures de l'Imposture & trõperie des Diables, des enchantemens & sorceleries, escrit par Iean Vvier Medecin du Duc de Cleues, imprimez à Paris par Iaques du Puis l'an 1567.

Simon Goulard de Senlis les a depuis traduits plus amples, imprimez à Geneue & à Lyon. C'est celuy qui a commenté la Sepmaine du sieur du Bartas.

Poëme en vers, sur l'histoire des François & hommes vertueux de la maison de Medici, imprimé à Paris l'an 1567. chez Robert Estienne.

Il semble par cet œuure, qu'il promet d'escrire l'histoire de France, mais elle n'a point encores esté mise en lumiere, ie ne sçay si elle est encores par deuers ledit Estienne, auquel il la bailla pour imprimer.

Il a traduit en vers François les Emblemes de Iean Sambucus & d'Adrian le Ieune, dit Iunius, imprimees par Chrestofle Plantin à Anuers l'an 1567. & 1568.

Hymne à Monseigneur le Daulphin sur son mariage, & de madame Marie d'Esteuard Roine d'Escosse, imprimee à Paris l'an 1558. chez Martin l'homme.

Discours de l'Antimoine, auec vne Apologie à M. Loys de Launay medecin à la Rochelle, &c. imprimé à Paris chez Iaques du Puis, l'an 1567.

Il mourut l'an 1570. ou enuiron, estant au seruice de Madame la Duchesse de Ferrare.

B.L. IAQVES GRIGNON, sieur de la Corbonniere, natif de la ville du Mans, Aduocat au Parlement de Paris, homme docte en Grec, Poëte Latin & François.

Il a composé plusieurs poësies en nostre langue non encores imprimees.

Il florist à Paris cette annee 1584.

B.L. IAQVES GVILLEMEAV, natif d'Orleans, Chirurgien à Paris l'an 1583.

Il a escrit vne methodique diuision & le denombrement de tous les vaisseux du cops humain reduits en six tables, imprimee à Paris chez Iean Charron l'an 1571.

B.L. IAQVES DE GVISE, natif dudit lieu de Picardie (comme il semble) de l'ordre des freres mineurs ou de S. François, docteur en Theologie.

Il a escrit en Latin, & depuis traduit en François trois volumes de la Chronique & histoire du pays & Conté de Haynau, en la Gaule Belgique, lesquels il composa à la requeste du Conte Guillaume de Haynau. Ils sont imprimez à Paris chez Galiot du Pré, l'an 1531. La Chronique Latine du susdit se voit escrite à la main au conuent des freres mineurs de la ville de Valenciennes en Hainaut, comme tesmoigne Iean le Maire en ses illustrations de Gaule. Il continue son histoire iusques en l'an de salut 1244. Ie ne sçay si c'est le temps auquel il florissoit.

IAQVES DE HEDINQ, OV HEDIN en Picardie, ancien Poëte François l'an 1260. ou enuiron.

Il a escrit quelques chansons amoureuses.

IAQVES DE LA HOGVE sergent à cheual du Chastelet de Paris.

Il a tra-

Il a traduit de Latin en vers François le liure d'vn Poëte Latin assez ancien nommé Facet ou Facetus.

Il a escrit en vers François la vie de Robert le Diable fils du Duc de Normandie, laquelle se voit escrite à la main: celle qui est imprimee est en prose.

IAQVES LE HONGRE, religieux profez de l'ordre des freres prescheurs, ou Iacobins d'Argenthan en Normandie, docteur en Theologie à Paris, &c. homme docte & treseloquent.

Il a escrit quatre homelies, touchant les sainctes images en la religiō des Chrestiens, imprimes à Paris chez Nicolas Chesneau l'an 1564.

Sermon ou oraison funebre prononcé par luy en l'Eglise de nostre Dame à Paris le 20. de Mars l'an 1562. aux obseques & enterrement du cœur de feu tresillustre Prince, Messire François de Lorraine, Duc de Guise, imprimé à Paris par Gilles Corrozet l'an 1563. auquel temps il florissoit à Paris.

IAQVES HOVLIER, natif d'Estampes pres Paris, docteur en Medecine le plus renommé de son temps, & faisant profession d'icelle à Paris.

Il a escrit plusieurs doctes liures en medecine tant en Latin qu'en François, desquels plusieurs sont imprimez, & entre autres la pratique de Chirurgie.

Il mourut à Paris l'an 1562. durant les premieres pestes.

Il estoit pere de Iaques de Houllier Parisien, Cōseiller aux Generaux des Aydes à Paris, l'vn des sçauants hommes és langues de nostre siecle, lequel florist à Paris ceste annee 1584. Ie n'ay rien veu escrit en nostre langue par cestui-cy, ie feray mention de luy plus amplement en ma bibliotheque Latine.

IAQVES IVER, sieur de Plaisance & de la Bigottiere, Gentilhomme Poicteuin.

Il a escrit vn liure extremement bien venu, & recueilly des hommes d'esprit, & d'entendement, lequel il a intitulé le Printemps d'yuer, qui est vn œuure contenant cinq histoires escrites en autant elegant stil, que nous en ayons veu de nostre temps, imprimé à Paris par Iean Ruelle l'an 1572. & par autres diuerses fois: la suitte ou continuation de ce liure, monstre bien que ce n'est pas de sa façon, car elle ne semble pas au commencement: ou bien il a esté imprimé sur la minutte, ou plustost broüillard, non encores mis au net par l'autheur de cet œuure. Ie n'ay iamais eu cet heur de le voir ou cognoistre que par ses escrits mis en lumiere, mais c'est celuy que i'ay desiré extremement voir & communiquer auec luy, tant i'ay pris de plaisir à sa façon d'escrire.

Il mourut auant que son liure fust imprimé, & à l'imitation ou plustost pour la gloire qu'auoit receuë l'autheur pour son liure, il s'en est trouué vn qui a escrit l'Esté, lequel s'appelle Benigne Poissenot duquel nous auons parlé cy deuant.

IAQVES IVSSY de Viliers en Perthois.

Il a eſcrit en proſe Françoiſe vn Dialogue ſur les fondemens de la Grammaire, entre le maiſtre & le diſciple, &c. imprimé à Toloſe, par Guyon Boudeuille, l'an 1552.

L'Autheur dudit liure floriſſoit en la ville d'Auignon l'an 1549.

Meſſire IAQVES DE LALAIN, cheualier iſſu de la noble & treſancienne famille de Lalain en Hainault au pays de Flandres.

Il a eſcrit vn liure ou pluſtoſt l'hiſtoire de pluſieurs ſiennes entrepriſes, & faits d'armes. Cette hiſtoire ſe voit eſcrite à la main en la Bibliotheque du Roy de Nauarre dreſſee à Vendoſme, &c.

Il floriſſoit du tẽps de Philippes de Bourgogne, & de Charles Conte d'Aniou l'an 1400. I'ay aprins cecy, par les lettres que m'a autrefois eſcrites Loys Seruin ſieur de Pinoches homme treſdocte en Grec & bien verſé en autres bõnes diſciplines, lequel floriſt à Paris cette annee 1584. exerceant la profeſſion d'Aduocat au Parlement de Paris. Ie feray plus ample mention de luy parlant de M. Magdeleine des Champs ſa mere.

IAQVES DE LAVARDIN, Gentilhomme Vandomois, ſieur du Pleſſis Oroër, & de Bourot en Touraine, iſſu de la noble maiſon de Rannay en Vandomois, frere de Meſſire Iean de Lauardin Abbé de l'Eſtoille, &c. tous deux treſdoctes & treſſçauants perſonnages, & iſſuz de la noble maiſon de Lauardin pres Montoire en Vandomois, (qui eſt vne autre ſeigneurie differente de celle de Lauardin à ſix lieuës du Mans, de laquelle les ſeigneurs s'appellent en leur ſurnom de Beaumanoir, iſſuz de Bretagne, comme nous dirõs autre-part.) Cette maiſon de Lauardin eſt couſtumiere de produire des hommes doctes & de toute ancienneté. Car Hildebert Eueſque du Mans, & depuis Archeueſque de Tours, il y a cinq cens ans paſſez, eſtoit de cette maiſon, & portoit ce ſurnom, lequel a eſté de ſon temps eſtimé le plus docte Poëte & Orateur, comme teſmoignent ſes Epiſtres & ſes poëmes Latins, leſquels nous auons par deuers nous eſcrits à la main, & de diuers exemplaires. Et pour teſmoigner de cecy, ie repeteray les œuures de cetuy-cy nommé Iaques, me reſeruant de parler du ſuſdit Hildebert autre-part, enſemble de M. Iean de Lauardin, duquel nous ferons mention en ſon rang.

Ledit Iaques de Lauardin a eſcrit bien doctement & amplemẽt l'hiſtoire des faits & geſtes de Georges Caſtriot dit Scanderbeg Roy d'Albanie, lequel mourut l'an 1467. âgé de 63. ans, la plus part de ſes guerres furent contre les Turcs. Ce liure a eſté imprimé à Paris chez Chaudiere l'an 1576.

Il a eſcrit l'hiſtoire des Turcs, non encores imprimee.

Traicté de l'honneſte Amour, non encores imprimé.

Il a traduit d'Italien en François la Tragicomedie de Celeſtine, eſcrite premierement en langue Eſpagnolle, imprimee l'an 1578. chez Gilles Robinot. Elle a eſté reueuë par l'autheur en la derniere edition, car elle

auoit

auoit eſté imprimee plus de 30. ans au parauant.

Il a peu compoſer de ſon inuention pluſieurs autres liures & encores en traduire de diuerſes langues, deſquels ie n'ay pas cognoiſſance pour le preſent.

Il flouiſt ceſte annee 1584.

IAQVES LE LIEVRE, Poëte François.

Il a eſcrit vn chant Royal à l'honneur de la Vierge.

B.L. IAQVES MANGOT Pariſien, maiſtre des Requeſtes de l'hoſtel du Roy, & Procureur general de ſa maieſté en la Chambre des Comptes à Paris, fils de Claude Mangot de Loudun en Poictou, tant renommé pour la iuriſprudence, & pour les conſultations des procez, eſquelles il s'employe tous les iours au Parlement de Paris, &c. comme nous auons dit cy deuant à la lettre C.

Cettuy-cy nommé Iaques, a eſcrit pluſieurs beaux diſcours des procez qu'il a eux entremains, & entre-autres celuy de Mõſieur le General Bohier, imprimé à Paris chez Pierre l'Huillier l'an 1583. L'on appelle ces diſcours là vulgairement Factums de procez &c.

Il floriſt à Paris cette annee 1584. & eſperons voir de luy choſes qui teſmoigneront de ſes penibles eſtudes és bonnes lettres & ſur tout en ſa profeſſion.

IAQVES DE MIGGRODE.

Il a traduit d'Eſpagnol en François, vn traité contenant les Tyrannies & cruautez des Eſpagnols, perpetrees és Indes Occidentales, autrement appellé le nouueau Monde, &c. imprimé à Paris chez Guillaume Iulien, l'an 1582.

IAQVES MILET Pariſien, ancien Poëte François.

Il a eſcrit en vers ou rithme Françoiſe la deſcription de Troye la grande, nous l'auons par deuers nous eſcrite à la main. L'autheur d'icelle eſtoit eſcholier eſtudiant aux loix en l'vniuerſité d'Orleans l'an 1450. Il faut noter que ce liure a eſté imprimé à Lyon l'an 1545. ou enuiron, & que celuy qui l'a mis en lumiere aſſeure que ç'a eſté Iẽā de Meun (dit Clopinel) qui l'a cõpoſé, en quoy il ſe trompe, car i'en ay veu plus d'vne douzaine d'exemplaires eſcrits à la main, en tous leſquels ſe liſt le nom dudit Iaques Milet, & peut eſtre celuy là qui a fait imprimer ledit liure s'eſt abuſé à ces deux lettres abbregees I. M. penſant que ce fuſt Iean de Meun.

IAQVES MINFANT natif de Dieppe en Normandie.

Il a eſcrit vne Comedie Françoiſe qu'il a intitulee, La Deeſſe Aſtree, de laquelle il y a quelques vers, és œuures de Clement Marot ſon contemporain.

31. IAQVES MORIN de Loudon ſieur dudict lieu, & du Tronchet au Maine, Conſeiller du Roy, en ſon Parlement de Paris,

gentilhomme des plus curieux d'antiquitez & sur tout des genealogies & alliances des maisons nobles de France qu'autre de son temps, comme il a monstré par le liure des alliances de sa tres-illustre & tresancienne maison, commençant dés l'an de salut 1180. iusques au regne du Roy Héry 2. soubs lequel il florissoit: ce liure n'est encores imprimé. Cestuy cy estoit frere puisné de Guy Morin de Loudõ, duquel nous auõs parlé cy deuant en son rang. Et diray encores que le sieur de Loudõ, lequel fut tué deuant la Rochelle l'an 1573. soubs le regne de Charles 9. estoit son fils aisné. Et par honneur ie nommeray Madame de Seronuille en Beausse sa fille aisnee, laquelle il a fait tellement instruire aux lettres Grecques & Latines, qu'elle merite d'estre nombree entre celles qui honorent la France par leurs diuins esprits.

IAQVES MONDOT natif du Puy en Velay, docteur en droit canon.

Il a traduit en vers François les cinq liures des Odes d'Horace, poëte Latin le plus renommé entre les anciens, &c. imprimez à Paris chez Nicolas Poncelet, l'an 1579.

IAQVES DV PARC, Poëte François.

Il a escrit quelques chants Royaux à l'honneur de la Vierge.

IAQVES PELLETIER du Mans, docteur en Medecine à Paris, frere puisné de maistre Iean le Peletier, docteur en Theologie & grand Maistre du college de Nauarre fondé à Paris, &c. tous deux oncles de M. Iean le Pelletier President au siege Presidial & Seneschaussee du Maine, & de M. François le Pelletier Conseiller du Roy au Parlemẽt de Paris, &c. Cestuy-cy estoit estimé l'vn des plus grands Philosophes & Mathematiciens de son temps. Il estoit for excellent Poëte Latin & François, bien versé en la Medecine, art Oratoire, & Grammaire, en toutes lesquelles sciences il a escrit des liures, lesquels ont esté imprimez tant en Latin qu'en François. Il nasquit en la ville du Mans le 25. iour de Iullet à quatre heures du matin l'an 1517.

Il tourna de Latin en François l'art poëtiq d'Horace, lequel il fist imprimer l'an 1544. & depuis chez Vascosan l'an 1545.

L'Art poëtique de l'inuẽtion dudit Pelletier, departy en deux liures, a esté imprimé à Lyon, par Iean de Tournes & Guillaume Gazeau l'an 1555.

Les Amours des Amours, contenans plusieurs sonnets amoureux & autres vers lyriques, imprimez à Lyon par Iean de Tournes l'an 1555.

Oeuures Poëtiques dudit Iaques Pelletier du Mans, imprimez à Paris chez Robert Colombel l'an 1581.

Dialogues de l'orthographe & prononciation Françoise, departy en deux liures, imprimé à Lyon par Iean de Tournes l'an 1555.

L'Arithmetique dudit Pelletier reueüe & recorrigee, imprimee à Lyon chez Iean de Tournes l'an 1554. & depuis à Paris chez Nicolas du Chemin.

Les Oeuures poëtiques dudit Pelletier ont esté imprimees à Paris chez Vascosan l'an 1547. & sont toutes autres que celles qui ont esté imprimees chez Colombel contenant les matieres qui s'ensuyuent. La traductiō des deux premiers liures de l'Odyssee d'Homere, Le premier liure des Georgiques de Virgile, trois Odes d'Horace, vn Epigrāme de Martial, douze Sonnets de Petrarque, Vers lyriques de l'inuention dudit Pelletier, Congratulation sur le nouueau regne du Roy Henry 2. Epigrammes, l'Antithese du Courtisan, & de l'homme de repos, le tout imprimé ensemble en vn volume chez ledit Vascosan l'an susdit 1547.

L'Algebre, imprimee à Lyon par de Tournes.

Oraison funebre sur la mort de Henry 8. Roy d'Angleterre prononcee par luy l'an de son âge 30. en l'eglise de nostre Dame à Paris par le commandement du Roy François 1. lors qu'il estoit principal du college de Bayeux à Paris.

L'Exhortation de la paix entre Charles 5. Empereur des Romains & Henry 2. du nom Roy de France, imprimee à Paris chez André Vechel l'an 1558. tant en Latin qu'en François.

Les nouuelles recreations de Bonauenture des Periers, est vn liure de l'inuention dudit Pelletier & de Nicolas Denisot du Mans, surnommé le Conte d'Alsinois. Ie ne veux pas nier qu'il n'y ait quelques contes en ce liure de l'inuention dudit Bonauenture, mais les principaux autheurs de ce gentil & plaisant liure de faceties, sont les susdits Pelletier & Denisot, quoy qu'il ait esté imprimé soubs le nom dudit des Periers, comme nous auons dit cy dessus à la lettre de B.

La Sauoye, qui est vn poëme François de l'inuention dudit Pelletier contenant ce qu'il a veu de beau & remarquable en ce pays, lors qu'il faisoit sa demeure à Annecy pres Chamberry ville capitale de Sauoye, &c. imprimee audit lieu l'an 1572. par Iaques Bertrand.

Il a composé plusieurs beaux & doctes liures en Latin tant imprimez en Almagne qu'en France & autres lieux, desquels ie feray mention en ma Bibliotheque Latine des Escriuains Gaulois.

Il mourut à Paris au college du Mans (duquel lieu il estoit Principal l'an 1581. ou 1582. enuiron Pasques) âgé de 65. ans. Il estoit frere du grand Maistre de Nauarre docteur en Theologie (comme nous auons dit cy dessus) & encores de M. Iulien Pelletier aduocat en Parlement, &c.

IAQVES PETIT, de l'ordre des Augustins.

Il a escrit des memoires touchant le gouuernement du Royaume de France du temps de Charles 6. soubs lequel il florissoit l'an 1410. Ie ne sçay s'ils sont imprimez.

IAQVES PORRY Prouençal.

Il a escrit en vers François vn chant Royal sur la bien-venue de Philebert Emanuel duc de Sauoye, ensemble la solennité du mariage entre Madame Marguerite de France, Duchesse de Berry, sœur vnique de Henry 2. Roy de Frãce, imprimez à Paris chez Pierre Gaultier l'an 1559. auquel temps il florissoit à Paris.

IAQVES PREVOST, gentilhomme natif de Loudun en Poictou, sieur de Vildan, puisné de la maison de Charbonnieres.

Il a escrit plusieurs poësies non encores imprimees, & entre autres l'Entelechie.

Il florissoit à Angers l'an 1574.

B.L. IAQVES PREVOSTEAV Chartrain, premier regent au college de Montagu à Paris, Poëte Grec, Latin & François, Philosophe & Orateur.

Il a escrit vn hymne triomphal sur l'entrée du Roy de France Charles 9. & de la Roine son espouse, faite en leur ville de Paris le 6. iour de Mars l'an 1571. auquel lieu elle fut imprimee audit an par Guillaume Niuerd.

Il mourut à Paris l'an 1572. ou enuiron âgé de vingthuict ou trente ans.

Il a escrit plusieurs liures en Latin.

IAQVES DE ROCHEMORE, natif du pays de Languedoc, Lieutenant particulier en la Seneschausee & siege presidial de Beaucaire, & Nismes en Languedoc.

Il a traduit d'Espagnol en François, le liure d'Antoine de Gueuare, intitulé Le fauory de Cour: contenant plusieurs aduertissemens & bõnes doctrines pour les fauoriz des Princes, & autres seigneurs & gẽtilshommes, qui hantent & frequentent la Cour, imprimé par Chrestofle Plantin à Anuers, l'an 1557.

Il florissoit à Nismes l'an 1555.

IAQVES DE ROMIEV gentilhomme natif de Viuarets en Languedoc frere de Damoiselle Marie de Romieu, femme docte, (de laquelle nous parlerons cy apres) & neueu de Monsieur Desaubiers, &c.

Il a escrit vne inuectiue, & quelques satyres contre les femmes ou sexe feminin, à laquelle sa sœur Marie de Romieu a fait vne replique, contenue en ses premieres œuures poëtiques, imprimees à Paris chez la veufue de Lucas Breyer l'an 1581.

Il y a vn autre Lanteosme de Romieu gentilhomme d'Arles, duquel nous ferons mention cy apres.

B.L. IAQVES SAGVIER natif d'Amiens en Picardie, docteur en Theologie & chanoine d'Amiens.

Il a escrit vne Oraison funebre sur le trespas de Monsieur le Reuerendissime Cardinal de Crequy prononcee par luy en l'Abbaye de Sainct Vvast de Moreul le 15. iour de Nouembre l'an 1574. impri-

imprimee à Paris chez Thomas Belot l'an 1575.

Il florissoit à Paris l'an 1574.

IAQVES SIGNOT.

Il a escrit la description generale de tous les passages, lieux & destroicts, par lesquels on peut passer, & entrer des Gaules, en Italie : & signamment par où passerent Hannibal, Iules Cæsar, & les tres-Chrestiens Roys de France, Charles-Magne, Charles 8. Loys 12. & François 1. &c. imprimee à Paris l'an 1515. & depuis chez Alain Lotrain l'an 1539. soubs ce tiltre, La diuision du Monde, &c.

L'autheur florissoit soubs François 1. l'an 1520.

Messire IAQVES DE SILLY Baron de Rochefort, Cheualier de l'ordre du Roy, gentilhomme ordinaire de la chambre, Damoiseau de Commercy, &c. frere de Messire Loys de Silly, Baron de la Roche-Guyon, &c.

Il a escrit vne for docte harangue prononcee par luy deuant l'assemblee des Estats d'Orleans soubs le regne du Roy Charles 9. le 1. iour de Ianuier l'an 1560. imprimee à Paris chez Charles Perier l'an 1561.

IAQVES SPIFAME gentilhomme Parisien, President en la Cour de Parlement à Paris, Maistre des Requestes ordinaire du Roy Henry 2. & en fin Euesque de Neuers.

Il a escrit plusieurs choses tant en Latin qu'en François lesquelles ie n'ay point encores veües.

Il mourut à Geneue soubs le regne de François 2. ou enuiron, auquel lieu il s'estoit retiré pour la religion.

IAQVES TAHVREAV gentilhomme du Maine, frere puisné de Pierre Tahureau sieur de la Cheuallerie & du Chesnay au Maine, tous deux enfans de Monsieur le Iuge du Maine, nommé Iaques Tahureau, & de Damoiselle Marie Tiercelin issuë de la tresnoble & tres-ancienne famille des Tiercelins sieurs de la Roche-du-Maine en Poictou, &c.

Ses premieres poësies ont esté imprimees à Poictiers par les de Marnefs l'an 1554. for correctes, & de belle impression, elles ont esté depuis imprimees à Paris chez Gabriel Buon.

Les Mignardises dudit Tahureau ont esté imprimees audit lieu, & contiennent plusieurs Sonnets, Odes, & mignardises amoureuses de son Admiree, (qui est le nom qu'il donne à sa maistresse.)

Il a traduit en vers François l'Ecclesiaste de Salomon, non encores imprimé.

Oraison au Roy de la grandeur de son regne, & de l'excellence de la langue Françoise, auec quelques vers François dediez à Madame Marguerite, le tout imprimé à Paris chez la veufue de Maurice de la Porte, l'an 1555.

Les Dialogues dudit Tahureau, ausquels sont entreparleurs le

Democritiq & Cosmophile, &c. ont esté imprimez apres sa mort par Gabriel Buon l'an 1565. pour la premiere fois, & depuis par plusieurs autres diuerses, chez le mesme Buon, nous auons ses dialogues escrits à la main, lesquels nous esperõs faire imprimer bien plus amples qu'ils n'ont esté en la premiere edition,

Il a escrit plusieurs autres œuures tant en prose qu'en vers François, lesquelles ne sont encores imprimees, elles se voyent escrites à la main en la Bibliotheque de Monsieur de la Cheualerie Tahureau son frere, duquel nous parlerons cy apres en son rang.

Il mourut l'an 1555. Ie n'ay point eu ce bien que de le voir ou cognoistre, car lors qu'il mourut i'estois en trop bas âge: mais i'ay entendu de ceux qui l'auoient veu, que c'estoit le plus beau gentil-homme de son siecle, & le plus adextre à toutes sortes de gentilesse.

B. L. IAQVES DE LA TAILLE gentilhomme natif de Bondaroy, au pays de Beausse, frere puisné de Iean de la Taille (duquel nous parlerons cy apres.)

Il a composé plusieurs Tragedies & Comedies Françoises en l'an de son âge 17. & 18. desquelles Tragedies s'ensuyuent les titres ou appellations: Saul, Alexandre, Daire ou Darius, Athamant, Progné, & Niobé.

Il a escrit vn traité de la maniere de faire des vers en François, comme en Grec & en Latin.

Les Tragedies de Saul, Daire, Alexandre, & autres œuures dudit Iaques de la Taille, ont esté imprimees à Paris chez Federic Morel l'an 1573.

Il mourut de Peste à Paris l'an 1562. âgé de 20. ans.

Ie ne sçay quelle inimitié il portoit si grande aux Mançois, & aux Normands, que d'auoir laissé par escrit, en ses œuures, qu'il loüoit Dieu entre autres choses de ne l'auoir point fait naistre au Maine ou en Normandie, mais en Beausse.

IAQVES TIGEOV Angeuin, docteur en Theologie de la faculté de Rheims, Chanoine & Chãcelier en l'Eglise cathedrale de Mets en Lorraine.

Il a traduit de Latin en François les œuures de S. Cyprien, imprimees à Paris l'an 1570.

B. L. IAQVES TROVILLARD sieur de la Boulaye, docteur en Medecine à Montpellier, natif de la ville du Mans, Medecin du Roy de Nauarre, homme docte és langues, grand Philosophe naturel & bien versé en la Medecine, frere de Guillaume Trouillard sieur de Montchenu, Aduocat au Mans (duquel nous auons parlé cy dessus, &c.)

Il a traduit de Latin en François vn dialogue de Theophraste Paracelse, contenant la defense de la Chrisopoie, ou maniere de faire l'or, & au contraire l'accusation de l'Alchimie sophistique. Ce ce liure n'est encores imprimé.

Il florist en Anjou cette annee 1584.

IAQVES VAILLER Ministre à Geneue. Ie n'ay point veu de ses escrits.

IAQVES VEIRAS de Nismes en Languedoc, docteur en Medecine à Montpellier l'an 1588. oncle de Pierre Veiras de Nismes, Medecin, &c.

Il a escrit vn traicté de Chirurgie, contenant la vraye methode de guarir les playes des Arquebusades, imprimé à Lyon par Barthelemy Vincent l'an 1581.

IAQVES VIARD sieur de la Fontaine, medecin & Philosophe, Astrologue & Mathematicien.

Il a escrit vn Almanach & prophetie pour 8. ans commenceant l'an 1561. contenāt plusieurs discours de Philosophie, tant diuine que naturelle & iudiciaire, auec vn recueil des choses memorables aduenues depuis la creation du monde iusques à present, imprimé au Mans par Hierosme Oliuier l'an 1561.

Le Periode du monde, dedié & presenté au Roy Charles 9.

Medecine preseruatiue & tresnecessaire pour guarir tous esgarez de la foy Chrestienne. Cet œuure est escrit en vers François & annoté en marge d'annotations Latines, imprimé au Mans par ledit Oliuier l'an 1569.

Oraison du traicté de la paix, entre le grand Roy des Rois, & ses subiets, imprimee au Mans par Hierosme Oliuier l'an 1559.

Almanach pour l'an 1564. calculé sur l'horison du pol solaire d'Anjou, imprimé à Paris par François Moreau l'an 1562.

Il a escrit plusieurs Almanachs & prognostications, autres que les susdits, imprimez à Paris, à Angers, au Mans & autres lieux. Il a fait sa demeure vn for long temps en la ville de Pontualein au Maine l'an 1559. & depuis à Gouis pres Durestal en Anjou, l'an 1574.

IAQVES VINCENT natif de Crest Arnauld ou Arnoul en Dauphiné, Aumosnier de Monsieur le Conte d'Anghien, & secretaire de Mõsieur l'Euesque du Puy en Velay.

Il a traduit en François les liures de Palmerin d'Angleterre.

Il a traduit d'Italien en François l'histoire de Roland Furieux.

Il a traduit d'Espagnol en François l'histoire amoureuse de Don Flore, & Blanchefleur son amie, auec la complainte que fait vn Amant contre l'Amour & sa dame, imprimee à Lyon par Benoist Rigault l'an 1571.

Il a traduit de Latin en François, l'Oraison de maistre Patrice Cocburne Escossois, traictant de l'vtilité & excellence du Verbe diuin.

B.L. IAQVES DE VINTIMILLE OV DE VINTEMILLE, Conseiller du Roy au Parlemẽt de Dijon en Bourgongne l'an 1580. autrement appellé Iaques de Contes de Vintemille en l'Isle des Rhodes, de laquelle maison il estoit issu.

Il a traduit de Grec en François la Cyropœdie ou institution du Roy Cyrus, escrite en Grec par Xenophon, imprimee à Paris l'an 1547. par Vincent Sertenas.

Il a traduit de Grec en François l'histoire de Herodian, imprimee à Paris chez Federic Morel l'an 1580. reueuë & recorrigee par l'autheur, outre les premieres editions. Iean Colin a aussi traduit, laditte histoire comme nous dirons en son lieu.

Il a escrit vn carme Saturnal tant en Latin qu'en François, imprimé auec le Dialogue de Platon, intitulé le Theages, ou de la Sapience, imprimé à Lyon par Charles Pesnot l'an 1564.

Il florissoit à Dijon l'an 1580. nous ferons mention de ses œuures Latins autre-part.

Fin des Iaques. S'ensuyuent ceux desquels le nom se commence par ce nom de Iean.

IEAN ALPHONSE natif du pays de Xaintonge, pres la ville de Congnac, capitaine & Pillote tres-expert à la Mer, &c.

Il a escrit vn discours tres-ample de ses voyages, tant par Mer que par Terre, lequel liure a esté mis en lumiere par Melin de Saint Gelais, l'ayãt recouuré subtilement & auec grand peine : & en fin le feist imprimer à Poictiers chez Iean de Marnef l'an 1559. Sur la fin dudit liure ont esté adioustees les tables de la declinaison ou eslongnement que fait le Soleil en la ligne æquinoctiale, chacun iour des quatre ans, ordonnees par Oliuier Bisselin, comme nous dirons cy apres.

IEAN ALINE, Poëte François.

Il a escrit quelques chants Royaux à l'honneur de la Vierge.

B.L. IEAN DE AMELIN gentilhomme Sarladois ou de Sarlat en Perigort.

Il a traduit de Latin en François quelques liures de l'histoire de Tite Liue Padouan, imprimez à Paris.

Il a escrit l'Histore de France non encores imprimee, de laquelle fait mention Ronsard en ses œuures.

Hymne à la louange de Monsieur le Duc de Guise, imprimee à Paris chez Federic Morel l'an 1558.

Il a escrit plusieurs autres poësies Latines & Françoises non encores imprimees.

Il florissoit soubs le regne de Henry 2. Roy de France.

IEAN ANTOINE DE BAIF, secretaire de la chambre du Roy, Gentilhomme Venitien, car il nasquit à Venise l'an 1532. lors que Lazare de Baif son pere, estoit Ambassadeur à Venise pour le Roy François premier, lequel Lazare de Baif estoit maistre des Requestes ordinaire de l'hostel du Roy, & nasquit en sa terre des Pins, pres la Fleche en Anjou &c. ledit Lazare estoit oncle de Monsieur de Malicorne Messire Iean de Chourses, Cheualier des deux ordres du Roy.

Cetuy-cy Iean Antoine de Baif, fut instruict dés ses plus tendres ans, aux bonnes lettres, & sur tout en la langue Grecque, en laquelle il a tellement profité, qu'il a esté estimé l'vn des premiers de nostre siecle, tesmoing ce qu'en a escrit Ioachim du Bellay Angeuin, quand il dit

Docte BAIF *dés doctes le Doctime*, &c.

Il a escrit dés ses plus tendres ans, les Amours de Francine & Meline, imprimez à Paris chez André Vechel l'an 1555. & en autres diuers lieux.

Le Braue, Comedie Françoise dudit sieur de Baif, representee deuāt le Roy Charles neufiesme l'an 1567. le 28. iour de Ianuier, imprimee à Paris chez Robert Estienne audit an 1567.

Estrenes de poësie Françoise en vers mesurez, contenant plusieurs Poëmes, imprimez chez Denis du Val l'an 1574. de caracteres noueaux, & suyuant l'ortographe dudit Iean Antoine de Baif.

Deux traictez, l'vn de la prononciation Françoise, & l'autre de l'art metric, ou de la façon de composer en vers. Ils ne sont encores imprimez.

Complainte sur le trespas de Charles neufiesme, imprimee à Paris chez Federic Morel l'an 1574.

Imitations ou traductions de quelques chants de l'Arioste, imprimez à Paris par Lucas Breyer l'an 1573.

Traicté de Iean Pic de la Mirande ou Mirandole, touchant l'imagination, traduit par ledit Baif, de Latin en François, imprimé à Paris chez André Vechel l'an 1557.

Epistre au Roy, pour l'instruction d'vn bon Roy, imprimee à Paris chez Federic Morel l'an 1575.

Premiere salutation au Roy, sur son aduenement à la Coronne de France, imprimee par Federic Morel l'an 1575.

Aduertissement sainct & Chrestien, touchant le port des armes, escrit en Latin, par Iaques Charpentier, Iurisconsul de Tolose &c. imprimé à Paris chez Sebastien Niuelle l'an 1575. Ie ne sçay s'il en est le traducteur, comme l'asseurent aucuns.

Mimes, Prouerbes, & enseignements dudit sieur de Baif, imprimez à Paris l'an 1576. auec plusieurs de ses poësies, chez Lucas Breyer, pour la premiere fois, & depuis augmentez de beaucoup, & imprimez chez Mamert Patisson l'an 1581. à Paris.

Il a traduit en vers François mesurez, plusieurs psalmes de Dauid, non encores imprimez.

Il compose maintenant de for beaux & bien doctes Sonnets, lesquels il espere mettre bien tost sur la presse. Ses œuures ont esté imprimees en deux volumes à Paris.

Il a escrit outre les œuures cy deuant mentionnees, quelques for doctes œuures en Mathematiques, imprimees il y a for long temps.

Il florist à Paris cette annee 1584. & a dressé vne Academie, laquelle est frequentee de toutes sortes d'excellents personnages, voire des premiers de ce siecle, laquelle a esté discontinuee pour quelque temps, mais lors qu'il plaira au Roy de fauoriser cette sienne & louable entreprise, & frayer aux choses necessaires pour l'entretien d'icelle, les Estrangers n'auront point occasion de se vanter, d'auoir en leurs pays choses rares, qui surpassent les nostres.

IEAN ARGVERIVS.

Il a traduit de Latin en François, le liure de Iean Garæus, imprimé à Basle l'an 1566. touchant la predestination &c.

IEAN D'ARRAS.

Il a escrit l'histoire de Lusignan, autrement appellee l'histoire de Melusine, imprimee à Lyon l'an 1500. ou enuiron, chez Gaspard Ortuin, & Pierre Schenck.

IEAN AVBE DV THOVRET ET DE ROQVEMARTINE, gentilhomme Prouençal.

Il a escrit en vers François, vne lamentation de la France, sur le decez de Madame Magdeleine de Thurene, Contesse de Tande.

Deploration sur la mort de sa mere, dame Laudune du Thouret, & de Roquemartine, ensemble le decez de son frere François de Roquemartine &c. le tout imprimé à Paris chez Iean Gourmont l'an 1581. auquel temps l'autheur viuoit.

IEAN D'AVBVSSON BERRVYER, dit de la Maison-neufue.

Il a escrit en vers François, le Colloque social de paix, iustice, misericorde & verité, pour l'heureux accord entre le Roy de France & d'Espagne, imprimé à Paris chez Martin l'Homme l'an 1559.

Discours sur le magnifique recueil, fait par les Venitiens à Monsieur le Cardinal de Lorraine, imprimé à Paris par Estienne Denise l'an 1556.

Huictains poëtiques, de l'onction des Rois esleuz de Dieu, & de l'obeissance que leurs subiects leur doibuent porter, auec vne oraison de la Vierge Verité, au peuple Gaulois, l'exhortant à pacifier les discordes ciuiles, & seditions populaires, imprimez à Paris chez Pierre Gaultier l'an 1561.

Frere IEAN D'AVCY.

Il a escrit quelques memoires des Antiquitez de Lorraine, alleguez par Richard de Vvassebourg en ses Chroniques de la Gaule Belgique.

Ie ne

Ie ne sçay s'ils sont imprimez.

IEAN AVRAT OV D'AVRAT DIT AVRATVS, Poëte du Roy, Grec, Latin & François, issu de l'ancienne famille des Dinemandy, & Bremondais, tant renommez à Limoges &c. autresfois Lecteur du Roy à Paris, en la langue Grecque, de laquelle charge il s'est demis, pour en pouruoir son gendre M. Nicolas Goulu, dit Gulonius, homme for celebre, & duquel nous ferons mention autre part.

La ville de Lymoges se doibt reputer bien heureuse, d'auoir produit en nostre temps (sans faire mention des siecles passez) deux tant renommez, & si excellents hommes, que cetui-cy & Marc Antoine de Muret, citoyen de Rome, son contemporain: Car c'est vne chose toute asseuree, & desia assez recogneuë, par vn si grand nombre d'hommes, qui l'ont mis par escrit, que peu d'hommes se peuuēt vāter d'estre doctes en la langue Grecque, & entendre bien les anciens Poëtes grecs & Latins, sans auoir esté disciples ou auditeurs dudit sieur d'Aurat: & ceux-là seroyent reputez par trop ingrats, qui ne l'aduoueroyent: veu que les plus sçauants de l'Europe, s'estiment bien heureux de confesser, d'auoir eu vn tel maistre, duquel ont tant fait d'estat & font encores les Rois de France & tous les grands seigneurs, & autres.

Il a escrit plusieurs Poëmes tres-doctes, tant en Grec & Latin, qu'en François, desquels il s'en voit quelques-vns imprimez, mais non pas reduits où assemblez en vn volume, comme il espere faire, & les publier en bref, pour le contentement de tous amateurs des Muses.

Il florist à Paris cette annee 1584. âgé de soixante & sept ans, & non plus, (comme pourroyent penser aucuns) car il nasquit l'an 1517. & ce qui fait croire à plusieurs qu'il ayt quatre vingt ans ou dauātage encor, c'est qu'ils mesurent l'âge de ses disciples au sien, ou bien le temps depuis que son nom est en vogue, & qu'il a fait lectures publiques: mais ils ne regardent pas qu'il estoit for ieune d'ans, quand il commença à paroistre. Il fait encores tous les iours leçons ordinaires de sa professiō à Paris, tāt il aime à profiter au public, & faire des disciples, qui tesmoigneront de sa science, par les doctes leçons qu'il leur fait: Ce que plusieurs tant estrāgers que François, ont ia tesmoigné par escrits publics, n'ayans voulu demeurer ingrats, ou craintifs d'aduoüer ce qu'ils auoyēt apris de luy.

IEAN AVRIL, sieur de la Roche, Prieur de Corzé, natif de la ville du Pont de Cey, à deux lieuës d'Angers: Poëte Latin & François.

Il a escrit en vers Frāçois, les regrets sur la rupture de la paix l'an 1568.

Ode sur les victoires obtenues par Monsieur le Duc d'Anjou, le tout imprimé ensemble l'an 1570.

Il a traduit de Latin en vers François, les deux premiers liures de Marcel Palingene Italien, le plus excellent Poëte de nostre temps &c. il ne les a encores mis en lumiere. Ie ne sçay si ce qui l'a empesché de ce faire, a eſté qu'il a veu les imitations de Sceuole de Sainte-Marthe, ſur ledit Palingene, ſi heureuſement & doctement traduites, que cela l'ayt retardé de faire imprimer les ſiennes.

Poëme dudit Iean Auril, touchant ſa naiſſance, non encores imprimé.

Le Bienueignement à Monſeigneur, entrant en Anjou, imprimé à Angers, par René Troiſmailles l'an 1578.

Il floriſt à Angers cette annee 1584.

S'il a composé d'autres œuures, ie n'en ay pas cognoiſſance.

B.L. IEAN AYMÉ DE CHAVIGNY, natif de Beaune en Bourgongne, Poëte Latin & François.

Il s'appelle en Latin, Ioannes Amatus Chauigneus Sequanus &c.

Il a eſcrit les larmes & ſouſpirs, ſur le treſpas d'Antoine Fiancé Bourguignon, philoſophe & Medecin &c. imprimez à Paris chez Eſtienne Preuoſteau l'an 1582.

IEAN BACQVET Pariſien, Aduocat du Roy en la chambre du Threſor à Paris.

Il a eſcrit vn for docte & bien laborieux ouurage, touchant le Domaine des Rois de France, imprimé à Paris l'an 1577. René Chopin l'honneur d'Anjou, & des plus ſçauants Aduocats du Parlement de Paris, en a auſſi eſcrit en Latin, leſquels ſont imprimez à Paris chez Nicolas Cheſneau, (comme nous dirons en noſtre Bibliotheque Latine.)

Ils floriſſent tous deux à Paris cette annee 1584.

IEAN BAPTISTE MVLER, DIT MVLERVS, natif du pays de Rhetie en la baſſe Allemagne pres de Suiſſe.

Il a traduit de Latin en François, les trois liures de Loys Lauather, ou Lauatherus, touchant les apparitiõs des eſprits, fantoſmes, prodiges & accidents merueilleux: plus, trois queſtions propoſees & reſoluës par Pierre Martir, touchant leſdits eſprits, le tout imprimé l'an 1571. & encores depuis.

Il a traduit de Latin en François, pluſieurs liures de Henry Bullinger, & entre-autres, ceux des perſecutions de l'Egliſe &c. imprimez l'an 1573.

B.L. IEAN BAPTISTE RICHARD Bourguignon, Aduocat au Parlement de Dijon.

Il a mis en lumiere vn ſien Plaidoyé, pour les habitans de Coulches, contre le Prieur & Baron de ce meſme lieu, lequel il prononça en Parlement l'an 1581. le 22. de Feburier, imprimé à Paris chez Nicolas Cheſneau l'an 1582.

Frere IEAN DE BARO, Docteur en Theologie, de l'ordre des freres mineurs, ou Cordeliers.

Il a traduit de Latin en Frãçois, les Poſtiles & expoſitions des Epiſtres & Euangiles Dominicales, auec celles des Feſtes, qui ſont ſolennelles, enſemble

ensemble les cinq Festes de la tressacree Vierge Marie, & la passion de nostre seigneur Iesus-christ, premierement traduites par Pierre Desray, natif de Troye en Champagne, lequel florissoit soubs Loys douziesme l'an 1499. & 1510. comme nous dirons cy apres.

Frere IEAN DE BARRAVD Bourdelois, religieux de l'ordre de l'obseruance de S. François.

Il a continué la traduction du quatriesme liure des Epistres de Gueuare, faite par autres auant luy, imprimees à Paris chez Robert le Fizelier l'an 1584.

IEAN DE LA BAVLME, gentilhomme Bourguignon.

Il a traduit plusieurs liures de Latin en François, & de François en Latin.

IEAN DE BEAVBRVEIL Lymosin, Aduocat au siege presidial de Lymoges l'an 1582. Poëte François & Latin.

Il a escrit en vers François la Tragedie d'Atilius Regulus, Consul de Rome, imprimee à Lymoges par Hugues Barbou l'an 1582. laquelle il a dediee à Monsieur d'Aurat, Poëte du Roy.

IEAN DE BEAVCHESNE Parisien.

Il a escrit vn liure de l'art d'Escriture, imprimé à Lyon l'an 1580.

IEAN BEAVFILS, Aduocat & Doyen au Chastelet de Paris l'an 1541.

Il a traduit de Latin en François deux liures de Marsil Ficin Italien, l'vn traictant de la vie saine, & l'autre de la vie longue, qui sont les tiltres du liure &c. imprimez à Paris par Denis Ianot l'an 1541.

IEAN DE BEAVGVÉ, gentilhomme François (ie ne sçay si c'est vn nom supposé.)

Il a escrit l'histoire de la guerre d'Escosse, traictant comme le Royaume fut assailly, & en grand partie occupé par les Anglois, & depuis rendu paisible à sa Roine, & reduit en son ancien estat & dignité, imprimé l'an 1556.

IEAN BEAVSSAY, licentié és Loix.

Il a escrit & composé en vers François, vn liure intitulé l'Estat & Ordre Iudiciaire, suyuant les Edicts, Statuts & Ordonnances, imprimé.

IEAN LE BEL, Chanoine de Saint Lambert du Liege en Almagne, Historien François &c.

Il a escrit les Chroniques de France, & d'Angleterre, suyuant ce qui est aduenu de son temps l'an 1326.

Froissard Historien François, des plus renommez, a suiuy lesdites Chroniques de Iean le Bel, & les a poursuyuies, ou continuees iusques à son temps, comme il tesmoigne au prologue mis deuant son histoire, ou Chronique. Nous n'auons pas ladite histoire de Iean le Bel imprimee.

Messire IEAN DV BELLAY Cardinal, Euesque de Paris, & du Mans aussi, Doyẽ des Cardinaux l'an 1560. frere puisné de Messire Guillaume du Bellay, ſeigneur de Langey (duquel nous auons parlé cy deuant.)

Il a eſté employé en diuers Ambaſſades, de par le Roy François premier du nom, & a composé beaucoup de harangues, oraiſons, Epiſtres, & autres choſes, tant en Latin qu'en François, & entre-autres celle qu'il eſcriuit, ſuyuant l'intention du Roy ſon Maiſtre, à tous les Eſtats du Saint Empire, aſſemblez en la ville de Spire en Almagne, elle a eſté imprimee à Paris par Robert Eſtienne l'an 1544.

Il a eſcrit pluſieurs lettres ou Epiſtres, à ſon frere ſuſdit, leſquelles nous auons par deuers nous eſcrites à la main.

Il mourut à Rome l'an 1560.

IEAN BELLERE Flamant, natif de la ville d'Anuers.

Il a traduit d'Italien en François, l'inſtitution d'vne fille de noble maiſon, imprimee à Paris par Iean Caueiller l'an 1558.

IEAN BERNARD, ſecretaire de la chambre du Roy.

Il a eſcrit vn diſcours, des plus memorables faicts des Rois & grands Seigneurs d'Angleterre, depuis cinq cens ans, auecques les Genealogies des Rois d'Angleterre & d'Eſcoſſe.

Plus vn traicté de la guide des chemins, les aſſietes & deſcription des principales villes, Chaſteaux & Riuieres d'Angleterre, le tout imprimé enſemble à Paris l'an 1579. par Geruais Mallot, apres la mort dudit ſecretaire Bernard.

IEAN BERTRAND, Poëte François.

Il a eſcrit des Rondeaux, ballades & autres poëſies, à l'honneur de la Vierge Marie &c.

IEAN LE BIGOT, natif du Tailleul en Normandie.

Il a composé vn vœu, & actions de graces, à treſ-illuſtre Prince Mõſeigneur le R. Cardinal de Bourbon, ayant accepté la charge de Conſeruateur des priuileges de l'Vniuerſité de Paris &c. imprimé audit lieu chez Denis du Pré l'an 1570.

Elegie ſur la mort de Meſſire Sebaſtien de Luxembourg, Conte de Martigues &c. imprimee à Paris.

IEAN DE BILLY, Abbé de noſtre Dame des Chaſteliers.

Il a traduit de Latin en François, le traicté des ſectes & hereſies de noſtre temps, pour cognoiſtre leur origine & fruicts qui en ſont iſſus, auec la confeſſion & contradiction, de la doctrine des noueaux Euãgeliſtes de ce temps, imprimé à Paris chez Nicolas Cheſneau l'an 1561.

IEAN DE BILLY, Chartreux de l'Abbaye de Belle-fonteine.

Il a traduit de Latin en François, le miroir ſpirituel de Loys de Blois, Abbé de Lieſſes &c.

Il y a vn Iean de Billy, frere de Iaques de Billy, Abbé de S. Michel en l'Her, pres la Rochelle (duquel nous auons parlé cy deſſus) ie ne ſçay lequel de ces deux de ce nom de Iean, eſt ſon frere, pour ne m'en eſtre peu informer plus auant: ſi ſçay-ie bien que l'vn des deux eſt iſſu de la noble

noble maison de Billy, sieurs de Prunay au Perche, & de Couruile en Beaulse, pres la ville de Chartres.

IEAN BLAVET, docteur en Medecine, Mathematicien & Astrologue.

Il a escrit plusieurs Almanachs & Prognostications, imprimees en diuers temps, sçauoir est, celle de l'an 1548. 1549. & 1552. imprimees à Lyon & à Paris.

Il florissoit esdites annees.

IEAN LE BLOND, sieur de Branuille, natif d'Eureux en Normandie, surnommé l'Esperant mieux, qui estoit sa deuise, Poëte François & Orateur.

Il a escrit en ses ieunes ans, vn liure plein de poësie Françoise, intitulé le prin-temps de l'humble Esperant, imprimé par Arnoul l'Angelier l'an 1536.

Traicté de la Trinité.

Il a traduit de Latin en François, Valere le grand, des faits & gestes memorables, imprimé à Paris l'an 1548.

Il a traduit de Latin en François, les Chroniques de Iean Carion, imprimees à Paris par plusieurs fois.

Il a traduit la description de l'Isle d'Vtopie, escrite par Thomas Morus, Chancelier d'Angleterre, qui est vn miroir des Republiques du monde, imprimé à Paris chez Charles l'Angelier l'an 1550.

Il a dauantage traduit le liure de Police humaine, de François Patrice, de Siene en Italie, qui est vn extraict des 9. liures dudit Patrice, touchant la Republique, fait par Gilles d'Aurigny, Aduocat en Parlement, duquel nous auons parlé cy dessus, auquel liure a esté adiousté vn brief recueil du liure d'Erasme, touchant l'enseignement ou institution du Prince Chrestien, le tout imprimé ensemble à Paris l'an 1553. chez Magdeleine Boursette.

Il florissoit l'an 1536. soubs François premier, & encores soubs Henry second 1550. ou enuiron.

IEAN BODEL, natif d'Arras en Picardie, ancien Poëte François l'an 1260. ou enuiron.

Il a escrit vn petit œuure, en forme d'Adieu aux Bourgeois d'Arras.

IEAN BODIN Angeuin, Aduocat des plus doctes & renommez de tout le Parlement de Paris, maistre des requestes de Monsieur frere du Roy, homme for docte és langues, bien versé en toutes sortes d'histoires, sacrees ou prophanes, Poëte Latin, comme il a bien monstré en sa version des liures d'Opian autheur Grec, &c.

Il a composé six liures de la Republique, imprimez à Paris chez Iaques du Puis à diuerses fois, tant ce liure a esté bien receu & prisé de plusieurs, pour la varieté des choses qu'il contient.

La Demonomanie des Sorciers, contenant quatre liures, auec les refutations de Iean Vvier medecin du Duc de Cleues &c. le tout imprimé à Paris chez Iaques du Puis l'an 1580. & autres diuerses fois.

Responses au Paradoxe de Monsieur de Malestroit, touchant l'encherissement de toutes choses, & le moyen d'y remedier, imprimees à Paris chez Martin le Ieune l'an 1568. & par autres diuerses fois.

Ie n'ay pas cognoissance de ses autres compositions Françoises: quât à ses Latines, i'en ay parlé autre part.

Il florist à Laon en Laonnois, au pays de Picardie cette annee 1584.

IEAN BOICEAV Poicteuin, sieur de la Borderie.

Il a escrit en vers François, plusieurs diuers Poëmes, desquels les tiltres sont l'Aigle & Robineau, desquels Iean de la Peruse excellent Poëte tragic fait mention en son Ode audit Boiceau, imprimee auec sa tragedie de Medee.

L'Eglogue pastorale dudit Boiceau, sur le vol de l'Aigle en Frâce, par le moyen de Paix &c. a esté imprimee à Paris chez Iean André l'an 1539.

IEAN DE BOISSIERES, natif de la ville de Mont-ferrant en Auuergne.

Il a traduit d'Italien en François, le Roland furieux d'Arioste, imprimé à Lyon l'an 1580.

La Croisade ou voyage des Chrestiẽs en la terre saincte, imprimee à Paris chez Pierre Seuestre l'an 1583.

Les trois volumes de diuerses poësies Frâçoises dudit Iean de Boissieres, ont esté imprimez à Paris l'an 1579. chez Iean Poupy.

IEAN DV BOIS, DIT DE BOSCO, prestre & secretain en l'Eglise parochiale de S. Michel à Bordeaux l'an 1478.

Il a mis par escrit quelques siennes reuelations, touchant saincte Susanne, & de plusieurs autres choses.

Voy de luy for amplement la premiere edition des gestes des Tolosains in 4. l'an 1517.

IEAN LE BON, HETROPOLITAIN, c'est à dire d'Autre-ville, pres Chaumont en Bassigny, Medecin de Monsieur le Cardinal de Guise l'an 1572.

Il a escrit plusieurs liures soubs noms deguisez, desquels ie feray mẽtion autre part, n'estant ma deliberation de reciter icy autre chose, que ce qu'il desire bien estre sceu de tous, auoir esté escrit par luy, sçauoir est l'oraison ou inuectiue, contre les Poëtes confreres de Cupidon, & rithmalleurs François de nostre temps, imprimee à Roüen l'an 1554. soubs le nom de Iean Nobel, qui est son anagramme. La philosophie d'Adamant Sophiste, interpretee par ledit Iean le Bon, imprimee à Paris par Guillaume Guillard.

Adages & prouerbes François, soubs le nom de Solon de Voge, imprimez chez Bonfons à Paris l'an 1576.

Aduertisse-

Aduertiſſement à Ronſard, touchant ſa Franciade, imprimé à Paris par Denis du Pré l'an 1568.

Lucië de la beaulté, traduit par Ieã le Bon, & imprimé à Paris l'an 1557.

Dialogue du Coural, imprimé à Paris chez la veufue de Nicolas Chreſtien 1557.

Poëmes cõtre Iaques Greuin Medecin. Ie ne ſçay s'ils ſont imprimez.

Etymologicon François, imprimé à Paris chez Denis du Pré l'an 1571.

Traduction du liure de Galien, de la mutatiõ du corps & de l'ame.

Le tumulte de Baſſigny, imprimé à Paris par Denis du Pré l'an 1573.

Abregé de la proprieté des Bains de Plommieres en Lorraine, imprimé à Paris chez Charles Macé l'an 1576.

Il a traduit les cinq liures des antiquitez de Beroſe Chaldeen.

Philippique, cõtre les poëtaſtres, & rimailleurs de noſtre temps, imprimé ſoubs le nom de I. Macer.

Traicté de Galien, que les mœurs de l'ame ſuyuent la complexion du corps &c. imprimé à Paris chez Guillaume Guillard l'an 1556.

Paradoxe de la langue Françoiſe.

Polemon. Pluſieurs Epiſtres enuoyees à pluſieurs de ſes amis, imprimees auec ſes autres œuures.

Oraiſon du Rhin, & des terres appellees Communes, qui ſont deça & delà le Rhin.

L'Hiſtoire de France, promiſe par ledit Iean le Bon (mais ie ne ſçay ſi elle eſt bien aduancee.)

La Grammaire Françoiſe.

L'oraiſon d'Iſocrates, touchant la louange d'Helene.

Traicté de l'origine de la rithme.

Recueil des epitaphes qui ſont au cemetiere des Sarrazins en Lorraine.

La Hierarchie de Paradis.

Ces œuures ſuſdites ne ſont encores en lumiere: quant à ſes Latines, i'en feray mention autre-part, & diſcouray amplement de la vie dudit Iean le Bon, pour beaucoup de raiſons, car il a fait parler de luy en ſon temps, pour beaucoup d'occaſions dignes de remarque.

IEAN DE BONNEFONS, natif de Clermont en Auuergne, Aduocat au Parlement de Paris, l'vn des plus excellens Poëtes Latins de noſtre temps, & lequel a le plus heureuſement imité les Baiſers de Iean Secõd, natif de Hage en la Gaulle Belgique, tant renommé par tous ceux de noſtre ſiecle.

Il a eſcrit quelques Poëmes François, mais il ne les a encores fait imprimer, non plus que ſes Latins.

Il floriſt à Paris cette annee 1584.

IEAN BOQVILLET preſtre, natif d'Aubigny.

Il a traduit de Latin en vers François, les hymnes ſur le chant de l'Egliſe, auec vn Cantique ſur le liure de Geneſe, fait par ledit Boquillet, imprimé à Rheims par Nicole Baquenois l'an 1558. auquel temps florissoit ledit autheur, en la ville de Mesieres.

IEAN BORBEL, Ministre de la Religion pretendue reformee l'an 1558.

Il a escrit vne confessiõ de sa foy, imprimee auec l'histoire des Mart.

IEAN BOVCHET Poicteuin, natif de la ville de Poictiers en Aquitaine, Aduocat audit lieu, surnommé en plusieurs de ses œuures l'Esclaue Fortuné, & le trauerseur des voyes perilleuses, Poëte François, Historien & Orateur.

Il a escrit en vers François, les angoisses & remedes d'amour, imprimez à Poictiers l'an 1537. par les Marnefs, & auparauant imprimé à Paris l'an 1501. & depuis à Lyon par Iean de Tournes l'an 1550.

Le chapelet & gouuernement des Princes, contenant cinquante Rondeaux & cinq Ballades, imprimé auec le temple des Nobles malheureux de Georges Chastelain l'an 1517.

Le iugement poëtiq, de l'honneur feminin & seiour des Nobles Dames, imprimé à Poictiers chez les Marnefs l'an 1533.

Le conflict ou debat du bonheur & malheur, imprimé à Paris chez Denis Ianot.

Les Regnards trauersans, & Loups rauissans.

Les Annales d'Aquitaine, qui est vn œuure extremémẽt laborieux & plein de belles histoires tres-memorables: & afin de repeter le iugemẽt qu'en donne Robert Ceneau, dit Cenalis, Euesque d'Auranches &c. au liure tres-docte qu'il a escrit des François, ce liure des Annales de Iean Bouchet, est l'vn des plus dignes que nous ayons entre toutes noz histoires Françoises, & qui merite le plus d'estre traduit en Latin, afin que les estrangers en ayent la cognoissance.

Les Epistres familieres & morales dudit Iean Bouchet, imprimees à Paris l'an 1545. in fol.

Le labirinth de fortune, & seiour des trois nobles Dames, imprimé à Paris par Philippes le Noir l'an 1533.

Deploration de l'Eglise militante, sur ses persecutions.

L'Histoire du Roy de France, nommé Clothaire & de Saincte Radegonde sa femme, presentee à la Roine de France par l'autheur.

Les genealogies des Rois de France, tant anciennes que modernes, auec leurs epitaphes &c. imprimees à Paris chez Galiot du Pré l'an 1536. & auparauant.

Il a traduit de Latin en François, l'histoire de Iustin Martir autheur Grec.

Le Panegyriq du cheualier sans reproche, traictant de la vie, mœurs & faits d'armes de Messire Loys de la Trimouille, Chambellan du Roy de France, imprimé à Poictiers par Iaques Bouchet l'an 1527.

Le Palais & Epigrammes des Claires Dames, qui est vn traicté à la louange de la Roine mere du Roy François premier.

Le

Le Temple de bonne renommee, & repos des hommes & femmes illustres, imprimé à Paris chez Galiot du Pré l'an 1516.

La forme & ordre de plaidoirie, en toutes les Cours Royalles & subalternes du Royaume de France, redigees par coustumes, stiles & ordonnances Royalles &c. auec la forme & maniere d'expedier les criminels, imprimee à Paris per Iean Ruelle.

Les triomphes de la noble & amoureuse Dame.

Les Cantiques de l'ame deuote.

Le debat d'entre la chair & l'esprit.

Exposition du Psalme de Dauid, qui se cõmence Miserere mei Deus.

Contemplations & oraisons à la vierge Marie, à tous les Anges, & Saincts de Paradis.

Traicté de l'amour de Dieu.

Il a composé plusieurs autres œuures, lesquels ie n'ay pas veuz.

Il florissoit à Poictiers soubs le regne du Roy François 1. l'an 1530.

IEAN DE BOVES, ancien Poëte François l'an 1300. ou enuiron.

Il a escrit plusieurs Poëmes François, qu'il appelle fabliaux, & entre autres celuy des deux cheuaux.

IEAN BOVILLON prestre, natif de Sens en Bourgongne.

Il a traduit de Latin en François, le liure de l'imitation de Iesus-christ, & du cõtemnement de toutes choses mondaines, imprimé à Paris l'an 1571. par Claude Fremy.

IEAN BOTRV Angeuin, sieur des Matras, l'vn des plus doctes Aduocats, & des plus renommez du Parlement de Paris, frere de Monsieur Botru des Matras, grand Referendaire en la chancellerie de France &c.

Il a escrit plusieurs choses en Latin & en François, lesquelles ne sont encores imprimees. Il mourut d'vne disenterie, à 7. lieuës de Paris, le Mardy 23. iour d'Aoust l'an 1580. âgé d'vn 40. ans.

Ie feray mention de ses escrits Latins autre-part.

IEAN BOVLAISE prestre, professeur des saintes lettres Hebraiques, & Pauure du College de Montagu à Paris, natif de la paroisse d'Aroul au Perche Goüet, au diocese de Chartres.

Il a escrit l'histoire du grand miracle aduenu à Laon l'an 1566. touchant la Sainte Hostie, ou sacrement de l'Autel, en la personne d'vne femme possedee du malin esprit &c. imprimé à Paris chez Nicolas Chesneau & autres.

IEAN DE BOVRDIGNE' Angeuin, Docteur és droicts, issu de la maison de Bourdigné au Maine à 5. lieuës du Mãs, en la paroisse de Bernay.

Il a escrit les Annales & Chroniques d'Anjou, imprimees à Paris par Galiot du Pré l'an 1529.

Il florissoit en l'an 1514.

IEAN DE BOVRGES, Medecin à Paris, natif du Conté de Dreux pres Chartres.

Il a traduit de Latin en François, vn liure d'Hippocrates, de la nature humaine.

IEAN LE BOVTEILLER OV BOVTILLIER, ſieur de Froit-mont, Conſeiller du Roy à Paris.

Il a eſcrit vn liure touchant la pratique du droict, lequel il a intitulé Somme Rurale, imprimé à Paris il y a pres de cent ans. Ledit Boutillier commença à eſcrire ledit liure, le 13. iour de Iuing l'an 1460. Son teſtament ſe voit ſur la fin de ſon liure, dans lequel ſ'apprendra le diſcours de ſa vie.

IEAN BRECHE de Tours.

Il a eſcrit en vers François, le premier liure de l'honneſte exercice du Prince, imprimé à Paris par Michel Vaſcoſan l'an 1544.

Il promet dauantage le ſecond & tiers liures de l'exercice du Prince, leſquels ie n'ay point veuz imprimez.

Il a reduit en epitome ou abregé, les trois premiers liures de Galien, de la compoſition des medicamens en general, imprimez à Tours l'an 1545.

Il a traduit de Grec en François, les Aphoriſmes d'Hippocrates, auec les commentaires de Galien, ſur le premier liure, imprimez à Paris chez Iaques Keruer l'an 1552.

Il floriſſoit à Tours l'an 1550.

IEAN BRETEL OV BRETIAN ET BRETIAVX, ancien Poëte François.

Il a eſcrit pluſieurs chanſons en ieux partiz.

Il floriſſoit du temps du Roy S. Loys l'an 1270.

IEAN LE BRETOV, ſeigneur de Villandry, ſecretaire du Roy François premier l'an 1537.

Il a eſcrit pluſieurs memoires & affaires d'Eſtat, ſoubs le regne de ſon maiſtre ſuſdit, duquel il eſtoit bien aimé & fauory. Nous en auõs quelques-vns par deuers nous eſcrits de ſa main.

IEAN BRETONNEAV.

Il a eſcrit en vers François, la complainte que font les ſept arts liberaux, ſur les miſeres & calamitez de ce tẽps, imprimee à Poictiers par André Citois l'an 1576.

IEAN DE BRIE, ſurnommé le bon Berger, natif de Viliers ſur Rougnon, en la chaſteleine de Coulommiers en Brie, lequel viuoit en l'an de ſalut 1379. ſoubs Charles cinquieſme Roy de France.

Il a eſcrit vn liure du vray regime & gouuernement des Bergers & Bergeres, traictant de l'eſtat, ſcience & pratique de l'art de Bergerie, & de garder ouailles & beſtes à laine, imprimé à Paris par Denis Ianot l'an 1542.

Il a eſcrit vne prognoſtication, imprimee à Paris par Guillaume de la Mothe.

IEAN BRINON Parisien sieur de Villenes, Conseiller du Roy au Parlement de Paris, fils vnique & seul heritier de Monsieur Brinon premier President de Roüen & Chancelier d'Alençon.

Il a escrit en vers François les Amours de Sydere, imprimez à Paris. Qui voudra voir sa vie escrite en bref, lise les Mimes, Prouerbes & enseignemens du seigneur Iean Antoine de Baif, auquel lieu se voit en peu de paroles la fin dudit sieur de Villenes Brinon, duquel il parle en paroles couuertes, l'appellant Norbin, qui est l'anagramme ou nom retourné dudit Brinon, &c.

IEAN BROE' de Tournon en Viuarets.

Il a escrit en vers François vn traité des mœurs pour les enfans, imprimé à Lyon.

IEAN BROHON, Medecin de Coutances ou Constances en Normandie.

Il a escrit vn Almanach ou iournal Astrologique auec les iugemens prognostiques pour l'an 1572. imprimez à Roüen l'an 1571.

Il a escrit plusieurs autres prognostications.

Il florissoit en Normandie l'an susdit 1571. en la ville de Coutances.

IEAN BROVARD, prestre natif de Laual au Maine.

Il a escrit vn liure intitulé, La leçon à ceux qui disent, Ie ne sçay quelle religion ie doy tenir, &c. ie ne sçay s'il est imprimé.

IEAN BROVLLIER Chanoine de l'Eglise Cathedrale de S. Iulien du Mans.

Il a escrit vn recueil des vies des Euesques du Mans, lequel n'est encores imprimé.

Il florist au Mans cette annee 1584. & s'estudie de tout son pouuoir, de remettre en leur entier & premiere splendeur, les choses ruinees en laditte Eglise, aux premiers troubles & seditions aduenues l'an 1562. pour le fait de la religion.

IEAN LE BRVN Poëte François l'an 1558. Beranger de la Tour d'Albenas fait mention du susdit Poëte, ie n'ay point veu ses escrits.

IEAN BRVNEAV Aduocat à Gyen sur Loire, pres Orleans, autrefois Ministre, & maintenant reduit à l'Eglise Catholique & Romaine.

Il a escrit vne Epistre contenant les raisons & moyens de sa reunion en l'Eglise Catholique, Apostolique & Romaine, imprimee à Paris chez Leon Cauelat l'an 1578.

Discours Chrestien de l'antiquité des Constitutions, ordonnances, & vrayes marques de l'Eglise Catholique, Apostolique & Romaine, contraire aux sectes & pretendues Eglises de ce temps, imprimee à Paris l'an 1581. auquel temps florissoit à Paris ledit autheur.

IEAN BVDE' Parisien, Conseiller du Roy & Audiencier de France, l'an 1487. (Ie suis en doute si c'estoit le pere de Guillaume Budé duquel nous auons parlé cy dessus.)

Ledit Iean Budé a fait vn recueil tresample des Arrests, Edicts & Ordonnances Royalles, prononcees tant en Latin qu'en François és souueraines Cours de France, & principalement à Paris: nous les auōs par deuers nous escrits à la main de lettre antique, & paraffez ou signez de sa main. Ce liure cōtient soixante & dix fueilles de papier minuté, qui sont deux mains & demie de papier escrit en lettre pressee.

Il florissoit à Paris l'an susdit 1487. & acheua ce liure le 4. iour d'Aoust.

IEAN DE BVIGNON Rochelois.

Il a escrit quelques poësies Françoises, desquelles fait mention Albert Babinot en sa Christiade, fol. 24. au Sonnet qu'il luy dedie.

IEAN BVLLAVT Architecte de Monsieur le Duc de Montmorency, Pair & Connestable de France, &c.

Il a escrit vn traicté de Geometrie & d'Horologiographie pratique, qui est le titre qu'il a imposé à son liure, imprimé à Paris chez Guillaume Cauelat l'an 1564.

Recueil d'Horlogiographie, contenant la description, fabrication & vsage des horloges solaires, composé par ledit Iean Bullaut & imprimé à Paris chez Iean Bridier pour Vincent Sertenas l'an 1561. in 4.

Il florissoit à Escoan pres Paris, l'an 1561.

IEAN CABOSSE.

Il a escrit vn traicté du treshaut & excellent mystere de l'incarnation du Verbe Diuin, extrait du viel & nouueau Testament, demonstant le chemin de l'eternelle felicité, imprimé à Paris chez Denys Ianot l'an 1542.

Le Miroir de Prudence escrit en vers François, imprimé à Paris par ledit Ianot l'an susdit 1542.

B.L. IEAN CALVIN OV CAVVIN ET CHAVVIN, dit en Latin Caluinus, & par Anagramme Alcuinus, soubs lequel nom, il a mis des œuures en lumiere, afin de voir ce que lon en iugeroit, sans que l'on sceust qu'ils fussent de sa façon, &c.

Il nasquit en la ville de Noyon en Picardie l'an 1509. le 10. de Iuillet. Il fut grand Ministre & le chef de l'Eglise de Geneue apres Guillaume Farel.

Il a escrit plusieurs liures tant en Latin qu'en François, & entre autres son institution Chrestiēne, imprimee tant de fois, & tant alleguee par tous les Theologiens qui ont escrit contre luy. Quant à ses autres œuures en François, tant sur le nouueau Testament, que sur le vieil, & touchant les Sermons & leçons & autres traictez, imprimez en diuers lieux, ensemble ses responses au Cardinal Sadolet & autres, ie n'en feray pas icy plus ample mention, de peur de tōber en l'inimitié de plusieurs, lesquels ne desirent que l'on face vn recit de ses œuures: toutesfois le catologue en est bien ample au liure des liures censurez par Messieurs de la de la Theologie de Paris, & au catalogue des liures defenduz & prohibez par le Concile de Trente. Theodore de Beze en a aussi fait mention au discours de la vie dudit Caluin & autres en nombre infiny.

Il mourut à Geneue l'an 1564. âgé de 56. ans.

IEAN DE CAMBERIE.

Il a escrit le Miroir Royal, blasonnant les armoiries de France & le nom du Roy: ensemble vne Epistre à Madame Catherine de Medicis, imprimee à Paris l'an 1549. par Vincent Sertenas.

1.L. IEAN CANAPE docteur en Medecine & Lecteur public des Chirurgiens à Lyon l'an 1542. Medecin du Roy François 1. &c.

Il a traduit de Grec en François plusieurs liures de Galien, sçauoir est le liure des simples medicaments, imprimé.

Le liure dudit Galien traictant du mouuement & des Muscles, imprimé à Paris chez Denys Ianot l'an 1541.

Il a traduit de Latin en François l'Anatomie du corps humain escrite par Iean Vasse dit Vasseus, imprimee à Lyon par Iean de Tournes & par Estienne Dolet l'an 1542.

Les tables anatomiques dudit Vaseus, imprimees.

Commentaires & annotations, sur le prologue, & chapitre singulier de Guy ou Guyon de Cauliac, docteur en Medecine & Chirurgien, traictant de la Chirurgie, &c. imprimé à Lyon par Estienne Dolet l'an 1542.

Il a traduit l'Anatomie des os du corps humain escrite par Galien, imprimee à Lyon par Iean Stratius, l'an 1583. à la Bible d'or.

Il florissoit l'an 1540.

IEAN CANTIN OU QUENTIN docteur en Theologie.

Il a fait, dit, & proferé, vingt & six Sermons tant en l'Eglise de Saint Seuerin à Paris, qu'en autres lieux, lesquels ont esté recueillis & mis par escrit par Iean Panier sieur de Bougiual l'an 1480. le 12. iour de May.

Ces 26. Sermons se voyent escrits à la main sur papier in 4. l'an susdit 1480. par ledit Panier, & sont en la Bibliotheque de Georges du Tronchay sieur de Balladé, duquel nous auons parlé cy dessus.

3.L. Frere IEAN DE CARCASSONNE, Hermite de l'ordre de S. Augustin, docteur en Theologie.

Il a escrit plusieurs Epistres, traitez & admonitions tant en Latin qu'en langue Françoise. Nicolas Bertrand fait mention de luy en son histoire de Tolose.

IEAN CARON Astrologue & Mathematicien.

Il a mis en lumiere vne sienne prognostication pour l'an 1540. imprimé audit an.

1.L. IEAN CARRIER OU CHARRIER natif d'Apt en Prouence, Aduocat du Roy au Parlement d'Aix en Prouence, iadis secretaire de Monsieur Bertrand Conseiller du Roy en son priué Conseil, & President en sa Cour de Parlement à Paris,&c.

Il a traduit de Latin en François les cinq liures de Gaspard Contaren ou Contarin gentilhomme Venitien, touchant les Magistrats & Republique des Venitiens, imprimez à Paris par Galiot du Pré, l'an 1544.

Il a traduit d'Italien en François le discours de Nicolas Machiauel Florentin, traictant de l'art Militaire, ou de la Guerre.

Il a escrit vn discours, de son voyage en Angleterre fait pour le Roy, non encores imprimé.

Il a escrit plusieurs vers tant en Latin qu'en François.

Il florissoit audit an 1544. Voy cy apres Iean Charrier.

B.L. IEAN DE CAVMONT Langrois, ou né en l'Euesché de Langres, docteur és droits, Aduocat au Parlement de Paris,&c.

Cetuy-cy est vn homme bien docte & treseloquent, & prest pour discourir promptement de tous subiects proposez touchant les arts liberaux, & autres disciplines, desquelles choses il a fait preuue deuant la Maiesté du Roy Henry 3. par plusieurs & diuerses fois. Ses disputes ou propositions prononcees par luy de viue voix deuant le Roy de France & autres, ne sont encores imprimees.

Il a escrit vn aduertissement au Roy pour le Royaume de France, imprimé à Bordeaux.

Traicté contenant cette dispute, sçauoir s'il est loisible de chastier le fils pour le delict du pere, escrit en Latin & en François par l'autheur.

Il florist à Paris cette annee 1584.

B.L. IEAN DES CAVRES, natif de Moreul en Picardie, principal du college d'Amiens, & Chanoine en l'Eglise de S. Nicolas en laditte ville d'Amiens,&c.

Il a mis en lumiere vn for docte & bien laborieux ouurage, lequel il a intitulé Oeuures morales, diuisé en plusieurs liures, lesquels contiennent vne infinité d'Histoires tresmemorables de beaucoup de beaux exemples vertueux, lesquels il a recueilly de plusieurs autheurs Grecs & Latins tant anciens que modernes. Le tout imprimé à Paris pour la premiere fois chez Guillaume Chaudiere l'an 1575. & depuis augmentez de plus de la moitié par ledit Iean des Caures, & imprimez l'an 1583. chez ledit Chaudiere.

Aduertissement & remonstrance à gens de tous estats, pour subuenir aux poures en temps de charté & de famine.

Sermon des circonstances que doit auoir l'aumosne.

Traicté de la Charité, tendant à mesme fin, escrit en vers François, le tout imprimé à Paris chez Guillaume Chaudiere l'an 1574.

Il florist à Amiés en Picardie cette annee 1584. & ne cesse de profiter au public tant par ses doctes escrits, que pour l'instruction qu'il donne à la ieunesse, qu'il a en charge en son College audit lieu d'Amiens.

IEAN CHABANEL, Tholosan, ieune homme docte és Mathemati-

ques

ques & autres diſciplines.

Il a mis en lumiere quelques œuures imprimees chez Geruais Mallot l'an 1581. ou enuiron. Ie ne ſçay ſi ſon liure s'intitule la Republique Chreſtienne: à la ſeconde edition de ce mien liure, ie m'en informeray plus auant, mais ie n'en ay le loiſir eſtant trop preſſé pour l'edition de cet ouurage.

IEAN CHALVMEAV Secretaire de Monſieur le Viconte de la Guierche.

Il a mis en lumiere deux traittez de M. Claude d'Eſpence docteur en Theologie, ſçauoir eſt, l'vn traitant de ce qui eſt conuenable à vn Prince d'eſtre ſtudieux, l'autre de l'excellence des trois Lys de France, le tout imprimé à Paris l'an 1575. chez Guillaume Auuray.

F. IEAN CHAMPAGNE docteur en Theologie.

Il a eſcrit vn liure d'Epiſtres, imprimees à Reims en Champagne l'an 1575.

Sire IEAN CHAPELAIN, ancien Poëte François l'an 1260. ou enuiron.

Il a eſcrit le Fabliau, ou plaiſant diſcours du Secretain de Clugny, non encores imprimé.

IEAN CHAPERON, dit le Laſſé de repos.

Il a traduit d'Italien en François vn liure de Chriſtine de Piſe en Italie, intitulé le Chemin de long eſtude, traitant du Prince digne de gouuerner le monde, &c. imprimé à Paris l'an 1549.

IEAN CHARDAVOINE, natif de Beaufort en Anjou.

Il a fait vn recueil des plus belles chanſons modernes, leſquelles il a miſes en Muſique, imprimé à Paris l'an 1576.

IEAN CHARRIER OV DE CARRIER natif d'Apt en Prouẽce: nous auons parlé de luy cy deſſus, & ſuyuant l'ordre d'A, B, C, ou alphabetiq, ſe verra ſon nom ainſi eſcrit Iean Carrier, &c.

IEAN DE CHARRIER, gentilhomme natif en Auuergne.

Il a eſcrit vn poëme François dedié au Roy Henry 3. faiſant mentiõ de ſon retour de Polongne en France, imprimé au Mans par Hieroſme Oliuier l'an 1574. & à Paris auſſi.

IEAN DV CHASTEL natif de Vire en Normãdie, de l'ordre de S. François.

Il a eſcrit vne Epiſtre, miſe au deuant du liure de frere Ioſeph, intitulé, Le Meſſager de tout bien, &c. imprimee par Engelbert & Iean de Marnef, l'an 1500. ou enuiron, auquel temps viuoit ledit du Chaſtel.

IEAN DV CHASTELET ancien Poëte François, viuant l'an 1260. ou enuiron.

Il a mis en vers François les dicts moraux de Caton, non encores imprimez.

IEAN CHARTIER, natif d'Orleans, excellẽt peintre, & graueur en taille douce, &c.

Il a mis en lumiere son premier liure des Blasons vertueux, contenant dix figures grauees en taille douce, & imprimees par luy mesmes à Orleans l'an 1574.

IEAN CHAVMEAV sieur de Lassay, dict en Latin Calameus, Aduocat au siege Presidial de Bourges, &c.

Il a escrit & composé l'Histoire de Berry, contenant l'origine, antiquité, gestes, proüesses, priuileges, & libertez des Berruiers, imprimee à Lyō par Antoine Gryphius l'an 1566. auquel temps florissoit ledit sieur de Lassay.

B. L. IEAN DE CHEVIGNY, natif de Beaune en Bourgongne, Poëte Latin & François.

Il a traduit de Latin en François la vie de Cornelius Gallus excellent poëte Latin, &c. laquelle n'est encores en lumiere.

Il a composé plusieurs autres œuures, desquelles ie n'ay cognoissance.

IEAN CHOISNIN, natif de Chastelleraud en Poictou, Secretaire du Roy de France & Polongne Henry 3. du nom, &c. Frere de François Choisnin, Officier de la Roine de Nauarre, &c.

Il a escrit vn discours de tout ce qui s'est fait & passé pour l'entiere negociation de l'electiō du Roy de Polongne, &c. diuisé en trois liures, & imprimé à Paris chez Nicolas Chesneau l'an 1574.

B. L. IEAN DV CHOVL gentilhomme Lyonnois (frere de Guillaume du Choul, Bailly des Montagnes du Dauphiné, duquel nous auons parlé cy dessus) &c.

Il a escrit vn dialogue de la ville & des Champs, auec vne epistre de la vie solitaire, le tout imprimé à Lyon l'an 1565.

B. L. IEAN DES CINQ-ARBRES, OV DE CINQARBRES, DIT QVINCARBOREVS, Lecteur du Roy à Paris és lettres Hebraiques, Doyen des Lecteurs Royaux en l'vniuersité de Paris, natif de la ville d'Aurillac en Auuergne, &c.

Il florist à Paris cette annee 1584. Ie ne sçay quels escrits François il a mis en lumiere. Ie feray mention de ses œuures Latins autre-part.

IEAN DE CIS OV DE CYS, & selon d'autres de This, ancien Poëte François.

Il a traduit de Latin en vers François, les liures de Boëce touchant la Consolation. Cet œuure n'est encores imprimé que i'aye veu, ie l'ay escrit à la main.

IEAN DE CLAMORGAN sieur de Saaue, premier capitaine & chef de la Marine du Ponent, &c.

Il a escrit le discours de la chasse du Loup, imprimé chez Iaques du Puis à Paris, auec la maison Rustique de Charles Estienne, &c. l'an 1566. & par plusieurs autres diuerses fois.

La Carte vniuerselle, en forme de liure, sur vn point non accustumé de la de la figure & plan de tout le monde, en laquelle sont les mers & terres assises en longitude & latitude.

Il fait mention de cette carte en son epistre au Roy. Ie ne sçay s'il l'a fait imprimer.

Il promet dauantage en la susditte Epistre mise au deuant de la chasse du loup, vn liure de la façon & maniere de construire les grands nauires, les armer, & victailler, dresser le combat par mer, faire les nauigations loingtaines par le soleil, la lune, & estoilles fixes, autrement que l'on n'a accoustumé. Ie n'ay point veu les liures susdits imprimez.

Il florissoit souz Charles 9. & auparauāt soubs François 1. & Hēry 2.

Frere IEAN LE CLERC, DIT CLERICI, Confesseur des sœurs de l'Annonciade de Bethune en Picardie, &c.

Il a composé l'instruction des petits enfans, imprimee à Bethune par Pierre du Puis.

IEAN LE CLERC natif de Meaux, Ministre de Mets en Lorraine, l'an 1523. Ie n'ay point veu de ses escrits soient Catholiques ou autrement.

IEAN COLIN Licentié és Loix, Bailly du Conté de Beaufort, &c.

Il a traduit de Latin en François, suyuant la traduction Latine d'Ange Politian, les 8. liures de l'histoire de Herodian autheur Grec, traittant des Empereurs Romains depuis Marcus, iusques à Gordian, & l'a annoté de for doctes annotatiōs sur les passages les plus difficiles &c. imprimé à Paris par Iean Foucher & Viuant Gaulterot, l'an 1541. in 8. ch. 28.

Iaques de Vintimille Rhodien, a traduit ledit liure de Herodian, (comme nous auons dit cy dessus.)

Il a traduit de Latin en François, les trois liures des Loix de Ciceron, le tout auec de tresdoctes annotations dudit Colin, imprimez à Paris chez Denis Ianot, l'an 1541.

Il a traduit d'Italien en François le Courtisan de Balthazar de Chastillon, reueu & recorrigé par Melin de S. Gelais, &c. imprimé à Paris chez Gilles Corrozet l'an 1549. Ie suis en doubte si ça esté ledit Iean Colin, ou bien Iaques Colin, Abbé de S. Ambroise à Bourges qui ait traduit ledit Courtisan: car à la traduction, il n'y a que ce nom de Colin sans le prænom de Iean ou Iaques.

IEAN DE COMBES OV DES COMBES, Conseiller & Aduocat du Roy en la Senechaussee de Rion en Auuergne, fils aisné de Monsieur des Combes premier President des Generaux de Montferrand, audit pays d'Auuergne, &c.

Il a escrit vn bien docte liure de l'institution & origine de toutes les charges & impositions tant ordinaires qu'extraordinaires, qui se leuent en France & des officiers ayant charge d'icelles, imprimé à Paris chez Federic Morel, l'an 1575.

Frere IEAN COSSET Gardiē du conuēt des Cordeliers au Mās, docteur en Theologie à Paris, natif de la paroisse d'Espineu le cheureul, au Conté du Maine.

Il a escrit vn liure intitulé la Bataille de Dieu & de Gedeon, contre Madian, soubs la description de la bonne & mauuaise conscience, imprimé au Mans l'an 1553. par Hierosme Oliuier, auquel temps ledit frere Iean Cosset florissoit, &c.

IEAN COVSIN excellent peintre.

Il a escrit en François vn liure de l'art de peinture, ie ne sçay s'il est imprimé, Loys le Roy dit Regius en fait mention en son liure de la Vicissitude des choses.

IEAN COSSIN OV COVSIN (ie ne sçay si c'est le susdit) excellent faiseur de Cartes marines, demeurant à Dieppe l'an 1575. &c.

Il a escrit vn liure remply de Cartes marines, de rombs, & vents, &c. à l'exemple du theatre d'Orthelius, lequel il espere bien tost faire imprimer. I'ay aprins cecy par les lettres que m'a rescrites Charles Michal Sauoisien en l'an susdit 1575.

IEAN CORBICHON, François de nation, de l'ordre des Augustins, docteur en Theologie, Chapelain du Roy Charles 5. l'an 1370.

Il a traduit de Latin en François par le commandement dudit Charles 5. Le grand proprietaire des choses, de Berthelemy l'Anglois, imprimé à Paris par Philippes le Noir, l'an 1525. lequel liure ledit Corbichon dedia au Roy Charles 5. son maistre l'an 1364.

B.L. IEAN DE CORAS Tolosain docteur és Droicts, Conseiller du Roy au Parlement de Tolose. C'estoit l'vn des plus doctes & renommez Iurisconsuls de France, & lequel a escrit autant doctement que pas vn autre de son siecle.

Il a escrit en François des Commentaires tresdoctes sur l'Arrest de Martin Guerre, imprimez à Paris & à Tolose par diuerses fois.

Il a traduit de Latin en François l'Altercation en forme de dialogue de l'Empereur Adrian & du Philosophe Epictete, cõtenant soixante & treize questiõs & autãt de respõses, à laquelle il adiouste vne paraphrase, ou cõmẽtaire sur icelle, imprimee à Tolose l'an 1558. chez Boudeuille.

Remonstrance sur l'installation faite par ledit Iean de Coras de Messire Honorat de Martins & de Grille, en l'estat de Seneschal de Beaucaire le 4. de Nouembre l'an 1566. à Nismes, &c. imprimé à Lyon par Guillaume Rouuille l'an 1567.

Il fut fait mourir à Tolose l'an 1572. durant les seditions de la S. Barthelemy commencees à Paris, & poursuyuies és autres villes de France, à l'endroit de ceux de la religion reformee. Ie feray mention de ses œuures Latines autre-part.

B.L. IEAN CRESPIN, natif d'Arras, en la Gaule Belgique.

Il a escrit l'histoire des Mart. contenãt plusieurs vies d'hõmes executez pour la Rel. ref. ensemble leurs disp. & conf. de F. imprimees à G. &c.

IEAN

IEAN DE CVCHERMOIS, natif de la ville de Lyon sur le Rhosne.

Il a traduit d'Italien en François, le premier liure de Guerin Mesquin fils de Milon de Bourgongne, Prince de Tarante & Roy d'Albanie, contenāt les faits & gestes dudit Guerin, &c. imprimé à Lyon l'an 1530.

Description du voyage que feist ledit de Cuchermois en Hierusalem, l'an 1490. imprimee auecques l'histoire dudit Guerin Mesquin.

Il florissoit soubs Charles 8. Roy de France l'an susdit 1490.

IEAN LE CVNELIER OV LI CVNELIERS, ancien Poete François, l'an 1260. ou enuiron.

Il a escrit plusieurs poësies Françoises non encores imprimees.

IEAN DALBIN, dit de SERES.

Il a escrit vn discours Chrestien, de la vocation legitime d'vn chacun, imprimé à Paris l'an 1567.

Six liures du S. Sacrement de l'autel, imprimez à Paris in 8. 1566.

Les Marques de l'Eglise, imprimees à Paris l'an 1568.

Opuscules spirituelles imprimees à Paris l'an 1567.

Frere IEAN DANTHON, de l'ordre de S. Augustin, Abbé de l'Angle en Poictou, Poëte François & historien, chroniqueur du Roy Loys 12. duquel il a escrit les gestes & vie, &c.

Il florissoit l'an 1512. Iean le Maire de Belges l'appelle frere Pierre Dāthon, & Iean Bouchet de Poictiers le nomme Iean D'Auton.

32. IEAN DANIEL, Organiste,

Il est autheur (comme il semble) d'vn petit liure intitulé, l'Ordre funebre triomphant, & pompe pitoyable, tenue à l'enterrement de feu Monsieur le Conte de Laual, &c. Admiral de Bretagne & Lieutenant du Roy, &c. imprimé à Angers chez Ieā Baudouin, l'an 1531. ou enuirō.

IEAN DEDEHV, Predicateur de Monsieur le Duc de Montpensier.

Il a escrit vne briefue exposition, sur chacun article de la Confession Catholique de Guillaume Caillier, prestre, desuoyé de l'ordre des prestres, & nouuellement retiré de son erreur, imprimee à Lyon l'an, 1578. chez Michel Ioue.

3L. IEAN D'IVRY, bachelier en Medecine natif de Beauuais en Picardie, appellé en Latin Diurius, &c.

Il a traduit de Latin en vers François, les triomphes de France, selon le texte de Charles de Curres, natif de Mamers au Maine, appellé en Latin Carolus Currus Mamertinus, &c. imprimez à Paris, auec plusieurs autres poësies, sur le mesme subiet, & de pareil argument, l'an 1508. chez Guillaume Eustace.

Il florissoit en l'an 1519.

IEAN DONGOIS MORINIEN, Imprimeur & Libraire demeurant à Paris l'an 1579.

Il est autheur du liure intitulé, le Promptuaire de tout ce qui est aduenu de memorable depuis la Creation du monde, iusques à present, reduit en forme de Calēdier ou Iournal, imprimé à Paris par ledit Dongois l'an 1576. pour la premiere fois, & depuis imprimé par Iean de Bordeaux l'an 1579. ayant esté adiousté de pres de la moitié.

IEAN DORAT poete du Roy, voy cy dessus Iean Aurat ou d'Aurat.

IEAN DE DORMANS. Ie n'ay point veu de ses escrits. Iean le Feron historien, fait mention de luy en son liure de la preminēce des Heraulds.

IEAN DOVBLET, natif de Dieppe en Normādie, homme docte és lāgues.

Il a traduit de Grec en François quelques œuures de Xenophon, imprimees à Paris, chez Denis du Val l'an 1582.

Les Elegies ou Complaintes & autres poëmes François dudit Iean Doublet Diepois ont esté imprimees à Paris, il y a trēte ans ou enuirō.

IEAN DROYN OV DROYEN, Bachelier és Loix & en Decret, natif d'Amiens en Picardie.

Il a mis en prose Françoise, l'histoire des trois Maries, laquelle auoit esté premierement composee en vers & rithmes Françoise, par Iean Venette, de l'ordre de nostre Dame des Carmes, duquel nous parlerons cy apres. Ledit Iean Drouyn acheua de traduire ledit liure, le Ieudy 8. de May, l'an 1505. à la requeste d'vn gentilhomme du Dauphiné, nommé Antoine Regnault, sieur de la Roche & Doyssin. Ce liure des trois Maries a esté imprimé à Paris par Nicolas Bonfons.

IEAN DROSSEVS, natif de Caen en Normādie, I. C. & homme docte és langues.

Il a escrit vne Grammaire en Hebreu, Grec, Latin & François : en laquelle il a traicté de la langne Françoise, imprimé à Paris l'an 1544. chez Chrestien Vechel, & chez Charles Perier.

IEAN DVRET, licētié és loix, Enquesteur pour le Roy au pays de Bourbonnois.

Il a escrit l'harmonie & conference des Magistrats Romains, auec ceux des François, tant Ecclesiastiques que seculiers, diuisee en trois liures, imprimez à Lyon chez Benoist Rigault l'an 1574.

IEAN EDOARD DV MONIN, Poëte Latin & François, Philosophe, & Mathematicien, &c. natif de Gy en Bourgongne & non pas de Gien (comme pourroient penser aucuns, voyant qu'il s'appelle Gyanin, voulant exprimer son pays) &c.

Il a fait imprimer à Paris vn iuste volume de ses poësies Françoises chez Iean Parant l'an 1582. lequel contient plusieurs discours, hymnes, Amours, Contr'amours, Eglogues, Elegies, Anagrāmes & Epigrāmes.

L'Vranologie, ou discours du Ciel, contenant plusieurs discours de la Sphere & autres choses appartenantes aux Mathematiques, lequel œuure il a dedié à Monsieur des Portes, &c. imprimé à Paris chez Guillaume Iulien l'an 1584.

Il a traduit en vers Latins la Sepmaine du sieur du Bartas, mais i'en feray mention autre-part.

Ie n'ay

Ie n'ay pas cognoissance de ses autres œuures & compositions Françoises.

Il florist à Paris cette annee 1584.

IEAN ERARD OV ERARS, ancien poëte François, lequel florissoit en l'an de salut 1250. ou enuiron.

Il a escrit plusieurs chansons d'amours & autres poëmes non encores imprimez.

B.L. **IEAN EVSEBE** Bourbonnois docteur en la faculté de Medecine à Montpellier.

Il a escrit en François, vn liure de la science du Poux, qui est le meilleur & plus certain moyen de iuger des maladies, imprimé à Lyon l'an 1568. chez Iean Sangrain.

Frere **IEAN FALVEL**, docteur en Theologie religieux de l'ordre des Iacobins, Chanoine en l'Eglise de Nostre-Dame de Boullongne l'an 1577.

Il a prononcé vne harangue, ou oraison funebre à l'imitation des anciens, pour deux excellẽts cheualiers François, l'vn Seigneur du Biez Mareschal de France, l'autre Sieur de Veruin, Messire Iaques de Coussy son gendre, gouuerneur de Boullõgne sur la mer, &c. imprimee à Paris l'an 1578. chez Iean de Lastre. Nous auons fait mention dudit Faluel icy deuant, parlans de François de l'Aloüette President de Sedan, &c. autheur desdittes harangues.

IEAN FERE, de l'ordre des freres mineurs ou Cordeliers.

Il a escrit vn liure de Sermons par le commandement de Philippes Roy de France l'an 1212. Il se trouue escrit à la main sur parchemin, l'an 1474.

Messire **IEAN FEREI** Cheualier, sieur de Dur-escu, & de Fonteines en Normandie, Conseiller du priué Conseil du Roy Henry 3. Il nasquit l'an 1516.

Il a traduit de Latin en François le premier liure de François Patrice traictant de la Monarchie & de l'Institution du bon Roy, imprimé à Paris l'an 1577.

Il florissoit l'an 1576. âgé de 60. ans.

B.L. **IEAN LE FERON** Aduocat au Parlement de Paris, natif de Compiegne en Picardie l'vn des plus diligents & des plus curieux hommes de France pour la recherche des maisons nobles, des armoiries, & de l'histoire, cõme il l'a mõstré par les liures qu'il a mis en lumiere, sçauoir est.

Le catalogue des Connestables de France, Grands Maistres, Mareschaux, Admiraux, Chanceliers & Preuosts de Paris, &c. imprimez à Paris auec les Escussons ou Armoiries des susdits, & le blason d'icelles, chez Michel de Vascosan l'an 1555.

Traité de la primitiue institution des Rois Heraults, & poursuiuans d'armes, imprimé à Paris chez Maurice Menier l'an 1555. in 4 ch. 12.

L'Histoire Armoriale reduite en 12. volumes contenant les escussons, blasons,noms,surnoms, qualitez, & memoire perpetuelle, des Rois, Princes, Seigneurs, Gentils-hommes & Nobles de plusieurs Royaumes Chrestiens & infideles & principalement du Royaume de France. Ce liure n'est encores mis en lumiere.

Il a recueilly le Catalogue des cheualiers de diuers ordres, instituez par les Roys de France. Il n'est encores imprimé.

Genealogie de la tresnoble & tresancienne maison de Sanzay en Poictou,contenant cent escussons ou armoiries des alliances les plus nobles de laditte maison. Elle se voit escrite à la main, chez mesdits sieurs de Sanzay,faite par ledit Iean le Feron l'an 1561.

Il a escrit les genealogies de plusieurs maisons nobles de France, sçauoir est de Luxembourg, Croy ou Crouy en Picardie, Ducs d'Arscot, Bollongne sur la mer, Harcour en Normandie, & autres.

Le grand blason d'armoiries composé l'an 1544.

Le Symbole armorial de France & d'Escosse, fait l'an susdit 1544.

Les Armoiries de tous les Roys, Roynes & enfans de France, depuis Pharamond iusques au regne du Roy Henry 2. auec vne brefue description de leurs actes vertueux: ce liure n'est encores en lumiere non plus que les susdits. Il en fait mention en son epistre au Roy mise au deuant de son catalogue des Connestables de France.

Il florissoit à Paris l'an 1564. soubs le regne de Charles 9. âgé de plus de 60. ans, soubs le regne duquel Roy il mourut.

IEAN FERRON, de l'ordre des freres Prescheurs ou Iacobins de Paris.

Il a traduit de Latin en François le liure du Ieu des eschets, escrit premieremẽt en Latin par Iaques de Courcelles Iacobin, docteur en Theologie. Ie l'ay autrefois veu escrit à la main chez Iean de Bordeaux Libraire demeurant à Paris.

IEAN LE FEBVRE OV FEVRE, natif de Dijon en Bourgogne, Secretaire de Monsieur le Cardinal de Giury, & Chanoine de Langres, &c. autre que Iean le Feure prestre natif de Dreux (duquel nous ferons mentiõ apres cettuy-cy). Ledit Iean le Febure de Dijon est Poëte, Theologien, Mathematicien & peintre, curieux des arts mechaniques, & sur tout de l'horlogerie & de la peinture.

Il a escrit vn dictionaire des Rithmes Françoises, imprimé à Paris chez Galiot du Pré l'an 1572. nous auons dit cy dessus (parlant d'Estienne Tabourot Aduocat de Dijon en Bourgongne) qu'il estoit autheur dudict liure, mais c'est cetuy-cy, & à la seconde edition i'effaceray celà.

Il a traduit de Latin en vers François les Emblemes d'André Alciat, imprimees à Paris chez Chrestien Vvechel l'an 1536. auec les vers Latins & François. Claude Minos de Dijon les a aussi traduites & fait imprimer chez Iean Richier à Paris l'an 1584. cõme nous auons dit cy dessus.

IEAN LE FEVBVRE preſtre, natif de Dreux pres Chartres.

Il a eſcrit vn liure en vers François, qu'il a intitulé les fleurs & antiquitez des Gaules : auquel liure il traicte principalement des anciens Philoſophes Gaulois, appellez Druides, auec la deſcription des bois, foreſts, vignes, vergers & autres lieux de plaiſir, ſituez pres ladite ville de Dreux, imprimé à Paris chez Pierre Sergeant l'an 1532. auquel temps floriſſoit ledit autheur.

IEAN FIGON, de Monteilimar en Dauphiné.

Il a traduit de Latin en vers François, vn liure intitulé l'Amitié bannie du mõde, eſcrite en forme de dialogue par Cyrus Theodoretus, &c.

La Courſe d'Atalante, qui eſt vn Poëme François, imprimé à Toloſe l'an 1558. chez Pierre du Puis, auquel lieu floriſſoit ledit Figon l'an ſuſdit 1558.

IEAN FILLEAV I.C. natif de Clermont en Beauuaiſis.

Il a traduit quelques liures en François, imprimez à Paris.

IEAN FLAMEN, Miniſtre à Geneue, natif de Toulon en Prouence.

Ie n'ay point veu de ſes eſcrits.

IEAN FLEVRY, DIT FLORIDVS.

Il a traduit en vers François le liure des deux amants, Guiſchar ou Guiſgard, & Sigiſmonde, fille de Tancredus, prince de Salerne &c. imprimé à Paris.

Leonard Aretin Italien, auoit premierement eſcrit ce liure en langue Latine.

IEAN DE FOIGNY, imprimeur de Monſieur le Cardinal de Lorraine, à Rheims en Champagne l'an 1563.

Il a traduit de Latin en François, l'oraiſon funebre prononcee à Rome, aux obſeques & funerailles de feu Monſieur le Duc de Guiſe, Meſſire François de Lorraine &c. par Iulien Pogian, dit Pogianus, imprimee à Rheims par ledit de Foigny, & à Paris par Nicolas Cheſneau l'an 1563.

IEAN DE LA FONTAINE, natif de Valenciennes, au Conté de Henault en la Gaulle Belgique, ancien Poëte François, Philoſophe & Mathematicien, lequel floriſſoit en l'an de ſalut 1413. &c.

Il a eſcrit & composé en vers François, vn liure contenant pluſieurs ſecrets, touchant l'Alchimie, lequel il a intitulé la Fonteine des amoureux de ſcience. Ce liure a eſté reueu, & mis en ſon entier, auec les figures, par Antoine du Moulin Maſconnois, & imprimé à Lyon par Iean de Tournes l'an 1547. & à Paris par Guillaume Guillard l'an 1561. auec trois autres petits traictez de la transformation metalique &c.

s.L. **IEAN FONTAINE**, autre que le ſuſdit.

Il a eſcrit en Latin, & depuis traduit en François, vn liure qu'il a intitulé le petit iardin pour les enfans, contenant les noms & appellations de toutes ſortes d'oyſeaux, animaux, poiſſons, ſerpents, arbres, herbes, plantes & autres choses semblables, le tout reduit par lieux cõmuns, & encores par ordre alphabetiq ou d'A, b, c, auec le Latin à costé du François: & au liure Latin, il a mis le François apres, imprimé à Lyon par Charles Pesnot l'an 1581.

IEAN DE LA FOREST, Protenotaire du S. siege Apostoliq.

Il a traduit en François, la tres-elegante oraison du seigneur Berthelemy Caualcanti Florentin, imprimee à Paris par Galiot du Pré l'an 1530.

IEAN DE LA FOSSE Parisien.

Il a traduit de Latin en François, les vies & gestes des anciens Patriarches, escrites en Latin par Ioachim Perion, moine de l'Abbaye de Cormery en Touraine &c. imprimees à Paris chez Iaques Keruer l'an 1557. in 8.

IEAN FORNIER.

Il a escrit en vers François, vn Poëme qu'il a intitulé l'Vranie, contenant la naissance du Roy Henry second, qui fut l'an 1519. le dernier iour de Mars à six heures quinze minutes du matin, imprimee à Paris chez Charles l'Angelier l'an 1555.

IEAN FOVRNIER, de Montauban.

Il a traduit en François, les affections d'Amour de Parthenius, ancien autheur Grec, & les narrations d'Amour, escrites par Plutarque, le tout imprimé à Lyon l'an 1555. Ie ne sçay si ces deux Fornier, & Fournier, ne sont qu'vn mesme.

Messire IEAN DE FRANCIERES OV FRANCHIERES, Cheualier de l'ordre de S. Iean de Hierusalem, Commandeur de Choissy en France, grand Prieur d'Aquitaine &c.

Il a escrit en François, vn liure de la Faulconnerie, lequel nous auons par deuers nous escrit à la main de lettre antique: il a esté depuis imprimé à Poictiers chez les Marnefs, auecques les liures de Faulconnerie de Guillaume Tardif, &c.

B.L. IEAN LE FRERE de Laual au Maine, sur les frontieres de Bretagne, principal du college de Bayeux, fondé à Paris &c. homme docte en Grec & en Latin.

Il a escrit en François, vne tres-ample histoire de nostre temps, imprimee à Paris chez Nicolas Chesneau par diuerses fois, & depuis augmentee de plus de la moitié, par ledit le Frere, & imprimee par ledit Chesneau & Ieã Poupy l'an 1581. sans qu'il y ait voulu mettre son nom, à cause de plusieurs histoires contenues en ce liure, desquelles il ne vouloit en estre estimé l'autheur, pour ne desplaire à aucun de son temps.

Il a traduit la Chronique d'Eusebe.

Il a traduit l'histoire de Iosephe de Grec en François, imprimee auec la version Latine & Françoise, en deux diuerses colomnes, à costé l'vne de l'autre, chez Nicolas Chesneau & autres: François Bourgoing l'auoit l'auoit auparauant traduite, & Gilbert Genebrard, docteur en Theologie à Paris, &c. a esté le dernier de ces trois qui l'a traduite en nostre langue, comme nous auons dit cy deuant parlant de luy.

Il a escrit vn liure intitulé le Charideme, ou du mespris de la mort, auec plusieurs vers Chrestiens, le tout imprimé ensemble à Paris l'an 1579. chez Nicolas Chesneau.

Plusieurs Noels ou Cantiques sur l'aduenement de nostre seigneur Iesu-christ, imprimez à Angers & en autres lieux.

Il a traduit de Grec & de Latin en nostre langue Françoise, plusieurs vies de Saincts & Sainctes, imprimees auec les trois grands volumes de l'histoire des Saincts chez Nicolas Chesneau & autres.

Il a augmenté de beaucoup le dictionnaire François & Latin, apres Iean Thierry de Beauuais, ledit Iean le Frere l'auoit de beaucoup enrichy, & mesmement il y auoit adiousté vn recueil des noms propres modernes de la geographie, conferez aux anciens, le tout par ordre d'A, b, c, ou alphabetiq, auec vne briefue obseruation de leurs situations. Ce liure auoit esté imprimé chez Michel Sonnius, Iaques du Puis & autres l'an 1572. & ie ne sçay qui a esté cause de mesler ce liure mis à part, auec toutes les autres dictions Françoises, car c'estoit vne chose plus prompte à trouuer (estant reduit en vn bref recueil de choses de mesme matiere) que de l'aller chercher parmy cent mille mots, qui n'ont rien de pareille signification.

Il a peu escrire autres œuures, desquelles ie n'ay pas cognoissance.

Il mourut de peste à Paris, le mardy 12. ou mercredy 13. iour de Iuillet l'an 1583.

IEAN DE FRESSE, Euesque de Bayonne, appellé par aucuns le sieur de Fresnes, Ambassadeur pour le Roy Henry second en Almagne l'an 1552.

Il a escrit vn liure intitulé le premier liure des Estats & maisons plus illustres de la Chrestienté, imprimé à Paris l'an 1549. chez Vincent Sertenas, sans que le nom dudit Euesque y soit mis.

Il harangua pour son maistre Henry second Roy de France, en vne Diete des Princes de l'Empire l'an susdit 1552. cette harangue se trouue enregistree és commentaires de celuy qui a escrit de l'Estat & l'Empire & religion d'iceluy. François Balduin I.C. fait mention dudit de Fresse en son Panegyric, sur le mariage du Roy Charles 9. & celuy qui a escrit les faits & gestes du Roy Henry second, en parle aussi.

IEAN DE FRIGEVILE, natif de Realmont en Albigeois, homme docte és Mathematiques, & sur tout en la Chronologie ou supputation des temps, issu de la maison du Gault &c.

Il a mis en lumiere vne sienne Chronologie, contenant la generale duree du monde, demonstree par la parole de Dieu, escrite par l'autheur, tant en Latin qu'en François, imprimee à Paris chez Abraham

Dauuel l'an 1582. & par le Verrier.

Il escrit vn autre second discours, touchant l'argument susdit, imprimé à Paris par Timothee Iouan l'an 1583.

Il florist à Paris cette annee 1584.

IEAN FROISSART, natif de Valenciennes en Haynault, Thresorier & Chanoine de Chimay.

Cestui-cy a esté l'vn des plus renommez historiens de France.

Il a escrit les Chroniques de France, d'Angleterre, d'Escosse, d'Espagne, de Bretagne, Gascongne, Flandres, & lieux d'alentour, ou circonuoisins, le tout reduit en trois volumes, imprimez à Paris l'an 1505. par Michel le Noir & autres.

Il commence son histoire dés l'an de salut 1326. iusques en l'an 1390. & 1391. son histoire ou Chronique a esté reueuë & recorrigee par Denis Sauuage, sieur du Parc, natif de Fõtenailles en Brie &c. & imprimee à Paris chez Sonnius & autres depuis peu de temps en ça (comme nous auons dit cy dessus parlant dudit sieur du Parc.)

Il florissoit l'an 1326. & son histoire a esté suyuie par Mõstrelet & autres.

IEAN FRVMIAVX, natif de l'Isle en Flandres (comme aucuns pensent) ancien Poëte François l'an 1260. ou enuiron.

Il a escrit plusieurs poësies Françoises, & entre-autres des chansons amoureuses, lesquelles ne sont imprimees.

a.l. IEAN DE GAIGNY OV DE GANNEY, DIT GANEIVS OV GAYNEIVS, docteur en Theologie, & Chancelier de l'Vniuersité de Paris, premier Ausmonnier du Roy François premier du nom &c. parent du Chancelier de France Messire Iean de Gannay &c. Cestui-cy estoit for docte en Grec & en Latin, & bien renommé entre les Poëtes Latins.

Il a traduit de Latin en François, les commentaires de Primatius, Euesque d'Afrique, sur les Epistres de S. Paul, par le commandement du Roy François son Maistre.

Il a traduit les sermons des six parolles de Iesu-christ en croix, imprimees à Lyon par Iean de Tournes l'an 1543.

Il a traduit de Latin en François, les Sermons de Guerricus Abbé d'Igny, imprimez à Paris chez Symon de Colines dit Colinet.

Il florissoit l'an 1543. Ie feray mention de ses escrits Latins autre-part.

a.l. IEAN GALLERY OV GVALLERY, natif de la ville du Mans, oncle de maistre Prothais Coulom Chirurgien, des plus renommez du Maine &c.

Cestuy Iean Guallery estoit Poëte François, Philosophe, Mathematicien & bien versé en autres sciences.

Il a composé quelques Tragedies, Comedies, & autres poësies Françoises, non encores imprimees. Il fut accusé en fin d'estre magicien, & fut condamné aux galeres.

Le liure mis au nom de la Roine de Nauarre, intitulé l'Heptameron ou sept iournees, fait mention dudit Gallery, & de ce qu'il luy aduint. Il estoit principal du college de Iustice à Paris, auquel lieu il fist ioüer & representer plusieurs Tragedies & Comedies, tant en Latin qu'en François, composees par luy. Ses œuures ne sont en lumiere.

Il florissoit à Paris soubs le regne de François premier du nom, Roy de France.

IEAN GALLOIS, ancien Poëte François l'an 1260. ou enuiron, natif d'Aubepierre.

Il a escrit le Fabliau moral, de la Bourse pleine de Sens, non encores imprimé, voy CL. F.

IEAN GARDEY FAGET.

Il a traduit de Latin en François, le recueil des fleurs & sentences de Lactance Firmien, pleines de pieté & doctrine, le tout reduit en lieux communs par Thomas Beçon, imprimé à Lyon l'an 1558. par Clement Baudin.

IEAN GARDET, OV GVARDET, Bourbonnois.

Il a fait & recueilly auec Dominique Bertin Parisien, l'Epitome ou extraict abregé, des dix liures d'architecture de Marc Vitruue Pollion, enrichy de figures & protraicts pour l'intelligence du liure, imprimé à Paris par Gabriel Buon l'an 1567. le tout auec annotations sur les plus difficiles passages de l'autheur &c. Ce liure a esté aussi imprimé à Tolose l'an 1556. auquel temps florissoit l'autheur d'iceluy.

IEAN GARNIER, sieur de la Guiardiere, natif de Laual au Maine, Poëte François & Historien.

Il a escrit plusieurs poësies Françoises, & entre-autres, vn Poëme qu'il intitule la Mer rouge. Ce liure n'est encores imprimé. I'ay apris cecy de Monsieur de Loriere frere du susdit.

IEAN GARNOT Medecin, natif de Iuerre.

Il a traduit de Latin en François, la catholique demonstration de la diuine essence de Dieu.

IEAN GASSOT Historien François.

Il a escrit vn discours de ses voyages en Hierusalem & au mont de Sinay l'an 1547.

Il florissoit l'an 1550. ou enuiron. I'ay veu ce liure escrit à la main, auecques les voyages faits par frere Bonaduéture Brochard & Greffin Arfagart, sieur de Courteilles, desquels nous auons parlé cy deuant.

IEAN GAVLTIER, sieur de Bruslon, gentilhomme Angeuin, maistre des comptes en Bretagne.

Il a escrit vn liure de l'origine, excellence & progrez de l'estat & office de Maistre des comptes, lequel n'est encores imprimé.

Il florist cette annee 1584.

IEAN LE GENDRE Parisien.

Il a composé vne briefue introduction en la musique, imprimee à Paris chez Nicolas du Chemin. Il y a vn autre Iean le Gédre, natif d'Orleans, mais ie ne sçay s'il a rien composé.

S.L. IEAN GERMAIN, natif de Clugny en Bourgongne, docteur en Theologie, Euesque de Neuers, & depuis de Chalon sur Saone, Chancelier de l'ordre de la Toison d'or, soubs Philippes Duc de Bourgongne &c.

Il est autheur de l'oraison Françoise, qu'il prononça au Concile de Constance en Almagne, l'an de salut 1414. au nom de Philippes Duc de Bourgongne son maistre &c. ie ne l'ay point veuë imprimee.

Pierre de S. Iulien parle amplement dudit Iean Germain en son liure de l'origine des Bourgongnons.

S.L. IEAN GERSON DIT CHARLIER, qui est son vray surnom, & quant à ce qu'il a tousiours retenu ce nom de Gerson, c'est qu'il estoit natif dudit lieu de Gerson au pays de Champagne, soubs l'Archeuesché de Rheims. Il nasquit l'an 1362. le 14. iour de Decembre. Il fut docteur en Theologie à Paris, des plus renommez de son temps, & en fin Chancelier de l'Vniuersité.

Il a escrit plusieurs Sermons en nostre langue Françoise, lesquels ont esté depuis traduits en Latin.

Il a composé l'instruction des Curez, imprimee à Paris par André Roffet l'an 1557.

Harangue faite par ledit Gerson, & prononcee par luy-mesmes au nom de l'Vniuersité de Paris, deuant le Roy Charles 6. & son conseil, imprimee à Paris par Gilles Corrozet l'an 1561. & auparauant imprimee par Durand Gerlier &c.

Il a escrit vn for grand nombre de liures en Latin, desquels ie feray mention autre-part.

Il mourut à Lyon sur le Rhosne l'an 1429. en l'an de son âge 66. selon qu'a escrit Tritemius, & selon Iean Bouchet aux Annales d'Aquitaine il mourut l'an 1432.

Il est enterré en l'Eglise des Celestins à Lyon, & est reputé de plusieurs, homme de saincte vie, encores qu'il n'aye pas esté canonizé.

Il estoit disciple de Pierre d'Ailly dit de Aliaco, Cardinal & Euesque de Cambray. Il fut en personne au concile de Constance en Almagne, pour essayer d'extirper les heresies qui auoyent cours en ce temps-là.

S.L. IEAN DE LA GESSEE OV IESSEE DIT IESEVS, natif de Mauuaisin en Gascongne, Poëte tres-excellent, tant Latin que François &c.

Il a escrit en l'an de son âge 26. les amours de Grasinde, imprimez à Paris chez Galiot Corrozet, fils de feu Gilles Corrozet &c. l'an 1578.

Plusieurs vers Latins & François, sur la mort & trespas de Iean de Morel gentilhomme, natif d'Ambrun en Daulphiné, pere de Madamoiselle Camille de Morel &c. (de laquelle nous auons parlé cy deuant.)

Il a

Il a eſcrit vn for gros & bien iuſte volume de toutes ſes poëſies Françoiſes, imprimees à Anuers chez Plantin l'an 1583.

Il floriſt cette annee 1584.

IEAN GILLOT Champenois. Il a traduit de Latin en François, le Catechiſme, compoſé & mis en lumiere ſelon le decret du Concile de Trente, imprimé à Paris l'an 1568. chez Iaques Keruer.

IEAN GIRARD, ſieur de Colombiers, Conſeiller du Roy au ſiege preſidial & Seneſchauſſee du Maine, homme bien docte en Grec & Latin.

Il a eſcrit pluſieurs choſes tant en Latin qu'en François, ſur pluſieurs differents ſubiects, leſquels il n'a encores fait imprimer.

Il floriſt au Mans cette annee 1584. âgé d'enuiron 40. ans.

IEAN GIRARD, de Bourges en Berry.

Il a eſcrit quelques œuures, deſquelles ie n'ay pas cognoiſſance.

IEAN GLAPION, natif de la ville de la Ferté-Bernard, au Conté du Maine, à dix lieuës de la ville du Mans &c. religieux de l'ordre des freres Mineurs, ou Cordeliers, iadis Miniſtre Prouincial de Belges, docteur en Theologie, & confeſſeur de l'Empereur Maximilian l'an 1520.

Il a eſcrit pluſieurs liures, tant en Latin qu'en François, ſoit en proſe ou en vers: Il a prononcé pluſieurs oraiſons & ſermons, deuant ledit Empereur ſon maiſtre, & entre-autres celuy qu'il fiſt du iour des Cendres ſur le Pater noſter &c. recueilly par Nicolas VOLKIR, dit le Poligraphe (duquel nous parlerons cy apres) & l'a fait imprimer auec ſes autres œuures l'an 1523.

Il mourut d'vne diſenterie en la ville de Valdoly en Eſpagne, au Royaume de Caſtille l'an 1522. le 14. iour de Septembre, comme i'ay leu dans l'Epitaphe fait ſur ſa mort par ledit Volkir.

Eraſme ſe moque & fait vn diſcours plain de riſee dudit Iean Glapion confeſſeur de l'Empereur, ne le voulant nommer de ſon nom, mais ſeulement le donnant à cognoiſtre par ſon pays & par ſes qualitez, ce que lon pourra voir en ſon liure, intitulé Ciceronianus dialogus, ou de la prononciation &c. fol. 135. de l'impreſſion de Gryphius à Lyõ l'an 1528. & repete en cet endroit-là, la mauuaiſe grace qu'eut ledit Glapion Manceau, en prononçant vne oraiſon Latine deuant l'Empereur Maximilian, laquelle il dit qu'vn Italien auoit faite &c. & toutesfois ledit Eraſme au catalogue de ſes liures, le louë grandement & l'appelle ſon amy &c. I'ay dit cecy en paſſant & ſelõ que l'amour du pays me l'a fait faire: car ledit Glapion eſtoit voiſin de la ſeigneurie de la Croix-au Maine, & le reſpecte pour auoir eſté hõme de lettres, cõme ie fay tous autres ſes ſemblables, quoy qu'Eraſme l'ait voulu blaſonner: Et croy que c'eſtoit pluſtoſt pource qu'il eſtoit Cordelier que pour autre raiſon, car il en a touſiours voulu à ceux-là, ſur tous autres, cõme il a aſſez donné à cognoiſtre en ſes Colloques & autres lieux de ſes œuures.

B.L. IEAN GOEVROT, Viconte du Perche, medecin du Roy François premier, lequel fut premierement medecin de Madame Marguerite de Lorraine Duchesse d'Alençon.

Il a cõposé le sommaire & entretenemẽt de vie, qui est vn extraict tres-singulier de toute la medecine & chirurgie, imprimé à Paris l'an 1530.

Frere IEAN GOLAIN Normand, de l'ordre de nostre Dame du Carme, Prieur du Conuent de Roüen, docteur en Theologie en l'Vniuersité de Paris l'an 1372. Prouincial de France &c.

Il a traduit de Latin en François à la requeste de Charles 5. Roy de France, vn liure Latin, intitulé le Rational des diuins offices, ou ceremonies de l'Eglise des Catholiques &c. composé par Guillaume Durand, Euesque de Mande l'an 1286. imprimé à Paris l'an 1503. chez Antoine Verard. Ce liure contient 8. parties, & ledit Golain n'en a traduit que sept. Il laisse la huictiesme à traduire aux Astronomes.

Il a traduit de Latin en François, les Collations des saincts peres anciens, traduites premierement de Grec en Latin par Cassiodore, imprimees à Paris chez Antoine Verard.

Il florissoit du temps de Charles 5. Roy de France l'an 1373.

B.L. IEAN DE GORRIS DIT GORREVS, docteur en medecine à Paris, fils de Pierre de Gorris medecin, natif de Bourges en Berry &c.

Il a escrit plusieurs liures en Latin, touchant la medecine, imprimez à Paris chez Vechel : & en François il a traduit vne sienne epistre liminaire, ou mise au deuant de ses definitions de medecine &c. imprimee à Paris l'an 1564. Il mourut l'an 1577. âgé de 62. ans ou enuiron. Il estoit pere de Loys de Gorris, Aduocat au Parlement de Paris &c.

B.L. IEAN GOSSELIN, natif de Vire en Normandie, garde de la Bibliotheque ou Librairie des Rois de Frãce, Charles 9. & Henry 3. &c. homme for docte és Mathematiques, bien versé en la philosophie, & ayant cognoissance de beaucoup de langues &c.

Il a escrit en nostre langue Françoise, vne table de la reformation de l'an, imprimee à Paris l'an 1582.

Il a traduit de Latin en François, le Calendier Gregorian perpetuel, imprimé à Paris par Pierre le Verrier l'an 1582.

Les Ephemerides, ou Almanachs pour cẽt ans, imprimez à Paris chez Guillaume Chaudiere.

Il a escrit en Latin plusieurs beaux preceptes & enseignemens pour la Musique, tant antique que moderne, desquels nous ferons mention autre-part. Il florist à Paris cette annee 1584.

IEAN GOVION, autresfois architecte de monsieur le Connestable Messire Anne de Montmorency, & depuis du Roy Henry 2. &c. homme tres-expert en sa profession.

Il est autheur des figures touchãt la massonnerie, lesquelles ont estéadioustees aux liures d'Architectute de Marc Vitruue Polliõ, traduits de Latin

Latin en François, par Iean Martin Parisien, imprimez à Paris chez les Marnefs l'an 1572.

IEAN DES GOVTES, Lyonnois.

Il a escrit en prose Françoise, le premier liure de la belle & plaisante histoire de Philandre, surnommé le Gentilhomme, Prince de Marseille & de Passe-Rose, fille du Roy de Naples, imprimee à Lyon par Iean de Tournes l'an 1544.

Il a traduit d'Italien en François, les œuures d'Arioste tant estimé en Italie. Il florissoit à Lyon l'an 1544. soubs François premier.

a.L. IEAN GOVVER Anglois, Cheualier de l'ordre d'Angleterre &c.

Il a escrit en nostre langue Françoise, le Miroir du Pensif, contenant dix liures, comme recite Iean Balee Anglois en la 7. Centurie des escriuains d'Angleterre. Il florissoit en l'an de salut 1402.

IEAN LE GRAND.

Il a recueilly vne instructiō generalle sur le fait des finances, & chambre des comptes, diuisee en trois parties : ensemble vn traicté des receueurs generaux, la forme de compter par iceux, auec les questions sur toutes les matieres qui y sont decidees, imprimee à Paris l'an 1553. chez Guillaume le Noir.

IEAN GRANDIN Angeuin.

Il a escrit quelques cōferences auec les Ministres de Geneue, touchāt les passages de l'Escriture saincte &c. imprimees à Paris l'an 1566.

a.L. IEAN DE LA GRANGE DIT GRANGIANVS, natif de Semur en Bourgongne, Aduocat au Parlement de Paris. Il a escrit quelques œuures tant en Latin qu'en François, ie ne sçay si elles sont imprimees.

IEAN GROSLIER Lyonnois, Thresorier de France &c. l'vn des plus curieux d'antiquitez (& sur tout des Medailles) qu'autre qui fust de son temps: comme l'ont tesmoigné presque tous les modernes escriuains, qui ont traicté des antiquitez: & entre-autres Celius Rhodiginus, qui luy a dedié quelques liures, Iaques de Strada Mantuan antiquaire, Gabriel Symeon Florentin, Guillaume du Choul, & vne infinité d'autres qui ont esté rechercheurs de l'antiquité, comme luy. Ie ne sçay si ledit Thresorier Groslier en a point escrit des memoires, pour le moins ie ne les ay pas veuz. I'entends qu'il auoit l'vne des plus superbes & magnifiques Bibliotheques de son temps, remplie de toutes sortes de liures en diuerses langues.

Il florissoit soubs le regne de François premier pere des lettres.

IEAN DV GVE', Aduocat au Parlement de Paris, oncle de Charles Fonteine Parisien, Poëte François &c. (duquel nous auons parlé cy deuāt.)

Il a escrit plusieurs poësies Françoises, sçauoir est Virlais, Rondeaux, Ballades, Ieux, & autres sortes de poësie, desquelles ledit Iean du Gué fait mention en sa responce audit Charles Fontaine, au liure intitulé les Ruisseaux de la Fontaine &c.

Messire IEAN DE LA GVESLE, natif dudit lieu en Auuergne, seigneur de la Chau, premieremēt Procureur general du Roy en son Parlement à Paris, & depuis President en ladite Cour. Le pays d'Auuergne a cette grace, donnee de Dieu, de produire vne infinité de graues & doctes personnages, non seulement és siecles passez, mais encores de nostre temps: la pluspart desquels sont venuz faire leur demeure en cette tant renommee & par tout celebree ville de Paris: lesquels ont obtenu des estats & offices les plus honorables au Parlement d'icelle, & l'ont tellemēt illustré, qu'il seroit difficile d'en pouuoir trouuer d'autre pays, en si grand nombre comme ont esté ceux de cette nation d'Auuergne: Entre lesquels ie nommeray par honneur, Messire Antoine du Prat, Chancelier de France & Cardinal &c. Antoine du Bourg Chancelier, oncle d'Anne du Bourg, Conseiller en Parlement, Messire Michel de l'Hospital Chancelier, Pierre Liset premier President, Messieurs de sainct André pere & fils, Presidents en ladite Cour, Charles de Marillac Aduocat du Roy, Iean Bardon Procureur du Roy, Antoine Matharel, & les sieurs de la Guesle: sans faire mention de Martial d'Auuergne, lequel florissoit il y a pres de quatre-vingts ans, ensemble de Iean Amaritō, Antoine Fontanō, Pellisier, Bōnefons, Amy & autres desquels ie n'ay pas souuenance pour cette heure: aussi que ie n'ay voulu parler que de ceux qui font profession du droict, & si i'eusse voulu parler des anciens Iurisconsuls d'Auuergne, i'eusse nommé Pierre Durand, dit le Speculateur, Massuere, Vincent Cigault, & plusieurs autres qui tous ont pris naissance en Auuergne. Quant aux Theologiens, Poëtes & Orateurs de ce pays-là, desquels Sidonius Apollinaris Euesque de Clermont en Auuergne l'an 480. est le chef & le plus renommé d'entr'eux, i'en feray mention en autre lieu & plus à propos. Or pour reuenir à parler du sieur de la Guesle President au parlement de Paris, pere de Iaques de la Guesle (lequel il a pourueu de son estat de procureur du Roy, qu'il tenoit auparauant) i'oseray dire qu'il est tellement docte & si eloquent, & si bien versé en la cognoissance des affaires d'estat, qu'il s'en trouuera peu, qui le surpassent en celà, non plus qu'en plusieurs autres choses louables, qui sont en luy. Il a prononcé beaucoup de harāgues tres-doctes en ladite Cour de Parlemēt, & a plaidoyé plusieurs belles causes, & bien dignes de remarque, tant au Parlement de Paris qu'en autres de ce Royaume, lesquelles ne sont encores en lumiere.

Il florist à Paris cette annee 1584.

IEAN GVY, procureur au Parlement de Tolose.

Il a escrit l'histoite des Scismes & heresies des Albigeois, imprimee à Paris chez Pierre Gaultier l'an 1561.

IEAN GVYARD, sieur de la Bruneliere.

Il a escrit plusieurs poëmes François, non encores imprimez, ensemble plusieurs oraisons, epistres, & harangues assez bien dictees. Il mourut au Mans (lieu de sa natiuité) le 3. iour de May 1568.

IEAN GVIDO, docteur en Medecine & Astrologue.

Il a escrit des prognostications de l'an 1548. imprimees à Paris audit an, auquel temps il viuoit: cette prognostication susdite a esté aussi imprimee à Lyon soubs le nom de Iean Blauet, duquel nous auons parlé cy dessus.

IEAN GVITOT Niuernois, secretaire du Duc de Lorraine.

Il a traduit de Latin en François, les meditatiõs des zelateurs de pieté, compilees & recueillies des œuures de S. Augustin, imprimees à Paris.

IEAN DE LA HAIE, gentilhomme Poicteuin, sieur dudit lieu en Poictou, Baron des Coutaux, Lieutenant du Seneschal de Poictou l'an 1574. Cet homme estoit non seulement né aux lettres, mais aussi aux armes, comme il l'a monstré par les diuers effects qui s'en sont ensuyuis en l'vne & l'autre charge, qu'il a prise durant les guerres ciuiles, & troubles de France (ce que nous dirons autre-part & plus à propos.)

Il a escrit l'histoire de nostre temps, contenant les guerres ciuiles aduenues en France, & principalement en la Gaulle Aquitanique, ou Guiénoise (dõt le pays de Poictou en est l'vne des principales parties) iusques au regne du Roy Hẽry 3. cette histoire n'est encores imprimee.

Il a escrit quelques Memoires & Recherches de la France & Gaulle Aquitanique, ou du pays de Poictou, &c. imprimez à Paris l'an 1581. chez Iean Parant. Ce liure contient entre-autres choses vn bien ample discours de la noble & bien ancienne maison des sieurs de Sanzay, Contes hereditaires de Poictou.

Il fut tué au pays de Poictou l'an 1574. ou enuiron. Iean le Frere de Laual fait assez ample mention de sa vie, en l'histoire de nostre temps, imprimee chez Poupy & Chesneau à Paris, à la derniere edition de laquelle il n'a pas mis son nom, comme il auoit fait en la premiere, car il parle de choses de plus de consequence, qu'aux precedentes (ce que noz François appellent plus chatouilleuses) &c.

B.L. IEAN HELVIS, natif de Beauuois en Picardie, precepteur de Messeigneurs d'Aumalle.

Il a escrit les tombeaux & discours des faicts, & la deplorable mort de Messire Claude de Lorraine Duc d'Aumalle, pair & grand veneur de France, &c. ensemble des plus signalez de ce Royaume, occis és guerres ciuiles, meuës pour le fait de la religion depuis l'an 1562. iusques à present, imprimé à Paris par Denis du Pré l'an 1575.

Il florissoit l'an 1573.

IEAN HENRY, chantre & chanoine en l'Eglise de nostre Dame à Paris, & President des enquestes du Palais.

Il a escrit en nostre laugue Frãçoise, vn traicté de la Natiuité de nostre Seigneur, contenant la visitation des pastoureaux & des Rois, pris sur le Psalme Eructauit, imprimé à Paris l'an 1506. par Pierre le Dru, pour Durand Gerlier.

IEAN DE HESNAVLT, M. à G.

Il a traduit de Latin en François, les fondements de la religion Chrestienne, du temps de l'Eglise primitiue &c. pris du Latin d'André Hiperius &c. le Symbole des Apostres &c. & autres, le tout imprimé à Lyon l'an 1565. chez Benoist Rigault.

L'estat de l'Eglise, depuis le temps de l'Empereur Leon, iusques au temps de Charles cinquiesme Empereur, imprimé à G. l'an 1557. par Iean Crespin. Ledit Iean Henault viuoit en l'an 1564.

B. L. Messire IEAN IAQVES DE MESMES, seigneur de Roissy, docteur és droicts à Tolose, & lequel a autresfois leu publiquement en ladite Vniuersité. Cetui-cy fut premierement lieutenant ciuil au chastelet de Paris l'an 1544. & depuis Maistre des requestes de l'hostel du Roy François premier, Henry second, François second, & Charles neufiesme. Il estoit natif de la ville de Roque-fort ou Roche-fort, situee és Landes de Bordeaux, & selon d'autres il estoit du Mont de Marsant, petite ville situee au bas des monts Pyrenees. Ie n'ay pas veu ses escrits, mais i'ay opinion que Messire Henry de Mesmes son fils aisné, seigneur de Roissy & Malassise (duquel nous auons parlé cy deuant) les mettra vn iour en lumiere, pour monstrer qu'il est issu d'vn pere orné d'vne rare literature, & d'vn iugement & esprit esmerueillable.

Il mourut à Paris en sa maison l'an 1569. le Mardy vingtcinquiesme iour d'Octobre, & fut enterré en l'Eglise des Augustins à Paris le Mercredy ensuyuant.

B. L. IEAN IMBERT, natif de la ville de la Rochelle pres Bordeaux, licentié és droicts, Aduocat au siege de Fontenay le Conte, en Poictou.

Il est autheur du liure vulgairement appellé l'Enchiridion ou Manuel d'Imbert: auquel liure est expliquee la pratique du droict gardé & obserué en France, & aussi du droict non escrit, c'est à dire aboly par les coustumes. Il a esté imprimé par vne infinité de fois, tant il a esté bien receu. Ie ne sçay si ledit Imbert l'a escrit en François, comme ie sçay qu'il la composé en Latin, car nous auons la traduction d'iceluy faite par Nicolas Theueneau &c. imprimee à Poictiers & autres lieux, comme nous dirons cy apres.

Ledit Imbert a traduit de Latin en François, la paraphrase du premier liure de ses institutions Forenses, autrement intitulé la pratique Iudiciaire, imprimee à Paris par Symon de Colines ou Colinet, & depuis imprimee l'an 1566. Guillaume Lymandas, Conseiller du Roy à Lyon, les a aussi traduites for fidellement, comme nous auons dit cy dessus.

IEAN IMBERT (autre que le susdit) Appoticaire demeurant à Montpellier.

Il a recueilly quelques memoires du seigneur Laurent Ioubert, medecin du Roy de Nauarre &c. lesquels il a fait imprimer, auecques la seconde partie des Erreurs populaires dudit Ioubert, à Paris chez Abel l'Angelier l'an 1580.

IEAN IOLIVET de Limoges, l'vn des excellents hommes de France, pour la Chorographie, ou description des Prouinces & nations.

Il a fait vne tres-ample description de la France & des Gaules, & ses confins, imprimee à Paris l'an 1565. par Alain de Mathoniere & autres.

Il a fait la description de plusieurs prouinces & nations de France, par le commandement du Roy Henry 2. lesquelles ne sont pas imprimees, d'autres les ont euës apres sa mort, & comme plagiaires se les sont attribuees, & les ont fait imprimer en leur nom sans faire mention dudit Ioliuet, mais nous parlerons de cecy autre-part.

Messire IEAN DE IOVVILLE, OV DE IONVILLE Cheualier, sieur dudit lieu, & Seneschal de Champagne, appellé par aucuns Iean sire de Ionuille. Il fut au seruice du Roy S. Loys l'an 1270. par l'espace de 32. ans.

Il a escrit vne histoire tresample de la vie, faits & gestes du Roy S. Loys son maistre, laquelle nous auons par deuers nous escrite à la main sur parchemin en langage François vsité pour lors. Cette histore a esté depuis imprimee à Poictiers par les De-Marnefs.

Loys Lasseré grand maistre du College de Nauarre fondé à Paris, &c. lequel florissoit l'an 1520. (comme nous dirons en son lieu) a escrit l'histoire dudict S. Loys, & aduoüe s'estre aydé en celà de laditte Chronique du Sire de Ionuille, comme aussi a fait Iosse Clitoue, Chanoine de Chartres dit Iodocus Clitoueus, &c. L'histoire dudit Roy S. Loys escrite par Loys Lasseré Tourangeau, se voit imprimee auec le grand volume qu'il a fait imprimer à Paris touchant la vie de S. Hierosme, du temps de Loys 12. & soubs François 1.

IEAN ISSANDON OV YSSANDON, (par y Grec) natif de Lessart en la Conté de Foix.

Il a escrit vn traicté de la Musique pratique, diuisé en deux parties, imprimé à Paris chez Adrian le Roy, & Robert Ballard, l'an 1582.

Il florissoit en la ville d'Auignon, l'an 1582.

IEAN LAMBERT, religieux de l'ordre de Clugny.

Il a traduit la seconde partie de l'horloge de l'Empereur M. Aurelle, imprimee à Paris l'an 1580.

IEAN DE LA LANDE, natif de Bretagne, gentilhomme de la maison de Monsieur le Duc d'Anghien ou d'Anguyen.

Il a traduit de Grec en François l'histoire de Dictis de Crete, traictant des Guerres de Troye, & du retour des Grecs en leurs pays, apres Ilion ruiné, imprimee à Paris, par Estienne Grouleau, l'an 1556. ledit sieur de la Lande eut la teste trenchee à Paris l'an 1560. ou enuiron, pour auoir mal versé en quelques de ses charges, les vns disent que ce fut pour auoir contrefait les seaux ou bien le cachet du Roy, ie n'en peux rien iuger au vray.

Mathurin Heret Medecin au Mans auoit traduit ledit liure de Dictis de Crete & de Dares, de Phrygie, auparauant ledit Iean de la Lande, comme nous dirons cy apres.

B.L. IEAN LANGE DE LVXE, Conseiller & Aduocat de la Royne au Parlement de Bordeaux.

Il a fait vne harangue pour le peuple & tiers estat de France, prononcee par luy aux Estats generaux tenuz à Orleans l'an 1560. soubs Charles 9. imprimee à Orleans l'an 1560. par Eloy Gibier.

IEAN LANGE Ministre de Noyon & Bursin. Ie n'ay point veu de ses escrits, encores qu'il en ait composé plusieurs,

IEAN L'ANGLOIS, sieur de Fresnoy Aduocat au Parlement de Paris.

Il a traduit en François la vie de nostre Seigneur Iesus-Christ escrite en Latin par vn Saxon nommé Ludolphus de l'ordre des Chartreux à Strasbourg en Almagne l'an 1334. &c. Laditte vie a esté imprimee à Paris en deux volumes l'an 1581. chez Nicolas Chesneau.

Il florist à Paris cette annee 1584.

B.L. IEAN DE LAVARDIN gentilhomme Vandomois, Abbé de l'Estoille & maistre de l'Hostel-Dieu de Vendosme, frere aisné de Iaques de Lauardin sieur du Plessis, &c. (duquel nous auons parlé cy dessus) tous deux issuz de la noble & ancienne maison de Ranay pres Lauardin & Montoire en Vandosmois.

Il a traduit plusieurs liures Grecs & Latins, en nostre langue Françoise, desquels s'ensuiuent les tiltres.

La Confession de foy escrite par le Cardinal Hosius Polonnois, imprimee à Paris chez Claude Fremy l'an 1566.

Dialogues touchant le saint Sacrifice de la Messe, imprimez à Paris.

Traité de l'amour que nous deuons auoir enuers les poures, escrit en Grec, par Gregoire Nazianzene.

Apologie de l'office des Prelats escrit par ledit Nazianzene.

Abregé de la guerre des Iuifs.

Les dix liures de l'Eucharistie traduits en François, sur le Latin de Claude de Saintes, Euesque d'Eureux, &c.

Traicté du iugement & præuoyance de Dieu escrit par S. Saluian, Euesque de Marseille.

Les liures du Cardinal Hosius contre Brence.

Les liures de la maiesté de Dieu, traduits par luy en François, sur le Latin de Marc Anthoine Natta.

Les liures & leçons touchant les Sacremens, dictees par Monsieur Maldonat Espagnol (le plus docte de tous les Iesuistes, & recogneu pour tel de son temps) &c. la plus grande partie des traductions susdites ne sont encores en lumiere, i'ay opinió toutesfois qu'il les fera bien tost imprimer, pour le desir qu'il a de proffiter au public, & pour l'auãcement

cement de la religion Chreſtienne.

Le retour d'vn gentilhomme à l'Egliſe Catholique, imprimé à Paris chez Robert le Fizelier l'an 1582. Ie ne dy point pour qui a eſté fait ce liure, ne ſçachant ſi celuy qui en eſt le ſubiect, le trouueroit bon.

Ledit ſieur Abbé de l'Eſtoille floriſt cette annee 1584. en ſon pays de Vandomois, auquel lieu il fait ſa demeure ordinaire.

IEAN DE LAVRIS, gentilhomme & Poëte Prouençal, iſſu de l'anciéne maiſon de Lauris en Prouence.

Il a eſcrit pluſieurs poëmes en ſa langue.

IEAN DE LERY Bourguignon, natif de la Margelle, terre de S. Sene au duché de Bourgongne, miniſtre à Geneue, l'an 1555.

Il a traduit l'hiſtoire d'vn voyage fait en la terre du Breſil, autrement dite Amerique l'an 1555. imprimee à la Rochelle l'an 1578.

Diſcours du ſiege & de la famine de Sancerre, l'an 1573. ou enuiron, imprimé in 8.

Il eſtoit encores viuant l'an 1577.

IEAN DE L'ESPINE Angeuin, dit de Spina, Miniſtre de la religion reformee l'an 1560.

Il a eſcrit pluſieurs liures en François, traictant de la Theologie, deſquels les tiltres ſe voyent au Catalogue des liures cenſurez, par les docteurs de Sorbonne.

IEAN DE L'ESPINE Manceau, docteur en medecine & grand Aſtrologue, Medecin de la Roine de Nauarre.

Il a traduit de Latin en François pluſieurs Propheties des Sibylles, & Reuelations de Madame Saincte Brigide, Caſſandre & autres, &c. elles ne ſont encores imprimees.

IEAN LIEBAVT, natif de Dijon en Bourgogne, docteur en Medecine à Paris, gendre de Charles Eſtienne, docteur en ladite faculté, (duquel la fille ſ'appelle Nicole Eſtienne, comme nous auons dit cy deſſus parlant dudit Charles, &c.)

Il a eſcrit vn liure des Maladies des femmes, imprimé à Paris chez Iaques du Puis.

Il a traduit de Latin en François quatre liures des ſecrets de Medecine, & de la philoſophie chimique, colligez & recueilliz premierement par Gaſpard Vvolphe, Medecin Alman, imprimez à Paris chez Iaques du Puis l'an 1573.

Il a reueu & augmenté de beaucoup la Maiſon ruſtique de Charles Eſtiéne ſon beau pere, tant au texte que de pluſieurs belles figures, ſeruantes aux diſtillations, imprimee chez Iaques du Puys à Paris par diuerſes fois.

Il floriſt à Paris cette annee 1584.

IEAN LIEGE Medecin.

Il a eſcrit vn liure touchant la raiſon de viure pour toutes fiebures, imprimé à Paris chez Michel Vascosan l'an 1557.

IEAN LINEVELOIS, ancien Poëte François.

Il a escrit en vers Alexandrins la vie d'Alexandre le grand. Pierre de Sainct Cloct, ou Sainct Clou, ancien poëte Fräçois, a esté l'vn de ceux qui a paracheué laditte histoire en vers Alexandrins, lesquels sont appellez vers de longue ligne, (comme l'autheur du liure des Eschets l'interprete en son liure) & faut noter que lon a depuis appellé vers Alexandrins ou de douze syllabes, tous les poëmes François faits de cette façon. Geofroy Thory fait mention des susdits en son champ fleury.

I.L. IEAN LE LISEVR de l'ordre des freres Prescheurs.

Il a escrit vn liure intitulé la Regle des Marchands, imprimee à Prouins en Brie par Guillaume Tauernier l'an 1497.

IEAN LODE' licentié és loix, natif du diocese de Nantes en Bretagne.

Il a traduit de Latin en François vn liure de la nourriture des Enfans, escrit en Latin par François Philelphe Italien.

Il a traduit vn traicté de Plutarque, touchant le gouuernement du Mariage, imprimé à Paris l'an 1535.

I.L. IEAN LOYS Miqueau, maistre d'Escolle en l'Eglise reformee d'Orleans, l'an 1560.

Il a escrit vn traicté contre Gentien Heruet Orleanois, auquel ledit Heruet a fait responce comme nous auons dit cy dessus.

Il a traduit les Epistres de Brutus, &c.

IEAN LOIS PASCHAL, OV PASQVIER DIT PASCASIVS, natif de Piedmont, Ministre à Geneue, & à Lausanne.

Il fut bruslé pour le fait de la religion l'an 1560. le 10. iour de Septébre. Ie n'ay point veu ses escrits.

IEAN LORGVENEVR OV LORGANNEVR, qui est à dire Organiste ou ioüeur d'orgues, Poëte François, l'an 1250. ou enuiron.

Il a escrit plusieurs poëmes François non encores imprimez.

IEAN LOVVEAV, natif d'Orleans.

Il a traduit de Latin en François les amours d'Ismene, imprimez à Lyon chez Rouuille, lesquels ont esté depuis traduits par Hierosme d'Auost de Laual, & imprimez chez Bonfons à Paris l'an 1582. comme nous auons dit cy deuant.

Il a traduit de Latin en François l'Asne doré d'Apulee, imprimé à Lyon.

Il a traduit le dialogue de la Vie & de la Mort, composé en langue Toscane par Innocent Ringhier gentilhomme Boulongnois, imprimé à Lyon chez Robert Granjon l'an 1557. de caracteres François. Philippes de Mornay sieur du Plessis Marly a escrit vn for excellent traicté sur le mesme subiect imprimé à Paris chez Perier & Auuray.

Il a traduit de Latin en François le Thresor des Antiquitez de Iaques de Strada Mantuan, contenant les portraits des vrayes medailles des Empe-

Empereurs tant d'Orient que d'Occident, imprimé à Lyon l'an 1553. par ledit Iaques de Strada, & Thomas Guerin.

Il a traduit d'Italien en François les Nuicts facetieuses de Iean François Straparole, imprimees à Lyon, chez Guillaume Rouuille l'an 1577. & 1578.

Il a traduit de Toscan en François, les Problemes de Hierosme Garimbert, imprimez à Lyon chez Rouuille l'an 1559.

Il florissoit à Lyon l'an 1553.

IEAN DE LVXEMBOVRG OV LVCEMBOVRG, Abbé d'Yury & & ~~de l'Arruiour, ou plustost~~ de la Riuour, issu de la noble maison des Princes de Luxembourg, &c. C'estoit l'vn des plus eloquents seigneurs de son temps, comme il se peult aisément iuger par ceux qui auront leu ses doctes escrits ou compositions, & entre-autres ses Oraisons Françoises, desquelles s'ensuiuent les noms.

L'Oraison ou Remonstrance de Madame Marie de Cleues, sœur de Mõsieur le Duc de Iuilliers, de Cleues, & de Gueldres, &c. faite au Roy d'Angleterre & à son Conseil, imprimee à la Riuou par Maistre Nicole Paris.

Oraison funebre, contenant les louanges de Henry 2. du nom, tres-Chrestien Roy de France, imprimee audit lieu de la Riuou par le susdit Nicole Paris, l'an 1547.

Il a reueu, corrigé & annoté l'Institution du Prince, escrite en François par Guillaume Budé Parisien, imprimee l'an 1547.

Il florissoit l'an 1545. soubs François I.

IEAN MACER Bourguignon, licentié en Droit.

Il a escrit vne Philippique contre les Poëtastres & Rimailleurs de nostre temps, imprimee à Paris chez Guillaume Guillard l'an 1557.

Il a escrit l'histoire des Indes en Latin, & depuis il l'a traduite en Frãçois, imprimee à Paris, chez Guillaume Guillard l'an 1555.

Il florissoit en l'an de salut 1557.

IEAN DE LA MAGDELEINE, sieur de Cheuremont, Aduocat au Parlement de Paris l'an 1575.

Il a escrit vn discours de l'Estat & office d'vn bõ Roy, Prince, & Monarque, pour bien & heureusement regner sur la terre, & pour garder & maintenir ses subiects en paix, vnion & obeissance, imprimé à Paris l'an 1575. par Lucas Brayer.

IEAN DE MAISONS ancien Poëte François l'an 1250. ou enuiron.

Il a escrit plusieurs poëmes & chansons amoureuses.

IEAN MAILLARD de Caux, &c. poëte du Roy, & son escriuain, & outre celà, conducteur des eaux, sources, & fonteines, &c.

Il a escrit vn petit liure tant en vers qu'en prose, lequel s'intitule le premier recueil de la Muse Cosmopolitique, &c. imprimé à Paris chez Iean Loys, & Hierosme Gourmont. Le commencement de ce liure contient vne paraphrase harmonique, sur l'Oraison dominicale, & en fin il traite de diuerses maladies, & de leurs remedes, &c.

IEAN DE MALETTY excellent Musicien, natif de S. Maxemin en Prouence.

Il a mis les Amours de Ronsard en Musique, à quatre parties, imprimez à Paris, l'an 1578.

IEAN LE MAIGNEN docteur en Medecine, grand philosophe & Mathematicien, &c.

Abel Foulon fait honorable mention de luy, & confesse qu'il a apris les Mathematiques soubs luy. Ie n'ay point veu les escrits dudit le Maignen.

IEAN LE MAIGNEN de l'ordre des freres mineurs ou Cordeliers, Bachelier en Theologie.

Il a escrit en François vn petit liure, de l'arbre de consanguinité, imprimé à Paris.

IEAN LE MAIRE, natif de la ville de Belges ou Bauay au Conté de Hainault, en la Gaule Belgique, sur la riuiere de Sambre &c. Il a esté de son temps l'vn des plus renommez pour l'art Oratoire & pour escrire bien en vers François. Il estoit grand historien.

Il a escrit vn for laborieux œuure des illustrations de la France, & des Gaules, contenant quelques singularitez de Troye, imprimees à Lyon par Iean de Tournes, & auparauant à Paris en plusieurs endrois & à diuerses annees.

Les Epistres de l'Amant verd, escrites en vers François.

Traicté de l'ouuerture du Sainct Sepulchre, duquel fait mention Iean le Feron en son liure des Roys d'armes ou heraults, fol. 39. Ce liure s'intitule autrement, Recueil sommaire du voyage des Chrestiens en la Terre Saincte.

Le promptuaire des Conciles de l'Eglise Catholique, auec les scismes, & la difference d'iceux, imprimé à Paris par Guillaume le Bret, l'an 1543.

La Legende des Venitiens, imprimee auec ses illustrations de Gaule.

Genealogie des Turcs & leurs gestes iusques à nostre temps.

Geographie ou description de la terre de Turquie, & de Grece, & des isles voisines.

Il florissoit l'an 1520. soubs François I.

Pierre de S. Iulien, doyen de Chalon en Bourgongne, fait mention dudit Iean le Maire, en son liure de l'origine des Bourgongnons, & dit qu'il estoit precepteur de son pere: & outre ce, il afferme que ledit Iean le Maire deuint sur la fin de ses ans troublé de son entendement.

IEAN MACE', Medecin Champenois, voy cy apres Iean Massé, escrit par deux ss, & non par c.

IEAN DE MANDEVILLE Cheualier natif de Saint Aubin en Angleterre

terre. Il a mis par escrit vn discours tres-ample de ses voyages par l'espace de 33.ans, lequel nous auons par deuers nous escrit à la main en langage François.

Il florissoit en l'an de salut 1332. ses voyages furent en Scythie, en la grãde & petite Armenie, en Egypte, Lybie, Arabie, Syrie, Medie, Mesopotamie, Perse, Chaldee, Grece, Illyrie, tartarie, & en plusieurs autres regions. Il a escrit ses voyages en langue Latine, Françoise & Angloise.

IEAN DE MANREGARD, Greffier des Preuostez & soubs-Baillie de Poissy, &c. à 6. lieües de Paris.

Il a mis en lumiere vn liure intitulé la Conqueste de la Toison d'or, par le Prince de Thessalie, le tout figuré en taille douce par René Boyuin, Angeuin, auec l'explication desdittes figures par Iaques Gohorry Parisien, imprimé à Paris l'an 1563. in fol. & contient 15. fueilles.

IEAN MARCHANT.

Il a escrit la response aux calomnies nagueres inuentees malicieusement, contre Iaques Greuin Medecin à Paris, soubs le nom faussement deguisé de M. A. Guymara Ferrarois, Aduocat de M. Iaques Charpentier, &c. imprimé à Paris chez Challos Biller, l'an 1564. qui est vn nom deguisé.

IEAN DE MARCOVILLE OV MARCOVVILLE sieur du Deffais & de Montgoubert, gentilhomme Percheron.

Il a escrit la maniere de gouuerner & pollicer la Republique, imprimee à Paris par Iean Dallier l'an 1563.

La bonté & mauuaistié des femmes, imprimee à Paris par Iean Dallier, l'an 1562.

Opuscules dudit Marcouuille, imprimees chez Dallier.

Recueil memorable d'aucuns cas merueilleux aduenus de nos ans, & d'autres choses estranges & monstrueuses, aduenues és siecles passez, imprimé à Paris chez Dallier l'an 1565. c'est presque vne chose semblable aux histoires prodigieuses de Boistuau.

La diuersité des hommes, imprimee à Paris, chez Dallier, l'an 1562.

L'heur & malheur de Mariage, ensemble les loix connubiales de Plutarque, le tout imprimé chez Dallier l'an 1564. & 1565.

Traicté de l'origine des Temples des Chrestiens, Iuifs, Turcs, & des Gentils, imprimé chez Dallier l'an 1563.

Traicté de la dignité du sel, & de la grande charté, & presque famine d'iceluy, l'an 1574. imprimé audit an à Paris chez la veufue de Iean Dallier, & Nicolas Roffet.

Il a traduit en François vn traicté de Plutarque de la tardiue vengeance de Dieu, imprimé à Paris l'an 1563. chez Iean Dallier.

Il florissoit en son pays l'an 1564. Ie ne sçay s'il est encore viuant.

IEAN MARIA COLONI Piedmontois, docteur en Medecine, & Mathematicien.

Il a escrit les Presages generaux & particuliers, selon les quatre reuolutions de l'an 1574. imprimez à Lyon audit an, & depuis à Paris.

Almanach & presages pour l'an 1577. imprimé à Roüen audit an.

Il florissoit à Romans en Dauphiné l'an 1576.

B.L. IEAN MARIETTE, sieur des Barres, Aduocat au siege Presidial du Mãs, &c.

Encores qu'il n'ait mis aucunes œuures en lumiere, si dirai-ie neantmoins qu'il est tellement curieux de lire toutes sortes de bons liures, & principalement de ceux qui traictent de l'histoire) outre ceux de sa vacation ordinaire, qui est en droict) qu'il a fait vn recueil de tout ce qu'il a peu remarquer de memorable & digne d'obseruation, & le reduit en tel ordre, que s'il en vouloit faire le publiq participãt, il les soulageroit de beaucoup.

Il florist au Mans cette annee 1584.

IEAN MAROT de Caen en Normandie, pere de Clement Marot de Cahors en Quercy (duquel nous auons parlé cy deuant) tous deux Poëtes tresrenommez pour leurs temps.

Cestuy Iean Marot estoit Poëte de la Roine, Anne Duchesse de Bretagne, & depuis il fut valet de chambre du Roy François premier.

Il a fait la description des deux heureux voyages de Genes & Venise, victorieusement mis à fin par le Roy Loys 12. du nom, imprimez à Lyon, chez François Iuste l'an 1537. le tout escrit en vers heroïques.

Il a dauantage escrit quelques chãts royaux à l'hõneur de la Vierge.

Il florissoit soubs Loys 12. Roy de France l'an 1509.

B.L. IEAN MARQVIS, dit en Latin Marquisius, natif de la ville de Condrieu au diocese de Viẽne pres Lyon, Principal du college du Cardinal Bertrãd Euesque d'Authũ fondé à Paris, &c. Medecin à Paris,

Il n'a encores riẽ fait imprimer de ses escrits Frãçois, & quãt à ce qu'il a escrit en Latin, tant de son inuention que de sa traduction, nous en ferons mention dans nostre Bibliotheque Latine.

Il florist à Paris cette annee 1584.

IEAN MARTIN Parisien Secretaire de monsieur le Cardinal de Lenoncour, & auparauant du Viconte Maximilien Sforce, &c.

Il a traduit d'Italien en François l'Arcadie de Iaques de Sannazar gentilhomme Neapolitain, imprimee à Paris chez Vascosan l'an 1544. Cet œure est moitié en prose & en vers.

Il a reueu & recorrigé le dialogue du Peregrin traduit par François d'Assy Breton, auquel liure il a adiousté quelques annotations sur chacun chapitre.

Il a traduit d'Italien en François, le liure de Iean Baptiste Gello Florẽtin, intitulé la Circé, imprimee à Lyon par Rouuille, & depuis reueuë par le sieur du Parc, & imprimee à Paris par Galiot du Pré, l'an 1572.

Il a traduit d'Italien en François le Roland furieux, imprimé.

Il a traduit de Latin en François, l'Oraison funebre faite en Latin par

Pierre Galland dit Gallandius, sur le trespas du Roy François 1. imprimee à Pa[illegible]an 1547. chez Vascosan.

Il a traduit d'Italien en François les Azolains de Bembo, traitans de la nature d'Amour, imprimez.

Le songe du Poliphile traduit d'Italien en François par ledit Iean Martin, traictát de plusieurs choses rares, & sur tout de la Philosophie, imprimé à Paris chez Iaques Keruer, l'an 1546.

Il a traduit les 8. liures de l'Architecture de Vitruue Pollion, imprimez à Paris chez Hierosme de Marnef & Guillaume Cauellat, l'an 1572.

Les six liures d'architecture de Sebastien Serlio, Italien, imprimez à Paris.

Il a traduit les Hierogliphes d'Orus Apollo.

Il a traduit de Latin en François l'Architecture, & art de bien bastir de Leon Baptiste Albert gentilhomme Florentin, diuisee en dix liures, imprimee à Paris chez Iaques Keruer l'an 1553. Ce liure a esté mis en lumiere par Denis Sauuage sieur du Parc, apres la mort dudit Iean Martin son ancien & fidel amy.

La Theologie naturelle.

Il florissoit à Paris l'an 1546. soubs François 1.

IEAN MARTIN, Seigneur de Choisy, natif de Dijon en Bourgongne.

Il a escrit en vers heroiques, Le vol du Papillon de Cupido, imprimé pour la seconde fois à Paris par Iaques Fezandat, l'an 1543. pour Nicolas du Chemin.

IEAN MARTIN religieux de l'ordre, conuent de Valencheres, for renommé predicateur, en l'an 1500. ou enuiron.

Il a translaté de Latin en François la Legende de S. Dominique pere & premier fondateur de l'ordre des freres Prescheurs ou Iacobins, imprimee à Paris par Iean Treperel.

IEAN MARTIN Procureur en Parlement.

Il a escrit vn traicté de la police & reglemét du bureau des Pauures de la ville & fauxbourgs de Paris, auec vn traicté de l'aumosne, ensemble vn poëme François de la complainte de Charité malade, & auec ce l'Exhortation de la maniere de prier Dieu, le tout imprimé ensemblement à Paris, par Geruais Mallot l'an 1580. auquel temps florissoit à Paris ledit Iean Martin.

2.L. IEAN LE MASLE Angeuin, Enquesteur à Baugé, au pays & duché d'Anjou, homme docte en Grec & Latin, & Poëte François.

Il a escrit en François vn discours de l'origine des Gaulois, ensemble des Angeuins & Manceaux, auec vn Poëme succinct de la vie de frere Iean Porthais dit Porthasius, docteur en Theologie, de l'ordre des freres Mineurs, ou Cordeliers, &c. le tout imprimé en la ville de la Fleche en Anjou, l'an 1575. chez René Trois-mailles. Tous ces discours susdits sont escrits en vers François.

Chant d'allegresse sur la mort de Gaspard de Colligny, iadis Admiral de France, imprimé à Paris chez Nicolas Chesneau l'an 1572.

Les œuures Poëtiques dudit Iean le Masle Angeuin, lesquelles il intitule Nouuelles recreations poëtiques, &c. ont esté imprimees à Paris chez Iean Poupy l'an 1579.

Il a traduit de Grec en François le Criton de Platon, lequel il a commenté & annoté, imprimé à Paris chez Iean Poupy l'an 1582.

Pierre du Val, Euesque de Sees en Normandie, auoit traduit ledit liure en François, il y a pres de 40. ans, lequel a esté imprimé à Paris chez Vascosan.

Il peult auoir escrit d'autres œuures en Latin ou en François, desquelles ie n'ay pas cognoissance.

Il florist cette annee 1584.

IEAN MASSE' Champenois docteur en Medecine.

Il a traduit en François vn liure intitulé l'Art Veterinaire, autremẽt appellé la grande Mareschallerie, en laquelle il est amplement traicté de la nourriture, maladie & remedes des bestes Cheualines, imprimé à Paris, chez Charles Perier l'an 1563. ledit liure fut premierement escrit en Grec par Hierocles, & depuis traduit en Latin par Iean Ruelle dict Ruellius for docte Medecin, & en fin mis en François par ledit Iean Massé.

IEAN LE MASSON Angeuin surnommé la Riuiere, institué le premier Ministre à Paris l'an 1555. & depuis à Angers, & en autres diuers lieux de France.

Il a escrit plusieurs liures, lesquels ie n'ay point veuz.

Il fut tué à Angers pour le fait de la religion l'an 1572.

IEAN MAVGIN, surnommé le petit Angeuin, natif de la ville d'Angers.

Il a traduit & augmenté de la plus grande partie le Parangon de Vertu, pour l'institution des Princes, imprimé à Paris par Estienne Grouleau.

L'Amour de Cupido & de Psiché, mere de Volupté prise des 5. & sixiesme liures de la Metamorphose d'Apulee, ancien Philosophe, &c. nouuellement historiee & exposee tant en vers Italiens que François par ledit Maugin, imprimee à Paris chez Estienne Grouleau l'an 1557.

Le nouueau Tristan, Prince de Leõnois, Cheualier de la table ronde & de Heulre Princesse d'Irlande, Royne de Cornuaille, traduit en François par Iean Maugin surnommé l'Angeuin, imprimé à Paris chez Gabriel Buon l'an 1567.

Il a escrit plusieurs Cantiques & Noels, sur l'aduenement de nostre Seigneur Iesus-Christ, imprimez en diuers lieux.

Le Miroir & institution du Prince dudit Maugin, a esté imprimé à Paris chez Iean Ruelle, l'an 1573.

Il florissoit en l'an de salut, 1566.

IEAN DE MAVMONT natif dudict lieu au pays de Lymosin, qui est vne tresancienne Baronie de laquelle ledit sieur de Maumont est issu, homme tresdocte és langues & principallement en Grec, grand Theologien & Orateur tresfacond, comme il a monstré par sa traduction de l'histoire Grecque de Iean Zonare, laquelle il a de beaucoup enrichie & augmentee : elle a esté imprimee à Paris chez Vascosan.

Il a traduit de Grec en François Iustin Martir, imprimé à Paris chez ledit Vascosan.

Il florist à Paris au college de S. Michel, dit de Senach (duquel il est principal) cette annee 1584. Ie feray mention de ses escrits Latins en autre lieu.

IEAN DE LA MELESSE, autrement appellé Noble frere Iean de la Melesse, &c.

Il a escrit quelques œuures de Chirurgie, lesquelles i'ay veües escrites sur parchemin.

IEAN MENIER sieur d'Oppede, gentil-homme Prouençal, premier President au pays de Prouence, &c.

Il a traduit en vers François les Triomphes de Petrarque, non encores imprimez.

IEAN MEOT.

Il a composé plusieurs Comedies & Tragedies Françoises, lesquelles il a fait ioüer & representer en public, lors qu'il estoit regent au college de Gourdaine, situé en la ville du Mans, &c. Elles ne sont encores imprimees.

Il a escrit quelques poëmes sur le trespas du feu Prince de Condé, Loys de Bourbon, & quelques vers sur la venue de Monsieur le Cardinal de Rambouillet en son Euesché du Mans.

Il florissoit l'an 1574.

IEAN DE MEVN OV MEHVN natif dudict lieu, sur la riuiere de Loyre, surnommé Clopinel, qui est à dire Boiteux (selon aucuns) Docteur en Theologie à Paris, de l'ordre des freres Prescheurs ou Iacobins, ancien Poëte François & Orateur, Philosophe & Mathematicien le plus renommé de son temps.

Il a paracheué le Roman de la Rose, commencé en vers Frãçois par Guillaume de Lauris ou Loris, duquel nous auõs parlé cy dessus (lequel nous auons par deuers nous escrit à la main sur parchemin de lettre antique, & selon le langage vsité de son temps : ceux qui ont esté imprimez depuis 60. ou 80. ans, n'ont pas le lãgage pareil à mon exemplaire, tesmoing ces vers qui s'ensuyuent.

Et puis viendra Iean Clopinel
Au cœur gentil, au cœur isnel,
Qui naistra dessus Loire à Meun, &c.

Les autres sont ainsi, en autres liures escrits à la main.

Et puis viendra Iehan Clopinel
Au cuer iolis, au cuer isnel,
Qui naistra sus Loire à Meung,&c.

Mais voicy comme il y a en celuy que i'ay par deuers moy, escrit à la main de lettre antique.

Puis vendra Iohans Clopinel,
Au cuer iolif, au cors isnel,
Qui naistra seur Leire à Meun,&c.

Qui est la plus vraye & plus seure lecture, encores que Monsieur le President Fauchet m'en aye monstré chez luy trois exemplaires diuers tous escrits à la main, lesquels contiennent les mesmes vers que nous auons alleguez pour les seconds, & lesquels il a fait imprimer en son liure des poetes François, imprimé à Paris, comme nous auons dit cy deuant.

Ledit Roman de la Rose a esté reduit en prose Françoise, par Iean Moulinet, & imprimé à Paris l'an 1521. comme nous auons dit cy deuãt parlant dudict Moulinet.

Ce Roman de la Rose a esté imprimé par vne infinité de fois pour plusieurs occasions : car les vns se plaisent à la lecture d'iceluy, à cause de la Philosophie cachee qu'ils pensent estre contenue en iceluy, par parolles couuertes, & deguisees : les autres s'y plaisent pour y veoir des discours amoureux. Ce qui a esté cause que Iean Gerson docteur en Theologie, le plus renommé de son temps, a escrit vn traicté à part cõtre ledit liure: aucuns ont pensé que ce Roman estoit le songe du Verger, & l'ont ainsi intitulé, pour ce qu'ils voyoient tant demãder le liure appellé Somnium Viridarij, lequel traicte de la puissance Ecclesiastique & Seculiere, & ce qui les a fait ainsi se mesprendre pour le titre, c'est à cause que ledit Roman de la Rose se commence par ces mots.

Maintes gens vont disant qu'en songes,
Ne sont que fables & mensonges:
Mais on peut tel songe songer
Qui pourtant n'est pas mensonger.

I'ay dit cecy assez amplement & en ay peut estre traicté trop au long: mais ce qui m'a fait arrester sur ce point, ç'a esté pour satisfaire à quelques vns, qui pourroient estre en doubte des points que nous auons esclarciz. Faut encores noter que les vers alleguez cy dessus, sont tels que on les voit au liure imprimé à Paris chez Galiot du Pré l'an 1531. & n'ay voulu expressément mettre ceux qui sont dans mon vieil Roman de la Rose, à cause que le François seroit trop difficile à entendre à plusieurs qui pourront lire ce passage.

Pour reuenir aux autres compositions dudit Iean de Meun, en voicy le catalogue de ses traductions.

Vegece de l'art militaire.

Le

Le liure des Merueilles d'Irlande.

Les Epiſtres de Pierre Abelard Theologien tant renommé.

Les liures de Boëce touchant la conſolation de philoſophie.

Le liure de Aelred, de la ſpirituelle amitié.

Monſieur le Preſident Fauchet, & Papirius Maſſon, enſemble Iean Bouchet, Corrozet & autres, ont fait mention treſ-ample dudit Iean de Meun, en leurs hiſtoires & chroniques: & quant à moy ie feray plus ample mention de luy és vies des Poëtes François.

Voicy les œuures de ſon inuention.

Le plaiſant ieu du Dodechedron de Fortune, non moins recreatif que ingenieux, imprimé à Paris l'an 1560. par Iean Longis & Robert le Mangnier.

Deſtruction de Troye la grande, imprimee à Lyon l'an 1544.

Le Codicille ou Teſtament dudit Iean de Meun.

Les ſept articles de la foy & prouerbes dorez, imprimez à Paris l'an 1503.

Remonſtrances à l'Achimiſte errant, imprimees à Paris chez Guillaume Guillard l'an 1561.

Il floriſſoit à Paris ſoubs Philippes le Bel Roy de France l'an 1300. ou enuiron.

IEAN LE MERCIER Angeuin, ſieur de la Sauuagere, Aduocat au ſiege preſidial d'Angers, homme fort excellent pour la poëſie Françoiſe, & pour pluſieurs autres dons de grace, que Dieu luy a departis.

Il a eſcrit en vers François, vn fort docte & treſ-excellent poëme, lequel il a intitulé Allegreſſe pour la Paix, auec vn diſcours des troubles derniers aduenuz en France l'an 1570. ou enuiron, non encores imprimé.

Il a traduit de Latin en vers François, la deſcription de la ſuperbe & magnifique maiſon de Monſieur le Prince de Guemenay, laquelle ſ'appelle vulgairement le Verger, en Aniou, eſcrite premierement en vers Latins, par Iaques Bouju Angeuin, Preſident de Renes en Bretagne, duquel nous auons parlé cy deuant. Il ne l'a encores fait imprimer.

Ledit ſieur de la Sauuagere a eſcrit pluſieurs ſonnets & autres poëſies Françoiſes, tant de l'amour que ſur autres diuers ſubiects, lors qu'il eſtoit à Toloſe &c.

Il floriſt à Angers cette annee 1584.

IEAN DES MERLIERS, natif d'Amiens en Picardie, grand Philoſophe & Mathematicien.

Il a eſcrit l'art ou inſtruction pour meſurer toutes ſuperficies de droicte ligne, tiree des Elements d'Euclide, imprimee à Paris l'an 1568. chez Denis du Pré.

Il floriſſoit à Paris l'an 1568.

Caye Iules de Guerſens a autresfois eſté ſon ſeruiteur, lors qu'il faisoit le cours de Philosophie au college du Plessis à Paris l'an 1563. & 1564.

IEAN MESCHINOT OV MECHINOT, escuyer, natif de Nantes en Bretagne, surnommé le Banny de lyesse, (qui est aussi le surnom que s'est donné François Habert, d'Issouldun en Berry, duquel nous auōs parlé cy deuant.) Cettuy Iean Mechinot estoit maistre d'hostel du Duc de Bretagne nommé François, & de la Roine de France aussi.

Il a composé en vers François, vn liure intitulé les Lunettes les Princes, imprimees à Paris par Alain Lotrain l'an 1534. auquel liure ont esté adioustez plusieurs ballades dudit Meschinot, auecques vne commemoration de la passion de nostre Seigneur Iesu-christ, ensemble l'oraison de nostre Dame, le tout imprimé chez ledit Lotrain.

Il florissoit en l'an 1500.

IEAN MICHEL Angeuin, Poëte ancien, tres-eloquent & scientifique docteur.

Il a escrit en vers Frāçois, le mystere de la passiō de nostre Seigneur.

Ce mystere fut ioué en la ville d'Angers, auecques beaucoup de triomphes & magnificences, sur la fin du mois d'Aoust l'an 1486. auquel temps florissoit l'Autheur.

IEAN MILET, natif de Sainct Amour, en la Conté de Bourgongne.

Il a traduit de Latin en François, l'histoire d'Æneas Syluius (qui depuis a esté nommé le Pape Pie 2.) touchant les amours d'Eurialus & Lucresse, auquel liure est demonstré l'issuë malheureuse de l'amour dessenduë, imprimee à Paris chez Nicolas Chrestien l'an 1551.

Il a traduit de Latin en François, les cinq dialogismes ou deliberations des cinq nobles Dames, composez en Latin par Pierre Nannius, imprimez à Paris chez Arnoul l'Angelier l'an 1550. auec les arguments, sur chacune d'icelles deliberations &c.

Il a traduit en François, l'histoire ou chronique de Zonare, imprimee à Lyon, & depuis à Paris l'an 1583. chez Guillaume Iulien, Iean Parent & autres, en laquelle derniere impression ils le nomment Iean Miles au lieu de Milet.

IEAN LE MOINE, Escriuain à Paris, des plus renommez de son temps.

Il a escrit en vers François, l'instruction de bien & parfaictement escrire, tailler la plume, & autres secrets pour se gouuerner en l'art d'escriture, auec quadrains mis en ordre d'A, b, c, pour seruir d'exemples aux maistres exerceans ledit art, imprimee à Paris par Iean Bridier & Iean Hulpeau l'an 1556. auec la copie de plusieurs lettres missiues, adressees au Roy François premier, & à la Roine Eleonor & autres, pour apprendre l'vsage de bien coucher par escrit.

Il florissoit à Paris l'an 1564.

IEAN MOLINET OV MOVLINET, natif de Valenciennes en Haynault, chanoine audit lieu, excellent Poëte, & Orateur bien estimé de son

ſon temps. Il a reduit le Roman de la Roſe (eſcrit en vers par Iean de Meun) en proſe Françoiſe, & l'a enrichy de pluſieurs allegories de ſon inuention, imprimé à Paris chez la veufue de Michel le Noir l'an 1521.

Les faicts & dicts dudit Iean Moulinet, contenans pluſieurs beaux traictez, oraiſons, & chants Royaux &c. ont eſté imprimez à Paris l'an 1537. Loys Guicchiardin fait mention de luy en ſa deſcription des pays bas fol. 433. de la premiere edition. Ledit Molinet floriſſoit l'an 1480. ou enuiron.

Frere IEAN DE MONCHASTRE, natif du pays du Maine, docteur en Theologie à Paris & Prieur du Conuent des Iacobins audit lieu. Il eſtoit grand Theologien, & for eloquent Orateur. Il a preſché & annoncé la parolle de Dieu en diuers endroicts de ce Royaume, tant à Paris, à Roüen & au Mans, qu'en autres villes eſquelles il a preſché le Careſme, & les Aduents: ces ſermons ne ſont en lumiere. Il mourut de peſte en ſon conuent à Paris l'an 1583. en Octobre, âgé de 40. ans ou enuiron, ayant pour lors la charge & dignité de Prieur.

IEAN MONIOT, natif d'Arras en Artois, en la Gaulle Belgique, Poëte François l'an 1250. ou enuiron.

Il a eſcrit pluſieurs poëſies Françoiſes, non encores imprimees.

IEAN MONIOT, c'eſt à dire Petit Moine, natif de Paris, autre que le ſuſdit.

Il floriſſoit l'an 1250. ou enuiron, & a composé en vers François vn liure, intitulé le Ditelet de fortune. Il a dauantage eſcrit pluſieurs autres poëſies, non encores imprimees.

Meſſire IEAN DE MONLVC, Eueſque & Conte de Valence & de Dye, Conſeiller de ſa Maieſté en ſon priué conſeil, & ſon Ambaſſadeur vers les Eſtats de Polongne, frere de Monſieur de Monluc Mareſchal de France ſoubs Charles neufieſme &c.

Ce ſeigneur eſt tellement docte & orné d'vne telle eloquence, qu'il a eſté employé en diuers Ambaſſades pour les Rois de France, Frãçois premier, Henry ſecond, Charles neufieſme, & encores dernierement en Polongne pour le ſeruice de ſon maiſtre Henry troiſieſme.

Il a eſcrit deux inſtructions & trois Epiſtres, faites & enuoyees au clergé & peuple de Valence & de Dye &c. imprimees à Paris chez Vaſcoſan & Federic Morel ſon gendre l'an 1557.

Remonſtrances faites par le ſieur de Valence, aux villes & dioceſes, d'Vzez, Niſmes & Montpellier, & aux Eſtats generaux de Languedoc, tenuz à Beziers au mois d'Auril l'an 1578. &c. imprimees à Paris chez Abel l'Angelier l'an ſuſdit 1578.

Il a eſcrit les harangues faites & prononcees par luy de la part du ROY treſ-chreſtien Charles neufieſme, en l'aſſemblee des Eſtats de la Nobleſſe de Polongne l'an 1573. imprimees à Paris chez Iean Richier audit an.

Il florissoit l'an 1578. Ie feray mention de ses escrits Latins autre-part. Quant à ses œuures en François, ie n'ay veu que les susdits.

IEAN DES MONSTIERS, surnommé la Fresse.

Il a traduit de Latin en François, l'histoire de Paule Emile Italien, touchant les vies des Rois de France &c. imprimee à Paris.

Le Microcosme ou petit monde, qui est vn poëme François diuisé en trois liures, & contient trois mille vers & plus. Il a esté imprimé à Lyon par Iean de Tournes l'an 1562. L'autheur des additions au promptuaire des Medailles, parlant de Maurice Sceue Lyonnois, dit qu'il est autheur dudit liure appellé le Microcosme: nous parlerons de cecy autre-part.

IEAN DE MONSTREVL OV MONSTRVEIL en Picardie, Preuost de l'Isle en Flandres du temps de Charles septiesme l'an 1423. ou enuiron.

Il a escrit le second liure de la chronique, appellee vulgairemét Martinienne, lequel par aucũs est attribué à vn nommé Castel, & à Robert Guaguin aussi: Ce liure a esté imprimé à Paris par Antoine Verard l'an 1500.

Il a dauantage escrit vn traicté, contenant la raison pour laquelle Edouard Roy d'Angleterre, se disoit auoir droict au Royaume de France. Estienne Pasquier & Gilles Corrozet, font mention dudit Iean de Monstreul.

B. L. IEAN DE MOREL gentilhomme, natif d'Ambrun en Dauphiné, (& non pas en Prouence, comme pensent aucuns) maistre d'hostel ordinaire de la maison du Roy, & gouuerneur de Monsieur le grand Prieur B. d'Angoulesme &c.

Cetui-cy estoit homme for docte en Grec & en Latin, & sçauoit bien escrire en François, tant en vers comme en prose. Messieurs d'Aurat, Ronsard, du Bellay, & plusieurs autres excellents Poëtes de nostre temps, l'ont for celebré en leurs œuures, & encores se voit vn recueil de plusieurs Epitaphes Grecs, Latins & Frãçois, faits sur sa mort, par les plus celebres hommes de nostre temps, imprimé à Paris l'an 1583. Ie n'ay point veu de ses escrits imprimez, mais lon peult assez iuger de sa suffisance, tant par l'instruction qu'il a donnee à Monseigneur le grand Prieur (lequel il auoit en charge dés ses plus tendres ans, & auquel il a tellement fait apprendre les bonnes lettres, & la langue Grecque & Latine, que lon peult bien sans se tromper, asseurer pour chose veritable, que c'est (vn des plus doctes princes de toute la France, voire de toute l'Europe) que pour auoir pris alliance auecques vne si sage, docte & vertueuse Damoiselle, comme estoit sa defuncte femme Antoinette de Lovnes, duquel mariage sont issuës ces trois Damoiselles, Camille, Lucrece & Diane de Morel, estimees des plus doctes de nostre temps, comme nous l'auons ia declaré par cy deuant, sans en faire plus ample

mention

mention en cet endroit.

Il mourut à Paris le dixneufiesme iour de Nouembre l'an 1581.

Ie parleray de ses escrits Latins autre-part.

IEAN MOREL OV MORELLI Parisien.

Il a escrit vn liure de la discipline & pollice chrestienne, imprimé à Lyon l'an 1562. comme tesmoigne Charles du Moulin I. C. Parisien, en sa defense contre les Caluinistes fol. 151.

I'ay opinion que c'est celuy Morel, frere de Guillaume Morel, imprimeur à Paris, tous deux natifs du Tailleul en Normandie, hommes doctes és langues, duquel le plus ieune frere, nommé Iean Morel, fut bruslé à Paris pour son heresie, comme nous auons dit cy deuant, parlant de Guillaume Morel &c.

IEAN DE MORIN Nantois, sieur de la Soriniere, gentilhomme Breton, President en la chambre des comptes de Bretagne.

Il a escrit des Memoires & Recherches, touchant les antiquitez & singularitez de la Bretagne Armorique, lesquels ne sont encores imprimez.

Sceuole de Saincte Marthe, gentilhõme natif de Lodun en Poictou, fait mentiõ de luy en vn Sonet, imprimé auec ses premieres poësies fol. 108. & tesmoigne audit lieu que le Seigneur Morin de Nantes en Bretagne (qui est ledit sieur de la Soriniere) a escrit plusieurs oraisons & poësies Françoises, & entre-autres vn discours par lequel il mesprise les biens de fortune.

Ie n'ay point veu de ses œuures imprimees.

Il florist cette annee 1584.

IEAN MOTHE gentilhomme, natif d'Arles en Prouence, appellee par aucuns Iaume ou Iammes (qui seroit à dire Iaques &c.)

Il a escrit vn traicté, contenant la description des Mauzolles ou Mausceoles, Pyramides, Obelisques, & autres anciens monuments, qui se trouuent en Prouence, lequel liure n'est encores en lumiere.

Il florissoit en Prouence l'an 1230.

IEAN DES MOVLINS, Docteur en medecine.

Il a traduit de Latin en François, les doctes commentaires de Pierre André Matheole tres-sçauant medecin de Siene en Italie &c. sur les six liures de Dioscoride, touchant la matiere medicinale, imprimez à Lyõ l'an 1572. chez Guillaume Rouille.

Antoine du Pinet, sieur du Noroy, gentilhõme Bourguignon, auoit traduit auparauant lesdis commentaires, mais ils sont bien plus amples en cette derniere traduction, faites par Iean des Moulins, laquelle a esté reueuë & augmentee en plus de mille lieux par l'autheur mesme, & enrichie pour la troisiesme fois, d'vn grand nombre de protraicts ou figures, de plantes & animaux tirez apres le naturel.

IEAN NAGERET, archidiacre & chanoine de l'Eglise de Roüen.

Il a fait la description & chronique de Normandie. La description a esté imprimee à Roüen l'an 1578. auecques lesdites chroniques. Ledit Nagerel a compris en ses Annales du pays & Duché de Normandie le catalogue de tous les Archeuesques de Roüen, leur vie & le temps auquel ils florissoyent, comme tesmoigne Paschal Robin, sieur du Faux en Anjou, en la vie de S. Romain escrite par luy, & imprimee au troisiesme Tome des vies des Saincts fol. 877. de la premiere edition. Ce que ie dy afin que lon ne se trompe au chiffre, si apres elles sont imprimees derechef.

Ie ne sçay s'il a pris l'extraict de vies des susdits Archeuesques, dans la chronique & gestes des Normans, escrite par vn Anglois-Saxon nõmé Ordericus Vitalis, lequel viuoit en l'an de salut 1070. (il y a cinq cens ans passez) laquelle nous auons par deuers nous escrite à la main en for beau stil & tres-elegant pour ce temps-là. Cette histoire est si rare, que mesmement Iean Balee (le plus diligent rechercheur de liures antiques de tout nostre temps) n'en a iamais fait mētion en son grand catalogue des escriuains d'Angleterre, ny mesmes Tritemius, Gesnerus, Licosthenes, Symlerus & autres qui ont recueilly les noms des hommes doctes. Nous la ferons imprimer en brief (Dieu aidant) pour le soulagement des studieux & amateurs des bonnes lettres, nous contentans de laisser par escrit qu'elle sera sortie de nostre Bibliotheque, & que par nostre diligence elle aura esté mise en lumiere, comme aussi i'espere faire d'vne infinité d'autres, que nous auons recouurez de toutes parts, auecques de grands frais, cousts & despenses.

S.L. IEAN NESTOR, docteur en medecine à Paris.

Il a escrit l'histoire des hommes illustres de la maison de Medici tant celebree par l'vniuers, auecques vn abregé des Contes de Bolongne & d'Auuergne, imprimee à Paris chez Charles Perier l'an 1564.

Il florissoit à Paris audit an 1564.

IEAN LE NEVELOIS OV NEVELET Champenois, ancien Poëte François, lequel florissoit en l'an de salut 1193.

Il a escrit vn Roman de la vengeance du Roy Alexandre, duquel font mention Geufroy Thory en son champ fleury, & Claude Fauchet en son liure des Poëtes François fol. 84.

S.L. IEAN NICOT Cõseiller du Roy, & maistre des requestes de son hostel, Ambassadeur de sa Maiesté au Royaume de Portugal, l'an 1559. 60. & 61. C'est celuy du nom duquel la plante ou herbe appellee Nicotiane, a pris son nom, laquelle est autrement appellee Petum, ou bien l'herbe à la Roine ou Medicee.

Il a escrit vn for docte liure de la marine, & des propres noms & termes vsitez entre les mariniers, pour signifier toutes choses dependantes de l'art de nauiger, & de la Nauire, lequel n'est encores imprimé.

Il s'en trouue vne grande partie d'iceux, lesquels ont esté adioustez

au

au dictionnaire François & Latin, imprimé chez Iaques du Puis à Paris par diuerses fois. Il florist cette annee 1584. Ie n'ay point cognoissance de ses autres escrits. Charles Estienne & Iean Liebault son gendre, tous deux docteurs en la faculté de medecine à Paris, font vn grand recit & for honorable mention dudit sieur Nicot, en leur maison rustique, imprimee à Paris chez Iaques du Puis par diuerses annees. Voyez le discours de la Nicotiane contenu au 2. liure chapitre 44.

IEAN DE NOSTRE-DAME, DIT NOSTADAMVS, procureur en la Cour du Parlement de Prouence, frere de Michel Nostradamus Astrologue & Mathematicien, tant renommé.

Cetuy-cy Iean de Nostre-dame a recueilly de diuers autheurs les vies des plus celebres & anciēs Poëtes Prouēçaux, qui ont flory du tēps des Contes de Prouence, escrites premierement en langue Prouençale, & depuis traduites par luy en nostre langue Françoise, imprimees l'an 1575. à Lyon par Basile Bouquet, pour Alexandre Marsilij. Nous auōs employé en cet œuure les noms desdits Poëtes, alleguez par le susdit de Nostre-dame, mais il faut penser que nous auons aussi recueilly ce catalogue, de ceux qui ont escrit de ce subiect auant luy, comme de ces trois excellents Florentins, Dante, Petrarque, & Bocace, & encores des œuures du Cardinal Bembo, lesquels en ont fait mention en leurs œuures: & autres aussi qui sont modernes, sçauoir est du liure Italien, intitulé *I Marmi del Doni*, auquel liure il fait tres-ample mention d'Arnault Daniel, Poëte Prouençal, & racompte sa vie & ses compositions escrites en langage vsité pour lors en Prouence, & confesse l'auoir prise du liure contenant les vies des anciens Poëtes Prouençaux, lequel fut dōné à Monsieur le Legat du Pape à Venise Messire Loys Beccatel, qui auoit esté pris de la Bibliotheque dudit R. Cardinal Bembo. Ledit Iean de Nostre-dame a encores escrit les liures qui s'ensuyuent. L'histoire de Prouence, imprimee à Lyon ou autre-part.

Il florissoit en la ville d'Aix en Prouence l'an 1575. Ie ne sçay s'il est encores viuant. Ie prie Dieu de luy donner longue & heureuse vie, & luy faire cette grace que de poursuyure sa recherche tant louable & curieuse des anciens personnages illustres pour les lettres, lesquels ont flory en son pays & autres lieux de France.

IEAN OLIVIER Parisien, Euesque d'Angers dit Ianus Oliuarius, oncle de Messire François Oliuier, Chancelier de France &c.

Il a escrit en Latin vn for docte Poëme, qu'il appelle Pandore.

Ie ne sçay quels escrits François il a peu composer.

Il mourut à Angers du temps du Roy François premier, auquel lieu se voit sa sepulture magnifiquement esleuee, & enrichie de plusieurs belles choses, auec son epitaphe escrit par luy-mesmes en for beaux vers Latins, peu de temps auant sa mort.

IEAN D'OREVILLE Cheualier,dit en Latin Oreuilla.

Il a eſcrit en noſtre langue Françoiſe,la guerre d'Afrique,lequel liure ſe voit eſcrit à la main en la Bibliotheque de Papirius Maſſon,Aduocat en Parlement,homme treſ-docte & treſ-diligent hiſtorien.

B.L. IEAN ORY Aduocat au Mans,natif de la parroiſſe de Courcité au pays du Maine.

Il eſtoit Poëte François,comme il ſe voit par aucunes de ſes poëſies, imprimees auecques celles de Charles Fontaine Pariſien.

Il a eſcrit quelques memoires & recherches des antiquitez du Maine,ſelon que i'ay entendu d'aucuns ſiens parens & amis, mais ie ne les ay point veuz,& n'ont eſté mis en lumiere.

Il a eſcrit quelques vers François ſur la mort de Monſieur de Langey, Meſſire Guillaume du Bellay, non encores imprimez.

Il a eſcrit vn art poëtiq François,non encores imprimé.

Il floriſſoit au Mans exerceant ſon eſtat d'Aduocat l'an 1544. ſoubs le regne du Roy François premier.

IEAN PANIER, ſieur de Bougiual.

Il a recueilly & mis par eſcrit 26. Sermons, faits,dicts & proferez, tãt à Paris qu'en autres lieux par M. Iean Cantin ou Quentin, docteur en Theologie,eſcrits le 12. iour de May l'an 1480. leſquels ſe voyent eſcrits à la main en la Bibliotheque de Georges du Tronchay, comme nous auons dit cy deuant parlant dudit Iean Cantin.

B.L. IEAN PAPON, natif de Mont-briſon au pays de Foreſts,& Lieutenant general pour le Roy audit lieu l'an 1554. auparauant Conſeiller de ſa Maieſté au parlement de Paris, homme for bien verſé en droict & autres ſciences.

Il a recueilly pluſieurs arreſts notables,donnez és ſouueraines cours & Parlements du Royaume de France, imprimez à Lyon & depuis à Paris chez Cheſneau l'an 1565. & encores cette annee 1584. chez Robert le Mangnier, auecques pluſieurs additions de Nicolas Bergeron, Aduocat au Parlement de Paris &c.

Les trois Notaires dudit Papon,imprimez en diuers volumes à Paris & autres lieux.

Il a traduit quelques Philippiques de Demoſthene & de Ciceron, imprimees à Lyon l'an 1554. chez Maurice Roy,& Loys Peſnot.

Il floriſſoit en ſon pays de Foreſts,exerceant l'eſtat de Iuge audit lieu l'an 1582. Ie ne ſçay ſ'il eſt encores viuant.

IEAN PARADIN de Louhans en Bourgongne, clerc de greffe au Parlement de Dijon,parent (comme il ſemble) de Guillaume & Claude les Paradins.

Il a traduit en vers François vn liure,qu'il intitule MICROPEDIE,imprimee à Lyon l'an 1546. par Iean de Tournes.

Ce liure contient les choſes qui ſ'enſuyuent. De la miſere & calamité

du

du temps, dialogue de la mort & du pelerin, cent quadrains contenãts les cent distiques de Fauste Andrelin Poëte Latin moderne, plus quelques Epigrammes, dixains & huictains, le tout imprimé ensemble audit an 1546. chez ledit Iean de Tournes.

IEAN DE PARDAILLAN Panjas second, prothenotaire de Pangeas (qui sont les qualitez qu'il se donne.)

Il a escrit en vers François les Amours de sa Colombe. Voy Oliuier de Magny en ses Odes fol. 138.

IEAN PAVL ZANGMAISTRE, gentilhomme natif d'Ausbourg en Allemagne, disciple de M. Laurent Ioubert docteur en medecine & regent à Montpellier, qui est vn nom supposé dudit Alleman &c. Faut noter icy que ledit Ieã Paul Zangmaistre n'a point traduit de Latin en François le deuxiesme & troisiesme liures du Ris, sur le Latin dudit Ioubert, car ledit sieur ne l'a point escrit autrement qu'en nostre langue vulgaire.

Et pour esclarcir dauantage ce propos, ie veux biẽ aduertir ceux qui liront cecy, que ledit sieur Ioubert n'a onques escrit son traicté du Ris qu'en langue Frãçoise, cõme nous verrõs par les lettres enuoyees à vn sien parent & amy M. Iean Marquis de Condrieu au diocese de Vienne, medecin à Paris &c. duquel nous auons parlé cy deuant. Voi-cy donques l'extraict de quelques articles contenus és lettres enuoyees audit sieur Marquis, faisant sa demeure à Paris au college du Cardinal Bertrand Euesque d'Authun, duquel il est principal.

Quant à mon liure du Ris, sachez qu'il n'a iamais esté en autre langue que Françoise. Et ce que ie mets traduit de Latin en François par vn Allemand, c'est vne fiction, car ie vous asseure de ne l'auoir pas fait en Latin, &c.

Et en autres lettres il met ce qui s'ensuit.

T*ouchant le traicté du Ris, i'aimerois sans comparaison plus vostre traduction, que d'homme que i'aye encores cogneu.*

Ie ne fay mention de plusieurs autres propos, esquels il louë infiniment ledit sieur Marquis, par ses lettres escrites de sa main és annees 1581. & 1582. Et ce qui m'a occasionné de reciter cecy assez amplement, ç'a esté pour l'opinion que pourroyent auoir quelques-vns, que ledit liure eust esté fait Latin par iceluy Ioubert, & mis depuis en François par cet Alleman, qui sont choses inuentees pour quelques causes particulieres.

I'ay opinion que cetui-cy, Monsieur Marquis, s'aquitera de la promesse qu'il en fist audit sieur Ioubert son parent, comme il le peult aisément faire, pour estre biẽn versé en sa profession, & pour auoir la langue Latine for à commandement. Ce que ie peux tesmoigner pour l'experience que i'en ay. Ledit sieur Ioubert mourut l'an 1582. en Octobre, comme nous dirons en son lieu.

I. L. IEAN PASSERAT, natif de Troye en Champagne, lecteur du Roy en l'Vniuersité de Paris, homme tres-docte en Grec & en Latin, & des plus excellens Poëtes Latins & François de nostre temps, & lequel se rend admirable par les doctes leçons qu'il fait à l'explication des Poëtes Grecs & Latins, outre la cognoissance qu'il a en la Iurisprudence & autres arts.

Il a composé plusieurs tragedies & comedies, tant en Latin qu'en François, lesquelles ne sont encores imprimees.

Il a escrit les louanges & l'histoire des Troyens ou Champenois, desquelles choses il fait mentiõ en son chant d'allegresse, pour l'entree du Roy Charles neufiesme en sa ville de Troye en Champagne. Ladite histoire des Troyens n'est encores en lumiere.

Il a escrit vne hymne de la paix, imprimee chez Buon l'an 1563.

Complainte sur la mort d'Adrian Turnebe, imprimee à Paris chez Federic Morel l'an 1565. Ie feray mentiõ de ses escrits Latins autre-part & plus à propos. Il a composé plusieurs autres Poëmes Frãçois, lesquels ne sont encores en lumiere, & desquels ie ne sçay pas les tiltres, pour ne les auoir veuz. Il florist à Paris cette annee 1584. & fait leçons ordinaires en sa profession de lecteur du Roy.

IEAN DV PEIRAT, Sarladois ou de Sarlat en Perigort.

Il a traduit d'Italien en François, le liure de Iean de la Case Archeuesque de Beneuent gentilhomme Florentin &c. intitulé en Italien *Gli Coustumi*, & en François le Galathee, ou la maniere & façon, comme le gentilhomme se doibt gouuerner en toute compagnie, imprimé à Paris chez Iaques Keruer l'an 1562. François de Belle-forest dit qu'il en est le traducteur, à eux en soit le debat.

I. L. IEAN PELLETIER, natif de la ville & cité du Mans, docteur en Theologie, grand maistre du college Royal de Nauarre, fondé à Paris, Curé de S. Iaques de la Boucherie en ladite ville, homme des plus renommez pour la Theologie scholastique qu'autre de sa faculté, & ce qui fut cause qu'il fut enuoyé au Concile de Trente dernier. Il estoit frere aisné de Iaques Pelletier du Mans, docteur en medecine, duquel nous auons parlé cy deuant. Ie n'ay point veu les escrits François dudit Iean le Pelletier, encores que ie sçache qu'il en ayt composé quelques-vns, lesquels ne sont encores en lumiere. Ie feray mention de ses escrits Latins, en ma Bibliotheque Latine. Il mourut à Paris le vingt huitiesme iour de Septembre l'an 1583. & fut enterré le iour ensuyuant en l'Eglise de sainct Estienne du Mont pres de Saincte Geneuiesue à Paris.

IEAN DE LA PERVSE, Angoulmois ou natif d'Angoulesme en la Gaulle Aquitanique, l'vn des premiers tragiqs de Frãce pour son temps.

Il a composé cette docte tragedie de Medee, laquelle a esté reueuë & recorrigee par Sceuole de Saincte-Marthe, gentilhõme de Lodun en Poictou,

Poictou,lequel la fit imprimer apres la mort dudit la Peruse l'an 1555. à Poictiers chez les Marnefs & Bouchets freres,& encores imprimee depuis l'an 1566. ou 1567. Il a dauantage escrit plusieurs & diuerses poësies Françoises,imprimees audit lieu l'an 1555. par les susdits.

Il florissoit soubs Henry second l'an 1550.

IEAN PICARD OV LE PICARD.

Il a escrit vn traicté de la maniere de confesser, imprimé à Paris l'an 1546. chez Estienne des Hayes. Les trois miracles du mondes escrits par Iean le Picard,& imprimez à Paris l'an 1530.

B.L. IEAN PICOT, Conseiller du Roy, & President des enquestes en sa cour de Parlement à Paris.

Il a traduit de Grec en François, les enseignements pour gouuerner vn Empire, ou Royaume, escrits en Grec par Agapetus Euesque de Rome,imprimez à Paris chez Guillaume Morel l'an 1563.auquel temps florissoit ledit sieur Picot.

B.L. IEAN PIERRE DE MESMES Parisien,fils naturel (comme l'asseurent aucuns) de Messire Iean Iaques de Mesmes,pere de Messire Henry de Mesmes,sieur de Roissy & Malassise, desquels nous auons parlé cy dessus. Il estoit bien versé en plusieurs arts & sciences, & auoit cognoissance de beaucoup de langues estrangeres.

Il a traduit plusieurs liures d'Italien en François,& entre-autres quelques liures de Mathematiques,esquelles il estoit bien versé.

Il est autheur d'vne grammaire Italienne & Françoise, imprimee à Paris chez Gilles Corrozet l'an 1548. & l'an 1567. chez Robert le Mangnier,en laquelle il n'a pas voulu mettre son nom : mais ce qui m'a fait cognoistre qui en estoit l'autheur, ç'a esté vne sienne deuise mise sur la fin de ladite Grammaire Italienne, qui est telle, *Per me stesso son sasso*, laquelle expliquee en François, signifie *De moy-mesmes ie suis Pierre*, qui est vn equiuoque ou allusion sur son nom & surnom, Pierre de Mesmes, comme s'il eust voulu dire ie suis Pierre de Mesmes, qui ay composé cet ouurage. Ce que i'ay recité assez amplement à cause de plusieurs qui n'ont pas cognoissance, ny de l'autheur de cette Grammaire Italienne & Françoise, ny de cette deuise. Car s'il eust mis son nom par lettres capitales ou maiuscules en cette façon I. P. D. M. plusieurs eussent pensé que c'eust esté le nom de Iaques Peletier du Mans, tant cogneu par ses œuures, & plusieurs ont eu opinion que les vers Italiens mis au tombeau de Madame Marguerite Roine de Nauarre, sœur du Roy François premier, soubs ces lettres susdites signifiassent le nom dudit Peletier, mais leurs deuises les ont fait recognoistre, car ledit Iean Pierre de Mesmes à cette-cy en Latin, *Cœlum non solum*, & Peletier à cette autre Fráçoise,Moins & Meilleur:mais c'est trop s'arrester sur ce point,il faut voir quels autres œuures a composez ledit Iean Pierre de Mesmes.

Il a escrit en vers François, vn Epithalame sur le mariage de Henry de Mesmes, sieur de Malassise, & Ieanne Hannequin sa femme, imprimé à Paris l'an 1552. auec vn discours de l'origine ou extraction des sieurs de Mesmes, seigneurs de Roissy &c.

Ledit Iean Iaques de Mesmes florissoit à Paris l'an 1556.

IEAN PILLEV, natif de Chartres, Musicien, Mathematicien & Astrologue.

Il a escrit vn Almanach & prognostication, composez & calculez sur tous les climats de Frãce, Espagne, Romanie & Almagne &c. pour l'an 1571. imprimez à Paris chez Michel Buffet l'an 1570. auquel temps florissoit à Paris ledit Pilleu.

IEAN DV PIN Theologien, Medecin, Poëte François & Orateur, autres l'appellent du Pain, mais c'est à l'imitation des Parisiens, qui ont ce dialecte ou façon de prononcer Pain pour Pin &c.

Cetui-cy estoit moine de l'Abbaye de Vaucelles. Il nasquit en l'an de salut 1302. ou 1303.

Il a escrit vn traicté qu'il intitule Mandeuie, ou bien le champ vertueux de bonne vie, contenant huict liures, lequel il a escrit moitié en vers & moitié en prose: Il le commença en l'an de salut 1324. & en l'an de son âge 22. & l'acheua en l'an de salut 1340. & de son âge 37. ou 38.

Ce liure a esté imprimé à Paris chez Michel le Noir in 8. char. 24. il a plus de soixante ans.

Il a escrit vn opuscule, intitulé l'Euangile des femmes, composé en vers Alexandrins ou de douze syllabes, que les anciens appelloyent longue ligne.

Il florissoit soubs Philippes le Bel, & Philippes de Valois Rois de France l'an 1324. & 1340.

Il mourut âgé de soixante & dix ans, au pays du Liege en Almagne l'an 1372.

Il est enterré en l'Abbaye des Guillemins.

Plusieurs autheurs de marque, ont fait mention de luy en leurs œuures, sçauoir est Loys Guichardin en la description des pays bas, René Chopin en son liure de sacra politia Forensi fol. 468. de la premiere edition, & Claude Fauchet President de Paris, & autres encores.

IEAN PISSEVIN, natif d'Yssoire en Auuergne, homme docte & bien promeu en plusieurs bonnes disciplines.

Il a escrit plusieurs traictez, tant en Latin qu'en François, soit en prose ou en vers, lesquels ne sont encores imprimez.

Il florist à Paris cette annee 1584. âgé de 50. ans ou enuiron.

IEAN POICTEVIN, chantre en l'Eglise de Saincte Radegonde à Poictiers.

Il a traduit les cent Psalmes de Dauid, lesquels restoient de la traduction

traduction de ClemẽtMarot.Ils ont esté mis enMusique par Philebert Iambe de fer Lyonnois,& imprimez à Paris,chez Nicolas du Chemin, l'an 1558.lesdits Psalmes ont esté aussi imprimez à Poictiers par Nicolas Peletier l'an 1551.

IEAN POISLE, natif de Chamberry en Sauoye, Conseiller du Roy au Parlement de Paris,l'an 1581.

Il a escrit vn discours ou instruction de procez,vulgairement appellé Factũ,par lequel il pretend se defendre & absoudre des chefs d'accusation qui luy ont esté mis à sus par M. René le Roullier, Conseiller en Parlement,imprimé à Paris l'an 1580.

IEAN POLDO D'ALBENAS, natif de la ville de Nismes en Languedoc en la Gaule Narbonnoise.

Il a traduit de Latin en François l'histoire des Taborites en Boheme, escrite par Æneas Syluius, depuis appellé le Pape Pie 2.

Il a escrit vn discours historial de l'antique & illustre cité de Nismes auec les protraits des plus antiques & insignes bastimẽs dudit lieu, reduits en leur vraye mesure & proportion, ensemble de l'antique & moderne ville,imprimé à Lyon l'an 1560.par Guillaume Rouuille.

Frere IEAN PORTHAIS OV PORTHÆIS dit Porthæsius, docteur en Theologie,& prouincial de l'ordre des Cordeliers,ou de S. François, homme for docte és langues, & des plus renommez Theologiens de son ordre, comme il l'a bien fait paroistre en diuers lieux de France, & autres pays estranges,où il a fait ses predications, &c. Il est né au pays du Maine,en la paroisse de Sainct Denys de Gastines, à trois lieuës de la ville de Laual. Ce que ie dy expressement pour l'aise que i'ay de voir que le pays du Maine est heureux à produire des hommes desireux de profiter au public en toutes sortes.

Il a escrit en François la Chrestienne declaration de la cheute & ruine de l'Eglise Romaine, auec vne succincte doctrine du seruice de Dieu en icelle, ensemble deux responses à certaines obiections, contre la confession & Eucharistie,&c.imprimee à Anuers, chez Emanuel Philippes Tornesius l'an 1567.

Il a dauantage escrit de la vanité & verité de la vraye & faulse Astrologie contre les abuseurs de nostre siecle, imprimee à Poictiers, chez François le Page l'an 1578.

Il a escrit plusieurs liures tant en François qu'en Latin, mais ie n'en ay pas cognoissance.

Il florist cette annee 1584. qui voudra voir vn ample discours de sa vie,il le trouuera dans les œuures de Iean le Masle Angeuin, Enquesteur à Baugé,lequel il a fait imprimer auec son poëme de l'origine des Angeuins & Manceaux,&c.

IEAN DE POVGES, Poëte François.

Il a escrit en vers François vn Poëme historial,appellé la Vandomeide,qui est vn œuure contenant les loüanges du Roy de Nauarre. Albert Babinot fait mention dudit Iean de Pouges, en son liure intitulé la Christiade fol.111.& 112.luy dediant vne Ode, en laquelle il parle de cette Vandomeide. Ie ne l'ay point encores veuë imprimee.

IEAN PRAILLON,Secretaire des Trezes de Mets en Lorraine.

Il a escrit vn recueil d'histoires, duquel fait mention Richard de Vvassebourg,au catalogue des Autheurs,desquels il s'est aidé, pour escrire les Antiquitez de la Gaule Belgique.

s.L. IEAN PREVOST docteur en Theologie, Curé de l'Eglise de Sainct Seuerin à Paris,homme for docte & bien versé en sa profession, & autres sciences liberales.

Il a escrit plusieurs Oraisons funebres,lesquelles il a prononcees aux obseques d'hommes & femmes illustres,& entre autres,celle de Messire Chrestofle de Thou,premier President de Paris,pronõcee en l'Eglise de S.André des Arts à Paris,l'an 1582.le 14.iour de Nouembre,imprimee à Paris chez Mathurin Preuost l'an 1583.

Il florist à Paris cette annee 1584.non sans se trauailler pour annoncer & prescher la parole de Dieu, tant en son benefice de S. Seuerin qu'en autres lieux de Paris.

IEAN PROVST Angeuin.

Il a escrit des annotations, & brefues expositions sur quelques passages poëtiques,les plus difficiles, cõtenuz au liure de Ioachim du Bellay Angeuin,intitulé Recueil de Poësie par I.D.B.A. &c. imprimé sur la fin dudit recueil,chez Guillaume Cauelat à Paris l'an 1549.

IEAN QVENTIN docteur en Theologie & Penitencier à Paris.

Il a escrit en François vn traicté de la maniere de bien viure, lequel nous auons par deuers nous escrit à la main.Nous auons parlé cy deuãt d'vn Iean Cantin,ie ne sçay si c'est le mesmes.

s.L. IEAN QVINTIN docteur és Droicts, & Professeur ordinaire en l'Vniuersité de Paris,natif d'Authun en Bourgongne.

Il a composé en nostre langue vne harangue qu'il prononça deuant le Roy de France Charles 9.l'an 1561.Elle se voit imprimee,auec les Cõmentaires de la Rel.au 4.liure.

La harangue du Clergé prenant congé du Roy, &c. imprimee auec les susd'ts Commentaires de la Relig.au 4.liure.

Il florissoit à Paris l'an 1561.soubs Charles 9.nous ferons mention de ses escrits Latins autre-part.

s.L. IEAN RANDIN prestre Licentié en Decret, Promoteur & Aduocat des causes d'office de l'Euesque de Paris l'an 1514.

Il a extraict & colligé des saincts Decrets, les Statuts Synodaux & Prouinciaux,ensemble plusieurs Ordonnances,touchãt le fait & estat de l'Eglise,lesquels il a fait imprimer à Paris, tant en Latin qu'en François,l'an 1514.in 4.

Il flo-

Il florissoit à Paris audit an,& estoit Aduocat en icelle Cour.

IEAN RAOVL Chirurgien,dit Radulphus ou Rodulphus,&c.

Il a recueilly les fleurs & sentences de Guy de Cauliac tresexcellent docteur en Medecine,& for estimé de son tẽps pour la Chirurgie. Ce liure a esté imprimé à Lyon par Iean Foyuart,l'an 1547.& contient plusieurs questions tres-vtiles pour ceux qui sont amateurs de Chirurgie.

IEAN REGNARD OV RENART Angeuin sieur de la Minguetiere, hõme for adextre,& aux lettres & aux armes,& lequel a eu charge de Capitaine en plusieurs guerres tant en France,qu'en Italie.

Il a traduit de Latin en François les cinq premiers liures de l'histoire des François ou Gaulois,escrite par Paule Æmile treseloquent orateur & grand historien, imprimee à Paris par Claude Micard l'an 1573.

Il florissoit l'an 1555.ou enuiron soubs le regne de Henry 2.

IEAN REGNIER,Escuyer sieur de Garchy,Poëte François,&c.

Il fut premierement Esleu & depuis Bailly d'Auxerre en Bourgongne par l'espace de 36.ans,l'an 1463.& estoit natif de laditte ville.

Il espousa Isabeau Chrestienne, & estoient mariez ensemble, l'an 1460. (lesquelles choses i'ay colligees de ses œuures, comme nous dirõs cy apres.)

Il a escrit en vers François vn discours de ses fortunes & aduersitez, lors qu'il estoit prisonnier en la ville de Beauuais en Picardie, l'an 1431. auquel lieu il y fut par l'espace d'vn an & 8.mois, & poya pour sa rançõ 3.ou 4.mille escus, comme luy mesme tesmoigne au discours susdict, imprimé à Paris l'an 1526.par Iean de la Garde,in 8.& contient 18.fueilles.Ledit Iean Regnier voyagea par toute l'Europe,l'Asie, & l'Afrique, & sçauoit parler beaucoup de langues estrangeres.

Il florissoit du temps de Charles 7.Roy de France,& de Philippes le Bon,Duc de Bourgongne son maistre,és annees 1433.& 1463. & mourut for vieil soubs leurs regnes,&c.

91. IEAN DE RELY docteur en Theologie,Confesseur du Roy de France Charles 8.& Chanoine en l'Eglise de Paris,en fin Euesque d'Angers, l'an 1498.Il estoit natif de la ville d'Arras en Artois sur les fins de la Picardie,en la Gaule Belgique:son pere s'appelloit Bauldoin de Rely, & sa mere Damoiselle Ieanne Brioys. Il estoit grand oncle de François Balduin natif d'Arras,tant renommé pour la Iurisprudẽce & l'histoire, (comme nous auons dit cy dessus, lors que nous auons fait mention dudit François Balduin.)

La harangue que fit & prononça ledit Iean de Rely à Tours, l'an 1483.au mois de Feburier,deuant le Roy Charles 8.& son Conseil(ayãt esté deputé par les trois Estats de France, pour cet effet) a esté imprimee à Paris chez Galliot du Pré l'an 1558. elle se trouue imprimee auec le liure intitulé l'ordre tenu & gardé en l'assemblee des trois Estats conuoquez en la ville de Tours l'an 1483.

Ie n'ay veu autres de ses escrits en nostre langue Françoise.

IEAN RICHIER natif de Paris grand Rhetoricien.

Il florissoit à Lyon l'an 1510. Ie n'ay point veu de ses escrits, encores qu'il en ait composé plusieurs.

IEAN RIVIERE prestre.

Il a mis en lumiere la respõse du peuple Anglois à leur Roy Edouad sur certains articles, qui en son nom leur ont esté enuoyez touchant la religion Chrestienne, imprimee à Paris l'an 1530.

IEAN RIVIERE autre que le susdit.

Il a traduit de Latin en François vn discours de Pierre Gorry, ou de Gorris Medecin de Bourges, dit Gorreus, pere de Iean de Gorris, Medecin à Paris, &c. (duquel nous auons parlé cy dessus) traictant des remedes singuliers, desquels les Medecins vsent en toutes maladies, imprimé à Paris chez Robert le Magnier, l'an 1581.

IEAN ROBERT, docteur en l'Vniuersité d'Orleans, homme for versé en la Iurisprudence, &c.

Il a escrit vne response aux iniures & calomnies escrites contre luy par Robert le Maçon, surnommé la Fonteine, Ministre de la religion pretendue reformee, laquelle response a esté imprimee à Orleans, par Eloy Gibiei, l'an 1569.

Il florist en l'Vniuersité d'Orleans cette annee 1584. & fait leçons ordinaires en sa profession. Ie feray mention autre-part de ses œuures en Latin. Il est pere de Anne Robert Aduocat tresdocte & bien renommé en cette Cour de Parlement à Paris.

IEAN ROBERTET Notaire & Secretaire du Roy, & de Monseigneur de Bourbon, Greffier de l'ordre & du Parlement de Dauphiné. Ie trouue par autres de ses qualitez, qu'il a esté Secretaire de trois Roys de France, & de trois Ducs de Bourbon. Il estoit grand Poëte & grand Orateur François. C'estoit (comme ie pense) le pere de Messire Florimõd Robertet Baron d'Aluye, Secretaire d'Estat soubs Frãçois 1. &c. duquel nous auons parlé cy deuant.

Ledict Iean Robertet a traduit de Latin en vers François les Dicts prophetiques des Sibylles, imprimez à Paris l'an 1531. auec le liure de Symphorian Champier intitulé la Nef des Dames.

Il a dauantage escrit quelques Elegies & complaintes sur la mort de Georges, &c. desquelles fait mention Iean le Maire de Belges en ses Poëmes.

Il florissoit l'an 1480. ou enuiron soubs Charles 8.

IEAN DE LA ROCHE Baron de Florigny, gentilhomme François, (qui sont tous noms supposez.)

Il a escrit la vie & actes triomphans de Catherine des Bas souhaits femme d'vn Conseiller au Parlement de Bordeaux, imprimee à Troye en en Chãpagne,chez Nicole Paris,& depuis à Lyõ,à Paris,& autres lieux.

IEAN LE ROY,natif d'Amiens en Picardie.

Il a traduit d'Italien en François,le liure des diuers ordres de Cheualerie escrit par Sansouin,lequel n'est encores imprimé en François,il est aprez pour le mettre en lumiere.

Il florist à Paris cette annee 1584.

IEAN ROVEN Angeuin natif de la ville d'Angers, sieur de la Barre-Rouen.

Il a escrit plusieurs poëmes François lesquels ne sont encores imprimez,& entre autres quelques vers sur les Commandemens de Dieu: Ses œuures se voyent escrits à la main, chez Madamoiselle de la Rouraye sa femme,laquelle fait sa demeure à Brein sur la riuiere de Longne,à quatre lieuës d'Angers.

Il fut tué l'an 1567.par quelques vns de ses ennemis.

IEAN DE LA ROVERE,DIT ROBOREVS, esleu Euesque de Tolon l'an 1569.

Il a escrit & prononcé deux Oraisons funebres aux obseques & enterrement du feu Roy de France tres-chrestien Henry 2. du nom, l'vn à nostre Dame de Paris, le Samedy 12. d'Aoust,& l'autre à S. Denis en France,le Dimenche ensuyuant: il les a fait imprimer à Paris chez Robert Estienne,l'an 1569.auquel temps il florissoit.

IEAN ROVSSART natif de l'Euesché de Langres, sur les fins & limites de la Champagne & Bourgogne, Conseiller du Roy au siege Royal de laditte ville de Langres,neueu de Richard Roussard,Chanoine de Langres,tous deux hommes bien doctes,&c.

Il a escrit quelques memoires touchant les Antiquitez de Langres, lesquels ne sont encores imprimez.

IEAN SABELAT Chanoine en l'Eglise de Chartres.

Il a escrit vne defense Apologetique contre l'accusation faite en son endroit au Chapitre de Chartres.Ie ne sçay si elle est imprimee.

IEAN DE SAINCT ANDRE' Chanoine en l'Eglise de nostre Dame de Paris,&c.frere de Iaques de sainct André, President en la Cour de Parlement,tous deux enfans de F. de sainct André, iadis President en laditte Cour,&c. Ce seigneur de Sainct André merite autant de gloire & d'honneur que pas vn de ceux, desquels nous ayons fait mẽtion cy deuant:& ce pour auoir auec tant de peine, & si grande diligence, dressé vne si ample & riche Bibliotheque remplie de toutes sortes de liures,& principalement des escrits à la main, desquels il en fait imprimer plusieurs tant des autheurs Grecs que Latins, lesquels n'auoient point encores esté mis en lumiere par cy deuant,ce que a bien tesmoigné monsieur Feu-ardent docteur en Theologie à Paris, en son epistre mise au deuant de la traduction de Psellus, pris de la Bibliotheque du sieur de S.André.Papyrius Masson en fait aussi mention en ses Annales,au catalogue des autheurs desquels il s'est aidé, ensemble le sieur du Haillan en sa preface sur l'histoire de France, auquel lieu il dit que ledit sieur de S. André a recueilly quelques memoires touchant l'histoire de France. Ie ne les ay point veuz imprimez.

Il florist à Paris cette annee 1584.

IEAN DE SAINCTE FERE Lymosin, il est autheur d'vn liure intitulé la Republique Chrestienne.

Frere IEAN DE S. VICTOR, Chanoine regulier, &c.

Il a escrit vn liure intitulé, l'Arbre de Vie, de la tressacree & triomphante Croix de nostre Seigneur Iesus-Christ, contenant quatre volumes, dont le premier traicte des Oracles, le second du triomphe de la Croix, & le tiers de l'Adoratiõ, le quatriesme des Seruiteurs de la Croix: le tout imprimé à Paris par Iean Loys l'an 1544.

S.L. IEAN DE SALIGNAC, docteur en Theologie à Paris, natif du pays de Lymosin, homme for docte és langues & principalement en Hebreu.

Il a escrit plusieurs liures tant en Latin qu'en François, desquels il y en a quelques vns imprimez à Paris & en autres lieux.

Il florissoit à Paris du temps de Charles 9. l'an 1564.

S.L. IEAN SAMXON licentié és droicts, Lieutenant du Bailly de Touraine au siege Presidial de Chastillon l'an 1523.

Il a traduit en prose Françoise l'Iliade d'Homere, imprimee à Paris ou bien à Lyon, il y a enuiron de 60. ans & plus, in 4. de caracteres bastards. I'ay opinion que c'est celuy qui a commenté les Coustumes de Touraine.

IEAN SAVGRIN.

Il a traduit en François l'histoire du Lazare de Tormes Espagnol, en laquelle (outre ce, qu'elle est assez plaisante & facetieuse) lon peut encores recognoistre vne grande partie des mœurs, vie & condition, ou façons de faire des Espagnols, imprimee à Paris l'an 1561. chez Vincent Sertenas.

IEAN SERVIN Musicien.

Il a mis en Musique le troisiesme volume des Psalmes de Dauid composez à trois parties, imprimé à Orleans par Loys Rabier l'an 1565. Ie ne sçay s'il y a mis les deux autres volumes precedents.

IEAN SEVE OV SCEVE Lyonnois, parent (comme il semble) de Maurice Sceue Lyonnois, duquel nous ferons mention cy apres.

Il a escrit en vers Alexãdrins la supplicatiõ aux Rois & Princes Chrestiens, de faire la paix entre eux, & prendre les armes cõtre les infideles, auec vne exhortation au peuple François, d'auoir son recours à Dieu, pour obtenir sa grace & la paix, imprimee à Paris chez Barbe Regnault l'an 1559.

S.L. IEAN SLEIDAN Alleman de nation, homme des plus renommez de son temps pour l'histoire, & pour la langue Latine qu'il auoit à commandement.

Il a

Il a traduit de François en Latin, l'histoire de Froissard & de Philippes de Commines, les deux plus recõmandez historiẽs de France, pour les choses qu'ils ont escrites de leurs temps. Ie ne sçay pas quelles œuures en François a peu escrire ledit Sleidan, mais ie sçay bien qu'il auoit bonne cognoissance de nostre langue Françoise, comme il l'a bien monstré és susdittes traductions.

Il mourut de Peste à Strasbourg en Almagne l'an 1556. âgé de 50. ans.

IEAN DE STARACH Gascon.

Il a traduit en François le liure de Claude Galen ou Galien, prince des Medecins, &c. traictant des viandes qui engendrent le bon ou mauuais suc, imprimé à Paris l'an 1553. par Vincent Sertenas.

Il florissoit à Paris l'an 1552.

IEAN DE LA TAILLE Escuyer, natif de Bondaroy au pays de Beaulse, frere aisné de Iaques de la Taille, duquel nous auons parlé cy deuant, &c.

Il a escrit à l'imitation de Catan de Genes en Italie, vne Geomance pour scauoir les choses passees, presentes & à venir, ensemble le blason des pierres precieuses contenant leurs vertus & proprietez, le tout imprimé ensemble à Paris chez Lucas Breyer l'an 1574.

Le Prince necessaire, qui est vn poëme François contenant 3. chants.

Remonstrance pour le Roy à tous ses subiets qui ont pris les armes contre sa maiesté, imprimee à Paris chez Federic Morel l'an 1568. en vers François.

S'ensuiuent les œuures poëtiques dudit Iean de la Taille, imprimees à Paris chez Federic Morel.

Saül le Furieux, qui est vne tragedie prise de la Bible.

La Famine, ou les Gabeonites, qui est vne tragedie tiree de la Bible.

La mort de Paris, Alexandre & Oënonne.

Le Courtizan retiré.

Le combat de Fortune, & de Pauureté.

Les Corriuaux & le Necromant ou Negromant, qui sont Comedies tirees de l'Italien d'Arioste.

Poëmes, hymnes, elegies, cartels, epitaphes, chansons, sonnets d'Amour, anagrammes & autres poësies Françoises.

Il florissoit en l'an 1573.

IEAN TALPIN natif de Coutances, ou Constances en Normandie, docteur & Chanoine Theologal à Perigueux l'an 1570.

Il a escrit vne remonstrance aux Chrestiens qui sont separez de l'Eglise Romaine, par opinion qu'ils ont qu'elle n'est point la vraye Eglise, imprimee à Paris chez Nicolas Chesneau l'an 1567.

Traicté des ordres & dignitez de l'Eglise, auec l'interpretation des ceremonies & offices de tous les Estats Ecclesiastiques, la où est declaree toute la forme que l'Eueſque garde quand il les ordonne, imprimé à Paris chez Cheſneau l'an 1567.

La Police Chreſtienne, imprimee chez ledit Cheſneau l'an 1568.

L'Examen & reſolution de la verité, & de la vraye Egliſe, imprimé chez Cheſneau, l'an 1567.

Accord des difficultez de la Meſſe, imprimé à Paris chez Cheſneau, l'an 1565. & depuis imprimé l'an 1568. auec augmẽtatiõs dudit Talpin.

Aduertiſſement au Chreſtien pour ne tomber en hereſie, imprimé par Cheſneau l'an 1567.

Conſeil au Chreſtien, imprimé in 4. 1565.

Reſolution de la Meſſe, imprimee l'an 1565. & depuis augmentee & imprimee l'an 1568.

Inſtruction des Curez & Vicaires, imprimee 1567. par Cheſneau.

Inſtitution du Prince Chreſtien, imprimee 1567. par Cheſneau.

Inſtruction pour ſe preparer à la Communion, imprimee 1568. par Cheſneau.

Marques pour cognoiſtre les Miniſtres, imprimees 1568. par Cheſneau.

De la ſacrificatiue de l'Egliſe, ou nouueau Teſtament, imprimé l'an 1568. le tout chez N. Cheſneau à Paris.

Il en peult auoir eſcrit pluſieurs autres, mais ie n'en ay pas cognoiſſance.

Il floriſſoit l'an 1570. Ie ne ſçay ſ'il eſt encores viuant.

s.t. IEAN TARON ſieur de la Roche, Conſeiller du Roy au ſiege Preſidial & Seneſchauſſee du Maine, &c. frere puiſné de M. René Tarõ autrefois Aduocat du Roy au Mans, (duquel nous ferons mention cy apres en ſon lieu.)

Ce ſeigneur de la Roche-Taron, outre ſa profeſſion du droit ſ'eſt pleu autresfois à la Poëſie Latine & Françoiſe, & meſmement il ſe voit quelques vns de ſes vers, és œuures de Iaques Tahureau gentilhomme du Maine. Outre cela, il eſt beaucoup à eſtimer pour la grande & louable curioſité, qui eſt en luy de faire amaz de toutes ſortes de beaux & doctes liures, deſquels ſa Bibliotheque eſt tellement enrichie, qu'elle eſt eſtimee l'vne des plus belles & plus riches qui ſoit au Maine voire en Anjou & Touraine, non ſeulement pour les belles & propres relieures ou couuertures de ſes liures, mais pour auoir choiſi les plus beaux & plus corrects exemplaires, à quelque prix qu'ils ayent eſté.

Il floriſt au Mans cette annee 1584. & n'a encores fait imprimer aucuns de ſes œuures, que i'aye peu ſçauoir. Il peut quand il voudra en eſcrire de bien for beaux ſur pluſieurs differents ſubiets, eſtant homme docte, & ayant tant de beaux liures en ſa poſſeſſion: ce que ie pẽſe qu'il fera, ayãt donné relaſche aux affaires de ſa principalle eſtude, qui eſt en la Iuriſprudence.

Frere

Frere IEAN THAVOVD, maistre és arts, docteur en Theologie, gardien des freres mineurs ou Cordeliers d'Angoulesme, l'an 1512. & 1523.

Il a escrit le voyage de Hierusalem, imprimé à Paris chez la veufue de Iean de Sainct Denis.

IEAN THIBAVLT Medecin ordinaire du Roy François 1. & son Astrologue.

Il a escrit le thresor du remede preseruatif, & guerison bien experimentee de la Peste, & fiebure pestilencielle, auec la declaration dont procedent les gouttes naturelles, & comme elles doibuent retourner auec receptes pour le mal caduc, pleuresies & apoplexies, & ce qu'il appartient de sçauoir à vn parfait Medecin, le tout imprimé ensemble à Paris l'an 1544.

La grande & merueilleuse prophetie trouuee en la librairie dudit Thibault, apres sa mort, commençant l'an 1545. iusques en l'an 1556. imprimee au Mans par Denis Gaingnot, l'an 1545.

Il a escrit plusieurs autres prognosticatiõs, sçauoir est pour les annees 1539. 1540. 1541. 1542. 1543. & 1544. toutes imprimees à Paris & au Mans.

Les tables du Soleil & de la Lune, selon leur mouuement d'heures, de iour à autre, calculees par ledit Iean Thibault, imprimees à Paris par Chrestien Vvechel.

Ledit autheur promet en son epistre à Monsieur le Cardinal de Lorraine, deux liures pour cognoistre les mutatiõs des vẽts, gresles, pluyes, tonnerres, & tempestes, & les lieux où seront leurs effects.

Il a escrit vn autre liure ou table de la dignité des planettes & maisons de la lune, non encores imprimé.

Il florissoit l'an 1544. auquel il mourut, ou enuiron ce temps là.

Messire IEAN DV THIER cheualier, seigneur de Beauregard, Conseiller du Roy, & l'vn de ses secretaires d'Estat, signant en les finances & commandemens, General du Conté de Blois, &c.

Cettuy-cy estoit natif de Sens en Bourgongne, & estoit fils de Oliuier du Thier, natif de Ruillé au pays du Maine, comme i'ay apris de Oliuier du Thier, son nepueu, excellent Poëte François & Latin, &c. duquel nous parlerons cy apres en son ordre.

Ledit sieur de Beauregard estoit homme treseloquent, & des plus entenduz és affaires d'Estat, cõme bien l'a tesmoigné le seigneur Pierre de Ronsard, le loüant infiniment en ses œuures & poësies Françoises.

Il a traduit d'Italien en François les louanges de la folie, qui est vn traicté for plaisant, en forme de Paradoxe, imprimé à Poictiers l'an 1566. par les de Marnefs & Bouchets freres. Ie n'ay point veu ses autres escrits.

Il florissoit soubs le regne du Roy Henry 2. l'an 1550.

IEAN THIERRY de Beauuais en Picardie, homme docte.

Il a corrigé & augmẽté de beaucoup de mots & dictions Françoises, le Dictionaire François-Latin escrit premierement par Robert Estienne pere de Henry Estienne, auquel Dictionaire les mots François auec les manieres d'vser d'iceux, sont tournez en Latin, auec plusieurs etimologies Françoises, ensemble plusieurs dictions appartenantes à la Fauconnerie & Venerie, le tout imprimé chez Iean Macé, & Iaques du Puis l'an 1565. le Dictionaire susdit a depuis esté beaucoup augmẽté par Iean le Frere de Laual, & encores par M. Iean Nicot, Ambassadeur du Roy, à laquelle edition derniere, ont esté adioustez les mots de la marine, comme nous auons dit cy dessus, lors que nous auons fait mention desdits Iean Nicot, & Iean le Frere.

Ledit Iean Thierry a corrigé & annoté en plusieurs endroits les œuures de Columelle traduits par Claude Cotereau, imprimez à Paris l'an 1556. chez Iaques Keruer.

s.t. Messire IEAN DV-TILLET gentilhomme Parisien, issu de la tresnoble & tres-anciẽne famille Du-Tillet, tant renõmee à Paris & autres lieux, &c. Euesque de Meaux, frere de Monsieur le Greffier Du-Tillet (duquel nous ferons mention apres cettuy-cy.)

Ils estoient tous deux hommes doctes & des plus diligens rechercheurs d'histoires, que pas vn autre de nostre siecle, & sur tout de celles qui appartenoient à nostre France. I'ay entendu que cettuy-cy auoit la mieux fournie Bibliotheque, & plus remplie de toutes sortes de bons autheurs, qu'autre Prelat qui fust de son temps.

Il a escrit premierement en Latin, & depuis traduit en François la Chronique des Roys de France, depuis Pharamond, iusques au regne du Roy Henry 2. du nom, suyuant la computation des ans, iusques en l'an 1553 cet abregé a esté imprimé à Paris par René Auril, pour Galiot du Pré audit an 1553. & le Latin a esté imprimé chez Michel Vascosan, l'an 1551.

Ie peux asseurer de n'auoir point veu de Chronologie si succincte, & mieux ordonnee que cette-cy, pour les affaires de Frãce, tant il y a de belles recherches, & de diligentes obseruations de toutes choses memorables, contenues en cet œuure. Il n'a mis son nõ en ce liure que par ces deux lettres I. T. qui est à dire Ioannes Tilius, ou Du-Tillet.

Il mourut à Paris au mois de Nouembre, l'an 1570.

IEAN DV-TILLET, Greffier au Parlement de Paris, frere du susdit Euesque de Meaux.

Il a escrit plusieurs beaux Memoires & Recherches, touchant plusieurs choses memorables pour l'intelligence de l'Estat & des affaires de Frãce, imprimez à Rouen pour la premiere fois l'an 1577. pour Philippe de Tours, mais la seconde edition faite par Iaques du Puis à Paris, est bien plus ample, & plus correcte, & a esté reueëe sur la minute de l'Autheur, auec plusieurs figures & protraits des Roys de France,

de

de leurs monnoyes,& autres choſes remarquables, qui n'eſtoient pas en la premiere edition.

Il a dauantage eſcrit les autres œuures qui ſ'enſuyuent, leſquels ne ſont encores imprimez:il en fait mention en ſon epiſtre au Roy Charles 9.miſe au deuant de ſes Memoires.

Recueil en forme d'hiſtoire & ordre de regne de toutes les querelles des trois lignees des Roys de France,auecques leurs voiſins.

Les Domaines de la Coronne de France,ſelon les Prouinces.

Les loix & ordonnances depuis la Sallique, par volumes & regnes, & par recueil ſeparé de ce qui concerne les perſonnes & maiſons royalles.

La forme ancienne du gouuernement des trois Eſtats, & l'ordre de Iuſtice du Royaume, auecques les changemens qui y ſont furuenuz,le tout contenant ſix volumes: ſçauoir eſt 4. des Querelles,le cinquieſme des Ordonnances, & le ſixieſme concernant leſdittes perſonnes & maiſons Royalles, leſquels ſix volumes ne ſont encores en lumiere,il les preſenta au Roy Henry 2.

Traicté de la maiorité du Roy contenant comme les Roys peuuent commander en l'âge de 15. ans & qu'ils ſont ſuffiſants d'eux-meſmes pour appeller aupres d'eux tel conſeil qu'il leur plaiſt.

Il mourut à Paris en ſa maiſon au meſme mois & an que ſon frere ſuſdit l'Eueſque de Meaux,ſçauoir eſt au mois de Nouembre l'an 1570. qui eſt vne rencontre memorable de voir que deux freres de meſme nom & ſurnom, tous deux ayans eſcrit de pareils ſubiects,eſtre morts en meſme ville,en meſme mois, & en meſme an, & de pareil âge, ou peu ſ'en falloit.

IEAN TOVCHART Abbé de Belloſane, Precepteur de Monſeigneur le Reuerendiſſime Cardinal de Vendoſme,Charles de Bourbon,Prince du ſang de France, &c. homme for docte en Grec & en Latin, & ayant encores en ſoy pluſieurs autres bõnes parties & vertuz treſloüables, comme lon peut iuger, ayant eſté choiſi pour maiſtre & precepteur de mondit ſieur le Cardinal, à l'inſtruction duquel il ſ'eſt tellement porté, qu'il eſt auiourd'huy eſtimé l'vn des mieux apris & plus vertueux Princes de ce Royaume, & eſt recogneu pour tel, non ſeulement du Roy Henry 3.ſon parent, mais de tous autres qui ont cet heur que de le frequenter.

Cettuy-cy Iean Touchart n'a encores fait imprimer beaucoup de ſes eſcrits François,mais en Latin il en a eſcrit pluſieurs, deſquels nous ferons mention autre-part. Voicy ce qu'il a compoſé en noſtre langue: Poëme François intitulé l'Allegreſſe Chreſtienne de l'heureux ſuccez des guerres de ce Royaume,imprimé à Paris, chez Michel de Roigny l'an 1572. Il floriſt à Paris cette annee 1584.

IEAN TOVRAILLE Aſtrologue & Mathematicien.

Il a eſcrit pluſieurs Almanachs & Pronoſtications pour les annees 1543. 1549. 1550. 1551. & 1552. imprimez à Roüen par Guillaume de la Mothe, és annees ſuſdites, auquel temps il floriſſoit.

IEAN TRENCHANT.

Il a eſcrit vne Arithmetique departie en trois liures, enſemble vn petit diſcours des changes, auecques l'art de calculer aux gettons, le tout imprimé à Lyon l'an 1558. auquel temps il floriſſoit en la ditte ville.

IEAN TRIGVEL Cordelier au conuent de Laual au Maine, ſur les frontieres de Bretagne.

Il a composé pluſieurs Noels ou Cantiques ſur l'aduenement de noſtre Seigneur, imprimez au Mans l'an 1565. par Hieroſme Oliuier, auquel temps floriſſoit ledit autheur.

IEAN DE TROYES hiſtorien François, du temps de Loys XI. Roy de France.

Il a eſcrit la Chronique dudit Roy, laquelle eſt vulgairement appellee la Chronique ſcandaleuſe, à cauſe qu'elle fait mention de tout ce qu'a fait ledit Roy, & recite des choſes qui ne ſont pas trop à ſon aduantage, mais plus toſt à ſon des-honneur & ſcandale. Gilles Corrozet en fait mention en ſon treſor des hiſtoires de France, imprimé l'an 1583. par ſon fils Galliot Corrozet, ie n'ay encor peu voir cette hiſtoire.

I.L. IEAN DE LA VAQVERIE, docteur en Theologie à Paris.

Il a eſcrit en Latin & en François vne Remonſtrāce adreſſee au Roy, aux Princes Catholiques, & à tous Magiſtrats & Gouuerneurs de Republiques, touchant l'abolition des troubles & emotions qui ſe font auiourd'huy en France, cauſez par les hereſies qui y regnent, & par la Chreſtienté, imprimee à Paris l'an 1574. chez Iean Poupy.

IEAN VAVQVELIN, ſieur de la Freſnaye au Sauluage, Conſeiller du Roy, Iuge Preſidial, & Lieutenant general au Bailliage de Caen en Normandie, fils de M. Iean Vauquelin, ſieur de la Freſnaye, &c. Ils ſont tous deux natifs de Caen, ou de Falaiſe en Normandie.

Cettuy-cy premierement nommé, il a eſcrit en vers François deux liures de Foreſteries, imprimez à Poictiers par les de Marnefs, l'an 1555.

Traicté pour la monarchie de ce Royaume, contre la diuiſion, imprimé à Paris chez Federic Morel, l'an 1569.

L'Iſraelide ou l'hiſtoire de Dauid, de laquelle fait mention le ſieur de la Boderie, Gui le Feure en ſon œuure intitulé l'Enciclie, fol. 130. & 131. de la premiere edition chez Plantin in 4. Ie ne ſçay ſi laditte hiſtoire a eſté imprimee.

Il floriſt cette annee 1584.

IEAN LE VAVLDOIS Citoyen de Lyon ſur le Rhoſne, l'an 1170.

Il eſt autheur de l'hereſie appellee de ſon nom Vauldoiſe, ou des Vauldois, pour laquelle il y a eu tant de troubles, & s'appelloient ceux-là les pauures de Lyon.

Il viuoit

Il viuoit du temps de Iean Bellomays, Archeuesque de Lyon l'an susdit 1170.

IEAN DE VAVZELLES Lyonnois, prieur de Montrotier, parent de Maurice Sceue Lyonnois &c.

Il semble que ledit de Vauzelles soit autheur d'vn liure intitulé l'histoire Euangelique des quatre Euangelistes en vn, contenant les notables faits de nostre Seigneur Iesu-christ &c. imprimee à Lyō l'an 1526. par Gilbert de Viliers, & ce qui me fait auoir opinion qu'il en soit l'autheur, c'est pour la deuise qui est audit liure, en cette sorte, *Crainte de Dieu vault zelle*, qui est vn equiuoque ou allusion sur son nom &c.

Il a traduit d'Italien en François, le Genese de Pierre Aretin Italien, auecques la vision de Noë, en laquelle il veit les misteres du viel & nouueau Testament, le tout diuisé en trois liures, & imprimé à Lyon l'an 1542. chez Sebastien Gryphius in 8. & contient 17. fueilles. Ledit de Vauzelles ne met pas son nom en sa traduction, mais sa deuise seulement qui est telle, *D'vn vray zelle*, qui est vne autre sienne deuise, outre la precedente.

Il a traduit d'Italien en François, la Passion de Iesu-christ, escrite par Pierre Aretin, imprimee à Lyon l'an 1539. par Melchior & Gaspard Trechsel freres.

Il a traduit le liure de l'humanité de Iesu-christ, & l'a dedié à la Roine de Nauarre, sœur du Roy François premier.

Il florissoit à Lyon du temps de François premier l'an 1540.

IEAN VENETTE, de l'ordre de Nostre-dame des Carmes à Paris, natif dudit lieu de Venette pres Compiegne en Picardie.

Il a traduit de Latin en vers François, l'histoire des trois Maries, laquelle a esté reduite en prose par Iean Droüin d'Amiens l'an 1505. comme nous auons dit cy dessus, ledit Iean de Venette florissoit à Paris au Conuent des Carmes l'an 1362. auquel an il acheua ledit liure des trois Maries au mois de May, comme il se voit au 197. chapitre dudit liure.

IEAN DE LA VEPRIE, Abbé de Cleruaux.

Il a recueilly plusieurs prouerbes & adages François, lesquels ont esté faits Latins, & mis en vers hexametres & pentametres, par vn nommé Io. Ægidius Nuceriensis &c. imprimez à Paris le Latin & François tout ensemble l'an 1519. par Badius Ascensius.

Hubert Susan Poëte Latin, a augmenté ce liure de Prouerbes, de beaucoup d'autres, lesquels ont esté imprimez l'an 1552. à Paris chez Pregent Caluarin.

IEAN DE VERNOY, preuost de Lorris en Gastinois l'an 1554.

Il a escrit en François l'Epitome ou Abregé du Droict Ciuil, pris des quatre liures des Institutions Imperialles, & des 9. liures du Code, imprimé à Paris l'an 1554. chez Pierre Thierry.

IEAN VERRY, seruiteur de l'Eglise & Abbaye Royalle de Sainct

Victeur pres Paris.

Il a compoſé vn Almanach perpetuel pour Paſques, & autres feſtes mobiles & immobiles, imprimé à Paris in fol.

s.l. IEAN LE VIEIL DIT VETVS, ſeigneur de Ville-faillieres, Conſeiller du Roy & maiſtre des Requeſtes ordinaire de ſon hoſtel, natif de Bourgongne &c. homme for docte & treſ-eloquent, comme il l'a monſtré par ſes oraiſons Latines, prononcees par luy aux eſcholes de medecine à Paris l'an 1560. lors qu'il faiſoit le Paranymphe &c.

Il a eſcrit quelques œuures en François, deſquels ie n'ay pas cognoiſſance, aucuns penſoyent qu'il fuſt autheur du liure intitulé Arreſt ou Iugement notable, donné à Orleans ſur certain Aſſaſinat, commis au pays des Vendoſmois &c. imprimé l'an 1574. à Orleans, auec les commentaires ſur iceluy, mais i'ay entendu que c'eſt vn docteur d'Orleans, duquel ie feray mention autre-part.

s.l. IEAN DE VILLEMEREAV, ſieur de la Roche, natif de Bourgueil en Tourayne, Aduocat du Roy à Angers, homme docte en Grec & Latin, lequel fut pourueu de cet eſtat de par ſon beau-pere M. Raoul Surguin, ſieur de Belle-croix, duquel nous parlerons cy apres.

Il a traduit d'Italien en François, pluſieurs harangues & concions, faites par les Ambaſſadeurs de la Seigneurie de Veniſe, à leurs retours de leurs legations & Ambaſſades faits en diuers pays eſtranges &c. Ce liure n'eſt encores imprimé.

Il floriſt à Angers cette annee 1584.

Frere IEAN DE VIGNAY OV DV VIGNAY.

Il a traduit de Latin en François, le Miroir des hiſtoires du Monde de Vincent de Beauuays, ce qu'il a fait par le commandement de Madame Ieanne de Bourgongne, Royne de France. Ledit Miroir ſe voit tranſlaté en Frãçois, & imprimé à Paris il y a plus de 60. ans. Ie ne ſçay ſi c'eſt de ſa traduction.

Il a traduit de Latin en François, la legende des Saincts, autrement appellee la Legende Doree, imprimee à Paris l'an 1546. in fol. ch. 80.

Il fait mention de ſa traduction dudit Miroir de Vincent de Beauuays, en ſon prologue mis au deuant de ſa tranſlation du catalogue des Saincts.

Il floriſſoit l'an 1300. ou enuiron.

s.l. IEAN VIRET du Deuens, au duché de Chablex ſur le lac Leman, homme docte és langues, & ſçauant aux Mathematiques & en la Philoſophie, parent de Pierre Viret Sauoiſien &c.

Il a peu eſcrire quelques œuures qui ne ſont pas venues à ma cognoiſſance.

Il mourut à Paris d'vne fiebure peſtilentielle l'an 1583. en Septembre, âgé de 40. ans ou enuiron.

IEAN VIROLEAV Cordelier, lecteur du Conuent des freres mineurs

ou

ou Cordeliers, en la ville d'Angoulesme.

Il fut tué par les protestants l'an 1568. Iean le frere de Laual fait mention de luy en son histoire de nostre temps, de la derniere edition.

IEAN DE VIRTOC, ancien Poëte Frãçois. Ie n'ay point leu de ses escrits.

Messire IEAN DE VOYER, Cheualier de l'ordre du Roy, pere de Messire René de Voyer, Viconte de Paulmy & Bailly de Tourayne.

Il a traduit d'Espagnol en François, le Roman de Palmerin d'Oliue ou d'Oluide. Ie ne sçay si sa traduction a esté imprimee.

Il mourut l'an 1571.

Il se voit vn recueil d'Epitaphes sur sa mort, imprimé à Paris, composé par les plus doctes hommes de France.

Fin des noms commenceants par ce mot de Iean *ou* Ieanne.

INNOCENT TOVRMENTE, Poëte François.

Il a escrit plusieurs chants Royaux à l'honneur de la Vierge.

3.1. IOACHIN DV BELLAY, gentilhomme Angeuin, sieur de Gonnor en Anjou, Archidiacre en l'Eglise de Nostre-dame de Paris. Cestui-cy a esté l'vn des plus estimez Poëtes Latins & François de nostre temps, & lequel a composé des œuures, lesquelles viuront autant que dureront les langues esquelles il a escrit.

Il composa en ses plus ieunes ans, la defense & illustration de la langue Françoise, ensemble vn poëme de ses amours, cõtenant plus de 50. Sonnets faits en faueur de sa maistresse qu'il appelle Oliue. Vn recueil de poësie, la traduction du quatriesme & sixiesme liures de l'Eneide de Virgile, ensemble plusieurs autres traductions de diuers autheurs, les Regrets de l'autheur estant à Rome, les antiquitez de Rome, diuers Ieux rustiques, Epithalame sur le mariage du Duc de Sauoye, le tombeau du Roy Henry secõd, discours au Roy sur le fait des quatre Estats de son Royaume, plusieurs passages des meilleurs autheurs Grecs & Latins, citez par le Roy, en ses commentaires sur le Sympose, ou Banquet de Platon, le tout imprimé autrefois chez Federic Morel à Paris l'an 1569. & depuis lon a recouuré plusieurs autres poësies tant Latines que Françoises, toutes imprimees ensemble chez ledit Morel & Abel l'Angelier cette annee 1584.

Il mourut le premier iour de l'an en Ianuier 1559. ou bien 1560. selon aucuns.

IOACHIN BLANCHON Lymosin.

Il a escrit vn discours en vers, touchant la guerre ciuile & diuerse calamité de ce temps, fait en forme de dialogue, duquel les entre-parleurs sont, le Monde & le Tẽps, imprimé à Paris chez Denis du Pré l'an 1569.

Il a dauantage escrit plusieurs Sonnets amoureux, & autres poësies snr differents subiects.

Il a en fin reduit toutes ses poësies en vn iuste volume: lequel a esté imprimé à Paris chez Perier l'an 1583.

Il florist à Lymoges (qui est le lieu de sa natiuité) cette annee 1584.

B.L. IOACHIN DV CHALARD, natif de la Souterrane en Lymosin, Aduocat au grand Conseil à Paris.

Il a commenté les Ordonnances du Roy Charles neufiesme, imprimees à Paris l'an 1568.

Il y a vn liure intitulé Origine des Erreurs de l'Eglise, escrit par Ioachin du Ch. Ie ne sçay ce qu'il entend par Ch. Ie ne pense pas que ce soit cetuy-cy susdit, qui en soit l'autheur. Ce liure a esté imprimé l'an 1562. sans le nom de l'imprimeur ny de l'autheur.

B.L. IOACHIN PERION Tourengeau, Docteur en Theologie à Paris, & religieux audit pays de Touraine, en l'Abbaye de Cormery, de l'ordre de S. Benoist.

Il estoit estimé entre les plus grands Philosophes & des mieux versez en Grec, qui fussent de son temps, comme il l'a bien monstré par ses dialogues de l'origine de la langue Françoise, ensemble de sa conformité auec la langue Grecque, le tout reduit en quatre liures, imprimez à Paris l'an 1554. chez Sebastien Niuelle, en langue Latine: mais pource qu'ils traictent de la langue Françoise, i'en ay fait mention.

Il florissoit soubs Henry 2. l'an 1554.

Ie parleray de ses escrits Latins autre-part.

IOACHIN DES PORTES Chartrain.

Il a escrit en prose Françoise, vn discours sommaire, du regne du Roy Charles neufiesme, ensemble de sa mort, & d'aucuns de ses derniers propos, imprimé à Paris par Iean de Lastre l'an 1574.

Il florissoit à Paris audit an.

Quant à Philippes des Portes, Chartrain, nous en ferons mention cy-apres en son lieu.

IOMET GAREY, natif d'Apt en Prouence, Poëte François l'an 1540. ou enuiron.

Il a composé plusieurs blasons des parties Antomiques du corps feminin, entre-autres le blason du Bras, imprimez à Paris auec les autres blasons recueilliz de diuers Poëtes François.

Il a dauantage escrit plusieurs Epigrammes & dizains, imprimez auec le liure susdit.

IOSEPH DV CHESNE, DIT QVERCETANVS, Baron & seigneur de Morencé & Lyserable.

Il a escrit vn traicté de la cure generalle & particuliere des Arquebusades, imprimé à Lyon par Iean Tertout l'an 1576.

B.L. IOSEPH DE L'ESCALE OV DE LA SCALE, gentilhomme François, fils de ce tant renommé en tous genres de doctrine Iules Cesar de la Scala dit Scaliger, tous deux issus des Ducs de Veronne en Italie &c.

Aucun

Aucũ ne peult doubter, que cetui-cy ne soit reputé l'vn des plus doctes & sçauants gentils-hommes de France, soit pour les langues ou pour toutes sortes de disciplines : dequoy rendent vn assez suffisant tesmoignage ses tant doctes œuures mis en lumiere sur diuers subiects, en quoy il n'a point degeneré de son pere, estimé mesmes par ses ennemis le plus sçauant de nostre siecle.

Cetui-cy Ioseph de la Scala, n'a encores rien escrit en nostre langue Françoise, dont i'aye cognoissance, sinon quelques Poëmes qui ne sont en lumiere.

Il florist cette annee 1584. & trauaille sans cesse à illustrer les sciences par ses doctes escrits, tant en Philosophie qu'en Mathematiques.

IOSEPH GAVCHER Auallonnois, ou d'Aualon en Bourgongne.

Il a traduit de Latin en François, plusieurs traictez de S. Augustin: sçauoir est de la vie chrestienne, auec les traictez de charité, & de la vanité de ce siecle & monde inferieur, de l'obedience & humilité, & l'eschelle de Paradis, le tout imprimé à Paris par Iean Foucher l'an 1542.

IOSQVIN DES PRETZ, natif du pays de Haynault en la Gaulle Belgique, l'vn des premiers & des plus excellents & renommez musiciens de son siecle.

Il a mis plusieurs chansons en musique, imprimees à Paris, à Lyon, à Anuers & autres lieux par vne infinité de fois.

Messire IOSSE DE DAMHOVDERE Cheualier, docteur és Droicts, iadis conseiller & commis des domaines & finances de l'Empereur Charles cinquiesme, & encores du Roy Catholique son fils &c.

Il estoit Flamand de nation, & estoit homme fort versé en la iurisprudence.

Il a escrit en Latin, vne pratique iudiciaire és causes ciuiles, laquelle il a depuis traduite en François, imprimee à Anuers chez Iean Bellere l'an 1572.

Il a escrit vne pratique criminelle, imprimee en ladite ville d'Anuers.

Il a escrit vn autre liure, qu'il a, ce me semble, intitulé le Garand des Pupiles.

Il florissoit l'an 1570.

ISAAC HABERT Parisien, valet de chambre du Roy Henry troisiesme, frere de Susanne Habert, Dame des Iardins, (de laquelle nous ferons mention cy apres en son ordre) tous deux enfans de feu Pierre Habert, l'vn des excellents escriuains de son temps, & duquel nous parlerons en son lieu.

Ledit Isaac a mis en lumiere plusieurs de ses Sonnets & autres poësies, imprimees à Paris chez Abel l'Angelier l'an 1582.

Il florist à Paris cette annee 1584.

ISAAC IOVBERT, natif de Mont-pellier, fils aisné de feu M. Laurent Ioubert, docteur en medecine & Chancelier de l'Vniuersité de Montpellier &c. (duquel nous ferons mention cy apres.)

Il a traduit de Latin en François, deux Paradoxes Latins de ſondit pere, dont le premier eſt, que les poiſons ne peuuent eſtre baillez à certain iour, & ne faire mourir à certain temps : le ſecond eſt, qu'il y a raiſon que quelques-vns puiſſent viure ſans mãger, durant pluſieurs iours & annees, le tout imprimé à Paris auecques la ſeconde partie des Erreurs populaires de Laurent Ioubert, pere dudit Iſaac &c. chez Abel l'Angelier l'an 1579.

Il a encores eſcrit vne apologie de l'ortographe François, duquel fait mention Chreſtofle de Beauchaſtel en ſes annotations, ſur l'orthographie de Monſieur Ioubert &c.

Il floriſt à Paris cette annee 1584. âgé de vingt ans ou enuiron.

ISAAC DE MALMEDY (parent de maiſtre Symon de Malmedy, docteur en medecine à Paris &c.)

Il a eſcrit vn traicté ou brief diſcours de l'origine & deſcente de la noble & ancienne maiſon de Croüy ou Croy en Picardie, Ducs d'Arſcot, imprimé l'an 1566. in 8. & contient cinq fueilles.

Il a dauantage eſcrit de l'art militaire, vſité entre pluſieurs peuples & nations.

Diſcours de toute l'Italie, de la Cour des Princes, de l'Eſtat de la Nobleſſe & origine des Cheualiers.

Ie ne ſçay s'il a fait imprimer les liures ſuſdits.

Il en fait mention en l'Epiſtre enuoyee à ſon couſin Symon de Malmedy, imprimee auec le diſcours de la maiſon de Croüy &c.

ISNARD DE DEMANDOLS, Poëte Prouençal.

Il a eſcrit pluſieurs poëmes en langue Prouençale, non encores imprimez.

IVLES CÆSAR LE BEGVE, Picard de nation, Poëte François &c.

Il a compoſé le Rebus de la France, imprimé à Paris chez Iean le Clec.

IVLIEN DES AVGVSTINS Lyonnois.

Il a traduit de Latin en François les fables d'Eſope, & les faceties de Poge Florentin, imprimees à Lyon par les Huguetans.

IVLIEN BAVDON Angeuin.

Il a traduit de Latin en François, le liure des faſcinations, charmes & ſorceleries d'vn autheur, nommé Varius (qui eſt vn autre liure que celuy de Ieã Vvier dit Vvierus,) imprimé à Paris chez Nicolas Cheſneau l'an 1583.

IVLIEN BELIN Manceau, grand muſicien & excellent ioueur de Luth.

Il a compoſé pluſieurs motets, chanſons, & fantaſies, leſquelles il a reduites en tablature de Luth, imprimees à Paris chez Nicolas du Chemin l'an 1556.

Il floriſt au pays du Maine cette annee 1584.

IVLIEN DAVID DV PERRON, natif de Sainct Lo en Normandie, homme for docte, grand Theologien, Philoſophe, Mathematicien & Medecin &c. (pere de Iaques Dauid du Perron, duquel nous auons fait tant honorable mention cy deuant) &c.

Il a eſcrit quelques diſcours treſ-doctes, touchant les fontaines & leur origine, auec pluſieurs beaux ſecrets ſur cette matiere.

Il a dauantage eſcrit vn traicté de la maladie des goutes (duquel mal il eſtoit for trauaillé durant ſa vie) lequel traicté eſt ſi docte, que les plus ſçauants medecins ſont contraints d'atteſter, qu'ils n'ont rien veu ou leu eſcrit de plus docte ſur cette matiere par les anciens medecins. Ces liures ne ſont encores en lumiere: quand il plaira à ſon fils de les faire imprimer, enſemble pluſieurs autres que ſondit pere a eſcrits ſur pluſieurs differents ſubiects, il fera paroiſtre combien celuy eſt d'honneur, que d'auoir eu pour pere & precepteur tout enſemble, vn ſi grād & docte perſonnage qu'eſtoit ledit Iulien Dauid du Perron.

Il mourut à Paris l'an 1583. âgé de cinquantecinq ans ou enuiron.

IVLIEN HASART, natif d'Enghuien ſur les frontieres de Picardie, de l'ordre des Carmes. Il mourut l'an 1525. Ie n'ay pas cognoiſſance de ſes eſcrits François. Il y a vn autre Philippes Haſart muſicien, duquel nous parlerons cy aprés.

IVLIEN DE MEDRANE Eſpagnol, gentilhomme ſeruant de la treſ-illuſtre Roine de Nauarre, Marguerite de France, ſœur de Henry 3. &c.

Il a eſcrit vn liure partie Eſpagnol, intitulé *La Sylua curioſa*, remply de pluſieurs poëmes Frāçois, ſoit d'Enigmes, Epitaphes, Epigrammes & autres choſes ſemblables, imprimé à Paris l'an 1583. auquel temps floriſſoit ledit Medrane en ladite ville &c.

IVLIEN DE S. GERMAIN, docteur en Theologie à Paris, homme des plus doctes Theologiens, & viuant d'vne vie autant ſainte & loüable, que pas vn autre de ſa robe: ce qui eſt cauſe de le faire tant aimer & reſpecter du treſ-chreſtien Roy de France & de Polongne Henry 3. lequel l'a d'ordinaire au ſeruice de ſa Maieſté, pour les rares vertus qui reluiſent en iceluy ſeigneur de S. Germain.

Il a prononcé vne ſienne for docte & bien elegante oraiſon funebre, en l'Egliſe de Noſtre-Dame à Paris l'an 1583. aux honneurs funebres de Meſſire Iean Baptiſte Caſtel, Eueſque d'Arimini en Italie, Nonce de ſa Sainctete vers le Roy de France Henry troiſieſme, imprimee à Paris chez Henry Thierry l'an 1583. ſans que ledit ſieur de Sainct Germain y aye voulu mettre ſon nom, pour n'eſtre homme curieux de gloire, & honneurs mondains: auſſi que ſa principale eſtude eſt d'eſcrire en Latin, comme nous dirons autre-part.

Il floriſt à Paris cette annee 1584. âgé d'vn ſoixante ans ou enuiron.

IVLIEN TABOVE' OV TABOVET, DIT EN LATIN TABOETIVS, natif de la paroisse de Chantenay à quatre lieuës de la ville du Mans, procureur du Roy au Parlement de Chamberry en Sauoye l'an 1557.

Cetui-cy estoit homme for docte és langues, grand Theologien, Iurisconsul,& Orateur,Historien & Philosophe,& sur tout bien versé en la poësie Latine, dequoy il a donné tres-ample tesmoignage par ses œuures Latines mises en lumiere, & imprimees à Lyon par Boudeuile, Iean Edoüard & autres: & encores par ses oraisons forenses,imprimees à Lyon & à Paris,comme nous dirons en nostre Bibliotheque Latine.

Il a escrit en prose Françoise l'histoire de France, laquelle n'a encores esté mise en lumiere: Messire Gabriel de Minut,dit Munitius,fils du premier President de Tolose (comme nous auons dit cy dessus parlant de luy) a ladite histoire par deuers luy escrite à la main, laquelle il mettra bien tost en lumiere, auec vn discours de la vie dudit Tabouet, selon que i'ay entendu des parens dudit Tabouet.

Il mourut à Tolose soubs le regne de Charles neufiesme ou enuiron.

Iean Papon a fait vn ample discours des arrests donnez contre ledit Iulien Taboué,lesquels se voyent au recueil qui en a esté imprimé tant de fois à Paris & à Lyon,lequel arrest il semble qu'il l'aye employé par animosité,car il luy donne vn autre tiltre,qu'aux autres desquels il fait mention: l'appellant *La Chasse de Tabouet*. Mais qui aura leu les vers Latins, composez par luy,& enuoyez audit Papon,il trouuera qu'il luy a fait iniure,de n'auoir employé tous les autres arrests qu'il auoit obtenus en diuers Parlements de France,estans iceux à son profit & aduantage. Voicy donq la copie des vers dudit Tabouet, Procureur du Roy à Chamberry, lesquels i'ay bien voulu employer icy,pour mõstrer que le pays du Maine ne doibt estre scandalizé pour vn,qui a pris naissance en iceluy, & que c'est chose doubteuse du fait narré audit arrest, puis qu'il y en a tant d'autres contraires,& que vn seul qui a esté contre luy, a esté mis en lumiere,& les autres Iean Papon les a passez soubs silence, en son recueil.

Ad Ioannem Paponem forensium placitorum collectorem repetitium, Iulianus Taboëtius Iureconsultus.

Quòd me in calce operis, carbone notaueris atro,
Hoc tibi non laudi: sed vitio dabitur.
Hoc lupus & turpes faciunt morientibus vrsi,
Vrsi odium exerces,ingluuiémque lupi.
Quæ sola officiunt,decreta nouissima,narras:
Sed mea,quæ longè plura fuere,taces.
Atqui operæpretium fuerat, placita omnia certo
Ordine, Rapsodijs inseruisse tuis.

Retia

Retia decipiunt mî crede, forensia multos,
Quæ non tenduntur miluio & accipitri.
Centum ego decretis fueram sine fraude, senatu
In triplici victor, præside Iustitia.
Iure meo & causa fretus, tandem extra Senatum
Insperato equidem fulmine succubui.
Hactenus oppreßus iacui mœroris in aula:
In prædam cecinit Musa, salúsque mea.

Ces vers susdits se voyent imprimez à Lyon l'an 1560. chez Nicolas Edoüard, auecques plusieurs autres qu'il enuoye à tous les plus renommez Presidents & Conseillers des Parlements de France, lequel liure il intitule *Epidictica ad Christianos pacis authores.*

Il auoit vn fils nommé Raymond Tabouet, Aduocat à Chambery. Ie ne sçay s'il est encores viuant.

IVLIEN DV THIER, gentilhomme du Maine, excellent Poëte Latin & François, & grand musicien, neueu de Messire Iean du Thier, sieur de Beauregard, secretaire d'Estat soubs le regne de Henry 2. &c. comme nous auons dit cy deuant.

Il a traduit de Latin en François, l'histoire Romaine de C. Velleius Paterculus, non encores imprimee.

Il a escrit & composé plusieurs poësies Françoises, lesquelles ne sont encores en lumiere.

Il florissoit l'an 1574. Ie ne sçay pas s'il est encores viuant.

IOLIVET natif de Paris, ancien Poëte François, for renommé de son temps.

Il a escrit plusieurs chansons d'amours.

Il florissoit en l'an 1260. ou enuiron.

IONGLET ancien Poëte François, & tres-excellent ioueur d'instruments de musique en l'an 1260. ou enuiron, soubs l'Empereur Conrad.

Il a escrit plusieurs fabliaux & chansons d'amours. Voy Claude Faucher qui en parle en son recueil des Poëtes.

S'ensuyuent les noms d'aucuns autheurs, lesquels i'ay mis expreßément à la fin de la lettre I. pour ne sçauoir leurs propres appellations.

I. FAVVERMY.

Il a escrit en vers François vn liure, intitulé le Ruynement de Mars, imprimé à Paris du temps du Roy François premier, soubs lequel il florissoit.

I. DE FORGES.

Il a escrit en prose Fráçoise, le voyage de Mósieur de Lautrec, cótenant la prise du Bosque & de Pauie, ensemble la reduction de Genes, d'Alexandrie & autres villes & chasteaux en la Duché de Milan, prises par ledit sieur de Lautrec, imprimé l'an 1527. auquel temps ledit de Forges florissoit à Pauie en Italie.

I. PALLET Saintongeois.

Il a traduit d'Italien en François, vn discours de la beauté des Dames, imprimé à Paris par Abel l'Angelier l'an 1578.

s.L. I. LE PAVLMIER, docteur en medecine.

Il a escrit vn brief discours de la preseruation & curation de la peste, imprimé à Caën en Normandie chez Pierre le Chandelier l'an 1580.

I. PITHOV OV PITOV, docteur és droicts.

Il a escrit vn liure touchant la police & gouuernement des republiques, imprimé à Lyon. Ie ne sçay s'il est parent de M. Pierre & François les Pithouz, tant renommez au Parlement de Paris & autres lieux, pour leur grand sçauoir & doctrine, lesquels sont natifs du pays de Champagne, comme nous dirons parlant dudit Pierre par cy apres en son ordre.

I. RAPHAEL Prouençal, de l'ordre de S. Dominique en Prouence.

Il a escrit la vie de Sainct Aulzias de Sabran, Conte d'Arian, glorieux confesseur & vierge, imprimee à la requeste de Messire Pierre de Sabran, seigneur de Beaudiner en Prouence &c. Iean Treperel a imprimé ladite vie à Paris, il y a pres de 60. ans ou plus.

I. ROBERT, Iuge criminel à Nismes en Languedoc.

Il a escrit quelques memoires touchant les antiquitez de Nismes, cóme tesmoigne B. de la Tour d'Albenes, en sa Choreide ou louange du bal.

I. D. L. gentilhomme François.

Il a escrit vn discours du siege tenu deuant la Charité l'an 1577. imprimé à Paris chez Iean de Lastre audit an.

I. D. L. Aduocat au Parlement de Paris.

Il a escrit vne lettre missiue à vn conseiller estant aux grands Iours à Poictiers l'an 1567. ou 1568. imprimee audit an.

I. D. S. A.

Il a escrit vn discours de la similitude des regnes du Roy S. Loys & de Charles neufiesme, imprimé sur la fin de l'histoire des Albigeois, traduite par Monsieur de Saincte Foy.

I. D. S. M.

Il a traduit en vers François, les sentences selectes de Periander, Publian, Seneque & Isocrate, imprimees à Paris l'an 1561. par Vincent Sertenas.

I. G. A. Aduocat au Parlement de Paris.

Il a traduit d'Italien en François, la descriptió de toute l'Isle de Cypre, escrite

escrite premierement en langue Italienne par frere Estienne de Lusignan &c. imprimee à Paris chez Guillaume Chaudiere l'an 1580.

I. R. D. L.

Il a escrit vne amiable remonstrance aux Lyonnois, lesquels par timidité & contre leur propre conscience, continuent à faire hommage aux Id. imprimee auec le premier liure des memoires de l'Est. de la F.

I. S. P.

Il a escrit en vers François, vn discours sur la mort de Gaspard de Colligny, qui fut admiral de France, & de ses complices, le iour de S. Berthelemy l'an 1572. imprimé à Paris par Mathurin Martin audit an.

FIN DE LA LETTRE I.

L

B.L. LAMBERT D'ANEAV OV DANEAV, Min. à G. l'an 1580. dit Daneus.

Il a escrit deux traictez nouueaux, desquels le premier traicte des sorciers, & le second contient vne briefue remonstrance sur les Ieux, cartes & dez, imprimé par Iaques Baumet l'an 1579. in 8.

Il a escrit en Latin & en François, vn petit traicté contre Lucas Osiander, comme tesmoigne Iean Bruneau en son discours chrestien fol. 77. &c.

LAMBERT LE COVRT DIT LI CORS (selon le langage vsité pour lors) prestre, natif de Chasteaudun en Beausse pres la ville de Chartres.

Il a traduit de Latin en vers François, le Roman d'Alexandre le grãd Roy de Macedone.

LAMBERT DANEAV. Voy cy dessus Lambert d'Aneau escrit par A.

LAMBERT FERRIS, ancien Poëte François l'an 1260. ou enuiron.

Il a escrit plusieurs chansons amoureuses, non encores imprimees.

B.L. LANCELOT DE CARLE, Euesque de Riez, gentilhomme Bourdeloys, premierement Aumosnier de Monsieur le Daulphin de France &c.

Il estoit tres-excellent Poëte Latin & François, & bien docte en Grec.

Il a escrit vne lettre ou Epistre au Roy, touchant les actions & propos de feu Mõsieur le Duc de Guise Messire François de Lorraine &c. depuis sa blesseure iusques à son trespas, imprimez à Paris & en autres lieux.

Il a traduit de Latin en François, vn traicté de Stanislaus Hosius de l'expresse parolle de Dieu, imprimé à Paris chez Vascosan l'an 1562.

Il a traduit de Grec en vers François, l'Odyssee d'Homere, comme tesmoigne Iaques Peletier du Mans, sur la fin de sa traduction des deux premiers liures de l'Odyssee &c.

Il a escrit en vers François, les cantiques de la Bible, & deux hymnes que lon chante en l'Eglise, imprimez à Paris chez Vascosan l'an 1562.

Le cantique des cantiques de Salomon, paraphrasé en vers François par ledit de Carle, imprimé par Vascosan en l'an susdit 1562.

L'Eclesiaste de Salomon, auecques quelques Sonnets chrestiens, paraphrasé en vers François, imprimé par Nicolas Edoüard l'an 1561.

Epistre en vers François, contenant le procez criminel, fait à l'encontre de la Roine d'Angleterre, Anne Boulant &c. imprimee à Lyon l'an 1545.

Il a

Il a traduit de Latin en François par le commandement de la Roine mere du Roy, l'Eloge ou vie de Henry 2. du nom Roy de France, escrite en Latin par Pierre de Paschal, gentilhomme du bas pays de Languedoc, &c. imprimee à Paris chez Michel Vascosan, & d'autant que ledit Vascosan est mort, ses liures se vendent chez Federic Morel son gendre & heritier principal, dequoy i'aduertis les lecteurs afin de trouuer les susdits liures plus aisement.

Il a escrit plusieurs autres liures, mais ie n'en ay pas cognoissance.

Il florissoit soubs Henry 2. l'an 1559.

LANCELOT VOISIN, OV DV VOESIN sieur de la Popeliniere, gentilhomme François né en la Gaule Aquitanique ou Guiennoise.

Il a escrit l'histoire des troubles & guerres ciuiles aduenues en France, pour le fait de la religion, depuis l'an 1555. auquel finist l'histoire ou Commentaires de Iean Sleidan Alleman de nation, iusques en l'an 1581. imprimee à la Rochelle chez Frãçois Hotin ou Haultin l'an susdit 1581. en deux volumes. Faut noter que celles qui ont esté escrites par Iean le Frere de Laual, & par vn nommé Piguerre sont prises en partie de laditte histoire du sieur de la Popeliniere, & que ce qu'il y a de difference, entre icelles, c'est que ils ont osté, tout ce qu'ils ont veu qui estoit au desaduantage des Catholiques, &c.

Il a traduit d'Italien en François vn liure des finesses & ruzes de guerre imprimé à Paris l'an 1571. chez Nicolas Chesneau.

Le liure des trois Mondes, imprimé à Paris chez Pierre l'Huillier, in 4. l'an 1582. & depuis in 8. audit an.

Il florist cette annee 1584.

LANFRANC SYGALLE gentilhomme natif de Genes en Italie, Poëte Prouençal, Iurisconsul & Orateur tresrenommé l'an 1270.

Il a escrit en rithme Prouençale, plusieurs chants à l'honneur de la Vierge Marie, & vn chãt funebre, sur la mort de sa maistresse, Berlande Cybo, damoiselle Prouençale.

Il fut tué par quelques Voleurs, pres de Morgues, en allant de Prouence à Genes, l'an de salut. 1278. Gesnerus fait mention en sa Bibliotheque d'vn Iurisconsul nommé Lanfrancus Balbus, lequel a escrit des Decisions sur le Droict. Ie ne sçay s'il entend parler dudit Lanfranc Sigalle, & que ce mot de Balbus ne fust son surnom, mais seulement vne epithete, &c.

LANTEOSME DE ROMIEV, gentilhomme natif d'Arles en Prouence.

Il a traduit de Latin en vers François, les Pegmes de Pierre Costau, dit Costalius, auecques les narrations philosophiques sur ce liure de Pegmes, qui sont comme Emblemes, &c. imprimez à Lyon l'an 1560. par Macé Bonhomme. Faut noter que ce liure a esté premieremẽt imprimé sans les Commentaires ou narrations philosophiques, lesquelles ont esté adioustees à la seconde impression du liure.

Madame LAVRE OV LAVRETTE DE SADO, & selon aucuns de Chiabau, comme l'a escrit vn Italien nommé Nicolo Franco.

Cette dame Laure tant celebree par François Petrarque Florentin, estoit issue de la noble maison de Sade ou Sado, tant illustre en Auignon & par toute la Prouẽce: elle nasquit en l'an 1314. le 4. iour de Iuin.

Elle estoit tresbien versee en la langue Prouençale, vsitee de son temps: & a escrit diuerses sortes de Poësies en icelle, lesquelles ne sont encores en lumiere.

Elle mourut en la ville d'Auignon l'an 1348. âgee de 34. ans. Qui voudra voir ses loüanges, voye les sonnets de ce diuin Petrarque, tant renõmé par toute l'Italie & autres lieux où ses œuures ont cours. Le Roy François premier escriuit ces vers qui s'ensuyuent, en faueur de laditte dame, lesquels luy seruent d'Epitaphe ou tombeau.

En petit lieu, compris vous pouuez voir,
Ce qui comprend beaucoup par renommee:
Plume, labeur, la langue, & le debuoir
Furent vaincuz, par l'Aimant & l'Aimee.
O gentill'Ame, estant tant estimee
Qui te pourra loüer, qu'en se taisant?
Car la parole, est tousiours reprimee,
Quand le subiect surmonte le disant.

Ie ne feray pas icy plus ample mention de laditte dame Laure, me reseruant à en escrire plus amplement au traicté particulier que i'ay escrit de sa vie contenue auec celles de toutes les autres doctes & sçauantes femmes de France, desquelles i'ay escrit les vies, & en pretends faire vn iour vne Bibliotheque à part, contenant leurs vies & leurs compositions tant Latines que Françoises.

LAVRENT BOCHEL natif de Crespy en Valois, Aduocat au Parlemẽt de Paris, homme docte & ayant de bonnes lettres.

Il a escrit l'histoire de Valois, & celle de Nauarre aussi, lesquelles il espere mettre bien tost en lumiere.

Il florist à Paris cette annee 1584. Nicolas Bergeron Valesien, Aduocat au Parlement de Paris, homme tresdocte, a pareillement escrit quelqũes Memoires touchant le Duché de Valois, lequel liure il a intitulé *Le Valois Royal*, comme nous dirons par cy apres en son lieu.

LAVRENT DV BOVRG Lyonnois.

Il a escrit vne complainte sur les miseres aduenues en la cité de Lyon en ces derniers troubles, comprise en vne Ode Françoise, imprimee à Paris par Iean Hulpeau l'an 1569.

LAVRENT DE LA GRAVIERE, Secretaire de Monsieur le Viconte de Ioyeuse, l'an 1558. (c'estoit le pere de Monsieur le Duc de Ioyeuse Pair de France.)

Il a tra-

Il a traduit de Latin en vers François les six premiers Eglogues de frere Baptiste Mãtuan, desquelles il n'y en a que cinq, imprimees à Lyõ par Iean Temporal l'an 1558. auquel viuoit ledit autheur, lequel dit qu'il n'a voulu mettre en lumiere la sixiesme, d'autant qu'elle parloit irreuoremment des Princes.

LAVRENT L'ESPRIT.

Il a composé vn liure intitulé le passetemps de la fortune des Dez, imprimé à Paris par Guillaume le Noir, l'an 1559. Ie l'ay en Italien & en François, & ne sçay qui a fait la traduction.

LAVRENT IOVBERT, Conseiller & Medecin ordinaire du Roy de France & du Roy de Nauarre, premier docteur, regent, Chancelier & Iuge de l'Vniuersité en Medecine de Montpellier. Il nasquit en la ville de Valence en Dauphiné l'an 1529. le 6. iour de Decembre. Il estoit frere de M. François Ioubert Iuge-mage de la susditte ville de Valence.

Cetuy-cy Laurent Ioubert estoit homme si docte, & tant bien versé en la Medecine, & autres bõs arts qu'il a emporté le pris par sur tous les Medecins de son temps, dequoy font preuue ses doctes escrits Latins & François., tant bien receus par tous endroits où la Medecine a cours. Que si quelques-vns alleguent qu'il a parlé trop librement, & allegué quelques passages trop lubriques en aucũs de ses œuures, & principalement en ses doctes liures des Erreurs Populaires: Ie veux bien que lon sçache que le Prouerbe ancien a esté tousiours vray,

Barbier craintif fait playe punaise.

Ce que ie veux rapporter touchant ceux qui veulent enseigner, & ne disent pas le secret de leur profession. Car si ledit sieur Ioubert a vsé de termes assez chatouilleux pour les delicates oreilles, il luy a esté de besoing de parler ainsi, s'il vouloit estre entendu, & si on desiroit faire profit de ses liures. I'ay peult estre esté trop long à deduire cecy, mais ie l'ay fait expressément pour respondre à ceux qui en voudroient medire, ou l'accuser apres sa mort en ces cas susdits. Car ie respecteray tousiours ceux qui en toutes sortes communiqueront le plus secret de leur science, comme il a fait. Or pour venir à parler de ses œuures françoises, voicy ce qu'il en a escrit.

Trente liures des Erreurs Populaires, au fait de la Medecine & regime de santé, le tout diuisé en six parties, dont il y en a six liures, imprimez à Bordeaux chez Simon de Millanges l'an 1578. de for beaux caracteres, & selon l'orthographe de l'autheur.

La seconde partie des Erreurs Populaires ou propos vulgaires touchant la Medecine, &c. a esté imprimee à Paris chez Lucas Breyer & Abel l'Angelier l'an 1579.

Question vulgaire, sçauoir quel langage parleroit l'enfant qui n'auroit iamais ouy parler, imprimee à Bordeaux par Simon de Millanges l'an 1578.

Traicté contre la blesseure ou coups d'arquebouze, & la maniere d'en guarir, imprimé à Paris l'an 1570.

Apologie de l'orthographe dudit Ioubert diuisee en quatre dialogues.

Les matinees de l'Isle-Adam, esquelles il est traicté de la qualité & vertu de tous les aliments vsitez en France, & la maniere d'en vser sainement, non encores imprimees.

Traicté du Ris, contenant son essence, ses causes, & merueilleux effects, curieusement recherchez, raisonnez & obseruez par ledit Ioubert.

Plus la cause morale du ris de Democrit, expliquee & tesmoignee par Hippocrat.

Dialogue sur la Cacographie, ou mauuaise escriture Françoise, le tout imprimé auec ledit Traicté du Ris chez Nicolas Chesneau l'an 1579. à Paris.

I'ay dit cy dessus que ledit Ioubert n'a point escrit ce Traicté du Ris en langue Latine, & de peur d'vser de repetition que l'on voye ce que i'en ay dit cy deuant, parlant de Iean Paul Zangmaistre, &c.

Question des huilles, traictee problematiquement.

La Censure ou sentence de quelques opiniõs touchãt la decoction pour les arquebusades, le tout imprimé l'an 1578. par Iaques Stoër.

Quant au traicté de la Peste, si doctement & curieusement escrit par luy, nous en auons parlé cy deuant, faisant mention de Guillaume des Innocents, lequel l'a traduit sur le Latin dudit Ioubert.

Il a escrit plusieurs doctes liures appartenants au fait de la Medecine, mais nous en ferons mention en nostre seconde Biblioque, qui sera des Escriuains Latins natifs de la France & des Gaules seulement.

Il mourut d'vne disenterie ou flux de ventre l'an 1582. le 29. iour d'Octobre à 7. heures du matin âgé de 53. ans. en la ville de Lõbez, à 7. lieües de Tholose, qui fut vne perte indicible par tout le monde : car ce qu'il auoit apris auec tant de peine & trauail, il nous l'eust en fin tout communiqué par escrits.

LAVRENT DES MOVLINS.

Il a escrit en vers François vn liure intitulé, le Catholicõ des Mal-aduisez, autrement appellé le Cemetiere des Malheureux, imprimé à Paris.

LAVRENT DE NORMANDIE, Lieutenant du Roy à Noyon en Picardie, & Maire de laditte ville, l'an 1550.

Il a escrit quelques liures François, lesquels ie n'ay point veuz. Voy de luy le traicté des Scandales escrit par Iean Caluin, lequel il luy dedie.

LAVRENT PIEBOT, docteur en Medecine en l'Vniuersité de Louuain en Flandres.

Il a escrit vne prognostication pour l'an 1541. imprimee audit an.

LAVRENT DE PREMIER, estimé for grand Orateur pour son temps.

Il a traduit de Latin en François les œuures de Seneque, imprimees à Paris par Antoine Verard.

Il a traduit de Latin en François le liure de Iean Bocace Florentin traictant des Nobles malheureux, contenant 9. liures, imprimé à Paris chez Michel le Noir l'an 1515.

Il a traduit le Decameron, ou cent Nouuelles de Iean Bocace, autrement intitulé le Prince Galiot, imprimé à Paris l'an 1485. lequel liure a esté depuis traduit en François par Iean le Maçon, & imprimé à Lyon & à Paris.

Il florissoit du temps de Charles 8. l'an 1483.

LAVRENT DE VOZ, Musiciē, maistre des enfans de chœur, ou de la Salette de l'Eglise Metropolitaine de Cambray.

Il a mis en Musique plusieurs Chansons & Motets, imprimez.

LAZARE DE BAIF, gentilhomme Angeuin, car il nasquit en sa terre des Pins, pres la Flesche en Anjou: autres pensent qu'il soit du Maine à cause de sa terre de Mangé à quatre lieües du Mans, laquelle appartiēt du iourdhuy à son nepueu, Messire Iean de Chourses seigneur de Malicorne, Cheualier des deux ordres du Roy, &c. Ledit Lazare estoit Cōseiller du Roy, & Maistre des Requestes de son hostel. Il fut enuoyé en Ambassade, de par le Roy François 1. vers la Seigneurie de Venise, l'an 1532. Il estoit pere de Iean Antoine de Baif, comme nous auons dit cy dessus parlant de luy en son lieu. Cestuy Lazare de Bayf estoit homme tresdocte és langues, & principalement en la Grecque. Il estoit grand Iurisconsul, Poëte & Orateur.

Il a traduit de Grec en vers Frāçois la Tragedie de Sophocle, intitulee Electra, contenant la vengeance d'Agamemnon, &c. imprimee à Paris l'an 1537. par Estienne Roffet. Laditte Tragedie a esté traduitte ligne pour ligne & vers pour vers, par ledit de Baif, comme tesmoigne Ioachim du Bellay en son illustration de la langue Françoise.

Il a dauantage traduit de Grec en vers François la Tragedie d'Euripide, nommee Hecuba, imprimee à Paris l'an 1550. chez Robert Estienne, auecques autres poësies de l'inuention dudit Lazare, &c.

Il n'a voulu mettre son nom à pas vne de ses deux traductions susdittes, sinon que il se voit en la premiere nommee Electra, cōpris dans les lettres capitales ou maiuscules d'vn Dizain mis au deuāt de l'œuure: ce que les Grecs appellent noms par acrostiches: & en la seconde tragedie nommee Hecuba son nom ne se voit point aussi, mais sa deuise Latine seulemēt, qui est *Rerum vices*, c'est à dire, Toutes choses ont leur tour.

Il a escrit en Latin vn for docte liure des Vaisseaux, du Nauigage, & des habits ou vestemens, lequel a esté imprimé à Paris chez Robert Estienne, auec les figures ou protraits des choses susdittes.

Il florissoit soubs François 1. l'an 1536.

LEON ADVLPHI OV L'ADVLPHI, qui est vn nom contrefait & supposé: car ce n'est qu'vn anagramme ou nom retourné de Noel du Faill ou de Phail, escrit par ph, duquel nous parlerons cy apres.

Il a escrit estant for ieune, vn petit liure plein de faceties & propos ioyeux, intitulé Discours d'aucuns propos rustiques facetieux, & de singuliere recreation, imprimé à Paris l'an 1554. par Estiéne Grouleau: lequel liure a esté depuis imprimé soubs ce nom, des finesses, ruzes, ou tromperies de Ragot, Prince des Gueux, &c.

Il a dauantage escrit vn traicté qu'il appelle les Baliuerneries d'Eutrapel, imprimé il y a for long temps.

Il a escrit plusieurs autres liures, pleins de doctrine & consequence, desquels ie ne feray pas icy mention: ie me reserue d'en parler lors que nous seros à la lettre N, quand ce viendra à ce nom de Noël du Faill, sieur de la Herisaye, &c. & dirons alors ses qualitez toutes au long.

B.L. LEON TRIPAVLT Orleannois, sieur de Bardis, Conseiller du Roy au siege Presidial d'Orleans, homme docte en Grec & en Latin.

Il a escrit vn discours des antiquitez d'Orleans, imprimé audit lieu l'an 1573. & encores par 4. ou 5. autres fois diuerses, iusques en l'an 1580.

Dictionnaire François-Grec, imprimé à Orleans par Eloy Gibier l'an 1577.

Il a augmenté ce Dictionnaire par apres de plus de la moitié, & l'a intitulé Celt'-hellenisme, ou Etymologie des mots François tirez du Grec, imprimé par ledit Eloy Gibier l'an 1581.

Traicté d'Anagrammes, non encores imprimé.

Discours du siege mis deuant Orleans par la pucelle Ieanne, contre les Anglois, mis en lumiere par la diligence dudit Leon Tripaut, & imprimé à Orleans, l'an 1576. par Saturny Hottot.

Les faits & gestes de Ieanne d'Arc, ditte la Pucelle d'Orleans, imprimez tant en Latin qu'en François page pour page, &c. l'an 1583. par Eloy Gibbier.

Il florist à Orleans cette annee 1584.

B.L. LEONARD DES AVBIERS gentilhomme Angeuin, issu de l'ancienne & tres-illustre maison de la Roche des Aubiers en Aniou, &c. docteur en Theologie, & scholastiq ou maistre d'Escolle en l'Eglise de S. Iulien du Mans, de laquelle il fut doyen. Il estoit vulgairement appellé le sieur d'Argentre, qui estoit le nom d'vn Benefice duquel il iouissoit.

Il estoit estimé l'vn des plus sçauants Theologiens de France, pour son temps, & auoit grande cognoissance des langues Hebraique, Grecque & Latine.

Il a escrit vne Oraison funebre sur le trespas de Messire Guillaume du Bellay, seigneur de Langey, Cheualier de l'ordre du Roy, &c. laquelle il prononça aux funerailles & pompe funebre dudit sieur en l'Eglise de S.

de Sainct Iulien du Mans, l'an 1543. ou enuiron. Elle n'est encores imprimee.

Il mourut au Mans du calcul, grauelle, & pierre (qui est vn mal ordinaire aux hommes de lettres, & faisant vne estude sedentaire, ou de repos) l'an 1555. le 3. iour de Mars, âgé de soixante ans ou enuiron.

Il estoit oncle de Monsieur des Aubiers, gentilhomme Angeuin, Aduocat au Parlement de Paris, homme for docte, & lequel pour la cognoissance qu'il a en diuerses langues estrăgeres, a esté employé par les plus grands de ce Royaume, pour quelques affaires d'Estat, dont ie parleray en autre lieu plus à propos.

LEONARD DE LA VILLE.

Il a reueu, corrigé, & augmenté, vn discours de l'antiquité, origine, & nobelesse de la cité de Lyon, imprimé audit lieu l'an 1579. par Guillaume Testefor.

LEZIN GVIET Angeuin, frere de Martial Guiet (duquel nous parlerons cy apres.) Il nasquit en la ville d'Angers l'an 1515. le 13. iour de Febrier. Il estoit homme for bien versé en la Chorographie, ou description des pays & regions, &c.

Il a fait la description generale du pays, & Duché d'Aniou, reduitte en carte, pour laquelle illustrer, il a employé enuiron de deux ans entiers, à visiter tous les lieux, villes, villages, riuieres & lieux de remarque dudit pays. Il l'a fait imprimer l'an 1573. & le dedia à Monsieur le Duc d'Aniou, n'estant pour lors que Roy de Pologne, audit an 1573. pour laquelle il receut cent escus.

Il a dauătage escrit plusieurs autres œuures, tant en prose qu'en rithme Françoise, & entre autres le Dialogue des Moines, escrit en vers Alexandrins non encores imprimé.

Il florissoit l'an 1574. Ie ne sçay s'il est encores viuant.

LION IAMET de Sussey en Poictou, seigneur de Chambrun, Secretaire de Madame Renee de France, Duchesse de Ferrare &c.

Il a escrit plusieurs Poësies Françoises, non encores imprimees. Clement Marot & Charles Fonteine Parisien font mētion de luy en leurs œuures.

Il florissoit l'an 1550. ou enuiron.

LISET BENANCIO.

Il a escrit en prose Françoise la declaration des abus & tromperies, que font les Apotiquaires, &c. imprimee à Tours l'an 1553. par Matthieu Chercelé.

LOVIS VNZIESME Roy de France, fils de Charles 7. & de Marie d'Aniou, il nasquit le 3. iour de Iuillet, l'an 1423.

Il se voit vn liure intitulé le Rosier des guerres du Roy Loys XI. Roy de Frāce, imprimé à Paris l'an 1553. chez la veufue de Michel le Noir, &c. Ie ne sçay s'il est autheur dudit liure, pour le moins il est en son nom.

Il mourut l'an de salut 1483. le dernier iour d'Aoust en son chasteau du Parc pres la ville de Tours sur Loire. I'ay escrit sa vie auecques celle des Roys de France.

Le guidon des guerres, composé par le cheualier de la Tour, est vn autre liure composé plus de 150. ans auãt la naissance dudit Roy Louis, comme i'ay dit parlant cy dessus de Geoffroy de la Tour-Landry.

LOVIS D'AMBOISE, seigneur de Bussy, Marquis de Reinnel, capitaine de cinquante hommes d'armes des Ordonnances du Roy, gouuerneur & Lieutenant general au pays & Duché d'Aniou, premier gentilhomme de la chambre de Monsieur, frere du Roy, & Colonel general de l'infanterie Françoise de son Altesse, &c.

Ce seigneur de Bussy-d'Amboise, estoit issu de la tres-noble, tres-ancienne & Royale maison d'Amboise en Touraine, de laquelle Messieurs les Contes d'Aubigeous en Albigeois sont pour le iourd'huy chefs du nom & des armes, comme nous dirons au Catalogue general des maisons nobles de France, lequel nous esperons mettre bien tost en lumiere.

Pour reuenir à parler de Louis d'Amboise, i'oseray asseurer qu'il estoit l'vn des plus vaillants & adextres gentils-homme aux lettres & aux armes, que la France ait point encores veu de nostre temps, dequoy il a fait assez preuue durant sa vie, & l'eust encores plus monstré, s'il eust vescu plus longuemẽt: mais vne mort violẽte l'en a empesché. Il aimoit & caressoit sur tout les hommes de lettres, & c'est ce qui me le fait tant respecter & en parler si amplement: car s'il n'eust esté que guerrier, i'eusse reserué celà à discourir amplement és vies des plus vaillants hommes en guerre, natifs de la France, & des Gaules.

Et pour monstrer qu'il auoit grande cognoissance des bonnes lettres, & qu'il n'estoit pas seulement grand Orateur & treseloquent gentilhomme, nous auons encores de luy plusieurs beaux vers & Poësies Françoises de sa façon, & entre autres ces belles Stances, qui estoient comme vn presage de sa mort. Car en icelles il semble discourir tout le malheur qui depuis luy est aduenu : elles ne sont encores en lumiere non plus que ses autres œuures.

Il fut tué sur les terres de Monsieur le Conte de Montsoreau en Anjou le Mercredy 19. iour d'Aoust l'an 1579. agé de vingt-huict ou vingtneuf ans.

Il estoit l'vn des plus fauoriz de son maistre, pour les bonnes parties qui estoient en luy, & sur tout pour sa valeur & les lettres.

Il a esté fait plusieurs Epitaphes sur sa mort, composez par les plus sçauants hommes de ce siecle, desquels il y en a plusieurs imprimez, les autres qui sont en Grec, Latin, François & autres langues, le seront peut estre vne autre autre fois. Iean le Frere & autres font mention de luy en leurs histoires, les vns le loüent, les autres le blasment,

chacun

chacun en escrit selon son affection particuliere. Aucuns disent qu'il estoit gentil-homme natif de Champagne, les autres du Duché de Bar, & les autres Tourengeau. Ie ne sçay au vray le lieu de sa naissance.

LOVISE L'ABE' Lyonnoise, femme tresdocte, vulgairement appellee la belle Cordiere de Lyon, de laquelle l'anagramme est, *Belle à soy*: elle sçauoit for bien composer en vers & en prose.

Elle a escrit vn dialogue en prose Françoise, intitulé le Debat de Folie & d'Honneur, imprimé auec plusieurs poësies de son inuention & autres de ses amis, le tout a esté imprimé ensemble à Lyon par Iean de Tournes l'an 1555. & le tiltre est tel. Les œuures de Loyse l'Abbé Lyonnoise, &c.

Elle florissoit à Lyon soubs Henry 2. l'an 1555.

LOVIS BERQVIN gentilhõme Flaman, appellé par aucũs Ieã Berquin.

Il a escrit quelques œuures en Latin & en François.

Il fut bruslé à Paris pour le fait de la religion l'an 1529. l'vnziesme iour de Nouembre. Ie n'ay point veu de ses liures imprimez.

LOVIS BERTHELEMI Notaire Royal au Chastelet de Paris, l'an 1518.

Il est autheur d'vn liure intitulé le Prothecole des Notaires, Tabellions, Greffiers & Sergeans, &c. contenant la forme & maniere de faire tous contracts, actes de Iustice, Commissions & rapports de Sergeãs à cheual & à verge, inuentaires, comptes, demandes, & autres choses singulieres, imprimé à Paris l'an 1518. chez Durand Gerlier.

LOVIS BERTRAVAN.

Il a escrit quelques Epistres ou Apologies pour defendre Monsieur Ioubert docteur en Medecine & Chancelier de l'Vniuersité de Mõtpellier, touchãt ses Erreurs populaires, ou Paradoxes de Medecine, imprimees auec la seconde edition dudit liure des Erreurs populaires, &c.

LOVIS LE BLANC, Notaire & Secretaire du Roy, & Greffier de la chambre des Comptes à Paris.

Il a fait vn abbregé ou extrait à l'honneur de Sainct Loys Roy de France l'an 1272. contenant les noms des Roys de France, qui ont esté en la terre Saincte, & autres choses memorables faites par iceux Roys, lequel liure se voit escrit à la main au thresor des Chartres de la chambre des Comptes à Paris.

LOVIS LE BOVLENGER.

Il a escrit vn proiect & calcul de la grandeur, longueur, & largeur du Royaume, pays, terres, & seigneuries de France, par lequel on peut voir combien vaudroit le reuenu du Roy, en payant deux liures tournois pour chacune ville : cinq sols pour feu, douze deniers tournois pour chacun arpent, ou acre de terre, & douze deniers tournois, de mille liures de trafique pour chacun Marchant, &c. le tout fait par le commandement du Roy Charles 9. imprimé à Tolose l'an 1565. par Iaques de Grabam.

LOVIS LE CHARON Parisien Aduocat au Parlement de Paris, hõme for renommé pour la Iurisprudence & autres bonnes parties de Philosophie qui sont en luy. Il s'appelle autrement Louis Charondas le Charon, Iurisconsul Parisien, &c.

Il a escrit vn Panegyrique, ou Oraison à la loüange du Roy Charles 9. imprimé chez Robert Estienne à Paris l'an 1566.

Les dialogues de Louis le Charon, imprimez à Paris.

La Philosophie d'Amour, traduite d'Italien en François par ledit le Charon, imprimee à Paris.

Les Poësies de Louis le Charon.

Les amours de sa Claire, imprimees à Paris.

Il a mis en lumiere la pratique de feu Monsieur le premier President de Paris M. Pierre Lyset, imprimee à Paris.

Claude de Boissieres Dauphinois racompte sur la fin de son art Poëtique François, que ledit Loys le Charon a escrit quelques Odes saphiques, & vn poëme qu'il appelle son Dæmon.

Respõses du Droict obserué en France, confirmees par Arrests de la Cour de Parlement, auec vne Preface, ou auant-propos, contenãt plusieurs discours de la Prudence ciuile, & de l'histoire Françoise, imprimees à Paris chez Vincent le Normand l'an 1572.

Trois liures de responses du droict François, &c.

Le troisiesme liure de ses responses, a esté imprimé à Paris chez Vincent le Normand l'an 1577. Les deux autres ont esté imprimez chez Vincent le Normand l'an 1576. & 1577.

Response Politique, à ceux qui luy ont demandé les moyens, pour empescher les troubles & seditions, imprimee auec le 3. liure de ses responses.

Il a escrit plusieurs liures touchant la Republique, du 8. desquels laditte response politique a esté extraicte, & pronõcee par luy en l'assemblee des Estats du bailliage & Conté de Clermõt en Beauuaisis au pays de Picardie.

Il a escrit quatre liures de Pandectes, ou Digestes de la Iurisprudence Françoise, non encores mis en lumiere.

Plusieurs liures de Philosophie, tant en Latin qu'en François.

Il a fait imprimer le Cours du Droict Romain, & a escrit quelques annotations sur iceluy.

Panegyric troisiesme du deuoir des Magistrats, imprimé à Paris chez Robert Estienne l'an 1567.

Commentaires sur l'Edict des secõdes nopces, imprimé à Paris l'an 1560.

Il a escrit

Il a escrit plusieurs autres liures, desquels ie n'ay pas cognoissance: Car ie n'ay reçeu aucun aduertissement touchant ce qu'il a composé, non plus que de tous les autres, desquels ie fay mention en ceste Bibliotheque Françoise.

Il florist à Clermont en Picardie cette annee 1584.

LOYS CIANEVS

Il a traduit de Latin en François l'histoire Ecclesiastique, appellee vulgairement l'histoire Tripartite, &c. imprimee à Paris chez Gilles Gourbin l'an 1568.

Il y auoit vn nommé Loys Cyaneus, lequel imprima les Cõmentaires de Caluin sur le liure de Seneque touchant la clemence de l'Empereur Neron son maistre l'an 1532. Ie ne sçay si c'est le susdit.

LOY CORBIN prestre, natif de la paroisse de Vernie, à six lieuës de la ville du Mans, &c. autresfois Precepteur de Monsieur le Baron de Tessé & de Vernie, &c. l'an 1570. &c.

Il a escrit vn liure en l'honneur de Madame Françoise deRaueton, Dame dudit lieu en Normandie, femme de Messire Iean de la Ferriere, Cheualier de l'ordre du Roy, Baron de Thessé en Normandie, & de Vernie au Maine. Ce liure traicte de la Charité, & autres points de Theologie cõcernãts la vie humaine. Il n'est encores imprimé, il se voit escrit à la main au cabinet de la susditte Dame.

LOYS DORLEANS Parisien, voy cy apres Loys d'Orleans escrit par O.

LOYS EMERIC sieur de Rochefort en Poictou, l'vn des premiers Secretaires du Roy d'Arragon, & depuis Secretaire du Conte de Poictou, Philippes le Long, qui depuis fut Roy de France, l'an 1320.

Il a escrit plusieurs chansons en langue Prouençale, à la loüange d'vne Dame de la maison de Forcalquier en Prouence, nommee Florence.

Il florissoit l'an 1321.

LOYS ENOC natif d'Yssouldun en Berry, homme docte és langues.

Il a escrit vne Grammaire Grecque, Latine, & Françoise tout ensemble, imprimee à Paris l'an 1546. auquel temps ledit Enoc florissoit.

LOYS HESTEAV Blesien sieur de Nuisement, voy cy dessus Clouis Hesteau à la lettre C.

LOYS HOELLET sieur du Bourg, Aduocat au siege Presidial & Seneschaussee du Maine, Bailly de la Suze, &c.

Il a escrit quelques obseruations & annotations sur le Coustumier du Maine, non encores imprimees: ensemble quelques autres recueils sur le droict, qui est sa principale profession.

Il florist au Mans cette annee 1584. ie lē loüerois icy dauantage si ce n'estoit qu'il est l'vn de mes plus fideles amys,& que lon pourroit penser que cette grande amitié me le fist dire,& non les autres parties recōmandables qui sont en luy.

LOYS LE IARS Secretaire de la Chambre du Roy de Frāce Henry troisiesme.

Il a composé vne tragedie Françoise intitulee Lucelle, laquelle il a escrite en prose,& l'a disposee d'Actes & Scenes, suyuant les Grecs & Latins. Elle a esté imprimee à Paris chez Robert le Magnier l'an 1576.

LOYS DE LASCARS OV DE LASCARIS, issu de la tresnoble & tresancienne maison de Lascaris sieurs des Contez de Vuintimille, Tende,& la Brigue.

Il a escrit en langue Prouençale vn traicté des Miseres de ce monde, & vn autre de la Pauureté.

Il mourut l'an 1376. ou enuiron.

LOYS LASSERE prestre natif de la ville de Tours en Touraine, Chanoine & Granger en l'Eglise de S.Martin de Tours, Prouiseur du College Royal de Champagne fondé en l'Vniuersité de Paris, autrement dit Nauarre, l'an 1540.

Il a escrit en prose Françoise la vie de Sainct Hierosme, laquelle il a reueüe & augmentee du tiers pour la troisiesme fois, & y a inseré les vies de Madame Saincte Paule,& du Roy Sainct Loys, imprimee à Paris chez Charlotte Guillard, veufue de Claude Cheualon au Soleil d'or rue Sainct Iaques, l'an 1541. in 4.& contient 51. fueilles.

Il florissoit audit College de Nauarre l'an 1541.

LOYS DE LAVNAY Medecin demeurant en la ville de la Rochelle.

Il a escrit quelques traictez contre les liures de l'Antimoine composez par Iaques Greuin medecin à Paris, &c. Ce liure dudit Loys de Launay s'intitule de la faculté & vertu admirable de l'Antimoine, auquel ledit Greuin a fait response, en son second liure des Venins au 24. chapitre, où il traicte de l'Antimoine.

LOYS MAIGRET Lyonnois.

Il a escrit vn discours de la Creation du Monde, & d'vn seul Createur, par raisons naturelles, imprimé à Paris l'an 1554. chez André Vvechel.

Il a escrit vn traicté touchant le commun vsage de l'escriture Françoise, auquel est debatu des fautes & abuz, en la vraye & ancienne puissance des lettres, imprimé à Paris l'an 1545.

Response à l'Apologie de Iaques Peletier du Mans, imprimee à Paris l'an 1550. chez Vvechel.

Response dudit Maigret à la replique de Guillaume des Autels, lequel

quel par anagramme s'appelle Glaumalis du Vezelet &c. imprimee à Paris l'an 1551.

Traicté de la Grammaire Françoise, imprimé à Paris l'an 1550. par Chrestien Vvechel pere d'André &c.

Deffenses dudit Maigret, touchāt son orthographe Françoise, cōtre les censures de Guillaume des Autels & ses adherens, imprimé l'an 1550. chez Chrestien Vvechel.

S'ensuyuent les traductions dudit Loys Maigret.

Il a traduit en François les cinq liures de l'histoire de Polybe, autheur Grec, imprimez à Paris.

Il a traduit le liure de Platon, traictant du Monde.

Il a traduit de Latin en François, les liures de protraicture, ou parties du corps humain, d'Albert Durer excellent peintre entre les modernes, imprimez à Paris chez Charles Perier l'an 1557.

Il a traduit quelques liures de l'histoire naturelle de Pline, sçauoir est le second liure sur l'histoire des œuures de nature, imprimé à Paris par Arnoul & Charles les Angeliers l'an 1540. in 8. contenant dix fueilles.

Il a traduit de Latin en François, la troisiesme oraison d'Isocrates, faite en la personne de Nicocles Roy de Cypre, touchant le debuoir des subiects à leur prince, imprimee à Paris chez Chrestiē Vvechel l'an 1544.

Il a traduit l'histoire de Salluste historien Latin &c. touchant la cōiuration de Catelin, & la guerre Iugurthine, ensemble la premiere harangue de Ciceron, contre Catelin ou Catilin, imprimee à Paris chez Vvechel.

Il a traduit le menteur ou incredule de Lucian, qui est vn dialogue recreatif, & serieux, tout ensemble, imprimé auecques vne escriture quadrante à la prononciation Françoise, & les raisons d'icelle, mises sur la fin de ladite traduction, le tout imprimé à Paris chez Chrestiē Vvechel l'an 1548.

Il peult auoir traduit autres liures, & en auoir composé d'autres de son inuention, outre ceux que nous auons recitez, mais nous n'en auōs pas plus ample cognoissance.

Il florissoit l'an 1544.

LOYS MARCHANT, secretaire de Monsieur l'Euesque d'Arras.

Il a traduit de Latin en François, la vie de Caton le Ieune, lequel est vulgairement appellé *Cato Vticensis* &c. imprimee à Lyon l'an 1554. par Georges Poncet.

LOYS DES MASVRES Tournisien, ou de Tournay en la Gaulle Belgique, dit en Latin *Ludouicus Masurius Neruius*, & non pas de Tournus pres Mascon, ou de Tours en Touraine sur la riuiere de Loyre, ou bien encores de Tours en Auuergne, comme le pourroyent penser aucuns, à cause de ce mot doubteux de Tournisien &c. Ce qui m'a fait arrester sur cette explication, ç'a esté la dispute que i'en ay autresfois veu faire.

Il estoit for excellent Poëte Latin & François.

Il a traduit for heureusement, de Latin en vers François les douze liures de l'Eneide de Virgile, Prince des Poëtes Latins, imprimee à Paris, à Lyon & en autres endroicts.

Il a escrit plusieurs Tragedies sainctes, sçauoir est Dauid combatant, Dauid triomphant, Dauid fugitif, toutes trois imprimees.

Il a traduit de Latin en François vn brief sommaire touchant la doctrine des sacrements, composé par Theodore de B. imprimé à Lyō l'an 1564. par Iean Dogerolles.

Il a traduit de Latin en François, le liure des Eschets de Hierome Vida, tres-docte Poëte Italien, lequel liure s'intitule autrement la guerre cruelle du Roy Blanc, & du Roy Maure, ou More, imprimé à Paris.

LOYS DE MATHA.

Il a traduit les Epistres d'Isocrates autheur Grec, imprimees à Anuers chez Chrestofle Plantin l'an 1558.

I. L. LOYS MICQVEAV, natif de la ville de Rheims en Champagne, maistre d'escholle à Orleans, autrement appellé Iean Loys Miqueau.

Il a escrit vne response au discours de Gentien Heruet.

Seconde response de I. Loys Miqueau audit Heruet, pleine d'iniures & inuectiues contre luy, le tout imprimé à Lyon l'an 1564.

Il regentoit au college de Champagne à Orleans l'an 1564.

LOYS MIRE'.

Il a descrit la vie de Iesu-christ nostre Seigneur, composee ou extraicte des quatre Euangelistes, reduits en vne continuelle sentence, auec les Epistres & leçons qu'on list à la Messe, durant toute l'annee.

La description de la terre Saincte, auec sa carte reduite en petite forme par Guillaume Postel &c. le tout imprimé à Paris chez Sebastien Niuelle l'an 1553.

LOYS DE MONTIOSIEV, natif du pays de Rouergue, gentilhomme Gascon, homme docte és Mathematiques & ordinaire à la suitte de Monsieur le Duc de Ioyeuse Pair de France &c.

Il a escrit vn liure intitulé les sepmaines de Daniel, & les iours d'Ezechiel, touchant le temps & nombre des annees que Iesu-christ le Messie deuoit estre en ce monde, imprimees à Paris chez Iaques du Puys l'an 1582.

Il florist à Paris cette annee 1584.

B. L. LOYS D'ORLEANS Parisien, Aduocat en Parlement, excellent Poëte Latin & François.

Il a mis en lumiere quelques poëmes François, & entre-autres quelques

ques imitations d'Ariofte, imprimees à Paris chez Lucas Breyer l'an 1572. auecques autres imitations d'aucuns Poëtes François, fur ledit Ariofte.

Il florift à Paris cette annee 1584.

LOVIS PAPON, prieur de Marcilly, & Chanoine de Mōtbrifon en Forefts, frere puifné de Iean Papon (duquel nous auons parlé cy deffus) tous deux natifs dudit pays de Forefts &c.

Il a traduit de Latin en François, le premier liure du Ris de M. Laurent Ioubert docteur en medecine: Comme tefmoigne ledit Ioubert en fa preface, fur fondit traicté du Ris, auquel lieu il dit qu'il y a plus de 20. ans que ledit Papon auoit traduit iceluy premier liure &c. comme auffi en fait mention Eftienne du Tronchet en fes Epiftres ou lettres miffiues.

Mais nous auons parlé de cela par cy deuant, parlant dudit Laurent Ioubert, lequel ne l'a iamais efcrit qu'en François, & ont efté imprimez à Paris chez Nicolas Chefneau l'an 1579.

LOVIS PARADIS, natif de Victray en Parthois, Chirurgien de Monfieur le Marefchal de Biron &c.

Il a voyagé en loingtains pays eftranges, & a efcrit quelques obferuations de fes voyages, non encores imprimees.

Ambroife Paré fait honorable mention de luy en fon traicté de la Licorne.

Il floriffoit l'an 1573. Ie ne fçay f'il eft encores viuant.

LOVIS LE PICARD, natif de la ville d'Alençon, efcolier eftudiant en la faculté de medecine à Paris l'an 1547. auquel temps il efcriuit vne reuolution calculee fur le meridien de Paris, & autres lieux d'alentour, ou circonuoifins, imprimee audit an 1547.

LOVIS DV PVIS, natif de Romans en Daulphiné.

Il a traduit de Grec en François, le dialogue de Lucien, intitulé *Toxaris*, ou de l'amitié, imprimé.

Il a traduit de Grec en François, les Epiftres de Diogene Cynique, imprimees à Poictiers par Iean & Enguillebert de Marnef l'an 1549.

Il a dauantage traduit les commentaires d'Ammonius, fur les Inftitutions de Porphyre, lefquelles il a traduites à Paris l'an 1540.

Il floriffoit à Poictiers l'an 1544.

Il eftoit fils de Maiftre Guillaume du Puis, docteur en medecine & profeffeur d'icelle en la ville de Grenoble en Dauphiné, auquel il dedie fa traduction des Epiftres de Diogene &c.

LOVIS REGNIER, fieur de la Planche, gentilhomme Parifien.

Il eft autheur (felon qu'aucuns ont opinion) d'vn liure intitulé du grand & loyal deuoir, fidelité & obeiffance de Meffieurs de Paris enuers le Roy & la coronne de France &c. imprimé l'an 1565.

Ce liure f'appelle autrement le liure des Marchands.

P.L. LOVIS LE ROY, DIT REGIVS, natif de Coutances ou Constances en Normandie, lecteur du Roy en Philosophie à Paris, homme tresdocte, grand historien & orateur. Enquoy lon peult admirer le pays de Normandie estre tres-fertil à produire vne infinité d'hommes de grande erudition & d'vn esprit esmerueillable: car outre ceux que nous auons nommez cy deuant (lors que nous auons fait mention de Guy le Febure, sieur de la Boderie) lesquels ont pris naissance audit pays de Normandie, sçauoir est de M. Postel, la Boderie & ses freres, Guersens, les du Perron pere & fils, Iaques le Gras, les Cheualiers surnommez d'Agneaux &c. Nous y adiousterons encores ceux-cy, desquels ie ne m'estois souuenu pour lors, sçauoir est Messieurs de Silly, du Plessis Marly, les Gosselins, les Morels, Louis le Roy dit Regius, Leger du Chesne, dit *Leodegarius à Quercu*, Richard Dinot, d'Alechamps, Iean Doublet, Ch. Toutain, Guillaume Gueroult, Nicolas Fileul, Nic. Maillart, Talpin, le Seneschal, Vigor, le Hongre, Tallebot, de la Bigne, & autres en nombre infiny, desquels ie feray plus ample mentiõ autre-part: & si ie les vouloy tous nommer, i'en mettroy plus de trois cent, qui tous ont escrit & composé des œuures tant en Latin qu'en François: mais ie reserue cecy à dire autre-part, & ne parle icy que de ceux de nostre temps.

Cetui-cy Louis le Roy a escrit en nostre langue Françoise, les œuures qui s'ensuyuent.

De la Vicissitude, ou varieté des choses en l'vniuers, & concurrence des armes & des lettres, par les premieres & plus illustres nations du monde, imprimé à Paris chez Pierre l'Huillier l'an 1577. & depuis encores par plusieurs fois.

Exhortation aux François, pour viure en concorde, & ioüir du bien de la paix, imprimee à Paris chez Iaques du Puis l'an 1570.

Proiect ou dessein du Royaume de France, pour en representer en dix liures l'Estat entier, soubs le bon plaisir du Roy, imprimé chez Federic Morel l'an 1570.

Les Monarchiques, qui est vn traicté touchant la Monarchie, & des choses requises à son establissement & conseruation: auec la conference des Royaumes & Empires plus celebres du monde, anciens & modernes &c. le tout imprimé à Paris chez Iaques du Puis l'an 1570. & chez Federic Morel.

Discours sur le Royaume des Perses & de la nourriture de leurs Rois, extraict du troisiesme liure des loix de Platon, imprimé à Paris chez Federic Morel l'an 1562.

Traicté des troubles & differents aduenants entre les hommes, pour la diuersité des religions: ensemble du commencement, progrez & excellence de la religion chrestienne, imprimé à Paris l'an 1569. chez Federic Morel.

Deux

Deux oraisons Françoises, prononcees par luy à Paris l'an 1576. en Feburier, auant la lecture de Demosthene, Prince des Orateurs, la premiere est des langues doctes & vulgaires, & de l'vsage de l'eloquence, & l'autre traicte de l'estat de l'ancienne Grece, depuis son commencemẽt iusques à ce qu'elle fust asseruie par les Macedoniens: elles ont esté imprimees à Paris chez Federic Morel l'an 1576.

Voilà quant à ses inuentions, s'ensuyuent maintenant ses traductiõs.

Traductions de Grec en François, par Louis le Roy.

Les politiques d'Aristote & de Platon, auec les commentaires ou expositions, imprimees à Paris.

Le Symbole ou banquet de Platon, auec de for doctes annotations dudit Louis le Roy: ce liure traicte de l'amour & de beauté, & contient trois liures de commentaires sur iceluy, imprimé à Paris par Robert le Mangnier l'an 1559.

L'exhortation d'Isocrates à Demoniq, pleine d'enseignements pour induire les hommes à viure honestement & aimer la vertu.

L'oraison du regne & de la maniere de bien regner.

Le Symmachique, ou du debuoir du Prince enuers ses subiects, & des subiects enuers leur Prince.

Le premier liure de l'Institution de Cyrus ou du Prince parfait, escrite par Xenophon.

Les loüanges d'Agesilas, Roy des Lacedemoniens. Le tout imprimé à Paris chez Iean Longis & Robert le Mangnier l'an 1560.

Traicté du bien aduenant aux Princes freres, de leur amitié mutuelle, & bonne intelligence entre-eux &c. traduit du Grec de Xenophon, imprimé à Paris par Federic Morel l'an 1575.

Il a dauantage traduit le Phedon, le Tymee, le Sympose, & la Politie de Platon, contenant dix liures de la Republique ou de la Iustice, ausquels il a adiousté trois liures de l'ame, escrits par Aristote, auec ses Etiques & politiques, le tout imprimé à Paris.

Les oraisons politiques de Demosthene, auecques quelques liures d'Isocrates & de Xenophon.

Trois Olympiques, & quatre Philippiques de Demosthene autheur Grec, imprimees à Paris.

Traicté d'Aristote, touchant les changements, ruines, & conseruations des Estats publiqs, auecques les causes & remedes des emotions ciuiles, ensemble les annotations ou commentaires sur ledit liure d'Aristote, faits par ledit Regius, le tout imprimé à Paris chez Federic Morel l'an 1566.

Le liure de Theophraste, touchant le feu & les vents.

Traicté d'Hipocrates, touchant l'air des eaues, & differences des lieux & parties du monde.

Sermon de la prouidence & iustice diuine, escrit par Theodorite Euesque de Cyropoli, ancien Philosophe & grand Theologien.

Il a dauantage traduit de Latin en François l'oraison du seigneur Iean de Zamochie Polonnois, sur la declaration de l'election du Roy de Polôgne, & pourquoy il a esté preferé aux autres competiteurs &c. imprimee à Paris chez Federic Morel l'an 1574.

Il a escrit plusieurs liures en Latin, & entre-autres la vie de Guillaume Budé, qui fut le premier liure qui le fist cognoistre & le mettre en grande renommee, comme nous dirons autre-part faisant mētion de ses escrits Latins.

Il mourut à Paris soubs le regne du Roy Henry troisiesme, sans auoir amassé beaucoup de biens de fortune, se contentants de ceux de l'esprit &c.

LOVIS DE SAINTE-MARTHE, gentilhomme Poicteuin.

Il a escrit plusieurs vers François, non encores imprimez.

Il est parent de Sceuole de Sainte-Marte, duquel nous ferons mention cy apres.

LOVIS LE SENESCHAL, Prestre &c.

Il a escrit vne catholique & familiere exposition des Euangiles d'vn chacun iour de Caresme, & des Epistres & Dimenches &c. imprimee à Paris chez Gabriel Buon l'an 1559. Quant à Guillaume le Seneschal docteur en Theologie, nous en auons parlé autre-part.

LOVIS DV TAILLIS.

Il a escrit en prose Françoise, vne Epistre chrestienne, contenant vne doctrine salutaire, pour apprendre à mespriser le monde &c. imprimee à Douay en Flandres, par Louis de Vvinde l'an 1569.

LOVIS DV TRONCHAY, sieur de la Forterie, fils de Baptiste du Trōchay, conseiller du Roy au Mans, & frere puisné de Georges du Tronchay, sieur de Balladé (desquels nous auons parlé cy dessus) tous deux nepueux de Gazal ou Gaspard du Tronchay, medecin à Renes &c.

Ledit Louis du Tronchay nasquit en la ville & cité du Mans l'an 1545. Il estoit l'vn des plus doctes & plus sçauants ieunes hommes de France, & des plus affectionnez aux lettres. Il n'entendoit parler d'aucun homme docte, qu'il ne desirast d'entrer en sa cognoissance: Il n'en cognoissoit point de curieux d'auoir des liures escrits à la main, qu'il ne les frequentast, pour entrer en leur amitié, afin de les pouuoir voir, ou en transcrire quelque chose: somme c'estoit le ieune homme de la plus grande esperance qui fust de son temps: comme le pourroyent tesmoigner auec moy, tous ceux qui l'ont cogneu, & i'ay for grand regret de ne l'auoir onques peu hanter pour apprendre auec luy, mais il y a 14. ou 15. ans qu'il fut tué s'estant absenté de son pays pour la religion. Ce qui luy auoit esté predit par Iaques Viard dit la Fontaine, Astrologue & Mathematicien, demeurant à Gouiz pres Durestal en Anjou. Car il fut tué par aucuns ſoldats, au village nommé Thou, diſtant de la ville de la Charité (pres Sanſerre en Niuernois) de quatre lieuës ou enuiron: lequel lieu fut depuis bruſlé par ceux de la religion reformee, en indignatiõ du meurtre commis à l'endroict de ce ieune homme, qui ſ'y eſtoit tranſporté pour y voir quelques choſes de remarque, comme il eſtoit des plus curieux de ſon temps en toutes ſortes de gentilleſſes.

Il eſtoit treſ-docte en Grec, & eſcriuoit bien en Latin (comme nous dirons autre-part:) & quant à ſes eſcrits François, encores qu'il n'y en ait point en lumiere, ſi ay-ie apris de George du Tronchay ſieur de Balladé ſon frere aiſné, qu'il auoit eſcrit vne treſ-ample hiſtoire des troubles de France, pour le fait de la religion, laquelle il auoit eſcrite ſelon la verité. Elle fut perdue & deſrobee lors qu'il fut tué pres ladite ville de la Charité, car il eſcriuoit ladite hiſtoire ſelon les occurrences & les choſes qui ſe preſentoyent pour en eſcrire.

Il a compoſé pluſieurs poëmes François, leſquels ne ſont encores en lumiere.

Il mourut l'an 1569. au grand regret de tous ſes amis, âgé de 24. ans.

LOVIS VINCENT Angeuin.

Il a traduit de Latin en François, vn traicté de l'excellence de la femme, ou de la loüange du ſexe feminin, eſcrit par Henry Corneille Agripa, imprimé à Paris l'an 1578. auquel temps il floriſſoit en ladite ville.

Sœur LOVISE OV ELOYS (ſelon le langage vſité de ſon temps) religieuſe profeſſe en l'Abbaye d'Argentueil pres Paris en l'an de ſalut. 1130. & & depuis Abbeſſe du Paraclit &c. Cette Dame eſtoit for bien verſee és lettres ſacrees & prophanes, & eſcriuoit for doctement en Latin & en François: cõme il ſe voit par ſes lettres ou Epiſtres qu'elle enuoyoit à Maiſtre Pierre Abeylard grand Theologien pour ſon temps, religieux de l'Abbaye de S. Denis en France (comme nous dirons parlant de luy.) Iean de Meun fait treſ-ample mention dudit Abeylard & de ſa concubine Eloys ou Loyſe. Qui en voudra voir amplement, liſe le Roman de la Roſe, compoſé par ledit Ieã de Meun, ſurnommé Clopinel. Leſdites Epiſtres ne ſont en lumiere, Iean Moulinet en fait auſſi mẽtion dans ſa traduction dudit Roman de vers en proſe Françoiſe.

LISET BENANCIO (qui eſt vn nom ſuppoſé comme il ſemble.)

Il a eſcrit en proſe Françoiſe, la declaration des abuz que font les Apoticaires, imprimee à Tours l'an 1553.

Frere LOVP CAVIER, religieux, Cordelier à Sens en Bourgongne, natif de ladite ville &c.

Il a traduit de Latin en François, la profeſſion catholique, de Sebaſtien Flach de Manſfeld, contenant 22. raiſons pourquoy il a laiſſé le Lutheraniſme, pour deuenir Catholique, imprimee à Paris par Antoine Houic l'an 1576.

LVCAS GATELLVS Poëte Prouençal l'an 1270.

Il a escrit plusieurs poësies non encores imprimees.

LVCAS DE GRIMAVLD, natif dudit lieu de Grimauld en Prouence, issu de parens nez à Genes en Italie. Il nasquit l'an 1273.

Il a escrit plusieurs chansons & autres poësies en langue Prouençale, à la loüange de la Dame de Villeneufue en Prouence.

Il a dauantage escrit plusieurs Comedies, pleines de maledictions & iniures contre le Pape Boniface huictiesme. Elles ne sont encores imprimees.

Il se tua de ses propres mains l'an 1308. âgé de 35. ans.

LVCAS TREMBLAY Parisien, professeur és Mathematiques à Paris l'an 1584.

Il a reueu & recorrigé l'art d'Arithmetique de Claude de Boissieres Dauphinois, imprimé à Paris.

Il a escrit plusieurs Noels ou Cantiques, sur la Natiuité de nostre Seigneur Iesu-christ, imprimez l'an 1580. à Paris chez Iean de Lastre.

B.L. LVCRECE DE MOREL, Damoiselle Parisienne, sœur puisnee de Camille de Morel, & encores de Diane de Morel (desquelles nous auons parlé cy dessus) toutes trois filles de Iean de Morel gentilhomme, natif d'Ambrun en Dauphiné, & de Damoiselle Antoinette de Loynes (comme nous l'auons declaré parlant des susdites.)

Cette Lucrece estoit tres-docte en Grec & en Latin, & sçauoit for bien composer en l'vne & l'autre langue, & en François aussi.

Ses escrits ne sont encores en lumiere.

Elle mourut à Paris l'an 1580. le 29. iour de Iuin.

L. BOSQVIER D'ALBENAS.

Il a escrit quelques liures touchant les antiquitez de Nismes en Languedoc, non encores imprimez que ie sçache.

L. CONSTANT.

Il a traduit de Latin en François, l'histoire de Florus, touchant les gestes des Romains, imprimee à Paris chez la veufue de Lucas Breyer.

FIN DE LA LETTRE L.

MACE'

M

ACE' OGIER prestre, maistre de la maison des Ardants, situee en la ville du Mans &c. natif de la Champagne du Maine.

Il est autheur de la carte, ou description generale de tout le pays & Conté du Maine, laquelle fut grauee en plãches de cuyure par Iaques Androüet Parisien, surnommé du Cerceau, & imprimee au Mans l'an 1539. par Mathieu de Vaucelles & Alexandre Chouen, & encores l'an 1565. par ledit Vaucelles.

Ce qui est contenu en ladite carte a depuis esté reduit en liure, & imprimé par Hierosme Oliuier l'an 1559. & auparauant chez Louis Gaingnot l'an 1558. suyuant les memoires qui furent trouuez en la Bibliotheque dudit Macé Ogier, apres sa mort.

Il florissoit du temps de François premier l'an 1530.

MACE' VAVCELLES, Imprimeur & Libraire, demeurant au Mans &c.

Voy cy apres Mathieu de Vaucelles, qui est le nom qu'il a retenu & mis en ses escrits, comme nous dirons en son lieu, quand nous parlerons de ceux qui ont ce nom de Mathieu.

MACLOV DE LA HAYE, natif de Montreul en Picardie, Valet de chambre du Roy Henry second l'an 1553.

Il a escrit plusieurs poësies Françoises, desquelles s'ensuyuent les noms, chant de la paix, chant d'amour, cinq blasons des cinq contentements en amour, sonnets d'amour, vingt vœuz des vingt beautez de son amie, Epigrammes & Stanses, le tout imprimé en vn volume, chez Estienne Grouleau l'an 1553. à Paris.

MAGDELEINE NEVEV, Dame des Roches en Poictou, mere de Catherine des Roches, toutes deux si doctes & sçauantes, que la France peult se vanter les ayãt engendrees, d'auoir produit en elles les deux perles de tout le Poictou: qui est vne region abondante en toutes choses, & sur tout en personnes d'esprit, entre lesquelles celles-cy doyuent obtenir le premier rang pour leur sçauoir.

Ladite Magdeleine Neueu, a escrit plusieurs poëmes & autres œuures en prose, lesquelles ont esté imprimees à Paris, auec celles de sa fille Catherine des Roches.

Caye Iules de Guersens (duquel nous auons ja parlé cy dessus) à fait imprimer vne tragedie frãçoise, prise du grec de Xenophõ, de laquelle le tiltre est *Panthee*, & proteste en son epistre, mise au deuant d'icelle, qu'il n'en est l'autheur, mais qu'elle est de la façon de Mesdames des Roches de Poictiers. Ie ne sçay s'il est ainsi, ou biẽ s'il le faisoit pour ſaquerir dauantage l'amitié de ladite Catherine, laquelle il pretendoit eſpouſer, ſi elle euſt voulu tant l'honorer. Ladite Tragedie a eſté imprimee à Poictiers l'an 1571. chez les Bouchets, & ſe voit au deuant d'icelle, vn quadrain de ladite Dame des Roches Magdeleine Neueu. Elles ſont encores auiourd'huy viuantes, & floriſſent à Poictiers cette annee 1584. & ne ceſſent de trauailler pour ſe rendre immortelles en toutes ſortes dignes de perpetuelle gloire.

S.L. MADELON IARRY, ſieur de Vvrigny au Maine, gentilhomme for docte, grand Poëte Latin & François, hiſtorien & orateur.

Il a eſcrit & compoſé l'hiſtoire de France, ou de l'origine des Frãçois, laquelle il a intitulee *Des faicts de François*. Elle n'eſt encores imprimee. Ie deſirerois que ceux (entre les mains deſquels elle ſera paruenuë) la feiſſent imprimer: car ie croy qu'elle ſera pleine de belles & doctes recherches: (comme ie peux iuger par quelque fragment d'icelle, lequel i'ay eſcrit de ſa main, contenant deux ou trois feüilles de minute:) mais ce que i'en ay, n'eſt que le broüillart de ſa copie.

Il a dauantage eſcrit en poëſie Latine & depuis traduit en vers François, pluſieurs Cantiques ou Noels, Sonnets, Epitaphes, Epigrammes & autres ſemblables choſes, leſquelles ne ſont en lumiere.

Il mourut en ſa terre de Vvrigny, pres la ville de Sablé au Maine l'an 1573. âgé d'vn 40. ans.

S.L. MAMERT PATISSON, Imprimeur & Libraire à Paris, homme for docte en Grec & en Latin, & en François auſſi. Ie n'ay encores point veu de ſes eſcrits mis en lumiere, ſi peux-ie bien aſſeurer que quand il voudra il en pourra faire imprimer de ſon inuention, d'auſſi beaux & doctes, comme ceux qu'il imprime d'ordinaire: en quoy il eſt à louer grandement pour le profit qu'il fait au public, touchant les beaux liures qu'il imprime tous les iours: car il ne choiſiſt que de bõnes copies, & compoſees par hommes doctes, leſquelles il imprime for correctes, de beaux caracteres, ſur bon papier & de belle marge, qui ſont toutes les perfections de l'Imprimerie: en quoy il ne degenere de Meſſieurs les Eſtiennes, en la maiſon deſquels il a pris alliance, ayant eſpouſé la veufue du fils de Robert Eſtienne, pere de Henry &c.

Il floriſt à Paris cette annee 1584.

S.L. MARC ANTOINE DE MVRET, natif de la ville de Limoges, en la Gaule Guiennoiſe, appellee des Latins Aquitaine, qui eſt auſſi le pays de Iean d'Aurat Poëte du Roy, & de pluſieurs autres ſçauãts hommes, entre leſquels ie nõmeray pour ceux de noſtre temps Ieã de Maumõt, Simeon du Bois, dit Boſius, Martial Roger, Iean Ioliuet Chorographe, Michel Nigonius orateur & I.C. lequel eſtoit tãt admirable pour ſa diuine memoire, Antoine Valet docteur en medecine, Ioachim du Challard, Meſſieurs de Selue, dõt l'vn fut Eueſque de la Vaur, Chreſtofle de Roffignac preſident de Bordeaux, Martial Maſurier docteur en Theologie

logie,& Chanoine de Noſtre-Dame à Paris l'an 1540. &c. Iean de Sallignac, Maledent, Betolaud, la Garde, Maſſiot, Maillard, de la Barde, le Roy, Beaubrueil, Blanchon, Antoine de Lauets, & autres en nombre infiny, deſquels ie feray mention autre-part, ſans parler icy des anciens, comme d'vn Proſper Aquitanus, Bernardus Guidonis, lequel floriſſoit en l'an de ſalut 1300. taiſant icy dix ſept Papes de cette nation, qui tous ont eſté hommes doctes, deſquels nous nous reſeruons d'eſcrire en autre lieu plus à propos. Or pour reuenir (apres cette longue digreſſion) à parler du ſuſdit M. A. de Muret, nous dirons qu'il eſt eſtimé l'vn des plus doctes és langues, & des plus eloquents Orateurs de noſtre temps, outre ce qu'il eſt bien verſé en tous arts, toutes profeſſions & diſciplines, deſquelles il a fait ſuffiſante preuue par ſes lectures publiques: mais eſtant du iourd'huy Preſtre & citoyen de Rome (qui n'eſt pas vn petit honneur, car celà n'eſt donné qu'à ceux qui meritent beaucoup, comme auparauant luy, auoit eſté Chreſtofle de Longueil dit Longolius, & de recente memoire Hubertus Goltzius ſi excellent rechercheur de l'antiquité) il ſe contente de verſer és ſciences plus propres à ſa profeſſion. Dés ſes plus ieunes ans il a eſcrit quelques chanſons ſpirituelles miſes en muſique par Goudimel, & imprimees à Paris & autres lieux.

Il a eſcrit de for doctes & bien laborieux commentaires ſur les Amours de Pierre de Ronſard, leſquels ont eſté imprimez à Paris par diuerſes fois chez Gabriel Buon, & encores cette annee 1584. in fol. ou bien en grande marge.

Il a eſcrit pluſieurs oraiſons Latines, prononcees par luy à Rome deuant les Papes & tout leur conſiſtoire ou aſſemblee de Cardinaux, leſquelles ont eſté faites Françoiſes, ſoit par luy ou autres, & en fin imprimees à Paris, à Lyõ, à Roüen & autres lieux, & entre-autres celles pour Antoine & Ieanne, Roy & Roine de Nauarre, & celle pour Antoine de Bourbon Roy de Nauarre & Ieanne d'Albreth, Roine & Princeſſe de Bearn, prononcees à Rome l'an 1560.

Il a eſcrit & composé pluſieurs autres liures en noſtre langue, deſquels ie n'ay pas cognoiſſance: quant à ſes compoſitions Latines ſoit en vers ou en proſe, nous en ferons mention dans noſtre Bibliotheque Latine, laquelle cõtiendra les vies & compoſitions Latines de tous hõmes de la nation Gauloiſe ou Françoiſe, ſans faire mention des Eſtrangers, deſquels le nombre eſt de 5. ou 6. mille, ſi ie veux y comprendre ceux de la Gaulle Belgique ou Baſſe Almagne &c. Ie diray encores cecy (auant que finir ce propos de Mõſieur Muret) que il ſ'en eſt trouué pluſieurs qui l'ont calõnié, & ont mis des Epiſtres en ſon nom pleines d'iniures, leſquelles intereſſoient beaucoup ſon honneur, & dont il ne fut iamais autheur, comme il l'a proteſté en la derniere edition de ſeſdites Epiſtres. Et pour monſtrer qu'il eſt exempt de ce que lon luy met aſſus, ie veux biẽ icy employer ſon anagrãme ou nom tourné, qui eſt tel

Marc Antoine de Muret. *Nature droict m'a mené.*

Et vous voyez en celà que le prouerbe est vray, qui dit ainsi. *Conueniunt rebus nomina sæpe suis*, qui est à dire en François, Les noms le plus souuent, à leurs effects ressemblent.

Il florist à Rome cette annee 1584. encores que plusieurs ayent fait courir le bruit qu'il fust mort, nō sans s'estudier à perpetuer sa memoire par tous loüables & vertueux offices.

MARC CLAVDE DE BVTET, gentilhomme Sauoisien, tres-excellent Poëte & bien aimé de son Altesse, soit pour les Mathematiques ou autres disciplines esquelles il est for bien versé. Il a escrit vne Ode de la paix, imprimee à Paris chez Gabriel Buon l'an 1559.

Le premier & second liures de ses vers François, ensemble l'Amalthee, imprimez à Paris par Michel Fezandat l'an 1561.

Le troisiesme liure de ses vers François, auquel il louë la vertu des plus illustres personnes de son pays. Il n'est encores imprimé.

Il a escrit quelques poëmes cōtre Berthelemy Aneau de Bourges &c.

L'histoire de Iob, escrite en vers François, non encores imprimee.

La Maison Ruinee, non imprimee.

Epithalame ou Nosses de Philibert Emanuel, Duc de Sauoye, & de Madame Marguerite de France, Duchesse de Berry, sœur vnique du Roy, imprimé à Paris l'an 1559. chez Robert Estienne.

Ie n'ay pas cognoissance de ses autres escrits Latins ou François, pour n'auoir iamais eu ce bien de le voir ou cognoistre.

Il florist en Sauoye cette annee 1584.

MARC DV VAL, peintre du ROY (surnommé BERTIN, à cause de son beau pere qui s'appelloit de ce nom.) Il nasquit és faubourgs de S. Vincent pres la ville du Mans, & c'estoit l'vn des plus excellēts de nostre temps pour le crayon, & pour le burin, ou graueure en taille douce, & encores pour la peinture en huille.

Il estoit surnommé le Sourd, de par son maistre le Roy Charles 9. d'autant qu'il auoit l'ouye sourde.

Il a fait imprimer plusieurs visages des Rois & Roines, Princes, Princesses & grands seigneurs de France, lesquels il auoit luy-mesmes grauez & faits en taille douce, & se deliberoit (si la mort ne l'eust si tost surpris) de faire vn iuste volume des visages de tous les Rois & Roines de France, & autres seigneurs de marque.

Il mourut à Paris le 13. iour de Septembre l'an 1581. sur les vnze heures du soir, qui estoit l'heure qu'il auoit predit: Sa femme s'appelloit Catherine le Iolly, sa demeure estoit à Paris en la ruë de Grenelle &c.

Ce que ie dy tout amplement pour l'amour du pays, car il estoit du Maine, & feray tousiours cas de ses semblables.

I'obliois à dire qu'il se voit de sa façon plusieurs Grotesques & autres peintures en taille douce, lesquelles ont esté imprimees.

Il a laissé apres sa mort vne sienne fille nommee Elisabeth du Val Parisienne, for excellente pour le crayon & encores pour autres choses requises à la portraicture.

MARGVERIN DE LA BIGNE, seigneur de Lambougne, gentilhomme natif de Bayeux en Normandie (issu de par sa mere de la maison des Barons d'Ingrande en Anjou, surnommez du Parc) docteur en Theologie à Paris: premierement Chanoine en l'Eglise de Bayeux, & maistre d'Escole ou docteur scholastiq en laditte Eglise l'an 1580. & depuis grand Doyen en l'Eglise du Mans, apres la mort de François du Parc son oncle maternel.

Ce seigneur de la Bigne, est for docte en plusieurs arts & sciences, & sur tout en la Theologie, qui est sa principale profession.

Il a composé plusieurs liures en Latin, lesquels ont esté imprimez à Paris chez Michel Somnius l'an 1580. & entre autres sa Bibliotheque des Theologiens Grecs & Latins, & autres œuures dont ie feray mention autre-part.

Il a prononcé plusieurs harágues tresdoctes en nostre langue Françoise, & a fait plusieurs predications, ou sermons tant en l'Eglise du Mans qu'en autres lieux, lesquels ne sont encores en lumiere.

Il florist au Mans cette annee 1584. âgé d'vn 37. ou 38. ans. Il fut deputé par Messieurs du Clergé de Normandie pour aller aux Estats de Blois l'an 1576.

MARGVERITE D'AVSTRICHE, appellee par aucuns Marguerite de Flandres, fille vnique de l'Empereur Maximilien, &c. femme de Philebert Duc de Sauoye.

Elle a escrit tant en prose qu'en vers François, plusieurs œuures, & entre autres le Discours de ses infortunes, & de sa vie. Iean le Maire de Belges a escrit vn liure de ses loüanges, lequel il a intitulé *La Coronne Marguaritique*, imprimé l'an 1549. à Lyon chez Iean de Tournes.

Elle mourut l'an 1532. Cette dame auoit esté premierement accordee par mariage au defunct Roy de France Charles 8. & depuis fut mariee au Duc de Sauoye susdit. Elle a composé vn plaisant Epitaphe d'elle mesme qui est tel.

Cy gist Margot, la gente Damoiselle,
Qu'a deux mariz, & encore est pucelle.

MARGVERITE DE CAMBIS damoiselle Françoise, femme de Monsieur le Baron d'Aigremont en Languedoc.

Elle a traduit d'Italien en François, le Traicté de Iean Georges Trissin, contenant le moyen que doibt tenir la femme veufue, & comme elle se doibt porter en viduité, imprimé à Lyon chez Guillaume de Rouuille l'an 1555. ou enuiron.

MARGVERITE DE FRANCE, Royne de Nauarre, fille de Henry 2. du nom, & sœur de Charles 9. & Henry troisiesme, à present Roy de

France,&c. Si i'ay mis cette Dame & tres-illustre Princesse, apres les autres de ce nom de Marguerite, ç'a esté pour obseruer l'ordre alphabetiq, ou d'a,b,c, lequel ie me suis proposé de suiure en ce Recueil d'hommes & femmes illustres, afin d'euiter tout soubçon de flaterie, & pour ne fascher aucun. Que s'il m'eust esté permis d'vser en cecy de ma volõté, i'eusse mis cette Dame, au premier rang: car ie ne veux demeurer ingrat de tant de faueur qu'il a pleu à sa Maiesté de me porter, (sans luy auoir iamais fait seruice aucun, & sans auoir eu ce bien que d'estre au nombre de ses domestiques, & seruiteurs ordinaires: ou bien pour ne luy auoir iamais donné occasion d'vser d'vne si grande courtoisie en mon endroit.) Il fault que ie cõfesse qu'elle m'a tant honoré de sa bonté accoustumee, que d'auoir voulu prendre la peine de faire entendre mes desseings & proiects au Roy de France tres-Chrestien Henry 3. son frere, & les luy recommander sur tout, afin que celà le rendist de plus en plus renommé par l'Vniuers, & pour emporter le bruit d'estre vn Prince qui eust plus aduancé les lettres, que pas vn de ses deuanciers Roys de France & autres: enquoy il y a vne rencontre tresmemorable en cecy. Car vne de mesme nom & surnom, de mesme lignee, toutes deux Roines de Nauarre, sœurs des Roys de France, & toutes deux aimants les lettres, sçauoir est Madame Marguerite de France ou de Valois, Roine de Nauarre, sœur du Roy François 1. pere des lettres, auoit esté cause que Iules Camile Italien, entra en la faueur & cognoissance dudit Roy François & cette Dame susditte a pris toutes les peines qu'il luy a esté possible, de faire entendre au Roy son frere (mon Prince souuerain) tous mes desseings, en intẽtiõ qu'il les acceptast, tãt elle desiroit de voir croistre l'hõneur du Roy, & qu'il ne cedast en riẽ à celuy de son grand pere, le Roy François 1. duquel la renommee ne perira iamais, tant que les lettres & sciences auront cours & duree: desquelles choses ie feray plus ample mention autre-part. Mais pour dire vn mot de ce Iules Camile, ie veux que l'on sçache qu'il n'a escrit qu'vne cabale pour la Memoire, c'est à dire, vne science particuliere, & comme baillee de main en main, pour aprendre à retenir beaucoup de choses desquelles on desireroit auoir cognoissance, & que l'Idee de son theatre, imprimee en Latin & en langue Italienne, n'est pas semblable aux desseings & proiects que i'ay presentez au Roy. Car ie monstre par effects & par liures, que ie mets à fin mes entreprises: iusques à là que d'en auoir escrit & recueilly sept ou huit, cẽt volumes de memoires sur toutes choses, traictans de tous arts, toutes matieres, toutes langues, & toutes disciplines, voire iusques à n'auoir rien obmis de ce qui appartient aux arts Mechaniques, & pour dire en vn mot, n'ayant laissé chose aucune, de laquelle les hommes puissent auoir cognoissance, dont ie n'aye traicté en ce grand nombre de volumes, contenant plus de trente mille cayers ou chapitres, comme i'ay dit cy deuant parlant de moy, & de

mes

mes escrits, mais pour ne vouloir par trop estendre mon discours, i'aduertiray ceux qui auront volonté de voir ces choses plus amplement, d'auoir recours à ce que i'ay escrit bien au long sur la fin de cette Bibliotheque Françoise, auquel lieu i'ay parlé amplement dudit Camille, & de sa vie.

Mais pour reuenir à parler de la tres-illustre Royne de Nauarre, i'oseray asseurer (sans que les faueurs & bien-faits que i'ay receuz de sa Maiesté, soient causes de me le faire ainsi laisser par escrits) qu'elle est ornee d'vn tel & si diuin esprit, & qu'elle est si docte & tant eloquente, qu'elle ne cede en rien, mais surpasse toutes celles, qui sont en reputation d'estre bien nourries aux lettres : & ce qui est le plus à admirer en cecy, c'est qu'elle a plus de sciēce nee auecques elle, que par acquisition ou industrie.

Elle florist cette annee 1584. & prie Dieu vouloir luy donner sa grace.

MARGVERITE DE VALOIS Roine de Nauarre, Duchesse d'Alençon & de Berry, natifue d'Angoulesme pres Cōgnac, au pays de Xaintonge, sœur de François de Valois 1. du nom Roy de France, tous deux enfans de Charles Conte d'Angoulesme, &c. elle estoit femme de Hēry d'Albret Roy de Nauarre.

Cette dame estoit tresbien versee en la poësie Françoise, comme elle a monstré par son liure intitulé la Marguerite des Marguerites, imprimé à Lyon & à Paris, contenant plusieurs comedies, & autres Poësies tant sainctes que prophanes.

Le Miroir de l'ame pecheresse.

Le Triomphe de l'agneau.

Plusieurs Comedies, Odes, & Oraisons escrites en vers François, comme tesmoigne Charles de Sainćte Marthe (oncle de Sceuole) en son oraison funebre sur le trespas de laditte Dame.

Elle a traduit de Latin en vers François la fable des Faunes & Nymphes de Diane, conuerties en Saules, escrite en vers Latins par Iaques de Sannazar, tresdocte Poëte Italien, laquelle il intitule *Salices*, comme tesmoigne Iean Iaques de Mesmes en son Epithalame sur les nopces de Monsieur de Malasise & de Roissy, Messire Henry de Mesmes, &c.

L'Heptameron ou sept iournees de la Royne de Nauarre, qui est vn liure plein de diuerses histoires, la pluspart fabuleuses, à l'imitation de Iean Bocace Florentin. Ce liure a esté remis en son vray ordre par Claude Gruget Parisien, & l'a intitulé l'Heptameron, ou histoire des Amāts fortunez, des nouuelles de tres-illustre & tresexcellente Princesse Marguerite de Valois Royne de Nauarre, &c. imprimé à Paris chez Gilles Robinot, l'an 1567. Ie ne sçay si laditte Princesse a composé ledict liure, d'autant qu'il est plein de propos assez hardis, & de mots chatouilleux.

Elle mourut l'an 1549. âgee de 59. ans ou enuiron, le 21. iour de Decembre.

Qui voudra voir sa vie amplemẽt escrite, voye l'Oraison funebre faite sur la mort de laditte Royne, tant en Latin qu'en François, imprimee à Paris chez Chaudiere l'an 1550. composee par le susdit Charles de Saincte Marthe.

Il se voit vn iuste volume d'Epitaphes composez sur sa mort, escrit en diuerses langues par les plus sçauants hommes de l'Europe: il a esté imprimé à Paris chez Michel Fezandat, & Robert Granjon, l'an 1551. Theodore de Beze a semblablement escrit sa vie dans son liure des hommes & femmes illustres. Plusieurs doctes personnages s'estudierẽt à chercher quelques belles deuises sur son nom retourné, que l'on appelle vulgairement anagramme, & y trouuerent celles cy. *De vertus ay ma gloire*, oubien *De vertus l'image royal.*

MARIE DE COSTEBLANCHE, damoiselle Parisienne, tresdocte en Philosophie & Mathematiques.

Elle a traduit trois dialogues de Pierre Messie Espagnol, touchant la nature du Soleil, de la terre, & de toutes les choses qui se font & apparoissent en l'air, &c. imprimez à Paris chez Federic Morel l'an 1566. auquel temps elle florissoit à Paris.

MARIE DENTIERE, natifue de Tournay en la Gaule Belgique.

Elle a escrit vne Epistre contre les Turqs, Iuifs, infidelles, faux Chrestiens, Anabaptistes, & Lutheriens, imprimee l'an 1539. auquel temps elle viuoit.

MARIE DE FRANCE, damoiselle Françoise, for bien versee en la poësie vsitee de son temps, sçauoir en l'an de salut 1260. ou enuiron.

Elle a mis en vers François les Fables d'Esope Moralisees, lesquelles elle a traduites de langue Angloise, en la nostre Françoise, comme tesmoigne Claude Fauchet en son recueil des Poëtes.

MARIE DE LA HAYE damoiselle tresdocte.

Ie n'ay point veu de ses escrits, mais Claude de Boissieres Dauphinois luy a dedié son Art Poëtique, & l'extolle grandement pour son sçauoir.

MARIE DE ROMIEV, damoiselle natifue de Viuarets en Languedoc. sœur de Iaques de Romieu, gentilhomme Gascon, & niepce de Monsieur des Auberts, &c.

Elle a mis en lumiere ses premieres œuures poëtiques, contenant vn brief discours, que l'excellence de la femme surpasse celle de l'homme, imprimees à Paris chez Lucas Breyer l'an 1581.

Elle a dauantage escrit en prose Françoise, vne instruction pour les ieunes dames, imprimee à Lyon par Iean Dieppi l'an 1573. sans y mettre son nom que par lettres capitales en cette sorte M.D.R.

Elle florist cette annee 1584.

MARIE

MARIE STVART OV ESTVARD Roine d'Escosse, femme de François de Valois 2. du nom Roy de France, fils de Henry 2. &c.

Cette Dame & tres-illustre Princesse a beaucoup de perfections & vertus recommandables, & principalement touchant les arts & sciences, dequoy elle donna vn suffisant tesmoignage (lors qu'elle prononça en la presence du Roy de France Henry 2. accompagné de la plus part des Princes & seigneurs de sa Cour) vne oraison Latine, en forme de Paradoxe, par laquelle elle soustint, qu'il est bien seant aux femmes de sçauoir les lettres & les arts liberaux, &c. laquelle oraison elle a depuis traduite en François. Mais elles ne sont encores en lumiere, non plus que ses poësies Francoises. Antoine Fouquelin de Chauny en Vermandois, fait treshonorable mention de laditte Royne, en sa Rhetorique Françoise, laquelle il luy a dediee, & racompte d'elle ce que i'ay dit cy dessus.

Elle florist cette annee 1584. Dieu luy vueille donner accroissement d'honneur & de prosperité en toutes sortes.

MARIN LE FEBVRE Chirurgien, demeurant à Illiers en Beausse l'an 1577.

Il a traduit de Latin en François vn petit traicté en forme de dialogue, contenant les merueilleux effects de deux admirables fontaines, situees en la forest d'Ardenne, & le moyẽ d'en vser, pour plusieurs maladies, imprimé à Paris l'an 1577.

MARIN LIBERGE Manceau ou Mançois, natif de la chapelle Soëf au pays & Côté du Maine pres Bellesme au Perche, &c. docteur és Droits, par cy deuant Lecteur ordinaire en cette profession en l'vniuersité de Poictiers, & maintenant à Angers, homme docte en Droict, & grand Orateur & historien, Philosophe & Poëte Latin & François, &c.

Il se voit de luy vn discours tres-ample du siege de Poictiers, & de tout ce qui s'est fait & passé de memorable durant iceluy, l'an 1569. lequel liure il enuoya à Monsieur des Matraz Iean Bautru Angeuin, qui le feit imprimer à Paris audit an 1569. chez Nicolas Chesneau, sans que l'intention de l'autheur fust telle.

Ce liure a esté depuis imprimé à Poictiers l'an 1570. chez Pierre Boisateau, auecques plusieurs augmentations d'Epitaphes, Latins & François sur la mort des illustres hommes qui furent tuez deuant ledict siege.

Ie n'ay point cognoissance de ses autres escrits en nostre langue. Quant à ceux qu'il a composez en Droict, & sur l'histoire, & touchant les oraisons Latines faites par luy, nous en traicterons dans nostre Bibliotheque Latine.

Il florist à Angers, ville capitale du pays & Duché d'Anjou, cette annee 1584. & fait leçons ordinaires en sa profession de Iurisprudence.

MARIN SOREAV Medecin & Astrophile de la ville de Sees en Normandie.

Il a escrit & composé le Prognostiq fatal pour l'an de grace 1548. imprimé à Roüen en ladicte annee.

MARTIAL D'AVVERGNE, Procureur au Parlement de Paris l'an 1480. natif de Lymosin, encores qu'il s'appellast Martial d'Auuergne, &c.

Il a escrit en vers François l'histoire de Charles 7. Roy de France, lequel liure il a intitulé les Vigiles du Roy Charles 7. & contient comme il conquist la France sur les Anglois, & les Duchez de Normandie & de Guienne, & c. imprimé à Paris par diuerses fois.

Il a dauantage escrit quelques prieres à Nostre Dame, intitulees les Deuotes louanges à la Vierge Marie, &c. imprimees à Paris par Iean du Pré l'an 1492.

Il a composé en prose Françoise, Cinquante Arrests d'Amours, imprimez à Paris l'an 1528. & auparauant: Lesdits Arrests ont esté commētez de for doctes annotations par vn Iurisconsul Lyonnois nommé *Benedictus Curtius Symphorianus*, & ont esté imprimez à Lyon & à Paris.

Plusieurs autheurs font mention dudit Martial d'Auuergne, & entre autres *Lilius Gregorius Giraldus* de Ferrare en Italie, lequel parle de luy en ses Dialogues des Poëtes de nostre temps, fol. 77. Iean de Luc, I.C. Parisien dit Lucius, en fait aussi mention, & ledit Curtius de Sainct Saphorin pres Lyon, en ses Commentaires susdits fol. 18.

I'ay souuenance d'auoir leu dans les histoires de France, que cettuy Martial d'Auuergne mourut à Paris d'vne fiebure chaude, & qu'il se precipita dans l'eau, estant pressé de la fureur de son mal: ce que firent plusieurs autres de son temps, pour la mesme maladie.

MARTIAL des CHAMPS OV DESCHAMPS Lymosin, Medecin de l'Vniuersité de Paris, & ordinaire de la maison de ville de Bordeaux en Guienne, l'an 1573.

Il a escrit en prose Françoise, vne histoire tragique & miraculeuse, d'vn vol & assasinat cōmis au pays de Berry en la personne dudit Martial des Champs, à laquelle il a adiousté vne contemplation Chrestienne & philosophique, contre ceux qui nient la prouidence de Dieu, le tout imprimé à Paris chez Iean Bien-né, l'an 1576. Iean d'Aurat Lymosin, Poëte du Roy, a mis en vers Latins l'histoire susditte. Cette histoire a esté depuis imprimee & falsifiee, car les noms des personnes & le pays & les dattes ont esté changez, dequoy i'aduertis les lecteurs en passant.

MARTIAL GVIET Angeuin, frere puisné de Lezin Guyet (duquel nous auons parlé cy dessus) tous deux natifs de la ville d'Angers.

Il a escrit en vers François, vn poëme qu'il intitule Le monde renuersé, & autres Poësies lesquelles ne sont encores imprimeee: elles se

voyent

voyent escrites à la main par deuers Maistre Pierre Oliuier, sieur du Bouchet Aduocat au Mans,&c.

Il a traduit de Latin en François, la Pandore de Messire Iean Oliuier Euesque d'Angers dit *Ianus Oliuarius*, elle n'est encores imprimee.

MARTIAL MASVRIER Lymosin, docteur en Theologie, Chanoine & Penitentier en l'Eglise de Nostre-Dame à Paris l'an 1540. ou enuiron.

Il a escrit l'Instruction & doctrine pour se bien confesser & prier Dieu pour ses pechez, imprimee à Paris.

MARTIN ARNAVLT, natif de Loches en Touraine, Bachelier en Theologie, Curé de l'Eglise de Sainct Saturnin à Tours, Chantre & Chanoine en l'Eglise de Sainct Martin en laditte ville de Tours l'an 1572.

Il a escrit en Prose Françoise vn Catechisme, ou doctrine abregee, pour faire profession de Foy, maintenir les Catholiques en leur religion, & reduire les errants en la foy à l'vnion de l'Eglise vniuerselle, imprimé à Tours Chez Pierre Regnard l'an 1572. ou enuiron.

MARTIN BASANNIER, OV BASANIER Parisien, ieune homme for docte, & bien versé és Mathematiques, & ayant grande cognoissance de la Theorique & pratique de Musique, lesquelles sciences il a en partie aprises de son industrie, & partie aussi de M. Iean Gosselin garde de la Biblioteque du Roy, son precepteur esdittes sciences.

Il a escrit vn liure des Ephemerides perpetuelles, du Iour & de la Nuict: reformees depuis l'an de Correction 1582. selon les regles perpetuelles du Calendier Gregorien, & supputees pour la region de Frãce, & plusieurs villes notables d'Europe, imprimees à Paris par Pierre le Verrier, l'an 1583. & se vendent chez Benoist Rauot dit des Spheres.

Il a escrit plusieurs beaux secrets touchant la Theorique & Pratique de Musique, obseruee des anciens, & le moyen de l'auoir pareille en nostre siecle: mais pource que ses liures sont escrits en Latin, i'en feray mention autre-part.

Il florist à Paris cette annee 1584.

L'Anagramme dudit Basannier est tel, *Martinus Basanerius*, *Musæ nubar in Astris*. tourné par monsieur d'Aurat Poëte du Roy, lequel i'ay icy employé pour la rencontre de sa profession.

Messire MARTIN DV BELLAY Cheualier de l'ordre du Roy, & son Lieutenant general en Normandie, Prince d'Yuetot en ladite Normãdie, à cause de madame Ysabeau Chenu sa femme, dame dudit lieu, &c. laquelle seigneurie d'Yuetot a autrefois esté erigee en tiltre de Royaume, de par le Roy de France, Clotaire premier du nom, l'an de salut 560. comme nous dirons autre-part.

Cestuicy estoit frere de puisné de Monsieur le Cardinal du Bellay, & de Messire Guillaume du Bellay seigneur de Langey, desquels nous auons parlé cy deuant.

Il a escrit les Memoires des choses les plus memorables qu'il a veües & obseruees és guerres, esquelles il a esté employé pour le seruice des Roys de France ses maistres, depuis l'an 1513. iusques au temps du Roy Henry 2. Lesdits Memoires ont esté imprimez auec ceux de monsieur de Langey son frere, l'an 1569. à Paris, chez Pierre l'Huillier, par la diligence de Messire René du Bellay, Baron de la Lande en Anjou heritier des susdits. Messire Henry de Mesmes seigneur de Roissi & Malasise, a communiqué ses Memoires escrits à la main, cõposez par messieurs du Bellay, à fin de les faire imprimer pl⁹ corrects sur la copie qu'il en auoit: enquoy il ne faut taire icy le nom de monsieur Capel, docteur en Medecine, lequel s'est beaucoup trauaillé pour l'edition d'iceux.

Le susdit Martin du Bellay mourut à Glatigny au Perche l'an 1559. le 9. iour de Mars, qui est vne des plus anciennes maisons de France, de laquelle estoit seigneur Landry de la Tour, Connestable de France soubs le regne de Chilperic, en l'an de Salut 587. & depuis elle est venue par succession à la maison du Bellay en Anjou, &c.

s.i. MARTIN BVCER Alleman de nation.

Il a escrit vn nombre infiny de liures en Latin, & en François il a traduit la Bible, imprimee l'an 1540. & 1546. à G.

Il a escrit autres œuures desquelles ie ne feray icy mētiõ & pour cause.

Il mourut en Angleterre l'an 1551. sa vie a esté imprimee à Strasbourg en Alemagne, &c.

MARTIN FRANC OV LE FRANC, natif de la ville d'Arras en Artois, en la Gaule Belgique, sur les frontieres de la Picardie, (selon Iean le Maire de Belges en sa coronne Marguaritique) & selon Claude Fauchet il estoit natif de la Conté d'Aumalle en Normandie.

Cestuy cy Martin le Franc estoit Poëte, Philosophe, Historien & Orateur tresestimé pour son temps.

Il fut secretaire du premier Duc de Sauoye, & depuis Preuost & Chanoine de Lauzanne, Prothenotaire du S. Siege Apostolique, & en fin Secretaire du Pape Fœlix, & du Pape Nicolas l'an 1447.

Il a escrit vn liure contre le Roman de la Rose, intitulé le Champion des Dames, imprimé à Paris il y a plus de 60. ans.

Il a escrit en vers François & en prose tout ensemble, vn liure intitulé l'Estrif de Fortune & de Vertu, contenāt trois liures, imprimé à Paris par Michel le Noir l'an 1505. in 4. & contient 18. fueilles, de caracteres bastards.

Il florissoit du temps de Philippes de Bourgongne, auquel il a dedié plusieurs de ses liures.

MARTIN FVMEE gentilhomme Parisien, sieur de Marly le Chastel, fils de monsieur des Roches Fumee, qui est vne tres-noble & tresancienne famille en Touraine, de laquelle estoit Seigneur messire Adam Fumee, Chancelier de France du temps de Loys XI. l'an 1499.

duquel

duquel ſont deſcenduz tant d'illuſtres & ſçauants hommes, comme nous dirons autre-part.

Ce ſeigneur de Marly le Chaſtel, a recueilly de pluſieurs autheurs Latins & François, l'hiſtoire des Indes, laquelle il a fait imprimer à Paris l'an 1577. Ie n'ay pas veu ſes autres eſcrits.

Il floriſſoit audit an 1577. & ne ſçay s'il eſt encores viuant, car ie n'ay pas eu ce bien que de le voir encores ou cognoiſtre, que par ſes doctes eſcrits. Au demeurant ie diray en paſſant, qu'ayant leu ſa preface ſur ſon hiſtoire des Indes, il confeſſe n'auoir peu recouurer les Nauigations de Fernand ou Ferdinand Cortez Eſpagnol, &c. pour employer en l'hiſtoire ſuſditte. Mais ie veux bien l'aduertir, & ceux qui auroient enuie voir cette hiſtoire dudit Cortez, que ie l'ay par deuers moy: & leur en feray auſſi toſt part, comme i'ay fait par le paſſé, & fay encores tous les iours des liures rares qui ſont en ma poſſeſſion, tant ie ſuis deſireux de profiter au public, par tous honneſtes moyens. Auſſi que pluſieurs des plus grands & doctes perſonnages de noſtre temps n'en ſont demeurez ingrats, car ils ont confeſſé en leurs œuures, auoir reçeu cette faueur de moy, que de les auoir ſecouruz de mes exemplaires, & liures eſcrits à la main. Ce que ie ne repete pour la gloire qu'ils m'en ont donnee en leurs eſcrits, mais pour faire declaratiõ du deſir que i'ay de faire le ſemblable à tous autres qui auront recours à moy, en toutes choſes qui ſeront en ma puiſſance.

Meſſire MARTIN FVMEE, ſeigneur de Genilly, Cheualier de l'ordre du Roy, autre que le ſuſdit ſieur de Marly le Chaſtel, &c. frere de Meſſire Adam Fumee (duquel nous auons parlé au commencement de ce liure,) & encores frere de Meſſire Nicolas Fumee, iadis Abbé cõmendataire de l'Abbaye de la Couſture au Maine, & maintenãt Eueſque de Beauuais en Picardie, & Pair de France, &c.

Ce ſeigneur de Genilly eſt treſdocte & treſ-accomply gentilhomme.

Il a compoſé pluſieurs beaux traictez non encores mis en lumiere.

Il floriſſoit en l'an 1575.

B.L. MARTIN GREGOIRE natif de Tours en Touraine, docteur en Medecine.

Il a traduit de Grec en François les 7. liures de Claude Galien, de la compoſition des Medicaments: comme teſmoigne Iean Breche de Tours en ſes œuures.

B.L. MARTIN GVERIN preſtre natif de Loches en Touraine.

Il a mis par eſcrit la maniere de la paix, impetree de la Roine du Ciel, laquelle luy auoit eſté reuelee en l'an de ſalut 1500. Elle ſe voit eſcrite à la main ſur parchemin, en l'Egliſe de Saint Gatien de Tours. Ce que i'ay apris du liure intitulé, *Liber Mirabilis*, lequel en fait treſample mention.

MARTIN DV PIN doyen de Sainct Ladre d'Aualon.

Il a traduit de Grec en François l'Exhortatiõ de S.Iustin Philosophe & martyr,aux Gentils,imprimee à Paris,chez Claude Fremy.

Il florissoit en l'an 1540.

B.L. MARTIN RAVAVLT Licentié en Droict, natif de Sens en Bourgongne.

Il a composé en Latin & en François, vn liure intitulé le Caton des Princes & gouuerneurs,comprenant le iuste estat, & gouuernement d'vne Chosepublique, & la maniere de viure sans reproche, imprimé à Paris par Denis Ianot l'an 1536.auquel temps florissoit ledit autheur.

B.L. MARTIN SEGVIER,conseruateur des priuileges Apostoliques en l'Vniuersité de Paris.

Il a escrit vne epistre qu'il a enuoyee à vn gentilhomme François, estant en Almagne,imprimee à Paris par Federic Morel,l'an 1580.

Prieres du Roy, Souspirs du bon Pasteur, Oraison penitentielle, Oraison pour le matin, Priere pour le soir, Expositions de quelques hymnes de l'Eglise,le tout composé par ledit Martin Seguier,& imprimé à Paris l'an 1578.par Federic Morel.

Il a dauantage escrit vn traicté de la grandeur,puissance,bonté & sapience de Dieu,redigee en paraphrase sur trois psalmes de Dauid.

L'Exposition de quelques hymnes de l'Eglise en pareil nombre de vers & de syllabes que le Latin, le tout imprimé ensemble par Nicolas Chesneau,l'an 1575.à Paris,auquel temps il florissoit audit lieu.

B.L. MARTIN TALLEBOT natif de Caux en Normandie, docteur en Theologie à Paris,homme tresdocte & for renommé entre les predicateurs de l'Eglise des Catholiques.

Il a escrit plusieurs sermons & autres liures en Theologie, ie ne sçay s'il les a fait imprimer.

Il florissoit soubs le regne de Charles 9.durant lequel temps il mourut(si i'ay bonne souuenance.)

MATHIAS FRIZON docteur en Medecine, en l'Vniuersité de Louuain en Flandres.

Il a escrit en François vne prognostication nouuelle pour l'an 1540. imprimee à Paris audit an 1540.par Iean l'Homme.

B.L. MATHIEV BEROAL OV BEROALDE Parisien, homme for docte,grand Theologien,historien & Mathematicien, pere de François Beroalde,sieur de Veruille(duquel nous auons parlé cy deuant.)

Il a escrit vne Chronologie Latine, mais nous en ferons mention autre-part. Quant à ses compositions Françoises, tant sur la Theologie que sur les Mathematiques ou l'histoire,elles ne sont encores en lumiere,& s'il y en a quelques-vnes, ie m'asseure que le sieur de Veruille son fils les publiera pour l'honneur de son pere.

Il florissoit l'an 1573. i'entés qu'il est mort soubs le regne de Henry 3.

MATHIEV DE BOVTIGNY, page de Maistre François de Sagon, Secretaire de l'Abbé de Sainct Euroul, qui est vn nom supposé touchāt ledit Boutigny (comme il semble)

Il a escrit en vers François le Rabais du caquet de Frippellippes, & de Marot dit Rat-pelé, additionné auec les comments, imprimé à Paris il y a pres de 50. ans. Ce sont toutes inuectiues faites par Sagon ennemy de Clement Marot.

MATHIEV COIGNET Conseiller du Roy, & Maistre des Requestes de son hostel, Ambassadeur de sa Maiesté vers les ligues des Suisses & autres nations estrangeres, &c.

Il a escrit vn liure intitulé, l'Instruction aux Princes de garder la foy promise, imprimé à Paris chez Iaques du Puis l'an 1583.

Il florist à Paris cette annee 1584. âgé de 60 ans ou enuiron.

MATHIEV DE COVCY historien François.

Il a escrit des Chroniques, lesquelles se voyent escrites à la main, & non encores imprimees, comme tesmoigne Gilles Corrozet en son Thresor de l'histoire de France, sur la fin dudit liure.

MATHIEV OV MAHIEVX de Gand, ancien Poëte François, viuant en l'an 1260. ou enuiron.

Il a escrit plusieurs Poësies Françoises en forme de dialogues.

MATHIEV DE LAVNOY prestre, docteur en Theologie, iadis Ministre de la religion pretendue reformee, & maintenant reduit à l'Eglise Catholique & Romaine.

Il a escrit vne response Chrestienne à 24. articles de Pierre Pineau dit des Aigues, imprimee à Paris chez Guillaume Chaudiere, l'an 1581.

Defense dudit de Launoy tant pour luy que pour Henry Pannetier, contre les fauses accusations, & peruerses calomnies des Ministres, imprimee à Paris chez Guillaume de la Noüe, l'an 1578.

Il florist à Paris cette annee 1584.

MATHIEV DE VAVCELLES, Imprimeur & Libraire au Mans, en laquelle ville il nasquit le Mardy 18. iour de Ianuier, l'an 1507.

Ledit Vaucelles estant fort ieune, escriuit quelques Poësies Françoises, contre Clement Marot, soubs le nom de Poëte champestre, lesquelles ont esté imprimees il y a plus de 40. ou 50. ans.

Lon voit plusieurs de ses compositions, tant en vers qu'en prose, sur la fin du Catechisme de pere Emond Auger, de l'ordre des Iesuites: sçauoir est l'oraison à Dieu, & autres poëmes.

Il a escrit plusieurs Noels ou Cantiques, sur l'aduenement de nostre Seigneur Iesu-christ, imprimez par luy-mesmes à diuerses annees.

Epitaphes sur le trespas de Mōsieur de Hangest chanoine en l'Eglise du Mans, & encores sur la mort de Monsieur de Langey, & plusieurs autres personnes illustres.

Le Panegyric des sciēces, lequel il presenta à Mōsieur frere du Roy, lors qu'il passa par la ville du Mans en l'an 1577.

Il a dauantage escrit plusieurs Poëmes à l'honneur de Messieurs les Euesques du Mans, & entre autres aux Entrees de Monsieur le Reuerendissime Cardinal de Rambouillet, Euesque du Mans, faites en ladite ville, imprimees par luy.

Il est cause que la carte ou description du Maine, escrite par Macé Ogier prestre, (duquel nous auons parlé cy dessus) a esté imprimee par luy & Alexādre Chouen en l'an 1539. & depuis encores en l'an 1565. auecques vne for docte epistre de sa façon, discourant des loüanges du Maine &c.

Il se trouue plusieurs liures imprimez par ledit Vaucelles, lequel en ses premieres editions, se nommoit *Macé de Vaucelles* simplement: & depuis en ses autres œuures il s'est appellé *Mathieu de Vaucelles*, qui est vn mesme, quant au Latin *Mathæus*, dequoy i'aduertis les lecteurs, afin qu'ils ne pensent pas que ce soyent deux diuers autheurs, encores qu'il se soit appellé de ces deux diuers noms: & pense que ce qui fut cause qu'il se nomma depuis *Mathieu de Vaucelles* & nō pas *Macé Vaucelles*, ce fut à l'occasion de l'heureux anagramme qui se trouue en ce nom, qui est tel, *Dieu veult l'ame chaste*.

Il mourut au Mans l'an 1578. le Ieudy premier iour de Ianuier âgé de 72. ans, auquel mois il auoit esté né.

MATHIEV DE VAVZELLES Lyonnois, docteur és droicts & Aduocat au Parlement de Dombes, & Seneschaussee de Lyon l'an 1549.

Il a escrit vn traicté des peages, diuisé en six parties, imprimé à Lyon l'an 1550. par Iean de Tournes in 4. contenant 27. fueilles: Ce liure est plein de for belles & doctes recherches.

Il florissoit à Lyon audit an 1549.

I.C. MATHVRIN CORDIER Normand, & selon d'autres Percheron, ou natif du Perche.

Il a escrit en François, le miroir de la Ieunesse, imprimé à Poictiers l'an 1559. pour Pierre & Iean Moines freres. Ce liure a esté depuis imprimé à Paris par Iean Ruelle & autres, l'an 1560. soubs ce nom de Ciuilité Puerile.

Il a escrit en vers François, plusieurs remonstrances & exhortations au Roy, & aux Estats de son Royaume &c. imprimees l'an 1561. à G.

Il est autheur du liure Latin, intitulé les Colloques de Mathurin Cordier &c.

Il estoit encores viuāt soubs le regne de Charles neufiesme, & estoit âgé d'enuiron quatre vingts ans.

I.C. MATHVRIN HERET, docteur en medecine en l'Vniuersité de Paris, & faisant

& faisant profession d'icelle en la ville du Mans &c. homme bien docte & bien versé en plusieurs arts & sciences. Il est natif de la parroisse du Breil pres Cõnerray à cinq lieuës du Mans : ce que ie suis bien aise de dire, pour le voisinage dudit lieu du Breil, for proche de la seigneurie de la Croix au Maine &c.

Il a traduit de Grec en François, les problemes d'Alexandre Aphrodisee, excellent medecin & ancien philosophe, auec annotations bien doctes dudit Heret, & auecques plus de soixante problemes de son inuention, le tout imprimé à Paris chez Guillaume Guillard l'an 1555.

Il a traduit de Grec en François, le Sympose ou Banquet de Platon, auant que Louis le Roy dit Regius eust fait imprimer sa traduction.

Ledit liure traduit par Mathurin Heret a esté imprimé à Paris, il y a pres de trente ans.

Il a traduit de Grec en François, les histoires de Dictis de Crete, & de Dares Phrygien, auparauant que Iean de la Lande gẽtilhomme Breton, les eust traduites.

Discours sur les Mathematiques, non encores imprimez.

Traicté contre l'Arrest donné au Parlement de Dole en Bourgongne, touchant vn homme transmué en loup-garou, non encores imprimé. Ie ne fay point icy mention de ses poëmes Latins & autres œuures de sa profession : Ie me reserue à en parler dans ma Bibliotheque Latine.

Il florist au Mans cette annee 1584. exerceant for heureusement la medecine, & trauaillant sans cesse, afin de profiter au public en toutes sortès.

MATHVRIN MAVRICE Xaintongeois.

Il a escrit vn traicté de l'origine de la vraye Noblesse, & nourriture d'icelle pour les enfans genereux, imprimé à Paris l'an 1551.

Il a escrit vn liure intitulé la Reuenche, & Contre-dispute de frere Anselme Turmede, contre les bestes, imprimee à Paris chez Nicolas Chesneau l'an 1554.

Il florissoit en l'an 1552.

MATHVRIN DV REDOVER, licentié és loix.

Il a traduit d'Italien en langue Françoise, le nouueau Monde, & les nauigations faites és terres neufues, par Emery Vespuse Florentin, imprimees à Paris par Galliot du Pré l'an 1516.

MATHVRIN DV TRONCHAY, gentilhomme du Maine, sieur de Vautorte, natif de Mayenne la Iuhel.

Il a composé en vers François, vne instruction des Princes, & autres œuures tant en prose qu'en vers. Ie ne sçay s'il les a fait imprimer.

Il estoit parent de Messieurs de Balladé, sieurs du Tronchay, en quoy lon peult voir combien cette maison a esté fertile en bons esprits. Car d'icelle sont issus Baptiste, Gazal, Georges & Louis les du Tronchaiz,

& encores cetui-cy, tous hommes doctes, & deſquels nous auons fait treſ-honorable mention cy deſſus, parlant d'eux chacun en leur rang.

Ledit ſieur de Vautorte floriſſoit l'an 1580.

Ie ne ſçay ſ'il eſt encores viuant.

s.l. MAVRICE PONCET, docteur en Theologie en l'Vniuerſité de Paris, religieux de l'ordre de S. Benoiſt, homme for docte, & des plus hardis predicateurs de ce ſiecle : car il a tellemẽt le zele de la religion chreſtiẽne en recommandation, qu'il ne craint aucunement de reprendre toutes ſortes de vices, deſquels il peut auoir cognoiſſance, ſans reſpecter en celà aucun quel qu'il ſoit, tant il eſt ardant à reprẽdre, & hardy pour enſeigner, & deſireux que lon ſe corrige des faultes que lon commet chacun en ſon eſtat.

Il a eſcrit & compoſé en François, vne oraiſon funebre, ſur la mort de Meſſire Euſtache de Conflans, Viconte d'Auchy, laquelle il prononça le dernier iour d'Aouſt l'an 1574. en l'Egliſe de Brecy le Buiſſon. Elle a eſté imprimee à Paris chez Michel Somnius audit an 1574.

Remonſtrance à la Nobleſſe de France, de l'vtilité & repos que le Roy apporte à ſon peuple, & de l'inſtruction qu'il doibt auoir pour le bien gouuerner, imprimé à Paris chez ledit Somnius l'an 1572.

Ie n'ay pas cognoiſſance de ſes autres eſcrits François, & quant à ſes Latins, nous en ferons mention autre-part.

Il floriſt à Paris cette annee 1584. non ſans ſe trauailler beaucoup à preſcher & annoncer au peuple la parole de Dieu.

MAVRICE DE LA PORTE Pariſien, frere puiſné d'Ambroiſe de la Porte, tous deux hommes bien doctes & treſ-eloquents.

Cetui-cy nommé Maurice, a mis en lumiere vn ſien docte, laborieux & treſ-vtile liure d'Epithetes : œuure non ſeulement neceſſaire à ceux qui font profeſſion de la poëſie, mais encores pour toutes ſortes d'hiſtoires &c. imprimé à Paris chez Gabriel Buon in 8. l'an 1571. qui fut la premiere edition, & depuis imprimé chez le meſmes Buon in 16. par pluſieurs & diuerſes fois.

Il mourut à Paris l'an 1571. le 23. iour d'Auril âgé de 40. ans.

s.l. MAVRICE SCEVE Lyonnois, iſſu de l'ancienne famille des Sceues à Lyon, homme for docte & for bon Poëte François, grand rechercheur de l'antiquité, doüé d'vn eſprit eſmerueillable, de grand iugement, & ſinguliere inuention. Ce que ie peux iuger pour auoir leu ſes eſcrits, qui teſmoignent aſſez les choſes ſuſdites.

Il a traduit d'Eſpagnol en François, la deplorable fin de Flammette, qui eſt vne belle & gentille inuention de Iean de Flores Eſpagnol, imprimee à Lyon chez François Iuſte l'an 1535. in 8. & contient 9. fueilles, le tout imprimé en caracteres baſtards &c.

Delie, obiect de plus haulte vertu &c. qui eſt vne poëſie amoureuſe, contenant 449. Emblemes, imprimez à Lyon in 8. & depuis à Paris chez

chez Nicolas du Chemin in 16. l'an 1564.

Il ſemble, à qui voudra prendre garde de pres au tiltre de ſon liure, qui eſt *Delie* &c. qu'il vueille entendre *l'Idee* de plus haute vertu. Car Delie & l'Idee (par anagrãme ou nom retourné) eſt vne meſme choſe, ſans vouloir entrer en l'etymologie Grecque ou Latine de cette dictiõ. Ce que i'ay dit en paſſant, pource que pluſieurs ſ'arreſteront ſur l'explication du tiltre de ce liure.

Il a dauantage eſcrit en vers François, vne Eglogue de la vie ſolitaire, laquelle il intitule la Saulſaye, imprimee à Lyon l'an 1547. de laquelle ie preſume qu'il en ſoit autheur, encores qu'il n'y aye mis ſon nom, mais ſa deuiſe ſeulement, qui eſt telle *Souffrir non ſouffrir.*

Il eſt autheur de la deſcription de l'entree du Roy Henry 2. faite à Lyon ſur le Roſne l'an 1548. imprimee audit lieu l'an 1549. chez Guillaume Rouile, auec les figures & protraicts des choſes les plus excellentes repreſentees en icelle &c.

Il a compoſé en vers François, vn liure intitulé le Microcoſme ou petit monde, cõme teſmoigne celuy qui a fait les additions au promptuaire des medailles.

Il floriſſoit à Lyon l'an 1559. auquel temps Henry 2. du nom, Roy de France mourut.

Iean de Tournes luy a dedié vne epiſtre, laquelle ſe voit imprimee au commencement des ſonnets de Petrarque, imprimez par luy l'an 1547. en laquelle il le louë grandement.

3.L. MAXIMILIEN DE VIGNACOVR, gentilhomme Artheſien ou d'Arthois en la Gaule Belgique, Poëte Latin & François, neueu de M. François Balduin, tant renommé pour la Iuriſprudence, tous deux natifs de la ville d'Arras &c.

Il a eſcrit en vers François, l'Epitaphe & autres eſcrits funebres, ſur le decez de Damoiſelle Cl. de Beaufort, fille du ſeigneur de Boilleuz, imprimez à Douay en Flandres l'an 1582. par Iean Bogard.

Il floriſſoit à Paris l'an 1583. I'entends qu'il eſt du iourd'huy en Eſpagne.

3.L. MELCHIOR DE FLAVIN, de l'ordre des Cordeliers ou de ſainct François.

Il a eſcrit premierement en Latin, & depuis traduit en François, vne remonſtrance de la vraye religion: adreſſee au treſ-chreſtien Roy de France Charles neufieſme, imprimee à Paris.

3.L. MELIN OV MERLIN DE S. GELAYS, natif d'Angouleſme, Abbé de Reclus, Aumoſnier de Monſieur le Dauphin de France l'an 1525. iſſu de la treſ-noble & ancienne maiſon des ſieurs de S. Gelays en Aquitaine, & parent d'Octauien de S. Gelays, Eueſque d'Angouleſme (duquel nous ferons mention cy apres.) Ie n'oſe dire ce que i'ay entendu dudit Melin, & en quelle qualité il appartenoit audit Eueſque, iuſques à ce que ie m'en sois plus auant informé par ceux de cette maison, lesquels en peuuët plus sçauoir que moy, (pour leur appartenir de plus pres.) Si diray-ie toutesfois qu'il estoit estimé l'vn des plus doctes hommes de la Cour du Roy Frãçois premier, pere des lettres, & si ie veux icy repeter les loüanges que luy a dõnees l'autheur du liure intitulé *Le Quintil Censeur* (qui est vn traicté fait contre Ioachim du Bellay, par Charles Fontaine Parisien.) Ie diray qu'il sçauoit composer en tous genres de vers, & sur tout qu'il estoit excellent pour les Lyriques, lesquels il mettoit en musique, les chantoit, les ioüoit & sonnoit sur les instruments estant Poëte & Musicien vocal & instrumental, (afin d'vser des termes dudit autheur) estant encores Mathematicien, Philosophe, Orateur, Theologien, Iurisconsul, Medecin & Astronome : bref docte en tous arts & sciences.

Apres sa mort, il a esté imprimé vn volume de ses œuures poëtiques à Lyon l'an 1574. chez Antoine de Harsy.

Il a traduit de Grec en François, la tragedie de Sophonisba, imprimee à Paris.

Il est cause que les voyages aduentureux du Capitaine Iean Alphonse Xaintongeois, ont esté imprimez à Poictiers l'an 1559. par les Marnefs, lesquels il recouura auecques grande peine, pour en faire le public participant.

Le Courtisan de Messire Balthazar de Chastillon, traduit premierement d'Italien en François, par Iean Colin, a esté reueu & recorrigé par ledict Melin de S. Gelays, & imprimé à Paris chez Gilles Corrozet l'an 1549. Gabriel Chapuis Tourengeau l'a aussi traduit (comme nous auons dit cy dessus.)

Il florissoit soubs les regnes de François premier, & Henry second.

Pierre de Ronsard fait mention de luy en plusieurs de ses œuures, disant qu'il luy estoit for contraire, & mesprisant ses poësies deuant les Rois, comme ialoux de voir qu'vn autre emportast le pris par sur luy, qui estoit estimé le premier de la cour &c. Ce qui se voit és vers où il dit *Garde moy de la tenaille de Melin*, ou en parolles semblables, entendant parler dudit Melin de S. Gelays.

MICHEL D'AMBOISE Escuyer, seigneur de Cheuillon l'an 1540. surnommé en ses œuures l'Esclaue Fortuné &c.

Il a escrit en vers heroïques, la deploration de la mort de Messire Guillaume du Bellay, seigneur de Langey, imprimee à Paris l'an 1543. par Felix Guibert.

Il a traduit d'Italien en vers heroïques, le ris de Democrite, & les pleurs d'Heraclite (anciens Philosophes) sur les folies & miseres de ce monde, escrits premierement en langue Italienne, par Messire Antoine Phileremе Fregose, Cheualier Italien, imprimez à Paris l'an 1547. par Arnoul l'Angelier.

MICHEL DE BONNIERES, natif du pays de Picardie, Iesuite, ou de la compagnie de Iesus, & prefect de leur college fondé à Paris &c. homme docte en Theologie, Philosophie, & ayant plusieurs autres bonnes parties en luy, & sur tout se delectant à la musique, en laquelle il a aquis vne grande perfection &c. Il a prononcé plusieurs doctes discours sur diuers subiects, & principalement touchant la Theologie, en l'assemblee ou congregation qui se fait ordinairement au college desdits Iesuites à Paris, apres vespres, chacun Dimenche & aux iours de feste, lesquelles ne sont encores en lumiere, non plus que ses autres œuures.

Il florist à Paris cette annee 1584.

MICHEL BOVCHER, sieur de Bois-commun.

Il a escrit vne oraison aux François, sur la mort du magnanime Prince Iean de Bourbon, Conte d'Anghien, imprimee à Paris par Iean Caueiller l'an 1557. auquel temps florissoit ledit autheur.

MICHEL BOVRREE, sieur de la Porte, Aduocat au siege presidial & Seneschaussee du Maine, Poëte Latin & François.

Il a escrit plusieurs poëmes en l'honneur de S. Iulien premier Euesque du Mans, imprimez à Angers & au Mans.

Il a escrit & composé plusieurs Noels ou Cantiques, sur l'aduenement de Iesu-christ, imprimez au Mans.

Il a dauãtage composé en vers François, le paranymphe du mariage du Roy Charles neufiesme auec Madame Elizabeth d'Austriche.

Ode panegyrique du Maine, imprimee à Angers, elle contient les loüanges des Manceaux &c.

Elegie sur le trespas de Madame d'Auerton au Maine, nommee Françoise de la Chapelle, femme de Messire René de Bourré, Cheualier de l'ordre du Roy, seigneur de Iarzé, Chemiré, & Aurillé &c. imprimee au Mans.

Il a escrit plusieurs autres poëmes Frãçois, en la loüange de Messieurs de Rambouïllet, & entre-autres de Monsieur le reuerendissime Cardinal de Rambouïllet Charles d'Angennes Euesque du Mans, tant alors qu'il faisoit son entree en ladite ville, qu'autrement.

Il a escrit plusieurs tragedies & comedies Françoises, desquelles ie ne sçay pas les tiltres. I'ay autresfois veu celle qu'il feist en Latin, sur la mort de Monsieur de Guise, tué par le sieur de Meray, surnommé Poltrot: mais elle n'est encores imprimee non plus que ses autres œuures.

Il florist au Mans cette annee 1584. s'adonnant du tout à sa principale profession, qui est la Iurisprudẽce: Son grand pere s'appelloit Iean Ory Aduocat au Mans l'an 1530. ou enuiron, (comme nous auons dit cy dessus parlant de luy à la lettre I,) ce que i'ay expressément repeté, d'autant que l'vn & l'autre se sont pleuz à mesmes professions du droict & de la poësie tout ensemble.

MICHEL BVREAV, natif de la paroisse de Champ-genesteux, au bas pays du Maine, Abbé de la Cousture pres le Mans, docteur en Theologie à Paris, Euesque de Hieropole.

Il a prononcé plusieurs harangues deuant les Rois de France, & a dressé plusieurs memoires touchât la police & Iustice, lesquels ne sont encores imprimez, non plus que son liure Latin, qu'il a intitulé *De Libertate Ecclesiastica*, lequel nous auons par deuers nous escrit à la main. Guillaume le Rouillé d'Alençon en fait mention en ses annotations, sur les Coustumes du Maine, & parle de luy en termes honorables.

Il mourut au Mans en son Abbaye de la Cousture, le sixiesme iour de Iuin l'an 1518. & est enterré en icelle.

Le prouerbe qui est en vsage (principalement au Maine) a pris son origine de luy, qui est tel, *Bureau vault bien Escarlate*, ou bien *Le Bureau est aussi fin qu'Escarlate.*

Ce qui fut dit par luy, comme en colere, parlant auec Monsieur le Cardinal de Luxembourg, Euesque du Mans l'an 1518. lors qu'ils auoyēt procez ensemble, touchant leurs Iurisdictiōs, en quoy lon voit l'equiuoque de son nom Bureau, pour Blanchet, & drap non teint auec vne allusion sur l'habit de Cardinal, qui est d'escarlate, estimee la plus riche couleur ou teinture en draps de laine.

Ce que i'ay dit comme en passant, à cause que plusieurs ne sçauent que veult dire ce prouerbe susdit.

MICHEL DE CASTELNAV, Cheualier de l'ordre du Roy, Conseiller en son priué conseil, capitaine de cinquante hommes d'armes de ses ordonnances, gouuerneur de sainct Dizier, & Ambassadeur pour sa Maiesté en Angleterre.

Il a traduit de Latin en François, le liure de Pierre de la Ramee, dit *Ramus*, traictant des mœurs & façons des anciens Gaulois, imprimé à Paris chez Vechel il y a plus de vingt ans, & depuis chez Denis du Val l'an 1581.

Il a escrit vn recueil de memoires, des choses qu'il a traictees & maniees en son temps, tant en ses Ambassades qu'autrement &c. comme tesmoigne B. du Puis en son Epistre mise au deuant du liure susdit.

Ie ne sçay si ledit Ambassadeur est encores viuant.

Il florissoit l'an 1562.

MICHEL COIGNET, natif d'Anuers, ville capitale de Flandres, en la Gaulle Belgique, ieune homme de grand esprit, & tres-sçauant en Mathematiques.

Il a composé l'instruction des poincts les plus excellents & necessaires, touchant l'art de nauiger, imprimee à Anuers chez Henry Hendrix l'an 1581. in 4. & contient treize fueilles.

Il florissoit audit Anuers l'an 1580.

Loys Guichardin Florētin, neueu de François, &c. fait tres-ample & tres-

treſ-honorable mention de luy, en ſa deſcription des pays bas, traduite par François de Belle-foreſt.

Voy le fueillet dudit liure fol. 175. de la premiere edition.

MICHEL DVSSEAV, ou bien DV SEAV, dit *à Sigillo*, garde iuré de l'Apoticairerie à Paris.

Il a ſommairement traduit & commenté, ſuyuant le texte Latin, vn liure qu'il a intitulé *Enchirid, ou Manipul des Miropoles, & Tyroncles Pharmacopoles*, lequel tiltre eſt difficile à entendre, & principalement à ceux qui n'ont pas grande cognoiſſance du Grec & du Latin, & voulant iceluy autheur parler François, qui fuſt entendu de tous, il deuoit (ſelon mon iugement) luy donner ce tiltre d'Epitome ou Abbregé pour les Apoticaires, & apprentifs en cet art, lequel mot d'Enchirid ou Manipul, ſe peult traduire en François *Manuel*, c'eſt à dire liure ou autre choſe qui ſe peult porter aiſément en la main, à cauſe de la petiteſſe & peu de peſanteur.

Si ie me ſuis arreſté ſur l'explication de ce mot, ç'a eſté afin d'aduertir les autheurs de ne donner point de tiltres difficiles, ou inſcriptions obſcures à leurs liures &c. & ne l'ay fait pour autre raiſon: car i'aymeray touſiours ceux, qui eſcriront des liures profitables, cõme a fait ledit Michel du Seau, lequel a fait imprimer à Lyon ſon liure ſuſdit l'an 1561. par Iean de Tournes, auquel temps il floriſſoit.

Ie feray mention de ſes œuures Latins autre-part: & quant à ſes François, ie n'en ay point cognoiſſance d'autres.

MICHEL FERRIER, natif de Cahors en Quercy.

Il a mis en muſique les Pſalmes de Dauid, traduits en François par Clement Marot, imprimez à Paris chez Nicolas du Chemin l'an 1568.

MICHEL FOVQVES, & ſelon autres FOVCQVÉ, natif de la paroiſſe de Sainte Cecile, pres le port Gaultier, au pays du Maine, tirant vers Tours &c. preſtre & vicaire perpetuel en l'Egliſe de ſainct Martin de Tours en Touraine, ſur la riuiere de Loyre &c.

Il a eſcrit en vers François, la vie de noſtre Seigneur Ieſu-chriſt, les Actes des Apoſtres, la vie de noſtre Dame, la vie de ſainct Martin de Tours: tous leſquels liures ne ſont encores en lumiere. Il ſe voyent eſcrits à la main en ladite Egliſe de S. Martin à Tours.

Il mourut âgé de ſoixante ans ou enuiron: & floriſſoit du temps de François premier, ſelon que i'ay entendu d'Antoine Pichon Manceau, homme docte en Grec & en Latin, & duquel nous ferons mention autre-part.

Frere MICHEL GRELLET Cordelier, Gardien du Conuent d'Angouleſme, Cuſtode de Xaintes, predicateur ordinaire, entretenu par Monſieur l'Abbé de Mairemonſtrier en Touraine, Meſſire Iean de la Rochefoucault &c.

Il estoit grand Theologien, & a escrit plusieurs liures, desquels ie n'ay pas cognoissance.

Messire MICHEL DE L'HOSPITAL, premierement Conseiller du Roy au Parlement de Paris, & depuis Chancelier de Madame la Duchesse de Sauoye, & en fin Chancelier de Frãce, apres la mort de Messire François Oliuier &c.

Il nasquit au pays d'Auuergne enuiron l'an 1504. Son pere s'appelloit Iean de l'Hospital, & estoit l'vn des principaux Conseillers de Charles, Duc de Bourbon, & de ses plus grands fauoriz (comme nous dirons autre-part.)

Ledit Chancelier estoit for grand Theologien, & encores plus sçauant Iurisconsul, bon Philosophe, & Orateur tres-eloquent: & outre celà, il auoit aquis vne prefection pour composer en tous genres de vers Latins (comme nous dirons autre-part plus à propos.)

Il a composé en François, vne for docte harangue, laquelle il prononça en la presence du Roy, tenant ses Estats à Orleans, au mois de Ianuier l'an 1561. elle a esté imprimee à Blois, par Iulien l'Angelier audit an 1561. in 4. & contient 6. fueilles.

Il a prononcé plusieurs autres harangues, tant en Latin qu'en François, lesquelles ne sont encores imprimees.

I'entends que plusieurs de ses amis sont apres, à recouurer tous ses œuures pour les faire imprimer.

Il mourut l'an 1573. le treiziesme iour de Mars âgé de 68. ou 69. ans.

Qui voudra voir vn assez ample discours de sa vie, voye son testament en date du dixneufiesme Auril, lequel il fist & signa de sa main audit an: mais ie croy qu'il ne soit pas imprimé.

Ie ne l'ay veu qu'escrit à la main.

Theodore de Beze a escrit sa vie, & l'a mis au rang des hommes illustres (comme aussi il le meritoit, pour beaucoup de raisons) mais il ne le loüe pas assez dignement, pour quelques particulieres occasions.

I'ay escrit vn discours de la vie dudit Chancelier, lequel ie feray imprimer auec celles des Chanceliers de France.

MICHEL MAROT, fils de Clement Marot.

Il a escrit quelques poësies Françoises, qui ont esté imprimees auec les contredicts à Nostradamus, composez par le seigneur du Pauillon pres Lorriz en Gastinois, duquel nous auons fait mention cy deuant à la lettre d'A, parlant d'Antoine Couillard, qui est le nom dudit sieur du Pauillon &c. imprimez à Paris l'an 156c. par Charles l'Angelier.

MICHEL DE MENEHOV, maistre des enfans de Chœur de l'Eglise de sainct Maur des fossez pres Paris.

Il a escrit vne nouuelle instructiõ, contenant en brief les preceptes ou fondements

fondements de la muſique, tant plaine que figuree, imprimee à Paris chez Nicolas du Chemin l'an 1571.

MICHEL MENOT, docteur en Theologie à Paris, de l'ordre des freres mineurs ou Cordeliers &c.

Il a eſcrit pluſieurs volumes de ſermons, leſquels il a fait & prononcez, tant en la ville de Paris (en l'Egliſe de ſainct Iean en Greue) qu'en l'Egliſe de Tours en Touraine &c. leſquels ſe voyent imprimez à Paris chez Claude Cheuallon l'an 1525. Ses Expoſitions ſur les Epiſtres du Careſme, ont eſté imprimees à Paris chez ledit Cheuallon l'an 1519. & ſes ſermons de l'enfant prodigue.

Henry Eſtienne en a fait pluſieurs extraicts, leſquels il a employez en ſon Apologie pour Herodote, imprimee par luy l'an 1567. ou enuiron. Et ce qui me fait mettre entre les eſcriuains François cet autheur ſuſdit, c'eſt que ſes Sermons ſont rempliz de mots & dictions Françoiſes, & de pluſieurs autres diſcours, tellement meſlez & entrelacez, que lon peult cognoiſtre qu'il eſtoit de nation Françoiſe, & que ce qu'il auoit ainſi parlé Latin-François, que c'eſtoit pour ſe mieux expliquer, & donner à entendre à ceux qui n'auoyent pas cognoiſſance de la langue Latine.

Il floriſſoit du temps du Roy Loys 12. & au commencement du regne de François premier. Ie ne ſçay pas de quelle nation il eſtoit, ſinon qu'il eſtoit François : mais ie ne ſçay de quelle prouince de France. Ses œuures ſont plus recherchees que celles de Oliuier Maillard, ou bien de Michel Barlette & autres ſemblables eſcriuains, leſquels ont fait des predications ſi hardies & tellement libres, qu'ils n'ont craint en cela aucun, tant ils eſtoyent ardents pour annoncer la parolle de Dieu: Et ſi quelques-vns recherchent leurs œuures, par ſur tous autres Theologiens de leur temps, c'eſt pour voir les abuz de tous eſtats deſcouuerts par iceux plus euidemment, que par les autres predicateurs du temps paſſé: car ceux-cy ont eſté extremément hardis à eſcrire, & encores plus à preſcher en publiq : & n'ont point craint d'employer en leurs liures, les vices qui auoyent cours de leur ſiecle, afin que lon s'en corrigeaſt. Ce qui eſt cauſe que tant de perſonnes en ſont curieux: & ſi ils cõuertiſſent ou tournent les diſcours des ſuſdits docteurs en Theologie, autrement qu'en bonne part, celà tournera ſur eux, & les ſcandalizera, & non pas les inuenteurs ou autheurs deſdits Sermons.

Ce que i'ay dit aſſez amplement, pource que la plus grande partie de ceux qui recherchent les œuures des trois autheurs ſuſdits, ne le font que pour s'en penſer rire & moquer: mais les bien aduiſez n'en font pas ainſi : car lon doibt penſer au but final & à l'occaſion principale qui les faiſoit ainſi parler, & au ſiecle où ils eſtoyent, & non pas aux diſcours ou reprehenſions couchees en leurs liures, en tels termes qu'il leur a ſemblé bon de ce faire.

Ce que i'ay dit ſi amplement icy, ie l'ay racompté pour beaucoup de raiſons : c'eſt pour faire penſer plus d'vne fois ceux-là qui donnent ſi libre iugement des autheurs, (& principalemẽt des œuures de Theologie) ſans auoir egard de quelles perſonnes ils parlent, & à quelle cõſequẽce peuuẽt eſtre tournez leurs propos ainſi vainemẽt prononcez. Si les ſuſdits autheurs ont failly, ie ne les veux ſouſtenir : mais ie veux iuger de tout, en la meilleure part, ſans iamais me vouloir declarer par trop affectionné.

3.L. Meſſire MICHEL DE MONTAGNE, ſeigneur dudit lieu en Perigort, Cheualier de l'ordre du Roy, & gentilhomme ordinaire de ſa chambre, Maire & gouuerneur de Bordeaux &c.

Il naſquit en ſon Chaſteau de Montagne l'an 1533. le dernier iour de Feburier.

Il fut premierement Conſeiller du Roy audit Parlement de Bordeaux, mais apres la mort de ſon frere aiſné il ſe deffiſt de ceſt eſtat, pour ſuyure les armes.

Il a eſpouſé la fille de Meſſire Ioſeph de la Chaſſagne, l'vn des plus renommez Conſeillers dudit Parlement, pere de Monſieur de Preſſac, Geufroy de la Chaſſagne, gentilhomme ordinaire de la chambre du Roy (comme nous auons dit, parlant de luy cy deuant en ſon lieu.) Fault noter en paſſant, que au fueillet 124. il y a vne faulte en l'impreſſion de ce liure, touchant le nom dudit Ioſeph : car l'imprimeur a failly, ayãt mis Iſaac au lieu de Ioſeph : ce qui ſera corrigé à la ſeconde edition.

Pour reuenir à parler de ce ſeigneur de Montagne, ie diray librement que les œuures qu'il a miſes en lumiere, ſont tellement ſuffiſantes pour teſmoigner de ſa grande doctrine & iugement eſmerueillable, & encores de ſa diuerſe leçon, ou varieté d'autheurs qu'il a leuz, qu'il n'eſt beſoing en cecy d'en parler plus auant, à l'endroit de ceux qui auront conſideré la ſtructure de ce beau liure, qu'il a intitulé Eſſaiz : lequel a eſté imprimé à Bordeaux chez Symon de Millanges l'an 1580. en deux volumes, & depuis encores l'an 1582. par luy-meſmes, & à Roüen auſſi & autres diuers lieux, tant ceſt ouurage a eſté bien receu de tous hommes de lettres. Et afin d'eſclarcir le tiltre de ce liure, qu'il appelle *Eßaiz*, & pour dire ce qu'il contient, & pour quelle raiſon il l'a ainſi intitulé, i'en diray icy mon aduis en paſſant.

En premier lieu ce tiltre ou inſcription eſt for modeſte, car ſi on veut prẽdre ce mot d'Eſſaiz, pour coup d'Eſſay, ou apprentiſſage, celà eſt for humble & rabaiſſé, & ne reſent rien de ſuperbe, ou arrogant : & ſi on le prẽd pour Eſſaiz ou experiẽces, c'eſt à dire diſcours pour ſe façõner ſur autruy, il ſera encores biẽ pris en cette façõ : car ce liure ne cõtient autre choſe qu'vne ample declaratiõ de la vie dudit ſieur de Mõtagne, & chacũ chapitre cõtient vne partie d'icelle : en quoy me plaiſt for la reſpõſe

que

que ledit ſieur fiſt au Roy de France Henty 3. lors qu'il luy diſt que ſon liure luy plaiſoit beaucoup. Sire(reſpondit l'autheur) il fault donq' neceſſairement que ie plaiſe à voſtre Maieſté, puiſque mon liure luy eſt aggreable, car il ne contient autre choſe qu'vn diſcours de ma vie, & de mes actions.

I'ay entendu qu'il ſ'en trouue aucuns, leſquels ne loüent pas aſſez dignement ce liure d'Eſſaiz, & n'en font pas autant de cas comme il le merite: mais pour donner mon iugement en cecy, i'oſe aſſeurer (ſans que ie craigne que les hommes exempts de paſſion, ou affection particuliere, m'en puiſſent dementir) que ce liure eſt treſ-recommandable, ſoit pour l'inſtitution de toutes perſonnes, & pour autres choſes treſ-remarquables qui ſont compriſes en iceluy. Et afin de dire en vn mot ce que i'en penſe, ie diray que ſi Plutarque eſt tant eſtimé pour ſes beaux œuures, que cetui-cy le doibt eſtre pour l'auoir imité de ſi pres, principalement en ſes opuſcules: Et ſi Plutarque a eſté eſtimé ſeul entre les ſçauants, duquel les œuures deuſſent demeurer (ſ'il arriuoit que la perte ſe fiſt de tous les autres autheurs) ie dy que celuy qui l'a ſuyuy & imité de plus pres, doibt eſtre le plus recommandable apres luy, tout de meſmes que celuy eſtoit eſtimé le plus excellent peintre qui peindoit le mieux apres Apelles. Mais c'eſt peult eſtre trop ſ'arreſter ſur vn article, il faut venir aux autres eſcrits dudit ſieur de Montagne.

Il a traduit de Latin en François, les dialogues de la nature de l'homme, eſcrits par Raymond Sebon ou Sebeïde, de nation Eſpagnole, homme eſtimé le plus profond Theologien, & des plus grands Philoſophes de ſon temps, lequel floriſſoit à Tholoſe il y a deux cens ans ou enuiron, & y exerçoit la medecine.

Ledit ſieur de Montagne a traduit le liure ſuſdit, par le commandement de ſon pere, lequel le faiſoit expreſſément, tant pour l'inſtruire en la crainte de Dieu, que pour le façonner de plus en plus à apprendre les bonnes lettres, & à ſ'exercer aux langues.

Ces dialogues ont eſté imprimez à Paris chez Gabriel Buon l'an 1569. & chez Gilles Gourbin audit an.

Ce liure ſuſdit ſ'intitule autrement, la Theologie naturelle de Raymond Sebon, docteur excellent entre les modernes.

Il a eſcrit vn diſcours ſur la mort d'Eſtienne de la Boëtie, Conſeiller du Roy à Bordeaux (ſon plus grand & plus fidel amy) &c. lequel liure a eſté imprimé à Paris par Federic Morel l'an 1572. auec la Meſnagerie de Xenophon, & autres traductions faites par ledit de la Boëtie (comme nous auons ja recité cy deuant parlant dudit autheur.

Il floriſt à Bordeaux cette annee 1584. âgé de cinquante ans, & continue à profiter à la republique en toutes ſortes & façons treſloüables.

Il y a vn autre de ce nom de Montagne President à Montpellier, duquel nous ferons mention autre-part.

a.l. MICHEL DE NOSTRE-DAME, DIT NOSTRADAMVS, docteur en medecine, natif de la ville de Salon de Craux en Prouence, frere de Iean de Nostre-dame (duquel nous auons parlé cy deuant) & pere de Cesar de Nostre-dame, duquel nous auons aussi fait mention.

Ce Michel de Nostre-dame, estoit estimé & à bon droict l'vn des plus grands Astrologues de son temps.

Il a escrit vn nombre infiny d'Almanachs & Prognostications, lesquelles estoyent tellemẽt receuës, & se vendoyent si biẽ, que plusieurs en ont fait à son imitation, & ont emprunté le nom dudit Nostra-damus, pour qu'elles eussent plus grand vogue & reputation: de façon que s'en trouuans plusieurs mises en son nom (qui estoyent composees par gens ignares, & par consequent pleines de menteries) celà fut cause que plusieurs escriuirent contre luy, entre lesquels fut Antoine Couïllard, sieur du Pauillon pres Loris en Gastinois, lequel a mis en lumiere vn liure intitulé les Contredicts à Nostradamus, imprimez à Paris l'an 1560. chez Charles l'Angelier. D'autre par Estienne Iodelle Parisien, tres-excellent Poëte Latin & François, fist ce distique contre luy, lequel est extremement loüé d'aucuns, pour l'equiuoque ou allusion sur les noms &c.

Nostra damus, cùm verba damus, nam fallere nostrum est:
Et cùm verba damus, nil nisi Nostra damus.

Mais tous hõmes doctes ne font pas peu d'estime des propheties dudit Nostradamus, entre lesquels ie nõmeray M. d'Aurat Poëte du Roy, tãt estimé de son siecle, lequel est si heureux truschemen ou fidel interprete des quadrains & propheties dudit *Nostradamus*, qu'il semble que ce soit le genie dudit autheur, & comme soubs-prophete, appellé des Grecs *Hipophitis*. Ie ne doubte pas que quelques-vns n'accomparent ces propheties susdites au son des cloches, desquelles on interprete le son comme on veult &c.

Les Quadrains ou propheties dudit Nostradamus, ont esté imprimez à Lyon l'an 1556. par Sixte Denyse, & encores à Paris & autres lieux, à diuerses annees.

Predictions pour vingt ans, continuant d'an en an iusques en l'annee 1583. imprimees à Paris l'an 1567. par Guillaume Nyuerd, lequel a imprimé plusieurs de ses propheties: ensemble Iaques Keruer & autres, qui ont imprimé ses Almanachs & Prognostications.

Singulieres receptes pour la santé du corps humain, imprimees à Poictiers l'an 1556.

Le vray & parfait embellissement de la face, & conseruatiõ du corps en son entier, contenant plusieurs receptes tres-secretes, pour le fard, le tout diuisé en deux parties, imprimé à Anuers chez Plantin l'an 1557.

Il dedie

Il dedie ce liure à ſon frere Iean de Noſtre-Dame, Procureur en la Cour de Parlement d'Aix en Prouence.

Il a traduit de Latin en François la Paraphraſe de Galien ſur l'Exhortation de Menodote aux eſtudes des bons arts, & meſmement de la Medecine,&c. imprimee à Lyon chez Antoine du Roſne l'an 1557. Ie n'ay pas cognoiſſance de ſes autres eſcrits.

Il mourut l'an 1566. en Iuillet âgé de 62. ans. 6. mois & 17. iours, comme i'ay apris par ſon Epitaphe lequel a eſté fait ſur ſa mort. Il ſe trouue protraict en l'an de ſon âge 59. & de ſalut 1562. ſa deuiſe eſtoit *Fœlix ouium prior ætas.*

MICHEL DE NOSTREDAME OV NOSTRADAMVS le ieune fils du ſuſdit, a composé vn Almanach ou prophetie de l'an 1568. imprimé à Paris, & en autres lieux.

MICHEL RIS dit RITIVS, Neapolitain ou de Naples en Italie, docteur és Droicts, Conſeiller du Roy en ſon grand conſeil, & au parlement de Paris l'an 1505. ſoubs le regne du Roy Loys 12. Ledit de Ris, ou Ritius eſtoit vulgairement appellé l'Aduocat de Naples.

Il a eſcrit vn traicté Du debuoir des gens de guerre, & de leurs priuileges, composé en la ville de Blois pres Touraine l'an 1505. & imprimé à Paris audit an par Gaſpard Philippes. Il dedia ſon liure au Roy de Frãce Loys 12. du temps duquel il floriſſoit.

MICHEL ROTE' Clerc d'office de Madame Renee de France, Ducheſſe de Ferrare & de Chartres &c.

Il a traduit de Latin en François l'Apologie de *Marius Æquicolus* gentilhomme Italien, faite contre les mediſans de la nation Françoiſe, imprimee à Paris par Iean Bonfons l'an 1550. auquel temps floriſſoit l'autheur.

MICHEL DE LA SERRE gentilhomme Prouençal.

Il a eſcrit vne remonſtrance au Roy Henry 3. ſur les diſcours contenus en la Republique de I.B.A. imprimee à Paris chez Federic Morel l'an 1579.

Il a eſcrit vn autre diſcours fait à Monſeigneur frere du Roy, ſur l'Eſtat des affaires de Flandres, imprimé à Paris.

Il a dauantage eſcrit autres liures ſur pluſieurs differents ſubiects, leſquels ne ſont encores imprimez.

Il floriſt à Paris cette annee 1584.

MICHEL DE SAINCT PIERRE chirurgien de Monſieur le Duc de Lorraine.

Il a eſcrit des tables Methodiques touchant l'Anatomie du corps humain, imprimees à Paris auecques celles de Iacques Guillemeau d'Orleans l'an 1571. chez Galliot du Pré, & Iean Charon.

MICHEL SOMNIVS Libraire treſrenommé demeurant à Paris.

Il a fait traduire pluſieurs liures en noſtre langue Françoiſe, au deuant desquels il y a des Præfaces en son nom, soit qu'il en soit autheur ou autrement.

Il florist à Paris cette annee 1584. & trauaille sans cesse à faire imprimer plusieurs bons liures en diuerses langues.

B.L. MICHEL TROTE' sieur de la Godairie au Maine (qui est le lieu de sa natiuité) principal du college de Bayeux à Paris, apres la mort de Iean le Frere de Laual au Maine, &c. tous deux hommes for doctes, & encores que cestui-cy dernier principal, n'aye mis aucuns de ses œuures en lumiere, si est-ce que ie n'ay peu m'abstenir (pour mon deuoir) & office de bon disciple, de faire tres-honorable mention de luy, & le mettre au rang des hommes illustres, tant pour ne demeurer ingrat enuers luy pour les bonnes lettres que i'ay apprises par son moyen dés mes plus tendres ans, que pour n'ignorer pas comme il merite de loüange par autre-part: estant docte en Grec & en Latin, & ayant cette perfection de bien coucher par escrit, & autres vertus qui le font tant respecter de Messieurs de Rambouillet, qu'il a plusieurs de leurs meilleures affaires à manier, & de celles qui sont de grande consequence, tant ils ont cogneu de fidelité en luy.

Il florist à Paris cette annee 1584.

B.L. MICHEL DE VASCOSAN l'vn des plus celebres & des plus renommez libraires & imprimeurs non seulement de Paris (auquel lieu il faisoit sa residence) mais encores de toute la France, tant pour son sçauoir que pour toutes les autres perfections requises en l'art d'Imprimerie: car tous les liures qu'il imprimoit estoient recommandables, tant pour les autheurs d'iceux, pour les beaux caracteres, & le bon papier, pour la correction, & pour la belle marge: enquoy nous auons cy deuant loüé, les Estiennes & Mamert Patisson leur allié, & encores les Morels, pere & fils, duquel le gendre s'appelloit Federic son principal heritier.

Ledit Vascosan florissoit soubs les regnes de François 1. Henry 2. & Charles 9. Roys de France, & est mort soubs Henry 3. au grand regret de tous amateurs des bonnes lettres.

Maistre MICHELET docteur d'Angers.

Il a escrit vn sermon dit *l'Osanna*, comme tesmoigne M. René Benoist en ses Scholies pour le premier Dimenche des Aduents au 3. volume des vies des Saincts, fol. 1045.

MILES de NORRY, gentilhomme Chartrain, Poëte François, Philosophe & Mathematicien.

Il a escrit vne Arithmetique contenant la reduction, tant des especes de monnoyes de toutes sortes, seruantes à faire tous payemens & receptes, que des aulnes, brassees, cannes, palmes, poids, & autres mesures d'vn pays à l'autre, imprimé à Paris chez Gilles Gourbin.

Il a dauantage escrit en vers François vn poëme qu'il intitule l'Vniuers, traictant en iceluy plusieurs points des arts Mathematiques, imprimé

primé à Paris chez Gilles Beys l'an 1583.

Il florist cette annee 1584.

MILES PIGVERRE officier du Roy à Chartres.

Il a escrit l'Histoire de France, touchant les troubles aduenuz pour la religion: ce qu'auoit fait auparauant luy, Iean le Frere de Laual, qui sont toutes imitations du sieur de la Popeliniere, Lancelot du Voesin, excepté quelques articles, qui ne leur sembloient pas à leur aduantage, comme nous auons dit cy deuant, lors que nous auons fait mention des susdits. L'histoire dudit Piguerre a esté imprimee à Paris chez Robert le Fizelier l'an 1582. in fol. Ledit Piguerre fut tué, il y a quelque tẽps, & n'ay point sçeu comment & par qui.

MVTIVS CALVVS Archeuesque de Zara.

Il a escrit vne response à l'Oraison de Monsieur le Cardinal de Lorraine, au nom du Concile general de Trente, laquelle il prononça en l'assemblee dudit Concile l'an 1562. le 24. iour de Nouembre, elle se voit en François imprimee à Paris, mais ie ne sçay qui en est le traducteur, ou bien si ledit Mutius l'a traduite luy-mesme.

S'ensuyuent quelques autheurs incogneuz par leurs premiers noms, & lesquels nous sommes contraincts de mettre icy ne sçachant pas leur premiere appellation.

.:.:.:.:.:.:. Marchebrusc gentilhomme Poicteuin, issu de la tresnoble & tresancienne maison des Chabots en Poictou.

Il a escrit en langue Prouençale, vn traicté de la Nature d'Amour, non encores imprimé.

Il en a escrit vn autre qu'il a intitulé *Las Taulas d'Amour*.

Il florissoit en la ville d'Auignon en Prouence l'an 1346.

M. BRETAGNE Lieutenant general en la Chancelerie & Vierg de la ville & cité d'Authun en Bourgogne.

Il a escrit & composé la Harangue du peuple du tiers estat de France, prononcee par luy deuant le Roy Charles 9. tenant ses Estats à S. Germain en Laye, imprimee à Orleans l'an 1561.

Il florissoit audit an 1561. ie ne sçay s'il est encores viuant. Cette harangue se voit aussi imprimee auec les Commentaires de la R. au 2. liure.

M. C. Poëte Latin & François.

Il a composé l'Epitaphe & lamentation sur le trespas de monsieur le Duc de Martigues, lequel fut tué au siege de S. Iean d'Angely, imprimé à Tours par Pierre Regnard, l'an 1569. in 8.

M. DE LA FAYE.

Il a escrit vn Præface sur le traicté des scandales escrit par I. Cal. imprimé à G. l'an 1565.

M. G. de M.

Il a escrit en vers François la Description de la prise de Calais & de Guynes, ensemble quelques autres vers au peuple de Frãce, le tout imprimé à Paris chez Barbe Regnault.

M. R. B.

Il a escrit vn Poëme François traictant de la source des guerres, & le moyen pour acquerir la Paix, imprimé à Paris chez Iean Ruelle, l'an 1558.

M. THEART dit BARAISE.

Il a escrit en vers François vne Elegie sur la mort de messire Loys d'Amboise Baron de Bussy, & Marquis de Reinel, imprimé à Angers par René Trois-mailles l'an 1579. in 4.

M. Vasquin docteur és droicts.

Il a traduit de Latin en François le traicté de la frequente Communion, escrit par Chrestofle de Madrid docteur en Theologie, de la compagnie de Iesus, imprimé à Paris chez Thomas Brumen l'an 1581.

.·.·.·. MAISONFLEVR gentilhomme François, excellent poëte.

Il a escrit en vers vn œuure excellent & plain de pieté, sçauoir est les Diuins Cantiques, à l'imitation de ceux de Salomon, & des Psalmes de Dauid, imprimez à Anuers par Iaques Heinrik l'an 1580. lequel œuure a esté mis en lumiere par vn sien amy, apres la mort dudit sieur de Maisonfleur.

Monsieur .·.·.·. DE MALESTROIT, Conseiller du Roy & maistre ordinaire de ses comptes à Paris l'an 1566.

Il a escrit deux Paradoxes sur le fait des monnoyes, imprimez à Paris auec la responce de Iean Bodin Angeuin aux susdicts Paradoxes, l'an 1568. chez Martin le Ieune, & encores depuis par plusieurs fois.

Ledit sieur de Malestroit florissoit à Paris soubs Charles 9. Roy de France, auquel il dedia & presenta ses Paradoxes susdits audit an 1566.

.·.·.·.·.·. MENESSIER OV NENNESIER (selon aucuns) Orateur & Chroniqueur de Madame Ieanne Contesse de Flandres.

Il a escrit le Roman ou histoire fabuleuse, de Perceual le Gaulois, cheualier de la Table ronde, imprimé à Paris par Galiot du Pré l'an 1530. voy cy apres Nennesier, à la lettre N. auquel lieu nous parlerons de luy plus amplement.

Monsieur .·.·. DE MONTAGNE President à Montpellier homme docte.

Il a escrit l'histoire de la Roine d'Escosse, non encores imprimee, ensemble l'histoire de Nostre temps, (selon qu'aucuns de ses amis me l'ont rapporté.

Il florist

Il florist à Paris cette annee 1584. I'ay fait mētion icy dessus de Messire Michel de Montagne, Maire & gouuerneur de Bordeaux, Cheualier de l'ordre du Roy, &c. dequoy i'aduertis les Lecteurs, afin que lon ne prenne l'vn pour l'autre.

∴∵. Le sieur de la MOTHE ROVLLANT Lyonnois.

Il a escrit les facetieux deuis des cent & six nouuelles, tres-recreatiues pour reueiller les bons & ioyeux esprits, &c. (qui est le tiltre du liure susdit) imprimé à Lyon l'an 1570. par Benoist Rigault.

FIN DE LA LETTRE M.

N

B.L. ICOLAS L'ANGELIER Euesque de S. Brieu en la basse Bretagne Armorique, homme for docte & treseloquent.

Il a escrit vne remonstrance, pour le Clergé de France, prononcee deuant le Roy Henry 3. le 3. iour d'Octobre l'an 1579. elle a esté imprimee audit an 1579.

B.L. NICOLAS AVDEBERT natif d'Orleans, Conseiller du Roy au Parlement de Rennes en Bretagne, fils de Germain Audebert, Conseiller du Roy à Orleans, homme tant renõmé pour son sçauoir, & sur tout pour l'heur qu'il a, de composer si heureusement tant de beaux œuures en vers Latins, entre lesquels est la Venetiade, ou histoire des Venitiẽs, imprimee depuis peu de iours ençà, (comme nous dirons autre-part plus à propos) du sçauoir duquel Germain Audebert, n'a point degeneré son fils Nicolas, car il est for bien versé en l'vne & l'autre langue & a composé plusieurs doctes vers tant en Grec & Latin qu'en nostre langue Françoise, comme il se peut voir en ce qu'il a escrit sur la mort de Odet de Turnebu, ou Turnebe, fils de ce grand personnage Adrian Turnebe, tant renommé par tout l'vniuers, lesquelles poësies sont imprimees chez Mamert Patisson auec les autres sur le trespas dudict Odet.

Il florist cette annee 1584. & donne vne certaine esperance de montrer vn iour par effect (tant par les lettres qu'autrement) les dons & graces que Dieu luy a departies.

NICOLAS BARRÉ.

Il a escrit quelques discours, sur la nauigation du Cheualier de Villegagnon, és terres de l'Amerique, imprimez à Paris chez Martin le Ieune l'an 1558. in 8.

Il florissoit en l'an de salut 1555.

B.L. NICOLAS BERGERON, natif du Duché de Valois, Aduocat au Parlement de Paris, homme tresdocte & bien versé en sa profession, sans faire mention des langues Grecque & Latine, & autres sciences, qu'il a aprises és plus celebres vniuersitez de France (dont ie ferois plus ample recit, sinon que ceux qui sçauent que ie luy suis intime & parfait amy, penseroient qu'vne trop grande amitié me le fist mettre par escrit & non la verité de la chose, comme elle est.

Il a escrit & composé plusieurs diuers traictez (desquels la plus grande partie sont politiques, en faisant mention de la police & reglement de Iustice) &c. dont voicy le catalogue, suyuant le memoire qu'il en a fait imprimer pour en faire part à ses amis, soit ou pour cõferer d'iceux

ou pour

ou pour receuoir memoires d'eux, afin de rendre les œuures susdits plus accompliz & parfaits.

L'histoire Valesienne, touchant la louange & illustration, tant du pays, que de la maison Royalle de Valois, de laquelle l'autheur a fait vn extrait qu'il a intitulé *Le Valois Royal* imprimé à Paris chez Gilles Beys l'an 1583.

Table historialle, contenant vn abregé de ce qui est aduenu de plus notable depuis le commencement du Monde, iusques à present, imprimee à Paris chez Iean le Clerc, Auuray & autres, l'an 1584. & à plusieurs autres diuerses annees: cette table auoit esté autrefois imprimee à Paris chez Vascosan l'an 1562. tant en Latin qu'en François soubs ce nom de Sommaire des Temps.

Description de l'estat, gouuernement & iustice de France, suyuant le dessein qu'il en a fait imprimer à Paris chez Iean Richier l'an 1574. reduit en table: ledit œuure entier n'est encores imprimé, mais seulement la table du dessein & proiect d'iceluy.

Recueil de plusieurs Arrests notables, adioustez à ceux qui auoiét ia esté recueillis par Iean Papon, imprimez à Paris chez Robert le Mangnier l'an 1584.

Il a reueu & recorrigé deux traictez de M. Claude d'Espense docteur en Theologie, imprimez à Paris chez Guillaume Auuray l'an 1575.

Le procez verbal Latin & François, de l'execution testamentaire, de feu Pierre de la Ramee *dit Ramus*, touchãt la professiõ des Mathematiques, instituee par luy, &c. imprimé à Paris chez Iean Richier l'an 1576.

Voyla ce qui se voit imprimé, touchant les œuures & compositions dudit sieur Nicolas Bergeron: s'ensuit maintenãt le catalogue de celles qu'il a composees, lesquelles ne sont encores en lumiere, mais il espere de les faire imprimer quand la commodité s'en presentera.

Enseignement pour tirer plaisir & profit de l'histoire.

L'Arbre vniuersel de la suite & liaison de tous les arts & sciences.

L'histoire du droit des François.

La vraye methode pour bien escrire & discourir.

Extraict de quelques Edicts & Ordonnances non encores imprimees, lesquelles il a reduites suyuant les regnes des Roys de France, qui les ont faites.

Instruction à la lecture des Coustumes de France, auec les expositiõs des termes & façons de parler les plus obscures.

Proiect pour bien dresser vne generale reformation, tant de la Iustice que du Domaine.

Aduis du vray & naturel langage François, traictant de son origne, accroissement & perfection.

Aduertissement pour bien traicter les arts & sciẽces, en langue vulgaire, & singulierement en François.

Le Palais Royal de Paris, comprenant la recherche memorable, de l'antiquité tant des bastimens, que des iurisdictions & ressors d'iceluy.

Le Calendier de la Cour de Parlement, touchant l'obseruation des teps, iours & heures des plaidoiries, & autres solennitez & ceremonies.

Somme Theologique en façon de Catechisme artificiel & Catholique, tant en Latin qu'en François.

Deuis Methodique de la vraye Rhetorique, & Dialectique Fraçoise.

Amas ou recueil, des reglemens des Iuges, & officiers de Iustice.

Memoire Geographique, des quatre parties de l'Vniuers.

Denombrement des plus illustres maisons, & familles du Monde, auec vn discours de l'inuention & vsage des Armoiries.

Traicté de la Gaule-France, demonstrant la vraye source, commencement, succez, & aduancement des François.

Paradoxes, ou singulieres propositions politiques, auec plusieurs graues questions.

Proptuaire de la lague Fraçoise, par vne Nomeclature methodique.

Brefue dispositio & interpretatio des ordonances des eaux & forests.

Annotations sommaires, sur la coustume de Valois.

Formulaire de pratique pour les Aduocats & Procureurs, accommodee à nostre temps.

Paraphrase sur les institutes & regles de droict.

Instruction & table analitique de l'Admirauté & Marine, auec le recueil des Edicts & ordonnances de mesme argument.

Ie ne fay point icy mention de plusieurs autres opuscules & traductions, ensemble de beaucoup d'Epitaphes, Epigrammes Grecs, Latins & François composez par ledit sieur Bergeron.

Il florist à Paris cette annee 1584. no sans predre peine de profiter au public en toutes faços, dignes d'vn home vertueux. Quant à ses œuures en Latin & principalement sur le droit, i'en feray mention autre-part.

B.L. NICOLAS BERTRAND, OV BERTRANDI, Aduocat au Parlement de Tolose, docteur és droicts & professeur d'iceux en l'Vniuersité de laditte ville. Il a escrit en Latin les gestes des Tolosains, lesquels il a depuis traduits en françois, imprimez à Tolose l'an 1517. auquel temps il florissoit soubs le regne du Roy François 1.

B.L. NICOLAS BORNIE Esleu d'Artois, natif de la ville d'Aras en la Gaule Belgique, homme de rare doctrine, grand Orateur, excellent Poëte & grad historie. Ie n'ay pas cognoissance de ses escrits, mais i'ay leu la descriptio des pays bas faite par Loys Guicchiardin, neueu de Fraçois, &c. imprimee l'an 1582. à Anuers, auquel lieu il fait treshonorable mention dudit Bornie fol. 413. & 414. de la premiere edition, &c.

B.L. NICOLAS CHESNEAV dit Querculus, prestre natif de Turteron au conté de Rhetelois, ou de Rhetel, doyen & chanoine de S. Symphorien en l'Eglise de Rheims en Champagne l'an 1580.

Il a tra-

Il a traduit de Latin en François, cinq liures de la Messe Euangelique, & de la verité du corps & sang de nostre Seigneur Iesus Christ au Sacrement de l'Eucharistie, lesquels furent premierement escrits en langue Allemande, par vn Fabry d'Hailbrun, & traduits en Latin par *L. Surius*: sur laquelle version Latine de Surius ledit Chesneau a fait sa traduction Françoise, des cinq liures susdits, imprimez à Paris chez Claude Fremy l'an 1562.

Il a traduit de Latin en Frãçois quelques œuures de M. René Benoist Angeuin docteur tresrenommé à Paris & autres lieux.

L'histoire de l'Eglise Metropolitaine de Rheims, (premierement escrite en Latin par Floard ou Flodoard chanoine d'icelle Eglise, en l'an de salut 966.) & depuis traduite en François, par iceluy Chesneau, imprimee à Rheims par Iean de Foigny l'an 1580. in 4. & contient 57. fueilles. L'histoire Latine du susdit Flodoard ou Floard n'est encores en lumiere, comme nous dirons autre-part.

Il a traduit de Latin en François, vn discours de Claude de Sainctes, sur les moyens anciennement pratiquez par les Princes Catholiques, contre les sectes, imprimé à Paris, chez Claude Fremy l'an 1563. in 8. & contient 12. fueilles.

Il florissoit à Rheims en Champagne, l'an 1580. Ie ne sçay s'il est encores viuant, & n'ay cognoissance de ses autres escrits, soit de ses traductions, ou de ses inuentions.

NICOLAS CHESNEAV Angeuin, natif de la paroisse de Cheffes en Anjou, Libraire tresrenõmé en l'Vniuersité de Paris. Il se voit plusieurs prefaces, epistres, & autres discours au deuãt des œuures, qu'il a imprimees, desquelles encores qu'il n'en soit l'autheur, si se trouuent elles mises en son nom. Il mourut l'an 1584. François de Belleforest le loüe fort en son liure de la Cosmographie au chapitre d'Anjou, &c. cõme aussi il le merite bien, pour les beaux liures qui ont esté imprimez par sa diligẽce, & ayant fait les frais d'iceux, aidé de ses amis, car autrement il n'y eust peu satisfaire.

NICOLAS LE CLERC, dit de Iuigné, gentilhõme du Maine, issu de la noble maison de Iuigné au Maine, & parent de Messieurs de Coulaines, surnommez le Clerc, &c.

Il a traduit de Grec en François la description des miseres & calamitez des derniers temps, de la consommation du monde, du Royaume de l'Antechrist, & du 2. aduenemẽt de nostre Seigneur Iesus Christ, &c. le tout escrit premierement en Grec, par S. Hypolite Euesque & Martyr, imprimé à Paris chez Nicolas Chesneau l'an 1566. & depuis chez Colõbel l'an 1579. Il florissoit soubs Charles 9. l'an 1566.

NICOLAS CLEREL Normand, chanoine de Roüen.

Il a escrit vn recueil de ce qu'il prononça en l'assemblee des Estats prouinciaux de Normandie, tenuz à Roüen le Ieudy 20. de Nouẽbre l'an 1578. imprimé audit an auec le discours de ce s'est passé ausdits Estats prouinciaux de Normandie,&c.

NICOLAS DAVY (lequel depuis s'est tousiours nommé en ses œuures *Dany*,& ne sçay pourquoy il desguisoit ainsi son nom, muant la lettre v,en N,&c.)natif de la ville du Mans, archidiacre de S. Crespin le grand en l'Eglise de Soissons en Picardie l'an 1580.

Il a traduit de Latin en François vn discours de la difference des Esprits,escrit premierement en Italien,par Seraphin de Ferme, excellent Predicateur,imprimé à Reims,chez Iean de Foigny l'an 1581.

Il a escrit plusieurs autres liures desquels ie n'ay pas souuenance à cette heure. Il mourut à Soissons l'an 1583.

Et pour dire encores vn mot de cettuy-cy nommé Nicolas Dauy, ie ne sçay s'il estoit honteux que par ce nom lon cogneust sa race, ou son extraction,qui estoit de for basse qualité:ou bien s'il craignoit que se nommant de son propre & vray nom, il fust recogneu pour vn Manceau. Ce qu'il n'a deu faire pour cette raison derniere alleguee: car sans que ie me laisse transporter à l'amour que ie porte au lieu où i'ay pris mon origine & naissance, i'oseray dire que le pays du Maine a esté de tout temps tres-fertil à produire toutes sortes d'hommes vertueux,& excellents aux lettres & aux armes.

NICOLAS DENISOT, natif de la ville & cité du Mans,autresfois precepteur des trois sœurs,Princesses en Angleterre,Mesdames Anne,Marguerite,& Ieanne de Seimour.

Cettuy-cy a esté surnommé le Conte d'Alsinois, & mesmement il a fait imprimer plusieurs liures soubs ce nom, qui n'est que son anagramme,ou nom retourné,car dans ce nom de *Nicolas Denisot* vous y trouuerez,*Conte d'Alsinois*. Ce que le Roy François sçeut bien entendre quand il dist que ce Conté d'Alsinois n'estoit pas de grand reuenu,puis qu'il n'estoit que de *six noix*,qui estoit vn equiuoque ou allusion sur ce mot *d'Alsinois*. Ledit Nicolas Denisot nasquit l'an 1515. & estoit issu de l'ancienne & bien illustre famille des Denisots au Perche, desquels il y en a eu plusieurs de marque,qui se sont pleuz à faire leur demeure au Maine,& entre autres monsieur le Bailly Dassé, maistre Iean Denisot pere dudit Nicolas. De cette maison est encores issu M. Gerard Denisot, natif de Nogen au Perche,docteur en Medecine à Paris, homme tresdocte en Grec & en Latin,& duquel nous ferons mētion autre-part,ensemble de mōsieur le Presidēt des Esleuz du Mans,lequel s'appelle aussi de ce nom.Mais pour reuenir à parler dudit Conte d'Alsinois, il a esté estimé for bon Poëte & Orateur tāt en Latin qu'en Frāçois, & sur tout tresexcellent à la peinture,principalemēt pour le crayō. Car auparauāt qu'elle fust en si grāde vsage entre les François,comme elle est du iourd'huy,il estoit estimé le premier de son temps, pour vn qui n'en faisoit pas profession autrement que par plaisir.

Il sç a-

Il sçauoit for bien escrire, & mesmes la carte du Maine, grauee en eaue forte, est de sa façon, i'entends quant à l'escriture des noms des paroisses, contenues en celle qui fut imprimee l'an 1539. & encores depuis en l'an 1565. Car celuy qui en fist le desseing est Iaques Androuet surnommé du Cerceau, & l'autheur ou inuenteur d'icelle est Macé Ogier comme nous auons dit cy dessus, lors que nous auons parlé d'eux, en leur rang. Or voicy les compositions de Nicolas Denisot, sçauoir est.

Les Cantiques du premier aduenement de Iesus-christ, imprimez à Paris chez la veufue de Maurice de la Porte l'an 1553. auec la Musique d'iceux.

Il a recueilly & fait imprimer le tombeau de Madame Marguerite de Valois Roine de Nauarre, dans lequel il y a plusieurs vers de sa façon imprimez à Paris chez Michel Fezandat & Robert Granjon l'an 1551.

Annotations sur vne Ode de Pierre de Ronsard, au preface desquelles il promettoit de continuer ses commentaires sur toutes ses œuures, mais la mort comme ie croy l'en a empesché, & l'a preuenu en celà, comme aussi elle a fait en plusieurs autres siens beaux desseings.

Il a escrit quelques vers mesurez à la forme des Elegiaques Grecs & Latins, desquels il s'en voit quelques-vns imprimez auecques l'Art Poëtique de Thomas Sebilet Aduocat en parlement, duquel nous ferons mention cy apres.

Il a composé vne partie des comptes & discours plaisans, contenus au liure intitulé *Les Nouuelles recreations de Bonauenture des Periers*, comme nous auons dit cy dessus, parlant de Iaques Peletier du Mans, qui en partie est autheur dudit liure, &c.

Il a escrit vn liure de prieres à Dieu, imprimé à Paris & autres lieux.

Il a escrit plusieurs autres Cantiques & Noels, autres que les susdits imprimez au Mans.

Il mourut à Paris l'an 1559. âgé de 44. ans, qui fut la mesme annee que mourut son bon maistre le Roy Henry 2.

NICOLAS LE DIGNE Champenois, excellent Poëte François entre les modernes.

Il a escrit vn discours satyrique, imprimé auec le liure de François Beroalde de Veruille, l'an 1584. chez Timothee Iouan.

Il a escrit & composé plusieurs tragedies Françoises non encores imprimees, sçauoir est Asarcé, Hercules Oëteus, traduite sur le Latin de Seneque, Iepthé, prise du Latin de Georges Buchanan le plus excellent poëte de nostre temps, laquelle tragedie de Iepthé ou le vœu, Florent Chrestien a aussi traduite, &c.

Il florist à Paris cette annee 1584.

NICOLAS DVRAND surnomé Villegagnõ, vice-admiral de Bretagne & cheualier de Malthe, ou de l'ordre de S. Iean de Hierusalem, l'an 1557. natif de Prouins en Brie pres la Comté de Champagne.

Il a escrit vne response aux libelles & iniures publiees contre luy, imprimee à Paris chez André Vvechel l'an 1561.

Traicté de la guerre de Malthe, & de l'issuë d'icelle, faussement imputee aux François, imprimé à Paris par Charles Estienne l'an 1553.

Il a escrit plusieurs œuures en Latin dont nous ferons mention dans nostre Bibliotheque Latine.

Il florissoit en l'an 1557. soubs Henry 2. du temps duquel il feit le voyage és terres neufues: plusieurs ont escrit sa vie, & entre autres vn nommé Richier, &c.

B.L. NICOLAS ELLAIN Parisien, Poëte Latin & François.

Il a escrit vn discours Panegyrique, sur la reception & entree de messire Pierre de Gondy, Euesque de Paris, l'an 1570. le 9. iour de Mars, imprimé à Paris par Denys du Pré audit an 1570.

Il a dauantage escrit quelques sonnets & autres poësies, imprimees à Paris chez Vincent Sertenas l'an 1561. auquel témps il florissoit audit lieu.

B.L. NICOLAS FAVIER natif de Troye en Champagne, Conseiller du Roy aux Enquestes à Paris, fils de Nicolas Fauier, Conseiller en Parlement &c.

Il a escrit vn discours en vers François sur la mort de Messire Gaspard de Colligny, Admiral de France, imprimé à Paris l'an 1572.

Il florist cette annee 1584. ie n'ay pas cognoissance de ses autres compositions Latines ou Françoises.

B.L. NICOLAS LE FEBVRE natif de Falaise en Normandie, frere puisné de Guy le Febure sieur de la Boderie, &c. (comme nous auõs dit cy dessus) tous deux hommes tresdoctes és langues.

Cestuy-cy nommé Nicolas, il a traduit de Latin en François le docte liure de Iean Pic, Conte de la Mirandole en Italie, traictãt de la creation du Monde en sept iours, lequel il intitule du mot Grec *Heptaplus*, imprimé à Paris l'an 1579. auec l'Harmonie du Monde traduitte par Guy le Febure son frere.

Il florist à Paris cette annee 1584. quant à Nicolas le Febure Parisien Conseiller du Roy és eauës & forests, &c. ieune homme for docte en Grec & Latin aussi bien que le susdit, nous en ferons mention autrepart, dequoy i'ay bien voulu aduertir les lecteurs, de peur que les noms semblables de l'vn & de l'autre, ne les fissent méprendre.

B.L. NICOLAS FILEVL natif de la ville de Roüen en Normandie, lequel s'appelle en Latin *Nicolaus Fillellius Quercetanus*, &c. & duquel la deuise est *Fatis contraria fata rependens*, &c. homme for docte & tresexcellent Poëte Latin & François.

Il a escrit en vers alexandrins, vn Poëme François, qu'il intitule les Theatres de Gaillon en Normandie, imprimé à Roüen l'an 1566. par Georges Loiselet.

La

La Tragedie d'Achille, laquelle il fist representer & iouër publiquement au college de Harcour à Paris, le 21. iour de Decembre l'an 1563. imprimee à Paris chez Thomas Ricard audit an 1563. in 4. & contient huict fueilles.

La Coronne de Henry le victorieux Roy de Polongne, imprimee à Paris chez Gabriel Buon l'an 1573. in 4. & contient 6. fueilles.

Il a escrit plusieurs autres Tragedies, & Comedies Latines & Françoises, lesquelles ne sont en lumiere.

Il florissoit à Paris au college de Harcour l'an 1563.

Ie ne sçay s'il est encores en vie.

NICOLAS FLAMEL, natif de Pontoise, à sept lieuës de Paris, ancien Poëte François, escriuain ou maistre d'escriture, peintre & Philosophe, Mathematicien & Architecte, & sur tout grand Alchimiste (comme l'asseurent aucuns.)

Il a escrit vn sommaire Philosophique, contenant plusieurs secrets de l'Alchimie ou pierre Philosophale, imprimé à Paris auec les trois traictez de la transformation metallique, chez Guillaume Guillard l'an 1561. auec les prefaces de Iaques Gohorry Parisien, lequel a discouru amplement dudit Flamel, comme aussi ont fait plusieurs Philosophes de nostre temps, desquels la plus grande partie croyent (ou pour le moins ils s'estudiēt de le persuader aux autres) que ledit Flamel auoit ce don, de sçauoir faire la pierre Philosophale, & qu'il ne se pouuoit faire autrement, veu les fondations, les superbes edifices, & autres choses de remarque qu'il a faites en son temps. Car quelques-vns ont laissé par escrit, qu'il estoit riche de plus de quinze cent mille escus, outre les aumosnes, dotations, & autres dons immenses qu'il fist, tant au Cemetiere des Innocents à Paris, à saincte Geneuiefue des Ardents, & à S. Iaques de la Boucherie (auquel lieu il est à demy de relief, auec son escritoire au costé, & le chaperon sur l'espaule.) Mais afin de dire ce que plusieurs anciens maintiennent, & asseurent estre veritable, touchant les grands biens & richesses dudit Flamel, & ce qui le rendit si renommé pour ses facultez : ce fut qu'il eut la despouïlle des plus riches Iuifs qui furent chassez de Paris en son temps, auec lesquels (encores qu'il fust Chrestien) il auoit intelligēce, & succeda à leurs biens pour la plus grande partie, car il auoit cognoissance de ceux qui estoiēt redeuables ausdits Iuifs, lesquels il eust accusez au Roy, ou bien à ceux qui en auoyent la confiscation : mais il se contentoit de partager auec les crediteurs, & redeuables aux Iuifs, sans les decouurir ou encuser. Et pour que lon n'eust cognoissance de celà, il feignit auoir trouué la pierre Philosophale: & de peur que lon ne fist trop diligente information de ces choses, il s'adonnoit à bastir & fonder des Eglises, afin que l'inimitié que on luy eust peu porter, cessast en son endroict: qui estoit vn bō moyen de se sauuer, & principalement entre les Parisiens, qui sont tant addonnez à la deuotion. Voylà ce que i'en ay peu apprendre, mesmement de ceux qui ont fait la plus grande profession de cette Philosophie, & entre-autres de Monsieur de Spay, gentilhomme du Maine, nommé Pierre Hoyau, homme de bien, & lequel n'a iamais abusé ou trompé aucun en cet art, se contentant de son estude particuliere en cette science, & autres curiositez esmerueillables, touchant les choses naturelles.

Pour reuenir à parler dudit Flamel, il est autheur du liure intitulé la transformation des metaux (selon que plusieurs en ont opinion.) Ce liure se voit escrit à la main en plusieurs Bibliotheques, & entre-autres en celle de Monsieur de la Richardiere, demeurant en la maison de Monsieur de Clermont &c. lequel se commence ainsi.

Ie te veux premierement monstrer la nature de tous metaux &c.

Ledit Nicolas Flamel florissoit en l'an de salut 1393. & l'an 1409. Il est enterré au Cemetiere des Innocents à Paris, auec sa femme nommee Perronnelle: auquel lieu se voit vn tableau peint en huille, remply de plusieurs figures, qui seruent comme d'Enigmes, pour vouloir monstrer la cognoissance qu'il auoit de la pierre Philosophale &c.

Celuy qui a escrit la preface aux lecteurs, imprimee au deuant du liure de Roch le Bailly, sieur de la Riuiere, medecin en Bretagne, intitulé le Demosterion &c. fait ample mention dudit Flamel, ensemble Iaques Gohorry, & Gilles Corrozet.

B.L. NICOLAS DES GALARS, dit GALASIVS, Minist. à G. l'an 1560. ou enuiron.

Il a escrit plusieurs liures en Latin & en François. Ie feray mention de ses Latins autre-part, & quant à ceux en François, ie n'en ay pas souuenance.

Il a traduit plusieurs liures François de I. Cal. en langue Latine, desquels fait mention Symlerus.

a.l. NICOLAS GAVLTIER, dit GALTHERVS, natif de la ville de Sablé au Maine, à dix lieuës de la ville du Mans, docteur en Theologie à Paris, & for renommé de son temps, pour son grand sçauoir en Theologie.

Il a escrit plusieurs sermons, & autres liures, tant en Latin qu'en François.

Il florissoit soubs Charles neufiesme.

I'entends qu'il est mort, mais ie ne sçay pas en quelle annee.

NICOLAS GODIN, docteur en medecine.

Il a traduit de Latin en François la pratique de Chirurgie de Maistre François de Vigo, imprimee à Paris l'an 1531. & à Lyon aussi.

NICOLAS DE GONNESSE, maistre és arts & en theologie l'an 1401.

Il a acheué de traduire de Latin en François, les deux derniers liures de Valere le Grand, duquel les sept premiers auoient esté premieremẽt traduits,

traduits, du temps de Charles cinquiesme Roy de France l'an 1364. ou enuiron, par maistre Symon de Hesdin Theologien (duquel nous ferons mention cy apres,) imprimez à Lyon sur le Rosne l'an 1485. in fol. de grand papier, & contient 220. fueilles de caracteres bastards, par Mathieu Husz.

Ledit Nicolas de Gonnesse acheua de traduire ledit liure, en l'an susdit 1401. par le commandement de Monsieur le Duc de Berry & d'Auuergne, Conte de Poictou &c. à la requeste de Iaquemin Coueaux son Tresorier l'an susdit 1401.

NICOLAS LE GRAND Parisien, docteur en medecine à Paris, Conseiller & Medecin du Roy de France Henry troisiesme.

Cettui-cy estoit l'vn des plus doctes medecins de Paris, & auoit telle vogue & pratique, qu'il amassa vne infinité de biens par son art & profession de medecine : car i'ay entendu que l'inuentaire de ses biens se montoit à deux cent mille escus.

Ie n'ay point veu de ses compositions Françoises, sinon plusieurs consultations & receptes, non encores imprimees, & quant à ses Latines, i'en feray mention autre-part.

Il mourut à Paris d'vne hydropisie ou enfleure d'eaux, le Sabmedy 24. iour de Septembre l'an 1583. âgé de 63. ans, & fut enterré for solennellement, le Lundy ensuyuant, en l'Eglise de S. Seuerin à Paris, assisté d'vn for beau conuoy, & de personnes tous de marque, qui estoient en nombre infiny.

NICOLAS DE LA GROTTE, valet de chambre & organiste du Roy de France Henry troisiesme.

Il a mis en musique les chansons de Pierre de Ronsard, Philippes des Portes, Iean Antoine de Bayf, de Syllac & autres excellents Poëtes François, imprimees à Paris par Adrian le Roy, & Robert Ballard freres, l'an 1570.

Il a escrit & composé plusieurs autres choses en musique, desquelles ie n'ay pas cognoissance.

I'oseray asseurer que l'anagramme, qui a esté si heureusement fait par Iean Dorat Poëte du Roy, sur le nom dudit sieur de la Grotte, est tout diuin & fatal, (s'il fault ainsi parler) lequel est tel, *Nicolaus Grotus. Tu sol organicus.* Car tous ceux qui ont eu cet heur, de l'ouir ioüer de l'espinette, & sur les Orgues & autres instrumẽts de musique, tesmoignerõt auec moy, qu'il est biẽ difficile d'en trouuer vn en nostre siecle, qui soit plus parfait & accomply en cet art, & suis en doubte s'il s'en trouuera iamais vn qui le passe en douceur de jeu, en delicatesse de main, & profondité de musique, & cognoissance de son art, & qui puisse donner vn si bel air, & son agreable à son jeu, comme il fait, sans vouloir icy oster l'honneur deu à ceux qui excellent en cette science.

Si ce que ie vien de dire n'est veritable, & trouué tel des autres, ie diray qu'ils sont ialoux de luy, pour ses perfections, ou bien incapables d'en donner leur iugement.

Il florist à Paris cette annee 1584.

B.L. NICOLAS DE GROVCHY Normand, dit Gruchius, homme tresdocte, grand Philosophe, & bien versé en la cognoissance des sciences humaines.

Il a traduit de Latin en François, l'histoire des Indes de Portugal, contenant comme l'Inde a esté descouuerte, par le commandement du Roy Emanuel: ensemble la guerre que les Portugais ont faite, pour la conqueste d'icelles, par Fernand ou Ferdinand Lopez Espagnol, imprimee à Anuers l'an 1576. in 4. Elle se vend à Paris chez Iean Parent.

Il florissoit l'an 1555.

Roland Pietre louë for ledit de Grouchy en sa traduction de Theodorite.

Ie feray mention de ses escrits Latins autre-part.

B.L. NICOLAS DV GVERNIER, OV GARNIER, & GRENIER, Normand, Poëte Latin & François l'an 1536.

Iean le Blond d'Eureux, le louë for en son liure, qu'il a intitulé le Prim-temps, imprimé audit an 1536.

NICOLAS HAVVILLE.

Il a mis en lumiere vn discours en vers François, de la presentation de Messeigneurs les enfans de France, par Madame Alienor, auec l'accomplissement de la paix & profits du mariage &c. imprimé.

NICOLAS DE HERBERAY, sieur des Essars, gentilhomme Picard, commissaire ordinaire de l'artillerie du Roy.

C'estoit le gentilhomme le plus estimé de son temps pour parler bien François, & pour l'art oratoire.

Il a traduit d'Espagnol en nostre langue, vn traicté de l'honeste & pudiq amour d'Arnalte & Lucenda, autrement intitulé, l'amant mal traicté de son amie, imprimé à Paris chez Vincent Sertenas l'an 1541.

Il a traduit l'histoire de Iosephe.

Il a traduit d'Espagnol en François, plusieurs liures d'Amadis de Gaule, imprimez à Paris par diuerses fois.

Il florissoit soubs Henry second l'an 1555.

Sa deuise Espagnolle estoit telle, *Acuerdo oluido*, qui est à dire en François, *Souuenir & oublier*, ce que les Latins diroyent *Memor obliuio*: & ce qui m'a fait employer ces choses en ce lieu, c'est pour auoir veu que plusieurs (mesmement de ceux qui pensent bien entendre la langue Espagnolle) ne sçauoyent pas interpreter cette deuise.

B.L. NICOLAS HOVEL, ou bien HOEL, Bourgeois de Paris, autrefois marchant Apoticaire en ladite ville, & maintenant premier inuenteur, intendant & gouuerneur de la maison de la Charité chrestienne, establie à Paris l'an 1578. &c. duquel la deuise est *Scopus vitæ Christus* &c.

Il a

Il a escrit vn traicté de la peste, auquel il est amplement discouru, de l'origine, cause, signes, preseruation & curation d'icelle, auecques les vertuz & facultez de l'electuaire de l'œuf, duquel iadis souloit vser l'Empereur Maximilien, le tout imprimé à Paris chez Galiot du Pré l'an 1573. in 8. en 5. fueilles.

Traicté de la Theriaque & Mithridat, contenant plusieurs questions generales & particulieres, auecques vn entier examen des simples medicaments qui y entrent: le tout diuisé en deux liures par ledit Hoüel, imprimez à Paris in 8. l'an 1573. & contiennent 20. fueilles.

L'histoire de la Roine Arthemise, escrite en prose, diuisee en quatre liures, laquelle il a depuis reduite en quartons, de peintures de blanc & noir, façonnees par les plus rares peintres de France & d'Italie, accompagnee de plusieurs vers François, seruants d'explication à ladite histoire, composez par les plus excellents Poëtes de nostre temps.

Cette histoire n'est encores en lumiere: elle se voit au cabinet dudit sieur Nicolas Hoüel: laquelle il a composee par le commandement de la Roine mere du Roy, & a fait vne despense infinie, & presque incroiable, pour rendre cette histoire parfaite & accomplie de tous poincts: Ie ne sçay pas quelle recompense il a receu pour ses trauaux, mais ie sçay bien qu'il y a employé la plus part de son industrie, & de ses moyens.

Aduertissement & declaration, de l'institution de la maison de la Charité chrestienne, establie és fauxbourgs de S. Marceau à Paris l'an 1578. auecques plusieurs saintes exhortations &c. le tout imprimé à Paris chez Pierre Cheuillot l'an 1580.

L'histoire des François, non encores imprimee.

Il a escrit vn abregé de ladite histoire, contenant les vies de chacun Roy de France, auec leurs visages, ou resemblances, tirees apres le naturel, & auec les descriptions des batailles qu'ils ont donnees, le tout en taille douce. Ce liure n'est encores imprimé.

Il florist à Paris cette annee 1584. âgé de 60. ans ou enuiron.

NICOLAS DE HOVSSEMAINE, docteur regent en l'Vniuersité d'Angers.

Il a escrit vn traicté ou regime singulier cõtre la peste, imprimé auec le liure de M. Iean Goëurot, intitulé le sommaire entretenement de vie.

NICOLAS DE HVS, sieur d'Annery pres de Mets en Lorraine.

Il a escrit vn recueil d'histoires, desquelles fait mention Richard de Vvassebourg en ses Antiquitez de la Gaule Belgique.

NICOLAS IACOB Austrasien. (Ie ne sçay si c'est vn nom supposé & contrefait.)

Il a traduit de langue Allemande en François, vn liure intitulé Diette Imperiale, ou ordonnances & resolution de l'Empereur, & des Estats du S. Empire, deliberee & arrestee, en la derniere iournee tenue à Spire l'an 1570.

Plus la forme de capitulation, l'ancien droict des Reitres, l'ordonnance & discipline militaire renouuelee, les articles establiz pour l'Infanterie, pour la sacree Maiesté de l'Empereur & lesdits Estats, le tout contenant pres de deux cens articles, imprimez à Paris chez André Vechel in 8. l'an 1571. & contient 18. fueilles.

NICOLAS LEONIQVE, Poëte François & Orateur.

Il a traduit d'Italien en prose Françoise, les questions problematiques d'amours, imprimees chez Nicolas de Bruges.

B. L. NICOLAS DE LEVZE, dit *de Fraxinis*, docteur en Theologie.

Il a traduit de Latin en François, la description du voyage de Hierusalem, imprimee à Anuers l'an 1576.

NICOLAS DE LIVRE, seigneur de Humeroles.

Il a traduit d'Italien en François, le discours du tremblement de terre, de *Lucio Maggio* gentilhomme Bolognois, fait en forme de dialogue &c. imprimé à Paris chez Denis du Val l'an 1575.

NICOLAS MARTIN musicien, demeurant en la cité de S. Iean de Morienne en Sauoye l'an 1556.

Il a composé des Noels, & plusieurs chansons, tant en langue Françoise que Sauoisienne, auec les notes de musique, imprimees à Lyon chez Macé Bonhomme l'an 1556.

Le commencement de ces chansons est tel, *Bellas ie me suy mochiaz par voz beysier.*

NICOLAS MELLIER, Aduocat en la Seneschaussee & siege presidial de Lyon.

Il a escrit vne sommaire explication de l'Edict du Roy, par lequel il ordonne que dorenauant les meres ne succedent à leurs enfans, és biẽs prouenuz du costé paternel, mais seulement és meubles & conquests prouenuz d'ailleurs, imprimé à Paris par Geruais Mallot l'an 1576. in 8. & contient 6. fueilles.

Il florissoit à Lyon l'an 1572.

B. L. NICOLAS DV MONT, natif de la ville de Saumur en Anjou, Correcteur de liures en l'Vniuersité de Paris, homme docte, & extremément laborieux.

Cettui-cy encores qu'il n'eust riẽ mis par escrit, merite pour la peine & diligence qu'il prend à l'impression des bons liures, d'estre mis en ce rang. Il a conduit & dressé la meilleure partie des copies & ouurages, qui se sont imprimez en ladite ville de Paris, depuis douze ou quinze ans en ça, en toutes langues & professions, & encores y est auiourd'huy tellement occupé, que malaisément luy est-il loisible de respirer, comme sçauent tous ceux qui le cognoissent. Il a toutesfois escrit à heures desrobees les traitez qui s'ensuiuent.

Discours

Discours sommaire du regne de Charles neufiesme Roy de France tres-chrestien. Ensemble de sa mort, & d'aucuns de ses derniers propos, imprimé par Iean de Lastre 1574.

Aduertissement venu de Rheims, du sacre, coronnement & mariage de Henry 3. tres-chrestien Roy de France & de Pologne. Auec vn Epithalame, imprimé par Denis du Pré 1575.

Salutation à la Roine de France Loyse de Lorraine, sur son arriuee & bien-venuë à Paris, le 27. de Feurier, 1575. imprimee par Denis du Pré en ladite annee.

La nouuelle cõqueste des villes de Thunis, & de Biserte, faicte sur les Turcs & Mores, par le Seigneur Dom Iouan d'Austrie, au mois d'Octobre dernier, imprimee chez Iean Dallier 1573.

Extraict des lettres d'vn gentilhomme de la suite de Monsieur de Rambouillet, Ambassadeur du Roy au Royaume de Polongne, à vn seigneur de la cour, touchant la legation dudit seigneur & autres choses memorables obseruees en son voyage, de Cracouie le 12. de Decembre 1573. imprimé par Denis du Pré.

Congratulation & resiouïssance sur la grande & inesperee nouuelle aduenuë de l'election de Monsieur frere du Roy, au Royaume de Pologne, imprimee à Paris par Denis du Pré 1573.

Les honneurs & triomphes faicts au Roy de Pologne, tant par les Princes Allemands en son voyage, que par ses subiects à sa reception: qui fut à Miedzeris le 24. iour de Ianuier dernier passé 1574. briefuement recitee par vne lettre missiue, qu'vn gentilhomme François escrit de Posnanie, imprimez par Denis du Pré 1574.

Les obseques & funerailles de Sigismond Auguste, Roy de Pologne dernier defunct: Plus l'entree, sacre & coronnement de Henry à present Roy de Pologne: le tout fait à Cracouie, ville capitale dudit Royaume, au mois de Feurier 1574. & recité par deux lettres missiues d'vn gentilhomme François, imprimees par Denis du Pré 1574.

L'entree, sacre & coronnement de Hẽry à present Roy de Polongne: le tout fait à Cracouie, ville capitale dudit Royaume, & recité par vne lettre missiue d'vn gentilhõme frãçois, imprimé par Denis du Pré 1574.

La declaration des seigneurs de Pologne, pour le retour du Roy en France, ensemble vne Ode au Roy, sur le mesme subiect, imprimé par Denis du Pré 1574.

La reception du Roy par l'Empereur Maximilian, & l'Archeduc Ferdinand, & les Venitiens, imprimee par Denis du Pré 1574.

L'arriuee du Roy en France, & la reception de sa Maiesté par la Roine sa mere, & messeigneurs le Duc d'Alençon & le Roy de Nauarre, auec vn sommaire discours des principales choses suruenues depuis son partement de Venise, imprimé par Denis du Pré 1574.

Les feux de ioye faits à Paris, pour l'arriuee du Roy en France, auec l'ordre tenu à ſon entree & reception en la ville de Lyon, en Septembre 1574. imprimez par Denis du Pré.

Reſiouïſſance ſur la paix, & ceſſation des armes, imprimee chez ledit du Pré.

Il a traduit de Latin en Frãçois, la harangue de Monſieur le Cardinal de Lorraine, prononcee au Concile de Trente, auec la reſponſe, imprimee par Iaques Macé.

La reigle du tiers ordre de S. Frãçois, imprimé chez Nicolas Cheſneau.

De la vie & mœurs des Empereurs, recueillies des œuures de Sextus Aurelius Victor, depuis Auguſte Ceſar, iuſques à Theodoſe l'Empereur, imprimees chez Claude Micard, auec l'hiſtoire de Iuſtin.

Les exẽples memorables, tant des ethniques que des chreſtiens, pris & ramaſſé des plus approuuez autheurs, par André Eborẽſe Portugais.

Les Epiſtres de S. Hierome Stridonien eleües & choiſies: diuiſees en trois liures par la diligence de Pierre Caniſius, Theologien.

Ælian de l'hiſtoire diuerſe, quatorze liures en Latin & François. Ces derniers ne ſont encores imprimez.

Ie laiſſe les epiſtres, prefaces, auant-propos & arguments qu'il a compoſez & fait imprimer deuant les offices de Ciceron, Virgile, Saluſte & autres, auec vne infinité d'Indices & Tables de liures.

Il floriſt à Paris cette annee 1584. & eſt celuy qui a eſté le correcteur de l'impreſſion de cette mienne Bibliotheque des autheurs Frãçois &c.

NICOLAS DE MONTREVX, gentilhomme du Maine, fils de Monſieur de la Meſnerie, maiſtre des requeſtes de la maiſon de Monſieur frere du Roy &c.

Il a eſcrit & compoſé de ſon inuention le 16. liure d'Amadis de Gaule l'an 1577. n'eſtant pour lors âgé que de 15. ou 16. ans.

Il a eſté imprimé à Paris chez Iean Poupy audit an 1577.

Il a compoſé pluſieurs tragedies Françoiſes, & entre-autres celle de Hannibal, leſquelles ne ſont encores en lumiere.

Le prim-temps d'Eſté, à l'imitation du liure de Iaques Yuer, lequel appelle ſon liure le prim-temps d'Yuer, qui eſt vn equiuoque ou alluſion ſur ſon nom, & ſur la ſaiſon de l'hyuer.

Benigne Poſſenot a auſſi eſcrit vn diſcours qu'il appelle l'Eſté, comme nous auons dit cy deſſus.

Il a dauantage compoſé en vers François, les amours de Diane, & de Delie, & pluſieurs autres poëmes, leſquels il eſpere mettre bien toſt en lumiere ſoubs le nom *d'Olenix du mont ſacré*, qui eſt ſon anagrãme &c.

La ſuite ou continuation de l'Arioſte Italien (tant renommé entre les modernes) laquelle contient vn diſcours des faits les plus illuſtres de Meſſeigneurs de Bourbon, non encores imprimee.

Les Bergeries de Iuliette, qui eſt vne imitation de la Diane *de Georges de Montemaior*, faites en faueur de Monſieur le Baron de Veinye au Maine, & de Madamoiſelle de Teſſé ſa ſœur. La tragedie du ieune Cyrus, prise du Grec de Xenophõ, laquelle fut representee à Poictiers l'an 1581. auec la Comedie qu'il a intitulee *La Ioyeuse*.

Les Tragedies de Camma, les Tragedies d'Isabelle & de Fleurdelys prises de l'Arioste, ensemble celle de Paris & d'Oënoné, auecques vne Comedie, qu'il intitule la *Deceuante*.

Il florist à Paris cette annee 1584.

NICOLAS DE NANCEL, natif de Noyon en Picardie, docteur és arts & en medecine à Paris, exerceant la medecine en la ville de Tours sur Loyre l'an 1581. homme docte és langues Grecque & Latine, Poëte, Mathematicien & Philosophe &c.

Il a escrit vn for docte & tres-ample discours de la peste, diuisé en trois liures, imprimé à Paris chez Denis du Val l'an 1581. in 8. & contient 24. fueilles.

Ambroise Paré Chirurgien tant renommé, fait grand cas de ce liure & le recommande sur tous les autres, comme i'ay leu dans son traicté de la peste &c.

Ledit Nancel a traduit de Grec en prose Françoise, le Miroir des Rois & des Princes, escrit en Grec par Agapetus, & enuoyé à l'Empereur Iustinien, imprimé à Tours l'an 1582.

Il a composé plusieurs œuures en Latin, tant en vers qu'en prose, & a traduit beaucoup d'autheurs Grecs en langue Latine, comme nous dirons en nostre Bibliotheque des escriuains Latins.

Il florist à Tours cette annee 1584.

Messire NICOLAS DE NEVF-VILLE, Cheualier des deux ordres du Roy, seigneur de Ville-roy, premier secretaire d'Estat soubs le regne du Roy Henry 3. & auparauant soubs Charles 9. son frere, defunct.

Ce seigneur de Ville-roy n'a rien fait imprimer de ses doctes harangues prononcees deuant les Maiestez des Rois de France ses maistres, non plus que de ses memoires & affaires d'Estat, qu'il a maniees en France, depuis 18. ou 20. ans en ça. Quand sa commodité le permettra, il en fera part à ceux de son siecle, & luy en seront redeuables pour le bien & profit qu'ils en receuront.

C'est celuy qui a espousé la fille de Monsieur de l'Aubespine Secretaire d'Estat, de laquelle le nom est Magdeleine de l'Aubespine, dame tres-docte (comme nous dirons cy apres faisant mention d'elle en noz additions mises sur la fin de cette Bibliotheque Françoise.)

Il y a vn autre seigneur appellé de ce nom de Ville-ray, lequel s'appelle *Villeray-riant*, maistre des requestes de l'hostel du Roy, & fils de feu Monsieur le President Riant (comme nous dirons autre-part, lors que nous ferons mention des escriuains en Latin.)

Si i'ay parlé icy bien amplement, ç'a esté pour donner intelligẽce de ces deux seigneurs, desquels la seigneurie n'est pas beaucoup dissemblable, & afin que lon ne se puisse abuser ou mesprendre en iceux &c.

Il florist cette annee 1584. soubs le regne du Roy Henry troisiesme, duquel il est extremément aimé & respecté, pour les bons & aggreables seruices qu'il a faits & faict encores chacun iour à sa Maiesté.

N. L. NICOLAS DE NICOLAY, sieur d'Arfueille, & de Bel-air, gentilhomme Dauphinois, valet de chambre & Cosmographe du Roy, commissaire ordinaire de son artillerie, & a la description generale du Royaume de France.

Il nasquit au pays du Dauphiné l'an 1517.

Il est autheur d'vne lettre missiue, contenant le discours de la guerre faite par le Roy Henry second l'an 1549. pour le recouurement du pays de Bollongnois sur la mer, imprimé à Lyon l'an 1550. par Guillaume Rouuille.

Les nauigations, peregrinations & voyages faits en Turquie, contenant plusieurs singularitez veuës & obseruees par ledit Nicolay, le tout diuisé en quatre liures, auec les figures au naturel, tant des hommes que des femmes, selon la diuersité des nations, leur port, maintien, habits & accoustrements, leurs loix, religion, & façon de viure en temps de paix & de guerre, auecques plusieurs histoires memorables aduenues de nostre temps, le tout imprimé à Venise, & depuis à Anuers par Guillaume Syluius l'an 1576. in 4. & contient 56. fueilles.

Ce liure susdit a esté si bien receu de plusieurs nations, qu'il a esté traduit és langues, Italienne, Espagnolle, Angloise, & autres estrangeres.

Il a dauantage fait plusieurs cartes & descriptions geographiques, topographiques, & chorographiques, des pays, citez, chasteaux, & ports de Mer, auec le plan releué de la cité de Constantinople, siege de l'Empire des Turqs, ensemble l'ordre, estat, offices, gages, & dignitez de la maison de leur Empereur, l'ordre qu'il tient en ses armees, tant par mer que par terre, & lors qu'il chemine par ses pays. Ces liures icy ne sont encores en lumiere. Il en fait mention en son Epistre au Roy, mise au deuant de ses nauigations.

Il a traduit d'Espagnol en François, l'art de nauiger de Pierre de Medine Espagnol, pilote du Roy d'Espagne, sur les Indes Occidentales, lequel il a illustré de plusieurs figures & annotations. Il a esté imprimé à Lyon chez Guillaume Rouuille l'an 1554. & depuis à Roüen l'an 1577. chez Robert Mallard & autres.

Il a recueilly, & reduit en forme de description hidrographique, & representé en carte marine, & routier ou pillotage, la nauigation du Roy d'Escosse Iaques cinquiesme du nom, autour de son Royaume & Isles Hebrides & Orchades, auec les additions dudit Nicolay, touchant l'art de nauiger, imprimé à Paris chez Gilles Beys l'an 1583. in 4. & contient douze fueilles.

S'il

S'il a escrit & composé autres œuures que les susdites, ie m'asseure que ses parents & aliez, les mettront en lumiere, pour le bien & soulagement du public, & entre-autres ses cartes ou descriptions particulieres de plusieurs nations de France, lesquelles i'ay veuës escrites & peintes de sa main, & faites par son industrie.

Il mourut à Paris, du mal de grauelle, ou calcul, l'an 1583. le Vendredy 25. iour de Iuin, âgé de 67. ans, & fut enterré le iour ensuyuant en l'Eglise de S. Sulpice, à costé gauche du grand autel, és fauxbourgs de S. Germain à Paris &c.

NICOLAS OSBER, gentilhomme Normand, Aduocat du Roy à Carenten en Normandie, du temps du Roy François premier.

Il a escrit en vers Frãçois, quelques poëmes à la loüange de Messieurs du Parlement de Roüen, & autres hommes doctes de ladite ville & pays de Normandie, lequel liure il a intitulé, les figures & Epithetes de Messeigneurs du Parlement de Roüen le tout a esté imprimé auec le Recueil des Mots dorez de Caton l'an 1545.

B.L. NICOLAS PAVILLON Parisien, Aduocat au Parlement, homme docte en Grec & en Latin, & excellent Poëte és susdites langues, & en François aussi, comme il se peult voir par plusieurs de ses compositions és langues susdites, & encores par les vers qu'il a escrits sur la mort de Messire Loys d'Amboise sieur de Bussy (duquel nous auons fait si honorable mention cy deuant à la lettre L.)

Quant au Tombeau ou Epitaphes de Monsieur de Bussy d'Amboise, il ne les a encores fait imprimer, non plus que ses autres œuures.

Il florist à Paris cette annee 1584.

NICOLAS PITHOV, sieur de Champ-gobert, frere de Messieurs Pierre & François les Pithouz, tous trois natifs du pays de Champagne, & hommes tres-doctes & tres-excellents en leurs professions.

Ie n'ay point veu de ses escrits: mais Hierosme de Bara le louë for en son grand Blason d'armes, au fueillet 136. & 193. de la seconde edition dudit liure, imprimé à Lyon chez Berthelemy Vincent in 4. l'an 1581.

NICOLAS POGET Chirurgien, tres-excellent en son art.

Il a escrit vne Apologie ou defense contre les medisans de M. Laurent Ioubert, docteur regent & Chancelier en l'Vniuersité de Montpellier.

B.L. NICOLAS LE POIX, medecin de Monsieur le Duc de Lorraine (frere d'Antoine le Poix, duquel nous auons parlé cy deuant,) &c.

Il a escrit vne Epistre mise au deuant du docte discours des medailles de son frere susdit, lequel a esté mis en lumiere par la diligence dudit Nicolas, apres la mort de son frere Antoine. Ce liure de medailles a esté imprimé à Paris chez Mamert Patisson in 4. l'an 1579.

B.L. NICOLAS RAPIN, gentilhomme Poicteuin, tres-excellent Poëte Latin & François, Vice-Senechal au bas pays de Poictou &c.

Il a escrit plusieurs poëmes en François, & entre les autres vne Ode saphique rithmee, sur la mort de Monsieur de Billy, Abbé de S. Michel en l'Herm, imprimee à Paris chez Pierre l'Huillier l'an 1582. auec l'Eloge dudit Iaques de Billy, qui mourut l'an 1581.

Les plaisirs du gentilhomme champestre, auec plusieurs Sonnets amoureux, le tout imprimé à Paris chez la veufue de Lucas Breyer l'an 1583. auec vn recueil de plusieurs autres poëmes, sur le mesme subiect, escrits par plusieurs doctes hommes de France, lequel œuure s'intitule les plaisirs de la vie rustique &c.

Plusieurs vers sur la pulce de Madame des Roches de Poictiers, imprimez l'an 1582. chez Abel l'Angelier, auec le recueil des autres autheurs qui en ont escrit.

Chant 28. du Roland le furieux d'Arioste, monstrant quelle asseurance on doibt auoir aux femmes, traduit en François par ledit Nicolas Rapin, & imprimé à Paris chez la veufue Lucas Breyer l'an 1572.

Ie n'ay pas cognoissance de ses autres compositions en François.

Ie feray mention de ses Latines autre-part.

Il florist en son pays de Poictou cette annee 1584.

NICOLAS REINCE Parisien, secretaire de Monsieur le Cardinal du Bellay Euesque de Paris, & Ambassadeur pour le Roy François premier à Rome.

Il a traduit de François en Italien, l'histoire de Philippes de Comines, à la requeste de Paule Ioue, historiẽ tant renommé de nostre tẽps, comme tesmoigne le mesme Paule Ioue en son Epistre au Cardinal Ferhese, mise au deuant de ses Eloges, ou description des vies des hommes doctes de l'Vniuers &c. laquelle traduction a esté imprimee à Venise.

François Billon secretaire, racompte qu'iceluy Reince estoit si fidel à son maistre, qu'il refusa vn iour d'vn riche seigneur, amy de l'Empereur, cinq mille ducats pour laisser seulement transcrire, ou prendre la copie des papiers & memoires concernants les affaires d'Estat, & par luy mandez en Italie par l'espace de trente ans.

Ce qui fut cause que l'Empereur Charles cinquiesme, dist vne fois au Pape Iules troisiesme du nom (en presence de Charles, Cardinal & Euesque de Mascon, Ambassadeur pour le Roy de France, François premier du nom vers les Romains, & autres personnes de qualité) que il n'auoit point en toute l'Italie vn plus grand aduersaire que le susdit Secretaire Nicolas Reince.

Il florissoit à Rome l'an 1530.

NICOLAS RENAVLT, gentilhomme, natif d'Aix en Prouence.

Il a escrit en vers François, vn liure qu'il intitule, les chastes amours, ensemble plusieurs chansons d'amour, imprimees à Paris l'an 1565. chez Thomas Brumen.

Il a dauantage escrit vn discours en prose, des guerres & troubles aduenuz en Prouence l'an 1562. imprimé l'an 1564. si ce n'est luy qui en est autheur, pour le moins y a il ces lettres au deuant du liure N.R.P.

Il florissoit à Lyon l'an 1564.

NICOLAS DE RONSARD sieur de Roches, gentilhomme du Maine, autrement appellé Nicolas Horace de Ronsard, parent de Pierre de Ronsard, &c.

Il a escrit plusieurs poëmes François, lesquels ne sont encores en lumiere. Il est excellent pour la musique & ieu du luth, & autres parties requises à vn gentilhomme.

Il florist cette annee 1584.

NICOLAS ROYER de l'ordre des freres Prescheurs ou Iacobins, Predicateur de la Roine mere du Roy.

Il a escrit plusieurs traictez en Theologie, lesquels ne sont encores imprimez, ensemble plusieurs sermons ou predications faites par luy.

Il florist à Paris cette annee 1584.

NICOLAS SALCOIN dit *Salconi*, historien, natif de Poictou.

Il a premierement escrit en François l'Histoire des parties d'Orient, que luy auoit dictee frere Haiton, sieur de Coursy, cousin du Roy d'Armenie, laquelle suyuant le commandement du Pape Clement 5. il a traduite par apres en Latin en la ville de Poictiers en laquelle il florissoit en l'an 1307. comme nous auons dit cy dessus à la lettre H. parlant de Haiton fol. 161.

NICOLAS THEVENEAV Aduocat au siege Presidial de Poictiers, duquel la deuise & l'anagramme tout ensemble est tel, *En haut vole sience*, &c.

Il a escrit vn traicté de la nature de tous contracts, pactions & conuenances, & substãces d'iceux, auec vn recueil de plusieurs Arrests donnez és cours souueraines & parlements de France, &c. lesquels concernẽt la mesme matiere susditte, le tout imprimé à Poictiers par Enguilbert de Marnef l'an 1559. ou enuiron.

Il a traduit de Latin en François le Manuel de M. Iean Imbert Rochelois, imprimé par plusieurs fois.

Paraphases dudit Theueneau, sur les coustumes & loix municipales, du pays de Poictou, imprimees.

Paradoxes Forenses, traictans des contracts, en la premiere partie d'iceux: duquel liure il a fait l'Epitome ou Abregé, comme nous auons dit cy dessus.

Il florissoit à Poictiers l'an 1559. ie ne sçay s'il est encores viuant.

Messire NICOLAS DE THOV gentilhomme Parisien, Euesque de Chartres, &c.

Il a escrit vn iuste volume de la maniere d'administrer les Sacremẽts imprimé à Paris chez Iaques Keruer l'an 1580.

Il florist cette annee 1584. ie n'ay pas cognoissance de ses autres escrits.

B.L. NICOLAS VERGÈCE Grec de nation, natif de Constantinople (selon aucuns) & neueu de *Messer Angelo*, hôme tant renommé pour sçauoir bien escrire en Grec, & transcrire les liures rares en cette langue, &c.

Il a escrit quelques vers François, sur la mort d'Adrien Turnebe, outre ceux qu'il auoit fait en Grec & Latin.

Il a dauantage composé quelques epitaphes sur la mort de feu messire Gilles Bourdin Procureur du Roy au parlement de Paris &c.

Il mourut au pays de Normandie l'an 1570. ou enuiron.

B.L. NICOLAS VIGNIER docteur en Medecine, natif de Bar sur Seine, frere de monsieur Vignier Preuost dudit lieu de Bar, &c.

Il a escrit en quatre liures, vn sommaire de l'histoire des François, recueilly des plus certains autheurs antiques, imprimé à Paris chez Sebastiē Niuelle in fol. l'an 1579. ce liure est plain de belles recherches de tiltres ou enseignements pris des tresors, chapitres & Eglises ou autres lieux esquels sont demeurez les registres de plusieurs choses memorables.

Table de l'Estat & origine des anciens François, imprimee à Troye en Champagne l'an 1582. chez Claude Garnier in 4. & contient 15. fueilles auec priuilege du Roy pour dix ans.

La Bibliotheque historiale, contenant la disposition & concordance des tēps & des histoires, ensemble l'estat des plus renommees Monarchies & principautez de la terre.

Les Fastes des anciens Romains, Grecs & Hebreux.

Traicté de l'an & de ses parties:

Ces liures dont i'ay fait mētion cy dessus, ne sont encores imprimez, mais i'en ay veu le catalogue compris dans le priuilege de son traicté de l'estat & origine des anciens François, &c.

Il florist cette annee 1584. & deuons esperer de luy plusieurs beaux & doctes liures, car il est extremement bien versé en l'histoire, & sur toutes, en celle de nostre France: ie parleray de ses œuures en Latin autre-part.

B.L. NICOLAS VOLCHIR, OV VOLQVIER ET VOLKIR, dit en Latin *Nicolaus Volcirus Cerisvicinus*, natif de Serouuille en Espagne, surnommé le Poligraphe, maistre és arts, Secretaire ordinaire & historien d'Antoine Duc de Calabre & de Lorraine, &c. l'an 1525. Poëte Latin & François historien & Orateur, a escrit en vers François, la Chronique abregee des Empereurs Roys & Ducs d'Austrasie, auec le Quinternier, & singularitez du parc d'hōneur (qui sont les tiltres ou inscriptions du liure susdit) le tout imprimé à Paris par Nicolas Couteau pour Didier Maheu l'an 1530. de caracteres bastards.

Il a traduit d'Italien en François vn commentaire ou petit traicté des

des gestes des Turcs, escrit premierement par Paule Ioue, &c. imprimé à Paris chez Chrestien Vvechel.

Il a recueilly le sermon du iour des Cendres fait sur le *Pater Noster*, prononcé par frere Iean Glapion natif de la Ferté Bernard au Maine, imprimé auec plusieurs autres compositions dudit autheur l'an 1523. à Paris, comme nous auons dit cy deuant, lors que nous auons parlé dudit Iean Glapion confesseur de l'Empereur, &c.

Il a escrit quelques traictez contre les Lutheriẽs, desquels fait mention Richard de Vvassebourg en ses Antiquitez de la Gaule Belgique.

Il a traduit de Latin en François la Phisiognomie de maistre Michel l'Escot, imprimee à Paris chez Denys Ianot l'an 1540.

Il a escrit en Latin & en François l'histoire & recueil de la triõphante & glorieuse victoire obtenue contre les Lutheriens par Antoine Duc de Calabre, de Lorraine & de Bar, imprimee à Paris l'an 1526. in fol. & contient 42. fueilles.

Il florissoit en Lorraine l'an 1525.

Fin des noms des autheurs qui se commençoient par ce nom de Nicolas: S'ensuyuent ceux qui s'appellent Nicole, *tant hommes que femmes.*

NICOLE AVBERT, poëte François.

Il a escrit quelques chants royaux à l'honneur de la Vierge Marie.

NICOLE BAQVENOIS Imprimeur à Rheims en Champagne, pour Monsieur le Cardinal de Lorraine.

Il a composé vn brief traicté de l'ordre du diuin office des Religieuses, seruantes à Dieu soubs la reformation de Fonteuraux, imprimé à Rheims par ledit Bacquenois, l'an 1558.

NICOLE BERGEDÉ de Vezelay en Bourgongne.

Il a escrit en vers heroiques l'Arrest des trois esprits sur le trespas de Messire Claude de Lorraine, Duc de Guise, plus vn Cantique de la paix, le tout imprimé à Paris par Estienne Grouleau l'an 1550.

Les Odes penitentes du moins que rien, qui est sa deuise, &c. imprimees à Paris.

NICOLE DE CHARMOY, Aduocat en Parlement.

Il a escrit vn traicté de la paix, imprimé à Paris l'an 1543. chez Charles l'Angelier.

NICOLE COLIN.

Il a traduit d'Espagnol en François les sept liures de la Diane de Georges de Mõtemaior imprimez à Rheims chez Iean de Foigny l'an 1578.

Il florissoit à Rheims en Champagne audit an 1578.

NICOLE DVRAND surnommé Villegagnon, voy cy dessus Nicolas Durand.

NICOLE ESTIENNE Parisienne, fille de Charles Estienne, & femme de M. Iean Liebaut, tous deux docteurs en Medecine, desquels nous auons fait mention cy dessus, ensemble de Iaques Greuin Medecin, lequel escriuit en sa faueur les Amours d'Olympe, &c.

Elle a escrit plusieurs Poësies Françoises non encores imprimees, & entre autres les responses aux Stances du mariage escrites par Ph. des P.

Le mespris d'Amour, non encores imprimé, non plus que les susdittes Stances.

Dauantage elle a composé vne Apologie ou defense pour les femmes, contre ceux qui les mesprisent. Ce liure est escrit en prose, & n'est encores imprimé.

Elle florist à Paris cette annee 1584. Ie feray plus ample mention d'elle autre-part & plus à propos.

NICOLE GIGANTIS de l'ordre des Cordeliers de la prouince de France.

Il a escrit l'art ou instruction pour aprendre à escrire en grosse lettre, & la maniere de faire lesdittes grosses lettres, auec la difference de situer les poincts, &c. imprimee à Paris par Philippes le Noir l'an 1530.

Il a escrit vn petit traicté pour apprendre à lire & à orthographer, imprimé audit lieu.

NICOLE GILLES, Notaire & Secretaire du Roy, & Secretaire du Thresor, iusques en l'an 1496. Il a esté estimé l'vn des premiers historiens & chroniqueurs de France pour son temps, comme il a assez monstré par les Annales & Chroniques de France, composees par luy, & imprimees tant de fois à Paris & ailleurs, lesquelles ont esté reueües & corrigees, & augmentees iusques en l'an 1552. par Denis Sauuage sieur du Parc.

Il florissoit soubs Loys 12. l'an 1500.

NICOLE GRENIER.

Il a escrit & composé plusieurs liures en Theologie, desquels s'ensuyuent les noms.

L'Harmonie de la foy, imprimee à Paris par Claude Fremy, l'an 1565.

Le Bouclier de la foy, contenãt deux tomes, imprimez à Paris, chez Marnef, Estienne Grouleau, Claude Fremy & Cauelat, és annees 1566. & 1567.

L'Espee de la Foy, imprimee l'an 1564.

L'Institution de l'Eucharistie, imprimee à Paris.

L'Alliance de Dieu, imprimee à Paris.

Traicté de la iustificatiõ de l'homme Chrestien, qui se fait au sainct Sacrement de Confession, imprimé à Paris.

Le Fondement de la Foy, imprimé à Paris.

Practique de l'homme Chrestien, imprimé l'an 1565. à Paris chez Claude Fremy.

Doctrine Catholique de l'inuocation des Saincts, imprimee à Paris.

Second

Second tome du bouclier de la foy, imprimé l'an 1565. chez Claude Fremy.

les Meditations dudit Nicole Grenier, imprimees à Paris, l'an 1563.

NICOLE DE HAVLTPAS, Medecin de Doulens en Picardie l'an 1554.

Il a escrit vn liure de la contemplation de nature humaine, contenãt la formation de l'enfant au ventre maternel, imprimé à Paris chez Michel Vascosan l'an 1555. in 8. & contient 3. fueilles.

NICOLE LE HOVLX.

Il a traduit de Latin en François, les Sympathies & antipathies, de plusieurs choses memorables, contenant les naturels accords & discors, amitiez & inimitiez d'icelles: le tout escrit en Latin par Antoine Mizault, imprimé à Paris chez Pierre Beguin l'an 1556.

Frere NICOLE LE HVEN, natif de Lisieux en Normandie, religieux du Conuent de Ponteaudemer en ladite Normãdie au diocese de Roüen.

Il a composé & reduit en prose, le Voyage de Hierusalem imprimé à Lyon l'an 1488.

Dom NICOLE LESCARRE poëte François.

Il a escrit sept chants royaux à l'honneur de la Vierge.

NIÇOLE LOVPVANT grand prieur de l'Abbaye de S. Michel, cheualier & pelerin de Hierusalem.

Il a escrit quelques vers François mis au deuant des antiquitez de la Gaule Belgique, composees par Richard de Vvassebourg.

NICOLE DE MAILLY natif de Picardie.

Il a escrit & composé en rithme Françoise, vn liure intitulé la diuine cognoissance, extraicte du vieil & nouueau Testament, ensemble les diuins cantiques de l'ame regrettãte, auec l'exposition de l'Oraison Dominicale, le tout imprimé à Paris par Galiot du Pré, l'an 1541. in 8 & contient 12. fueilles.

NICOLE DE MANES, President de Luxembourg, homme tresdocte, appellé par aucuns de Naues.

Il a escrit vn recueil d'histoires, duquel fait mentiõ Richard de Wassebourg, tant au catalogue des autheurs, desquels il s'est aidé, por escrire ses antiquitez de la Gaule Belgique, qu'au fueillet 157. desdit liure pag. 2.

Il mourut l'an 1546. Gesnerus fait mention en sa Bibliotheque d'vn historiẽ nommé *Nicolaus Mameranus Luxembergensis*. Ie ne sçay si c'est le mesme de Manes dont nous auons parlé.

NICOLE DE NAVES historien, President de Luxembourg. Voy cy dessus Nicole de Manes, car ie croy que ce n'est qu'vn, & qu'il y a faute en l'impression du liure de Vvassebourg cy deuant allegué, lequel l'appelle de ce nom de Naues en la table des autheurs, & au fueillet 157. il le nomme de Manes, &c.

NICOLE DE NERVAL Poëte François.

Il a escrit quelques rondeaux à l'honneur de la Vierge.

NICOLE ORESME, docteur en Theologie, grand maistre du college de Nauarre, fondé à Paris, chanoine de la Saincte Chapelle en laditte ville. Il fut esleu Euesque de Lysieux en Normandie l'an 1377. & selon autres, il estoit Euesque de Bayeux, precepteur de Charles 5. Roy de France l'an 1364.

Il a traduit à la requeste, & par commandement du Roy Charles 5. son maistre les Ethiques, Politiques, & Oeconomiques d'Aristote, & plusieurs liures de Ciceron & autres autheurs.

Il a traduit la Bible de Latin en François.

Il a escrit vn traicté des Monnoyes, tant en langue Latine que Françoise: le Latin se trouue imprimé, & quant à la traduction Françoise, nous l'auõs par deuers nous escrite à la main sur parchemin de for belle escriture, il contient 26. chapitres.

Il a traduit de Latin en François le liure de François Petrarque, des remedes de l'vne & de l'autre fortune, prospere & aduerse, imprimé à Paris l'an 1534. in 4. & contient 35 fueilles.

Il a traduit les liures d'Aristote du Ciel & du Monde, par le commãdement du Roy Charles 5. lequel luy donna pour recompense l'Euesché de Lysieux, comme i'ay leu dans l'epistre de M. Iean Gosselin, garde de la Bibliotheque du Roy, &c. mise au deuant de sa traduction du Calendier Gregorien.

Plusieurs autheurs font mention dudit Nicolas Oresme, sçauoir est Loys Lasseré en la vie de S. Hierosme fol. 379. & Iean Du-Tillet aux Chroniques de France, & encores Papyrius Masson en ses Annales, lequel en cinq ou six endroits, l'appelle *Nicolaus Oresimus* au lieu de *Oresmius*, mais c'est la faulte de l'imprimeur & non de l'autheur.

NICOLE OSMONT poëte François.

Il a escrit quelques chants royaux, à l'honneur de la glorieuse Vierge Marie.

NICOLE DV PVIS.

Il a escrit plusieurs rondeaux à l'honneur de la Vierge.

NICOLE RAVENIER Poëte François.

Il a escrit quelques rondeaux & ballades en l'honneur de la Vierge, tous ces rondeaux des trois susdits autheurs ont esté imprimez ensemble, auec plusieurs autres de diuers autheurs.

NICOLE SEELLIER, scribe du chapitre de Paris.

Il a traduit de Latin en François vn traicté de Guillaume Euesque de Paris, touchant la doctrine & enseignement de prier Dieu, imprimé à Paris pour Antoine Verard l'an 1511. in 8. & contient XI. fueilles.

NICOLE TVRBOT Poëte François.

Il a escrit plusieurs chants royaux à l'honneur de la Vierge.

NICOLE LE VESTV Poëte François.

Il a escrit plusieurs chants Royaux & ballades en l'honneur de la vierge Marie.

NICOLE DE VOISIN, religieux des Minimes de Nyion pres Paris.

Il a composé vn liure intitulé, le Thresor de l'ame, qui est vne tresample confession des pechez que commettēt les hommes, & la façon d'en demander pardon à Dieu, imprimé à Paris chez Michel le Noir, l'an 1516. in 4. & contient 6. fueilles.

NICOLE VOLKIR, voy cy dessus Nicolas Volkir, dit le Polygraphe.

NOEL ALIBERT Lyonnois, valet de chambre de la Roine de Nauarre.

Il a composé quelques œuures, desquels ie n'ay pas cognoissance.

NOEL BACHELOT, Curé de la Place, en la ville de Sees en Normandie.

Il a enuoyé plusieurs copies extraictes par luy, des offices des Eglises particulieres de Normandie & du Maine, dont les vies de S. Constantin, & de S. Frambault (compagnons) ont esté escrites entre plusieurs autres. Voy de cecy l'aduertissement de Nicolas Chesneau, Libraire de Paris, &c. mis au deuant du troisiesme volume de l'histoire des Saincts.

NOEL DV FAIL, OV DV FAILH, gentilhomme Breton, sieur de la Herisaye en Bretagne, Conseiller du Roy au Parlement de Rennes.

Il a mis en lumiere vn sien liure qu'il a intitulé, Memoires, recueils, ou extraicts des plus notables & solemnels Arrests du Parlement de Bretagne: le tout, contenant 1200. Arrests diuisez en trois liures: le premier contient les Arrests donnez en l'Audience, le second ceux des chambres, le tiers est des Messages. Ils ont esté imprimez à Renes l'an 1579. chez Iulien du Clos.

Il a escrit vne fort belle & docte histoire de Bretagne non encore imprimee.

Il a reduit par lieux communs tout le droit Ciuil à la suscitation de *Eguinarius* Baro, & de François Duarin, tous deux Bretons, & des plus renommez Iurisconsultes de nostre temps.

Il a escrit (estant encores fort ieune d'ans) quelques liures, lesquels il a faict imprimer soubs le nom de *Leon l'Adulphi*, comme nous auons dit cy dessus. Il a maintenant pris pour sa deuise, & Anagramme tout ensemble, ce qui s'ensuit, *Fol n'a Dieu*. Nous auons faict mention de luy icy dessus à la lettre L. lors que nous auons parlé dudit *Leon Adulphi*.

Il florist à Renes en Bretagne cette annee 1584. & s'il n'estoit detenu du mal des goutes, (qui le trauaille & tourmente sans cesse) il feroit bien tost imprimer plusieurs beaux œuures de sa façon.

Frere NOEL TALLEPIED, Religieux de l'ordre de Sainct François du Couuent de Pontoise à 7. lieuës de Paris.

Il a escrit l'histoire des vies, mœurs, actes, doctrine, & mort de Martin Luther, André Carlostad & Pierre Martir, imprimees à Paris chez Iean Parent l'an 1577.

Brief traicté & declaration de l'an Iubilé, & de l'efficace des pardons & indulgences donnees & octroyees par le Pape, aux fideles Chrestiēs l'an 1576. imprimé à Paris chez Iean Parent audit an 1576.

Il a traduit en François, & reduit en epitome ou abregé, les œuures de la Philosophie d'Aristote, sçauoir est la Dialectique, Physique, & Ethique, imprimees à Paris chez Iean Parent l'an 1583.

Il florist ceste annee 1584.

Sensuyuent les noms de plusieurs Autheurs incertains & incogneus par leurs propres noms ou appellations.

NAPOLIS ancien Poëte François l'an 1300. ou enuiron.

Il a escrit vn liure des Ieux partis d'amours non encores imprimé.

∴∴∴NENNESSIER, & selon d'autre Menessier, Orateur de Madame Ieanne Contesse de Flandres.

Il a escrit le Roman ou histoire fabuleuse de Perceual, le Gaulois: elle se trouue imprimee à Paris chez Galiot du Pré l'an 1530. & a esté reduite en prose par vn autheur incogneu, comme nous auons dit cy deuant à la lettre M. parlant dudit Menessier, autrement appellé Nennessier.

∴∴∴ NESSON ancien Poëte François, voy cy apres Pierre Nesson, à la lettre de P.

N. CHAPPERON prestre.

Il a traduit d'Italien en François cinq opuscules, dont s'ensuyuent les noms.

Que celuy qui sert à Dieu, est le plus sage du Monde.

De la dignité & excellence du Chrestien.

Que c'est de Iesus Christ, & pourquoy il est venu au Monde.

Du mariage spirituel, entre Iesus Christ, & l'ame Chrestienne.

Que l'homme n'a point de plus grand ennemy, que soy-mesme.

Le tout a esté imprimé à Rheims en Châpagne par N. Bacquenois l'an 1558. in 8. & contient 7. fueilles.

B. L. N. CLEMENT DE TRELES, Secretaire de Monsieur le Duc d'Anjou l'an 1581. poëte Latin & François.

Il a mis en lumiere vn sien liuret d'Anagrammes, auec les vers François contenant lesdits Anagrammes, imprimez l'an 1582. Il dedia ce liure à Monsieur de la Vergne.

N. EDOART

N. Edoard.

Il a traduit de Latin en François le discours de la guerre de Malthe, escrit premierement en Latin, par Nicolas Durand, surnommé Villegangnon. &c. imprimé à Lyon l'an 1553. par Iean Temporal.

N. des Gallars Ministre de l'Eglise des François en la ville de Londres en Angleterre.

Il a escrit en Latin, & depuis traduit en François la forme de police Ecclesiastique, instituee à Londres en l'Eglise des François, imprimee l'an 1561. auquel temps il faisoit sa demeure & residence en ladicte ville de Londres.

N. N. D. L. F. duquel la diuise est *Auec le temps*.

Il a escrit en vers François vn poëme sur les entrees du Roy de France Charles 9. & de la Royne sa femme l'an 1571. imprimé à Paris chez Guillaume Nyuerd l'an 1577.

N. Rousseau. Notaire Royal demeurant à Orleans en l'an 1573.

Il a escrit le discours de l'entree du Roy de Polongne faicte à Orleans le 24. iour de Iuillet en l'an 1573. auec les harangues faites à sa Maiesté, le tout imprimé à Orleans audit an 1573. par Eloy Gilbier.

N. de Senighan ancien Poëte François.

Il a escrit & composé vn chant Royal de la Fontaine d'amenité, ensemble plusieurs Rondeaux lesquels il presenta au Puy de Diepe en Normandie, &c. Pierre Fabry faict mention dudit Senighan en son liure intitulé Le grand & vray art de pleine Rhethorique, &c.

FIN DE LA LETTRE N.

O

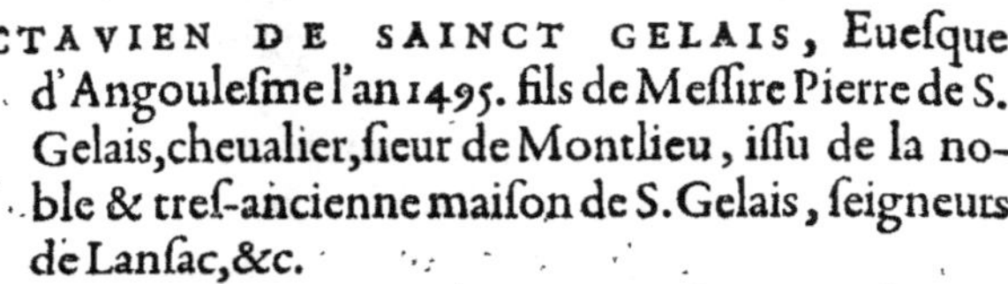

OCTAVIEN DE SAINCT GELAIS, Eueſque d'Angouleſme l'an 1495. fils de Meſſire Pierre de S. Gelais, cheualier, ſieur de Montlieu, iſſu de la noble & treſ-ancienne maiſon de S. Gelais, ſeigneurs de Lanſac, &c.

Cettuy-cy nommé Octauiẽ eſtoit pere de Melin de S. Gelais (selõ qu'aucuns l'aſſeurent) il a eſcrit & compoſé en l'an de ſon âge 24. vn liure intitulé, le Seiour d'honneur, lequel traicte de la cõduite de l'homme, &c. imprimé à Paris chez Iean Treperel in 4. & contient 26. fueilles. Il a dedié ce liure au Roy de France Charles 8.

Il a traduit en vers François l'Eneide de Virgile, & quelques liures de l'Odyſſee d'Homere, imprimez à Paris.

Le voyage du Roy de France Charles 8. au pays d'Italie, imprimé.

Vn liure intitulé Le Politique, imprimé.

Il a traduit les Epiſtres d'Ouide, & le liure de l'art d'Aimer, imprimé.

Il a traduit de Latin en François vn volume intitulé les perſecutions des Chreſtiens.

Toutes les œuures de Virgile ont eſté traduites en vers François par ledit Octauien, & imprimees à Paris il y a plus de 60. ans.

Complaintes & Epitaphes ſur la mort du Roy Charles 8. imprimez auec le Verger d'honneur, traictant de l'entrepriſe & voyage de Naples, &c. imprimé à Paris chez Iean Treperel in 4. & cõtient 58. fueilles, duquel liure ſuſdit, appellé *le Verger d'honneur*, ledit de Saint-Gelais n'en eſt autheur que d'vne partie, encores que ſon nom y ſoit: car André de la Vigne en a compoſé la plus grande partie, comme nous auõs dit cy deſſus à la lettre A. Auſſi que Arnoul Ferron Conſeiller du Roy à Bordeaux l'aſſeure ainſi, en ſon hiſtoire du Roy Charles 8.

Ledit Eueſque floriſſoit l'an 1495. Henry Eſtienne Pariſien fait mẽtion de luy en ſon Apologie pour Herodote, & recite vn hiſtoire de luy for plaiſante. Ie n'aſſeure pas qu'elle ſoit veritable, car elle derogeroit à ſa qualité d'Eueſque.

s.L. ODET TVRNEBE, OV TOVRNEBV, & ſelon autres de Tourneboeuf, natif de Paris, fils aiſné de ce tant renommé Adrian Turnebe dit *Turnebus* & de Magdeleine Clement ſa femme &c. ieune homme, lequel ne degeneroit en rien du ſçauoir de ſon pere : car il auoit for bien eſtudié, & apris beaucoup de langues, & de bonnes diſciplines, ſuyuãt l'inſtruction qu'il auoit euë de defunt ſon pere, & de pluſieurs doctes hommes ſes precepteurs, entre autres d'Antoine Valet Lymoſin, docteur en medecine à Paris, (lequel ie nomme par honneur.)

Iceluy

Iceluy Odet Turnebe a escrit plusieurs vers Grecs, Latins & François, desquels il y en a quelques vns, auec le recueil des poëmes faits en diuerses langues, sur la pulce de madame des Roches de Poictiers, &c. Quant à ses autres compositions ie n'en ay pas cognoissance.

Il fut premierement Aduocat en la Cour de Parlement, & en fin il fut pourueu de l'estat de premier President en la Cour des Monnoyes à Paris, à la poursuite duquel estat il mourut d'vne fiebure chaude l'an 1581. aagé de 28. ans, 8. mois & 28. iours.

Il se voit vn recueil d'Epitaphes en plusieurs langues, composez sur sa mort, par les plus doctes hommes de France, lequel a esté imprimé à Paris chez Mamert Patisson l'an 1582.

Il estoit frere aisné d'Estienne Turnebe, Conseiller en Parlement, & d'Adrien Turnebe 2. du nom, duquel nous auons parlé cy dessus, à la lettre A, tous trois for doctes és langues, & bien sçauans en la iurisprudence.

ODOARD THIBAVLT Mathematicien demeurãt à Louuain en Flandres l'an 1550.

Il a composé vne prognostication pour l'an susdit 1550. Imprimee à Paris chez Guillaume Niuerd, plus l'Almanach ou prognosticatiõ pour l'an 1551. imprimee à Rouen, par Guillaume de la Mothe, audit an 1551.

B.L. OGIER FERRIER Tolosain, docteur en medecine, &c. voy cy deuant Auger Ferrier, à la lettre A, fol. 25.

OLIVIER BISSELIN homme tres-expert, au pillotage ou art de nauiger.

Il a composé & ordonné les tables de la declinaison ou eslongnemẽt que faict le soleil de la ligne ęquinoctiale, chacun iour des 4. ans, plus la declaration de l'Astrolabe pour en vser au pillotage par tout le monde, imprimez à Poictiers par Iean de Marnef l'an 1559.

B.L. OLIVIER CONRAD natif de Meun sur Loire, Cordelier, ou de l'ordre de S. François audit lieu.

Il a escrit en prose Françoise, la vie de S. Pol, premier des Apostres de Iesus Christ, &c. extraicte des Actes des Apostres.

Il a dauantage escrit & composé en François le Miroir des Pecheurs: le tout a esté imprimé à Paris & en autres lieux.

OLIVIER GOVYN natif de Poictiers.

Il a escrit vn liure traittãt de toutes sortes de Ieux defenduz & prohibez, & des ruzes & finesses qui s'y commettent, imprimé à Poictiers & à Paris. Ce liure est pour defendre & dissuader les ieux de hazard.

OLIVIER DE GRACE, & selõ autres Oliuier le Gras, docteur & astrologue en l'Vniuersité de Louuain en la Gaule Belgique.

Il a escrit plusieurs prognostications & Almanachs, imprimez à Paris & à Roüen en diuerses annees, sçauoir est pour l'an 1544.

1548.1549. auquel temps il florissoit en laditte ville de Louuain en Flandres.

OLIVIER DE LORGVES Poëte Prouençal.

Il a escrit plusieurs Poëmes en langue Prouençale non encores imprimez

a.L. Frere OLIVIER MAILLARD docteur en Theologie, de l'ordre des freres mineurs ou Cordeliers, & depuis des Obseruantins à Narbōne, l'an 1500.qui sont ceux de l'estroitte obseruance de S.François.

Il estoit natif de la Bretagne Armorique ou Gauloise, cōme l'asseure Nicolas Bertrand Tolosain,en son histoire des Tolosains.

Ledit Oliuier Maillard a escrit en Latin plusieurs sermons & autres œuures en Theologie, desquels nous ferons plus ample mention autre-part, & en François,il a composé vne Confession de Foy imprimee à Paris par diuerses fois.

Il mourut à Narbonne,au conuent des Obseruantins l'an 1502. auquel lieu il est enterré.

Henry Estienne fait mention de luy & de ses Sermons en son Apologie pour Herodote, mais nous auons ja parlé de cecy quand nous auons fait mention de Michel Menot.

OLIVIER DE MANARD Flaman de nation, poëte & Orateur François.

Il a escrit plusieurs poëmes en langue Françoise, & entre autres vne Ode imprimee sur la fin du liure des Esprits,composé par Robert du Triez Flaman,&c.Ie n'ay pas cognoissance de ses autres escrits.

Il florissoit en l'an 1563.

OLIVIER DE MAGNY Quercinois,ou de Cahors en Quercy (qui est le lieu de la naissance de Clement Marot,& de Hugues Salel,excellents Poëtes François,)&c.

Il a escrit vne Hymne sur la naissance de Madame Marguerite de France, fille du Roy tres-Chrestien Henry 2. imprimee à Paris chez Arnould l'Angelier l'an 1553. auec plusieurs autres vers lyriques dudit autheur.

Souspirs amoureux dudit Oliuier de Magny,imprimez à Paris.

Les Odes dudit autheur ont esté imprimees à Paris chez André Vechel l'an 1559.

Il estoit for bon Poëte Lyrique,&a composé plusieurs autres poësies desquelles ie n'ay pas cognoissance.

Il mourut bien tost apres qu'il eut esté receu Secretaire du Roy Henry 2.Il auoit pour son Mecene,monsieur d'Auanson, Cōseiller du Roy en son priué conseil.

Messire OLIVIER DE LA MARCHE cheualier, natif de la franche Conté en Bourgongne,grand maistre d'hostel du Roy de Castille.

Il a escrit vn liure partie en prose, & partie en vers François, intitulé

tulé le parement & triomphe des Dames d'honneur, lequel a eſté augmenté & annoté par M. Pierre Deſray Champenois, imprimé à Paris l'an 1510. par Iean Petit, & Michel le Noir.

Il a dauãtage compoſé vne chronique des choſes faites & paſſees de ſon temps, imprimé à Anuers.

Il floriſſoit en l'an 1464.

OLIVIER DE LA VERNADE, grand Orateur & Poëte.

Ie n'ay point veu de ſes eſcrits: mais Berrengier de la Tour d'Albenas en fait grand eſtime, & le louë grandement en ſes œuures.

Il floriſſoit en l'an 1558.

OMER TALON, natif du pays de Vermandois en Picardie, lequel s'appelle en Latin *Audomarus Taleus*, homme for docte & grand Orateur, treſgrand amy & familier de Pierre de la Ramee, dit *Ramus*, lequel l'appelloit ordinairement ſon frere, comme lon voit en ſes œuures.

Il a beaucoup eſcrit en Latin, & en François auſſi: mais ie n'ay pas veu ſes compoſitions Françoiſes. Sa rhetorique Latine a eſté traduite & imitee par Antoine Fouquelin Vermandois, qui eſtoit le pays des trois ſuſdits perſonnages.

Ledit Omer Talon mourut à Paris en l'an 1562.

ORONCE FINE' Dauphinois, dit *Fineus*, lecteur du Roy en Mathematiques à Paris, homme treſ-docte, & grand Mathematicien.

Il a eſcrit en François cinq liures de la Coſmographie ou Sphere du monde, auec vne epiſtre touchant la dignité, perfection & vtilité des ſciences Mathematiques, imprimee à Paris.

L'explication & vſage de l'anneau Horaire, imprimé à Paris.

La Carte ou deſcription de la France & des Gaules, imprimee à Paris l'an 1557. par Alain de Matoniere.

Epiſtre exhortatiue, touchant la perfection & commodité des arts liberaux, Mathematiques, imprimee à Paris par Pierre le Bret l'an 1531.

Il mourut à Paris en ſa maiſon, le 6. iour d'Octobre l'an 1555. à quatre heures apres midy, qui fut l'heure de ſa natiuité, l'an de ſon âge 61. ou enuiron.

Il eſt enterré en l'Egliſe des Carmes à Paris.

Antoine Mizault, docteur en Medecine, a fait vn diſcours de ſa vie & le catalogue de ſes eſcrits Latins & François.

OVDARD DE LACENIE, Poëte François l'an 1260. ou enuiron.

Il a eſcrit pluſieurs poëſies d'amours, non encores imprimees.

OZIL DE CADARS, Eſcuyer de Philippes le Long Roy de France, & Conte de Poictou en l'an 1320.

Il a eſcrit en langue prouençale, vn traicté de l'art de bien aimer, les loüanges d'vne grande Dame, & Princeſſe d'Angleterre, niepce du Conte de Poictou.

FIN DE LA LETTRE O.

P

PAISANT DE MEZIERES, ancien Poëte François.

Il a escrit en vers François plusieurs Romans, & entre-autres celuy qui s'intitule le Roman de la Mule sans frein, duquel parle Geufroy Thory de Bourges en son champ Fleury.

PALAMEDES GONTIER, natif d'Auxerre en Bourgongne.

Il a escrit quelques œuures, desquelles ie n'ay pas cognoissance.

PANTALEON THEVENIN, natif de Commercy en Lorraine, homme docte, & grand Philosophe.

Il a escrit de for doctes commentaires, sur l'hymne de la Philosophie de Pierre de Ronsard, imprimez à Paris chez Iean Feburier l'an 1582. in 4. contenant 16. fueilles.

Il a dauantage escrit & composé vn iuste volume d'annotations, for laborieuses, sur la Sepmaine de Guillaume de Sallufte, sieur du Bartas, lesquelles il a enuoyees à Paris audit Iean Feburier pour faire imprimer. Ie les ay veuës escrites à la main. I'ay opinion qu'on les imprimera en brief.

Recueil de Sonnets presentez à Monsieur le Duc de Lorraine l'an 1578.

Il florist cette annee 1584. au pont à Mousson en Lorraine.

PAPYRIVS MASSON, Aduocat au Parlement de Paris, natif de la ville de S. Germain de Laual, au pays de Forests, soubs l'Archeuesché de Lyon, homme tres-docte, grand orateur & historien, & des mieux versez en l'histoire antique & moderne.

Il a escrit les Annales ou plustost chroniques des Rois de France, en Latin & en François: le Latin a esté imprimé à Paris par plusieurs fois, mais sa traduction Françoise, n'est encores en lumiere.

Discours entier des choses qui se sont passees à la reception de la Roine & mariage du Roy de France Charles neufiesme, imprimé à Paris par Nicolas du Mont l'an 1570. in 8. contenant 7. fueilles.

Il a escrit plusieurs Eloges ou vies des plus illustres hõmes de nostre temps: ce liure n'est encores du tout imprimé, & le reste il le mettra bien tost en lumiere: ce qu'il en a fait imprimer est en Latin, & i'ay opinion qu'il le traduira en nostre langue.

Il a aussi escrit l'histoire d'Espagne, & les vies des Papes, lesquelles ne sont encores imprimees: mais nous en ferons mention autre-part, pource qu'elles sont en langue Latine: ensemble de son frere nommé Iean Masson, tous deux hommes tres-doctes, & grands recheurs de l'antiquité.

Ils floriſſent à Paris cette annee 1584.

Ledit Papyrius, outre les œuures ſuſdites, a compoſé le catalogue des fleuues & riuieres les plus renommees de France, & en a fait la deſcription.

Ce liure n'eſt encores imprimé.

PARDOVX DV PRAT, docteur és droicts, natif de la haulte Marche, dit en Latin *Pardulphus Prateius Auguſtobuſcoducenſis*, &c. petit fils de Guillaume du Prat, grand Philoſophe.

Il a traduit de Latin en François, l'Inſtitution de la vie humaine, dreſſee par Marc Antonin, Empereur Romain.

Elegie de Solon, Prince Athenien, ſur le fait & vie des humains, à cauſe des ruynes des villes.

Remonſtrance d'Agapetus Eueſque, faite à l'Empereur Iuſtinien, touchant l'office d'vn Empereur ou Roy, le tout traduit en François par ledit Pardoux, & imprimé à Lyon par Gabriel Cotier l'an 1570. in 8. & contient treze fueilles.

Ce liure a eſté mis en lumiere apres la mort de l'autheur, par Antoine Perronnet &c.

Il a dauantage eſcrit pluſieurs commentaires & annotations, ſur les Edicts, ou ordonnances Royalles.

Il floriſſoit ſoubs Henry ſecond.

PASCHAL ROBIN DV FAVZ, gentilhomme Angeuin, ſieur dudit lieu du Fauz, en Ville-Eueſque à trois lieuës d'Angers, auquel lieu il naſquit, le iour de Paſques fleuries le trentieſme iour de Mars l'an 1538. Cetui-cy eſt homme for docte en Grec & en Latin, grand hiſtorien & Poëte, & a ſur tout vne exacte cognoiſſance de l'hiſtoire de France, & principalement de celle de ſon pays d'Anjou, eſtant doüé d'vne merueilleuſe promptitude d'eſprit, & d'vne memoire ſinguliere. Ce que ie dy pour l'experience que i'en ay faite, l'ayant cogneu for familieremét.

Il a eſcrit l'hiſtoire & chronique du pays & Duché d'Anjou, enſemble vn recueil des genealogies des plus illuſtres maiſons dudit pays, & autres voiſines d'Anjou.

Ce liure n'eſt encores imprimé.

Il a eſcrit vn petit diſcours, ſeruant comme d'auantcoureur d'icelle Hiſtoire, dans lequel il traicte de l'excellence & antiquité d'Anjou, & des Princes qui y ont commandé, & en ſont ſortiz, imprimé à Paris chez Emanuel Richard l'an 1582.

Il a fait vn recueil de tous les plus memorables Epitaphes, qui ſe voyent és Egliſes d'Angers, & autres lieux auſſi, non encores imprimé.

Regrets ſur le treſpas de Meſſire Tymoleon de Coſſé, Conte de Briſſac, imprimé à Paris l'an 1569. chez Iean Hulpeau.

La tragedie d'Arſinoé, laquelle il fiſt ioüer & repreſenter en public, en la ville d'Angers l'an 1572. au college d'Anjou, elle n'eſt encores imprimee.

Sonnets d'Estrenes, ensemble plusieurs vers Latins & François, sur l'Anagramme & allusions aux noms de diuers hommes & femmes illustres:le tout imprimé à Angers chez René Piquenot l'an 1572.

Il a traduit de Latin en François, le docte liure du Domaine de M. René Chopin Angeuin, Aduocat au Parlement: laquelle traduction n'est encores en lumiere.

Ie ne sçay s'il a acheué de translater tout ledit liure: mais ie sçay bien qu'il l'auoit entrepris,& l'auoit for aduancé.

Il a traduit & escrit de son inuention plusieurs vies de saints & saintes femmes,imprimeès à Paris chez Nicolas Chesneau, auec les trois grands volumes de l'histoire des Saincts.

Elegie sur le trespas de Messire Charles de Cossé, premier Conte de de Brissac, Mareschal de France &c. imprimee à Paris l'an 1564. chez Thomas Richard.

Monodie sur le trespas de Messire François de Lorraine,Duc de guise,imprimee par ledit Thomas Richard l'an 1563.

Regret sur le trespas de Messire Sebastien de Luxembourg,Viconte des Isles de Martigues,imprimé à Paris chez Iean Hulpeau & Guillaume Niuerd l'an 1569.

Discours au Roy sur les machinations des H. en l'an 1564.

Discours à maistre Pierre Ayrault, Lieutenant criminel d'Angers, touchant les antiquitez d'Anjou. (I'ay opinion que c'est celuy duquel nous auons parlé cy dessus.)

Elegies sur les amours de Rosine.

Sonnets sur les amours de Marguine.

Fatraz sur les amours de Renee.

Ces trois liures d'amours ne sont encores imprimez.

Hymne au Roy Charles 9. sur sa naissance, presentee à son entree à Angers le 6. de Nouembre l'an 1565.

Hymne au Roy,sur l'anagramme de son nom.

Ces deux hymnes ne sont encores imprimees.

Il a fait plusieurs anagrãmes outre les susdits, lesquels ne sont encores imprimez.

Les Vendanges,& plusieurs autres poësies, imprimees à Nantes en Bretagne l'an 1572. par Iaques Rousseau.

Plusieurs Epitaphes sur la mort de sa premiere femme, Damoiselle Iuliéne Sybille,issuë de la noble maison de la Burόniere pres Chasteauneuf en Anjou, & de par sa mere de la maison de Buses au Maine, surnommez de Germaincour &c.

Ces Epitaphes ne sont encores imprimez. I'en ay la plus-part escrits à la main par l'autheur.

Il florist au pays d'Anjou cette annee 1584.

Ie feray mention de ses compositiõs Latines,dans ma Bibliotheque Latine

Latine, des hommes François ou de nation Gauloise, lesquels ont escrit en Latin.

PASQVIER PYNARD, natif de Dreux en Normandie, Astrologue & Mathematicien.

Il a escrit vn Almanach & Prognostication, pour l'an de salut 1552. contenant la declaration de plusieurs & necessaires termes d'Astrologie, imprimé à Paris chez Chrestiē Vechel audit an 1552. auquel temps florissoit ledit Pinard en l'Vniuersité de Paris.

PASQVIN ROMAIN &c.

Soubs ce nom supposé de *Pasquin Romain*, lon a veu plusieurs libelles iniurieux, enuoyez à *Passeuent Parisien*, qui est vn autre nom deguisé.

PASSEVENT PARISIEN &c.

L'autheur de ce liure, intitulé *Passeuent Parisien*, & a escrit vne response à Pasquin Romain, contenant la vie de ceux qui sont allez demeurer à Genefue, le tout fait en forme de dialogue, lequel a esté imprimé à Lyon, & à Paris aussi l'an 1556. par Nicolas Buffet.

Ledit autheur, nommé Passeuent, promet vn commentaire & des annotations sur la canonique de S. Iaques, & sur la premiere de S. Iean, & sur l'vnziesme chap. de la premiere de S. Paul aux Corinthiens, & sur le 23. de S. Mathieu.

PAVL ANGIER, natif de Carenten en Normandie, poëte François.

Il a escrit en vers, vne brefue defense en la personne de l'honneste amant pour l'amie de Cour, contre la contr'amie.

Il a intitulé son liure, l'experience de M. Paul Angier Carentenois, imprimé à Lyon par Iean de Tournes, auec le liure de la parfaite amie d'Antoine Heroët.

PAVL BIENASSIS, natif de la ville de Poictiers.

Il a traduit de Latin en François, & annoté les deux liures des diuers trauaux & enfantements des femmes, & par quel moyen lon doibt subuenir aux accidents qui peuuent aduenir, deuant & apres iceux trauaux, imprimez à Paris par Iean Foucher l'an 1563. auquel temps florissoit l'autheur susdit.

PAVL DE LA FOY, Escuyer, Musicien & Mathematicien du Roy de Nortuege & Suede &c. Faut noter que ce sont tous noms supposez, & que plusieurs liures plains de faceties, ont esté composez par A. F. sieur des R. & encores par son frere Monsieur de G. lesquels ont esté mis soubs le nom dudit Paul de la Foy, sans y vouloir mettre le leur, à cause des rancs honorables qu'ils tenoyent.

PAVL DV MONT, Douisien ou de Douay en la Gaule Belgique.

Il a traduit de Latin en prose Françoise, plusieurs liures imprimez à Paris, & Douay en Flandres.

PERNETTE ET PERRINE, ou bien PERRONNELLE DV GVILLET, natifue de Lyon sur le Rhosne, femme tres-docte.

Elle a escrit plusieurs liures, tant en prose qu'en vers.

Elle mourut l'an 1545. comme tesmoigne Guillaume Paradin en son histoire de Lyon fol. 356.

PERCEVAL DORIE, gentilhomme natif de Genes en Italie, gouuerneur d'Auignon & d'Arles, pour Charles premier du nom, Conte de Prouence &c.

Ledit Perceual estoit grand Philosophe, & bon Poëte en langue Prouençale.

Il a escrit vn traicté de la guerre de Charles Roy de Naples, & du Tyran Mainfroy.

Il a dauantage escrit en rithme Prouençale, vn liure intitulé *La fine folie d'amours.*

Il mourut à Naples l'an 1276.

PERRINET DV PIN, natif de la ville de la Rochelle en Guyenne, orateur François & historien l'an 1447.

Il a escrit en vieil langage François, vne histoire ou Roman, qu'il appelle la conqueste de Grece, faite par Philippes de Madien, surnommé le Cheualier à l'Esperuier blanc, imprimé à Paris l'an 1527. chez Galiot du Pré.

PERROT DE NEESLE, ancien Poëte François, viuant en l'an de salut 1264.

Il a escrit plusieurs poëmes du ieu party d'amours, non encores imprimez.

PHANETTE, OV THIENNETTE, & selon d'autres Estephanette de Gantelines, dame de Romanin, damoiselle Prouençale, tante de Madame Laure de Sado, natiue d'Auignon tant celebree par Petrarque, (comme nous auons dit cy dessus à la lettre L.)

Cette dame de Gantelines, a escrit & composé plusieurs poësies en langue Prouençale, lesquelles ne sont encores en lumiere.

Elle florissoit dans Auignon l'an 1348.

PHILEBERT BONET, docteur és droicts, Iuge & Lieutenāt general au bailliage de Beauiolois, Aduocat en Parlement l'an 1553.

Il a escrit vn traicté des proces Iudiciels, & quand c'est mal fait ou non, de les auoir & soustenir, imprimé à Paris par Claude Fremy l'an 1553.

Il a escrit vn sommaire des grands biens, vertuz, & bontez que Dieu a donnees aux femmes, & qu'elles ont communément plus que les hommes, imprimé à Paris chez Simon Caluarin l'an 1558.

Il florissoit à Paris l'an 1556.

PHILEBERT BOYER, natif de la ville de Paroy en Charrolois, procureur en la Cour de Parlement à Paris.

Il a composé & mis en lumiere, l'instruction pour le fait des finances, imprimee à Paris l'an 1581. par Ambroise Drouard, laquelle il a depuis

puis augmentee de beaucoup,& a esté imprimee l'an 1583. à Paris.

Il a dauantage escrit vne pratique ciuile & criminelle,diuisee en trois liures, contenant vne infinité d'arrests tres-memorables, imprimee à Paris chez Robert le Mangnier l'an 1583. laquelle il a dediee à Monsieur le President Brisson &c.

Il florist à Paris cette annee 1584.

B.L. PHILEBERT BRETIN, docteur en medecine, Poëte, Philosophe, & Mathematicien, natif d'Aussonne sur la Sosne, pres de Dole en Bourgongne.

Il a traduit de Grec en François,les œuures de Lucien excellent Philosophe, imprimees à Paris chez Abel l'Angelier l'an 1581. in fol. en la traduction duquel liure il a vaqué par l'espace de dix ans.

Il a remis en son entier, & repurgé de faultes, le Guidon de chirurgie, escrit il y a pres de trois cens ans, par Guy de Cauliac.

Il a traduit en François,les Aphorismes d'Hipocrates. Ie ne sçay s'ils sont imprimez.

Il a escrit quelques poëmes d'amour, non encores imprimez.

Il a composé les predictions & reuolutions de chacun an.

Il promet de reduire en vn corps les autheurs Grecs, Arabes, Latins & François,qui ont escrit en l'art de medecine:ce que lon peult appeller les Pandectes de medecine.

Il a escrit plusieurs liures en Latin, & entre-autres vne Gramaimre for methodique,dont nous ferons mention autre-part.

Il florist cette annee 1584. Si i'auoy cognoissance de ses autres escrits François, i'en eusse fait le recit: mais il m'est du tout incogneu, sinon par tes œuures qu'il a mis en lumiere.

B.L. PHILEBERT BVGNION Masconnois, docteur és droicts, Aduocat en la Seneschaussee de Lyon & Parlement de Dombes, & depuis Conseiller du Roy, & son Aduocat en l'election de Lyon & pays de Lyonnois.

Il a escrit des commentaires sur les ordonnances, establies aux Estats generaux, tenuz en la ville de Bloys, par le Roy Henry troisiesme du nom, imprimez à Lyon l'an 1583. pour la seconde fois, par Iean Patrasson.

Il a dauantage escrit vn liure,intitulé Conseil Politique.

Il florist cette annee 1584.

PHILEBERT IAMBE DE FER Lyonnois.

Il a mis en musique les 100. Psalmes de Dauid,traduits par Ieã Poictevin,imprimez à Paris chez Nicolas du Chemin l'an 1558.

PHILEBERT DE LORME Lyonnois, Conseiller & Aumosnier du Roy Charles neufiesme, Abbé de S. Eloy pres Noyon en Picardie, & de sainct Serge ou Sierge pres Angers, architecte ou intendant des bastiments du Roy, & de la Roine sa mere, Catherine de Medicis, tant au Louure qu'aux Tuilleries, Anet & sainct Maur des Fossez, & autres chasteaux & maisons sumptueuses, desquelles il a esté conducteur de l'œuure entier, ou bien les a paracheuees & redressees par son industrie.

Il a escrit plusieurs beaux & doctes liures, touchant l'architecture & façon de bastir, imprimez à Paris chez Federic Morel l'an 1569.

Traicté de la nouuelle façon de bien bastir, & à petits fraiz.

Il a escrit plusieurs autres liures d'architecture, & a inuenté vne nouuelle façon de charpenterie pour couurir les maisons.

Loys le Roy, dit *Regius*, fait tres-honorable mention dudit Philebert de Lorme, en son liure de la vicissitude des choses, ensemble Antoine Mizault, dit *Mizaldus*, és liures qu'il luy a dediez, imprimez à Paris chez Federic Morel &c.

Ledit Architecte florissoit soubs Charles neufiesme l'an 1567.

PHILEBERT MILET Champenois.

Il a escrit quelques œuures, mais ie n'en sçay pas les tiltres.

PHILEBERT DE PINGON, gentilhōme Sauoisien, natif de Chamberry &c. referendaire ou grand raporteur au Parlemēt de Sauoye, fils de Loys de Pingon &c.

Il a escrit plusieurs memoires & recherches des nobles & anciennes maisons des Ducs de Saxe & de Sauoye, desquelles il a fait imprimer à Turin vn for docte & bien laborieux œuure l'an 1581. Ie ne l'ay point veu traduit en François, mais i'ay opinion qu'il le mettra en lumiere en cette langue, afin que l'honneur de son maistre & la grandeur de sa maison soit cogneuë de plus en plus.

Il a dauantage escrit vn liure touchant les medailles. Ie ne sçay s'il est imprimé.

Quant à ses memoires touchant la Sauoye, & ses antiquitez escrites en nostre langue, (qui sont autres que les susdits) il ne les a pas encores fait imprimer: ce sera quand il luy plaira, qu'il en fera part au public.

Il florist cette annee 1584.

PHILEBERT POPILLON DV RIAV, gentilhomme Bourbonnois, sieur d'Arsueille.

Il a escrit 24. sonnets amoureux, imprimez à Lyon chez Berthelemy Honorat l'an 1574.

PHILIPPE D'ALCRIPE, sieur de Nery en Verbos, (qui est vn nom supposé.)

Il a escrit vn traicté plein de mensonges & comptes facetieux, faits pour rire & passer temps, lequel il a intitulé par ironie ou moquerie, la Nouuelle Fabrique des excellents traictez de la verité, imprimé à Paris l'an 1579.

PHILIPPES DES AVENELLES.

Il a

Il a traduit de Grec en François, quelques œuures d'Appien Alexandrin, imprimees à Paris.

PHILIPPES DE BEAVMANOIR, Bailly de Clermont en Beauuaisis.

Il a escrit & compilé le grand Coustumier de Beauuaisin en l'an de salut 1283. lequel se voit escrit à la main en la Bibliotheque de Nicolas Bergeron, Aduocat en parlement &c. Iean du Tillet fait mention de luy en ses memoires, & plusieurs autres autheurs semblablement.

PHILIPPES CAMVS.

Il a traduit de Latin en François, le Roman d'Oliuier de Castille, & d'Artus d'Argalee, imprimé à Geneue, il y a plus de cent ans.

PHILIPPES CHRESTIEN, Aduocat au Parlement de Grenoble en Dauphiné.

Il a recueilly plusieurs arrests notables donnez és souueraines Cours & Parlements, ensemble és sieges presidiaux du Royaume de France, sur les matieres ciuiles les plus frequentes & ordinaires, imprimees à Lyon l'an 1558. chez Iean Pidie in 8. & contiennent 19. fueilles.

Il florissoit à Grenoble l'an 1558.

Messire PHILIPPES DE COMMINES Cheualier, seigneur d'Argenton, sur les limites de Poictou & de Berry, Seneschal de Poictou l'an 1468. soubs Loys 11. issu de la noble maison de Commines, pres de Messine sur le fleuue du Lys, au bas pays de Flandres.

Il nasquit en l'an de salut 1445.

Il a esté estimé le plus excellent historiographe de son temps, & le plus veritable.

Il a escrit en François la chronique de Loys 11. Roy de France son maistre, laquelle a esté imprimee à Paris l'an 1529. par Frãçois Regnault, & depuis par Abel l'Angelier & Thomas Perier l'an 1580. & encores à Lyon par Iean de Tournes & autres. Iean Sleidan l'a traduite en Latin, & Nicolas Reince Parisien l'a traduite en langue Italienne, selon que nous auons dit cy dessus parlant des susdits Sleidan & Reince.

Il mourut à Argenton en Poictou, & selon autres en Berry l'an 1509. le 17. iour d'Octobre âgé de 64. ans.

Il est enterré en l'Eglise des Augustins à Paris, dans la chapelle qu'il fit edifier audit lieu, en laquelle se voit l'effigie d'iceluy & de sa femme aussi, nommee Helene de Chambes de la maison des Contes de Mõtsoreau en Anjou, ensemble de sa fille, nommee Ieanne de Commines, femme du Conte de Poinctieure ou Penthieure, (pour parler selon aucuns.)

Iean Sleidan a escrit amplement la vie dudit Philippes de Commines, au deuant de sa traduction de son histoire.

Loys Guichiardin en fait aussi mention en la description de Flãdres fol. 389. de la premiere impression, ensemble plusieurs autres historiẽs.

PHILIPPES DANFRIE, natif de Cornuaille en la basse Bretagne Armorique ou Gauloyse, tailleur general des effigies du Roy, pour les monnoyes de France, homme tres-excellent pour la graueure & le burin, for grand ingenieur, & inuenteur de plusieurs beaux instruments Mathematiques, desquels il en a mis en lumiere quelques-vns, & entre autres ceux pour le Globe, pour l'Astrolabe, & pour les horloges &c.

Il florist à Paris cette annee 1584.

PHILIPPES HEBERT, natif de Roüen en Normandie, Philosophe & medecin de la faculté de Montpellier.

Il a escrit vn Almanach ou Prognostication pour l'an 1550. imprimé à Roüen audit an, ensemble celle pour l'an 1552. imprimee audit lieu en l'an 1552. auquel temps il florissoit.

21. Messire PHILIPPES DE HVRAVLT, Viconte de Cheuerny, Chancelier des deux ordres du Roy, par cy deuant garde des Seaux de France, & maintenant Chancelier en chef, apres la mort de Messire René, Cardinal de Birague &c. gouuerneur & Lieutenant general pour sa maiesté és Prouinces d'Orleans, pays Chartrain, Estampes, Bloys, Amboyse, Dunois & Lodunois &c.

Ce seigneur de Cheuerny, merite d'estre mis au plus honorable rang des hommes illustres & fauorisans les lettres, comme le tesmoignent assez tous ceux qui luy ont dedié leurs liures: aussi que lon a assez d'experience de son sçauoir, par les Estats & offices qu'il a administrez en ce Royaume depuis 20. ou 30. ans en ça: Et encores pour les beaux Edicts, & ordonnances politiques qu'il a dressees durant sa charge de Garde-Seaux, & depuis qu'il est Chancelier en chef, qui est cause de le faire tant aimer & respecter du Roy Héry troisiesme son maistre. Nous n'auons encores rien qui aye esté mis en lumiere soubs son nom: mais il a prononcé plusieurs tres-doctes harangues, & dressé plusieurs memoires d'affaires d'Estat, lesquels ne sont encores imprimez: quand il luy plaira de les communiquer au public, ensemble ce grand nombre de liures escrits à la main, qui sont en sa riche & magnifique Bibliotheque, il se rendra de plus en plus aimé des hommes doctes, & fera vn plaisir indicible à toute la posterité. Ce que ie croy qu'il fera pour le bien & aduancement du publiq, duquel il est tant amateur.

Afin de dire encores vn mot de cet honorable seigneur, ie veux bien aduertir que la maison de laquelle il est issu, est tellement recommandable, pour ceux qui ont fait seruice aux Rois de France, tant par les lettres que par les armes, que peult estre s'en trouuera-il peu, qui soyent portant robbe longue, lesquels se puissent vanter d'vne plus ancienne, & plus illustre famille. Car dés l'an 1327. il y auoit vn nommé Philippes de Huraulr, seigneur de sainct Denis & de la Grange &c. lequel florissoit soubs le regne de Philippes de Valois Roy de France, & mourut en l'an 1350. duquel Philippes, cetui-cy Chan-

Chancelier de Frãce, portãt mesme nom, & surnom, & pareilles armes, & encores seigneur desdites seigneuries, tãt en Vãdomois, que au Perche & au Maine, est descendu en ligne directe, comme il l'a fait apparoistre par la preuue & attestation de sa noblesse ou genealogie, laquelle se voit collationnee à l'original, & mise au coffre de l'ordre des Cheualiers du S. Esprit, signee par Messieurs de Chauigny, & de la Vauguyon, & au bas de Neuf-ville secretaire d'Estat & thresorier dudit ordre, en date de l'an 1578. en Decembre.

Il florist cette annee 1584. soubs le regne du tres-chrestien Roy de France & de Polongne Henry troisiesme.

s.l. PHILIPPES DE LAVTIER, gentilhomme Parisien, issu du pays de Dauphiné &c. general en la Cour des Monnoyes à Paris, soubs les regnes de François premier & Henry second, oncle de Madamoiselle de Champ-Bauldouin, Anne de Lautier, veufue de Mõsieur le Conseiller Groslot &c. (comme nous auons dit cy dessus à la lettre A.)

Il a escrit vn liure for docte, & tres-curieux, touchant la valeur des Monnoyes, ensemble leurs protraicts: & en fin il a recherché tout ce qui se peult desirer en cette matiere ou subiect, touchant toutes sortes d'especes de Monnoyes, & principalement de celles de France, tant antiques que modernes: desquelles il en a vn grand nombre en son cabinet. Il n'a encores fait imprimer ce liure, mais i'ay opinion que pour le desir qu'il a de profiter au public, qu'il le mettra bien tost en lumiere.

Il florist à Paris cette annee 1584. âgé de 60. ans ou enuiron.

PHILIPPES surnommé LE LONG, quarantesePtiesme Roy de France, & de Nauarre, Conte de Poictou en l'an de salut 1316.

Ce Roy de France, nommé Philippes, a for aimé la poësie Prouençale, vsitee de son temps: en tesmoignage dequoy il a escrit plusieurs Poëmes en cette langue, lesquels ne sont encores imprimez.

Il entretenoit à sa suite plusieurs Poëtes Prouençaux, desquels nous auons fait mention en cette Bibliotheque.

Il mourut le deuxiesme iour de Ianuier l'an 1320.

Il est enterré en l'Eglise de S. Denis en France.

s.l. PHILIPPES DE MORNAY, sieur du Plessis Marly en Normandie, gentilhomme des plus doctes de France, & reputé pour tel, par tous ceux qui ont vraye & entiere cognoissance de luy & de ses escrits: ce qui est vne chose assez rare & peu commune en France & autres lieux, de voir des gentilshommes issus de grande maison (cõme est cetui-cy, qui est descendu des seigneurs de Longue-ville, l'vne dés plus renommees & anciennes seigneuries de Normandie &c.) auoir les lettres en si grande recommandation, & y auoir tant profité, qu'ils font honte & surpassent en celà ceux qui en font profession ordinaire, sans s'addonner à autres exercices.

Mais pour reuenir aux escrits ou compositions de ce seigneur du Plessis, voicy ce qu'il a fait de son inuention en nostre langue Françoise.

Discours de la vie & de la mort: qui est vn traicté for docte, & tresexcellent, imprimé à Paris chez Périer & Auuray l'an 1580. & l'an 1584.

I'ay opinion que le subiect de ce liure, a esté pris sur l'equiuoque ou allusion du surnom dudit sieur du Plessis, qui est *Mornay*: car en ce mot, se trouue le nom du trespas & de la naissance tout ensemble, qui est la vie & la mort: si celà n'est ainsi, ie ne pense pas m'estre beaucoup eslongné de ce que les plus ingenieux pourroyent rechercher en celà.

Il se trouue vn dialogue de la vie & de la mort, composé en langue Toscane, par maistre Innocent Ringhier, gentilhomme de Bolongne la grasse en Italie, lequel a esté traduit en François par Ie n Loueau d'Orleans, & imprimé à Lyon l'an 1557. par Robert Granjon: mais encores que le tiltre de ce liure dudit Italien, soit pareil à celuy du sieur du Plessis: si est-ce qu'il y a bien grande difference de l'vn à l'autre: dequoy i'aduertis ceux qui pensent quand ils voyent vn liure, de mesme tiltre, ou semblable inscription, que ce ne soit qu'vne repetition ou imitation du premier autheur, à celuy qui en a pareillement escrit.

Il a dauantage escrit vn des plus beaux, & des plus doctes liures que nous ayons encores point veu, en nostre langue Françoise, traictant de la verité de la religion Chrestienne, contre les Athees, Epicuriens, Payens, Iuifs, Mahumedistes & autres infideles, imprimé à Anuers chez Chrestofle Plantin l'an 1582. in 4. & depuis chez Iean Richier à Paris audit an 1582. & l'an 1583. & encores à G. audit an.

Ce liure a esté si bien receu en nostre France, que l'autheur d'iceluy l'a escrit en langue Latine, afin qu'il fust veu & leu de plusieurs natiōs estrangeres, lesquelles n'ont pas cognoissance de nostre langue vulgaire: il a esté imprimé en ladite langue Latine à Anuers chez le susdit Chrestofle Plantin l'an 1583. & en autres lieux.

Il a escrit vn traicté de la prouidence de Dieu, duquel il fait mention en ses œuures. Ie ne sçay s'il est imprimé.

Traicté de l'Eglise, imprimé à Londres l'an 1578.

Il florist cette annee 1584. & est employé d'ordinaire pour les affaires du Roy de Nauarre son maistre. Si i'auoy cognoissance de ses autres escrits, i'en feroy plus ample recit en ce lieu: mais ie n'ay veu que les susdits mis en lumiere.

PHILIPPES OGIER.

Il a escrit le catalogue des Eglises & ruës de Paris, auec la despense qui se fait chacun iour en ladite ville, & fauxbourgs, auec plusieurs autres

tres petites recherches curieuses &c.le tout imprimé à Paris, il y a plus de 50. ans.

PHILIPPES DE PARIS OV LE PARISIEN, ancien Poëte François,l'an 1260.ou enuiron.

Il a escrit quelques poësies, non encores imprimees, Claude Fauchet en son liure des Poëtes François, ne le nomme que *Philippes Pa.* mais i'ay trouué par autre endroit,que c'estoit Philippes de Paris.

s.l. **PHILIPPES DES PORTES** natif de la ville de Chartres en Beaulse, Abbé des Abbayes de Iosaphat & de Tyron, au diocese de Chartres, Chanoine de la Saincte Chappelle à Paris,&c.

Ledit sieur Des-Portes, s'est en ses ieunes ans addonné à la poësie Françoise, laquelle estoit comme nee auec luy, & s'est tellement fait renommer pour ses elegantes & agreables compositiõs,qu'il a emporté le pris par sur tous ceux de son temps,en ce genre d'escrire : soit pour la douceur de son stil & façon de cõposer tres-agreable à tous, ou pour auoir sçeu imiter tant heureusement les plus renommez Poëtes Grecs & Latins,& encores les modernes,Italiens,& d'autre nation, que tous d'vne voix luy ont dõné la gloire,par dessus les autres:ou pour le moins les seconds rangs,apres ceux qui estoiẽt les plus estimez.L'on a recueilly vn iuste volume de tous ses poëmes François, lequel a esté imprimé à Paris chez Mamert Patisson & autres, par plus de vingt diuerses fois, tant ses œuures ont esté bien receües de toutes sortes d'hommes, & sur toutes choses caressez & cheriz par les Roys de France ses maistres, Charles 9.&Henry 3.qui l'ont tant aymé qu'il n'a iamais esté esconduit ou refusé de quelque chose qu'il leur ait demandee, tant il leur a sçeu plaire,par ses façons & actions loüables. Mais à fin de dire librement, ce que i'ay cogneu en ce seigneur Philippes des Portes, ie ne craindray point à discourir en bref de la profession qu'il fait maintenant, toute differente de sa premiere estude ou vacation. Car voyant qu'il possedoit des biens en l'Eglise, il a voulu s'addonner du tout à la Saincte Theologie, pour s'aquiter de sa charge, enuers Dieu & les hommes, & pour empescher que ceux qui seroient ialoux de son bon-heur, ne missent en auant,que celà luy fust mal seant,de posseder des benefices. Donq pour ce faire il a tellement embrassé (depuis quelques annees) la Theologie, & sainctes lettres, qu'il est auiourdhuy estimé l'vn des plus promeuz en ceste faculté,qu'autre qui s'y soit adonné depuis long temps ença:ce que ie croy tant par experience, que par le fidele rapport de ceux qui me l'ont confirmé,comme sçauãts & experts en celà, & en deuisant sans flaterie. Dauantage il a tellement en recommandation les lettres Grecques,& la Philosophie,que pour en communiquer & aprendre des plus sçauants,il a d'ordinaire en sa maison,des plus doctes hommes de ce siecle:& si quelques-vns pensent que cecy soit dit, par trop à son auantage, ie les prie d'attendre d'en iuger lors qu'ils en auront aussi bonne cognoissance, comme i'en peux auoir, encores que ie n'aye pas eu cet heur, de l'auoir frequenté aussi souuent, & auec telle familiarité, comme ie l'eusse bien desiré souuentefois. Ie ne pense pas auoir escrit cecy, sans qu'il s'en trouue quelques-vns qui ayent opinion de moy, que ie le face par transport d'amitié, ou pour esperer sa faueur, mais ie prie ceux qui aurōt cette opinion de moy, de croire qu'en tout cet œuure, ie n'ay donné loüange à aucun, qui ne soit veritable, & que s'il estoit autrement, celà tomberoit sur moy, & seroit du tout à ma cōfusion: car ie le feroy par ignorance, ou par moquerie,. ou bien par vne trop grande amitié, en leur endroit, qui sont trois vices lesquels i'ay fuiz entre tous autres ordinaires aux escriuains d'histoires. Et diray biē qu'en cecy i'ay imité la deuise, attribuee à monsieur de Langey, Messire Guillaume du Bellay qui estoit telle, *Amy de tous & de nul l'ennemy.*

Pour reuenir à parler dudit sieur des Portes, il a escrit en prose plusieurs tresdoctes, & bien sainctes prieres à Dieu, lesquelles ne sont encores imprimees, non plus que ses autres œuures en Theologie, soit touchant la Trinité & autres beaux subiects, pris des Saincts docteurs de l'Eglise.

Il florist à Paris, cette annee 1584. âgé d'enuiron quarante ans, & ne cesse de faire toutes sortes d'amis, & principalement à l'endroit des hommes de lettres, à fin de ne degenerer du naturel qu'il a dés ses plus tendres ans.

PHILIPPE DV PRAT, damoiselle Parisienne, sœur aisnee d'Anne du Prat (de laquelle nous auons fait mention cy dessus) ensemble de Madame ANNE Seguier leur mere, dame de la Vergne, femme en premieres nopces, de Messire François du Prat, Baron de Thiert: duquel mariage sont issues laditte Philippe & Anne, toutes deux ne degenerēt en rien du sçauoir de leur mere: car elles sont tellement ornees d'vne rare literature, & ont l'esprit si clair-voyant, (sans que ie face icy mention de la cognoissance qu'elles ont en la poësie & art oratoire, iusques à là que d'escrire, & parler en Latin) que c'est chose bien digne de recommandation, & qui merite que leur nom s'estende aussi loing, comme ie me asseure que leurs escrits & doctes compositions leur acquerront de renommee. Elles n'ont encores fait imprimer leurs compositions, soit en prose ou en vers, mais i'ay opinion qu'elles porteront tant de faueur à noz François, que de les leur communiquer, & les en faire participans.

Elles florissoient à Paris cette annee 1584.

PHILIPPES DE QVIERLAVEINE, fils aisné du sieur de la Cornuere & des Patiz, gentilhomme du Maine, &c.

Il a escrit 36. Sonnets sur l'Adieu ou congé qu'il prent de damoiselle Lucrece le Gras, fille aisnee du Sieur de la Fresnaye Mescrin sa maistresse, &c. lesquels ont esté imprimez au Mans par Marin Chalumeau l'an 1579.

Il flo-

Il florist au Maine cette annee 1584.

PHILIPPES DE VICTRAY, Euesque de Meaux pres Paris, ancien Poëte François.

Il a escrit quelques poësies en nostre langue, lesquelles ne sont pas imprimees. Nicolas *de Clemagis*, en a traduit quelques-vnes en Latin.

Ledit Euesque florissoit il y a plus de cent ans.

B.L. PIERRE D'AILLY, docteur en Theologie, & Chancelier de l'Vniuersité de Paris, dit en Latin *de Alliaco*, qui est vne tresnoble & tresancienne maison en Picardie, auquel nom *de Alliaco* plusieurs se sont trõpez, l'ayant traduit en François *d'Alliac* au lieu *d'Ailly*, qui est sa vraye appellation. Cetui-cy estoit natif de la ville de Compiegne en Picardie. Il fut Euesque de Cambray, & en fin Cardinal & Legat, soubs le Pape Iean 23. Ce qu'il obtint pour sa grande doctrine & traduction, & principalement en la Theologie, en laquelle faculté, il estoit le plus renõmé docteur de son temps. Il fut precepteur de Iean de Gerson, duquel nous auons parlé cy deuant.

Il a escrit en François, vn liure intitulé les Sept degrez de l'eschelle de Penitence, figurez & exposez sur les sept Psalmes Penitentiels, imprimé à Paris.

Il a escrit plusieurs vers François en rithme vsitee de son temps, lesquels ont esté mis en vers Latins, par Nicolas *de Clemangis*. I'en ay veu quelques-vns imprimez, il y a plus de cent ans, quant à ses compositions Latines, lesquelles sont en grand nombre, nous en ferons mention autre-part.

Il mourut en France l'an 1425.

B.L. PIERRE AIRAVLT Angeuin, dit *Ærodius*, Lieutenant general criminel au siege presidial, & Seneschaussee d'Aniou, maistre des requestes de l'hostel de Monsieur le Duc d'Anjou, frere du Roy, &c.

Cette famille des Airaults en Aniou, a esté tresrenommee de tout temps, & encores de fresche memoire nous auons eu en France pour Garde-Seaux, Messire Frãçois Errault de Chemens, sieur dudit lieu en Anjou: Et encores a produit plusieurs doctes hõmes, qui ont fait profit à la republique, tant par les lettres que par les armes.

Le susdit Pierre Airault, a escrit en François, vn traicté de l'ordre & Instruction Iudiciaire, dont les anciens Grecs & Romains ont vsé, en accusations publiques, conferé à l'vsage de nostre France, imprimé à Paris l'an 1576. in 8. & contient 12. fueilles.

La Pratique en Droict, imprimee à Paris l'an 1576.

Recueil de 21. Plaidoyers, faits en la Cour de Parlement à Paris, auec les Arrests sur ce interuenuz, imprimez à Paris chez Martin le Ieune l'an 1568.

Harangue faite à Monseigneur le Duc d'Anjou, frere du Roy, &c. à son arriuee en sa ville d'Angers, depuis son Apennage, qui fut le 7.

de Ianuier l'an 1570. imprimee à Angers chez René Piquenot, audit an 1570.

Il a escrit plusieurs autres liures, desquels ie n'ay pas cognoissance: quant à ses œuures en Latin, nous en ferons mention dans nostre Bibliotheque Latine.

Il florist à Angers cette annee 1584.

B.L. PIERRE AMADIS dit *Amadeus & Amadisius*, natif du diocese d'Auchs en Gascongne, & chanoine audit lieu, poëte Latin & François.

Il a escrit plusieurs Poëmes François, contenant plusieurs sonnets, auec les anagrammes ou noms retournez, de plusieurs illustres hommes & dames, lesquels il me fist voir à Paris l'an 1583. ils ne sont encores imprimez.

Il florist en son pays de Gascongne cette annee 1584. âgé d'enuiron 50. ans.

B.L. PIERRE AMY dit *Amius* sieur du Pont, natif de la ville du Mans, Cõseiller du Roy au siege presidial & Seneschaussee du Maine, tresdocte & tresexcellent Poëte Latin.

Il n'a encores fait imprimer ses Poëmes Latins, nomplus que ses autres compositions Françoises.

Il florist au Mans cette annee 1584.

PIERRE ANDRE', natif du Dorat, Chirurgien à Poictiers l'an 1563.

Il a escrit vn traicté de la preparation de l'Antimoine, & les vertus & proprietez d'iceluy, ensemble vn traicté de la Disenterie, & de ses remedes, imprimez à Poictiers l'an 1563.

PIERRE, OV PERRIN d'Angecour, gentilhomme Champenois, ancien Poëte François.

Il a escrit plusieurs poësies non encores imprimees.

Il florissoit en l'an 1220. ou enuiron.

PIERRE L'ANGLOIS, Escuyer sieur de Belestat.

Il a escrit vn discours des Hieroglyphes, ou sculptures sacrees des Ægyptiens, ensemble des Emblesmes, Deuises, & Armoiries: & outre celà 54. Tableaux Hieroglyphiques, pour exprimer toutes cõceptiõs, à la façon des Ægyptiens, le tout imprimé à Paris, chez Abel l'Angelier l'an 1583. in 4. contenant 30. fueilles.

Il florist à Lodun en Poictou, cette annee 1583. nous ferons mention de luy cy apres, quand nous parlerons de *Pierre Marin Blondel Lodunois*, &c.

PIERRE D'ANTON Abbé d'Angle, voy cy dessus Iean d'Anthon fol. 219.

PIERRE D'AVVERGNE, surnommé le Vieil, natif de Clermont en Auuergne, tresancien Poëte François.

Il a escrit plusieurs Poëmes & entre autres vn qui est à la louange des Poëtes Prouençaux de son temps.

Il a escrit

Il a escrit vne Satyre contre les Siciliens,touchant le massacre qu'ils firent des François qui estoient à Naples pour Charles 1.du nom.

Chansons spirituelles.Chanson à la loüäge de Clarette des Baux, damoiselle Prouençale,&c.

Le Contract du corps & de l'ame.

Il mourut à Clermont en Auuergne l'an 1280. ou enuiron. Dante Poëte Florentin fait mention du susdit en son liure de la vulgaire eloquence,&c.

PIERRE AVRIL Poëte François assez ancien.

Il a escrit quelques chants royaux en l'hõneur de la glorieuse Vierge Marie.

PIERRE BALTHAZAR appellé en langue Flamande *Baltens*, natif du pays de Brabant,citoyen d'Anuers en l'an 1578. homme for ingenieux & d'vn esprit esmerueillable,for bon peintre & graueur, excellẽt pour l'escriture,& grand rechercheur de l'antiquité.

Il a escrit en François les Genealogies,& anciennes descentes des Forestiers & Contes de Flandres,auec vne brefue description de leurs vies & gestes imprimees à Anuers par André Bax in fol.l'an 1580. contenãt 32.fueilles, le tout auec des protraicts desdits Contes de Flandres tirez apres le naturel sur taille douce.

Armoiries & deuises des cheualiers de la Toison d'or,lequel œuure il a entre-mains,il n'est encores en lumiere.

Il florissoit à Anuers l'an 1580.

PIERRE LE BAVLD prestre,chantre & chanoine en l'Eglise collegiale de Nostre Dame à Laual, Orateur & historiographe de Madame Ieanne de Laual Royne de Hierusalem,&c.

Il a escrit l'histoire de la noble & ancienne maison de Laual au Maine,sieurs de Victray en Bretagne,laquelle s'appelle autrement *La Chronique de Victray*,&c.contenant les faits & gestes, ensemble les conquestes des Seigneurs de Laual,Cõtes de Victray, depuis leur premiere origine,iusques en l'an de salut 1486. Ce liure n'est encores en lumiere, nous l'auons par deuers nous escrit à la main.

Il a dauantage escrit vn discours de l'origine & antiquité de laditte ville de Laual,lequel nous auons aussi escrit à la main.

Il florissoit en l'an de salut 1538.

PIERRE BELLIER docteur és droicts Conseiller du Roy au Chastelet de Paris homme docte.

Il a traduit de Grec en Frãçois les œuures de Philon Iuif,imprimees à Paris chez Nicolas Chesneau l'an 1576.in fol.

Il a dauantage traduit vn discours dudit autheur touchant l'estat & deuoir du iuge,imprimé à Paris chez Guillaume Chaudiere l'an 1569.

Il florist à Paris cette annee 1584.

PIERRE BELLOY Tolosain,Conseiller du Roy au Parlement de Tolose, homme docte és langues, & tresſçauant Iuriſconſul, lequel a vne exacte cognoiſſance des hiſtoires ſainctes & profanes, comme nous dirons cy apres.

Il a eſcrit vne declaration du droict de legitime ſucceſſion, ſur le Royaume de Portugal, appartenãt à la Roine mere du Roy treſ-Chreſtien, imprimee à Anuers & à Paris, l'an 1582. in 8. & contient 18. fueilles.

Panegyric ou remonſtrãce pour les Seneſchal, Iuges-mage & Criminel, Lieutenants, Conſeillers, Aduocats & Procureurs du Roy, Iuges & Magiſtrats en la Seneſchauſſee, & ſiege preſidial de Toloſe, contre les Notaires & Secretaires du Roy de laditte ville, &c. imprimee à Paris chez Geruais Mallot l'an 1582. in 4. & contient 9. fueilles.

Requeſte verbale pour les ſuſdits ſeigneurs & officiers de Toloſe, contenant vne Apologie & defenſe, à l'aduertiſſement publié au nom des Docteurs Regents de l'Vniuerſité de Toloſe, &c. faite en iugemẽt le 15. de Nouembre l'an 1583. par ledit ſieur Belloy par deuant meſſieurs les maiſtres des Requeſtes ordinaires de l'hoſtel du Roy, &c. imprimee à Paris l'an 1583. in 8. & contient 11. fueilles.

Briefue explication de l'an courant 1583. ſelon le Calendier Gregoriã, imprimee à Paris l'an 1583. chez Héry le Bé in 8. & contiẽt 8. fueilles.

Supputation des temps depuis la creation du monde iuſques en l'an de ſalut 1582. ſeparee en deux colomnes diuerſes. Elle ſ'imprime à Paris cette annee 1584.

Ie feray mention de ſes eſcrits Latins autre-part, n'eſtant icy noſtre intention d'en traicter, mais ſeulement des ſes eſcrits en François.

Il floriſt à Paris cette annee 1584.

B.I. PIERRE BELON du Mans docteur en Medecine en l'Vniuerſité de Paris, aucuns diſent qu'il eſt natif de la paroiſſe d'Oyſay au Maine, & les autres de Foulletourte, mais tant y a qu'il eſt Manceau, &c.

Il eſtoit penſionnaire du Roy Henry 2. & auoit deux cent eſcus de gages. Il a beaucoup & long temps voyagé és pays eſtranges, & a eſcrit pluſieurs beaux liures de ſes voyages & peregrinations, entre leſquels ſont ceux-cy.

Les Obſeruations de pluſieurs ſingularitez, & choſes memorables trouuees en Grece, Aſie, Iudee, Ægypte, Arabie & autres pays eſtrãges, redigees en trois liures, imprimees à Paris chez Gilles Corrozet, & Guillaume Cauelat l'an 1555. auec les figures d'hommes, d'oiſeaux, animaux & autres ſemblables choſes dignes de memoire.

L'hiſtoire des Poiſſons, traictant de leur nature & proprieté, auec les protraicts d'iceux, imprimee à Paris chez Robert Eſtienne en Latin & en François.

De la nature des Oyſeaux de toutes ſortes, auec leurs protraicts, imprimee à Paris chez Cauelat.

Les

Les remonſtrances ſur le deffault du labour & culture des plantes, & de la cognoiſſance d'icelles, contenant la maniere d'affranchir & appriuoiſer les arbres ſauuages, &c. imprimé à Paris chez Gilles Corrozet l'an 1558. in 8. contenant 12. fueilles.

Il a traduit en François les œuures de Dioſcoride, traictant des ſimples, & les a commentees: elles ne ſont encores imprimees, il en fait mention en ſon epiſtre miſe au deuant de ſes Obſeruations, dediees à Monſieur le Cardinal de Tournon ſon Mecene.

Il auoit proiecté pluſieurs autres beaux deſſeings, mais la mort violente de laquelle il finit ſa vie, l'empeſcha de les executer & mettre fin, enſemble pluſieurs beaux liures, d'aucuns deſquels ſ'enſuit le tiltre.

L'Hiſtoire des Serpents, non encores imprimee, de laquelle il fait mention en ſon liure de l'Agriculture fol. 24. pag. 6.

Il a traduit le liure des Plantes de Theophraſte autheur Grec, non encores imprimé.

L'Hiſtoire des eſtranges poiſſons marins, auec la vraye peinture & deſcription du Dauphin, & de pluſieurs autres de ſon eſpece, le tout diuiſé en deux liures imprimez à Paris par Regnaut Chaudiere l'an 1551. in 4. auec les protraicts & figures deſdits poiſſons.

Il a eſcrit pluſieurs autres memoires non encores imprimez, deſquels nous auons quelques fragments eſcrits de ſa main. Il a eſcrit pluſieurs liures en Latin dont nous ne faiſons pas icy mention. Il fut tué (non loing de la ville de Paris) par vn ſien ennemy l'an 1564.

B.L. PIERRE BERCHORE Poicteuin, dit autrement Berthore, prieur du monaſtere de S. Eloy à Paris, de l'ordre de S. Benoiſt, natif du village de S. Pierre du Chemin, à trois lieuës de Poictiers, ſous l'Eueſché de Maillezais. Il a traduit de Latin en François par le commandement du Roy Iean, les Decades de Tite Liue Padouan, tant renommé pour l'hiſtoire Romaine. Il mourut en l'an de ſalut 1362.

PIERRE BERTRAND Medecin demeurant à Bezas en Guienne.

Il a compoſé en forme de dialogue, la Dialectique Françoiſe pour les Chirurgiens, imprimee à Paris l'an 1571. par Denys du Pré.

PIERRE BESSANT, treſexcellent pour l'eſcriture, de laquelle il fait profeſſion de mōſtrer & enſeigner en la ville de Paris cette annee 1584. & au parauant.

Il a recueilly pluſieurs ſentences des Prouerbes de Salomon, leſquelles il a reduites en ſoixante & dix quadrains, de diuerſes rithmes, imprimez à Paris l'an 1583.

PIERRE BLONDEL, Lodunois, autrement dit Pierre Marin Blōdel, &c. duquel nous ferons mētion cy apres. I'ay parlé cy deuāt de Pierre l'Anglois ſieur de Bel-eſtat qui eſt le meſme Pierre Marin Blōdel, & ne ſçay pourquoy il y a tel changement en ces noms, veu que ce n'eſt qu'vn meſme autheur.

Il a escrit plusieurs Poësies & autres œuures, & entre autres les Hieroglyphes, imprimez à Paris chez Abel l'Angelier l'an 1583.

B.L. PIERRE BOISTVAV surnommé Launay natif de Nantes en Bretagne, homme tresdocte & des plus eloquens Orateurs de son siecle, & lequel auoit vne façon de parler autant douce, coulante & agreable qu'autre, duquel i'aye leu les escrits.

Il a escrit premierement en Latin, & depuis traduit en François vn for beau & bien docte traicté, qu'il appelle le Theatre du Monde, discourant des miseres humaines, & sur la fin du liure il traicte de l'excellence & dignité de l'homme, le Latin n'a encores esté imprimé, mais quant au François, il l'a esté par plus de 20. fois diuerses, tant à Paris qu'à Anuers, à Lyon, à Roüen, & autres lieux. Robert le Mangnier & Iean Longis, l'ont imprimé par plusieurs fois à Paris in 8. & in 16. ou petite marge.

Il a traduit vne partie de l'histoire Ecclesiastique de Nicephore & autres, imprimee à Paris chez Marnef & Cauelat.

Les histoires prodigieuses, extraictes de plusieurs excellẽts autheurs Grecs & Latins, tant sacrez que prophanes, imprimees à Paris l'an 1561. & encores depuis par plusieurs fois par Vincent Sertenas & autres. Lesdittes histoires ont esté augmentees par François de Belleforest, & par Claude de Tesserand Parisien, comme nous auons dit cy dessus.

L'histoire de Chelidonius, imprimee à Paris.

Les six premieres histoires tragiques, traduites de l'Italiẽ de Bandel, imprimees à Paris par diuerses fois, auec les continuations ou suittes de traduction dudit Bandel, par François de Belleforest : mais pour dire ce qui me semble touchant ces deux Autheurs, les six premieres dudict BOISTUAU sont si excellentes, & traduites si heureusement, que quãd lon sort de sa traduction pour entrer en celle dudit Belleforest, le changement est estrange : car cettuy-cy auoit rendu son œuure bien poly & limé, pour ne l'auoir precipité à l'impression, & Belleforest auoit fait ses traductions à mesure que lon imprimoit son œuure, qui est cause que les premieres sont plus elabourees que les dernieres. Elles ont esté imprimees à Paris par vne infinité de fois, chez Geruais Mallot, Iean de Bordeaux, Robert le Mangnier, & autres.

Les Amants fortunez, autrement intitulé l'Heptameron de la Royne de Nauarre, lequel a esté remis en son entier par Claude Gruget Parisien, comme nous auons dit cy dessus. Ie ne sçay au vray qui est l'autheur de ce liure, car il a esté imprimé à diuerses fois soubs diuers noms d'autheurs.

Traicté de la paix, & de la guerre: duquel il fait mention au troisiesme liure de son Theatre du Monde. Ie n'ay point veu ledit traicté imprimé.

Traicté de l'Eglise militante.

Traicté des pierres precieuses, dans lequel il traicte des impostures & tromperies des lapidaires qui pensent contrefaire les pierreries & ioyaux. Ce liure n'est encores en lumiere, il en fait mention en ses histoires prodigieuses.

Traicté de l'excellence & dignité de l'homme, escrit en Latin & en François par ledit Boistuan, lequel a esté imprimé par plusieurs fois auec son Theatre du monde, comme nous auons dit icy dessus.

Il a dauantage traduit for doctement & auec beaucoup d'heur, les liures de la cité de Dieu, escrits par S. Augustin, lesquels ne sont encores en lumiere: ceux qui les ont retirez par deuers eux apres la mort de l'auteur ne les deuroient pas retenir si long temps à les faire imprimer, tant pour l'amour du defunct, que pour l'vtilité & profit de tous amateurs des lettres.

Il mourut à Paris l'an 1566. Il est enterré au cemitiere des Escoliers à Paris, pres l'Eglise de Sainct Estienne du mont.

PIERRE DE BONIFACIIS gentilhomme natif de Prouence, issu de la noble maison des Bonifaces, grand Alchimiste, & for entendu en la magie, (selon que les autheurs de ce temps là, ont laissé par escrit.) Il estoit for bon Poëte Prouençal.

Il a escrit en rithme Prouençale vn Traicté de la Vertu & proprieté des Gemmes ou pierres precieuses.

Il mourut l'an 1383.

F. PIERRE BONNEAV Cordelier, docteur en Theologie en l'Vniuersité de Poictiers, Predicateur excellent & homme de grande doctrine. Ie n'ay point veu de ses escrits imprimez.

Les Protestants le firent mourir au pays d'Angoulesme, ou és enuirons l'an 1569. le premier iour de May, comme recite Iean le Frere en son histoire de nostre temps, de la derniere edition in fol. imprimee chez Guillaume de la Nouë, sans y auoir mis son nom, &c.

PIERRE BOTON Masconnois.

Il a escrit en vers François les Amours de Camille, contenant plusieurs Elegies & cõplaintes amoureuses: ensemble les resueries & discours d'vn amãt desesperé, le tout imprimé à Paris par Iean Ruelle l'an 1573.

PIERRE BOVLENGER, natif de Troye en Champagne, ie n'ay point veu ses escrits imprimez.

s.L. PIERRE BOVLENGER Poicteuin, historiographe Latin & François. Ie n'ay encores veu aucunes de ses compositions, mais Pierre l'Anglois sieur Bel estat fait honorable mention de luy en son liure des Hieroglyphes au 3. tableau fol. 24. pag. 6.

Il florist cette annee 1584.

PIERRE DE BOVSSY Tournisien. Il a escrit en vers Frãçois vne tragedie intitulee Maleagre, imprimee à Caën en Normandie l'an 1582.

PIERRE DE BRACH, natif de Bordeaux en Gascongne, Poëte François.

Il a fait imprimer vn iuste volume de ses poësies Françoises en laditte ville de Bordeaux, chez Symon de Milanges l'an 1582.

PIERRE BRAILLIER, Marchand Apotiquaire demeurant à Lyon l'an 1557.

Il a escrit vn traicté contenant la declaration des abus & ignorances des Medecins, qui est vne response contre le liure de *Liset Benancio*, Medecin, imprimé à Roüen chez Thomas Mallard l'an 1557. & à Lyon chez Michel Ioue.

PIERRE BROE', natif de Tournon sur le Rhosne.

Il a traduit de Latin en François le liure de Iean Sulpice de S. Alban dit *Verulanus*, traictant des bonnes & honnestes contenances de la ieunesse, imprimé à Lyon par Macé Bonhomme l'an 1555.

PIERRE BRISSON sieur du Palais, natif de la ville de Fõtenay le Conte en Poictou, frere de Messire Bernabé Brisson President au Parlemẽt de Paris (duquel nous auons parlé tant honorablement icy deuant) &c.

Il a escrit vn for beau & docte liure touchant l'Instruction & nourriture du Prince, imprimé à Paris chez Pierre l'Huillier l'an 1582.

Il florissoit en l'an 1583.

PIERRE CAPEL gentilhomme Prouençal, natif de la ville de Nice, fils de Pierre Antoine Capel & neueu de Iean Capel seigneur de Chasteauneuf.

Il a escrit en vers François vne deploration sur les miseres aduenues par la pestilence en la ville de Nice l'an 1580. imprimee à Paris l'an 1583. par Pierre Cheuillot.

Il florissoit à Paris audit an 1583.

S.L. PIERRE CARDENAL natif d'Argence pres Beauquaire. Il estoit estimé l'vn des plus doctes Poëtes de son temps en toutes langues, & sur toutes en la Prouençale, vsitee de son temps.

Il a escrit vn liure des loüanges de la dame d'Argence.

Il mourut à Naples l'an 1302. ou enuiron.

S.L. PIERRE CARPENTIER Iurisconsul de Tolose, (autre que Iaques Charpẽtier natif de Beauuais en Picardie, &c. voy cy apes Pierre Charpentier.

S.L. PIERRE CASTELLAN OV DV CHASTEL, & encores par aucuns nommé Chastellain dit *Castellanus*, Euesque de Mascõ & de Tulles, & depuis pourueu de l'Eueschê d'Orleans, en l'an 1544. ou enuiron, homme tresdocte & des plus estimez de son temps.

Il a escrit vne treselegante Oraison de l'adolescence & vie du Roy François 1. du nom, qui est comme vn brief discours de ses gestes, faits & actions les plus remarquables.

Cette

Cette Oraison funebre fut prononcee par ledit Euesque le 23. iour de May l'an 1547. tant à Paris en l'Eglise de Nostre Dame, qu'à S. Denis en Frãce. Les susdittes Oraisons ont esté imprimees à Paris par Robert Estienne l'an 1547. Henry Estienne fils dudit Robert, fait mention de cet Euesque en son Apologie pour Herodote en plusieurs endroicts, ensemble Pierre de S. Iulien Doyen de Chaalon, en ses antiquitez de Bourgongne au chapitre de Mascon fol. 295. & 296. Ie feray mention de ses compositions Latines autre-part.

Il florissoit en l'an 1547. soubs le regne du Roy François 1. & encores depuis soubs Henry 2. son fils. Voy cy apres *Pierre du Chastel*.

PIERRE LE CHANDELIER, &c. homme docte, duquel l'anagramme est tel, *Le peché y rendra l'ire*.

Il a mis en lumiere quelques memoires de l'histoire de nostre temps imprimez à la Rochelle l'an 1573. Ce qui m'a fait penser que cettuy-cy eust nom *Pierre le Chandelier*, c'est que voyant cette deuise susdite assez contraincte, ie me doubtay incontinent qu'il y auoit vne anagramme caché soubs iceluy, & en fin l'ayant recherché, i'y rencontray ce nom susdit: s'il s'en trouue vn autre, ie le veux bien, mais voilà ce que ie pense qu'il ait mis en lumiere.

L'autheur de la susditte histoire florissoit en l'an de salut 1572.

PIERRE DE CHANGY escuyer.

Il a extrait vn sommaire des 16. premiers liures de l'histoire naturelle de Pline, lequel a esté mis en lumiere par Blaise de Changy son fils, imprimé à Lyon par Iean de Tournes, l'an 1551.

PIERRE CHAPELAIN maistre Chirurgien en la ville du Mans, de laquelle il est natif, homme tresexpert en son art, &c.

Il a escrit & composé vn discours touchant le preseruatif de la Peste, imprimé au Mans l'an 1551. par Denis Gaignot. Il a bien augmenté ce liure de plusieurs receptes contre laditte maladie, mais il n'est encores imprimé. Ie ne sçay si ledit Chapelain est encores viuant.

Il florissoit au Mans l'an 1582.

B.L. PIERRE CHARPENTIER natif de Tolose, Aduocat du Roy au grãd Conseil, homme tresdocte & for grand Iurisconsul.

Il a escrit plusieurs liures tant en Latin qu'en François, lesquels ont esté imprimez pour la plus part: mais ie ne sçay si ceux qui sont mis en son nom, il les vouldroit aduoüer pour siens, d'autant qu'il y en a plusieurs, qui luy ont mis assus des liures desquels il n'estoit pas autheur. La lettre addressee à François Portes Candiois, a esté imprimee soubs le nom dudit Charpẽtier, ensemble autres pareilles choses imprimees l'an 1572. tant en Latin qu'en François.

Il florist à Paris cette annee 1584. Ie feray mention de ses escrits Latins autre-part, ensemble de Iacques Charpentier, de Beauuais en Picardie. I'ay veu vn sien traicté Latin touchant le port des armes, mais ie ne sçay si la traduction Françoise est faite par luy. Il a esté imprimé à Paris en l'vne & l'autre langue.

B.L. PIERRE DE CHASTEAV-NEVF, sieur dudit lieu, Poëte Latin & Prouençal.

Il a escrit des Satyres contre les Princes de son temps.

Poësies dediees à Madame Beatrix, heritiere de Prouence.

Traicté des largesses d'Amour.

Il florissoit en l'an de salut 1276.

B.L. PIERRE DV CHASTEL, dit *Castellanus*, premierement Euesque de Tulles, & depuis de Mascon, & en fin d'Orleans.

Il florissoit en l'an 1544. soubs François I. voy cy dessus *Pierre Castellan*.

PIERRE LE CHEVALIER Poëte François.

Il a escrit quelques chants royaux à l'honneur de la Vierge.

B.L. PIERRE CHOLIN, Suisse de nation, professeur à Zury, homme docte és langues, autresfois precepteur de Th. de Beze.

Il a escrit vne Grammaire de la langue Françoise. Ledit de Beze & Gesnerus en font mention.

PIERRE CHRESTIEN, natif de Poictou, M. à Caen en Normandie, és annees 1558. & 1559.

Il a escrit vn traicté touchant le Rebaptizement, comme tesmoignent François de Belleforest, & Iean le Frere de Laual en leurs histoires, sçauoir est ledit Belleforest au 2. volume de ses grandes Annales de France, fol. 1603. pag. 6. & ledit Iean le Frere en son histoire de France fol. 355. de l'impression in fol.

PIERRE DE COLONGNE M. de l'Egl. reformee à Mets l'an 1563.

Il a escrit plusieurs traictez imprimez à Lyon l'an 1564. chez Iean d'Ogeroles, desquels liures ie ne veux mettre les tiltres, & pour cause.

B.L. PIERRE CONSTANT, natif de Langres, homme docte & gentil poëte François.

Il a escrit vn Poëme intitulé la republique des Abeilles, imprimé à Paris chez Geruais Mallot l'an 1582. auquel temps il florissoit, ie ne sçay s'il est encores viuant.

PIERRE COVDEMBERG, Apotiquaire demeurant à Anuers l'an 1568.

Il a traduit de Latin en François & enrichy d'annotations le Guidon des Apotiquaires, c'est à dire la forme & maniere de composer les medicaments, premierement traictee par *Valerius Cordus*, imprimé à Lyon l'an 1575. par Rouuille.

PIERRE DE COVRCELLES natif de Candes en Toureine, homme docte és langues Hebraïque, Grecque & Latine.

Il a traduit en vers François, le Cantique des Cãtiques de Salomon, ensem-

ensemble les lamentations de Hieremie le Prophete, le tout imprimé à Paris chez Robert Estienne l'an 1564.

La Rhetorique Françoise, imprimée à Paris chez Sebastien Niuelle l'an 1557.

La Calomachie, qui est vn Poëme François, dans lequel se voit vn combat entre les quatre gouuerneurs du Monde.

Il fait mention de ce liure en ses autres œuures. Ie ne sçay s'il est imprimé.

Il florissoit à Paris en l'an 1561.

Messire PIERRE DE CRAON, & selon autres de Creon, ancien Poëte François en l'an 1250. ou enuiron.

Il a escrit quelques poësies, non encores imprimees.

Frere PIERRE DE CROIX.

Il a traduit de Latin en François, vne Epistre de Michel de Bay, professeur en Theologie à Louuain &c. traictant de l'vnion des Estats du pays bas, imprimee à Paris chez Antoine Houic l'an 1579.

PIERRE CVEVRET, & selon d'autres CVRET, Chanoine en l'Eglise de S. Iulien du Mans l'an 1510.

Il a traduit de Latin en François, les Sermons de S. Effrem, lequel liure s'intitule autrement, *La Fleur de Predication*. Il a esté imprimé à Paris par Antoine Verard, il y a plus de 60. ans.

Il a reueu & recorrigé les Actes des Apostres, faits & composez en vers François par Arnoul & Simon les Grebans freres, natifs de Compiegne en Picardie &c.

Messire PIERRE DE CVGNIERES OV CVNIERES Cheualier, dit en Latin *Cunerius* ou bien à *Cuneriis*, & selon le vulgaire, il a esté nommé en derision de ce qu'il s'estoit bandé contre les Ecclesiastiques, *Maistre Pierre du Coignet ou Quignet* &c.

Il fut Conseiller & Aduocat de Philippes de Valois Roy de France l'an 1328. & selon d'autres il estoit seulemēt son Procureur, & outre celà Archidiacre en l'Eglise de Nostre-Dame à Paris.

Il estoit seigneur de Saintines pres Verberie, au Duché de Valois.

Il espousa Madame Ieanne de Nery.

Ledit de Cugnieres a escrit & mis en lumiere vne sienne oraison ou harangue, par laquelle il s'efforce de prouuer, que le glaiue de S. Pierre n'estoit que spirituel, & que touchant le temporel, qu'il n'appartenoit aux Ecclesiastiques d'en auoir aucune cognoissance, & tant s'en fault l'administration, proprieté & possession. Ce sont icy les mots desquels vse Pierre de S. Iulien, Doyen de Chalon en ses antiquitez de Bourgongne, au chapitre de Chalon fol. 470. parlant dudit de Cugnieres.

Monsieur le Cardinal d'Authun, Messire Pierre Bertrand, fist respōse à la harangue dudit de Cugnieres, laquelle se voit imprimee en plusieurs endroits, & quāt à celle de son aduersaire elle n'est pas si cōmune.

Ledit Aduocat du Roy est enterré en l'Eglise de sainct Iulien de Saintines en Valois.

Ie feray plus ample mention du susdit au discours de sa vie, lequel i'ay escrit auec les vies des hommes d'Estat ou de robbe longue.

PIERRE DAGVES, sieur de la Bionniere, Aduocat au Parlement de Paris, issu de l'ancienne famille des Dagues au Maine &c.

Il a escrit plusieurs poëmes François, desquels il y en a quelques-vns imprimez, les autres ne le sont pas encores, & ne sçay s'il les mettra en lumiere, d'autant qu'il s'addonne maintenant à vne estude plus serieuse, qui est la Iurisprudence: & ce qu'il a composé en vers dés ses plus ieunes ans, peult estre ne prendra-il la peine de le faire imprimer, mais biẽ ce qu'il obserue de beau & de singulier en sa profession du droict, qu'il exerce au Parlemẽt de Paris, en laquelle ville il florist cette annee 1584.

Si ce n'estoit que nous sommes de mesme nation & intimes amis, ie dirois dauantage de loüanges de luy, mais peult-estre qu'aucuns rapporteroyent celà à nostre amitié si entiere, sans penser que la verité me le fist dire.

PIERRE DANCHE Escuyer.

Il a escrit en vers François le blason des bons vins de France, le blason de la belle fille, & celuy du beau cheual, le tout imprimé à Paris par Marnef.

S.L. PIERRE DESRAY, natif de Troye en Champagne.

Il a reueu, corrigé & augmenté le liure de Messire Oliuier de la Marche, intitulé le parement & triomphe des Dames d'honneur.

Il a dauantage recueilly & assemblé les grandes chroniques de Charles 8. Roy de France, commençant dés l'an 1484. iusques en l'an 1496. imprimees à Paris chez Iean Petit & Michel le Noir l'an 1512. Ce liure se voit imprimé sur la fin du troisiesme volume des chroniques de *Monstrelet*.

Il a traduit de Latin en François, vn liure des gestes, faits & cõquestes de Godefroy de Buillon en Hierusalem, imprimé à Paris chez Iean Petit l'an 1500. ou enuirõ.

Il a traduit de Latin en François, les postilles & expositions des Epistres & Euangiles des Dimenches, auec celles des festes solennelles. Il florissoit en l'an 1410. soubs le regne du Roy Loys 12.

S.L. PIERRE DROVET DE GAILLARD, Aduocat au Parlement de Paris, homme for docte & bien versé en l'histoire, tant sacree que prophane &c. natif de Landres en Champagne au diocese de Rheims.

Il a composé vn liure de la methode que lon doibt garder en la lecture des histoires, imprimé à Paris chez Pierre Cauelat l'an 1579.

Il auoit auparauant mis en lumiere vne table chronologique & methodique, pour la cognoissance de toute les histoires du monde, imprimee à Paris l'an 1570. chez Martin le Ieune.

La

La chronologie, contenant l'ordre des temps, depuis la creation du monde iusques à nostre temps. Elle n'est encores imprimee, il espere la mettre bien tost sur la presse.

Il florist à Paris cette annee 1584.

Frere PIERRE DIVOLÉ OV DIVOLAY, docteur en Theologie à Paris, de l'ordre des freres prescheurs ou Iacobins, natif de la ville d'Auxerre en Bourgongne, & prouincial de Frãce. C'estoit l'vn des renommez predicateurs de son ordre, & des plus sçauants Theologiens.

Il a escrit & composé plusieurs sermons, imprimez à Paris chez Nicolas Chesneau & autres : ensemble plusieurs autres liures en Theologie.

Il mourut à Paris l'an 1568. le trentiesme de Mars. Il est enterré en l'Eglise des Iacobins à Paris.

Frere PIERRE DORÉ docteur en Theologie, natif d'Orleans, de l'ordre des freres prescheurs ou Iacobins, de Chaalons en Champagne.

Il a escrit vne oraison funebre, sur le trespas de Messire Philippes Chabot Admiral de France, imprimee auec son traicté de la misere de la vie humaine, sur la fin dudit liure, imprimé à Paris.

Oraison Panegyrique ou loüangere de Messire Claude de Lorraine Duc de Guise, lequel mourut l'an 1550. imprimee à Paris audit an in 8. & contient 15. fueilles.

L'Anti-Caluin, imprimé à Paris chez Sebastien Niuelle l'an 1568.

Paradoxes, imprimez à Paris chez Oudin Petit.

L'Image de vertu, imprimé à Paris chez Estienne Grouleau l'an 1559. in 16. & chez Oudin Petit in 8.

L'Esperance asseuree, imprimee à Paris.

Le Passe Solitaire.

Le triomphe du Roy sans pair.

La Piscine de patience.

L'Arbre de vie.

Le College de Sapience.

Le Dialogue des chrestiens.

Les Allumettes du feu diuin.

La Conserue de Grace.

Dialogue entre le Samaritain & Dieu.

Meditations de la Messe.

Deploration de la vie humaine.

L'adresse du pecheur.

Le Cerf spirituel.

Oeuures de Penitence.

Le Pasturage de la Breby.

Collations Royalles.

Le Testament d'Amour.

L'Arche de nouuelle alliance.

La Tourterelle, imprimee chez Baquenois.

Traicté de la vie & mort chrestiēne, imprimé chez ledit Baquenois.

Victoire de toutes tribulations, chez Sebastien Niuelle.

Le Dialogue instructoire des chrestiens, en la foy, esperāce & amour de Dieu, imprimé à Paris chez Guillaume Bonnemere.

Il a escrit plusieurs autres œuures, desquelles ie n'ay pas cognoissance. Il florissoit à Paris en l'an 1550. soubs le regne du Roy Henry 2.

B.L. PIERRE DVRAND, Bailly de Nogen le Rotrou au pays du Perche, sur les frontieres du Maine &c.

Il estoit tres-docte Poëte Latin, & a composé plusieurs beaux vers en l'vne & l'autre langue, lesquels ne sont encores imprimez.

Ie ne craindray point (estant tombé à propos pour faire mention dudit sieur Durand) d'expliquer icy l'Enigme qui se voit escrite sur sa maison, en ladite ville de Nogen au Perche, qui est vn passage ordinaire pour tous ceux de Bretagne, Anjou, le Maine & autres lieux voisins qui font le voyage à Paris. Cette deuise est telle.

De Pierre Blanche *ie fuz faite* Durand Féurier.

Laquelle est tellement obscure, que sans auoir cognoissance des Equiuoques contenuz en icelle, elle ne pourroit estre soluë, sinon par ceux qui en sont les autheurs, qui l'ont declaree par apres. Car il semble que ladite maison, faite de Pierre Blanche, aye esté bastie au mois de Féurier, qui est vn temps incommode pour la massonnerie, & encores pour estre le plus court de tous les autres mois, ce qui seroit impossible de faire à vn homme mediocre en biens, de la bastir si riche comme elle est, sçauoir de Pierre de taille, ou autre semblable, en si peu de temps qu'vn mois. Mais afin de ne retenir les lecteurs plus long temps à en sçauoir la vraye explication, la voicy. Ledit *Pierre Durand* & sa premiere femme, nommee *Blanche* Féurier, firent faire cette maison durant leur mariage, tellement que la maison estant introduite comme parlante, semble dire ces mots, Ie *fuz faite de pierre blanche durant le mois de* Féurier, en quoy vous voyez les equiuoques ou allusions.

Ce qui m'a fait arrester à l'explication de cette Enigme, ç'a esté pour auoir autresfois veu (passant par là) faire des gageures for grandes touchant ceux qui se vantoient de la pouuoir expliquer, & n'en pouuoyēt venir à bout, & autres voyant cette inscription, n'y prennent pas garde, pensant qu'il ne faille entēdre en celà qu'vn sens commun, comme és autres choses mises ordinairement sur les portes, ou frontispices des superbes bastiments.

PIERRE EBERARD, Inquisiteur de la Foy.

Il a escrit la vie de la Benoiste Daulphine du Puy-michel, Contesse d'Arian, femme & espouse de Sainct Aulzias de Sabran, Conte d'Arian &c. imprimee à Paris par Iean Trepperel, il y plus de 60. ans.

PIERRE

2.L. PIERRE D'ELBENE, gentilhomme François, Conseiller & aumosnier de la Roine mere du Roy, issu de la tres-noble & tres-ancienne maison d'Elbene ou d'Albene, tant renommee à Florence, & par toute l'Italie, & encores parent d'Alphonse d'Albene, Abbé de Haultecombe en Sauoye (comme nous auons dit cy dessus à la lettre d'A.)

Cetui-cy n'a rien fait imprimer de ses cōpositions Grecques, Latines, ou Françoises, esquelles langues il est for bien versé, sans parler des autres vulgaires.

Il florist à Paris cette annee 1584.

PIERRE EMOTE, docteur en Theologie à Paris, Chanoine theologal en l'Eglise de Laon en Laonnois au pays de Picardie &c.

Il a escrit vn premier tome de Sermons & exhortations chrestiennes, sur les Aduens ou autres semblables subiects, imprimez à Paris chez Nicolas Chesneau l'an 1582.

2.L. Messire PIERRE D'EPINAC, Archeuesque & Conte de Lyon, primat des Gaules, Conseiller du priué Conseil du Roy &c. issu de la noble & ancienne maison d'Epinac en Forests, & de par sa mere issu de la tant renommee & illustre famille d'Albon, seigneurs de S. André &c.

Ce seigneur d'Epinac fut deputé aux Estats de Bloys, par Messieurs du Clergé de France, (que lon appelle autrement l'Estat Ecclesiastiq,) au nom desquels il prononça vne tres-docte & tres-eloquente oraison deuant le Roy HENRY troisiesme, seant ausdits Estats generaux le Ieudy dixseptiesme iour de Ianuier l'an 1577. imprimee à Paris chez Pierre l'Huillier audit an, par diuerses fois, & en diuerses marges ou grandeurs de papier, & encores imprimee en d'autres villes de France, tant elle a esté bien approuuee de tous.

Auant que finir mon propos, touchant le susdit Seigneur, ie diray ce que i'ay en opinion de son sçauoir & doctrine, qui est telle (selon que i'en ay peu conceuoir par ses doctes escrits) que ie n'ay point leu d'oraison Françoise, tant remplie de traicts d'orateur, & si pleine de beaux discours rares, & faisant pour le subiect ou matiere proposee, qu'est celle-là qu'il prononça à Bloys. Car à qui prendra garde de pres à la structure & liaison d'icelle, à la suite des propos, & autres choses requises en vn orateur tres-accomply (sans faire mention du beau & poly langage, duquel elle est toute remplie) lon iugera facilemēt qu'il s'en trouuera peu ou point qui puissent mieux faire que luy. Ie n'ay point veu d'autres siens escrits ou compositions, mais par cet eschantillon (comme lon dit) lon pourra aisément iuger du reste, qu'il pourroit bien faire, s'il vouloit mettre la main à la plume.

Il florist cette annee 1584.

PIERRE L'ESCOT, gentilhomme François, Conseiller & aumosnier ordinaire du Roy, Seigneur de Clagny, l'vn des plus renommez architectes de France.

Il a fait plusieurs plants & protraicts, des plus superbes & magnifiques palays & maisons somptueuses de France, entre lesquels edifices ou bastimens de marque, sont ceux du Louure à Paris, duquel il donna le deuis du temps de François premier, & soubs le regne duquel il florissoit, & encores soubs Henry second.

Loys le Roy & plusieurs autres le recommandent for en leurs œuures, & entre-autres Pierre de Ronsard au 2. liure de ses poëmes au 3. volume, lequel il luy dedie. Les œuures dudit sieur de Clagny, ne sont encores en lumiere, ils se voyent escrits à la main, auec vne infinité de protraicts, desseins, & autres beaux ouurages faits de sa main, en la Bibliotheque de son nepueu Monsieur de Clermont, sieur de Clagny, surnommé l'Escot, Conseiller Ecclesiastiq au Parlement de Paris, & Chanoine de Nostre-Dame audit lieu &c.

B.L. PIERRE FABRE, DIT FABER.

Il a escrit vn traicté en Latin & en François, par lequel on peult apprendre en quel cas il est permis à l'homme chrestien de porter les armes, & par lequel il est respondu à Pierre Charpentier, imprimé l'an 1576. L'autheur d'iceluy viuoit en l'an de salut 1575.

PIERRE FABRY OV LE FEBVRE, Curé de Meray, natif de Roüen en Normandie.

Il a escrit vn liure, intitulé le grand & vray art de pleine rhetorique, imprimé à Paris chez Pierre Sergeant l'an 1539. in 8. & contient 31. fueilles.

B.L. PIERRE DV FAVR, natif de Tolose, President en ladite Cour, homme docte és langues, & tres-sçauant en la Iurisprudence, comme ont esté tous ceux de cette illustre maison.

Il a escrit plusieurs for beaux & doctes liures, tant en Latin qu'en François. Ie n'ay cognoissance sinon de ceux qui sont en Latin, & entre-autres les *Semestres*, desquels ie feray mention en ma Bibliotheque Latine.

Il florist à Tolose cette annee 1584. Nous auons parlé cy deuant de Guy du Faur, son parent.

PIERRE FERGET OV FARGET, docteur en Theologie, de l'ordre des Augustins, du Conuent de Lyon l'an 1483.

Il a traduit de Latin en François vn liure, intitulé la Consolation des pauures pecheurs, fait par maniere de procez, meu entre Belial procureur d'Enfer & Iesu-christ fils de la Vierge Marie, redempteur de nature humaine.

Ce liure s'intitule autrement *Belial*, il a esté imprimé à Paris il y a plus de cent ans.

Il a translaté de Latin en François vn liure, intitulé Les fleurs & manieres de faire, des temps passez, & des faits merueilleux de Dieu, tât en l'ancien Testament, comme au nouueau, imprimé à Geneue l'an 1495.

Il flo-

Il floriſſoit en l'an de ſalut 1480.

PIERRE FONTAINE, OU DE FONTAINES, Hiſtorien François, dit *Petrus Fontanus*, natif de Vermãdois en Picardie, maiſtre des requeſtes du Roy de France S. Loys en l'an 1270. ou enuiron.

Il a eſcrit en vieil langage François, vſité de ſon temps, vn liure intitulé *Li Liures la Reigne*, lequel traicte de la Iuſtice & police.

Iean Syre de Ionuille hiſtorien dudit Roy S. Loys, fait mention du ſuſdit Pierre de Fõtaines, enſemble Meſſieurs Choppin, Pithou, Bergeron & autres autheurs en pluſieurs endroicts de leurs liures.

Le ſuſdit liure n'eſt encores imprimé.

PIERRE FORCADEL, natif de la ville de Beziers en Languedoc, lecteur du Roy és Mathematiques à Paris, frere d'Eſtienne Forcadel Iuriſconſul &c.

Il a compoſé vne arithmetique Françoiſe, contenant 4. liures, imprimee chez Charles Périer l'an 1565. & l'an 1567.

Il a traduit de Latin en Frãçois, la pratique de la Geometrie d'Orõce Finé Dauphinois, en laquelle eſt compris l'vſage du Quarré Geometrique, & de pluſieurs autres inſtruments ſeruants à meſme effect: enſemble la maniere de bien meſurer toutes ſortes de plans & quantitez corporelles, auec les figures & demonſtrations, le tout imprimé à Paris chez Gilles Gourbin l'an 1570.

La deſcription de l'aneau horaire, imprimee à Paris chez Mathurin Preuoſt l'an 1568.

Il a traduit en François les Elemens d'Euclide autheur Grec, auec annotations & commentaires dudit Forcadel, imprimez à Paris l'an 1564. chez Charles Périer.

Il a traduit de Latin en François l'arithmetique de *Gemma Friſius*.

Traduction de la Muſique d'Euclide, imprimee à Paris chez Charles Périer 1565.

Traduction du premier liure d'Archimede, des choſes egallement peſantes, imprimee chez ledit Périer audit an.

Traduction & comments du liure d'Archimede, touchant les poids, & des choſes tombantes en l'humide, imprimez chez ledit Périer audit an 1565.

Deux liures de Proclus, touchant le mouuement, traduits par ledit Forcadel, & imprimez à Paris l'an 1565.

Il floriſſoit à Paris ſoubs Charles 9. & Henry 3. ſoubs le regne duquel il mourut.

PIERRE DE LA FOREST, natif du pays de Neuers, medecin à Montpellier.

Il a traduit de Latin en François, vn traicté de la cure ou guariſon de la pierre ou grauelle, imprimé à Paris auec vn liure intitulé *La proprieté & vertu des eaux*.

Messire PIERRE DE LA FOREST, Chancelier de France & Cardinal l'an 1353. natif de la paroisse de la Suze à quatre lieuës du Mans &c.

Ie n'ay point veu de ses escrits, sinon vn for beau Testament qu'il fist en Auignon en date du 25. iour de Iuin 1361. auquel an il mourut âgé de 56. ans, lequel nous auons par deuers nous escrit à la main. Nous ferons plus ample mention de luy és vies des Chanceliers de France.

PIERRE FRANCO OV FRANCONE, natif de Turiers en Prouence, demeurant à Orenge &c. homme tres-expert en l'art de Chirurgie.

Il a escrit vn traicté des *Hernies*, qui est vne maladie commune aux hommes, auec vn ample declaratiõ de toutes les especes desdites Hernies, & autres parties de la chirurgie, sçauoir est de la pierre, des yeux & autres maladies, imprimé à Lyon l'an 1561. chez Thibault Payan in 8. & contient 36. fueilles.

Il florissoit audit an 1561.

PIERRE GALAND, dit GALLANDIVS, Picard de nation, lecteur ordinaire & professeur en Philosophie en l'Vniuersité de Paris, Chanoine en l'Eglise de Nostre-Dame en ladite ville, & principal du College de Boncour, situé à Paris, oncle de Monsieur Gallandius, lequel luy a succedé en ladite charge & office de principal à Boncour, & a tellement imité son oncle, pour faire florir son College en hõmes doctes, qu'il a bien sceu pratiquer les plus sçauants & eloquents de l'Vniuersité pour le rendre de plus en plus tres-celebre, par les maistres & leurs auditeurs tout ensemble: entre lesquels ie nommeray par honneur Messieurs Bossulus, le Grand (dit *Magnus*,) & Daniel d'Auge, dit *Augentius*. Ie n'ay pas cognoissance des autres.

Pour reuenir à parler dudit Pierre Galandius, voicy ce qu'il a mis en lumiere. L'oraison tres-docte & tres-elegante, touchãt les loüanges du Roy François premier du nom. Cette oraison a esté imprimee à Paris en Latin & en François chez Michel Vascosan.

Il florissoit soubs le regne de François premier & Henry second.

Ie feray mention de ses autres compositions Latines autre-part.

Frere PIERRE GALLISARD, docteur en Theologie, de l'ordre des freres prescheurs d'Arles en Prouence.

Il a extraict des liures de la sainte escriture, vne sommaire explication des commandemens de Dieu.

Plus il a traduit de Latin en François, vn liure de S. Augustin, de la vie chrestienne: le tout a esté imprimé à Lyon par Benoist Rigault l'an 1577. in 8. & contient 9. fueilles.

PIERRE GARCIE, dit FERRANDE, natif de sainct Gilles sur Vye.

Il a escrit & composé vn liure, intitulé le grand Routier, pilotage, ou encrage de Mer, tant des parties de France, Bretagne & Angleterre, que

que és haultes Almagnes, ensemble les dangers des ports, haures, riuieres, & chenals des regions susdites, ensemble le compost ou calendier tres-necessaire pour la Mer.

Les iugemens d'Oleron, touchant le fait des Nauires.

Le tout a esté imprimé à Roüen en Normandie chez Iean Bourges, & depuis à la Rochelle par Berthelemy Breton l'an 1560.

Ledit Pierre Garcie, surnommé Ferrande, florissoit en l'an de salut 1483.

PIERRE GENTIEN, natif de Paris, ancien Poëte François en l'an 1304. issu de l'ancienne famille des Gentiens à Paris &c.

Il a escrit plusieurs poëmes en la langue vsitee de son temps, lesquels ne sont encores imprimez, & entre-autres se voit de luy vn liure, dans lequel il nomme 40. ou 50. des plus belles dames de son siecle. Voy de cecy Cl. Fauchet en son traicté des Poëtes.

PIERRE GENTIL, natif de Vendosme, ses œuures ne sont encores en lumiere.

PIERRE GILBERT Tolosain.

Ie n'ay pas cognoissance de ses compositions Françoises.

PIERRE GOVESLIER, sieur de la Gouesllerie au Maine, duquel lieu il est natif &c. Enquesteur du Roy au siege presidial & Seneschaussee du Maine.

Il a escrit vn Epithalame ou chant nuptial, sur le mariage de Messire Iean de Chourses Cheualier des deux ordres du Roy, seigneur de Malicorne &c. & de Madame Françoise de Daillon, sœur de Monsieur le Conte de Lude en Anjon &c.

Ce liure n'est encores imprimé, il contient enuiron de 600. vers François. Il le presenta luy-mesme audit sieur de Malicorne l'an 1578.

Il a dauantage escrit plusieurs autres Epithalames, ensemble plusieurs chants lyriques, & autres sortes de poëmes François, desquels il y en a plusieurs imprimez au Mans par Hierosme Oliuier l'an 1575. & 1576. &c.

Plusieurs Epitaphes Latins & François, tant en prose qu'en vers, sur la mort de *Marguerite Herué*, fille de Monsieur du Panon, l'vne des plus belles, sages, vertueuses & accomplies filles de tout son siecle.

Ils ne sont encores imprimez.

Il a traduit quelques Eglogues de Baptiste Mantuan, non encores imprimees.

Il florist au Mans cette annee 1584.

Il a composé plusieurs autres œuures en François, tant en vers qu'en prose, lesquels il poursuit apres auoir donné relasche à ses plus serieuses estudes, & vaqué à sa principale profession.

Ie ne dy rien icy du plaisir qu'il prent à la musique, tant vocale que instrumentale, & combien il s'en sçait heureusement aquiter, qui est vn exercice aymé & chery de toutes personnes d'esprit & d'entendement, & sur tout bien venu & caressé entre les hommes d'estude. Si ie ne craignois que l'amitié qu'il me porte si grande, & celle que ie luy ay pareille, ou plus grande encor, ne fust cogneuë tellement de tous ses amis & les miens, que lon ne pourroit icy voir ses loüanges sans soubçon de flaterie, i'en parlerois dauantage, mais celà m'en empesche.

3.L. PIERRE GRINGORE, dit VAVDEMONT, herault d'armes de Monsieur le Duc de Lorraine &c. Poëte François & orateur, for estimé de son temps.

Il a escrit & composé en vers François, vn œuure qu'il a intitulé *Les menuz propos de Mere Sotte*, imprimez à Paris chez Philippes le Noir l'an 1521. comme il se voit par l'acrostiche contenu dans vn huictain mis sur la fin du liure, qui est vne façon subtile pour cacher son nom: par les lettres maiuscules ou capitales, contenues és premiers mots ou dictions de chacune ligne, cõme ont fait plusieurs autres autheurs &c.

Notables enseignemens, Adages & Prouerbes dudit Pierre Gringore, imprimez à Paris par Galiot du Pré l'an 1528.

Les folles entreprises, qui est vn œuure escrit en vers François, contenant plusieurs choses morales, imprimé à Paris.

Le nom de l'autheur se voit sur la fin dudit liure, mis de la façon que nous auons recitee icy deuant.

Il florissoit en Lorraine l'an 1520.

PIERRE GROSLIER, Aduocat à Lyon l'an 1555.

Il a escrit & composé en prose Frãçoise, vn plaidoyé pour vn amoureux iniustement detenu prisonnier, appellant au siege Royal criminel de Lyon, imprimé à Paris l'an 1556. par Estienne Denise.

3.L. PIERRE GROSNET prestre, natif d'Auxerre en Bourgongne, maistre és arts, & licentié en droict Canon & ciuil.

Il a recueilly les sentences & mots dorez de toutes les Tragedies de Seneque, imprimees à Paris chez Denis Ianot l'an 1534.

Les mots dorez du sage Caton, tant en François qu'en Latin, recueillis par ledit Grosnet, imprimez à Paris par Alain Lotrain l'an 1543. & depuis chez Iean Bonfons.

Il a escrit premierement en Latin & depuis traduit en François, vn liure intitulé le desenhortement du peché de luxure, & generalement de tous les pechez mortels, imprimé à Paris l'an 1537.

Il florissoit du temps de François premier, Roy de France.

3.L. PIERRE LE GVILLARD OV L'EGVILLARD, Aduocat à Caën en Normandie l'an 1580.

Il a escrit plusieurs quadrains François, touchant la loüange des barbes rouges, imprimez à Caën l'an 1580. ou enuiron, auec des annotations sur lesdits quadrains.

PIERRE HABERT, natif d'Yssouldun en Berry, frere de François Habert (duquel nous auons parlé cy deuant) &c. Ledit Pierre estoit valet de chambre ordinaire du Roy, & son escriuain &c.

Il a escrit vn liure, intitulé la maniere de bien dicter, & composer toutes sortes de lettres missiues, imprimé à Paris par plusieurs fois.

Traicté du bien & vtilité de la paix, & des maux prouenants de la guerre, le tout en vers Alexandrins, imprimé à Paris par Claude Micard l'an 1568.

L'Institution de vertu, imprimee à Paris.

Le moyen de promptement & facilement apprendre en lettre Françoise, à bien lire, prononcer, & escrire: ensemble la maniere de prier Dieu, en toutes ses necessitez, imprimé à Paris.

Il florissoit soubs les regnes du Roy Henry second & Charles 9.

Cettui-cy Pierre Habert estoit pere de Isaac Habert Parisien, valet de la chambre du Roy, ensemble de Madame des Iardins Susanne Habert, comme nous dirons en leur lieu.

PIERRE HAMON, natif de Bloys, secretaire de la chambre du Roy.

Cettui-cy estoit le plus renommé de France, voire de l'Europe, pour la perfection qu'il auoit d'escrire en toutes sortes de lettres.

Il a fait imprimer plusieurs alphabets ou liures d'Exemples, reduits par ordre d'A b c, lesquels ont esté grauez en taille douce, & imprimez à Paris tant chez Lucas Breyer que autres l'an 1567.

Il a fait la description des Gaules en 12. Cartes, escrites de sa main sur parchemin, lesquelles il presenta à Monsieur le Reuerendissime Charles Cardinal de Lorraine. Elles ne sont encores imprimees. Il fut en fin repris de Iustice, & condamné à estre pendu & estranglé. Ce qui fut executé à Paris en la place de S. Iean en Greue l'an 1569. le Lundy septiesme iour du mois de Mars.

PIERRE HASARD d'Armentieres Medecin &c.

Il a traduit de Latin en Frãçois, vn traicté de la peste, escrit par Theophraste Paracelse, imprimé à Anuers chez Plantin l'an 1571.

Il florissoit à Bruxelles en Flandres l'an 1570.

PIERRE HEINS, natif d'Anuers, Poëte François & Theutonic aussi, (qui est la langue vsitee en la Gaule Belgique.)

Il a escrit en vers François, le Miroir du monde.

Loys Guichiardin fait mention de luy en sa description des pays bas fol. 175.

PIERRE LE HVCHER.

Il a escrit en vers François vne Epistre consolatoire, imprimee auec plusieurs Epigrãmes spirituels, mis en Musique &c. imprimez l'an 1566.

PIERRE HVGON, gentilhomme de Dompierre, valet de chambre du Conte de Poictou Philippes le Long, qui depuis fut Roy de France l'an 1320.

Il a escrit plusieurs poësies en langue Prouençale, à la loüange de Madame Beatrix d'Agoult.

Il florissoit en l'an de salut 1321.

P. L. PIERRE DE ICKEHAN OV YCKEHAN par y Grec, Anglois de nation, natif de Cantorbery, estudiant à Paris l'an 1274.

Il a escrit en langage François, la genealogie des Rois de Bretagne, & la genealogie des Rois d'Angleterre, non encores imprimees.

Baleus & *Symlerus* en font mention.

P. L. PIERRE LAGNIER, natif de Compiegne en Picardie.

Il a recueilly plusieurs belles sentences de Ciceron, lesquelles il a fait imprimer en Latin & en François.

PIERRE DE LARRIVAY Champenois.

Il a traduit d'Italien en François, l'Institution morale du seigneur Alexandre Piccolomini, imprimee à Paris chez Abel l'Angelier l'an 1581.

Il a escrit quelques vers François, sur la mort de Messire Iean de Voyer, pere de Monsieur le Viconte de Paulmy, imprimez à Paris.

Il a traduit d'Italien en François, deux liures de Philosophie fabuleuse, imprimez à Paris chez Abel l'Angelier l'an 1577. dediez à Monsieur le Viconte de Paulmy.

Il a traduit d'Italien en François, le second & dernier volumes des Nuicts facetieuses de *Messire François Straparole*, imprimez l'an 1577. à Lyon par Rouuille.

Les six premieres Comedies Françoises dudit Pierre de l'Arriuay, imprimees à Paris l'an 1579. dediees à François d'Amboyse Conseiller, pour lors Aduocat au Parlement, & maintenant Conseiller de Renes en Bretagne.

PIERRE LE BAVLD, autheur de la chronique de Laual & de Victray &c.

Voy cy deuant Pierre le Bault fol. 383.

P. L. PIERRE DE LESNAVDIERE, Scribe des priuileges de l'Vniuersité de Caën en Normandie, natif de la paroisse d'Anuilles en Auge, au diocese de Lysieux.

Il a escrit en prose, vn liure de la loüange du mariage, ensemble vn recueil des vertueuses & illustres femmes, imprimé à Paris chez Pierre Sergeant, il y a 50. ans & plus.

Traicté contre les mauuaises femmes. Ie ne sçay s'il est imprimé.

Il florissoit à Caën en Normandie l'an 1520.

Frere PIERRE DE LESPIAV, Bachelier en Theologie, predicateur ordinaire de la Roine de Nauarre, soubs-prieur de l'Abbaye de Sainte Croix de Bordeaux en Gascongne.

Il a escrit plusieurs traictez en Theologie, ensemble plusieurs vers.

Il florissoit en l'an 1580.

PIERRE LE LIEVR, Poëte François.

Il a escrit quelques chants Royaux à l'honneur de la Vierge.

PIERRE DE LISLE Anachorite(qui est le nom qu'il se donne) natif de Bourbonnois.

Il a extrait de plusieurs autheurs, tant anciens que modernes, la source & origine de tous les Roys & Ducs de France, auec leurs faits & gestes, imprimee l'an 1521.

Il a escrit en vers & rithme Françoise les vies de S. Berthelemy Apostre, S. Sulpice, Euesque, & des sept freres Martirs.

Le voyage de la Terre saincte, diuisé en trois liures, lequel il intitule *l'Aduenturier*.

PIERRE LISET natif du pays d'Auuergne, autrefois premier President à Paris, & en fin Abbé de S. Victeur és fauxbourgs de laditte ville, homme tresdocte, & grand Iurisconsul.

Il a escrit en François la pratique & maniere de proceder tant à l'institution & decision des causes criminelles que ciuiles, ensemble la forme & maniere d'informer esdittes causes ciuiles & criminelles, imprime à Lyon par Benoist Rigault l'an 1567. par la diligence de Loys le Charon Parisien. *Eguinarius Baro* Iurisconsul des plus renommez, fait mention de ce liure en ses œuures.

Discours de la forme de poursuiure le sien en iugement, & de l'ordre tel que les Roys & le Parlement de Paris ont voulu estre gardé, à l'administratiõ & decisiõ des procez. Ce liure n'est encores imprimé : Loys le Charon en fait mention en ses œuures.

Ledit sieur President a beaucoup escrit de beaux & doctes liures en Latin, mais nous en ferons mention autre-part.

Il florissoit soubs le regne du Roy Henry 2. l'an 1557.

PIERRE LE LOYER Angeuin, sieur de la Brosse, natif de Huillé ou Huilhé pres la ville de Durestal en Anjou, homme docte és langues, grand Poëte, Grec, Latin & François, Iurisconsul, historien & Philosophe.

Il a fait imprimer vn sien œuure en vers François, qu'il intitule *Erotopegnie* ou passetemps d'Amour, imprimé à Paris l'an 1576.

Il a gaigné vne des fleurs des ieux floraux à Tolose l'an 1572. pour auoir composé l'Idilie sur le Loir & autres vers, sur le subiect qui luy fut proposé. Ils ont esté imprimez en laditte ville de Tolose audit an 1572. chez Arnauld Colomiez.

Ledit Pierre le Loyer a composé en vers François vn poëme à l'imitation de Ronsard en sa Franciade, & du sieur du Faux en Anjou, Paschal Robin en son *Angiade*, ou histoire d'Aniou, lequel œuure il intitule *Thierry d'Anıou*, il n'est encores imprimé.

Il florist en Aniou cette annee 1584. ie n'ay pas cognoissance de ses autres escrits François, quant à ceux qu'il a composez en Latin, nous en ferons mention autre-part.

s.l. PIERRE DE LOSTAL sieur d'Estrem.

Il a mis en lumiere quelques siens discours Philosophiques, n'estant pour lors âgé que de vingt ans, imprimez à Paris chez Pierre Cheuillot l'an 1579. auquel temps il florissoit, ie ne sçay s'il est encores viuant. I'ay opinion qu'il aura peu depuis ce temps là composer plusieurs autres beaux œuures, desquels ie n'ay pas cognoissance pour le iourd'huy.

s.l. PIERRE MACE' OV MASSE' par s, sieur de la Perche, natif de la ville du Mans, & Aduocat audit lieu (comme l'on voit par l'inscription de son liure.)

Il a escrit deux liures de l'imposture & tromperie des Diables, deuins, enchanteurs, sorciers, & autres semblables, imprimez à Paris chez Iean Poupy, l'an 1579.

Il a dauantage escrit vn liure contre les Athees, Iuifs, & autres sectes, lequel liure il a intitulé *Les cinq poincts d'erreur*. Il ne les a encores fait imprimer.

Il florist au pays du Maine cette annee 1584.

Frere PIERRE MACE' autre que le susdit.

Il a escrit en vers Frãçois la vie de madame Saincte Marthe, laquelle nous auons par deuers nous escrite à la main.

s.l. PIERRE MAHE' natif de Vannes en Bretagne, & Aduocat audit lieu 1584. Poëte Latin & François.

Il a mis en lumiere vn sien liure intitulé Les trois iournees de l'aueuglement d'Amour, imprimé.

Il a escrit vn liure d'Epigrammes Latins, imprimez chez Denys du Pré, selon que i'ay entendu de François de la Coudraye son amy.

PIERRE MARIN BLONDEL Lodunois.

Il a escrit plusieurs Comedies Françoises, comme luy mesme le tesmaigne en l'vne de ses Odes, imprimees auec la tragedie de Medee, composee par Iean de la Peruse, &c. Nous auons parlé de luy cy dessus, faisant mention de Pierre l'Anglois sieur de Bel-estat, & encores en autres lieux de cette Bibliotheque.

Il florist en Poictou cette annee 1584.

PIERRE MAVCLERC Duc de Bretagne l'an 1200. ou enuiron.

Il a escrit plusieurs poësies Françoises en langue vsitee de son temps, elles ne sont encores imprimees.

PIERRE DE LA MESCHINIERE Poëte François.

Il a escrit vn poëme François qu'il a intitulé *La Ceocyre*, imprimé à Lyon l'an 1579.

PIERRE MICHAVLT Poëte & Orateur François, Secretaire du Conte de Charrolois, fils du Duc de Bourgongne en l'an 1466.

Il a escrit vn liure intitulé, le Doctrinal de Cour, diuisé en 12. chapitres, lequel liure est composé, partie en vers, & partie en prose. Il a esté imprimé à Geneue in 8. & contient 28. fueilles.

PIERRE MILHON gentilhomme Poicteuin, premier maistre d'hostel de Philippes le long, Roy de France, pour lors seulement Conte de Poictou en l'an 1320. ou enuiron.

Ledit Pierre de Milhon estoit bon Poëte Prouençal & a escrit plusieurs poësies en cette langue, lesquelles ne sont encores imprimees.

PIERRE DE MIRAVLMONT natif d'Amiens en Picardie, Conseiller du Roy en la chambre du Thresor à Paris, &c. homme docte & grand rechercheur de l'antiquité.

Il a escrit de for beaux Memoires sur l'origine & institution des Cours souueraines & autres iurisdictions subalternes, encloses dans l'ancien Palais de Paris, imprimé audit lieu de Paris l'an 1584. chez Abel l'Angelier in 8. & contient 24. fueilles.

Il florist à Paris cette annee 1584.

PIERRE DE MONCHAVLT natif de Troye en Champagne.

Il a escrit en vers François vne bergerie, sur la mort de Charles 9. Roy de France, & sur l'heureuse venue de Henry 3. du nom, Roy de France & de Pologne, imprimee à Paris chez Iean de Lastre, l'an 1575.

B.L. PIERRE MOREAV Tourengeau.

Il a traduit de Grec en François, le Traicté de Michel Psellus, Poëte & Philosophe ancié, touchát l'energie ou operation des Diables, aueques les 33. & 36. chapitres du quatriesme liure de Nicetas de Colosses en Asie, imprimez à Paris chez Guillaume Chaudiere l'an 1573.

PIERRE DE MOVRET, Picard de nation, autresfois precepteur de Monsieur le Conte d'Aubigeous, &c.

Il a fait vn recueil de la tresnoble & tresillustre maison d'Amboise, de laquelle ledit sieur Cõte, est auiourd'huy chef du nom & des armes. Il ne l'a encores fait imprimer, mais ie tesmoigneray bien qu'il a fait plus de mille lieuës de voyage, pour la recherche entiere d'icelle, par les plus grandes maisons de France, pour en trouuer tous les memoires qui pourroient seruir, pour en escrire bien amplemẽt: & ce par le commandement de ses maistres, qui l'auoient employé à cette charge, tant ils sont desireux que cette illustre & Royalle maison se perpetue & immortalize de plus en plus.

Il florist cette annee 1584.

PIERRE DE NESSON ancien Poëte François, oncle de Madame Ianette femme bien docte en Poësie.

Il a escrit plusieurs œuures en poësie & rithme Françoise, entre lesquelles se voit l'Oraison qu'il a faite à la vierge Marie, laquelle est imprimee auec le Calendier des Bergers, de la premiere edition. Geufroy Thory de Bourges fait mention de luy en son Champ-Fleury, & encores Iean Bouchet en son iugement Poëtiq.

Il a escrit en vers François, l'Hommage fait à nostre Dame, laquelle composition nous auons par deuers nous escrite à la main, & se commence ainsi,

Ma douce nourrice pucelle,
Qui de vostre tendre mamelle, &c.

PIERRE OLIVIER sieur du Bouchet, Aduocat au siege Presidial du Mans, natif de la Suze au Maine, &c.

Il a escrit vne Oraison funebre sur la mort de messire Chrestofle Pérot Seneschal du Maine, Baron de Vernie, &c. non encores imprimee.

Vn recueil de ce qui s'est passé au Maine touchant les derniers troubles, non encores imprimé.

Histoire tragique d'vn gentilhomme d'Auuergne, non encores imprimee.

Traicté de la dignité & excellence du mariage, non imprimé.

Memoires & recueils touchant l'antiquité & noblesse de Messieurs les Contes de la Suze au Maine, surnommez de Champagne, lesquels il a presentez à messire Loys de Champagne Conte de la Suze cheualier de l'ordre du Roy, &c. Ils ne sont encores imprimez.

Il a fait imprimer plusieurs Cantiques & Noels, & autres menues poësies chez Hierosme Oliuier & autres imprimeurs du Man .

Il florist au Mans cette annee 1584. Ie ferois plus ample mention de luy, si ce n'estoit qu'il sçait assez que ie luy suis amy par autre-part.

a. i. PIERRE D'ONDEGHEST, & selō autres d'Ondegerst docteur és droits, natif de la ville de l'Isle en Flandres.

Il a escrit les Annales & Chroniques de Flandres, contenans les faits d'armes des Forestiers, & Contes de Flandres, ensemble les singularitez & choses les plus memorables aduenues au pays de Flandres, depuis l'an de salut 620. iusques en l'an 1476. imprimees à Anuers chez Plantin.

PIERRE D'ORIGNY Escuyer, sieur de Saincte Marie soubs Bourg en Rhetelois au pays de Champagne, &c.

Il a escrit en vers François le Temple de Mars tout-puissant, imprimé à Rheims par N. Bacquenois l'an 1559.

Le Herault de la noblesse de France, imprimé à Rheims par Iean de Foigny l'an 1578.

Il florist cette annee 1584. ie n'ay pas cognoissance de ses autres escrits, il a pour deuise ce qui s'ensuit, *Vn Dieu & vne saincte Marie*, qui est vne allusion ou equiuoque sur sa seigneurie, &c.

PIERRE PAPARIN de Chaulmont, docteur és Droicts, Euesque de Gap.

Il a escrit vne Paraphrase ou sens allegoric sur 80. Psalmes de Dauid, imprimez à Paris l'an 1582. auquel temps il florissoit.

a. i. PIERRE DE PASCHAL gentilhomme du bas pays de Languedoc, homme tresdocte & grand historien Latin & François.

Il a escrit

Il a eſcrit l'hiſtoire des Roys de France tant en Latin qu'en François, elle n'eſt encores imprimee.

Il a mis en lumiere vn diſcours des faits & geſtes du Roy Henry 2. imprimé à Paris chez Vaſcoſan, & encores aſſeure lon, qu'il a eſcrit les vies de pluſieurs doctes hommes de France & autres. Ie n'ay veu de ſes œuures que la vie de Henry 2. & vne oraiſon pour le ſeigneur de Mauleon qui fut tué en Italie.

Pluſieurs ont penſé que ledit Paſchal promettoit beaucoup d'œuures, & qu'il ne les auoit pas ſeulement commencez, comme entre autres Adrien Turnebe en ſon poëme qu'il a intitulé de la façon de faire ſon profit des lettres, traduit en François par Ioachim du Bellay : mais ie feray mention de cecy autre-part, & plus à propos.

Il floriſſoit ſoubs Henry 2. l'an 1559. il a eſté bien-aimé de Pierre de Ronſard, qui le loüe for en ſes œuures, & autres auſſi.

PIERRE PELETIER Aduocat en la cour de Parlement, & Lieutenant du Bailly du Palais à Paris, &c.

Il a eſcrit vne nouuelle table de l'ordre tenu en la practique Iudiciaire en toutes actions tant ciuiles que criminelles, &c. imprimee à Paris par Gilles Corrozet l'an 1565.

s.2. PIERRE PERRVCELLY Miniſtre à Geneue, appellé vulgairement *Perocely*.

Il a eſcrit pluſieurs œuures Latins & Francois, deſquels ie n'ay pas cognoiſſance.

Il viuoit ſoubs le regne de Henry 2.

PIERRE PICHARD licentié és loix, natif de Silhé le Guillaume au païs & Conté du Maine.

Il a traduit de Latin en vers François vn petit liure eſcrit en vers Latins, intitulé *De lubrico temporis curriculo*, autrement appellé *La Mer du temps qui court*, &c. imprimé au Mans l'an 1556. chez Gaingnot.

Il floriſſoit en la ville de Freſnay au Maine l'an 1555.

PIERRE PINCONNEAV ſieur de la Brochardiere, natif de la ville de Laual à 15. lieües du Mans, fils aiſné de Monſieur Pinçonneau Lieutenāt de laditte ville de Laual au Maine, &c.

Il a eſcrit pluſieurs poëſies Françoiſes, non encores miſes en lumiere, & entre autres 64. Sonnets & pluſieurs Odes, Elegies, Stances, Chanſons, & autres genres de poëſie Françoiſe, leſquels ſe voyent eſcrits à la main au cabinet de madame de Polligny pres Laual, ſurnommee de Beaumanoir, ſœur de monſieur de Lauardin au Maine, &c. à laquelle dame il les a dediez en l'an 1579.

Il floriſt en ſon pays de Laual cette annee 1584.

PIERRE PINEAV, dit des Aigues, Miniſtre de la religion reformee.

Il a eſcrit quelques œuures auſquelles Matthieu de Launay a fait reſponſe.

PIERRE DE LA PLACE dit *Plateanus*, ou bien *à Platea*, natif d'Angoulesme, premier president en la Cour des Aydes à Paris. Il auoit esté premierement Aduocat du Roy soubs le regne de François 1. &c. Il estoit homme for docte en droict (comme il a monstré par ses escrits Latins, imprimez il y a long temps, & desquels nous ferons mention autre-part) & encores outre celà, il estoit for eloquẽt, & sur tout grand historien, & tresconsommé és lettres sacrees & prophanes.

Il a escrit vn bien docte & tresexcellẽt traicté, de la vocation & maniere de viure, à laquelle chacun est appellé, imprimé à Paris chez Federic Morel, l'an 1561. in 4. & contient 21. fueilles. Ce liure a esté depuis imprimé à Paris chez Robert le Mangnier, l'ayant intitulé autrement qu'auparauant il n'estoit: car le tiltre dernier est ainsi qu'il s'ensuit. Discours politiques sur la voye d'entrer deüement aux Estats, & la maniere de constamment s'y maintenir & gouuerner, le tout reduit par chapitres (ce qui n'auoit pas esté fait à la premiere edition.)

Aucuns ont opinion que ledit sieur de la Place soit autheur d'vn liure intitulé de l'Estat de la Religion de France, imprimé l'an 1557. mais ie n'en asseure rien, d'autant que son nom n'est point au liure susdit.

Il fut tué à Paris au mois d'Aoust l'an 1572. durant les seditions qui se firent soubs le regne de Charles 9. Roy de France.

a.l. PIERRE POISSON Angeuin, sieur de la Bodiniere autresfois Conseiller du Roy au siege presidial d'Angers, &c.

Il a traduit de Latin en François le liure de Pierre de la Ramee dit *Ramus*, intitulé *De militia Cæsaris*. &c. imprimé à Paris chez Robert le Mangnier l'an 1583. Gabriel Simeon Florentin a mis en lumiere vn sien œuure intitulé *Cæsar renouuelé*, qui est vn subiect pareil au susdit liure.

Il a traduit de Latin en François vn traicté des anciens & nouueaux magistrats & dignitez du peuple Romain, imprimé à Paris chez Timothee Ioüan l'an 1583.

Il a mis en lumiere quelques abregez sur les coustumes d'Aniou, imprimez à Angers, chez René Piquenot. Ce sont comme tables ou repertoires des matieres desdittes Coustumes.

Il a escrit premierement en Latin & depuis traduit en François vne Chronologie contenant 3. volumes, elle n'est encores imprimee.

Il florist à Paris cette annee 1584. âgé de 60. ans ou enuiron.

F. PIERRE PONCET.

Il a escrit deux traictez contenant le fondement de l'Eucharistie en la Messe, imprimez à Paris l'an 1566. nous auons fait mention cy deuãt d'vn autre nommé Poncet, appellé Maurice, voy cy deuãt à la lettre M.

PIERRE PORRET Dauphinois, tresexcellent apotiquaire, &c. hõme bien expert pour les distillations, tresingenieux, & grand simpliste ou herboriste. Ie n'ay point cognoissance de ses escrits, voy de luy la præface de Iaques Besson Dauphinois, en son traicté de la maniere de tirer

des

des huilles,&c.lequel le loüe grandement, comme aussi fait Iacques Gohorry Parisien,en son traicté de la racine *Mechiocam*.

PIERRE DE LA PRIMAVDAYE sieur dudit lieu, & de la Barree en Aniou,gentilhomme de la chambre de Monsieur frere du Roy, &c. frere de Iaques de la Primaudaye gentilhomme Angeuin.

Il a escrit vn for beau & bien curieux ouurage, qu'il a intitulé l'Academie Frãçoise,imprimee à Paris chez Guillaume Chaudiere l'an 1577. & encores depuis par plusieurs autres fois, tant ce liure a esté bien receu,soit pour le tiltre du liure,& pour le contenu en iceluy,recuilly for laborieusement.

Le second volume de l'Academie Françoise dudit sieur de la Barree a esté imprimé en laditte ville de Paris chez ledit Chaudiere.

Il florist cette annee 1584.sa deuise & son anagramme tout ensemble sont tels heureusement rencontrez,*Par priere Dieu m'ayde*.

PIERRE PRIMET Parisien Docteur en la faculté de Theologie à Paris,chanoine Theologal de l'Eglise du Mans.

Il n'a encores fait imprimer ses sermons ou predications faites par luy tant à Paris,qu'au Mans,à Angers & autres villes de France: esquelles il a tellement fait paroistre son sçauoir & son eloquence, que ceux qui ont eu ce bien que d'estre ses auditeurs, porteront ce tesmoignage auec moy,qu'il s'en trouue peu ou point du tout, qui le passent és choses susdittes. Il florist au Mans cette annee 1584.

Ie feray mention de ses escrits Latins autre-part, & si i'eusse eu cognoissance de ce qu'il a escrit en nostre langue sur plusieurs subiects de sa profession,ie les eusse tresvolontiers icy employez, encores qu'ils ne soiēt en lumiere, mais i'ay opinion qu'il les fera imprimer pour le bien & soulagement du public.

PIERRE RAGOT natif de Laual au Maine de l'ordre des freres prescheurs,docteur en Theologie à Paris,&c.

Il n'a encores mis ses œuures sur la presse, tant sur la Theologie (en laquelle il est for biē versé) que sur autres subiets propres à sa professiō. Il florist à Paris cette annee 1584.

PIERRE RAIMOND dit le Preux ou vaillant, natif de Tolose, ancien Poëte Lyriq.

Il a escrit & composé plusieurs poëmes en langue Prouençale, non encores imprimez.

Traicté contre l'erreur des Arriens.

Il a escrit vn traicté contre la tyrannie des Princes, & mesmes de ce que les Roys de France,& les Empereurs se sont laissé assubiectir à leurs curez. Iean de nostre Dame en fait mention en son recueil des Poëtes Prouençaux.

Ledit Pierre Raimond florissoit en l'an de salut 1226. soubs Federic 2.Empereur,ses œuures ne sont en lumiere.

PIERRE DE LA RAMEE dit *Ramus*, natif du pays de Vermandois en Picardie, professeur du Roy en Eloquẽce & Philosophie à Paris, homme estimé le plus grand Orateur de son temps, & recogneu pour tel, mesmes par ceux qui ont escrit contre luy: mais ce qui le fist tant haïr de tous les autres Lecteurs du Roy, & de toute l'Vniuersité (par maniere de dire) ce fut qu'il fit des animaduersions ou reprehensions sur Aristote, lequel estoit tenu comme pour vn Dieu des Escholiers de son temps, & contre lequel escrire ou se bander, c'estoit offenser par trop: comme si Aristote n'estoit pas homme, & par consequent subiect à faillir: mais en ce temps là il y auoit trop de personnes bandez contre ledit Ramus, tãt pour les choses susdittes que pour voir que son renom croissoit de telle sorte, que ceux qui pensoient estre les premiers de l'Vniuersité, lors qu'il fut receu Lecteur du Roy, ne se trouuoient que des plus petits à comparaison de luy, non seulemẽt pour l'eloquence, mais pour plusieurs autres disciplines & langues diuerses, desquelles il auoit bonne cognoissance. Ie prie ceux qui liront cecy, de ne penser que ie l'aye dit, pour auoir esté de ses auditeurs, ou instruit en sa doctrine, mais pour auoir cogneu (par la vie qu'il a demenee sur la fin de ses derniers iours) qu'il n'auoit point l'ame autre que d'vn hõme de bien & viuãt en la crainte de Dieu: Et quãd i'eusse eu l'âge cõpetãt pour ouyr ses leçons, ie ne les eusse pas dedaignees. Voici dõq ce qu'il a escrit en nostre lãgue.

La Grammaire Françoise, imprimee chez André Vvechel à Paris l'an 1562 suyuant son orthographe & façon d'escrire qui luy a semblé la meilleure. Laditte Grammaire a esté depuis imprimee chez ledit Vvechel, en deux colõnes, de different orthographe ou escriture, sçauoir de l'ancienne & vsitee des François, & de celle de son inuention, d'autant que les aprentiz nouuellement façonnez à celà, se trouuoient trop empeschez à la lecture d'icelle.

La harangue touchant ce qu'ont fait les deputez de l'Vniuersité de Paris, enuers le Roy, escrite premierement en Latin par ledit Ramus, & traduite en François par luy-mesme, imprimee à Paris l'an 1557.

Son liure des Mœurs & coustumes a esté traduit en Frãçois: mais c'a esté par Michel de Castelnau, ensemble son liure de la façõ de batailler de Cesar, traduit par Pierre Poissõ Angeuin (cõme no⁹ auõs dit cy dess⁹.)

Remonstrance faite au conseil priué, en la Chãbre du Roy au Louure, le 18. iour de Ianuier l'an 1567. touchant la profession Royale és Mathematiques, &c. imprimee à Paris audit an chez André Vvechel.

Præface sur le proëme des Mathematiques, imprimé auec les patẽtes du Roy, touchant l'institution de ses lecteurs en l'vniuersité de Paris.

Aduertissemẽt sur la reformatiõ de l'Vniuersité de Paris, imprimé l'an 1562. à Paris chez André Vvechel tãt en Latin qu'en François.

Voilà ce que i'ay peu voir de ses escrits Frãçois: quant aux Latins i'en feray mention en ma Bibliotheque Latine, ou des escriuains Latins.

Il fut

Il fut tué à Paris l'an 1572. durant les seditions esmeües à la S. Berthelemy, soubs le regne du Roy Charles 9.

PIERRE RAMPION natif du Dorat en Limosin à dix lieües de Limoges ou enuiron.

Il a escrit vne brefue exhortation Chrestienne sur les sacremens & ceremonies de l'Eglise, imprimee à Paris.

PIERRE DE RAOVL sieur de Bourgues, natif de Tolose, homme docte és Mathematiques, & sur tout tresſçauant pour dresser les natiuitez & horoscopes.

Il a traduit de Latin en François l'Idee du Theatre de Iules Camille Italien, non encores imprimee.

Il florist à Paris cette annee 1584.

I'ay vn desir extresme, que ce liure qu'il intitule *l'Idee de Iules Camille*, soit imprimé en brief, afin qu'il soit veu de tous, & principalement de ceux qui ont opinion que mes desseings & proiects soient des entreprises semblables à celles dudit Camille. Car en fin lon ne trouuera en iceux qu'vne certaine Cabale, ou science cachee pour la memoire locale: & quant à mes œuures l'on en peut voir les effects par les liures que i'en ay escrits, desquels le nombre seroit trop grand pour le reciter en ce lieu, & me reserue à discourir de cecy autre-part, & plus à loisir.

PIERRE DE LA RIVAY Champenois, voy cy dessus Pierre de Larriuay fol. 402.

B.L. PIERRE REBVFFY dit *Rebuffus* I. C. tresrenommé Lecteur en droit Canon à Paris, & auparauant à Montpellier (duquel lieu il estoit natif, selon qu'aucuns pensent.)

Il a recueilly les Ordonnances, Edicts & Arrests des Cours souueraines & Parlements de France, lesquelles il a reduites par titres & rubriques, imprimees à Paris in fol.

Il a escrit des priuileges des Escholiers & plusieurs autres liures, mais ils sont en Latin, c'est pourquoy nous reseruons à en parler autre-part.

Il florissoit soubs Henry 2. l'an 1550.

F. PIERRE REGIS.

Il a escrit vn discours familier touchant le sainct Sacrement, imprimé à Paris l'an 1566.

B.L. PIERRE RICHIER surnommé de l'Isle, Ministre à la Rochelle, lequel voyagea és terres neufues l'an 1557. Ie n'ay point veu de ses escrits, encores qu'il en aye composé. Le sieur de la Popeliniere fait mention de luy en son troisiesme liure des Trois Mondes.

PIERRE DE RIEZ ancien Poëte François, viuant en l'an de salut 1280.

Il a fait la continuation du Roman de Iudas Machabee, commencé par Gaultier de Belle-perche, cõme recite Claude Fauchet en son liure des Poëtes.

PIERRE RIVRIN, OV RIVRAIN Vandomois, hôme docte en Grec & en Latin.

Il a traduit de Grec en rithme Françoise, vne exhortation à priér Dieu, escrite en Grec par S. Iean Chrysostome, auec la loüange de parfaite Oraison, & autres petits œuures spirituels, traduits par le susdit autheur, le tout imprimé à Paris chez Estienne Grouleau l'an 1547.

Il florissoit du temps de François 1.

P. L. PIERRE Robert dit *Oliuetanus*, homme for docte és lãgues Hebraïque, Grecque & Latine.

Il a traduit la Bible en François, imprimee à Neuf-chastel l'an 1535.

PIERRE DE LA ROCHE Saintongeois.

Il a escrit en vers alexandrins la congratulation sur le mariage du Roy de Frãce tres-chrestien Charles 9. & Madame Elisabeth d'Austriche son espouse, imprimee à Paris l'an 1570. chez Denys du Pré.

PIERRE ROGER, OV ROGIER Escuyer, natif de Poictou, sieur de Migné, Conseiller du Roy & Magistrat à Poictiers.

Il est autheur de la vraye & entiere description du pays de Poictou, du Rochelois, & isles Marennes, auecques vne partie du pays de Xaintonge, imprimee à Paris par François Desprez, en la ruë de Mõtorgueil à l'enseigne du bon Pasteur.

Il promet sur la fin de son epistre (imprimee auec laditte description de Poictou) de nous faire voir en brief vn discours touchant la noble & royalle maison de Lusignan en Poictou, laquelle a conquis & possedé longuement les Royaumes d'Armenie, Cypre, Hierusalem, & fait plusieurs autres faits heroiques.

Il florist cette annee 1584.

PIERRE ROGIER OV ROGER, Poëte Prouençal en l'an 1300. ou enuiron, chanoine de Clermont en Auuergne, & selon d'autres d'Arles en Prouence, ou bien encores de Nismes en Languedoc, excellẽt poëte comique, &c.

Il a escrit en langue Prouẽçale vn traicté cõtre la Dame sans Mercy.

Il fut tué l'an 1330. ou enuiron.

PIERRE DE RONSARD gentilhomme Vandomois, fils de Messire Loys de Ronsard sieur de la Possonniere, pres Montoire au Maine, en laquelle terre ledit Pierre de Ronsard nasquit: elle est situee au bas Vãdomois, qui est du spirituel du Maine, & du temporel de Chartres, & par consequent il est Mançois, ou né au pays & conté du Maine: ce que ie dy expressement, de peur qu'il n'en aduienne dispute entre les natiõs qui se le voudrõt attribuer & vẽdiquer, cõme leur nourrisson, sans certitude de sa vraye patrie, & lieu de son origine & naissance, pour laquelle chose lõ a veu sept biẽ fameuses villes disputer d'Homere & debatre son pays: tant il y auoit d'hõneur à qui pourroit se vẽter de l'auoir engẽdré.

Ce

Ce seigneur de Ronsard s'adonna assez tard pour apprendre la langue Grecque, mais ayant l'esprit bon, & le desir d'apprendre extremement grand, ensemble estant instruit par vn si bon maistre & sçauant precepteur qu'est monsieur d'Aurat Poëte du Roy (homme tant renommé qu'il n'est icy besoin de le recommander dauantage) il deuint tellement sçauant en peu de temps, que tout son siecle est entré en admiration de son sçauoir, & pour sa docte façon d'escrire en vers, agreable mesmes à ceux qui en seroient ialoux, pour vne mesme profession. Aussi veux-ie icy rapporter, ce que aucũs de ses amys ont trouué de fatal en son nom retourné qui est tel, *De don rare prisé*, &c. autres y ont trouué plusieurs autres anagrammes, mais il n'y en a point de si propre que cettuy-cy.

Toutes les œuures dudit sieur de Ronsard, ensemble sa Franciade, & ses amours commentez par Marc Antoine de Muret & Remy Belleau, ont esté imprimees à Paris par diuerses fois, chez Maurice de la Porte & Gabriel Buon, mais elles ont esté imprimees en grande marge (que lon appelle en fueille, ou bien in folio pour parler selon les imprimeurs & libraires) cette annee 1584. for correctes & de beaux caracteres chez ledit Buon, reueües, recorrigees & augmentees par l'autheur en cette derniere edition.

Il florist cette annee 1584. âgé d'enuiron 60. ans.

PIERRE DE RVERE issu de la noble maison de Ruere en Piedmont, ancien Poëte Prouençal, &c.

Il a escrit plusieurs Poëmes en langue Prouençale non encores imprimez. Il florissoit en l'an de salut 1308.

PIERRE SALIAT. Il a traduit de Latin en François vne declamation, contenant la maniere de biẽ instruire les enfans dés leur cõmencemẽt, auec vn petit traicté de la Ciuilité puerile, imprimé à Paris chez Simon de Collines.

Il a dauantage traduit en François l'histoire d'Herodote autheur Grec, imprimee à Paris.

Elegie nuptiale presẽtee à madame Magdeleine premiere fille de Frãce.

Il a traduit de Latin en François, l'Oraison que fist Crispe Salluste contre Ciceron, & l'oraison dudit Ciceron responsiue à celle de Salluste, auec deux autres Oraisons dudit Salluste à Iules Cesar, afin de redresser la republique Romaine, le tout imprimé chez Simon de Collines l'an 1537. auquel temps florissoit ledit Saliat.

F. PIERRE SAICHEESPEE, OV SECHE-ESPEE, appellé en Latin *Petrus Aridiensis*, de l'ordre des freres Prescheurs ou Iacobins, du conuent du Mans. docteur en Theologie à Paris, &c. Il estoit natif de la paroisse de Vvalon pres l'Epiceliere-Guillard, à trois lieuës du Mans. Aucuns l'ont appellé de ce nom *Aridiense*, au lieu de Seche-espee qui estoit son vray surnom : & mesmes celuy qui a mis par ordre les noms des docteurs qui furent au Concile de Trente, le nõme de ce nom *d'Ardiense*. Que s'il se fust appellé *Sechespeus*, sans vouloir faire vn autre nom composé de ces mots *Aridus ensis*, qui est à dire Seche espee, il n'eust pas esté ainsi mal traduit en François, nom-plus que celuy d'vn qui s'appelloit *De la forest*, qui voulut auoir ce nom Latin *de Nemore* ou bien *Nemorensis*, au lieu de s'appeller *de Foresta*, & en fin le traducteur voulant tourner ce nom en frãçois, il l'appella *de Nemours*. Dequoy i'aduertis en passant ceux qui escriuent si obscurement leurs noms en Latin, qu'il est impossible de les traduire, sans s'y abuser. Et auant que finir ce chapitre, ie diray qu'vn nommé *Piau* s'appella en Latin *Pius*, au lieu d'auoir mis *Piculus*, & le traducteur mist *Debonnaire*, vous voyez s'il y a de l'approche de l'vn à l'autre.

Pour reuenir à parler du susdit, ie cõfesse n'auoir point veu de ses cõpositions Françoises imprimees, desquelles il en auoit vn grand nombre, mais bien de ses Latines, lesquelles se voyent escrites à la main en la Bibliotheque de messieurs de la Theologie de Paris, &c.

Il florissoit soubs Charles 9. l'an 1564.

PIERRE DE SAINCT CLOCT, ou de Sainct Cloud, ancien Poëte François.

Il a escrit en vers Francois la vie & le testament d'Alexandre le grand, lesquels vers s'appellent de longue ligne, & maintenant on appelle des vers de douze syllabes, vers alexandrins, à cause que la vie dudit Alexãdre a esté cõposee en ce gẽre de carmes, selon que tesmoigne Geufroy Thory de Bourges en son liure intitulé le Champ-Fleury, auquel lieu il parle dudit Pierre de Sainct Cloct, & de Iean Lineuelois, anciẽs poëtes Francois, autheurs de ladite vie & Roman d'Alexandre le Grand.

PIERRE DE S. IVLIEN, gentilhomme Bourguignon, issu de la noble & ancienne maison de Baleure pres Tournuz, &c. doyen de l'Eglise de Chalons en Bourgongne, grãd archidiacre de S. Vincẽt de Mascõ, premier chanoine seculier en l'eglise collegiale de S. Pierre dudit Mascon.

Il a escrit deux b en doctes liures de l'origine des Bourgongnons, & de l'antiquité des Estats de Bourgongne.

Il a escrit vn liure des antiquitez d'Authun.

Deux liures des antiquitez de Chalon sur Saone.

Trois liures de Mascon.

Vn de l'Abbaye & ville de Tournuz, le tout imprimé ensemble à Paris chez Nicolas Chesneau l'an 1581. in fol. contenant 200. fueilles, auec les protraicts des villes de Bourgongne, &c.

Il a dauantage escrit l'histoire des Bourguignons, depuis qu'ils abandonnerent les Gaules, iusques à leur retour en icelles, comme il tesmoigne en son epistre liminaire du susdit liure.

Il a escrit en Latin de l'Enfance & de l'Adolescence d'iceux Bourguignons, mais les susdits derniers liures, ne sont encores en lumiere.

Il a traduit

Il a traduit vn traicté de Plutarque, de ne se point courroucer, imprimé à Lyon.

Il florist cette annee 1584.

Ie n'ay pas cognoissance de ses autres escrits.

PIERRE DE S. REMY gentilhomme, natif de ladite ville de S. Remy en Prouence, issu de la noble maison des Hugolens.

Il a escrit plusieurs Comedies, & autres genres de poësie en langue Prouençale.

Il a dauantage escrit vn traicté des vices qui auoyent cours és bonnes villes de Prouence, durant son temps.

Ses œuures ne sont imprimees.

Il florissoit en l'an de salut 1230.

PIERRE SANTERRE Poicteuin, excellent musicien.

Il a mis en musique les cent cinquante Psalmes de Dauid, imprimez à Poictiers par Nicolas Logerois l'an 1567.

Il florissoit à Poictiers l'an 1560.

PIERRE SARGET, docteur en Theologie, de l'ordre des Augustins à Lyon.

Il a traduit de Latin en François, le liure intitulé *Fasciculus temporum*, qui est vn breuiaire des temps, ou chronique abbregee, imprimee à Lyon l'an 1490. ou enuiron.

Il florissoit en l'an de salut 1483.

PIERRE SAVONNE, dit TALON, natif d'Auignon, au conté de Venisse en Prouence.

Il a escrit vne arithmetique necessaire à toutes sortes de marchands, & autres qui font trafiq de diuerses manieres, imprimee à Paris chez Nicolas du Chemin l'an 1565.

Il a dauantage escrit & composé l'Instruction & maniere de tenir liures de raison ou de comptes, par parties doubles &c. qui est vn liure necessaire à tous marchands, imprimé à Anuers chez Plantin l'an 1567. auquel temps l'autheur florissoit en ladite ville d'Anuers.

Messire PIERRE SEGVIER, issu de l'ancienne famille des Seguiers à Paris, second President en la cour &c. homme tres-renommé pour son sçauoir & bonne vie, en quoy luy a succedé son fils Monsieur le Lieutenant ciuil du Chastelet de Paris, lequel administre si bien la Iustice, & se porte tellement en sa charge, & a si grande cognoissance des affaires politiques (en vn si bas âge comme il est) que celà le fait admirer de ceux qui ont cognoissance de sa valeur & de ses merites.

Nous n'auons rien veu mis en lumiere des compositions & recueils faits par le susdit President, encores qu'il eust recueilly plusieurs beaux Arrests, & dressé des liures touchant le fait de la Iustice. S'ils sont acheuez, messieurs ses enfans ne delaisseront pas sans les faire voir à la posterité.

Il mourut à Paris l'an 1580. âgé de 76. ans, le 25. d'Octobre, & est enterré en l'Eglise de S. André des Arts pres les Augustins, auquel lieu se voit vn ample discours de sa vie, graué en lettres d'or sur marbre noir, fait par A. Seguier son fils susdit.

PIERRE DE SOLIERS Prouençal, peintre, imager & statuaire, grand Philosophe, & Poëte en langue Prouençale.

Il florissoit en l'an de salut 1383.

PIERRE SOREL Chartrain.

Il a traduit en vers François, quelques liures de l'Iliade d'Homere, non encores imprimez.

Les poësies dudit Sorel ont esté imprimees à Paris chez Gabriel Buon l'an 1566. in 4. & contiennent 20. fueilles.

Il a traduit de Latin en François, la complainte sur la mort de Messire Anne de Montmorency, Connestable de France, imprimee à Paris chez Rouuille l'an 1568. auec plusieurs Sonnets & Elegies.

Il mourut à Chartres (lieu de sa natiuité) l'an 1568. ou enuiron.

PIERRE TAHVREAV, gentilhomme du Maine, sieur de la Cheualerie & du Chesnay, frere aisné de Iaques Tahureau, autheur de ce beau & aggreable liure des dialogues &c. tous deux enfans de defunct Mõsieur le Iuge du Maine (comme nous auons dit cy dessus, parlants dudit Iaques &c.)

Ce seigneur de la Cheualerie est l'vn des plus sages & aduisez gentils-hommes & des plus doctes & lettrez qui soit au Maine, & for bien versé en la Iurisprudence, de laquelle il se sert pour pacifier tous ceux, qui auroyẽt enuie de proceder. Car detestant sur tout les procez, & les maux qui en viennent, il conseille tellement ceux qui ont recours à luy en celà, que pas vn n'a desir de proceder plus auant: Ce qu'il fait par vne bonté nee auec luy, & non pour autre chose que pour l'honneur de Dieu, & l'amitié de son prochain. Car sa profession est de suyure les armes, & non la robbe longue, encores que defunct son pere eust vn estat de Iuge, auquel il s'est tellement porté, que c'estoit le plus aimé & respecté, qu'autre qui aye esté deuant luy, & peult estre de ceux qui viendront apres, soit pour resentir sa generosité & le lieu dont il estoit issu, que pour sa doctrine & sçauoir: Car pour dire vn mot de sa descente & origine, elle est de Messire Bertrand du Guesclin ou Gué-Aquin Connestable de France, comme i'ay veu par les memoires & enseignemens de cette maison. Ce que nous deduirons autre-part plus amplement.

Ledit Pierre Tahureau a escrit plusieurs for beaux & doctes liures, lesquels il n'a encores mis en lumiere, sçauoir est, vn liure de la police & republique Françoise, contenant vn discours des Estats & offices, tant des nobles que de ceux de robbe longue, & de leur premiere institution. Il n'est encores imprimé.

L'histoire

L'histoire de nostre temps, soubs les regnes des Rois de France, Frãçois premier, Henry second, François second, Charles neufiesme & Henry troisiesme à present regnant. Elle n'est encores en lumiere.

Plusieurs poësies Françoises, non encores imprimees, sinon quelques-vnes qui sont auec les œuures de son frere susdit, Iaques Tahureau.

Il florist au Maine cette annee 1584. âgé de 50. ans ou enuiron.

PIERRE DE LA TOVR Lyonnois.

Il a recueilly les Cantiques, & chansons spirituelles de plusieurs autheurs François &c. imprimees.

PIERRE TRVEVX, natif du pays de Berry.

Il a traduit de Latin en François vn liure, intitulé la fleur des Aphorismes d'Hippocrates, & cõmẽtaires de Galien, imprimé à Paris chez Iean Ruelle l'an 1564.

B.L. PIERRE TVREL, OV TVREAV, dit *Turellus*, natif de Dijon en Bourgongne, homme for versé en Astrologie, & des plus grands Mathematiciens de son temps.

Il a escrit vne table chorographique de Bourgongne.

Il a dauantage escrit l'histoire de Bourgongne. Ie ne sçay si elles sont imprimees, pour le moins ie ne les ay point veuës encores, mais Pierre de S. Iulien en fait mention en son histoire des Bourguignons fol. 13. & 14.

Il a escrit plusieurs liures en Latin, & entre-autres du Periode ou fin du monde, duquel liure se rit Iaques Tahureau en ses dialogues.

Toutesfois *Longolius* louë extremément ledit *Turellus* en son oraison prononcee à Poictiers l'an 1510. touchant la loüange des François, comparez aux Romains, imprimee audit an.

Il florissoit soubs Loys 12. & soubs François 1.

B.L. PIERRE DE TVXIGANES, docteur en medecine à Paris.

Il a escrit vn traicté du regime de santé, imprimé auec les œuures de Iean Goëurot, medecin du Roy François 1.

B.L. PIERRE TOLET, medecin de l'Hospital, ou Hostel-Dieu de Lyon.

Il a traduit de Latin en François, le sixiesme liure de *Paulus Æginета*, touchant le fait de Chirurgie.

Opuscule de Galien, touchant les enfleures contre nature.

Le moyẽ de guarir par la seignee, pris dudit Galien, le tout imprimé à Lyon par Estienne Dolet l'an 1540.

Il a traduit de Latin en François, vn discours de l'admirable vertu & accomplissement des facultez (pour la santé & conseruation du corps humain) de la racine nouuelle d'Inde de Mechioacan, proprement nommee Rhaindice, imprimé à Lyon par Michel Ioue l'an 1572.

Il florissoit à Lyon soubs le regne du Roy François premier l'an 1540.

PIERRE TREDEHAN Angeuin.

Il a traduit en François vn dialogue de Platon, intitulé *Theages*, ou de la ſapience, imprimé à Lyon par Charles Peſnot l'an 1564.

PIERRE DV VAL Pariſien, docteur és droicts, Eueſque de Sees en Normandie, homme docte és langues, & verſé en pluſieurs arts, ſciences & diſciplines, & ſur tout grand Theologien.

Il a eſcrit en vers François, vn for docte & treſ-excellent traicté de la grandeur de Dieu, & de la cognoiſſance que lon peult auoir de luy par ſes œuures, & encores vn traicté de la puiſſance, ſapience & bonté de Dieu. Le tout a eſté imprimé à Paris chez Federic Morel l'an 1568.

Le ſuſdit liure de la puiſſance, ſapience & bonté de Dieu, auoit eſté imprimé auparauant par Michel de Vaſcoſan l'an 1558. ſans que ledit ſieur y euſt mis ſon nom autrement que par lettres capitales ou maiuſcules (pour parler ſelon les Imprimeurs) leſquelles ſont telles, P.M.D. V. E. D. S. qui eſt à dire, *Par Monſieur du Val Eueſque de Sees*.

Ie ne ſçay ſi ledit Eueſque auoit mis ſon nom en cette façon, de peur que lon ne pẽſaſt que ce fuſt vn ie ne ſçay quel autre *Pierre du Val* Poëte François, lequel auoit fait imprimer il y a 40. ans & plus, vn ſien liure, qu'il intitule le Puy du ſouuerain amour, tenu par la Deeſſe Pallas &c. Et auoit mis ſon nom audit liure comme ſ'enſuit, *composé par celuy qui porte en ſon nom tourné*, *Le vray perdu* ou *vray prelude*, qui eſt l'anagramme dudit Pierre du Val.

I'ay dit cecy expreſſément, pour le reſpect & amitié que ie porte à ce ſeigneur du Val Eueſque de Sees, lequel ie n'ay iamais veu ne cogneu, que par ſes œuures rempliz de ſçauoir & doctrine: car ie ſuis en doubte ſi la poſterité pẽſeroit que ce ne fuſt qu'vn meſme autheur, que cettuicy & l'autheur du liure ſuſdit: par ce que les temps eſquels il viuoyẽt ne ſont pas beaucoup eſlongnez, & que l'vn & l'autre eſtoient Poëtes (mais for differens pour leur ſçauoir & compoſition) car ledit *Vray perdu* ou *vray prelude*, fiſt imprimer ſon liure l'an 1543. mais que cecy ſoit dit pour le ſouſtien de l'vn & le blaſme de l'autre, qui eſtoit auſſi heureux en ſon anagramme, qu'vn certain *Iean* Doingé, duquel il eſt parlé au liure des nouuelles recreations, miſes ſoubs le nom de Bonaduenture des Periers.

Pour reuenir (apres cette longue digreſſion) à parler dudit Eueſque, il a traduit de Grec en François (& ce par le commandement du Roy) vn dialogue de Platon, intitulé *Criton* ou de ce que lon doibt faire, imprimé à Paris l'an 1547. chez Michel Vaſcoſan.

Iean le Maſle Angeuin, a commenté le dialogue ſuſdit, & l'a fait imprimer à Paris chez Iean Poupy l'an 1582.

Le ſuſdit Pierre du Val mourut l'an 1564.

PIERRE DV VAL (autre que ledit Eueſque de Sees.)

Il eſt autheur du liure intitulé le Puy du ſouuerain amour, tenu par la Deeſſe

Deesse Pallas, auec l'ordre du nuptial banquet, fait à l'honneur d'vn de ses enfans, fait par celuy qui porte en son nom tourné, *Le vray perdu ou vray prelude*, imprimé à Roüen l'an 1543. chez Nicolas de Burges, & Iean Petit, in 8. & contient 10. fueilles.

PIERRE DE VALIERES, Poëte Prouençal, Escuyer trenchant de Philippes le Long Roy de France, pour lors Conte de Poictou en l'an 1320.

Il a escrit en rithme Prouençale, les loüanges de Rogere de S. Seuerin, non encores imprimees.

PIERRE LE VAVLDOIS, OV DES VAVX, citoyen de Lyon, homme for riche, autheur de l'heresie appellee Vauldoise, ou des Vauldois *& Pauures de Lyon.*

Il a escrit plusieurs liures en François, & entre-autres vn qu'il appelle les tesmoignages des Saincts peres, pour le soustien de la Saincte escriture, lequel n'est encores imprimé.

Il viuoit en l'an de salut 1160.

PIERRE VEIRAS, de Nismes en Languedoc, professeur en medecine à Montpellier l'an 1581. nepueu de M. Iaques Veiras docteur en medecine &c.

Il a recueilly & redigé par escrit trois discours de Laurent Ioubert, imprimez auec le traicté de la vraye methode de guarir les playes des arquebusades, imprimez à Lyon par Berthelemy Vincent l'an 1581.

PIERRE, OV PEYRE DE VERNEGVE (pour parler selon le langage ancien) Cheualier, sieur dudit lieu de Vernegue, Poëte Comique Prouençal l'an 1178.

Il a escrit la prise de la ville de Hierusalem par Saladin, non encores imprimee.

PIERRE VENELLE de Clamecy, secretaire de Monsieur de la Ferté.

Il a mis par escrit les lettres, contenans les proësses & brauades faites par la caualerie legere de France l'an 1558. imprimees à Paris audit an par Iean Dallier, auquel temps viuoit ledit Iean Venelle.

PIERRE VIDAL Tolosain.

Il a traduit d'Italien en François, les Epistres de Claude Tolomei gentilhomme natif de Sienne en Italie, imprimees à Paris chez Nicolas Bonfons l'an 1572. Et fault noter qu'elles n'y sont pas toutes, mais seulement les plus belles, & les plus memorables.

Il florissoit en l'an susdit 1572.

PIERRE VIDAL Tolosain (autre que le susdit) Poëte Prouençal, & for grand musicien.

Il a escrit vn traicté de la maniere de retenir, ou retirer sa langue.

Il n'est encores imprimé.

François Petrarque fait mention de luy en son triomphe d'amour.

Ledit Pierre Vidal mourut en l'an 1229.

22. PIERRE VIEL, docteur en Theologie à Paris, Chanoine de l'Eglise de S. Iulien du Mans (de laquelle ville il estoit natif) &c.

Il fut deputé par Messieurs du clergé du Maine, pour aller aux Estats de Blois l'an 1576.

Il a traduit de Latin en François, quelques liures *d'Optatus* (tres-renommé entre les Theologiens) lesquels ont esté imprimez à Paris.

Traicté contre la Symonie, imprimé à Paris chez Chesneau.

L'Instruction pour les enfans & tous autres chrestiens, imprimee à Paris chez Nicolas Chesneau l'an 1564.

Il a traduit en François, les heures à l'vsage du Mans, imprimees à Paris.

Il a fait la versiõ de plusieurs vies des Saincts & Sainctes de Latin en François, & entre-autres des Euesques du Mans, lesquelles sont imprimees auecques les trois volumes de l'histoire des Saincts, chez Nicolas Chesneau & autres, in fol. l'an 1577.

Il mourut au Mans le Dimenche 19. iour d'Aoust l'an 1582.

41. PIERRE VIRET, natif d'Orbe en Sauoye, Ministre à Genefue.

Il a escrit plusieurs liures Latins, & François aussi, entre lesquels il a escrit en nostre langue plus d'vne douzaine qui sont imprimez: mais ie n'en feray pas icy mention & pour cause. Si est-ce que Messieurs les docteurs de la faculté de Theologie à Paris, en ont fait vn bien ample recit en leurs catalogues des liures censurez, comme aussi lon en voit les tiltres d'iceux, au catalogue des liures defenduz par le Concile de Trente &c.

Il mourut à Pau en Sauoye, situé és monts Pyrenees l'an 1571. âgé de 60. ans.

PIERRE D'VZEZ, gentilhomme & Poëte Prouençal, frere puisné de Guy d'Vzez, sieur dudit lieu en Prouence l'an 1230.

Il se delectoit for à la musique, en laquelle il excelloit, & estoit bien versé en la poësie vsitee de son temps.

Il a composé plusieurs poësies en cette langue Prouençale, non encores imprimees.

Il florissoit l'an susdit 1230.

PIERRON MARTINET, Astrophile de Vans en Viuarets, demeurant à S. Amour en la Franche-Conté de Bourgongne &c.

Il a escrit vn Almanach ou Prognostication pour l'an 1571. imprimé à Lyon l'an 1570. chez Benoist Rigault, auec vne instruction pour ceux qui iournellement se meslent de gouuerner les horloges.

PONS DE BRVEIL, gentilhomme Prouençal, natif du pays des Montagnes, & selon d'autres, il estoit Italien &c.

Il a escrit quelques chants funebres, en langue Prouençale, sur la mort de sa maistresse Elix de Merillon, femme de Ozil de Mercuir.

Il a dauantage escrit vn traicté des amours furieuses ou enragees de

André

André de Franſe, non encores imprimé.

Il mourut en l'an 1227. ſoubs le regne du Roy S. Loys.

PONTHVS DE TYARD, gentilhomme Maſconnois, ou de Maſcon, ſeigneur de Biſſy, Eueſque de Chaalon en Bourgongne, fils de Iean de Thiard ſieur de Biſſy, & de Marchiſeul, Lieutenant general au bailliage de Maſconnois, & de Madamoiſelle de Ganay, fille de Monſieur le Chãcelier de France, nommé de Gannay: lequel Iean eſtoit fils d'Eſtiẽne de Tiard, iadis Preſident de Dijon, & depuis premier Preſident de Dole en Bourgongne l'an 1500. ou enuiron.

Ce que i'ay repeté aſſez auant, pour l'honneur & reſpect que ie porte audit ſieur de Chaalon, tant pour ſon ſçauoir en la poëſie, és Mathematiques, en la Philoſophie, & ſur tout en la Theologie (qui eſt auiourd'huy ſa principale profeſſion) leſquelles choſes i'ay recogneües en luy par ſes eſcrits ſeulement, ſans auoir iamais eu ce bien que de le voir ou cognoiſtre.

Il a eſcrit dés ſes plus ieunes ans, pluſieurs Sõnets amoureux, leſquels il a intitulez *Erreurs amoureuſes*, auquel liure il n'a pas voulu mettre ſon nom: mais s'il ne le faiſoit que pour crainte qu'il auoit s'ils ſeroyẽt bien receuz & approuuez des plus doctes, ie peux aſſeurer que ie n'ay onques ouy donner iugement de ſes poëſies à aucun (qui fuſt bien verſé en cette profeſſiõ) qu'il ne diſt & affermaſt, de n'auoir rien veu de plus docte & mieux elabouré, que ſont ſes Sonnets ſuſdits.

Il les a fait imprimer (ou autres ſiens amis pour luy) en l'an 1555. à Lyon chez Iean de Tournes, auec vn recueil de vers lyriques de ſa façõ.

Le premier ſolitaire, ou proſe des muſes & de la fureur poëtique, imprimé à Lyon chez Iean de Tournes l'an 1552.

Solitaire ſecõd de la muſique, imprimé à Lyon chez ledit de Tournes.

L'Vniuers, ou diſcours des parties, & de la nature du monde, imprimé à Lyon.

Mantice, ou diſcours de la verité de diuination, par Aſtrologie, imprimé à Lyon l'an 1558. chez Iean de Tournes.

Les deux diſcours de la nature du monde & de ſes parties, ont eſté de rechef imprimez à Paris chez Mamert Patiſſon l'an 1578. in 4.

Diſcours du temps, de l'an, & de ſes parties, imprimé chez ledit Patiſſon audit an 1578. in 4. & auparauant il l'auoit fait imprimer chez Iean de Tournes à Lyon l'an 1556. in 8. & contenoit 6. fueilles.

Il le compoſa en l'an de ſon âge 31.

Toutes les œuures poëtiques, & autres ſemblables dudit ſieur, ont eſté imprimees à Paris en vn volume.

Il floriſt en ſon pays de Bourgongne cette annee 1584. âgé de 60. ans ou enuiron.

PRVDENT DE CHOISELAT, procureur du Roy & de la Roine ſa mere à Sezane.

Il a mis en lumiere vn sien for gentil traicté, qu'il intitule *Discours œconomique*, monstrant comme de cinq cens liures pour vne fois employees, l'on peult tirer par an, quatre mille cinq cents liures de profit honeste, imprimé à Paris chez Nicolas Chesneau l'an 1569.

L'autheur composa ce liure estant au pays de Lodunois en Poictou l'an 1567.

S'ensuyuent les noms de plusieurs autheurs incogneuZ par leurs premieres appellations, qui est cause que nous les auons mis à la fin de la lettre de P. *pour ne sçauoir leurs premiers noms, &c.*

.... PAPILLON &c.

Il a composé vn liure, intitulé le Trosne d'honneur, comme tesmoigne l'autheur de la genealogie des dieux, surnommé *l'Innocent esgaré.*

...... PERDIGON, gentilhomme natif du pays de Gyuauldan, ancien Poëte François.

Il a mis par escrit toutes les victoires que Raimond Berrenger dernier du nom Conte de Prouence, auoit obtenues en ladite Prouence, contre les rebelles du pays.

Ce liure n'est encores imprimé.

Il mourut l'an 1269.

...... PICOT (Poëte François assez moderne.)

Il a escrit quelques poëmes à l'honneur de la vierge Marie.

...... PISTOLET, ancien Poëte Prouençal, gentilhomme seruant en la Cour de Philippes le Long, Conte de Poictou l'an 1320. (lequel fut depuis Roy de France.)

Il a escrit des chansons & autres poësies en langue Prouençale, à la loüange de Madame *Sance*, de la maison de Ville-neufue en Prouence: & d'vne autre dame de la maison de *Champ-dieu* en Dauphiné, & de plusieurs autres dames illustres. Elles ne sont encores imprimees.

Il florissoit en l'an de salut 1321.

...... PRE'EL.

Il a escrit & cõposé en rithme Françoise, vne prognostication, laquelle contient vne representatiõ des sots Astrologues, imprimee l'an 1527.

P. BLANCHART Mathematicien, maistre d'Eschole à Laon en Laonnois au pays de Picardie l'an 1581.

Il a escrit & composé vn calendier perpetuel, reduit en grãde figure, auec l'expositiõ d'icelle, imprimé à Paris chez Iean le Clerc audit an 1581.

P. D.

Il a escrit vn liure, intitulé Amiable accusatiõ, & charitable excuse, des maux & euenemens de la France, le tout diuisé en trois parties, imprimé à Paris chez Robert le Mangnier l'an 1576. in 8. & cõtient 12. fueilles. Lequel liure a esté dedié à Messire Guy du Faur, seigneur de Pybrac audit an 1576. auquel temps florissoit l'autheur dudit liure.

P. DE

P. DE MANCHICOVR, premier chantre en l'Eglise de Tours.

Il a composé dixneuf chansons, qu'il a mises en musique, imprimees à Paris chez Pierre Ataignant.

P. D. T. A.

Il a escrit en prose Françoise, vn discours de la reduction de Calais au Royaume de France, detenu par les Anglois depuis l'an 1347. imprimé à Paris chez Claude Micard l'an 1558.

P. H. G.

Il a traduit de Latin en François, vne Epistre contenant le discours de la guerre de l'an 1542. & 1543. escrite en Latin par Guillaume Paradin, imprimee à Paris chez Viuant Gaulterot l'an 1544.

P. VIENNE, surnommé *l'Amoureux de vertu*, duquel la deuise est, *En Dieu me fie.*

Il a escrit en vers François vn petit opuscule, intitulé l'Indignation de Cupido, imprimé à Paris chez Chrestien Vechel l'an 1546.

FIN DE LA LETTRE P.

R

RAIMOND BERRENGER, OV BERRENGVIER, Conte de Prouence & de Forcalquier, fils de Ildephons Roy d'Arragon, Conte & Marquis de Prouence, issu de la tres-noble & illustre famille des Berrengers d'Arragon &c.

Il espousa Beatrix, sœur de Thomas Conte de Sauoye.

Ledit Raimond estoit for bien versé en la poësie Prouençale, & a mis par escrit plusieurs Poëmes, lesquels ne sont encores imprimez.

Il mourut en l'an de salut 1245. âgé de 47. ans.

Dante Poëte Florentin fait bien ample mention dudit Raimond, comme aussi ont fait plusieurs autres, & principalemēt Iean de Nostre-Dame, és vies des Poëtes Prouençaux.

RAIMOND CHAVVET, ministre à Genefue &c. Ie n'ay point veu ses escrits imprimez, ne autrement, encores qu'il en aye cōposé plusieurs.

RAIMOND FERAVLT, gentilhomme Prouençal, surnommé *Porcarius* ou *le Porchier*, religieux, & en fin prieur du monastere de S. Honoré en l'Eglise de Lerins en Prouence, Poëte Prouençal &c.

Il a traduit de Latin en rithme Prouençale, la vie d'Andronic fils du Roy de Hongrie, surnommé sainct Honoré de Lirins.

Il a traduit plusieurs autres liures en rithme Prouençale, lesquels ne sont encores imprimez.

Il florissoit en l'an de salut 1300.

RAIMOND IOVRDAN, gentilhomme Quercinois, Viconte de S. Antoine au pays de Quercy, Poëte Prouençal l'an 1206.

Il se rendit moine au monastere de Montmaiour.

Il a escrit vn liure, intitulé *Lou phantaumary de las Domnas.*

RAIMOND LVLLY, (autre que Raimond Lulle, dit *Lulius.*)

Il a escrit & cōposé en nostre langue Françoise, vne prognosticatiō pour l'an 1543. imprimee à Rouën audit an chez Guillaume de la Mothe.

RAIMOND DE MIREVAVX Cheualier, natif de Carcassonne, sieur dudit lieu de Mireuaux, Poëte Prouençal &c.

Il a escrit vn traicté des loüanges de Prouéce, non encores imprimé.

Il mourut l'an 1218.

RAIMOND POYNET, grand Mathematicien.

Il est autheur d'vn for docte petit traicté Frāçois, intitulé le Cosmolabe, imprimé à Paris chez Michel Iulien l'an 1566. lequel il a dedié à la Roine mere du Roy.

Il florissoit à Paris audit an 1566. soubs le regne de Charles 9.

RAIMOND RANCVREL Sauoisien, homme des plus excellents pour la la sculpture, & pour l'escriture, qu'autre que nous ayons cogneu de nostre temps, dequoy font assez de preuue les beaux ouurages qu'il a laissez pour marque de son industrie & gentillesse d'esprit, és plants & protraicts de plusieurs villes de France, imprimez auec la Cosmographie de Belle-forest, chez Chesneau & autres.

I'ay veu vne paire d'Heures, qu'il auoit escrites de sa main, & auoit fait les figures d'icelles, lesquelles sont au cabinet de Madame de Rambouillet, femme de Messire Nicolas d'Angennes, Cheualier des deux ordres du Roy (au seruice duquel seigneur il a esté par l'espace de quelques annees:) & diray bien que tous ceux qui auront veu de ses ouurages, confesseront librement que ie n'ay rien aduancé de propos, tant à son aduantage, qu'il n'en fust encores digne de cent fois plus.

Il mourut en la ville d'Arras, au pays de Picardie l'an 1582. âgé d'enuiron 40. ans.

RAIMOND DE ROMIEV gentilhomme, natif d'Arles en Prouence, Poëte Prouençal en l'an 1355.

Il a escrit vn chant funebre, & plusieurs autres œuures en langue Prouençale, non encores imprimees.

9.2. RAIMOND LE ROVX, dit *Rufus*, docteur és droicts, Aduocat en la cour de Parlement à Paris, homme estimé des plus sçauants en droict canon, qu'autre de son temps.

Il a escrit vne Epistre Françoise, dediee au Roy Henry second, laquelle est imprimee, & mise au deuant de son liure Latin, escrit contre Charles du Molin, touchant la dignité du Pape, Cardinaux, Euesques, & tout le clergé &c. imprimee l'an 1553. à Paris chez Poncet le Preux, auquel temps florissoit ledit Raimond le Roux.

RAMBAVLT D'ORENGE, gentilhomme Prouençal, natif dudit lieu & principauté d'Orenge, en la Gaule Narbonnoise, sieur de Corteson, Poëte Prouençal en l'an 1229.

Il a escrit vn liure, intitulé *La Maitrise d'amour.*

Petrarque fait mention de luy en son triomphe d'amour &c.

Il mourut en l'an susdit 1229.

RAMBAVLT DE VACHIERES, gentilhomme Prouençal, fils du sieur de Vachieres en Prouence, gouuerneur de Salonic.

Il a escrit en rithme Prouençale vn liure, intitulé *Lous plours de Segle*, & plusieurs autres poësies, non encores imprimees.

Il mourut en l'an 1226.

RAOVL ancien Poëte François.

Il a escrit en rithme Françoise vn liure, intitulé *Le Roman des Elles*, selō que recite l'autheur du Chāp-fleury, Geufroy Thory de Bourges.

Voy cy apres *Raoul de Houdanc.*

RAOVL DE BEAVVOIS en Picardie, ancien Poëte François, viuant en l'an de salut 1250. ou enuiron.

Il a escrit plusieurs poësies,& entre-autres quelques chansons amoureuses.

RAOVL CAILLIER Poicteuin,Aduocat au Parlement de Paris,ieune hōme for docte & bien versé en la poësie Grecque,Latine & Françoise.

Il a escrit quelques vers Frãçois, sur la pulce de Madame des Roches de Poictiers,imprimez auec les autres de diuers autheurs, tous reduits en vn volume,& imprimez à Paris chez Abel l'Angelier l'an 1582.

Discours du Rien,escrit en prose,non encores imprimé.

Il a traduit quelques beaux & for doctes traictez de feu Iulien Dauid du Perron (pere de Iaques Dauid du Perron à present viuant) &c. lesquels ne sont encores en lumiere.

Discours de l'ombre,escrit en prose.

Discours du quatre.

Discours de l'amour de soy-mesme.

Ils ne sont encores imprimez, non plus que ses autres poësies Françoises,desquelles ie mettray icy le tiltre de quelques-vnes.

Poëme intitulé le Chat. Poëme du Passereau. Poëme des Auettes ou Abeilles & mouches à miel.

Il florist à Paris cette annee 1584.

RAOVL LE FEVBVRE prestre, Chapellain du Duc de Bourgongne, nommé Philippes l'an 1464.

Il a composé en François vn liure, qu'il a intitulé le Recueil des Histoires Troyennes, contenant trois liures, imprimé à Lyon in fol. l'an 1490. de caracteres bastards.

RAOVL DE FERIERES OV FERRIERES en Normandie,ancien Poëte François,viuant en l'an de salut 1250. ou enuiron.

Il a escrit plusieurs poësies, & entre-autres des chansons d'amours, non encores imprimees.

RAOVL DE GASSIN, autrement appellé Roux ou Raoullet,& Rollet &c. gentilhomme Prouençal, issu de la tres-noble maison de Gassin, situee sur le riuage du Golfe de Grimauld &c. Poëte, historien & orateur tres-renommé de son temps,& homme for adextre aux armes.

Il a escrit plusieurs poësies en sa langue.

Il se rendit en fin moine en la ville d'Auignon.

Il mourut en l'an de salut 1229.

RAOVL DE HOVDANC, & selon d'autres de Houdon, ancien Poëte François,viuant en l'an de salut 1227. du regne du Roy S. Loys.

Il a escrit & composé vn Roman, qu'il a intitulé la voye & le songe d'enfer:quelques-vns disent qu'il est autheur du Roman des Elles, duquel nous auons fait mention cy dessus,parlant de RAOVL simplement.

RAOVL DE MONTFIQVET.

Il a escrit vn traicté, qui s'intitule l'hommage d'honneur, ou recognoissances deües par les hommes à Dieu, à leur bon Ange, & à Iesuchrist

christ estant au sacrement de l'Autel, imprimé à Paris chez le Noir.

RAOVL, OV RODOLPHE DV PARC, natif de Roüen en Normãdie.

Il a fait la description de l'ordre tenu au conuoy des obseques & pompes funebres du Roy Henry 2. du nom, imprimee à Paris chez Pierre Richard l'an 1559.

RAOVL DE PRESLES, premierement Aduocat au Parlement de Paris, & depuis Conseiller & Maistre des Requestes de l'hostel du Roy de France, Charles cinquiesme dit le Sage, en l'an de Salut 1315. & encores son Confesseur, son Poëte & historien.

Ledit Raoul de Presles est fondateur du college de Presle situé en l'Vniuersité de Paris pres l'Eglise des Carmes, lequel college a esté depuis rebasty de nouueau, & de beaucoup augmenté d'edifices par Pierre de la Ramee *dit Ramus* autresfois principal dudit college, & entre autres des maisons qui sont ioignantes ledit college de Beauuais.

Le susdit Raoul a traduit & commenté en François les liures de la Cité de Dieu de S. Augustin, ensemble le liure intitulé *Le Compendium historial*, comme tesmoigne Corrozet aux Antiquitez de Paris.

I'ay autrefois veu laditte traduction & cõmentaires d'iceluy Raoul de Presles, chez Denys du Pré fils de Galiot, contenuz en deux grands volumes escrits à la main sur parchemin, esquels se voit, que la traduction en auoit esté commencee l'an 1311. & paracheuee l'an 1315.

Maistre Henry Romain Licentié en l'vn & l'autre droit, a compilé & abregé ledit œuure de la Cité de Dieu de S. Augustin, lequel se voit escrit à la main chez Monsieur de Clermont d'Amboise en son chasteau de Galerande au Maine.

Cetui-cy Raoul de Presles a fait vn abregé ou extraict du liure intitulé *Somnium Viridarij*, autrement appellé le Songe du Vergier, contenant la dispute entre les Ecclesiastiques, & les Temporalistes & Seculiers, lequel liure se voit escrit à la main sur parchemin en la Bibliotheque de monsieur le President Fauchet à Paris.

Nous auons par deuers nous la traduction entiere du liure susdit appellé le songe du Verger, imprimee en l'an 1491. qui est vn autre liure que le Roman de la Rose, comme nous auons dit cy dessus, parlant de Iean de Meun, auquel lieu nous auons remonstré, quelle difference il y auoit entre l'vn & l'autre, encores que le titre y ait esté mis semblable à cetui-cy, par aucuns ignorants.

Il florissoit soubs le regne de son maistre Charles 5. Roy de France és annees susdittes 1315.

RAOVL DE SOISSONS Cõte dudit lieu en Picardie l'an 1250. du temps du Roy S. Loys.

Il a escrit quelques poëmes Satyriques, lesquels sont imprimez auec la vie de Godefroy de Buillon, composee par Pierre Desray Champenois.

Il y a eu vn autre Conte de Soissons nommé Thierry, duquel nous ferons mention cy apres.

RAOVL SVRGVIN sieur de Belle-croix, gẽtilhomme Angeuin, premier & ancien Aduocat au siege Presidial & Seneschaussee d'Anjou, homme for bien viuãt & aimé de tous ceux de sa robbe, & autres qui l'ont cogneu & frequenté.

Il a escrit vn traicté contre certaines remonstrances, faites à la premiere assemblee des Estats tenuz à Angers le 14. iour d'Octobre en l'an 1560. imprimé à Paris chez Nicolas Chesneau l'an 1562. in 8. & contient 8. fueilles.

Il mourut à Angers enuiron l'an 1574. ou 1575. âgé de plus de soixãte ans. Auant que mourir, il pourueut son gendre Iean de Villemereau, sieur de la Roche &c. de son estat d'Aduocat du Roy, comme nous auons dit cy dessus, parlant dudit sieur de Villemereau, à la lettre I. fol. 272.

RAPHAEL DE BONIS Epidaurien.

Il a escrit vn Traicté pour le preseruatif de la Peste, imprimé à Paris l'an 1532. ou bien quelcun a traduit ce liure sans y auoir mis son nom.

RASSE DE BRINCHAMEL, lequel florissoit en l'an 1459.

Il a escrit vn liure intitulé *Le Nuptial* traictant des Mariages, selon les decrets & les loix, le tout à la requeste d'Antoine de la Salle.

Il a dauantage traduit de Latin en François l'Histoire ou plus tost Roman de Messire Floridan & de la belle Elinde, composee premierement en Latin, par *Nicole de Clemangis*. Cette histoire a esté imprimee à Paris sur la fin de la Chronique ou histoire du petit Iean de Saintré, &c. chez Philippes le Noir l'an 1523.

R.L. RAVEND OV RAVENNE GIBON Parisien Abbé de S. Vincent pres le Mans, homme docte és langues & grand Theologien.

Il a escrit tant en prose qu'en vers François vn petit liure qu'il a intitulé *Estrenes*, auquel liure sont contenuz quelques vers François sur la natiuité de nostre Seigneur Iesu-christ, & sur autres diuers subiects, &c. le tout imprimé au Mans par Hierosme Oliuier l'an 1568.

Exposition sur le Psalme 95. traduit selon la verité Hebraïque, & mis en vers François par ledit Gibon, imprimé chez ledit Oliuier l'an 1568. auquel temps florissoit ledit Abbé.

Il mourut âgé de plus de 60. ans. soubs le regne de Charles 9.

RAVEN OV RAVEND GRIMOVLT, natif de Falaise en Normandie.

Il a composé vne histoire qu'il a intitulee Les Remarques de France: ladite histoire n'est encores en lumiere, mais Guy le Feubure sieur de la Boderie en fait mention en l'Epitaphe qu'il a fait sur la mort dudit Rauen Grimoult Falesien; imprimé auec son Enciclie fol. 326. de la premiere edition.

REMY BELLEAV homme docte en Grec & en Latin, & sur tout excellent Poëte François, natif de la ville de Nogen le Rotrou au Perche, sur les fins & limites du pays & conté du Maine, autresfois precepteur de Monseigneur le Marquis d'Elbeuf, Prince tresillustre, issu de la tresnoble & tresancienne maison de Lorraine, &c.

Il a doctement commenté la seconde partie des amours de Ronsard, lesquels commētaires ont esté imprimez par plusieurs fois chez Buon à Paris, auec ceux de Muret.

Il a traduit bien heureusement, & auec beaucoup de grace, de Grec en vers François les Odes d'Anacreon, imprimees à Paris chez André Vvechel l'an 1556. auecques plusieurs hymnes & autres poësies de son inuention, elles ont esté de rechef augmentees par l'autheur, & imprimees à Paris chez Gilles Gilles l'an 1574.

Ode pastorale sur la mort de Ioachim du Bellay, imprimee à Paris chez Robert Estienne l'an 1560.

Larmes sur le trespas de Mōsieur le Marquis d'Elbeuf, René de Lorraine, & de Madame Loyse de Rieux sa femme, imprimees à Paris chez Buon l'an 1567. auec le tombeau de Monsieur de Guise, composé par ledit Belleau.

Les Bergeries dudit Belleau, imprimees à Paris par Gilles Gilles, à diuerses fois, qui est vn œuure à l'imitation du docte Sannazar Poëte Italien, à l'imitation desquels Iaques Courtin, sieur de Cissé, gentilhomme Percherō, en auoit proiecté de semblables, mais la mort trop cruelle & hastiue en son endroit l'a empesché de la poursuiure, pour luy auoir trenché le filet de sa vie, auant le temps. Car il mourut à Paris for ieune d'ans, & bien vieil en doctrine le 18. iour de Mars l'an 1584. au grand regret & ennuy indicible de ses plus grands amys, & sur tout au miē qui l'aymois plus que ie n'ay eu de moyē de luy en porter tesmoignage durant sa vie: Nous auons fait mention de luy icy deuant en son ordre, & si l'on trouue que i'aye mis (qu'il florissoit à Paris cette annee 1584.) que lon sçache que depuis que i'ay escrit celà, que i'ay receu les piteux aduertissements de son trespas.

Pour reuenir à parler dudit Belleau son amy & nay d'vn mesme pays, ie diray ce qu'il a escrit outre les œuures cy deuant mentionnees.

Traicté des pierreries ou gemmes & pierres precieuses, lequel liure il a intitulé Eschanges. Eglogues sacrees & autres œuures tant de son inuention, que de sa traduction, comme l'Eclesiaste de Salomon, & plusieurs autres œuures imprimees à Paris chez Mamert Patisson.

Il mourut à Paris l'an 1577. le 6. iour de Mars, il a esté imprimé vn recueil d'Epitaphes faits sur son trespas par ses amis.

REMY ROVSSEAV, Orateur François, du temps de Loys 12. Roy de France l'an 1514.

Il a mis en lumiere vn sien recueil des ruses & finesses de guerre, extraictes des œuures de Iules Frontin, & autres autheurs, par Emery de S. Rosé, lequel œuure ledit Rousseau a de beaucoup augmenté, & principalement d'annotatiõs Latines, pour monstrer de quels autheurs ledit de Saincte Rose auoit fait les extraicts, imprimé à Paris chez Iean Petit l'an 1514. in 8. & contient 8. fueilles, imprimees de caracteres bastards.

Il florissoit à Paris l'an susdit 1514.

RENAVLT OV REGNAVLT D'AVDON, ancien Poëte François viuant en l'an 1260. ou enuiron.

Il a escrit vne Satyre contre tous les Estats, non encores imprimee.

B.L. RENAVLT DE BEAVNE gentilhomme Tourengeau, issu de la noble & tresancienne famille des sieurs de Samblançay & de Beaune en Touraine, premierement Euesque de Mande, & Chancelier de Monsieur le Duc d'Anjou l'an 1550. & depuis Archeuesque & Patriarche de Bourges en Berry, Primat d'Aquitaine, homme for docte és langues, & bien versé en toutes sciences & disciplines, &c.

Il a mis en lumiere vne sienne fort docte & bien excellente remonstrance pour le Clergé de France, laquelle il prononça à Fonteinebleau deuant le Roy Henry 3. le 17. iour de Iuillet l'an 1582. imprimee à Paris l'an 1582. in 4. & contient 4. fueilles & depuis imprimee in 4.

Sermon funebre prononcé aux obseques de Messire René Cardinal de Birague, Chancelier de France, par ledit sieur Archeuesque le 6. Decembre l'an 1583. en l'Eglise de S. Catherine du Val des Escholiers à Paris, &c. imprimee à Paris l'an 1584. chez Gilles Beys.

Ie n'ay pas cognoissance de ses autres escrits en François; & quant à ses compositions Latines nous en ferons mention autre-part.

Il florist cette annee 1584.

B.L. RENAVLT CHANDON natif de l'Euesché de Pamieres en Languedoc docteur és Droicts.

Il a escrit en François vn traicté de la fortune des Romains, comme tesmoigne Pierre Bunel en ses Epistres.

Messire RENAVLT DE COVCI cheualier, seigneur Chastelain dudit lieu de Coucy en Picardie l'an 1187.

Il a escrit plusieurs chansons amoureuses & autres poësies Françoises en lãgage vsité de son temps, mais elles ne sont encores imprimees. Claude Fauchet homme tresgdocte & bien diligent rechercheur des antiquitez Gauloises, fait mention dudit Regnault de Coucy en son liure des Poëtes François anciens, fol. 124.

B.L. RENAVLT DV FERRIER, President en la Cour de Parlement à Paris, Orateur & Ambassade des Roys, François 1. Charles 9. & Henry 3. &c.

Il a escrit plusieurs oraisons tresdoctes & eloquentes à merueille, lesquelles il a prononcees tant en Latin qu'en François en diuers lieux où il a il a esté employé pour ses maistres les Roys de France treschrestiens,& entre autres celles qu'il fist en l'assemblee du S.Cõcile general de Trente le 23.iour de Nouembre l'an 1562.

RENAVLT LE QVEVX Picard de nation,ancien poëte François.

Il a escrit plusieurs traictez en rithme Françoise comme tesmoigne Iean Bouchet en son liure intitulé le Temple de bonne renommee.

RENAVLT DE SABVEIL grand seigneur, & ancien Poëte François viuant en l'an de salut 1250.ou enuiron.

Il a escrit quelques poëmes François non encores imprimez.

RENE' DE L'ANGLE sieur de la Billaye premier Conseiller au Parlement de Rennes en Bretagne,&c.

Ie n'ay pas cognoissance de ses escrits, mais plusieurs font honorable mention de luy en leurs œuures.

RENE' D'ANIOV Roy de Sicile, de Naples, de Hierusalem, d'Arragon,de Vallence,de Sardeigne,de Maiorque, & de Corsegue, Duc d'Anjou,de Calabre,de Lorreine, de Guyse, & de Bar: Conte de Prouence,de Forcalquier, & du Maine: Prince de Piedmont, &c. issu de la tresnoble & royale maison d'Anjou.

Il estoit tresbien versé en plusieurs arts & bonnes disciplines, & entre autres choses,il se delectoit grandemẽt à la peinture & protraicture, comme il se voit par plusieurs images, protraicts,& autres semblables choses faites de sa main.

Il a fait vne description du pays & Conté de Prouence.

Il a escrit la Carte & description d'Anjou.

Il a composé vn liure du Blason d'Armoiries, toutes lesquelles choses il a peintes & enluminees de sa main, & les a presentees au Roy de France treschrestien Loys XI.mais elles ne sont encores imprimees.

Il a composé en vers François plusieurs beaux poëmes touchant la passion de nostre Seigneur Iesus Christ,lesquels se voyent grauez & inscripts en la chapelle de S.Bernardin au Conuent des freres mineurs ou Cordeliers en la ville d'Angers.

Iean Bouchet racompte en ses Annales d'Aquitaine que ledit René a composé plusieurs rondeaux, ballades, Satyres, Comedies & autres choses semblables.

Il mourut en la ville d'Aix en Prouence l'an 1480. & selon d'autres à Marseille.Il estoit fils puisné de Loys d'Aniou,Roy de Sicile.

Ledit René d'Anjou institua l'ordre des Cheualiers du Croissant en l'an 1464.duquel la deuise estoit,*Los en croissant.*

RENE' BELET Angeuin sieur de la Chapelle, Aduocat des plus doctes & des plus renómmez de tout le siege presidial & Seneschaussee d'Anjou,&c.

Il a escrit & composé de for doctes Commentaires sur les coustumes d'Anjou,non encores imprimez.

Il a composé plusieurs Sõnets, lesquels ne sont encores imprimez, si-non quelques-vns, lesquels se voyent és œuures de Ronsard.

Il a fait imprimer plusieurs beaux & doctes epitaphes sur la mort de quelques hommes & femmes illustres.

Il florist à Angers cette annee 1584. âgé d'enuiron 60. ans.

RENE' BENOIST Angeuin, docteur en Theologie à Paris, & curé de S. Eustache en laditte ville, homme treseloquent, & des plus celebres entre tous ceux de sa profession, tant pour ses predications ordinaires, que pour les liures en nombre infiny, lesquels il a mis en lumiere, dont s'ensuyuent les titres d'aucuns, que i'ay veuz, & non pas de tous, car ils sont en trop grand nombre.

Homelies de la natiuité de Iesus Christ, imprimees à Paris chez Claude Fremy l'an 1558.

Response à vn nommé de l'Espine ou *de Spina*, imprimee chez Cheneau l'an 1562.

Probation de l'adoration de Iesus Christ, imprimee chez Chesneau.

Le triomphe de la Foy imprimé l'an 1562. chez Chesneau.

Traicté des Dismes, chez Chesneau 1563.

Traicté du sacrifice Euangelique, chez Chesneau 1562.

La maniere de cognoistre Iesus Christ, imprimee chez Chaudiere l'an 1564.

Premiere Epistre à Iean Caluin, chez Chesneau 1562.

Seconde Epistre audit Caluin, chez Chesneau 1562.

Instruction pour tous estats, chez Chesneau 1565.

Epistre aux habitans de Nantes en Bretagne chez Chesneau 1562.

Le premier liure de la cõmuniõ des Saints, imprimé chez Chaudiere.

Instruction pour soy confesser, chez Guillard 1565.

Remonstrance premiere aux Religieuses, chez Chesneau 1565.

Seconde remonstrance ausdittes Religieuses, chez ledit Chesneau l'an 1567.

Discours de la Confession sacramentelle chez Chaudiere.

Traicté des luminaires de l'Eglise, chez Chaudiere 1565.

Probation de la Messe, imprimé l'an 1563. chez Chesneau.

Respõse à ceux qui appellẽt les Chrestiẽs Idolatres, chez Chaudiere.

Traicté du S. Ieusne de Caresme, chez Chesneau 1566.

Probation de la mãducation de l'hostie en la Messe chez Chesneau.

La maniere de se preparer à solẽniser la natiuité de Iesus-Christ, imprimee à Paris chez Chesneau.

Catechisme imprimé à Paris chez Guillaume Chaudiere l'an 1566.

Exhortation aux fideles pour batailler contre l'Antechrist, imprimé chez Chaudiere 1566.

Resolution des points qui sont en controuerse ou debat & resolus par les quatre celebres facultez, imprimee à Paris chez Chesneau.

Homelie

Homelie du iour des Rameaux, imprimee chez Chaudiere l'an 1566.

Antithese des Bulles du Pape, pour les pardons & indulgences, chez Chesneau 1566.

Resolution des vsures, imprimee chez Chesneau 1565.

Deux traictez de la confession sacramentelle, imprimez chez Sebastien Niuelle.

Resolution des lieux de l'escriture sainte, deprauee & corrompuë par les heretiques de ce temps, imprimee chez Chesneau l'an 1567.

Discours des miracles de madame saincte Geneuefue, imprimé chez Thomas Belot à Paris.

Le premier tome des responses au Ministre nommé de l'Espine, ou bien *Despina*, imprimé chez Chaudiere.

Catholique discours des chandelles, torches, & autre vsage de feu en la profession de la Foy & religion Chrestiēne, imprimé à Paris chez Iean Poupy l'an 1575.

Brefue response à la remonstrance faite à la Royne mere du Roy, pour ceux qui se disent persecutez pour la parole de Dieu, imprimee à Paris chez Guillaume Guillard l'an 1562.

Traicté enseignant en bref les causes des malefices, sortileges, & enchantements, imprimé à Paris chez Iean Poupy l'an 1579. auec le liure de Pierre Macé du Mans.

Fragment extrait d'vn plus ample traicté de la Magie reprehensible & des Magiciens, contenant 19. chapitres, imprimé à Paris chez Iean Poupy l'an 1579. auec le liure dudit Pierre Macé.

Aduertissement du moyen par lequel tous troubles & differents, touchant la croix Gastine, mise deuant S. Innocent à Paris, & autres concernant la Religion seront aisement assopis & ostez, imprimé à Paris l'an 1572. chez Thomas Belot.

Epistres & Euangiles des Dimenches & autres principales festes, exposees par Scholies & familieres explicatiōs, imprimees à Paris auec les trois volumes de l'histoire des Saincts, &c. chez Nicolas Chesneau.

Il a escrit plusieurs autres œuures de son inuētion, desquelles ie n'ay pas souuenance maintenant, & quant à ses traductions en voicy les noms de quelques-vnes.

Il a traduit en François la saincte Bible, laquelle il a enrichie d'annotatiōs sur les lieux deprauez par les heretiques, imprimee à Paris in fol. Nicolas Chesneau, Buon & autres.

Le nouueau Testament imprimé en Latin & François, chez ledict Chesneau l'an 1566.

La Bible Latine & Françoise auec annotations imprimee l'an 1565. chez ledit Chesneau.

Il a traduit les Epistres & Euāgiles des Dimēches, imprimees auec le secōd volume de l'histoire des Saincts, à Paris chez Chesneau l'an 1577.

Il a traduit l'histoire tragique de Lindan, imprimee à Paris chez Guillaume Chaudiere l'an 1565.

Il a traduit le liure de l'ordre & ceremonies obseruees au sacre & coronnement des Roys de France, imprimé à Paris chez Nicolas Chesneau l'an 1575. Si i'eusse eu cognoissance de ses autres traductions i'en eusse fait le recit en ce lieu.

Il florist à Paris cette annee 1584. se trauaillant sans cesse d'annoncer la parolle de Dieu & instruire ses paroissiens à viure selon les saincts loix.

Messire RENE' DE BIRAGVE Cheualier, Chancelier de France, & depuis Cardinal soubs le Pape Gregoire 13. Commandeur de l'ordre des Cheualiers du S. Esprit instituee par le treschrestien Roy de France & de Polongne, Henry 3. du nom, &c. Il nasquit à Milan (ville capitale de la Lombardie) le 3. iour de Feurier l'an 1507. & selon autres le 2. iour.

Il estoit issu de la tant illustre & renommee famille des Biragues, laquelle florissoit il y a plus de trois cens ans.

Il a fait imprimer la harangue qu'il pronōça aux Estats tenus à Blois l'an 1577. imprimee à Paris audit an.

Il mourut à Paris en son hostel le Ieudy 24. iour de Nouembre l'an 1583. âgé de 76. ans & fut enterré le Mardy 6. de Decembre audit an dās l'Eglise de Saincte Catherine du Val des Escoliers à Paris.

L'Oraison funebre pronōcee sur sa mort par monsieur l'Archeuesque de Bourges messire Renault de Beaune, a esté imprimee à Paris l'an 1583. chez Gilles Beys, ensemble plusieurs epitaphes, imprimez chez Federic Morel, & outre celà monsieur de Maumont gentilhomme Lymosin a escrit en Latin vn Eloge & bien ample discours de sa vie, lequel il fera bien tost imprimer, &c.

RENE' BOIVIN Angeuin, homme for renommé pour le burin & taille douce.

Il a graué les planches des 12. Philosophes, Poëtes & Orateurs anciens Grecs & Latins, sçauoir est d'Homere, Platon, Aristote, Virgile, Ciceron & autres, imprimees à Paris & autres lieux.

Il a dauantage graué en taille douce les figures d'vn liure intitulé, la Conqueste de la toison d'or par le Prince de Thessalie mis en lumiere par Iean de Mauregard, imprimee à Paris in fol. l'an 1563.

RENE' BRETONNAYAV Angeuin, tresdocte Medecin & excellent Poëte François, natif de Vernantes en Anjou.

Il a escrit en vers François vn liure intitulé l'Esculape, non encores imprimé.

Traicté de la generation de l'homme, & le temple de l'Ame, & plusieurs autres poësies, le tout imprimé ensemblement à Paris par Abel l'Angelier l'an 1583. in 4. & cōtient 47. fueilles. Ce liure est for docte & plain de for belles, & bien curieuses obseruations.

Il florist

Il florist à Loches en Touraine cette annee 1584. auquel lieu il fait profession & exerce la Medecine.

RENE CHOPIN Angeuin, natif de la paroisse du Bailleul en Anjou, en la iurisdiction de Baugé, Aduocat des plus doctes & plus renommez de la Cour du Parlement de Paris, & doüé d'vn esprit esmerueillable, qui est accompagné d'vne memoire singuliere, comme ie le sçay par experience.

Il a peu escrit en nostre langue Françoise, car nous n'auons de luy que l'oraison qu'il fist pour le Clergé de Frãce, imprimee l'an 1580. chez Nicolas Chesneau.

Il a escrit plusieurs for doctes liures plains de belles recherches pour le droict canon & ciuil, & encores pour l'histoire, lesquels sont en lumiere, & imprimez à Paris à diuerses annees, sçauoir est du Domaine de Frãce, des Priuileges des Rustiques, & de la Police sacree, & encores des annotations ou Commentaires sur la coustume d'Anjou & du Maine: mais nous en ferons plus ample mẽtion autre-part, pource que ce sont liures Latins.

Il florist à Paris cette annee 1584.

Il n'a encores mis en lumiere ses doctes Plaidoyez & Consultations qu'il fait iournellement.

RENE' DEDRAIN, natif de Nantes en Bretagne, docteur és Droicts & Aduocat au siege Presidial de Cahors en Quercy.

Il a commenté les Ordonnances de Moulins, faites par Charles 9. Roy de France l'an 1566. imprimees à Paris.

RENE' FAME, Notaire & Secretaire du Roy François 1. l'an 1546.

Il a traduit de Latin en François les diuines Institutions de Lactance Firmian contre les Gentils & Idolatres, imprimees à Paris l'an 1546. in 8. & contiennent 32. fueilles.

RENE' FLACE' prestre & Curé de l'Eglise de la Cousture és fauxbourgs du Mans, poëte Latin & François, Theologien & Orateur, Historien, Philosophe & Musicien. Il nasquit en la ville de Nogen sur la riuiere de Sarte à cinq lieuës du Mans le 28. iour de Nouembre l'an 1530.

Cettuy-cy merite pour beaucoup de raisons, d'estre recommandé & loüé de tous hommes d'honneur, tant pour la bonne vie qu'il meine, que pour les vertuz qui sont en luy: car il ne s'adõne qu'à toutes choses profitables au public, & sur tout à l'hõneur de Dieu, soit en predicatiõs, & instructions de la ieunesse, qu'il a en charge en son college de la Cousture au Mans, for celebre pour estre remply d'vne infinité de gentils-hommes & autres enfans de maison honorable, ausquels il fait apprẽdre les lettres humaines, la Musique, l'escriture, & tous autres exercices propres à la ieunesse bien instruite.

Il a composé en vers Latins, & depuis traduit en François vn Catechisme Catholiq, & sommaire de la doctrine Chrestienne, imprimé au Mans chez Marin Chalumeau l'an 1576. in 8. & contient 10. fueilles.

Prieres tirees de l'histoire de la Bible, tournees de Latin en vers François par ledit *Flacé*, imprimees au Mans l'an 1582. par ledit Chalumeau.

Tragedie d'Elips Contesse de Salbery en Angleterre, laquelle fut representee & ioüee publiquement au Mans l'an 1579. au mois de Iuing. Elle n'est encores imprimee, mais bien la chãson qu'il fist en l'hõneur de ladite Cõtesse, imprimee au Mans l'an 1579. par Marin Chalumeau.

Il a escrit plusieurs autres tragedies & comedies Françoises & plusieurs Noels ou Cantiques, non encores imprimez.

L'Oraison funebre prononcee par luy en l'honneur de Messire Philebert le Voyer cheualier de l'ordre du Roy seigneur de Lignerolles au Perche, mary de Madame Anne de Caurienne, issuë de Florence en Italie, &c. non encores imprimee.

Il florist au Mans cette annee 1584. Ie feray mention de ses compositions Latines autre-part, & qui voudra voir de ses poësies Latines, lise ce qui a esté imprimé dans la Cosmographie de François de Belleforest au chapitre où il parle des Manceaux, auquel lieu se voit vn poëme de l'origine d'iceux, composé par ledit Flacé.

Frere RENE' LE FREVX.

Il a escrit vne response aux quatre execrables articles escrits contre la saincte Messe, composez par vn autheur incogneu, imprimee à Paris chez Nicolas Chesneau.

Conference dudit René le Freux, & des Ministres, imprimee à Paris.

RENE' HERPIN (qui est vn nom supposé & contrefait.)

Il a escrit vne bien ample apologie ou response pour la republique de Iean Bodin Angeuin, imprimee sur la fin de laditte Republique, des dernieres editions.

RENE' LAVRENS DE LA BARRE, sieur dudit lieu, natif de la ville de Mortaing en Normandie, au diocese d'Auranches, ieune homme for docte, & bien curieux de profiter au public en toutes sortes, comme il a assez monstré par effects, en la publication de plusieurs liures rares & escrits à la main, qu'il a mis en lumiere pour en faire communication à tous.

Il a escrit vn bien docte, & for curieux traicté de l'origine des Estrenes, non encores imprimé, lequel il m'a communiqué, tãt il m'est amy & familier.

Il florist à Paris cette annee 1584.

RENE' MACE' Vandomois (surnommé le petit Moine) Chroniqueur du Roy, & son Poëte, homme for estimé de son temps.

Il a escrit

Il a eſcrit la Chronique des Rois de France, non encores imprimee.

Geufroy Thory fait mention de luy en ſon Champ-Fleury. Ronſard en fait auſſi mention en quelques odes, l'appellãt hiſtorien & Poëte treſexcellent.

Il floriſſoit ſoubs le regne de François 1.

R. L. RENE' DE PINCE' gentilhomme Angeuin, Conſeiller du Roy au Parlemẽt de Paris, ieune homme for docte en Grec & en Latin, & for bien exercé en l'vne & l'autre poëſie, & encores en la Françoiſe. Il n'a encores rien fait imprimer de ſes œuures, mais quand il voudra il donnera vn teſmoignage certain que la bonne opinion que lon a conceüe de luy & de ſon ſçauoir n'eſt pas vaine.

Il floriſt à Paris cette annee 1584. nous auons fait mention autrepart de Pierre de Pincé, ſieur du Bois de Pincé ſon couſin germain, &c.

Frere RENE' POYVET Iacobin, natif du pays d'Anjou, docteur en Theologie à Paris, homme for docte, prieur du Conuent des Cordeliers d'Angouleſme l'an 1568. Ie n'ay point veu de ſes eſcrits imprimez.

Il fut tué en la ſuſditte ville d'Angouleſme par les Proteſtants l'an ſuſdit 1368.

R. L. RENE' LE ROVLLIER homme docte, Conſeiller du Roy en ſa Cour de Parlement à Paris.

Il a eſcrit vn aduertiſſement & diſcours ſuccinct des chefs d'accuſation & points principaux du procez criminel, fait à maiſtre Iean Poiſle Conſeiller audit parlement de Paris, imprimé à Paris l'an 1582. in 8. & contient 5. fueilles.

Il floriſt à Paris cette annee 1584.

RENE' DE RONSIN, ſieur du Pleſſis, gentilhomme du Maine, lequel ie ne pourrois aſſez extoller pour la grãde cognoiſſance, ou bien (pour mieux & veritablement parler) pour la perfection qu'il a au ieu du luth, & en Muſique, ſinon que ie vouluſſe dire qu'il ne cede à aucun en celà, & qu'il en ſurpaſſe beaucoup des plus renommez en cette profeſſion: ſ'il eſt ainſi qu'il ait continué ſa façon de ioüer comme autresfois ie l'ay veu eſtre reputé comme la merueille & quaſi miracle des plus excellents ioüeurs de Luth, tant pour l'air agreable, & pour la promptitude de ſa main, & encores pour le profond ſçauoir de la Muſique. Ce qu'il a apris auec vn trauail & peine ineſtimable : car pour paruenir à cette parfaicte cognoiſſance, il a fait vne deſpenſe infinie, pour voyager par toute l'Europe, & encores iuſques en Turquie, pour ſe rẽdre de plus en plus accomply, & ſatisfaire à ſes deſirs, en vne ſi loüable curioſité.

Ie feray fin à ces loüanges, pour dire que ſ'il vouloit tant de bien à la France, que de luy communiquer de ses secrets sur la Musique, que il l'obligeroit à confesser son braue nourisson : mais tous sont auares de leurs plus beaux secrets, ou bien ils n'ont pas vn siecle propre pour le reputer digne de leur departir & communiquer liberalement, ce qui leur a trop cousté à apprendre, & auec vn si long temps.

Il florist à Paris cette annee 1584. Nous auōs parlé de luy cy dessus à la lettre F. l'appellant François Rousin, mais son nom est René, & celà se corrigera à la seconde edition.

RENE' TARDIF Angeuin.

Il a escrit quelques poësies, & autres œuures en prose, mais pour cette heure, ie n'ay la souuenance des titres d'iceux.

RENE' TARON Aduocat du Roy au Mans, frere aisné de Iean Taron sieur de la Roche, Conseiller du Roy au Mans, & encores de Monsieur Taron, chanoine en l'Eglise de laditte ville du Mans, &c.

Il estoit Poëte Frāçois & Orateur, & encores plus grād Theologiē. Il a traduit de Latin en François l'Apocalypse de S. Iean, laquelle n'est encores imprimee. Elle se voit escrite à la main auecques les cōmentaires dudit Taron sur icelle Apocalypse, le tout escrit de la main de Maistre Nicole Manceau sieur de la Gaudiniere grand amy dudit René. Ce liure fut baillé à Claude de Tesserand gentilhomme Parisien, pour le faire imprimer, & pour cet effet il l'enuoya à Lyon, mais pour tout cela il n'est encores en lumiere. Il a escrit plusieurs vers François, tant pour seruir de prieres à Dieu, que sur autres subiects des troubles de France, &c. non encores imprimez.

Il mourut en la ville d'Alençon à dix lieuës du Mans l'an 1567. le 18. iour de May.

Madame la Baillifue de Sillé au Maine estoit mere des susdits: ce que ie repete expressemēt, pour ce qu'elle estoit estimee l'vne des plus belles, sages & aprises dames de tout son temps, & qui auoit vn iugement & esprit des plus esmerueillables, comme mesmes lon peut voir par le liure de Iaques Pelletier du Mans, & de Nicolas Denisot soubs le nom de Bonaduēture des Periers, intitulé *Les nouuelles recreations*. Nous auōs fait tresample mention cy deuant du susdit sieur de la Rochetaron son frere à la lettre I.

RENE' THIONNEAV docteur en Medecine, & premier Medecin ordinaire de la suitte de l'artillerie du Roy, exerceant la Medecine à Tours l'an 1580.

Il a escrit vne histoire esmerueillable d'vne femme qui a porté vn enfant en son ventre par l'espace de vingt & trois mois, imprimee à Tours l'an 1580.

RENE' VILLATEAV tres-sçauāt Apotiquaire demeurant à Lyon l'an 1530. ou enuiron.

Ie n'ay

Ie n'ay point veu de ses escrits: mais Symphorien Champier le loüe beaucoup en son Miroir des Apoticaires.

Messire RENE' DE VOYER, Viconte de Paulmy, & de la Roche de Genes, Cheualier de l'ordre du Roy, Bailly de Touraine, seigneur d'Argenson, la Bailloliere, le Plessis, Cyran, & Chastres, &c.

Il nasquit en son chasteau de Paulmy pres Loches en Touraine: Son pere s'appelloit Messire Iean de Voyer Viconte de Paulmy, Cheualier de l'ordre du Roy, comme nous auons dit cy dessus.

Ces deux seigneurs ont esté for curieux & grands amateurs des lettres, & de ceux qui en faisoyent profession, & principalement ce seigneur de Paulmy à present viuant, Bailly de Touraine, comme lon voit par le tesmoignage de plus de vingt ou trente des plus doctes hõmes de Frãce, lesquels luy ont dedié leurs œuures, sans que ie me vueille comprendre en ce rang, encores que ie luy aye dedié le discours que ie fiz imprimer l'an 1579. contenant vn abbregé de tous mes desseins & œuures, tant faits, que de ceux qui i estoyent à paracheuer.

Il a recueilly plusieurs antiquitez de Touraine, lesquelles il enuoya à François de Belle-Forest, pour employer en sa cosmographie.

Elles se voyent imprimees au 2. volume d'icelle, en la description de Touraine fol. 30.

En ce volume susdit, se voit la descriptiõ de son chasteau de Paulmy, & vne bien ample deduction des seigneurs de cette noble & illustre maison.

Ledit sieur Viconte, a escrit plusieurs poësies Latines & Françoises, & entre-autres plusieurs Sonnets, desquels il y en a quelques-vns imprimez, auec l'Enciclye de Guy le Feure, sieur de la Boderie fol. 157.

Il a traduit de Latin en François, les questions d'Ariel Bicard, sur le liure de la Sphere de *Iean de Sacrobosco*, tres-sçauant Mathematicien.

Elles ne sont encores imprimees, mais i'ay opinion qu'il les communiquera au public, ensemble vne infinité de liures for rares escrits à la main, qui sont en sa Bibliotheque, & entre-autres plusieurs beaux & doctes liures de feu Guillaume Postel, entre lesquels se voit sa confessiõ de foy, escrite & signee de sa main &c.

Il a fait des recueils de plusieurs belles obseruations qu'il a faites en ses voyages en Grece, & autres lieux tant de l'Europe que de l'Asie & Afrique: mais elles ne sont encores imprimees.

Il florist cette annee 1584.

RICHARD, surnommé Cœur de Lyon, fils de Henry Roy d'Angleterre, & esleu Empereur des Romains.

Il a escrit plusieurs poësies en rithme Prouençale.

Il florissoit en l'an de salut 1230.

RICHARD ARQVIER DE LAMBESC, Poëte Prouençal.

Il a poursuiuy for doctement le traicté de Pierre d'Auuergne, intitulé

Lou contract del cors & é de l'arma. C'est à dire le contract ou paction du corps & de l'ame.

Il n'est encores imprimé.

Il florissoit en l'an 1280.

RICHARD DE BARBEZIEVX, sieur dudit lieu, grand Theologien & Mathematicien, & for bon Poëte Prouençal.

Il a composé en langue Prouençale vn traicté, intitulé *Lous Guizardous d'Amours.*

Il a dauantage escrit plusieurs chansons à la loüange d'aucunes dames.

Il florissoit en l'an 1383.

RICHARD LE BLANC.

Il a traduit de Latin en François, les quinze liures de la subtilité de Hierosme Cardan, medecin Milanois, imprimez à Paris.

Il a traduit le dialogue de S. Iean Chrysostome, de la dignité sacerdotale, imprimé à Paris par Robert Masselin l'an 1553.

Il a traduit en vers François, vn petit liure de Hesiode autheur Grec, intitulé les œuures & les iours, imprimez à Lyon chez Iean de Tournes l'an 1547. & à Paris par Iaques Bogard.

Il a reueu & recorrigé l'Institution du Prince, composee par Guillaume Budé, imprimee à Paris chez Iean Foucher l'an 1548.

Il a traduit de Latin en François, vn opuscule sur le mystere de nostre foy, colligé des œuures de Virgile, & reduit en ordre par *Proba Falconia* femme bien recommandee en la poësie, & approuuee de S. Hierosme, imprimé l'an 1553. à Paris par Robert Masselin.

Il a traduit en vers François, l'histoire de Tancredus, prise des vers Latins de Philippes Beroalde, imprimee par ledit Masselin l'an 1553. auec le susdit liure de *Proba Falconia.*

Il florissoit soubs le regne de Henry 2.

RICHARD BONNE-ANNEE, Poëte François.

Il a escrit vn chant Royal, à l'honneur de la Vierge Marie, imprimé à Paris & à Roüen, auec les autres.

RICHARD DEBONNAIRE, Enquesteur du Roy au Mans, & natif de ladite ville, homme estimé des plus excellẽts pour l'escriture, qu'autre de nostre temps (qui est vne perfection ordinaire à ceux de cette maison.)

Il a escrit quelques instructions, touchant la façon de bien escrire, & plusieurs autres beaux secrets, touchant ce bel art: mais il ne les a encores fait imprimer.

L'amitié que ie luy porte, & l'amour de mon pays, me contraignent de passer icy ses loüanges soubs silence, & les reseruer à dire autre part, pour ne donner occasion à quelques-vns de penser que ces choses susdites en fussent cause, & non la verité du fait.

Il florist

Il florist au Mans cette annee 1584.

RICHARD DE FOVRNIVAL, OV FOVRNIVAVX, Chancelier d'Amiens en Picardie l'an 1250. ou enuiron.

Il a escrit plusieurs liures, tant en prose qu'en vers François, sçauoir est les commandements d'amours, escrits en prose.

Plusieurs chansons d'amours.

Traicté de la puissance d'amour.

Le Bestiaire d'amours. En tous lesquels traictez susdits il traicte d'amour, par raisons & demonstrations naturelles, & exemples pris & imitez des bestes.

Il florissoit en l'an 1250. ou enuiron.

Voy de cecy Claude Fauchet en son liure des poëtes.

RICHARD DE L'ISLE, ancien Poëte François l'an 1300. ou enuiron.

Il a escrit vn fabel ou fabliau de honte & de puterie, non encores imprimé. Voy Cl. F.

RICHARD DES NOVES gentilhomme, natif dudit lieu en Prouence, & selon aucuns de Berbentone.

Il a escrit vn traicté de l'indeüe occupation qu'ont fait par le passé les gens d'Eglise, des places & seigneuries de Prouence, sur les Contes d'iceluy pays.

Il a dauantage escrit plusieurs chansons en langue Prouençale, à la loüange de Raimond Berrenger dernier du nom : ensemble vn chant funebre de ses vertus & magnanimitez.

Il mourut en l'an 1270.

RICHARD PICHON, natif de Bordeaux, Clerc de ville en ladite ville de Bordeaux.

Il a escrit quelque chose des antiquitez de Bordeaux, selon que recite François Habert Berruyer, en son liure de la monarchie Romaine.

RICHARD ROVSSAT, docteur en medecine en l'Vniuersité de Montpellier, Chanoine de Langres, & natif de ladite ville, homme for docte, & sur tout grand Theologien, Philosophe & Mathematicien (outre la cognoissance qu'il auoit en la Medecine.)

Il a escrit & composé en nostre langue Françoise, le liure de l'estat & mutation des temps, prouuant par l'authorité de l'escriture saincte, & par raisons astrologales, la fin du monde estre prochaine, le tout diuisé en quatre liures, imprimez à Lyon chez Guillaume Rouuille l'an 1550.

I'ay veu plusieurs Almanachs & Prognostications, imprimees soubs le nom dudit Richard Roussat, pour l'an 1548. 1549. & 1552. mais ie ne sçay si c'est le susdit Chanoine de Langres, qui en est l'autheur.

Il florissoit à Langres l'an 1548.

Le sieur de Frigeuille a escrit vne chronologie, laquelle n'est pas beaucoup dissemblable du subiect pris par ledit Roussat, en son liure de la mutation des temps.

RICHARD DE SEMILLY, Poëte François l'an 1250. ou enuiron.

Il a escrit plusieurs poëmes amoureux, non encores imprimez.

RICHARD DE VASSEBOVRG, Archidiacre de Verdun en Lorraine (qui est le lieu de sa natiuité) homme des plus dignes de gloire pour le trauail incomprehensible qu'il a pris à la structure & composition de ses doctes œuures, qu'il a mis en lumiere, qu'autre qui l'eust deuancé: Et ceux qui se sont seruiz de ses escrits, sans l'auoir nommé & recogneu pour leur principal guide, sont dignes du nom de Plagiaires.

Mais pour venir à ses escrits, voicy ce que i'ay veu de luy.

Le premier & second volumes des antiquitez de la Gaule Belgique, Royaume de France, Austrasie & Lorraine, auec l'origine des Duchez & Contez de l'ancienne & moderne Brabant, Tongre, Ardenne, Haynault, Mozelane, Lothreich, Flandres, Lorraine, Barrois, Lucembourg, Louuain, Vaudemont, Ianuille, Namur, Chiny & autres principautez &c. Le tout compris soubs les vies des Euesques de Verdun en Lorraine, recueillies par ledit Vassebourg, auec vn abbregé des vies des Papes, Empereurs, Rois & Princes, depuis Iules Cesar, iusques à nostre temps.

Il commença cet œuure en l'an de son âge 55. & de nostre salut 1541. comme il tesmoigne audit liure fol. 440. pag. 1.

Les deux volumes susdits, ont esté imprimez à Paris par François Girauld l'an 1549.

Il a escrit vn liure des faits & gestes de Godefroy de Buillon, en la conqueste de Hierusalem, comme il tesmoigne en ses antiquitez de la Gaule Belgique fol. 257.

Il florissoit soubs le regne de Henry 2. l'an 1549.

RICHIER, OV RIQVIER d'Amiens en Picardie, ancien Poëte François l'an 1300. ou enuiron.

Il a escrit quelques poësies, non encores imprimees.

Claude Fauchet en fait mention en la vie d'Adam le Boçu, au liure des Poëtes François fol. 196. & 197. de la premiere impression.

ROBERT DE BLOIS, ancien Poëte François l'an 1250. ou enuiron.

Il a escrit plusieurs chansons amoureuses, non encores imprimees.

ROBERT BRINCEL, Poëte François.

Il a traduit en rithme Françoise plusieurs Psalmes de Dauid, imprimez auec ceux de Clement Marot & Gilles d'Aurigny.

ROBERT DV CHASTEL, ancien Poëte François, viuant en l'an de salut 1260.

Il a escrit quelques poësies amoureuses, non encores imprimees.

ROBERT CHEVALLIER, surnommé D'AGNEAVX, frere d'Antoine Cheuallier (duquel nous auons parlé cy dessus) tous deux hommes tres-doctes, & for excellens pour leur traductions des Poëtes &c. natifs de Vire en Normandie.

Ils

Ils ont traduit les œuures de Virgile, Prince des Poëtes Latins, imprimez à Paris chez Thomas Périer & Guillaume Auuray l'an 1582. & encores depuis, auec le Latin à costé.

I'ay entendu qu'ils traduisent maintenant les œuures du sententieux Horace, & encores m'a lon asseuré qu'ils font vn œuure, intitulé *Le Gẽtilhomme François*, lequel traicte du deuoir & office d'vn homme noble, & suyuant les cours des Rois & Princes &c.

Il n'est encores en lumiere.

Ils florissent en leur pays de Normandie cette annee 1584. & ne cessent de trauailler pour illustrer nostre langue, & profiter à tous en general.

ROBERT CIBOLLE, docteur en Theologie, autresfois Chancelier, & depuis confesseur de Charles cinquiesme Empereur des Romains &c.

Il a escrit vn liure de la sainte meditation de l'homme sur soy-mesme, contenant la declaration de tout ce qui est en l'homme.

ROBIN de Compiegne en Picardie, ancien Poëte François, viuant en l'an de salut 1300. ou enuiron.

Il a escrit plusieurs chansons du ieu party d'amours, non encores imprimees.

ROBERT CORBIN, sieur du Boyssereau, natif de la ville d'Yssouldun en Berry.

Il a escrit en vers François vn traicté de la poësie & des Poëtes, dedié à Ronsard.

Poëme intitulé *Le Songe de la Piaffe*, imprimé à Paris chez Nicolas Chesneau l'an 1574. auquel temps il florissoit, & ne sçay s'il est encores viuant.

ROBERT DE CORDON, sieur de Boysbureau, gentilhomme du Maine, pere de René de Cordon, sieur dudit lieu de Boysbureau &c.

Cettui-cy estoit en son temps estimé l'vn des plus eloquẽs hommes & des plus promeuz és affaires d'estat, de tout le pays du Maine.

Il auoit fait quelques recueils touchant l'histoire de nostre temps, mais ils ne sont encores imprimez.

Il mourut au Mans soubs le regne de Charles neufiesme, aux premiers troubles.

Il estoit for bon amy des seigneurs de Francour, & de Montchenu, desquels nous auons fait mention cy deuant, parlant de Geruais le Barbier dit Frãcour, & de Guillaume Trouillard, sieur de Mõtchenou.

ROBERT ESTIENNE Parisien, pere de Henry Estienne, tous deux imprimeurs tres-doctes & des plus renommez de toute l'Europe, pour le profit qu'ils ont fait en la correction & impressiõ des plus excellents autheurs, Hebreux, Grecs & Latins &c.

Cettui-cuy nommé Robert estoit for docte és langues Hebraïque,

Grecque & Latine,& outre celà en la Françoise, en laquelle il a composé vn traicté de grammaire,imprimé par luy-mesmes, & depuis par son autre fils,nommé François l'an 1569.

Il a dauantage composé le dictionnaire François-Latin, auquel les mots François, auecques les manieres d'vser d'iceux,sont tournees en Latin.

Ce liure a esté imprimé par plusieurs fois, & depuis imprimé auec les additiõs de Iean Thierry de Beauuais,Iean le Frere de Laual, & Iean Nicot Conseiller du Roy,lequel l'a beaucoup augmenté en la derniere edition,imprimee chez Iaques du Puis à Paris & autres.

Il mourut à Genefue l'an 1559. le septiesme iour de Septembre,âgé de 56.ans.

Ie feray mention de ses escrits Latins autre-part.

B.L. ROBERT ESTIENNE Parisien,frere de Frãçois Estiẽne,enfans de Robert Estienne 2.du nom,(tous deux neueux de Héry)&c. ieunes hommes for doctes en Grec & en Latin.

Il a composé plusieurs poëmes és langues susdites, & encores s'en voit-il plusieurs imprimez és œuures de Philippes des Portes, & sur la mort de Messire Chrestofle de Thou,premier President de Paris,& sur autres personnes de qualité.

Il a traduit plusieurs autheurs Grecs en Latin,& de Latin en François, mais ils ne sont encores en lumiere.

Il est de for grande esperance, pour estre si docte & sçauant és langues en vn si bas âge, (ce qui est vne chose commune à tous ceux de sa maison:) car il y en a eu sept ou huict tous de ce nom,qui ont mis leurs escrits en lumiere,tant hommes que femmes,tant ils sont nez aux lettres,& desireux d'apprendre,de pere en fils.

Il florist à Paris cette annee 1584. & fait sa demeure ordinaire chez Mõsieur des Portes, Abbé de Tyrõ & de Iosaphat pres Chartres, lequel l'a for recommandé pour l'excellence de son esprit.

B.L. ROBERT GARNIER, natif de la ville de la Ferté-Bernard au Maine, premierement Conseiller du Roy, au siege presidial & Seneschaussee du Maine,& du iourd'huy Lieutenant general criminel audit siege. La renommee qu'il s'est aquise par ses doctes escrits & compositions Frãçoises, & sur tout par ses Tragedies si bien receües des plus sçauans, ne me permet de reciter icy quelque chose de ses perfections en ce genre d'escrire: Toutesfois ie diray de luy,ce que peut-estre tous n'ont pas cogneu aussi bien que moy, c'est que outre la perfection qu'il a de cõposer en toutes sortes de vers,il a encores ce rare & excellent don d'orateur, qui est vne chose for peu commune, de voir vn bon Poëte & excellent Orateur tout ensemble: mais il a tellement les deux perfections iointes en vn,qu'il est mal aisé de discerner auquel genre d'escrire il excelle le plus: ce que ie peux tesmoigner pour la suffisante preuue

preuue qu'il en a faite deuant les maiestez des Rois de France, deuant lesquelles il a prononcé des harangues si doctes, que celà l'a rendu tant aimé d'elles, qu'ils ont desiré l'attirer de plus pres à leur seruice: mais l'amour de sa patrie l'a retenu, & s'en est excusé de telle façon, que son refuz n'a esté estimé autre, qu'vn desir de ne vouloir faire eschange de sa liberté accoustumee, pour s'assubiectir à des charges trop penibles & pesantes, telles que sont toutes celles de la cour & suite des Princes.

Mais pour venir à parler des compositions dudit sieur Garnier, voicy ce que i'en ay peu voir.

Les poësies qu'il fist imprimer à Tolose (lors qu'il faisoit profession des loix en ladite Vniuersité) pour lesquelles il obtint l'vne des fleurs que lon adiuge aux plus sçauants compositeurs, sçauoir est l'Aiglantine, dequoy ie feray plus ample mention autre-part, quand ie feray le recit de tous ceux qui ont emporté le pris aux ieux floraux de Tolose, instituez par Madame Clemence Isaure l'an 1270. ou enuiron.

L'hymne de la Monarchie, imprimee à Paris chez Gabriel Buon l'an 1567.

Porcie, Tragediè Françoise, representant la cruelle & sanglante saison des guerres ciuiles de Rome &c. imprimee à Paris chez Robert Estienne l'an 1568. pour la premiere fois.

Hipolite, imprimee chez le susdit l'an 1573.

Marc Antoine, imprimee l'an 1578.

Cornelie, imprimee l'an 1574.

La Troade, ou la prise & destruction de Troye, imprimee chez Patisson l'an 1579.

Antigone ou la pieté, & debonnaireté, imprimee chez Robert Estienne l'an 1580.

C'est vne inuention de Stace, en sa Thebaide.

Bradamant tragicomedie Françoise, escrite à l'imitation du Rolãd furieux d'Arioste, imprimee à Paris chez Mamert Patisson l'an 1582.

La Sedechie, ou les Iuifues, imprimee à Paris chez Mamert Patisson l'an 1583.

Toutes les susdites Tragedies Françoises, ont esté reduites en vn volume, & imprimees à Paris chez Mamert Patisson à diuerses annees.

Il a escrit plusieurs for beaux & tres-doctes Sonnets, sur les amours de *Martie*, non encores imprimez. I'ay opinion que c'estoit en faueur de Madame sa femme, nommee Françoise Hubert, de laquelle nous auons fait mention cy dessus au fueillet 100.

Il florist au Mans cette annee 1584.

ROBERT GOBIN prestre, maistre és arts, licentié en decret, Aduocat en cour d'Eglise à Paris, Doyen de Chrestienté, de Laigny sur Marne au diocese de Paris l'an 1505. (qui sont les tiltres & qualitez qu'il se donne.)

Il a escrit en vers François & en prose vn liure, intitulé *Les loups rauissants*, imprimé à Paris in 4. l'an 1510. par Antoine Verard, & contient 50. fueilles.

C'est le plus hardy liure pour parler en toute liberté des Ecclesiastiques, que nous ayons encores veu escrit par hommes de sa profession.

B.L. ROBERT GROSSE-TESTE, Anglois de nation, dit en Latin *Capito*, & en langue Angloise *Grontebeade*, ou bien selon aucuns *Grosthede* &c. Euesque de Linconie.

Il a escrit vn liure en nostre langue Françoise, lequel il a intitulé *de l'amour honeste*. Iean Balee Anglois fait mention de luy en la 4. Centurie des Escriuains d'Angleterre fol. 304. 305. & 306.

Il mourut en l'an de salut 1253.

B.L. ROBERT GVAGVIN, docteur en decret, Ministre general de l'ordre de la Trinité, pour la redemption des Chrestiés captifs ou prisonniers, autrement appellez les Mathurins &c. natif de Douay en la Gaule Belgique sur les frontieres de la Picardie.

Il estoit grãd Theologien, Philosophe, Poëte, Orateur & Historien.

Il a traduit de Latin en François (par le commandement de Charles huictiesme Roy de France) les commentaires de Iules Cesar, contenãs sept liures des batailles & conquestes des Gaulles, imprimez à Paris l'an 1539. chez Arnoul & Charles les Angeliers.

Il a dauantage traduit le 8. liure des commentaires desdites guerres en France, continuez par Aulus Hirtius, qui viuoit de ce temps-là, le tout imprimé audit an 1539. par les susdits Angeliers.

Il a traduit de Latin en François (par le commandement du Roy susdit) les faits & gestes de l'Empereur Charles le Grand, autrement dit *Charle-magne* Roy de France.

Il a escrit en Latin & depuis traduit en François, vn traicté de la conception de la Vierge Marie, imprimé à Paris.

La chronique & histoire des Rois de France, escrite par ledit Guaguin, tant en Latin qu'en François, imprimee à Paris & autres lieux, par vne infinité de fois.

Poëme François, intitulé *La ruyne de bon repos* ou bien *Le passetemps d'oysiueté*, lequel il escriuit estant à Londres en Angleterre l'an 1489. imprimé à Paris l'an 1545.

Il a traduit de Latin en François, vne Epistre de Iean Pic, Conte de la Mirandole en Italie, intitulee le conseil profitable contre les ennuis & & tribulations du monde, imprimé à Paris l'an 1518.

Il mourut à Paris l'an 1501. le 22. iour de May, & est enterré en son conuent des Mathurins à Paris.

B.L. ROBERT LE MAÇON, OV MASSON, surnommé la Fontaine, Ministre de la religion pretenduë reformee (afin de parler auec les Theologiens.)

Il a

Il a escrit quelques apologies ou inuectiues contre Iean Robert, docteur regēt en l'Vniuersité d'Orleans l'an 1569. imprimees en ladite ville & en l'an susdit 1569. par Eloy Gibier, auquel temps viuoit ledit sieur de la Fontaine Robert le Maçon.

ROBERT MAIGRET, natif de la ville & cité du Mans, homme estimé l'vn des plus sçauants musiciens de son temps, & duquel il y a plusieurs chansons de musique, imprimees auec les liures du recueil &c.

Il mourut en la ville du Mans l'an 1568. au mois d'Aoust, âgé de plus de 60. ans.

Messire ROBERT DE MARBEROLLES, Cheualier en l'an 1250. ou enuiron.

Il a escrit quelques chansons amoureuses & autres poësies, non encores imprimees.

Messire ROBERT DE MAVVOISINS, ancien Poëte François l'an 1260. ou enuiron.

Il a escrit plusieurs poëmes François, non encores imprimez.

ROBERT LE PREVOST.

Il a traduit de Latin en François les 29. liures de l'histoire de Iean Sleidan Alleman, deduite depuis le deluge, iusques au temps present, en laquelle est compris l'Estat des quatre Empires souuerains, iusques au regne de Charles cinquiesme Empereur, imprimee à G. l'an 1563. chez Nicolas Barbier.

ROBERT de Rheims en Champagne, ancien Poëte François l'an 1250. ou enuiron.

Il a escrit plusieurs poësies, non encores imprimees.

ROBERT RIVAVDEAV, sieur de la Guillotiere, gentilhomme Poicteuin, valet de chambre du Roy Henry second l'an 1549.

I'ay opinion qu'il estoit proche parent d'André de Riuaudeau, gentilhomme Poicteuin, sieur dudit lieu de la Guillotiere, duquel nous auons parlé cy deuant à la lettre A.

Ledit Robert a traduit de Latin en François, deux liures de la Noblesse ciuile du seigneur *Osres de Portugal*, imprimez à Paris chez Iaques Keruer l'an 1549. in 8.

ROBERT DV TRIEZ, natif de la ville de l'Isle en Flandres.

Il a escrit en François vn liure des ruzes, finesses & impostures des esprits malings, imprimé à Cambray chez Nicolas Lombard l'an 1563. in 4. & contient 25. fueilles.

Il a escrit & composé plusieurs Epigrammes & autres poësies Françoises, tant sur l'amour que sur autres subiects.

Il a escrit plusieurs histoires en François, & autres liures en prose.

Il florissoit à Cambray l'an 1563.

ROBERT Euesque de Vance, docteur en Theologie à Paris, thresorier de la S. chapelle du Palais audit lieu, & grād ausmonier de Madame.

Il a eſcrit & compoſé en proſe Françoiſe l'oraiſon de la paix, faite & prononcee à Cambray le neufieſme iour d'Aouſt l'an 1529. imprimee à Paris par Galiot du Pré audit an 1529. auquel temps ledit Eueſque floriſſoit.

B.L. ROC LE BAILLY, OU BAILLIF, ſieur de la Riuiere, natif de la ville de Falaiſe en Normãdie, Cõſeiller & Medecin ordinaire du Roy & de monſieur le DUC de Mercœur, ou Mercure (pour parler ſelõ le vulgaire.)

Ce ſieur de la Riuiere eſt homme for grand Philoſophe naturel, & curieux des ſecrets cachez en icelle.

Il a mis en lumiere vn ſien liure, intitulé *Le Demoſterion*, contenant 300. aphoriſmes Latins & François. Ce liure eſt comme vn ſommaire de la medecine Paracelſique, imprimé à Rennes en Bretagne l'an 1578. par Pierre le Bret in 4. & contient 25. fueilles.

Traicté de l'antiquité & ſingularitez de la Bretagne Armorique, imprimé audit an, auec le liure ſuſdit.

Traicté du remede contre la peſte, charbon & pleureſie, imprimé à Paris par Abel l'Angelier l'an 1580.

Diſcours ſur la vraye ſignification du Comete apparu en Occident au ſigne du Sagittaire le 10. de Nouembre l'an 1577. imprimé à Rennes audit an par Iulien du Clos.

Premier traicté de l'homme & ſon eſſentielle Anatomie, auec les Elements, & ce qui eſt en eux, de ſes maladies, medecine & abſoluz remedes és taintures d'or, corail & antimoine, & magiſtere des perles de leur extraction, imprimé à Paris par Abel l'Angelier l'an 1580. in 8. & contient 7. fueilles.

Second traicté de l'homme, auquel il traicte amplement de ſon mouuement. Il n'eſt encores imprimé.

Le liure de l'art ſigné, contenant les ſignes & marques donnees (non en vain) par la nature à toutes ſortes ou eſpeces d'herbes, arbres, plantes, pierres & autres choſes ſemblables, auec les figures ou protraicts deſdites choſes.

Ce liure n'eſt pas encores imprimé.

Il en fait mention en ſon traicté de la peſte fol. 3. pag. 6.

Sommaire defenſe aux demandes, queſtions & interrogatoires des docteurs de la faculté de medecine à Paris, faites audit ſieur de la Riuiere, imprimee l'an 1579. à Paris, qui eſt vne reſponſe ou diſcours imprimé contre luy audit an 1579. à Paris chez Pierre l'Huillier.

Ie n'ay point cognoiſſance de ſes autres eſcrits ou cõpoſitions Françoiſes. Ledit ſieur a eſté for long temps medecin de Monſieur le Prince de Leon, Meſſire Henry, Viconte de Rohan.

Il floriſt en Bretagne l'an 1584.

ROGER, OV ROGERIN D'ANDELY, ancien Poëte François, viuant en l'an 1260. ou enuiron.

Il a

Il a composé plusieurs poëmes, non encores imprimez.

ROGER de Cambray en la Gaule Belgique, ancien Poëte François l'an 1250. ou enuiron.

Il a composé plusieurs poësies amoureuses, lesquelles se voyent escrites à la main.

ROGIER MAISONNIER Poictevin.

Il a composé plusieurs poësies Françoises.

ROLAND BRISSET, Aduocat au Parlement de Paris.

Il a escrit plusieurs Tragedies Françoises, & entre-autres celles-cy.

Thiesté, Andromache, & Baptiste.

Ie les ay veuës escrites à la main.

Il florist cette annee 1584.

ROLAND PIETRE, ou selon aucuns ROLAND PIERRE (car Pietro en Italien, signifie Pierre) Aduocat au siege presidial de Meaux en Brie, & natif dudit lieu, frere de René Pietre, docteur en medecine à Paris, tous deux hommes tres-doctes & sçauants és langues, ayant cognoissance de beaucoup de disciplines.

Cettui-cy nommé Roland a mis en lumiere vn sien docte liure, intitulé le premier liure des Considerations Politiques, imprimé à Paris chez Robet Estienne l'an 1566.

Il a traduit de Grec en François, les liures de Theodorite, Euesque de Syrie, touchant la nature de l'homme, imprimez à Paris chez Michel Vascosan l'an 1555. auec de for doctes annotations dudit Pietre sur le liure susdit.

Il a dauantage traduit en François, les sermons du iugement dernier.

Ie ne sçay s'ils sont imprimez. Il en fait mention en ses annotations sur Theodorite au fueillet 40. pag. 2.

Il florissoit en l'an de salut 1566.

ROLAND SEIGNEVR, natif de la ville du Mans, sieur de Buissay & de la Fourrerie au Maine, ieune homme autant parfait & excellent pour plusieurs rares vertuz & honestes exercices, (ausquels il prent plaisir) qu'autre de sa qualité: car pour le ieu de l'Espinette & pour la cognoissance de la musique, il y est tellement versé, que quand ie le voudrois mettre par escrit, on iugeroit que ce seroit chose impossible d'en sçauoir tant comme il fait, en si bas âge, & veu le rang ou qualité qu'il tiẽt, estant hõme faisant professiõ des lettres, & sur tout de la Iurisprudẽce.

Or pour venir à parler de ses compositions, voicy ce qu'il a deliberé de faire bien tost mettre en lumiere. Vn discours touchant les vices des hommes, ensemble de leur nature & qualité, auec les remedes pour les sçauoir fuir & euiter. Ce subiect n'a encores esté traicté d'aucun de la façon qu'il le veult poursuyure, & tant pour l'amour de son honneur & gloire, que pour le desir que i'ay que celà fust communiqué à tous, ie desire bien for qu'il le face imprimer.

Il a escrit plusieurs poëmes François, & entre-autres quelques-vns à la loüange du sieur du Bartaz, imprimez auec sa Sepmaine.

Il florist cette annee 1584.

ROSTAVG BERRENGIER, natif de Marseille en Prouéce, religieux de l'ordre des Templiers.

Il a escrit vn traicté de la faulse vie des Templiers, lequel n'est encores imprimé.

Il estoit for bon Poëte Prouençal. Il mourut l'an 1315.

ROSTANG DE BRIGNOLLE, religieux de l'Abbaye de S. Victeur de Marseille.

Il a escrit tant en rithme Prouençale qu'en prose, les vies d'aucuns Poëtes Prouençaux.

La vie de Marie Magdeleine.

La vie de saincte Marthe & de plusieurs autres Saincts & Sainctes, tous lesquels liures susdits sont escrits à la main, & non encores imprimez.

Il florissoit en Prouence l'an 1435.

ROSTANG D'ENTRE-CHASTEAVX, Poëte Prouençal.

Il a escrit plusieurs poëmes en langue Prouençale, non encores imprimez.

S'ensuyuent les noms de plusieurs autheurs François, lesquels nous auons expressément mis apres les autres cy dessus nommez, à cause de l'incertitude de leurs noms.

...... RHEGINVS, de Lyon, docteur en medecine.

Il a traduit de Latin en François, l'instruction diuine de Hierocles Philosophe Stoique, contre les Athees, escrite premierement en Grec par ledit Hierocles, & depuis traduite par *Aurispa* Venitien, imprimee à Lyon l'an 1560. in 8. & contient 10. fueilles.

Il florissoit en l'an 1559.

RVTEBEVF, excellent Poëte & ioüeur d'instrumens de Musique en l'an 1260.

Il a escrit plusieurs discours, & autres poësies Françoises, non encores imprimees, sçauoir est Les Plaintes de la terre Saincte, dediez au Roy S. Loys, La complainte d'Anceau de l'Isle, La vie de saincte Elizabeth de Thuringe & autres.

Il florissoit en l'an de salut 1310.

R. BIEN-AYMÉ, de Fasquelles Boulonnois, ou natif du pays de Bolongne sur la mer en la Gaule Belgique, precepteur de Pierre du Bellay, gentilhomme Angeuin, fils de Messire René du Bellay, Baron de la Lande, & seigneur du Plessis Macé en Anjou &c.

Il a

Il a composé en François vn dialogue contenant les principes de la langue Latine, imprimé à Paris par Guillaume Nyuerd l'an 1573.

Il a dauãtage composé vn liure de la vraye façõ & methode de bien nourrir & instruire les enfans, extraicte de plusieurs autheurs anciens & modernes. Ie ne sçay s'il l'a fait imprimer, il en fait mention en son epistre à Pierre du Bellay son disciple.

Il florissoit au pays d'Anjou l'an 1573.

R. BRVSSEL.

Il a escrit vne catholique exposition sur les epistres & Euangiles des Dimenches de l'annee, auec les festes solẽnelles tant de nostre seigneur Iesuschrist que de sa glorieuse mere, la vierge Marie imprimee à Paris chez Gabriel Buon l'an 1575. au clos Bruneau.

R. PEROT du Mans.

Il a traduit de Latin en François le sommaire des temps depuis la creation du Monde iusques à present, escrit premieremẽt en Latin par Rodolphe Coudun, imprimé à Paris chez Michel Vascosan l'an 1562. lequel a esté depuis augmenté par Nicolas Bergeron Aduocat en Parlement, lequel l'a fait imprimer par plusieurs fois, auec ses additions.

Ledit Perot florissoit au Mans audit an 1562.

R. P.

Il a escrit vn discours en prose, par lequel il prouue qu'il ne fault trouuer estrange si à present la France est agitee de guerres ciuiles, auecques le moyen d'obuier à icelles, imprimé à Poictiers l'an 1577. chez Aymé Menier & Antoine de la Cour.

FIN DE LA LETTRE R.

S.

SAINTE DES PREZ, damoiselle for bien versee & aprise en la Poësie Francoise, laquelle viuoit en l'an de salut 1300. ou enuiron.

Elle a escrit quelques Poëmes du ieu party d'amours, non encores imprimé. Claude Fauchet en fait mention en ses œuures.

SAVARY DE MAVLEON gentilhomme natif d'Angleterre, for bien versé en la Poësie Prouençale vsitee de son temps.

Il estoit for docte en plusieurs arts & sciences, & grand amateur de gens de lettres.

Il a escrit plusieurs poësies en la langue Prouençale non encores imprimees.

Il mourut estant employé par le Roy de France en ses guerres l'an 1245. ou enuiron.

SAVVAGE D'ARRAS natif dudit lieu en Picardie, ancien Poëte François viuant en l'an de salut 1250. ou enuiron.

Il a escrit quelques poësies amoureuses non encores imprimees.

SAVLVEVR ACCAVRAT natif d'Vzez en la Gaule Nerbonnoise.

Il a traduit de Latin en François les œuures de Seneque traictāt des Bien-faits, imprimez à Paris chez Estienne Grouleau l'an 1561. in 8. & contiennent 33. fueilles.

F. SAMSON BEDOVIN religieux en l'Abbaye de la Cousture pres le Mans, natif du pays & Conté du Maine, &c.

Il a escrit vn petit liure qu'il a intitulé les Ordonnances & Statuts de Mõsieur de l'Aflac, & du ieu du Trois, imprimé au Mans par Hierosme Oliuier l'an 1565.

Il a composé plusieurs Chansons, & entre autres la replique sur les chansons des Nuciens ou Nutois, qui autremēt sont appellez ceux de Nuz au bas pays du Maine, &c. imprimees au Mans par ledit Oliuier.

Il a escrit plusieurs Tragedies, Comedies, & Moralitez, & quelques coqs à l'Asne, & autres semblables Satyres, lesquelles il faisoit ioüer par les lieux publiqs de la ville & fauxbourgs du Mans par aucuns escoliers de laditte ville.

Il a escrit plusieurs Cantiques & Noels imprimez au Mans par Macé Vaucelles & autres.

Il a recueilly & compilé le catalogue des paroisses du Maine, imprimé au Mans.

Il mourut en laditte Abbaye de la Cousture l'an 1563. ou enuiron.

SCEVOLE DE SAINCTE-MARTHE, gentilhomme natif de Loudun en Poictou, Tresorier des finances du Roy audit pays de Poictou.

Ce

Ce seigneur de Saincte Marthe est tellement heureux en ses compositions,& si bien né à la poësie Latine & Françoise, qu'il a bien merité de tenir les premiers ou seconds rangs,entre ceux qui se font admirer pour leurs beaux vers & doctes ouurages, soit en Latin ou en François,comme il a monstré par ses bien limees & polies imitatiõs du docte Poëte Italien *Marcel Palingene*, lequel il a traduit auec tant de grace, que celà a detourné plusieurs d'y mettre la main, qui auparauant s'estoient deliberez de le tourner en nostre langue. Il promet de continuer toute la version entiere du Zodiaque dudit Palingene,mais il n'en a fait imprimer encores qu'vne partie, auec ses autres poësies Françoises,qu'il a intitulees *Ses premieres œuures*, contenant quatre liures d'imitations & traductions recueillies de diuers Poëtes Grecs & Latins, imprimees à Paris chez Federic Morel l'an 1569.

Il a fait imprimer plusieurs autres de ses poësies Latines & Françoises,reduites en deux volumes.

Il florist cette annee 1584.

Il prononça ces iours passez vne tresdocte harangue deuant le tresChrestien Roy de France Henry 3. touchant la suppression que sa maiesté deliberoit faire des Estats d'aucuns Thresoriers de France,mais elle n'est encores en lumiere.

B.L. SEBASTIEN CHASTILLON OV CHASTEILLON,dit *Castalio*, natif du pays de Sauoye, homme docte és langues Hebraïque,Grecque, & Latine.

Il a escrit premierement en Latin, & depuis traduit en François vn liure qu'il a intitulé en Latin *Theologia Germanica*, & en François il luy a donné ce titre comme s'ensuit, Traicté du vieil & nouuel homme. S'il n'en est autheur,pour le moins aucũs le luy mettent à sus. Aussi on luy attribue le liure mis soubs le nom de *Martin Belie*,escrit tant en Latin qu'en François,auquel Theodore de Beze a fait responce: mais ie n'asseure pas qu'il en soit autheur, car il n'y a point mis son nom.

Il a traduit toute la saincte Bible de langue Hebraïque en Latin, & de Latin en François,laquelle a esté imprimee.

On luy met encores à sus vn liure intitulé le Conseil à la France desolee.

Il mourut enuiron l'an 1563.soubs le regne de Charles 9.

B.L. SEBASTIEN COLIN,Medecin demeurant à Fontenay en Poictou l'an 1564.

Il a traduit de Grec en François l'vnziesme liure d'Alexandre Tralian, traictant des goutes, auecques vne briefue exposition d'aucuns mots pour facilement entendre l'autheur premier,&c.

Il a dauantage traduit de Latin en François, la Pratique & methode de guarir les goutes, de maistre Antoine le Gaynier, laquelle il a enrichie de plusieurs choses necessaires à cette maladie. Le tout a esté imprimé à Poictiers par Enguilbert de Marnef l'an 1556.

Traicté de la peste & de sa guerison, escrit premierement en langue Syriaque par le Medecin *Rases ou Rasis*, & depuis traduit en Grec par Tralian, & en fin de Grec en François par ledit Colin, le tout imprimé à Poictiers par Marnef l'an 1566. auec vn epitome des causes & remedes de la Peste, composé par ledit Sebastien Colin, auec vn autre traicté du regime de viure, &c.

Il florissoit en l'an de salut 1556.

SIMEON MARION, natif du pays de Niuernois, Aduocat des plus celebres & des plus renommez du Parlement de Paris, non seulement pour son sçauoir, mais encores pour son eloquence, sa hardiesse, & promptitude d'esprit. Et pour dire en vn mot, ce que ie ne peux dissimuler, ie laisse à penser à ceux de nostre siecle combien il fault exceller en diuers genres de doctrine & parties recommandables, pour emporter les premiers ou seconds rangs entre tant d'hommes doctes & eloquens, qui honorent ce tant celebre & par tout renommé Parlement de Paris, par leurs doctes plaidoyez & harãgues tant elabourees: De façon que celà estant tout cogneu, que ledit sieur Marion ne cede à aucun à bien plaider, mais en passe beaucoup: lon ne pourra m'accuser de dire autre chose que la verité, quand ie laisseray par escrit, qu'il a esté de nostre temps comme vne estoille reluisante en tout ce parlement. Ie n'ay encores veu aucuns de ses escrits imprimez, mais ie ne doubte pas qu'il vueille demeurer ingrat de les communiquer à la posterité, qui les admirera encores plus que ceux de nostre temps, car elle sera exempte de toute ialousie & passion.

Il florist à Paris cette annee 1584.

SIMON D'ANTHIE OV ANTIE, ET D'ATHIES anciẽ poëte Frãçois, viuant en l'an de salut 1250. ou enuiron.

Il a escrit plusieurs poësies Françoises, & entre autres des chansons amoureuses non encores imprimees.

SIMON BOVQVET Parisien, sieur de Planoy en Brie, autresfois Secretaire de la Roine de Nauarre, & depuis Escheuin du conseil de la ville de Paris, &c. Quiconque a cognoissance de ce Seigneur de Planoy, ne pourra nier qu'il ne soit grandemẽt orné d'vn bon iugement naturel, & d'vn esprit clair-voyant, sans faire mention de ses autres vertuz qui l'accompagnent, dequoy i'en remets le iugemẽt à ceux qui le cognoissent cõme moy. Mais pour laisser ces choses là à iuger à ceux qui voudroient s'y arrester dauantage, ie viendray à parler de ce que i'ay veu de ses inuentions & compositions mises en lumiere, sçauoir est l'entree du Roy de France Charles 9. & de la Royne son espouse faite à Paris au mois de Mars l'an 1571. imprimee à Paris l'an 1572. in 4. & contient 20. fueilles chez Denys du Pré pour Oliuier Codoré tailleur & graueur de pierres

pierres precieuses, auec les protraits & figures de toutes les choses les plus excellentes qui furent faites à laditte entree du Roy Charles 9. & de Madame Elisabeth d'Austriche sa femme. Ce quil y a de son inuention est marqué de la lettre B. qui signifie BOUQUET, dequoy i'aduertis les lecteurs, pour ne frauder ou desrober rien de l'honneur des autres qui mirent la main à cette magnifique & honorable entree.

Il a dauantage escrit plusieurs poësies Françoises, & entre autres, il a traduit en vers Frãçois le Dialogue de Lucien intitulé *Misanthrope* non encores imprimé.

Il florist à Paris cette annee 1584.

SIMON BRVNEL.

Il a traduit de Latin en François la defense pour le Roy tres-Chrestien François 1. du nom, contre les iniures & detractions de Iaques *Omphalius*, composees par vn seruiteur du Roy susdit, imprimees à Paris chez Robert Estienne.

SIMON BOVRGOIN valet de chambre du Roy.

Il a traduit en François les vraies narrations de Lucian autheur Grec auec l'oraison cõtre la calomnie, medisance, tromperie & faux rapport, le tout imprimé à Lyon par Gilles & Iaques Huguetan freres, l'an 1540.

SIMON CHALLVDRE, Parisien professeur des sainctes lettres, &c.

Il a escrit la defense de Charles du Molin, ancien docteur és droits, & autres gens de sçauoir & pieté, &c. contre les calomnies des Caluinistes & Ministres de leur secte, abuz, vsurpations, & erreurs d'iceux, le tout imprimé en diuers lieux.

Faut noter icy que c'est Charles du Molin qui est autheur de cette defense pour luy mesme, & que c'est vn nom supposé & inuenté que le susdit *Simon Challudre*. Car ce n'est qu'vn anagramme ou nom retourné de Charles du Molin, comme pourront voir ceux qui y voudrõt prendre garde. Nous auons parlé cy deuant de Charles du Molin à la lettre de C.

Il mourut l'an 1566.

SIMON DE COMPIEGNE, moine de S. Richier en Ponthieu, autrement appellé Simon Greban, natif dudit lieu de Compiegne en Picardie, frere d'Arnoult Greban (duquel nous auons parlé cy dessus.)

Voy cy apres Simon Greban, &c.

SIMON DORIE, gentilhomme Italien, Poëte en langue Prouençale l'an 1276.

Il a escrit quelques poësies en la susditte langue Prouençale.

Il estoit parent de Perceual Dorie, gentilhomme natif de Genes en Italie, duquel nous auons parlé cy dessus.

SIMON FONTAINE Theologien.

Il a escrit l'histoire Catholique de nostre temps touchant l'estat de la religion Chrestienne, &c. imprimee à Paris chez Guillaume Iulien l'an 1562.

SIMON GREBAN Secretaire de Monsieur le Conte du Maine Charles d'Anjou, natif de Compiegne en Picardie, qui fut cause qu'il s'appella Simon de Compiegne, &c. frere d'Arnould Grebã, chanoine en l'Eglise du Mans (comme nous auons dit cy dessus.)

Il a continué le liure des Actes des Apostres, commencé par son frere Arnoul, lesquels furent ioüez & representez en plusieurs villes de France, sçauoir est au Mans, à Angers, à Bourges, & autres villes: nous les auons par deuers nous escrits à la main, & sont composez en vers François. Maistre Pierre Curet ou Cueuuret les a fait imprimer apres les auoir reueuz & corrigez, &c.

Il a escrit plusieurs Elegies, complaintes, & deplorations sur la mort d'vne Roine de France, desquelles fait mẽtion Iean le Maire en ses poësies.

Epitaphes sur la mort du Roy de France Charles 7. escrits en forme d'Eglogue ou pastoralle, imprimez à Paris.

La Sphere du Monde qu'il appelle autrement les vertuz de l'Espere du Monde, imprimee auec vn vieil Calendier, &c.

Il a traduit par le commandement du Roy de France Philippes le Bel, vn liure intitulé le Cœur de Philosophie, imprimé à Paris par Philippes le Noir l'an 1520. mais ie ne sçay s'il y auroit point faulte au liure imprimé. Car s'il estoit ainsi, qu'il eust flory soubs le regne dudit Philippes & de Charles 7. ce seroit chose trop miraculeuse: qui est cause que ie pense qu'il y ait faulte en l'impression du liure, qui dit sur la fin que ce liure du cœur de Philosophie aye esté traduit par ledit Simon Greban par le commandement du Roy Philippes le Bel: car c'est chose toute asseuree, qu'il florissoit soubs le regne de Charles 7. lequel mourut en l'an 1461. Nous auõs plusieurs de ses compositions escrites à la main & non encores imprimees.

Il mourut au Mans & est enterré en l'Eglise Cathedrale de S. Iulien, deuant l'image de S. Michel, auquel lieu se voyoit sa tombe auant les premiers troubles & seditions pour la religion.

SIMON GOVLARD natif de Senlis, homme tresdocte & extremement laborieux, comme il l'a bien monstré par ses escrits mis en lumiere, depuis peu de temps en ça. Voicy ce que i'ay veu de ses compositions.

Commentaires ou Annotations sur la Sepmaine de Guillaume de Salluste, sieur du Bartas, imprimez à Paris chez Abel l'Angelier, Iean Feburier, Gadouleau & autres par plus de 7. ou huit diuerses fois tant ils ont esté trouuez pleins d'erudition & doctrine.

Il a enrichy les vies & opuscules de Plutarque autheur le plus renommé d'entre les Grecs, lesquelles ont esté imprimees en diuers lieux depuis vn ou deux ans en çà.

Il a tra-

Il a traduit dix liures de Theodoret Euesque de Cyr, touchant la prouidence de Dieu, contre les Epicuriens.

Deux liures du mesme autheur Theodoret, traduits par ledit Gonlart, l'vn de la prouidence diuine, & l'autre du but de la vie humaine; & du dernier iugement, le tout imprimé à Lausane l'an 1578. in 8. & contiennent 19. fueilles.

Il a traduit de Latin en Frãçois la Republique des Suisses, escrite par *Iosias Simlerus* Suisse de nation, imprimee. Aucuns pẽsent que François Gentillet Dauphinois en aye fait la traduction, (comme nous auons dit cy dessus) mais les vns & les autres n'y ont mis leur nom, qui est cause de m'auoir fait tenir cecy en suspens.

Il a traduit l'histoire de Portugal escrite par *Osorius*.

Il a traduit les liures de Iean VVier Medecin du Duc de Cleues, touchant l'imposture & tromperie des Diables, lesquels auoient esté traduits au parauant par Iaques Greuin Medecin (comme nous auõs dit cy deuant.)

Il a escrit vn traicté de son inuention touchant les sorceleries & enchantemens. Ie ne sçay s'il est imprimé.

Plusieurs Sonnets Chrestiens.

Plusieurs Cantiques adaptez à la Musique d'Orlande tresexcellent musicien, imprimez, &c.

Il a escrit vne briefue & Chrestienne remonstrance aux François, imprimee auec le premier volume des Memoires de l'Estat de France, &c.

Il a dauantage traduit de Latin en François la Chronique & histoire vniuerselle de Iean Carion augmentee par Melancton, Peucer & autres, imprimee par Iean Berion l'an 1579. & 1580. en deux volumes, contenant sept liures.

Ie n'ay pas cognoissance de ses autres escrits.

Il florist cette annee 1584.

SIMON HAIE-NEVFVE natif de la ville de Chasteau-gontier en Anjou à huict lieuës d'Angers, auquel lieu il nasquit en l'an de salut 1450.

Il estoit curé de Sainct Pater, & en fin se fist prestre, & faisoit sa demeure ordinaire en l'Abbaye de S. Vincent és faux-bourgs du Mans, auquel lieu il vesquit par longues annees, qui fut cause que plusieurs l'ont appellé en leurs œuures, *Maistre Symon du Mans*, pensant que ce fust le lieu de sa natiuité, & entre-autres Geufroy Thorry de Bourges l'appelle ainsi en son liure intitulé le Champ-Fleury, auquel endroit il luy donné tant de loüanges pour le grand sçauoir qui estoit en luy, & sur tout en la protraicture & architecture, & encores pour l'escriture: qu'il ne craint point de le comparer à Albert Durer, Michel Ange, & autres des plus excellents peintres & architectes de nostre siecle.

Il se voit de luy plusieurs beaux edifices bastis de son industrie, tant en la ville du Mans, qu'en d'autres lieux.

Il n'a point fait imprimer ses œuures, mais i'ay veu vn nombre infiny de ses portraits faits de sa main, au cabinet des Haieneufues, orfeures, demeurants à Angers ses nepueux, lesquels sont extremement bien faits, & si bien peints qu'il n'y defaut rien pour la perfection.

Il mourut en la susditte Abbaye de S. Vincēt pres le Mans l'an 1546. l'vnziesme iour de Iuillet âgé de quatre-vingt & seize ans, & est enterré en laditte Abbaye.

Il voyagea en Italie & autres lieux, & en fin il se retira audit monastere en l'an de salut 1500. âgé de cinquante ans, en laquelle il demeura par l'espace de 46. annees.

SIMON DE HESDIN docteur en Theologie, religieux des Hospitaliers de Saint Iean de Hierusalem, du temps de Charles 5. Roy de France l'an 1364. ou enuiron.

Il a traduit les sept premiers liures des exemples memorables de Valere le Grand, & les a annotez & augmentez de plusieurs choses de son inuention, le reste des œuures dudit Valere, a esté acheué de traduire par Nicolas de Gonnesse, maistre és arts, & en Theologie: le tout a esté imprimé à Lyon sur le Rosne l'an 1485. par Matthieu Husz in fol. de grand papier & contient 220. fueilles, de caracteres bastards.

SIMON DE IOINVILLE.

Il a escrit la vie du Roy S. Loys, voy cy deuant Iean Syre de Ionuille, Seneschal de Champagne: car ceux qui l'ont appellé Simon, se sont trompez & abusez en celà.

2.L. SIMON DE MALMEDY natif du pays de Lorraine, Lecteur du Roy à Paris, docteur en Medecine, & faisant profession d'icelle en laditte ville.

Il a escrit en François, vne lettre ou Epistre à son cousin Isaac de Malmedy, imprimee sur la fin du discours de la noble & anciēne maison de Croüy en Picardie, Ducs d'Ascot ou d'Arscot, imprimé à Paris l'an 1566. in 8.

Ie n'ay autre cognoissance de ses escrits François, & quant à ses compositions Latines tant en Philosophie qu'en Medecine, & autres sciences, i'en feray mention autre-part.

I'entends qu'il est mort ce iourd'huy, qui est le Vendredy 20. iour du mois d'Apuril l'an 1584. (auquel temps i'escry cette Bibliotheque) & m'a lon rapporté plusieurs estranges cas, & bien dignes de

merueille

merueilles aduenuz en son miserable trespas & infortuné gẽre de mort, duquel ie n'ose encores rien asseurer, d'autant que i'en oy parler diuersement: c'est pourquoy ie me reserue à escrire de celà autre-part, iusques à ce que ie sois mieux informé, comme le tout s'est passé.

SIMON MARMION natif de la ville de Valenciẽnes en Hainault, homme for docte & peintre tresexcellent.

Ie n'ay point veu de ses escrits, mais Loys Guichiardin parle de luy fort honorablement en sa description des pays bas, fol. 433. de la premiere impression.

SIMON DE MONTIERS Aduocat au Parlement de Roüen en Normandie.

Il a traduit de Latin en François, le deux premiers liures de l'histoire de France escrite par Paule Æmile Veronnois, imprimez à Paris chez Michel Vascosan l'an 1556. in 4.

F. SIMON NERAVLT docteur en Theologie, de l'ordre des freres prescheurs ou Iacobins du Conuent de Bourges en Berry.

Il a escrit vn liure intitulé le Flagice de Peste, imprimé à Poictiers par Iaques Bouchet l'an 1530. in 8. & contient 6. fueilles.

SIMON DE PROVANCHIERES, Medecin demeurãt à Sens en Bourgongne l'an 1582.

Il a escrit vn discours d'vn enfant conserué en la matrice, par l'espace de 28. ans, imprimé en laditte ville de Sens l'an susdit 1582.

Il a traduit de Latin en Frãçois le discours de Iean Aillebouſt Medecin à Sens, touchãt le prodigieux enfant, de laditte ville de Sens, lequel se trouua petrifié, ou lapifié, (c'est à dire reduit & conuerty en pierre) dans la matrice d'vne certaine femme, &c. imprimé à Sens par Iean Sauine l'an 1582.

SIMON DE VALLAMBERT, ou bien du Val-Lambert, natif d'Aualon prez Vezelay au Duché de Bourgongne, premierement Medecin de Madame la Duchesse de Sauoye & de Berry l'an 1558. & depuis de Mõsieur le Duc d'Orleans.

Il a escrit vn liure intitulé le Thresor des pauures touchant la nourriture & maladie des enfans, contenant cinq liures, lesquels ont esté imprimez à Poictiers par les de Marnefs.

Il a traduit de Grec en François vn dialogue de Platon intitulé Critõ, ou de l'obeissance qui est deuë à la iustice, imprimé à Paris l'an 1542. chez Oliuier Maillard.

Ce Dialogue a esté aussi traduit par Pierre du Val Euesque de Sees en Normandie, & imprimé à Paris chez Vascosan, & encores depuis traduit par Iean le Masle Angeuin auec ses commentaires & annotations imprimees à Paris chez Iean Poupy (comme nous auons dit cy dessus.)

Ledit Valambert a mis en lumiere vn liure intitulé, Meditatiō de l'oraison des Chrestiens prise du viel & nouueau testamēt, autremēt intitulé le Trespas des fidelles, imprimé à Paris par Gueroult Sbire.

Traicté de la conduite du fait de Chirurgie, imprimé à Paris chez Vascosan l'an 1558.

Il florissoit soubs le Roy François 1. & Henry 2.

I. L. SIMON VIGOR, natif du pays de Normandie, Docteur en Theologie à Paris, predicateur du Roy, & chanoine Theologal en l'Eglise de nostre Dame à Paris, & depuis Archeuesque de Narbonne, &c.

Il a escrit & composé en François l'oraison funebre qu'il prononça aux obseques & funerailles de Madame Elizabeth de France, Royne d'Espagne, imprimee à Paris chez Claude Fremy l'an 1568. Laditte oraison fut prononcee par ledit Vigor en l'eglise de nostre Dame à Paris le 25. iour d'Octobre l'an 1568.

Il florissoit soubs le regne du Roy Charles 9. audit an 1568.

Il a escrit plusieurs œuures en Latin, mais nous en ferons mention autre-part.

I. L. SIMPHORIEN CHAMPIER Lyōnois, dit en Latin *Campegius*, seigneur de la Fauerge, Conseiller & premier Medecin du Duc de Lorraine, de Bar, & de Calabre, &c. Ledit Champier estoit cheualier de l'ordre de S. Georges en la maison des Ducs de Lorraine, &c. Il auoit vn fils nommé Claude Champier sieur de la Bastie, Corcelles, & la Fauerge &c. duquel nous auons parlé cy deuant à la lettre de C.

Le susdit Symphorian a escrit en Frāçois la vie du Capitaine Bayard gentilhomme sieur dudit lieu en Dauphiné, surnommé *Pierre de Terrail*, &c. imprimee en l'an de salut 1526.

Le fondemēt & origine des tiltres de noblesse, imprimé à Paris l'an 1535.

La nef des Dames vertueuses, imprimee à Paris l'an 1531. chez Philippes le Noir.

La nef des Princes, imprimee à Paris.

La nef des Sybilles & leurs propheties & predictions.

Les grandes Chroniques des gestes & vertueux faits des Ducs & Princes de Sauoye & Piedmont, &c. imprimees à Paris par Iean de la Garde l'an 1516.

Les Chroniques de Lorraine, imprimees.

Le Triomphe de France, escrit en Latin & en François, imprimé à Lyon & à Paris.

L'orde de Cheualerie, duquel il fait mention en la vie du capitaine Bayart.

Le miroir des apotiquaires, imprimé à Paris l'an 1539.

Il a escrit plusieurs tresbeaux & tresdoctes liures en Latin, desquels i'ē ay plus d'vne douzaine de volumes, imprimez à Lyō & à Paris: mais nous

nous ferons mention de celà autre part.

Il florissoit du temps du Roy Loys 12. l'an 1507. & soubs François 1. l'an 1515.

SOLIN CRINEL chirurgien des bandes Françoises.

Ie n'ay point veu de ses escrits imprimez, mais Ambroise Paré premier Chirurgien du Roy, fait métion de luy en son traité de la Mumie.

SVSANNE HABERT Parisienne, femme de Monsieur du Iardin, Valet de Chambre du Roy Henry 3. & sœur de Isaac Habert (duquel nous auōs parlé cy dessus) tous deux enfans de Pierre Habert natif d'Yssoudun en Berry, &c.

Cette dame du Iardin, a gaingné tant d'honneur & de reputation enuers tous ceux qui ont vn esprit capable de pouuoir iuger de la gētillesse de son esprit, & de son esmerueillable & tout diuin entēdemēt, & encores pour les perfectiōs corporelles, que nature luy a prodiguemēt departies, qu'elle a emporté le pris par sur toutes celles de sa qualité, qui ont iamais eu reputation pour la beauté du corps & de l'esprit tout ensemble. Mais i'ay crainte que l'on n'aye opiniō, que la trop grāde amitié me transporte à parler ainsi: toutesfois ie diray bien celà que ie n'ay onques eu ce bien de la voir ou cognoistre que par renommee de sa vertu: Enquoy ie ne peux faire autrement que de l'estimer des plus parfaites & accomplies, puisque ie n'ay encores trouué aucun qui m'en aye fait rapport qu'à sa loüange, soit de son esprit candide, ou bien de ses autres actions & deportemens: Et certes, c'est bien estre parfaite en effect, & non par Idee ou imagination, puisque ceux du siecle où nous sommes ne trouuent point à redire en icelle, & quand ils le voudroient faire, il faudroit que pour dire ainsi, ils vsassent de propos tous contraires à ce qu'ils cognoissent en leur ame estre veritable & non mensonger. Mais pour reuenir à parler de laditte dame du Iardin, & pour mettre fin à vne si longue periode, (laquelle ne m'est causee d'aucune passion, mais pour la merueille de tant de perfections qui sont en elle plus qu'és autres de nostre siecle) ie diray que plusieurs amateurs de vertu, m'ont asseuré qu'elle a ce dō de biē parler, & d'escrire, si familier, qu'elle en passe beaucoup en celà, de ceux qui s'estimēt des premiers, sans faire mētion de la Philosophie & des Mathematiques esquelles elle est for bien instruite & grandement versee. Ie n'ay encores rien veu imprimé de ses escrits & compositions, mais quand il luy plaira de les mettre en lumiere, elle monstrera que les hommes se sont iusques icy vātez de surpasser les femmes en inuentions de plusieurs beaux escrits, & toutesfois le iugement en sera delaissé à iuger à la posterité, qui n'aura esgard aux personnes mais aux effects de la chose.

Elle florist à Paris cette annee 1584.

SYBERT LOVVEMBORCH, Licētié és loix natif du pays d'Allemagne.

Il a traduit de Latin en François les œconomiques d'Aristote, traictant du gouuernemēt de la chose familiere & domestique, imprimee à Paris chez Chrestien Vvechel l'an 1522. auquel temps florissoit ledit Allemā en la ville de Colōgne sur le Rhin en la basse Almagne, &c.

S'ensuiuent les noms d'aucuns autheurs incogneuz par leur premier nom.

∴∴∴. SICILLE natif de Monts en Hainault en la Gaule Belgique, Herault d'Armes du Roy d'Arragon.

Il a escrit le Blason des couleurs en armoiries, imprimé par plusieurs fois tant à Paris qu'à Lyon.

∴∴. SORDEL natif de la ville de Mantoüe en Italie, Poëte Prouēçal, &c.

Il a escrit plusieurs belles Satyres en rithme Prouençale, & entre autres vne en laquelle il reprend tous les Princes de la Chrestienté, composee en forme de chant funebre sur la mort d'vn gentilhomme Prouençal, nommé *Blachas*.

Il a dauantage escrit en prose vn liure intitulé, le Progrez & aduancement des Roys d'Arragon, en la Conté de Prouence.

Il a traduit de Latin en prose Prouençale (qui estoit la langue vsitee de son temps) la somme du Droict.

Tous les liures susdits se voyent en la Librairie ou Bibliotheque du Monastere de Lauerne en Prouence, pour le moins ils y furent mis de son temps.

Il florissoit en l'an de salut 1281.

FIN DE LA LETTRE S.

TAILLE-

T.

AILLEVANT, queux du Roy de France Charles septiesme, c'est à dire son grãd cuisinier, ou maistre de sa cuisine &c. aucuns l'appellent en Latin *Taillelatus*.

Il a escrit en François, vn liure de l'art & science d'apprester toutes sortes de viandes: Ce liure s'appelle communément *Le grand Cuisinier*, & a esté imprimé à Paris par Alain Lotrain & autres.

Il florissoit en l'an de salut 1423.

TANNEQVIN FREMILLON, Chirurgien de la ville de Nismes en Languedoc l'an 1580.

Ie n'ay point veu de ses escrits imprimez, toutesfois Iaques Veyras fait mention de luy en son traicté de la curatiõ ou guerison des playes d'arquebusade.

TANNEQVIN GVILLEMET, Chirurgien ordinaire du Roy de Nauarre l'an 1581. & maistre iuré en la ville de Nismes en Languedoc.

Il a escrit vne refutation responsiue au traicté de Iaques Veyras, touchant la curation des playes des arquebusades, imprimee auec le traicté dudit Veyras.

Ie ne sçay si ces deux susdits, Fremillon & Guillemet, ne sont qu'vn, à cause qu'ils s'appellent tous deux de ce premier nom de Tannequin, & que leurs qualitez sont semblables &c. & ayans escrit mesmes choses en mesme temps.

TANIGY SORIN, natif du pays de Normandie, sieur de Lassé ou Lassay, docteur és droicts, conseiller du Roy à Caën, & lecteur en droict en ladite Vniuersité.

Il a escrit deux liures de commentaires, sur la coustume de Normandie, tant en Latin qu'en François, imprimez à Caën en Normandie l'an 1566. ou 1567.

TARAVDET DE FLASSANS, sieur dudit lieu, orateur Latin & François, & bien versé en la poësie Prouençale.

Il a escrit vn traicté, contenant les enseignemens pour se garder des trahisons d'amour.

Il florissoit en l'an de salut 1355.

TASSERIE, OV TAISSERIE Poëte François.

Il a escrit quelques chant Royaux à l'honneur de la glorieuse Vierge Marie.

THEODORE DE BEZE, natif de Vezelay en Bourgongne, lequel a succedé en la place & office que tenoit à Geneue, Iean Caluin de Noyon en Picardie (duquel nous auons parlé cy deuant &c.)

Cettui-cy a esté reputé le plus excellent Poëte Latin de son temps, & des plus apris en si bas âge, car en l'an 1548. n'ayant encores que 29. ans, il mist en lumiere ses poësies Latines, qui ont esté admirees de tous les François, & encores des Estrangers, & sur tout des Italiens, lesquels n'ont de coustume de loüer les François en leurs compositions que bien rarement.

Il a aussi fait imprimer la continuation des Psalmes de Dauid, imprimez auec la traduction de Clement Marot, le tout en vers François.

Il a composé en vers Frāçois, vne Tragedie qu'il a intitulee *Abraham sacrifiant*, imprimé par Conrad Badius l'an 1552.

Les harangues prononcees par luy au colloque de Poissy l'an 1561. le 9. iour de Septembre, imprimees l'an 1561.

Il a escrit l'histoire de son temps, imprimee l'an 1580.

Il a composé en Latin & depuis traduit en François, les vies de plusieurs hōmes qu'il a choisis entre tous les anciens & modernes, lesquels ont suyuy le party des protestans &c. imprimees auec leurs visages, ou effigies &c.

Ie ne feray mention icy de ses liures escrits contre ceux de la religion catholique ou Romaine, ny de plusieurs autres qu'il a composez pour soustenir son party.

Ie remets celà à Messieurs les Theologiens, pour les adiouster s'il leur plaist au catalogue des liures censurez par eux & par le Concile de Trente.

Il est encores du iourd'huy viuant, & cōtinue sa demeure à Geneue, qui est le lieu auquel il s'est retiré il y a plus de 30. ans.

THEOPHILE DV MAS.

Il a traduit de Latin en François, vn discours de l'antiquité, origine & noblesse de la cité de Lyon, ensemble la rebeine ou rebellion & cōiuration du peuple, contre les conseillers & notables marchands de ladite cité, faite en l'an de salut 1529. imprimee à Lyon l'an 1579. par Guillaume Teste-for.

THIBAVLT L'ABBE', maistre des enfans de Chœur de l'Eglise de Sainct Cloud, à deux lieuës de Paris.

Il a recueilly plusieurs vies des saincts, lesquelles il a traduites en Frāçois, entre-autres celles de S. Cloud, & de S. Auree, imprimees à Paris chez Nicolas Chesneau & autres, auec le troisiesme volume de l'histoire des Saincts.

THIBAVLT DE BLAZON ancien Poëte François, viuant en l'an 1200. ou enuiron.

Il a escrit plusieurs chansons amoureuses, & autres poëmes, non encores imprimez.

THIBAVLT DE CHAMPAGNE, Roy de Nauarre premier du nom l'an 1235. septiesme Conte de Champagne & de Brie.

Il a

Il a escrit plusieurs chansons en rithme Françoise, lesquelles ont esté mises en musique, & sont notees à vne voix. Elles sont au liure de Messire Henry de Mesmes, sieur de Roissy & Malassise, lequel est escrit à la main sur parchemin, & non encores imprimé.

Il a escrit vn discours de la mort du Roy S. Loys, non imprimé.

Il mourut en l'an de salut 1277.

Plusieurs autheurs font mention de luy en leurs œuures, & entre-autres Estienne Pasquier en son Pourparler du Prince, & Claude Fauchet en son recueil des Poëtes, Pierre Pithou & autres.

s. l. THIBAVLT LEPLIGNY, OV LEPLEGNY, & selon d'autres LESPLAIGNE' Vandomois, Apoticaire à Tours.

Il a escrit vn traicté du bois de l'Esquine, & la maniere d'en preparer en breuage, & vser d'iceluy.

Ledit traicté est imprimé auec les trois premiers liures de la composition des medicamens de Claude Galien, traduits par Iean Breche de Tours, imprimez audit lieu par Iean Rousset l'an 1545.

Le promptuaire des medecines simples, auec les vertuz & qualitez d'icelles, le tout escrit en vers François, imprimé à Paris chez Pierre Sergeant l'an 1544.

Il florissoit à Tours en Touraine, sur la riuiere de Loire, auquel lieu il exerçoit l'estat d'Apoticaire, soubs le regne de François premier, en l'an de salut 1544.

THIBAVLT DE MAILLY, Picard de nation, ancien Poëte François, viuant en l'an de salut 1170. ou enuiron.

Il a escrit vn Roman en vieil langage François, nō encores imprimé.

s. l. THIERRY DE HERY, Lieutenant du premier barbier & chirurgien du Roy Charles.

Il a escrit en Latin & en François, la methode pour guarir la maladie venerienne, autrement appellee verolle, auec ses Symptomes &c. imprimee à Paris par Mathieu Dauid.

*THIERRY DE LA MOTHE, natif de Bar-leduc.

Il a escrit quelque chose dont ie ne me peux souuenir à present.

THIERRY DE LA MOTHE Parisien, autre que le susdit.

Ie n'ay point veu ses œuures mises en lumiere.

THIERRY DE SOISSONS, & selon d'autres RAOVL DE SOISSONS, Conte dudit lieu en Picardie, Poëte François, viuant en l'an de salut 1250.

Il a escrit quelques poësies, & entre-autres des chansons d'amours, non encores imprimees, & plusieurs vers satyriques, qu'il appelle vers syruantois.

THIERRY DE TYMOPHILE, gentilhōme Picard, (qui est vn nom supposé & deguisé) & soubs lequel plusieurs liures ont esté mis en lumiere par François d'Amboise Parisien (cōme nous auōs dit cy dessus)

& entre-autres la comedie Françoise, intitulee Les *Neapolitaines*, imprimee chez Abel l'Angelier l'an 1584.

Le Dialogue & deuis des damoiselles, imprimé chez Robert le Mangnier.

Les regets funebres de quelques animaux, traduit d'Italien en François, imprimé à Paris chez Nicolas Chesneau.

s.l. THOMAS BEAVX-AMIS Parisien, de l'ordre des Carmes, docteur en Theologie à Paris (vulgairement appellé le petit Carme &c.)

Il a composé plusieurs liures en François, dont s'ensuyuent les tiltres.

L'histoire des sectes, qui ont oppugné le sainct sacremēt de l'Eucharistie, imprimee à Paris chez Guillaume Chaudiere l'an 1570. in 4. & depuis in 8. l'an 1576.

La resolution sur certains pourtraicts & libelles, intitulez du nom de Marmite, faulsement imposé contre le clergé de l'Eglise de Dieu, imprimé à Paris chez Hierosme de Marnef l'an 1562.

Remonstrance salutaire aux desuoyez, qu'il n'est permis aux subiects soubs quelque pretexte que ce soit, de leuer les armes contre leur Prince, imprimé à Paris par Guillaume Chaudiere l'an 1567.

Oraison funebre, prononcee à Paris le 21. iour de Iuing l'an 1574. à la sepulture du corps de Messire Charles de Gondy, seigneur de la Tour, maistre de la garde-robe du Roy, imprimee à Paris chez Chaudiere l'an 1574.

La marmite renuersee & fondue, de laquelle nostre Dieu parle, par les saincts Prophetes &c. imprimee à Paris chez Chaudiere l'an 1572.

Il florist à Paris cette annee 1584. âgé de soixante ans ou enuiron.

Il a escrit en Latin plusieurs œuures, mais nous en ferons mention autre-part, & quant à ceux qu'il a escrits en François, ie n'ay cognoissance que des susdits.

THOMAS CHESNEAV Angeuin.

Il a escrit vn traicté des danses, auquel il est monstré, que les danses sont des accessoires & dependances de paillardise, & par ainsi que d'icelles ne doibt estre aucun vsage entre les Chrestiens, imprimé à Paris l'an 1564.

THOMAS LE COQ Normand, prieur-curé de la Saincte Trinité de Falaise, & de Nostre-dame de Guibray en Normandie &c.

Il a escrit en vers François, vne Tragedie morale, representāt l'odieux & sanglant meurtre commis par Cain à l'encontre de son frere Abel, extraicte du 4. chapitre de Genese, imprimee l'an 1580. chez Bonfons.

THOMAS DE COVCY, seigneur dudit lieu, issu de la tres-noble & tres-ancienne maison de Coucy en Picardie.

Il a escrit en vieil langage François vn liure, intitulé la loy de Veruin au pays de Thierasche en Picardie, contenant vn formulaire de Iustice, tant ciuile que criminelle. Ledit liure n'est encores imprimé, il se voit escrit

escrit à la main en la Bibliotheque de François de Lalouette, Bailly de la Conté de Vertuz, & President de Sedan &c.

Ledit Thomas de Coucy florissoit soubs Henry 1. l'an 1080. ou enuiron.

Voy de luy le traicté des Nobles, cõposé par ledit sieur de Lalouette fol. 103. pag. b. & fol. 104. pag. a.

THOMAS ERARD, OV ERARS, ancien Poëte François, viuant en l'an de salut 1260. ou enuiron.

Il a composé quelques poësies, non encores imprimees.

THOMAS ERIERS, ancien Poëte François l'an 1260. ou enuiron.

Il a escrit quelques chansons d'amours.

Ie ne sçay si ce n'est qu'vn mesme le susdit Erard ou Erars, auec cettuicy nommé Eriers: car il n'y a gueres de changement en leurs noms, & de difference de leurs professions, & encores du temps auquel ils viuoyent.

THOMAS GENDROT, natif de la ville du Mans, maistre des enfans de Chœur, ou de la Sallette de l'Eglise de S. Iulien de ladite ville du Mans, &c. homme for bien versé en la musique.

Il a escrit quatre liures de chansons de musique à 4. 5. 6. 7. & 8. parties, non encores imprimees.

Il florist au Mans cette annee 1584. âgé d'enuiron 40. ans.

THOMAS SIBILLET, OV SEBILET Parisien, Aduocat au Parlement de Paris, homme docte és langues, & bien versé en plusieurs arts & sciences, lesquelles il a apprises tant en France qu'en Italie & autres lieux, esquels il a voyagé tant pour son plaisir que cognoistre les façõs de faire des Estrangers.

Il a escrit en ses ieunes ans, vn art poëtiq François, imprimé auec le Quintil Horatien, de Charles Fonteine Parisien, sur la defense & illustration de la langue Françoise, contre Ioachim du Bellay Angeuin.

Ce liure fut premierement imprimé en l'an 1548. à Paris, & depuis à Lyon l'an 1556. par Thibault Payan.

Il a traduit la Tragedie Greque d'Euripide, intitulee *Iphigenia*, imprimee à Paris par Gilles Corrozet l'an 1549.

Il a traduit d'Italien en prose Françoise, les Contr'amours de Baptiste Fulgose, Duc de Genes en Italie, lesquelles il appelle *l'Anteros* d'vn nom Grec.

Le dialogue Latin de Baptiste Platine de Cremone en Italie, contre les folles amours, traduit par ledit Sibilet.

Paradoxe contre l'amour, qui est de l'inuention de l'autheur. Le tout imprimé à Paris chez Martin le Ieune l'an 1581.

Il a traduit de Latin en François, plusieurs oraisons de Ciceron, non encores imprimees.

La vie d'*Apolonius Tyaneus*, escrite en Grec par Philostrate & traduite en François par l'autheur susdit, laquelle n'est encores imprimee.

L'escuirie de Federic Grison Neapolitain, imprimee.

Traicté de Cesar Fiasque, ou *Fiaschi*, gentilhomme Ferrarois, touchant la maniere de bien embrider, manier & ferrer les cheuaux, imprimé à Paris chez Perier & autres.

Il a escrit vne grammaire Françoise, non encores imprimee, de laquelle il fait mention en son art poëtiq.

Il a dauantage traduit d'Italien en François vn liure, intitulé les Aduis ciuils de Iean François Lotin, de Volaterre en Italie, imprimé à Paris chez Abel l'Angelier & Iean Richier l'an 1584. auquel liure il n'a point mis son nom, que par lettres capitales ou maiuscules, contenues és premieres lignes du sonnet mis au deuant dudit liure, ce que les Grecs appellent *Acrostiches*. Il n'a non plus mis son nom és autres liures qu'il a fait imprimer, ne se donnant pas grande peine d'estre cogneu que par ses amis, & faisant estat de profiter au public, & nō pas de s'aquerir vne gloire par escrits ou inuentions.

Il florist à Paris cette annee 1584. âgé d'enuiron soixante ans.

THOMAS TVRQVAN, general des monnoyes à Paris, homme docte & for bien versé en beaucoup d'arts & sciences.

Il a escrit son aduis, pour deliberer sur les memoires presentez au Roy, afin d'abolir le conte à sols & à liures, & doresenauant faire tous contracts & obligations par escus, lequel aduis il donna en vne assemblee faite à Paris, au mois de Septembre l'an 1577. par deuant Monseigneur le Reuerendissime Cardinal de Bourbon, Il a esté imprimé à Paris chez la veufue de Iean Dallier l'an 1578. auec la response dudit general à ceux qui n'estoyent d'aduis de changer le conte à sols & à liures.

Il florist à Paris cette annee 1584.

TOVSSAINS BESSARD, natif d'Auge en Normandie, homme lequel a beaucoup voyagé sur mer & sur terre, & des plus renommez Pilotes de France.

Il a escrit vn dialogue de la longitude *Est-ouest*, qui est la premiere partie du miroir du monde, contenant tous les moyens, que lon pourroit auoir tenus à la nauigatiō, iusques à maintenant, imprimé à Roüen in 4. l'an 1574. chez Martin le Megissier, & contient 15. fueilles.

Il florist cette annee 1584.

TOVSSAINS LE ROY prestre, natif du pays du Maine.

Il a escrit plusieurs Noëls & Cantiques, sur la Natiuité de nostre Seigneur Iesu-christ, imprimez au Mans l'an 1579. par Hierosme Oliuier.

Il a escrit plusieurs autres poësies, mais elles ne sont encores imprimees.

Il florist au Mans cette annee 1584.

TOVSSAINS ROVSSET, Chanoine de Mets en Lorraine l'an 1571. & main-

& maintenant de l'ordre des Iesuites.

Il a traduit de Latin en François la vie de saincte Serene vierge & martyre, imprimee auec le 3. volume de l'histoire des Saincts 1427. de la premiere edition.

TOVSSAINS THIBOVST OU THIBOVLT, Normand, docteur en Theologie à Paris, iadis ministre de la religion pretenduë reformee à Diepe en Normandie, & depuis reduit à la religion Catholique & Romaine, l'an 1581.

Ie n'ay point veu de ses escrits imprimez, mais Iean Bruneau Aduocat à Gyen fait mention de luy en son discours au fueillet 101. pag. 2. de la premiere impression.

TRISTAN DE L'ASCAIGNE OU L'ESCAINE, licẽcié en droict Official de S. Iulian de Sault, pres de Sens en Bourgongne l'an 1540.

Il a escrit vn liure intitulé le lis Chrestien, florissant en la foy Chrestienne qui est vn liure composé par ledit de l'Ascagne à la louange du Roy François 1. imprimé à Paris chez Denys Ianot l'an 1540. in 4. & cõtient 14. fueilles.

Il a dauãtage fait imprimer vn liure qu'il a intitulé, *C'est nostre Dame,* imprimé à Paris chez Iean André l'an 1548.

Il florissoit soubs le regne du Roy François 1. l'an 1540.

TRAIAN PARADIN secretaire de Madame de Xaintes.

Il a traduit d'Italien en François le 8. dialogue d'Antoine Brucioli, touchanr l'office d'vn Capitaine & chef de guerre, imprimé à Poictiers chez Marnef l'an 1551. auquel temps il florissoit en la ville de Xaintes en Xaintonge.

TVSAN BERCHET natif de la ville de Langres en Bourgongne.

Il a escrit quelques œuures en François, & quant à ses annotations sur la Grammaire de Clenard, i'en feray mention en autre lieu.

FIN DE LA LETTRE T.

V.

VALENTIN DV CAVROY, Aduocat au Parlement de Paris, l'an 1551.

Il a traduit en François vn opuſcule de S. Auguſtin Eueſque de Hyppone en Afrique, touchãt l'eſprit & la lettre, imprimé à Paris chez Vaſcoſan, l'an 1551. in 4. & contient 10. fueilles.

VASQVIN PHILEVL, OU PHILIEVL, docteur és droicts, natif de Carpentras.

Il a eſcrit & compoſé en vers François le ieu des Eſchets, imprimé à Paris chez Philippes Danfrie & Robert Breton l'an 1559. de caracteres François.

Il a traduit d'Italien en vers François les quatre liures des amours de François Petrarque, touchant ſa dame, *Laure d'Auignon*, imprimez en Auignon & à Lyon l'an 1555. par Berthelemy Bon-homme.

Hieroſme d'Auoſt de Laual, les a depuis traduits en vers François, & ont eſté imprimez à Paris chez Abel l'Angelier l'an 1583. leſquels ſont tellemẽt diſſemblables en traduction, que i'en laiſſe le iugemẽt à tous ceux qui entendent bien cette langue Italienne.

Il a traduit d'Italien en François le dialogue des deuiſes d'armes & d'amour du ſeigneur Paule Ioue Italien, auec vn diſcours de Loys Dominique ſur le meſme ſubject, imprimé à Lyon chez Guillaume Rouuille l'an 1561. auec leſquels liures de deuiſes ſe voyent encores celles de Gabriel Simeon Florentin.

Il floriſſoit à Lyon l'an 1561. ie ne ſçay ſ'il eſt encores viuant.

VICTEVR BRODEAV natif de la ville de Tours ſur Loire au pays de Touraine, Secretaire & valet de chambre du Roy François 1. & de la Royne de Nauarre, ſœur vnique du Roy, Ducheſſe d'Alençon, &c.

Il a eſcrit en vers François les louanges de Ieſus Chriſt noſtre Sauueur, imprimees à Lyon & autres lieux. Elles ſe voyent auſſi eſcrites à la main ſur petit velin de lettre for bien peinte, en la bibliotheque de frere Mery Deſbois ſoubs-Prieur de l'Abbaye de la Couſture pres le Mans, &c.

Il a eſcrit vne epiſtre du peſcheur à Ieſus Chriſt, imprimee à Lyon chez Eſtienne Dolet.

Il mourut au mois de Septembre, l'an 1540.

VIEILLARS DE CORBIE, natif dudit lieu en Picardie ancien Poëte François, viuant en l'an de ſalut, 1250. ou enuiron.

Il a eſcrit pluſieurs poëſies Françoyſes non encores imprimees.

VINCENT DE LA LOVPE Chartrain, ou né au pays de Chartres, dit en latin *Lupanus*.

Il a

Il a escrit & composé premierement en Latin, & depuis traduit en François, trois for beaux & bien doctes liures, des dignitez, Magistrats & Offices du royaume de France, imprimez à Paris par Guillaume le Noir, l'an 1564. & encores par plusieurs autres fois, tant cet ouurage a esté bien receu de tous hommes curieux, pour les belles recherches qu'il contient.

Il florissoit soubs le regne du Roy Henry 2. l'an 1550.

VIVIAN LE CHARPENTIER Poëte François.

Il a escrit quelques Ballades & rondeaux à l'hõneur de la vierge Marie, imprimez auec le recueil qui s'est fait du liure susdit.

FIN DE LA LETTRE V.

Y.

Ysaac habert Parisien, valet de chambre du Roy &c.

Voy de luy, & de tous les autres qui se commencent par ce nom d'Isaac, à la lettre I. icy deuant, sans que nous ayons voulu escrire ce nom par vn, y, Grec.

Yves de brinon.

Il a traduit d'Italien en François, l'histoire de Florence, composee en langue Toscane, par Nicolas Machiauel Florẽtin, imprimee à Paris l'an 1577.

Frere Yves magistri, natif de la ville de Laual au Maine, sur les frontieres de Bretagne.

Il a escrit vn liure, qu'il a intitulé la Guide Ecclesiastique, imprimee à Paris l'an 1580.

Le miroir chrestien, imprimé à Paris l'an 1580.

Yves rouspeau Xaintongeois, Poëte François, & encores plus grand Theologien.

Il a fait imprimer plusieurs de ses liures en la ville d'Alençon l'an 1565. sçauoir est le traicté de la preparation à la Cene, & plusieurs dialogues &c.

Il a fait imprimer plusieurs poëmes François de son inuention à Paris chez Iean le Clerc, sçauoir est l'Hymne de l'automne, contenant les loüanges de la vigne & du vin.

L'antithese de la terre & des cieux.

Quadrains des loüanges du sainct nom de Iesus, & encores plusieurs sonnets &c.

Il florist cette annee 1584.

Yves du rubay, natif du pays du Maine, Maistre des requestes de l'hostel du Roy, & Chancelier du Royaume d'Escosse, homme for docte, & lequel a esté employé en beaucoup d'affaires d'Estat.

Il a escrit plusieurs harangues, tant en Latin qu'en François, lesquelles ne sont encores imprimees.

Il mourut à Paris l'an 1563. ou enuiron.

Yves le tartier, Doyen de l'Eglise de sainct Estienne de Troye en Champagne.

Il a traduit en François, la vie & passion de Madame saincte Tanche, recueillie d'vne legende des Saincts, escrite par François Arnoul, Chanoine de sainct Estienne de Troye.

Elle a esté imprimee auec le troisiesme volume de l'histoire des Saincts, chez Nicolas Chesneau à Paris.

Voy le fueillet 396. de la premiere impression.

Fin de la Bibliotheque Françoise de François de la Croix-du Maine, sieur dudit lieu, & de la Vieille-Cour.

APPARENT RARI NANTES IN GVRGITE VASTO:
Lon voit peu de Nageurs, en vne grande Mer.

S'ENSVIVENT LES ADDITIONS OV AVGMENTATIONS, A LA BIBLIOTHEQVE FRANÇOISE,

du Sieur de la Croix-du Maine: faites & recueillies par luy-mesme, touchant plusieurs hommes de marque, lesquels ne sont compris icy deuant: & encores de ceux-là desquels il a retrouué les memoires de leurs compositions, apres que la susdite Bibliotheque a esté acheuee d'imprimer, sans qu'il y aye eu moyen de les mettre en leur ordre d'A b c, obserué icy deuant, d'autant que les endroicts où ils eussent deu estre mis, estoient ja tirez sur la presse.

B.L. ADRIAN LE TARTIER Champenois, docteur en medecine, homme docte és langues.

Il a traduit de Latin en François, le liure de Guillaume Postel, intitulé *de Vniuersitate* &c. lequel il dedia à defunct Messire Iean de Voyer (pere de Monsieur le Viconte de Paulmy, bailly de Touraine à present viuant) laquelle traduction se voit escrite de la main dudit Tartier, en la Bibliotheque du susdit Viconte, & n'est point encores imprimee.

Il florist à Chaumont en Bassigny cette annee 1584.

B.L. ANDRE' GALLVS Parisien, docteur regent en la faculté de droict canon, en l'Vniuersité de Tolose.

Il a escrit vn aduertissement pour les docteurs, regents de l'Vniuersité de Tolose, contre les Iuges & officiers Presidiaux dudit lieu &c. imprimé à Paris l'an 1583.

ANDRE' IEAN Parisien, Aduocat en Parlement, & au Chastelet de Paris.

Il a escrit vn discours des derniers propos du Roy Charles neufiesme, imprimé à Paris.

Il a traduit en François, la continuation de l'histoire de France, escrite par Arnoul du Ferrier, Cõseiller du Roy au Parlement de Bordeaux, adioustees à l'histoire de Paule Æmile Veronnois &c.

Il n'a encores mis en lumiere cette traduction.

Il florist à Paris cette annee 1584.

B.L. ANDRE' DE ROSSANT Lyonnois, homme docte & bien versé en la poësie Latine & Françoise.

Il a escrit & composé (outre les œuures que nous auons recitees icy deuant) de tres-amples commentaires sur les amours d'Oliue, composez par Ioachim du Bellay Angeuin, & contiennent tant de matieres diuerses, que s'ils estoyent imprimez, ils passeroyent la grosseur d'vn iuste volume.

Il florist cette annee 1584.

Ie n'ay pas cognoissance de ses autres escrits ou compositions Françoises, & quant à ses Latines, i'en feray mention autre-part.

ANSELME

ANSELME DE MARNAY Champenois, ieune homme for docte, & principalement en Grec.

Il a composé plusieurs poësies Françoises, & autres choses en prose, non encores imprimees.

Il florist à Paris cette annee 1584.

ANTOINE LE FEVBVRE, sieur de la Boderie, frere de Guy, & Nicolas le Febure (desquels nous auons parlé cy dessus.)

Il a traduit d'Italien en François vn liure de *Nennio* Italien, traictant de la Noblesse, imprimé à Paris chez Abel l'Angelier. I'ay fait mention de luy icy deuant.

ANTOINE DES GOIS.

Il a traduit quelques liures d'Astrologie en nostre langue Françoise, imprimez à Paris.

B.L. ANTOINE LOISEL natif de Beauuais en Picardie, Aduocat au Parlement de Paris, homme for docte & ayant cognoissance de beaucoup de bonnes sciences outre sa profession.

Il a escrit trois remonstrances de l'accord & vnion des subiects du Roy soubs son obeissance, imprimees à Paris par Robert le Mangnier l'an 1584.

Il florist cette annee 1584.

ANTOINE ROYET, natif de Lyon.

Il a escrit vn traicté de la Peste, imprimé à Lyon pour Emeran le Melais, l'an 1583. & contient 14. fueilles.

Il florist cette annee 1584.

B.L. AVGIER DE BVSBECK, gentilhomme natif de la ville de Bruges en Flandres, issu de l'ancienne & illustre maison de Guislain ou Gislein audit pays, homme tresdocte & bien vertueux seigneur.

Il a esté employé en diuers ambassades par l'Empereur Ferdinand, vers le grand Seigneur ou Empereur des Turcs, par l'espace de sept ans: & encores du iourdhuy il est au seruice de madame Elizabeth d'Austriche veufue du Roy de France Charles 9. & est son ambassadeur vers son frere Henry 3 treschrestien Roy de France.

Plusieurs hommes de marque font treshonorable mention de luy en leurs œuures, & entre autres Pierre André Matheolé en ses commētaires sur Dioscoride, auquel lieu il recite en sa preface, qu'il a esté secouru dudit sieur de Busbeck, de plusieurs liures escrits à la main, qu'il auoit rapportez de son voyage de Constantinople, duquel pays il a escrit vne bien docte description, & des choses les plus dignes de memoire qu'il a obseruees, durant le temps de sa legatiō. Ce liure a esté imprimé chez Plantin, mais pour ce qu'il est escrit en langue Latine, nous en ferons mention autre-part, & ce qui m'a fait comprendre ledit sieur Ambassadeur en ce liure, c'est pource qu'il a prononcé plusieurs tresdoctes harangues Françoises, deuant les maiestez des Roys de France, lesquelles ne sont encores imprimees.

Il florist à Paris cette annee 1584. âgé de 50. ans ou enuiron.

B. L. BAPTISTE DV MESNIL, Aduocat du Roy au Parlement de Paris, homme des plus renõmez en doctrine, & bonne vie qu'autre de son temps.

Ie n'ay rien veu imprimé de ses Oraisons & doctes plaidoyez, prononcez par luy lors qu'il estoit Aduocat du Roy, mais i'ay opinion que ceux qui seront amateurs de son honneur & desireux de perpetuer sa memoire, les mettront en euidence.

Il florissoit à Paris soubs le regne de Henry 2.

B. L. BERNARD DE LA ROCHE Tolosain, Conseiller du Roy au Parlement de Paris, & maintenant premier President aux requestes du Palais à Tolose.

Ce seigneur de la Roche fut receu en l'estat de Conseiller à Paris, apres auoir esté interrogé deuant Messieurs de la Cour, en la plus honorable assemblee, qui ait esté faite depuis long temps: & à laquelle reception furent presens aucuns Princes de France & estrangers, & remporta tel honneur pour auoir si bien & doctement satisfait aux points qui luy furent proposez, qu'il s'est acquis vn honneur, qui luy demeurera à iamais, pour en auoir fait preuue, deuant vn si grand nombre d'hommes de remarque: en quoy c'est vn hõneur bien grãd pour messieurs de Tolose, de voir que ceux qui ont esté apris en leurs escholes, font paroistre leur sçauoir en endroits tant signalez, comme est le parlement de Paris. Mais pour venir à parler des escrits dudit sieur de la Roche, voicy ce que i'ay peu voir de ses inuentions & traductions.

Conseils Politiques, qui est vn recueil des plus infortunez & sinistres ou malheureux accidẽts, aduenuz depuis quinze cent ans, en tous les Empires, Royaumes, Principautez & Republiques du monde, iusques à ce iourd'huy, auec les defaults ou causes euidentes d'iceux malheurs: auquel liure il a encores adiousté l'aduertissement ou cõseil ausdits Princes & gouuerneurs, de s'en garder à l'aduenir: Ce liure n'est encores imprimé.

Il a traduit de Latin en François, les doctes liures de la republique, & de l'institution du Prince, de Frãçois Patrice de Siene en Italie, non encores imprimez.

Il a traduit les œuures d'Alexandre Neapolitain autrement appellé *Alexander ab Alexandro*, intitulez les iours Geniaux.

Il a recueilly six Centuries des plus belles sentẽces & similitudes ou comparaisons, les plus remarquables qu'il a peu obseruer par tous les bons autheurs qu'il a leuz.

Outre les œuures susdits, il a commencé à faire vn epitome ou abbregé de tous les conseils des docteurs en Droict canon & ciuil, lesquels il a reduits par tiltres ou chapitres, suyuant l'ordre des Pandectes de de l'Empereur Iustinian, lequel il espere de faire imprimer en bref, tant en Latin qu'en François.

Il a fait vne bien curieuse & tresdiligente recherche de la tresnoble & tresillustre, & ancienne maison de monsieur le Duc d'Espernõ, Messire Iean Loys de Nogaret Pair de France, &c. laquelle n'est encores imprimee, ie l'ay veüe escrite à la main, & la copie s'en voit auec les autres preuues de genealogies des cheualiers du S. Esprit.

Il florist à Tolose cette annee 1584.

Ie feray mention de ses œuures & cõpositions Latines en autre lieu.

BERTRAND DE SALLIGNAC gentilhomme Perigordin, Conseiller du Roy Henry 3. cheualier de l'ordre du S. Esprit, Ambassadeur pour sa maiesté en Angleterre, &c.

Il a descrit le voyage du Roy Henry 2. du nom Roy de France, au pays bas de l'Empereur, imprimé à Paris par Robert Estienne, & en autres lieux.

Il a dauantage escrit le discours du siege de Mets en Lorraine, en l'an 1552. imprimé à Paris audit an 1552. Ie n'ay pas cognoissance de ses autres compositions Latines ou Françoises.

Il florist cette annee 1584. & est for respecté & aimé de sa Maiesté pour les rares vertuz qui sont en luy.

I'ay à dire icy vn mot en passant, touchant ce Seigneur, & ses escrits, c'est qu'au fueillet 34. de ce liure, nous auons mis les œuures (que nous auons recitees cy dessus) soubs le nom de Berthelemy de Sallignac gẽtilhõme Berruyer, lequel nous pẽsiõs estre cettui-cy Bertrãd de Sallignac gentilhõme Perigordin, & ce qui nous auoit fait ainsi mesprendre, c'est que ledit sieur n'auoit mis son nom en ses œuures, que par ces mots B. de Sallignac, qui est chose doubteuse si cette lettre B, signifioit Berthelemy ou Bertrand. Car par autre lieu i'ay trouué qu'il y auoit vn Prothenotaire du S. Siege Apostolique, nommé du nom susdit de Berthelemy, & lequel florissoit audit temps, mais cecy sera corrigé à la seconde edition. C'a esté Monsieur du Haillan qui m'a aduerty de cette faulte, lequel a for bien cogneu ledit sieur de Sallignac, cheualier de l'ordre du Roy, &c. & afin de dire encores ce qui m'a fait tromper ainsi, c'est que voicy les qualitez que i'ay veuës dudit Beruyer. Ce que i'allegueray pour monstrer qu'il n'y a si clair-voyant qui n'eust peu s'y abuser comme moy: *Bartholomeus à Salligniaco Biturix, equestris ordinis miles, ac vtriusque iuris professor*, &c. Ie laisse à pẽser qui seroit celuy qui ne se fust mépris sur le doubte de ces deux noms: ce que i'ay discouru peut estre trop amplement, mais c'est pour monstrer à ceux qui en trouueroient de semblables en ce liure, qu'il est trop malaisé de ne faillir point, principalement en choses qui passent la cognoissance de ceux qui escriuent des histoires generales, & non particulieres, & ceux qui laissent leurs noms escrits à demy, sont causes de cela.

D.L. BERTHELEMY POVLLARD, natif de la ville de la Ferté au Maine, Aduocat au siege presidial du Mans, ieune homme bien docte, & lequel a beaucoup voyagé pour se rédre de plus en plus instruit en la Iurisprudence.

Il a escrit en Latin & depuis traduit en François vne oraison de l'immortalité de l'ame, & du mespris de la mort. Le Latin a esté imprimé au Mans chez Hierosme Oliuier, & le François n'est encores en lumiere.

Il florist en laditte ville du Mans cette annee 1584.

BONNADVENTVRE GRANGER Parisien, docteur en Medecine à Paris, homme docte en Grec & en Latin.

Il a traduit de Grec en François, le discours de l'Empereur Iulien sur les faicts & deportemens des Cesars, auec vn abregé de la vie dudit Iulien, imprimé à Paris par Iean de Bordeaux, l'an 1580.

Il florist à Paris cette annee 1584. âgé de 40. ans ou enuiron.

Madame CATHERINE DE PARTHENAY dame de Soubize, femme de Messire René Viconte de Rohan, Prince de Leon, Côte de Porhoet en Bretagne, &c.

Cette Dame est beaucoup à priser, pour son excellence & grandeur d'esprit, duquel ses escrits rendent assez de preuue, sans en auoir d'autre tesmoignage. Car elle a escrit & composé plusieurs Tragedies & Comedies Françoises, & entre autres, la Tragedie d'Holoferne, laquelle fut representee en public à la Rochelle, l'an 1574. ou enuiron : elle n'est encores imprimee.

Elle a composé plusieurs Elegies ou complaintes, sur la mort de Monsieur le Baron du Pont, son premier mary : & encores de Monsieur l'Admiral & autres grands seigneurs & illustres personnages.

Elle a traduit les preceptes d'Isocrate à Demoniq, non encores imprimez.

Elle florist cette annee 1584.

Ie n'ay pas cognoissance de ses autres compositions, pour n'auoir point cet heur de la cognoistre.

CHARLES NEVEV.

Il a escrit & composé les Aphorismes de Chirurgie, imprimez.

CHRESTOFLE DE LA FOY (surnommé le gendre du Roy Alcofribas, qui sont tous noms supposez.)

Il a esté mis soubs le nom dudit Chrestofle de la Foy, vn liure intitulé le mespris de la Cour, composé par M. F. gentilhomme Parisien, &c. Ie ne sçay si ce liure est imprimé.)

A.L. CHRESTOFLE PLANTIN natif du pays de Touraine.

Cettui-cy merite tant de recognoissance enuers les hommes de lettres & tous autres amateurs des arts & sciences, que ie serois reputé par trop desdaignant les studieux du profit public, si ie ne le mettois au nombre des autres qui ont prins peine d'illustrer nostre siecle par les beaux

beaux liures qu'ils ont fait imprimer à leurs fraiz & despens, entre lesquels le seigneur Plātin a cet hōneur d'auoir tant imprimé de beaux liures en toutes lāgues, & en si grād nōbre qu'il seroit presque incroyable, comme il a peu satisfaire à tant de fraiz & fournis à tant d'impressions. Mais en celà il doibt louër Dieu grandement, & luy rendre graces de ce qu'il a peu si long temps soustenir (auec tant d'honneur) vn si pesant fardeau, accompagné de tant de coust & mise d'argent.

Il se voit plusieurs Epistres, Prefaces, & autres semblables aduertissements mis au deuant des œuures qu'il a imprimez, ie ne veux pas nier qu'il ne soit autheur d'iceux, ou qu'il n'en puisse faire de semblables.

Il florist à Anuers ville capitale de la Duché de Brabant, cette annee 1584. & y a fait sa demeure depuis 20. ou 30. ans en çà.

B.L. CHRESTOFLE DE SAVIGNY gentilhomme de Rhetel en Champagne.

Il a escrit plusieurs beaux & doctes liures, lesquels s'imprimeront en bref à Paris selon que ie les ay veuz encommencez, & tailler les figures d'iceux.

Il a escrit vn for beau & docte liure qu'il a intitulé O*nomasticum* des mots & dictions de chacune chose, mis par lieux communs. Il ne l'a encores mis en lumiere.

Il florist cette annee 1584.

Il est maistre de la Garderobbe de Monsieur le Prince de Mantoüe, Duc de Neuers. Nous auons fait mention dudit sieur de Sauigny icy dessus, au fueillet 48. auquel lieu il est nommé Charles au lieu de Chrestofle, mais celà sera corrigé à la seconde edition de ce liure.

CLAVDE DE COSSETTE, sieur de Sommereux en Picardie, gentilhomme seruant de la chambre de Monsieur frere du Roy.

Il a escrit quelques memoires de ce qui s'est passé és guerres dernieres au pays bas de Flandres, lors qu'il estoit commis par mondit sieur son maistre à la conduite du regimen de monsieur de Combelles, &c. Ils ne sont encores imprimez.

Il florissoit en l'an de salut 1578. Ie ne sçay s'il est encores viuant.

I'ay quelques Memoires escrits de sa main, lesquels il me donna en l'an susdit 1578.

B.L. CLAVDE ESTIENNE NOVVELET Sauoisien.

Il a escrit & composé (outre les œuures que nous auons recitees icy deuant) plusieurs discours sur les abus des hommes, & entre autres de la vertu defortunee, de l'ambitiō, des Philosophes, des Poëtes, des Astrologues, des Pedants, des Alchimistres, les deuinailles & plusieurs autres semblables subiects, par lesquels il descouure for naifuement, & auec propos tant serieux que facetieux, la folie des hommes. Ces discours ne sont encores en lumiere.

Il a traduit la plus grande partie des hymnes qui se chantent en l'Eglise Catholique, presque de mot à mot & vers pour vers, auec tant de facilité, & vne traduction si heureuse que celà est esmerueillable.

Il a escrit plusieurs Odes, Sonnets, & autres poëmes François, desquels il y en a bien peu d'imprimez.

Il a traduit quelques Poëmes d'Ouide: en fin il s'est addóné du tout à sa profession de Theologie depuis dixsept ou dixhuit ans en ça, & a quitté du tout la poësie, pour vaquer à faire predications de la parole de Dieu: & s'il escrit quelques poëmes, ils sont touchãt la saincte Theologie, comme les vers lyriques de la conscience, & trauaille maintenant sur l'Apocalypse de S. Iean.

Il florist à Paris cette annee 1584. âgé de 40. ans ou enuiron.

CONRAD DE L'OVLMEAV dit *Vlmeus*, natif de Saumur en Anjou.

Il a escrit quelques œuures tant en Latin qu'en François, lesquelles sont imprimees, & entre autres son liure des Fonteines.

Il florissoit en l'an de salut 1560.

ESTER DE BEAVVAIS damoiselle Angeuine.

I'ay veu quelques sonnets de sa façon, imprimez auec les œuures de François de Beroalde sieur de Veruille.

Elle florist en Anjou l'an 1584.

F. ESTIENNE DE LVSIGNAN de l'ordre des freres Prescheurs ou Iacobins, &c.

Il a escrit (outre ce que nous auons recité de luy cy deuant) plusieurs genealogies d'aucunes maisons tresillustres, sçauoir est celle des Ducs & Princes de la tresillustre maison de Lorraine, non encores imprimee. Il l'a dediee & presentee à Mõseigneur le Duc de Guise, Henry de Lorraine.

Genealogie des Contes de Bologne sur la mer, non encores imprimee. Il l'a dediee & presentee à la Roine mere du Roy de France treschrestien.

La defense de tous les ordres de religion, contre les mespriseurs & contempteurs d'icelle, non encores imprimee.

Les Genealogies de 50. oů 60. maisons les plus illustres, qui ont pris leur source & origine de Thierry ou Theodoric 2. du nom, Roy de Bourgongne & d'Austrasie. Elles ne sont encores imprimees.

Il florist à Paris cette annee 1584.

FRANCOIS DE BEROALDE sieur de Veruille, gentilhomme Parisien, lequel nasquit à Paris l'an 1558. le 28. d'Auril: nous auons parlé de luy icy deuant, & auons dit qu'il auoit composé vn poëme François intitulé l'Idee de la republique, cõtenant sept liures. Il l'a fait imprimer à Paris chez Timothee Ioüan l'an 1584. auec le dialogue de la Vertu, escrit en prose, le tout imprimé ensemble chez ledit Timothee.

Il florist à Paris cette annee 1584. âgé de 26. ans.

FRANCOIS BOVCHARD, gentilhomme ordinaire de la chambre de Monsieur, frere du Roy, &c.

Ce seigneur Bouchard est bien versé en Grec, en Latin, & en François aussi, comme il a bien monstré par plusieurs doctes harangues, qu'il a prononcees deuant Messieurs les Electeurs de l'Empire, à la creation & coronnement de l'Empereur des Romains, Rodolphe 2. du nom: & encores deuant les Roys de France, les Roines de Nauarre, & Angleterre, & en plusieurs autres lieux, esquels il a esté employé pour les seruice de ses Maiestez. Il ne les a encores fait imprimer, non plus que ses Memoires ou recueils de toutes sortes d'histoires memorables, qu'il a extraites de plusieurs bons & anciens autheurs, lors qu'il a fait lecture de leurs escrits: lesquels Memoires il a reduits par chapitres, & lieux communs, pour s'en seruir auec plus de commodité.

Il florist cette annee 1584. âgé d'enuiron 50. ans.

Il est pere de Iaques Bouchard, natif de Dieppe en Normandie, ieune homme de for grande esperãce, pour l'aduancemẽt qu'il a és lettres Grecques & Latines, lesquelles il a en partie aprises de monsieur d'Aurat Poëte du Roy, Grec, & Latin, duquel il a esté disciple vn long temps.

3.1. FRANCOIS ROALDES, natif de la ville de Rodez au pays de Rouergue pres Tolose, docteur és droicts, homme reputé l'vn des plus sçauants en la iurisprudẽce & autres arts & disciplines, qu'autre que nous ayons cogneu de nostre siecle.

Il a escrit en François, vne bien ample & bien curieuse histoire de France, laquelle n'est encores imprimee, non plus que ses recherches ou memoires de plusieurs singularitez, & choses memorables, qu'il a obseruees en diuers lieux de France, & principalement en Prouence, Sauoye, & Dauphiné, & encores en Languedoc.

Il florist à Tolose cette annee 1584.

Ie feray mention de ses escrits Latins autre-part.

FRANCOIS ROSE Parisien, &c. Nous auons fait mention cy dessus d'vn nommé *François Rose*, & pensions que ce fust celuy qui est du iourd'huy Euesque de Senlis, & grand maistre du college de Nauarre fondé à Paris, &c. & auions encores laissé par escrit qu'il estoit autheur d'vn traicté de la genealogie de la maison de Montmorency, mais i'ay depuis receu aduertissement par monsieur le Digne, son intime amy, que ledit Euesque de Senlis s'appelloit Guillaume Rose, & qu'il estoit natif de Chaumont en Bassigny, dequoy i'aduertis ceux qui liront ce liure, & celà sera corrigé à la seconde edition: & encores pour aduertir mieux les lecteurs, nous auons fait adiouster vn apostile en marge pour le mieux donner à entendre, lequel il a fallu imprimer de rechef: car la fueille estoit ja tiree, lors que nous auons receu cet aduertissement. Nous ferons plus ample mention de cecy, lors que nous serons à la lettre de G. quand nous parlerons de Guillaume Rose,&c.

FRANCOIS ROSE natif d'Amiens en Picardie ieune homme for amateur des lettres, & curieux rechercheur de l'histoire, (autre que les susdits)

Il a escrit en François l'histoire de la Conqueste de Constantinople faite par Baulduin 9. du nom, Conte de Flandres en l'an de salut. 1204. elle n'est encores imprimee.

Il florist à Paris cette annee 1584.

FRANCOIS SEDILLE, chanoine en l'Abbaye de sainct Pierre, appellee autrement du nom de saincte Geneuefue, situee à Paris &c. licentié en Theologie.

Il a escrit vn liure de l'Ordre de Religiõ, cõtenãt la maniere de viure des chanoines, dicts reformez de sainct Augustin, imprimé à Paris chez Noël le Coq l'an 1571. auquel temps florissoit ledit Sedille, & ne sçay s'il est encores viuant, car ie n'ay cognoissance de luy que par ses escrits.

GILLES CORROZET Parisien (duquel nous auons parlé & racompté ses œuures cy dessus au premier Alphabet)

Il a escrit les liures qui s'ensuyuent, outre ceux que i'ay recitez icy dessus, desquels derniers liures i'ay receu l'aduertissement, de son fils Galiot Corrozet, Libraire tenãt sa boutique au Palais de Paris &c. sçauoir est.

Le Temple de Paix, fait à la loüange du couronnement de Madame Alienor Royne de France, seconde femme de François 1. du nom, imprimé a Paris.

Le triomphe des François sur la confusion & fuite de l'Empereur, Espagnols, & Bourguignons, imprimé à Paris & autres lieux.

Deploration sur le trespas de tres-noble Princesse Madeleine de Frãce, Royne d'Escosse imprimee l'an 1537.

Le retour de la Paix, escrit en vers François imprimé in 4.

Satyre cõtre fol amour, imprimee auec le manuel d'Epictete & plusieurs autres traictez tant en vers qu'en prose, desquels nous auons fait mention cy dessus, au fueillet 128. auquel ie renuoye les lecteurs pour voir ses autres œuures.

GVY PECATE, dit en Latin *Pacatus*, natif de la paroisse de sainct Remy du Plain, pres Dompfront au Maine, autresfois Prieur de Sougé, & curé de Spay, & en fin secretain en l'Abbaye de Cousture pres le Mans, de laquelle il estoit Religieux profez.) &c.

Ie serois bien digne d'estre blasmé, de ceux qui ont cognoissance de la doctrine & sçauoir qui estoit en ce personnage, & encores plus digne d'estre accusé d'ingratitude, pour la grande amitié qu'il m'a portee durant

durant sa vie, si ie ne declarois icy ce que i'ay cogneu de recõmandable en luy: car en premier lieu il estoit si bien versé en plusieurs arts & bonnes disciplines, & sur tout en la poësie Latine, qu'il a esté admiré de son temps, pour ses doctes compositions, & principalement de Ronsard, Prince des Poëtes Frãçois, son plus grãd amy, lequel a fait treshonorable mẽtion de luy en ses poësies, & aduoüe auoir eu intelligẽce des Poëtes Latins, par son moyen: (sans vouloir icy oster l'honneur deu à monsieur d'Aurat.)

Il n'a point fait imprimer ses œuures & compositions Latines, ou Françoises.

Il mourut en la susditte Abbaye de la Cousture le Mardy 5. iour de Iuillet l'an 1580. en laquelle il fut enterré le iour ensuyuant.

Ie feray mention plus ample de luy & de ses escrits Latins, autrepart.

Messire GVILLAVME DE CVRSOL, cheualier, sieur de Bellefonteine & de Montestrac, Conseiller du Roy, & Thresorier general de France, en la charge & generalité de Guyenne, establie à Bordeaux, &c.

Il a traduit d'Espagnol en François, la premiere & seconde partie, de l'image de la vie Chrestienne, escrite en langage Portugais, par Hector Pinto Espagnol, &c. imprimee à Paris chez Guillaume Chaudiere l'an 1574.

GVILLAVME POSTEL, natif de la paroisse de Barenton au diocese d'Auranches en Normandie, sur les fins & limites du pays & Conté du Maine (ce qui a esté cause que plusieurs ont pensé qu'il fust de ce pays là.)

Il s'appelloit Dolerie, qui estoit le nom d'vne seigneurie qui appartenoit aux Postels ou Potels, en laquelle il nasquit enuiron l'an de salut 1475. Ce que ie peux presumer ainsi, encores que ie n'aye iamais sçeu au vray le iour & l'an de sa naissance: car dés l'an 1513. il estoit si docte, & tellement renommé, que lon voit les Epigrammes qui s'ensuyuent en des autheurs Latins qui escriuoiẽt de luy, pour la rareté de son sçauoir, ce qui s'ensuit.

Et iura & leges, nostique Guilelme Poëtas,
Hisque viros vnus, tres superare potes.

Et autre-part se list cet autre distique, fait en faueur dudit Postel, lequel est comme s'ensuit.

Legistam si quis, si quis reperire poëtam,
Philosophúmve cupit, te petat: omnis homo es.

Les vers susdits se voyent au liure d'vn Poëte nommé *Humbertus Montis-Moretanus*, intitulé Herueis, & au liure qu'il composa de la guerre de Rauenne en Italie l'an 1512. lesquels i'ay expressément alleguez, à fin que lon ſçache, combien ledit Poſtel auoit d'âge, quand il mourut: car il eſt à croire, que en l'an 1512. ou 1513. qu'il auoit pour le moins 25. ans, eſtant ſi docte comme le deſcrit le Poëte ſuſdit Humbert de Mont-Moret, & par cõſequẽt qu'il ſeroit mort âgé de quatre vingt quinze ou ſeize ans, en l'an 1581. Ce que i'ay allegué pour cõtenter pluſieurs qui diſputent ſouuent de ſon âge, & ne ſçauent qu'en dire au vray.

Ie n'ay pas deliberé de diſcourir icy plus auant de la vie dudit Poſtel, mais ſeulement de ſes eſcrits & compoſitions en noſtre langue: car de ſes Latines i'en feray mention bien ample au Traicté de ſa vie, lequel i'ay eſcrit ſi amplement qu'il contient plus de 20. chapitres diuers.

Voicy donq ce qu'il a compoſé en François.

L'hiſtoire memorable des expeditions, depuis le deluge, faites par les Gaulois ou François, depuis la France iuſques en Aſie, ou en Thrace, & en l'Orientale partie de l'Europe: & des commoditez ou incommoditez des diuers chemins pour y paruenir & retourner: le tout reduit en epitome pour monſtrer auec quels moyes l'empire des infideles, peut & doit eſtre defait & ruiné par iceux, imprimee à Paris chez Sebaſtien Niuelle.

Apologie contre les detracteurs de la Gaule, & des priuileges & droicts d'icelle, auec les additions de pluſieurs hiſtoires, obmiſe par la malice d'aucuns eſcriuains: ce liure a eſté imprimé à Paris chez Niuelle l'an 1552. auec la ſuſditte hiſtoire des Gaulois.

La Republique des Turqs, imprimee à Paris.

La Carte ou deſcription de la France ou des Gaules, imprimee auec la Guide des chemins de France, &c.

Il a traduit en François l'interpretation du Candelabre de Moyſe ou chandelier du Tabernacle, eſcrit en Hebreu & en Latin par ledit Poſtel.

Le liure de la diuine Ordonnance, là où eſt compriſe la raiſon de la reſtitution de toutes choſes, & par quelle maniere elle ſ'eſt faite, & ſe doit accomplir.

La nouuelle doctrine, en laquelle il eſt monſtré comment il appartient à Meſſieurs de la faculté, de faire entendre comment le droit de la monarchie Gauloiſe depend du droit diuin, & quelles propoſitions en tel cas dependent de leurs cenſures.

La reſtitution de toutes choſes, & quelles perſonnes ſont requiſes à l'accompliſſement d'icelles ſoubs Ieſus Chriſt: auec expoſitions des quatre Pſalmes de Dauid, ſur le lys du diuin teſmoignage.

La doctrine du ſiecle doré, ou de l'Euangelique regne de Ieſus Roy des

des Roys,imprimé à Paris chez Iean Ruelle l'an 1553. Ledit liure a esté imprimé sur la fin du liure, vulgairement appellé *la Mere Ieanne de Postel*, autrement intitulé les tres-merueilleuses victoires des femmes.

Les Raisons de la monarchie, & quels moyens sont necessaires pour y paruenir, imprimé à Paris l'an 1551. auec vne apologie cõtenãt vn brief discours de la vie dudit Postel, escrite par luy-mesme.

Recueil des propheties de tous les plus celebres peuples du mõde, par lequel il se voit comment le Roy des François, ou bien celuy qui entre tous les Princes d'Occident est le plus renommé, doit tenir la Monarchie de tout le monde.

Description de la Terre Saincte, imprimée à Paris.

L'histoire & consideration de l'origine & coustumes des Tartares, imprimée à Poitiers par les Marnefs l'an 1560.

Il a traduit de Grec en François, vn dialogue de Platõ intitulé *Axiochus*, lequel traicte de la mort, imprimée à Paris.

Les tresmerueilleuses victoires des femmes du nouueau Mõde, & comment elles doibuent commander à tout le monde par raison : & mesmes à ceux qui auront la monarchie du monde vieil, imprimees à Paris l'an 1553. chez Iean Guellart à l'enseigne du Phenix pres le college de Reims.

La loy Salique, imprimee à Paris l'an 1552. chez Niuelle.

Les raisons ou occurrences & accidents des deux miracles les plus grands de l'Vniuers, le tout escrit en vers François, de la main dudit Postel, sur papier rouge, non encores imprimees, nous les auons par deuers nous auec plusieurs autres de sa façon, & tant en Latin qu'en François, escrits de sa main, comme aussi il s'en voit plusieurs en la Bibliotheque de Messire René de Voyer, Viconte de Paulmy, Bailly de Touraine, & entre autres sa Confession de Foy, escrite de sa main, & signee par ledit Postel. I'ay veu aussi plus de cinquante traictez diuers escrits de la main de Postel, par deuers le Sieur de la Serre Prouençal. Ie ne sçay pas qu'ils sont deuenuz, & s'il les a encores par deuers luy.

Ledit Postel fut lecteur du Roy en l'Vniuersité de Paris és langues estrangeres, soubs le regne de François premier du nom.

Il auoit cognoissance de douze langues, comme il a monstré par son Alphabet & Grammaires escrites en icelles langues, imprimé à Paris l'an 1538.

Il fut enuoyé és parties d'Orient, par le commandement du Roy François 1. du nom, auec le sieur de la Forest Ambassadeur de sa Maiesté, vers le grand Seigneur, & Empereur des Turcs, & luy fut deliuré la somme de quatre mille escus pour la premiere fois, duquel voyage il remporta plusieurs beaux liures escrits à la main.

Il mourut à Paris l'an 1581. le 6. iour de Septembre, âgé de pres de cent ans, comme nous auons dit cy deſſus : nous ferons plus ample mention de ſa vie autre-part, enſemble de ſes eſcrits Latins.

GVILLAVME ROSE, natif de Chaumõt en Baſſigny, docteur en Theologie à Paris, Predicateur ordinaire du treſchreſtiẽ Roy de France, & de Pologne Henry 3. du nom, grand maiſtre du college Royal de Nauarre, fondé à Paris, Eueſque de Senlis, &c.

Ie n'ay encores veu aucunes compoſitions Frãçoiſes dudit ſeigneur Eueſque, miſes en lumiere, ſi eſt-ce qu'il a prononcé pluſieurs oraiſons funebres, & a fait pluſieurs treſdoctes predications deuant la Maieſté du ROY, & de toute ſa cour, & encores en autres lieux de la ville de Paris, leſquelles ne ſont imprimees.

Nous auons parlé de luy icy deuant, au premier alphabet de cette Bibliotheque, au fueillet 105. auquel lieu ſe voit vne faulte à l'endroit de ſon nom: car nous l'auõs appellé *François* & ſon nom eſt *Guillaume*, comme nous auons dit encores icy deuant en autre lieu, parlant d'vn autre autheur, nommé François Roze, Picard de nation : mais à la ſeconde edition de ce liure, celà ſera corrigé, enſemble le paſſage, où nous auons dit, qu'il auoit compoſé vn diſcours de la genealogie de la maiſon de Montmorency: & ce qui nous a abuſé en celà, c'eſt qu'il y a pluſieurs autheurs, ayant ce ſurnom *de Roze*, mais leurs premiers noms les font differer. Cecy ſoit dit pour aduertiſſement aux lecteurs, à fin qu'ils ne ſe meſprennent en ces articles ſuſdits.

Il floriſt à Paris cette annee 1584. qui voudra voir ſes loüanges bien amplement deſcrites, liſe les Paranymphes de Michel Thyriot.

Nous auons encores fait mention dudit ſieur de Senlis, Guillaume Roze, au fueillet de ce liure, 154. & auons dit que c'eſtoit ledit François Roze, & qu'il s'appelloit ainſi, mais tout celà ſera corrigé à l'autre impreſſion de ce liure. Ce que nous eſcriuons peult eſtre trop au lõg, pour ceux qui ne ſe ſoucient pas de ces choſes là, mais nous en parlons ainſi amplement, pour noſtre intereſt, & pour ſauuer ce qui touche noſtre honneur.

Meſſire HENRY B. D'ANGOVLESME fils naturel de Henry 2. du nom, Roy de Frãce, &c. cheualier de l'Ordre de S. Iean de Hieruſalem, grand Prieur de France, capitaine de cent lances des Ordonnances, lieutenant general aux armees de Leuant & Ponant, capitaine des galeres pour ſa Maieſté, &c.

Ce Prince a eu pour precepteurs, Monſieur de Morel, gentilhõme Dauphinois, & encores monſieur d'Aurat, tous deux tant renommez pour leur grãde eruditiõ, qu'il n'eſt icy beſoing d'eſcrire de leurs loüãges plus auant.

Or pour

Or pour venir à ce ſeigneur ſuſdit, i'ay entẽdu d'hommes dignes de foy (car ie n'ay iamais eu ce bien de le voir ou cognoiſtre) qu'il eſt tellẽment ſçauant, & inſtruict en toutes ſortes de bõnes diſciplines, & principalement és langues Grecque & Latine (ſans faire mention de la Frãçoiſe qui luy eſt familiere pour eſtre né en Frãce) que l'on ne peut mettre en auãt aucun de ſa qualité qui le paſſe en ſçauoir & doctrine. Nous n'auons encores rien veu de luy mis en lumiere, touchant ſes doctes compoſitions, mais lon ne peut autrement faire (ſans ſe tromper) que de croire qu'il en pourra compoſer quand il luy plaira ſ'adonner à eſcrire, d'autãt doctes & plaines d'erudition, que font ceux qui font profeſſion entiere de l'eſtude.

Il floriſt cette annee 1584.

Madame HENRIETTE DE CLEVES, fille & heritiere de meſſire Frãçois de Cleues, Duc de Neuers, Conte d'Eu & de Rhetelois, &c. femme de Meſſire Ludouic de Gonzague, Prince de Mantouë, &c.

Cette dame de Neuers eſt non ſeulement recommãdable, par la treſnoble & treſilluſtre maiſon de laquelle elle a pris origine, mais encores plus, pour les vertus qui reluiſent en elle, accompagnees de tãt de choſes extremément louables, qui ſont rares és autres Dames de telle & ſi grande maiſon (comme elle eſt) que tout celà bien conſideré, lon iugera que ie ne me ſuis point abuſé, de parler d'elle en cette façon.

Voicy donc ce qu'elle a traduit en noſtre langue Françoiſe:

L'Aminta du Seigneur *Taſſo*, l'vn des plus renõmez Poëtes modernes de toute l'Italie.

Elle n'eſt encore imprimee, i'entens de ſa traduction: Car celle qui ſe voit miſe en lumiere eſt d'autre verſion que celle de la ſuſdite dame.

Ie n'ay cognoiſſance de ſes autres eſcrits, ſoit de ſes inuẽtions ou traductions, pour n'auoir encores eu ce bien de la cognoiſtre ou frequẽter en ſa maiſon.

Elle florit cette annee, 1584.

HIEROSME D'AVOST de Laual, (duquel nous auons fait mention icy deuant au premier alphabet.)

Il a traduit d'Italien en François oultre les œuures cy deſſus recitees, vn liure qu'il a intitulé, les Elites & plus belles fleurs, recueillis de toutes les œuures ſpirituelles du R. P. Frere Loys de Grenade, de l'ordre des freres Preſcheurs, &c.

Ce liure eſt le plus ſpirituel, qui ſe ſoit encores veu en noſtre langue.

Il eſt diuiſé en ſix parties à ſçauoir,

De la conuerſion du pecheur.
De la miſere de la vie humaine.
De la contemplation.
De l'oraiſon.
De la Penitence, & ce qui en depend.

Et de la tressaincte Communion.

Il a dauãtage traduit d'Italien en Frãçois vne Comedie du seigneur Loys Domenichi, laquelle il a intitulee les deux Courtisanes.

Ces traductiõs susdites sont toutes mises au net, & sont prestes à imprimer, & mettre en lumiere: Ce que i'ay opinion qu'il fera ces prochains iours pour satisfaire aux curieux de si beaux ouurages. Ie ferois plus ample mention de luy, & de ses louanges, touchãt ses traductiõs si heureusement faictes par luy de plusieurs liures Latins, Italiens, & Espagnols, si ce n'estoit qu'aucuns pourroient pẽser que ce qu'il a escrit, tant en ma louange en ses œuures, en fust cause.

Il florist à Paris cette annee 1574. âgé de 25. ou 26. ans.

HONORE' DV TEIL, natif de Mõnasque en Prouence, hõme for heureux à composer en vers François, & pour escrire en prose.

Il a escrit plusieurs for beaux & bien elegãts Sonnets sur plusieurs diuerses matieres lesquels il n'a encores fait imprimer, & entre autres.

Il en a escrit quelques-vns en ma faueur, dont ie luy suis for redeuable & obligé pour vne si grande amitié qu'il me porte.

Il florist en Prouence cette annee 1584.

IAQVES BOVRGEOIS. Il a escrit (oultre les œuures desquelles nous auons parlé cy dessus) vne Comedie Françoise, contenant les amours d'Erostrate, imprimée à Paris l'an 1545. chez Ieãne de Marnef veufue de feu Denys Ianot.

Il florissoit du tẽps de François 1. du nom, auquel il dedia ladite susdite Comedie.

IAQVES DV CHESNE sieur de la Gaceliniere au Maine, frere aisné de Hector du Chesne, tous deux enfans de M. Fœlix du Chesne ou le Chesne, Procureur du Roy en la Seneschaussee & siege presidial du Mans.

Cestuy-cy nommé Iaques a escrit plusieurs Poëmes Latins & François, & entre autres il se voit quelques-vns de ses Sonnets auec le liure du recueil des chansons mises en musique, imprimez à Paris.

Il florist cette annee, 1584.

IAQVES LE GRAS, Aduocat au Parlement de Roüen, de laquelle ville il est natif.

Il a composé plusieurs Poëmes en Grec, Latin & François, lesquels ne sont encores imprimez, sinon les deux Sonnets qu'il fist en ma faueur pour mettre au deuant de mon discours, lesquels ont esté imprimez auec aucuns de mes œuures. C'est ce qui me cause de passer icy soubs silence, les perfectiõs qui sont en luy. Car lon pourroit pẽser que cette courtoisie receuë par moy de sa part, occasionneroit ce que ie dirois de luy tant à son aduantage.

Il florist à Roüen cette annee 1584. Nous auons ja fait mention de luy cy deuant à la lettre G. au fueillet 159. mais nous ne sçauions pas encores

cores qu'il s'appellast de ce nom de Iaques : c'est pourquoy nous auons attendu à faire mention de luy en ses additions ou augmentations de nostre susdite Bibliotheque.

I. L. IAQVES LABITE, Iuge de la ville de Mayenne le Iuhel, au bas pays du Conté du Maine, homme for docte & bien consumé en droict.

Il a escrit quelques œuures en Latin, desquelles nous ferons mention autre-part, & quant à ses compositions Françoises elles ne sont encores imprimees.

Il florist au Maine cette annee 1584.

IAQVES DE SILLAC, surnommé de la Chastre, & yssu de cette noble & ancienne maison de la Chastre en Berry.

Il a escrit & composé plusieurs Poësies Françoises, & entre autres lon voit plusieurs de ses Sonnets imprimez auec ceux de messieurs Ronsard, Baif, des Portes & autres mis en musique par Nicolas de la Grotte, &c.

Il mourut l'an 1569. ou enuiron.

IAQVES COEVR, Baron de sainct Forgeau, natif de Bourges en Berry, Thresorier & Argentier du Roy de France Charles 7. en l'an de salut 1453. en laquelle annee fut prononcé vn arrest ou sentence, donnee contre luy, pour plusieurs choses qu'on luy a mises à sus, & ne sçay si elles sont vrayes : somme qu'il fut cōdãné à payer la somme de quatre cens mille escuz, & tous ses biens confisquez, & encores declaré inhabile à tenir estats, & banny pour iamais du Royaume de France. Plusieurs ont pensé qu'il sçauoit faire la pierre Philosophale, & que les pieces d'argent nommees de son nom & appellees vulgairement *des Iaques Coeurs*, auoient esté faictes & fabriquees par son inuention, mais nous deduirōs cecy bien amplemēt au discours des vies que nous auōs escrites des Thresoriers de France.

Or pour venir à parler de ses escrits, voicy ce que i'ay veu de son inuention.

Le calcul ou denombrement de la valeur & reuenu du Royaume de France, fait par ledit Argentier, & baillé à son maistre le Roy Charles 7. lequel se voit au liure de Iean Bouchet de Poictiers, intitulé le Cheualier sans reproche, & encores au liure de Iaques Signet, intitulé la Diuision du Monde.

Il a escrit plusieurs autres memoires & instructions, pour policer l'estat & maison du Roy, ensemble tout le Royaume de France, mais ils ne sont encores imprimez.

I. L. IEAN AVBERT, sieur de la Moreliere, natif du pays & Conté du Maine.

Ce seigneur de la Moreliere, est l'vn des plus renommez Aduocats de tout le siegle presidial du Mans, & quand ie diray de tout le Maine ie n'aduanceray rien en celà, pour sa gloire, qu'il n'en merite encores plus:car si lon veut regarder combien il est docte & profond en la iurisprudence, & sur tout bien façonné & apris aux consultatiõs, lon me confessera, que mesmes les voisins du Maine, soit d'Anjou, Touraine & autres lieux, s'addressent à luy en ce cas, pour receuoir son aduis auãt qu'entreprendre des procés & autres affaires de semblable consequence.

Il n'a encores fait imprimer aucuns de ses œuures, & toutefois i'ay bonne cognoissance, qu'il a fait plusieurs doctes & bien curieuses obseruations sur le droit, & encores sur les coustumes du Maine.

Il florist au Mans cette annee 1584. âgé de plus de 50. ans.

E.L. IEAN DES CAVRES, Principal du College d'Amiens, (comme nous auons dit cy deuant parlant de luy.)

Il a escrit & composé de son inuẽtion plusieurs liures, desquels s'ensuiuent les tiltres, que nous auions obmis icy dessus.

Les premiers Elemens de la pieté Chrestienne.

Opuscule de la Croix de nostre seigneur Iesus Christ.

Vn recueil d'aucunes sentences notables extraictes de celles de Nil Euesque & martir, & traduites de Latin en vers François.

Exhortation & institution à la fille Chrestienne, imprimée à Paris chez Guillaume Chaudiere 1573.

Traicté spirituel, contenant vne brefue institution pour guider & conduire la ieunesse à la voye de perfection Chrestienne.

Vn petit traicté de la cõseruation de santé en vers François, imprimé à Paris chez Guillaume Chaudiere 1575.

Deux eclogues sur le mariage de hault & puissant Seigneur messire Gilles de Mailly, & illustre Dame madame Marie de Blanchefort, imprimé à Paris chez Guillaume Chaudiere 1575.

Odes sur l'heureux aduenement & sacre de Reuerend Pere en Dieu messire Geoffroy de la Martonie, Euesque d'Amiens, imprimé à Paris, chez Guillaume Chaudiere 1577.

La vraye forme & maniere de viure des Chrestiens en tous estats.

La remonstrance que feit Iacob à ses enfans vn peu au parauant qu'il rendit l'esprit, accompagnee de celles de ses douze enfans Patriarches, & de Tobie à son fils, imprimée à Paris chez Guillaume de la Nouë 1577.

Les Dialogues, ou Colloques de Mathurin Cordier, illustrez en plusieurs endroits de Scholies Chrestiẽnes, imprimez à Paris chez Michel de Roigny 1578.

Liures non encores imprimez.

Oeuures morales, ou discours sacrez, contenans vne institution en bonnes mœurs, comme chacun se doit bien & sagemẽt gouuerner en toutes actions humaines, & en quelconques charges & occupations publiques & particulieres.

Discours sacrez comprins en trois liures.

Le premier,

Contenant, comme l'Eglise Chrestienne, depuis la natiuité du fils de Dieu, iusques à ce temps present, a esté persecutee par les Iuifs, Empereurs, Rois, Princes, Ethniques, & autres defaillans de la foy, la fin malheureuse d'iceux, comme au milieu de tant de changemens des Royaumes & emotions violentes, Dieu l'a tellement preseruee, qu'elle demeure saine & sauue, & demeurera perpetuelle.

Le second,

Traictant de l'astuce de Sathan, lequel voyant que par les tourmens des corps il ne s'çauançoit en rien, a introduit en la famille du Sauueur des Schismes & heresies, pour empoisonner & engloutir les enfans de Dieu.

Le troisieme,

Contenant le moyen de porter patiemment la spatieuse Mer des persecutions & afflictions qui arriuent ordinairement aux Chrestiens.

Histoire naturelle de l'homme, & des parties d'iceluy qui sont le corps & l'ame.

Oeuure vtile & profitable à tout homme pour apprendre à se bien cognoistre soy-mesme, à se bien mesurer de la mesure de sa propre nature, pour se sçauoir bien contenir dedans les limites d'icelle, & entendre plusieurs poincts difficiles de la Theologie, Philosophie, Medecine & Chirurgie.

Petit Catechisme, ou composition familiere des poincts principaux, & mysteres signalez de la doctrine Chrestiẽne, en forme de dialogue.

La Tragedie de Dauid, combatant Goliath.

Il florist en la ville d'Amiens cette annee 1584.

Et quant à ses compositions Latines, i'en feray mention dans ma Bibliotheque Latine.

B.L. IEAN DARCES, appellé en Latin *Darcius*, Aumosnier de monsieur le Cardinal de Tournon.

Il a traduit de Latin en François, les 13. liures des choses rustiques de *Palladius Rutilus Taurus Æmilianus &c.* imprimez à Paris l'an 1553. chez Michel de Vascosan, auquel tẽps ledit Iean Darces florissoit soubs le regne du Roy Henry 2.

B.L. IEAN ESTIENNE DVRAND Tolosain, premierement Aduocat general au Parlement de Tolose, & depuis premier President en icelle Cour. Ce seigneur Durand a composé vne tresdocte exhortation à la noblesse de France, touchant la fidelité & obeissance qu'elle doit à son Roy, imprimee à Tolose & à Paris, & autres diuers lieux sans que ledit Sieur y ayt voulu mettre son nom, non pour qu'il y eust rien que de bien dit en icelle, mais pource qu'il est peu curieux de l'honneur mondain, mais seulement desirant de profiter au public par tous les moyẽs qu'il voit leur pouuoir seruir.

Il a dauantage recueilly plusieurs arrests tresnotables dõnez au Parlement de Tolose,& autres lieux,lesquels ne sont encores en lumiere, non plus qu'vn nombre infiny de tresdoctes & tresmemorables playdoiez prononcez par luy audit Parlement,durant son estat d'Aduocat & encores depuis.

Il florist à Tolose ceste annee 1584.

B.L. IEAN FELOT Angeuin, sieur du Ponceau,docteur en medecine, autrefois medecin de la Royne de Nauarre defuncte, homme for docte en Grec, en Philosophie & és Mathematiques, il n'a encores fait imprimer ses tables & autres recueils tresdoctes touchant la medecine, lesquels il a escrits tant en Latin qu'en François.

Il florist au Mans cette annee 1584. en laquelle ville il exerce sa profession de medecine.

B.L. IEAN DE LAVARDIN gentilhomme Vandomois, Abbé de l'Estoille,yssu de la noble & ancienne maison de Rannay,&c.

Il a traduit(outre les œuures cy deuant mentionnees)les epistres de S. Hierosme imprimees à Paris l'an 1584. chez Chaudiere.

Les vies des Saincts du vieil Testamēt traduites par ledit sieur de l'Estoille non encores imprimees.

Ie les ay veuës escrites à la main, & mises au net, prestes à imprimer.

Il florist cette annee 1584.

B.L. IEAN LE MASSON Conseiller & Referendaire en la chancellerie à Paris,frere puisné de Papyrius le Masson Aduocat en Parlement, & substitut de monsieur le Procureur General,&c.

Ie n'ay encores rien veu imprimé en François des œuures & compositions dudit sieur Referendaire,mais ie peux bien asseurer que s'il met en lumiere les recuils qu'il a amassez auec tant de peine & diligence par plusieurs endroicts de la France,soit touchant les Epitaphes, Sepultures,& autres choses tresdignes d'vne memoire perpetuelle,qu'il se rendra autant renommé que son frere, lequel a bien emporté cette gloire (entre ceux qui sçauent iuger de luy & de ses doctes escrits)de l'vn des plus grands rechercheurs d'histoires,&des plus eloquents Orateurs de notre temps.

Ils florissent à Paris cette annee 1584.

I'auoy desia parlé icy deuant dudit *Papyrius* & de son frere à la lettre de P. qui est cause que ie ne m'arresteray pas dauantage sur ce propos.

B.L. IEAN MOREAV, docteur en Theologie à Paris, Chanoine en l'Eglise de S. Iulien du Mans,(de laquelle ville il est natif.)

Il a escrit les vies des Euesques du Mans,lesquelles il a reduites en epitome ou abregé, & les a extraictes des grands volumes qu'il a recouurez au thresor ou chapitre de ladite susdite Eglise du Mans.

M. Pierre

M. Pierre Viel en a traduit en François plusieurs desdites vies (comme nous auõs dit cy dessus) & ledit sieur Moreau en a aussi fait la traductiõ de quelques-vnes.

Il florist au Mans cette annee 1584. âgé de plus de 60. ans.

Ie feray mention de ses escrits Latins autre part.

s.l. IEAN PALSGRAVE, Anglois de nation, natif de la ville de Londres.

Il a escrit trois liures de l'illustration de la langue Françoise.

IEAN DE S. MELOIR, natif de la ville de sainct Calais au Maine, homme des plus renommez pour le droit & consultations qu'autre du Parlement de Paris.

Il n'a point fait imprimer ses playdoiers & recueils d'arrests pronõcez en diuerses Cours & Parlements de France.

Il mourut en l'an de salut 1570. ou enuiron âgé de plus de soixante ans.

m.l. IEAN DE SALLIGNAC, docteur en Theologie, natif du pays de Perigort, homme des plus estimez pour les langues, & principalemẽt pour l'Hebraïque & Grecque, qu'autre de son temps.

Il a cõposé plusieurs œuures, & en a aussi traduit tant en Latin qu'en François.

Il florissoit soubs le regne du Roy Henry 2.

s.l. IEAN LE VOYER dit *Visorius* sieur de sainct Pauasse, natif de la ville du Mans, homme docte en Grec & en Latin, comme il a bien fait paroistre en plusieurs Vniuersitez de France, & entre autres à Paris, soubs le regne du Roy François premier.

Il a composé plusieurs œuures, tant en Latin qu'en François, soit en vers ou en prose, lesquels sont par deuers son fils escrites à la main.

I'ay opinion qu'il les fera imprimer pour le respect qu'il luy porte, & pour le soulagement de ceux qui sont curieux de voir tant de belles histoires qu'il a escrites des choses les pl⁹ memorables qui se sont passees de son temps.

Il mourut au Mans l'an 1568.

IEAN DE VALIECH Tolosain, homme des plus heureux pour faire les anagrammes que i'aye point cogneu apres Messieurs d'Aurat & de Rossant.

Ce seigneur de Valiech a composé vn Calendier historial, lequel il n'a encores fait imprimer.

Il nous en a autresfois communiqué & monstré ses desseins, pour en faire encor vn plus ample que le susdit.

Il ne les a encores fait imprimer, non plus que ses recueils d'Anagrammes de plusieurs illustres hommes & dames, auec beaucoup de

Sonnets & autres poësies Françoises, tant de son inuention qu'autrement.

Il florissoit à Paris l'an 1571.

Ie ne sçay s'il est encores viuant.

IEANNE DE LA FONTEINE, natifue du pays de Berry, Dame tresillustre & for recommandee (pour son sçauoir) de plusieurs hommes doctes.

Elle a escrit en vers François l'histoire des faits de Thesee & autres poësies non encores imprimees.

Iean second, Poëte tresexcellent natif de Hage en Flandres appellé en Latin *Ioannes Secundus Hagiensis*, fait treshonorable mention d'elle en ses Elegies Latines imprimees auec ses baisers, l'an 1560. ou enuiron.

ISABAEV DE VAVMENY, Damoiselle Parisienne, fille de Mõsieur de Vaumeny ou Vaux-menil, (l'vn des plus excellens & des plus renõmez hommes, pour le ieu du Luth, qu'autre qui soit en l'Europe) elle a escrit plusieurs belles choses tant en prose qu'en vers François, non encores mises en lumiere.

Elle florist à Paris cette annee 1584.

IVLIEN DE BAIF, gentilhomme du Maine, Prothenotaire du S. siege Apostoliq, Chanoine en l'Eglise du Mans, seigneur d'Espineu le Chevreul au Maine, parẽt de Lazare de Baïf sieur des Pins en Anjou (duquel nous auons fait mention cy dessus, comme aussi nous auons parlé de son fils Iean Antoine de Baïf, &c.)

Ledit Iulien de Baïf estoit homme docte, & de grand iugement, ie ne sçay si c'est celuy, duquel il se voit vn discours de son voyage en Hierusalem: car cettuy-cy chanta sa premiere Messe au sainct Sepulchre dudit lieu: mais pource qu'ils ont esté cinq freres de ce nom de Baïf, qui ont voyagé en Hierusalem, ie ne peux asseurer si ç'a esté cettuy cy, qui a composé ledit voyage. Et faut encores noter icy vne chose tresadmirable, & bien digne de remarque, c'est qu'il y a eu cinq freres de cette maison de Baïf, lesquels se trouuerent en Hierusalem, sans que pas-vn d'eux eust donné aduertissement de partir pour y aller, & tous s'acheminerent sans le sçeu l'vn de l'autre. I'ay entendu qu'il y auoit en l'Abbaye de S. Calais & autres lieux vn tableau faisant mention de cette histoire, mais elle ne s'y voit plus, à cause que les troubles & seditions aduenues pour la religion ont causé ces ruptures & brisemens d'Eglises, & par consequent ce qui estoit de beau & de memorable en icelles.

Or pour reuenir au propos dudit sieur d'Espineu, Iulien de Baïf, ie n'ay point cognoissance d'autres de ses escrits, toutesfois i'ay opinion que ce voyage de Hierusalem aye esté composé par iceluy.

Il se voit escrit à la main chez monseigneur de Malicorne, messire Iean de Chourses son parent en sa terre de Mengé au Maine, & autres

tres lieux & ſeigneuries qu'il poſſede. I'ay auſſi entendu que Madame Catherine de Chourſes, Abbeſſe du Pré pres la ville du Mans (ſœur dudit ſieur de Malicorne) a la copie dudit voyage, lequel elle fera mettre en lumiere quand il luy plaira. Il floriſſoit en l'an de ſalut 1519.

IVLIEN LE BRETON, dit *Britonis*, de l'ordre des freres mineurs ou Cordeliers du conuent du Mans, Cõfeſſeur de Madame Marie Royne de France.

Il a prononcé pluſieurs ſermons François non encores imprimez.

Il mourut à Paris l'an 1291. & eſt enterré és cloiſtres des Cordeliers à Paris.

3.1. IVLIEN COVRVAISIER, ſieur du Pleſſis, natif de la ville du Mans, Aduocat du Roy au ſiege preſidial & Seneſchauſſee du Maine, ieune hõme for docte en Grec & Latin, & treſeloquent en noſtre langue Françoiſe, en laquelle il a eſcrit & cõpoſé pluſieurs doctes harãgues qu'il a prononcees deuãt Meſſieurs dudit ſiege preſidial, lors qu'il eſtoit Aduocat du Roy, de laquelle charge il ſ'eſt demis pour auoir plus grãde cõmodité de vaquer à ſes eſtudes, leſquelles il profere à toutes autres choſes, & principalement aux hõneurs mõdains & charges publiques, leſquelles aquerent for peu d'amis & cauſent beaucoup d'inimitiez ſi lon veut exercer ſa charge ſelon Dieu, & ne reſpecter les hommes que ſuyuant leur bon droict & iuſte occaſiõ de proceder: qui ſont choſes trop rares en ce ſiecle, & qui detournẽt les plus aduiſez à prendre autre party, ou bien ſ'ils en ont, de ſ'en defaire pour auoir eſgard à choſes qui leur pourront apporter plus de profit en leur ame & plus de reſiouiſſance en cette vie mortelle.

Il n'a encores fait imprimer aucunes de ſes œuures Françoiſes non plus que de ſes Latines. Il floriſt au pays du Maine cette annee 1584.

3.2. IVLIEN FRESNEAV, docteur en theologie à Paris de l'ordre des freres preſcheurs ou Iacobins du Conuẽt du Mãs, natif de la paroiſſe de Thorigné au Maine, non loing de la ſeigneurie de la Croix, &c. hõme eſtimé treſdocte & for grand theologien (cõme auſſi il eſtoit en effet.)

Il a eſcrit pluſieurs liures cõtre Pierre Martir (l'vn des plus doctes des Proteſtans) leſquels ne ſont encores imprimez, non plus que ſes Sermons & autres œuures en theologie tant en Latin qu'en François.

Il mourut ſoubs le regne de Henry 3.

IVLIEN GAVCHER ſieur de Richelieu, frere aiſné de monſieur Gaucher Aduocat du Roy au Mans, &c. tous deux fils de M. le Lieutenant du Chaſteau-duloir, à dix lieües du Mãs, (en laquelle ville du Chaſteau-duloir les ſuſdits ont pris leur origine & naiſſance, &c.)

Cetuy-cy nõmé Iuliẽ eſtoit hõme for docte & biẽ cõplexiõné, & auoit beaucoup de bõnes parties en luy qui le faiſoient aymer, & le rendoiẽt recõmandable entre toutes cõpagnies d'hõmes vertueux: il fut ſi toſt rauy de la mort (laquelle ne pardonne à aucun) qu'il n'eut le loiſir de mettre en lumiere ses belles conceptions, car il trespassa à Poictiers l'an 1572. en laquelle ville il s'estoit acheminé pour estudier aux loix.

IVLIAN DE ROSOY, de l'ordre des Carmes.

Il a escrit vn liure qu'il a intitulé le relief de l'ame pecheresse, imprimé à Paris l'an 1542. chez Iean André.

LANCELOT DV VOESIN, sieur de la Popeliniere, gentilhõme du bas Poictou & né en la Gaule appellee des Latins Aquitaine, &c. homme autant adextre aux lettres & aux armes que celà demeure indecis, entre ceux qui ont cognoissance de la doctrine & valeur tout ensemble.

Il a escrit (outre les œuures que nous auons cy dessus alleguees) vn for docte liure plein de belles recherches & tresdignes de grande recommandation, sçauoir est vn traicté du premier langage vsité entre les François ou Gaulois, & les changemens d'iceluy, ensemble des mutations de la republique Françoise, auec la lãgue d'iceux tout ensemble: Car il y a le premier lãgage des Frãçois vsité soubs le regne de Charles le Grand dit le Magne (duquel nous auons parlé cy dessus à la lettre de C.) lequel estoit *François Alleman*, ou *Theutonic-Gaulois*, & depuis il a esté appellé Roman ou Romain, & encores il a eu diuers changemens, lesquels sont for bien rapportez au liure susdit, dudit sieur de la Popeliniere, lequel œuure n'est encores en lumiere, & c'est pourquoy (ne l'ayãt point veu,) ie n'en peux parler en cest endroit que comme par coniecture.

Il florist cette annee 1584. âgé de 40. ans ou enuirõ, & a encores plusieurs beaux ouurages à mettre en lumiere, tant de son inuention que de sa traduction.

LAVRE HAYART prestre, natif de la ville de Ploërmel en Bretagne.

Il a traduit en François les dix liures des Ethiques d'Aristote, lesquels ne sont encores imprimez (comme i'ay entendu de monsieur de la Couldraye son amy, Aduocat au Parlement de Rennes, &c.)

Il florist à Paris l'an 1584.

LEZINE GAVLTIER, natifue de la ville du Mans, sœur de M. Iean Gaultier Aduocat fiscal en la ville de Laual au Maine, sur les frontieres de Bretagne, &c. tous deux enfans de monsieur l'Escuyer Gaultier.

I'ay veu plusieurs lettres for bien dictees & mises par escrit de ladite Lezine Gaultier, & entre autres celles qu'elle rescriuoit à la Royne de Nauarre Ieanne d'Albret, touchãt le mariage de son Chancelier nommé *Francour*, lesquelles ne sont encores imprimees.

C'est celle qui auoit fiancé Claude de Tesserant gẽtilhomme Parisien, autheur des Continuatiõs aux histoires prodigieuses de Boystuau & Belleforest, & ce qui empescha qu'elle ne l'espousast, ce fut la mort

trop

trop soudaine à l'endroit dudit sieur de Tesserrant, qui fut cause de la priuation d'vn si heureux mariage.

Elle florist au Maine cette annee 1584.

LOVIS DE MONTIOSIEV Gascon naturel,(duquel nous auons parlé cy dessus) precepteur de Mõsieur frere du Roy és Mathematiques, &c.

Il a escrit plusieurs autres œuures non encores mises en lumiere, oultre celles qui ont esté recitees par moy cy deuant.

Il florist cette annee 1584. & a moyen de nous communiquer plusieurs beaux secrets touchant les mechaniques, mais ie ne sçay s'il voudra en faire nostre siecle participant.

LOVIS DE PERVSIIS, Escuier, natif de Cumons.

Il a escrit vn discours des guerres aduenues en Prouence, & Conté d'Auignõ, l'an 1562. entre les Catholiques & ceux qui se disent Huguenots, imprimé l'an 1565. à Anuers chez Antoine Tilens.

s.l. LOVIS SERVIN gentilhomme Parisien, sieur de Pinoches, Aduocat en Parlement, ieune homme for docte en Grec & Latin, autrefois disciple de François Balduin tant renommé pour la iurisprudence & l'histoire, & encores pour la Theologie, &c. fils de monsieur le Contrerolleur Seruin & de Madame Madelene des Champs, femme tresdocte, (de laquelle nous ferons mention cy apres.)

Il a escrit quelques vers François à la louãge dudit sieur Balduin son precepteur, & encores plusieurs Epitaphes sur sa mort, lesquels ne sont imprimez, ie les ay escrits à la main auec ceux de Madame sa mere.

Il a peu composer beaucoup d'autres choses, & dresser plusieurs memoires en notre langue, mais ie n'en ay pascognoissance: & quant à ses escrits Latins, & entre autres choses de sa traductiõ de Grec en Latin des 4. liures de *Dionysius Afer de situ Orbis* & autres liures. I'en feray mẽtion en ma Biblioteque Latine.

Il florist à Paris cette annee 1584. âgé de 28. ans enuiron.

Mad. MADELENE DE L'AVBESPINE, fille de monsieur le Secretaire de l'Aubespine, & femme de messire Nicolas de Neufuille, seigneur de Villeroy, premier Secretaire d'estat, &c. (duquel nous auõs fait mẽtion cy deuãt à la lettre N.) cette dame est si heureuse à cõposer en prose & en vers, & a l'esprit & le iugement si rares, qu'elle attire vn chacun à la contemplation de tant de vertuz qui reluysent en elle, lesquelles elle a comme par succession de ceux desquels elle a pris origine, & pour faire preuue de ce que i'ay dit touchant son sçauoir & doctrine, i'allegueray sa traduction des Epistres d'Ouide lesquelles elle n'a encores fait imprimer, non plus qu'vne infinité de poëmes de son inuention, lesquelles sortiront en lumiere quand il luy plaira.

Elle florist cette annee 1584.

MADELENE CHEMERAVT, dam. Poicteuine, parente de Mesdames

des Roches de Poictiers, &c.

I'ay entendu qu'elle a vn esprit gentil & for prompt à composer en vers & en prose.

Elle n'a encores fait imprimer aucuns de ses œuures, mais il s'en voit quelques escrits à la main, & entre autres, plusieurs Sonnets.

Elle florist à Poictiers l'an 1584.

MAGDALENE DESCHAMPS, femme de Monsieur le Contrerolleur Seruin, sieur de Pinoches en Vandomois, & mere de Loys Seruin de Pinoches, Aduocat en Parlement (duquel i'ay parlé cy dessus.)

I'ay veu quelques poësies Françoises, Grecques & Latines, composees par ladite Dame, tant sur la mort de François Balduin (homme des plus renõmez pour la iurisprudence & l'histoire qu'autre de son tẽps) mais elles ne sont encores imprimees.

I'en ay pardeuers moy quelques-vnes de sa façõ sur la mort du susdit Balduin.

Elle a recueilly plusieurs memoires touchãt la police de France, non imprimez.

Ie n'ay pas cognoissance de ses autres compositions Françoises, & quãt à celles qu'elle a composees en Grec ou en Latin, i'en feray mention autre part.

Elle florist cette anne 1584.

MARIE DE CABOCHE Damoyselle Parisiẽne, fille de mõsieur Caboche Secretaire du Roy de Nauarre, & de Damoiselle Catherine le Beau.

Ie ne doute pas que plusieurs ne trouuent hors de propos (selon leur petit iugement) que i'aye mis cette Damoyselle au rang de celles qui ont escrit: veu qu'elle n'a rien composé, mais quand ils entendront que ie ne me suis contraint à celà si estroitement, que de vouloir seulement parler de ceux qui ont escrit, ils trouueront for seant & comme chose faite auec consideration, de n'auoir voulu taire le nom de cette Damoiselle, laquelle s'est acquis vne telle reputation à l'endroit des plus excellẽs peintres qui ont veu de ses ouurages, tant en la peinture au crayõ qu'autrement, qu'il s'en trouuera plusieurs de ceux qui se pensent maistres en cet art, lesquels voudroiẽt auoir chãgé leur sciẽce auec la siẽne: car ie peux tesmoigner de celà, que les crayõs qu'elle fait pour son plaisir & non pour autre chose que pour ne vouloir discontinuer en ce bel exercice qu'elle a apris en ses tendres ans, sont si heureusement cõduits & façonnez par elle, qu'il n'y a rien à redire: & pour dire vn mot de ce tant louable exercice de protraiture, ie veux bien que lon sçache qu'il estoit si recommandé des anciens, qu'il n'y auoit que les nobles qui le peussent exercer, & si quelques-vns s'y addõnoiẽt, sans auoir ce tiltre de noblesse, celà leur faisoit obtenir ce priuilege d'estre mis au rang des gentils-hommes.

I'ay donc mis cette Damoiselle en ce rang d'hõmes & femmes illustres

ſtres pour les vertus & loüables occupations qui ſont en elle, ſans faire mention des autres choſes qu'elle a apriſes par l'inſtructiõ de Madame ſa mere, comme entre autres la langue Italienne, la Muſique, & autres choſes que ie paſſe icy ſoubs ſilence pour vſer de briefueté.

Elle floriſt à Paris cette annee 1584. âgee de 14. ou 15. ans.

s.l. MATHVRIN DV ROCHET natif de la Ferté au Maine, Aduocat au ſiege preſidial du Mans, homme for docte, & ſur tout de bonne vie.

Il a eſcrit quelques Memoires pour les cayers qui furent preſentez aux eſtats de Blois l'an 1576. auſquels il aſſiſta ayant eſté deputé pour le tiers eſtat, auec M. Philippes Taron ſieur de la Groye (duquel nous ferons mention cy apres.)

Il a ſemblablement recueilly pluſieurs belles propoſitions qui ſe firent en ladıtte aſſemblee des Eſtats, par les plus doctes & ſçauãts hommes de France, deputez pour haranguer : il ne les a encores fait imprimer, non plus que ſes autres compoſitions.

Quant à ſes œuures Latines tant en Philoſophie qu'autrement, ie n'en feray pas icy mention, reſeruant celà à dire en ma Bibliotheque Latine.

Il floriſt au Mans cette annee 1584.

MICHEL THEARD dit Bareze, natif du pays d'Anjou.

Il a eſcrit quelques Elegies ſur la mort de Monſieur de Buſſi d'Amboiſe, imprimez à Angers chez René Troiſmailles l'an 1579.

Nous auons fait mention de luy cy deuant au fueillet 334. le nommant ſeulement M. Theard ſans que nous euſſions ſçeu pour lors, que la lettre M. ſignifiaſt Michel, qui auoit eſté cauſe de l'auoir mis entre les autheurs de nom incertain, à fin de ſuyure l'alphabeth.

Il floriſt cette annee 1584.

MARIE DE PIERRE-VIVE, damoiſelle Lyonnoiſe, dame du Peron.

I'ay veu pluſieurs loüanges de cette dame, faites par beaucoup d'eſcriuains de ſon temps, mais ie n'ay pas cognoiſſance de ſes eſcrits.

Elle floriſſoit du temps du Roy François 1. l'an 1540.

s.l. Meſſire NICOLAS DVRAND ſurnommé le Cheualier de Villegagnon natif de Prouins en Brie (comme nous auons dit cy deſſus.)

Il a eſcrit outre les œuures que nous auons ia racomptees de luy, le voyage & expediton de Charles le Quint Empereur des Romains, &c. contre la ville d'Argiere en Afrique, eſcrite premierement en Latin par luy, depuis traduite en François par le meſme autheur, imprimee à Paris l'an 1542. par Benoiſt de Gourmont.

s.l. NICOLAS PAVILLON OU PAVILLION Pariſien, Aduocat en Parlement, homme treſdocte, & grand rechercheur des liures antiques.

Il a traduit de Grec en François les ſentences de Theognide Poëte Grec, imprimees à Paris chez Guillaume Iulien l'an 1578.

Il floriſt à Paris cette annee 1584.

Nous auons ia fait mention de luy cy dessus, mais nous n'auions encores parlé de cette version faite par luy.

PAVL DE VOLANT Tourangeau, Aduocat au Parlement de Rennes en Bretagne, homme docte, & sur tout bien versé en la poësie.

Il a escrit en vers François vn Poëme touchant l'electon du Roy de Pologne Henry 3. du nom à present Roy de France, imprimé à Paris.

Le Prosphonematique au Roy Henry 3. imprimé à Paris.

La Tragedie de Pyrrhus, non encores imprimee, (comme i'ay entẽdu de son amy & le mien aussi François de la Coudraye, Aduocat en laditte ville de Rennes.)

Ie n'ay pas cognoissance de ses autres œuures.

Il florist en Bretagne cette annee 1584.

PHILEBERT DE VIENNE Champenois, Aduocat au Parlement de Paris.

Il est autheur d'vn liure intitulé le Philosophe de Cour, imprimé à Paris par Estienne Grouleau l'an 1548.

Il florissoit soubs François 1. du nom l'an 1547.

Messire PHILEBERT LE VOYER sieur de Lignerolles, cheualier de l'ordre du Roy, &c.

Ce seigneur de Lignerolles estoit l'vn des plus eloquents gentils-hommes de France, & pour ce fait il a esté employé en diuers ambassades par le feu Roy Charles 9. son maistre.

Ie n'ay point veu de ses escrits mis en lumiere.

Il mourut en l'an 1571. le dixiesme iour de Decembre. Nous auons ia fait mention de luy icy dessus quand nous auons parlé de M. René Flacé, lequel a composé vne oraison funebre à sa loüange.

Ie feray plus ample mention dudit sieur de Lignerolles és vies des gentils-hommes du Maine, ensemble de madame Anne de Caurienne son espouse, lors que ie feray mention des maisons nobles d'Italie, duquel pays elle est issue, car son pere messire Æmillio de Cauriẽne estoit cheualier Florentin, ce que i'ay desia traicté amplement en la genealogie des sieurs de Lignerolles.

Messire PHILIPPES DE LVXEMBOVRG, Cardinal & Euesque du Mans, issu de la tresillustre maison des Princes de Luxembourg, &c. Il nasquit en l'an 1446. au diocese d'Arras en la Gaule Belgique. Il estoit fils de Tibault de Luxembourg seigneur temporel de Fiennes au diocese de Theroüene en Picardie, & de Madame Philippes de Meleũ, fille du sieur d'Antoing Iean de Meleun (comme nous auõs deduit bien plus amplement és vies des Euesques du Mans, & en la genealogie de la tresillustre & ancienne maison des Princes de Luxembourg.)

Cettuy-cy nommé Philippes est fondateur du college du Mans, situé en l'Vniuersité de Paris, & a basty plusieurs superbes palais, & maisons somptueuses: & entre autres le chasteau d'Yuray l'Euesque, à vne lieuë du Mans, ensemble le college de S. Benoist au Mans : & ne sçay pourquoy ses armes n'y sont comme és autres lieux qu'il a edifiez, sinon que ses executeurs de testament ont voulu auoir la gloire apres sa mort des choses qui deuroient estre en commemoration dudit Cardinal, comme entre autres de ce college situé en laditte ville, lequel fut basty des deniers dudit Euesque, & toutesfois vn chanoine du Mans y a fait mettre ses armes, & non celles dudit Cardinal.

Pour reuenir à parler dudit seigneur, ie n'ay rien veu de ses escrits, qu'vn Testament fait quelque tẽps apres son trespas, ensemble quelques pardons & indulgences, touchant les sept stations en l'Eglise du Mans, lesquelles il obtint du Pape, lors qu'il estoit legat.

Il mourut le 22. iour de Iuing l'an 1519. âgé de 74. ans.

Il est enterré en l'Eglise de S. Iulien du Mans: ses armes sont d'argent au Lyõ de gueulles, à la queüe fourchee & noüee, ou passee en sautoir, escartelees de la maison des Baux en Prouence, qui sont d'argent à l'estoille de gueulles à 16. rais ou rayons, lesquelles i'ay expressément blasonnees, à cause que l'on voit vne infinité d'endroits au Maine & autres lieux où elles sont depeintes.

PHILIPPES TARON sieur de la Groye au Maine, & natif dudit lieu, Aduocat au siege Presidial du Mans.

I'ay cy deuant fait mention de M. Iean Aubert, sieur de la Moreliere, & ay dit que c'estoit l'vn des plus renommez de tout le Mans, voire du Maine, & des lieux d'alentour, tant pour la Iurisprudence, que pour les Consultations qu'il fait chacun iour : mais si ayant loüé ce seigneur Aubert ie ne faisois aussi par mesme moyen vn recit des loüages deües à ce seigneur de la Groye, pour les semblables parties, & vertuz recommandables, qui sont tellement esgalles en ces deux personnages, qu'à peine i'en pourrois dõner mon iugemẽt, sans encourir trop de hazard à l'endroit de ceux qui sont cognoissants les susdits. Ie diray que si l'vn d'eux merite vne infinité de loüanges pour sa doctrine & erudition, que l'autre n'en doit auoir moins, tant pour les affaires ou il a esté employé, soit aux Estats tenuz à Orleans & à Blois, & autres endroits, esquels il s'est monstré tellement vertueux, qu'il n'a point tant craint ses Maiestez, qu'il n'aye prononcé libremẽt ce qu'il voyoit deuoir estre obserué pour bien regir & policer vn royaume.

Il n'a encores mis aucunes de ses œuures en lumiere, mais s'il veult tant porter de faueur à ceux de son pays, que de les faire participãts de ses doctes commentaires & annotations sur les coustumes du Maine, certes il se rendra de plus en plus digne d'immortalité, & de ma part ie souhaite qu'il le face, ensemble qu'il ne se monstre auare de ce beau recueil d'Arrests, & des Consultations qu'il a recueillies depuis 50. ans ou enuiron qu'il a fait profession de la Iurisprudence.

Il florist au Mans cette annee 1584. âgé de plus de soixãte & dix ans.

n.L. Messire PIERRE DV CHASTEL dit *Castellanus*, Euesque & Conte de Thoul en Lorraine, & selon d'autres de Tules (ce qui est escrit diuersement par aucuns autheurs, lesquels l'appellent Castellan ou du Chastel & encores en autres diuers noms.)

Il estoit Conseiller du Priué Conseil du Roy François 1. du nom, & estoit estimé l'vn des doctes hommes de sa Cour.

Il a escrit plusieurs œuures, lesquelles nous auons recitees cy deuant au fueillet 388. & 389. mais ce qui nous a fait repeter cecy de luy, c'est pour la diuersité de ses appellatiõs : car tel le recherchera en vn endroit qui le trouuera en vn autre, à raison de l'occasion susditte.

Messire PIERRE DE CLINCHAMP, cheualier de l'ordre du Roy, seigneur de la Buissardiere au Maine, &c.

Ce seigneur a esté for amateur des lettres, & auoit beaucoup d'erudition, comme i'ay entendu par quelques-vns de mes amis qui m'ont asseuré qu'il auoit traduit quelques Decades de l'histoire Romaine de Tite Liue, & autres autheurs : elles ne sont en lumiere. Ie ne sçay si la mort qui l'a preuenu en a esté cause, car il trespassa en sa terre & seigneurie de la Quentiniere pres Sainct Calais au Maine l'an 1576. le Ieudy 16. iour d'Aoust.

Ie feray mention de luy plus amplement en la genealogie de cette noble & ancienne maison de Clinchamps.

PIERRE DE LA LONGNE.

Il a escrit plusieurs poësies Françoises, & entre autres les Rondeaux qui se voyent contre les Lansquenets, imprimez auec la Chronique de Bretaigne d'Alain Bouchard.

Il florissoit en l'vniuersité de Caën en Normandie l'an 1500. ou enuiron.

PIERRE DE PINCE' sieur du Bois de Pincé en Aniou, cousin germain de René de Pincé, Conseiller en Parlement (duquel nous auons fait mention cy dessus, au fueillet 437.

Il a composé plusieurs for doctes Poëmes en Latin & en François, lesquels ne sont encores imprimez.

Il florist à Paris cette annee 1584.

n.L. PIERRE PITHOV sieur de Sauoye, Aduocat au Parlemẽt de Paris frere aisné de François Pithou Aduocat audit lieu, & encores de Nicolas Pithou sieur de Chãp-Gobert, &c. tous trois natifs de la ville de Troye en Champagne, & issuz d'vne treshonorable & bien ancienne famille, & encores (qui est plus à loüer) de parẽts doctes & sçauants, & tellemẽt eloquents que quelques Poëtes modernes ont laissé par escrit que ce nom de *Pithou* leur auoit esté donné à cause de leur eloquẽce: voulant faire allusiõ sur la deesse Pitho: ce qu'a bien remarqué NICOLAS de Bourbon de Vandeuvres au pays de Langres, appellé en Latin *Nicolaus Borbonius Vandoperanus Lingonensis*, &c. au huictiesme liure de ses Poësies.

Nous

Nous auons parlé cy deuant d'vn nommé I. Pithou, mais ie ne sçay si c'est leur frere, & si cette lettre I. signifie Iean, nous le mettrõs en son rang à la seconde edition: car ne sçachant pas qu'il eust non Iean (comme nous auons depuis entendu) nous l'auions mis auec les autres, desquels le nom est doubteux ou incertain, sçauoir est sur la fin de la lettre I. au fueillet 280.

Mais pour venir à Parler du susdit Pierre sieur de Sauoye, voicy ce que i'ay peu voir de ses escrits François mis en lumiere.

Le premier liure des memoires des Contes hereditaires de Chãpagne & Brie, imprimez à Paris chez Robert Estiẽne, & Mamert Patisson, à diuerses fois, la premiere impression fut en l'an 1572.

Le Catalogue des Euesques de Troye en Champagne, imprimé.

Le Catalogue des Contes de Champagne & de Brie, imprimé.

Ie n'ay point souuenance d'auoir veu autres escrits de luy en nostre langue, & quant à ceux qu'il a composez en Latin, i'en feray mention autre-part.

Il florist cette annee 1584.

RENE' GVILLON Vandomois, dit *Guillonius*, natif de la paroisse de S. Osmane pres S. Calais au bas Vandomois Mãceau, (qui est aussi le pays de Pierre de Ronsard.)

Ie ne peux passer soubs silence, ce seigneur *Guillonius*: car il a illustré la langue Françoise de plusieurs belles obseruations, tant en ses commentaires & annotations sur la Grammaire Grecque de Nicolas Clenard, que en autres liures qu'il a mis en lumiere: & encores ses leçõs ordinaires, esquelles il annotoit tousiours à ses disciples & auditeurs, quelques remarques, soit de Prouerbes, d'Etimologies & conformitez de nostre langue auec la Grecque.

Il a donc merité d'auoir rãg, entre ceux qui s'estudient de profiter au publiq par leurs escrits, & par leurs lectures ordinaires, desquelles choses il a fait profession iusques au dernier iour de sa vie. Et pour dire encores vn mot dudit Guillõ, il auoit autresfois esté seruiteur de ce Phenix de l'Europe & ornement de la France, Guillaume Budé, soubs lequel il auoit apris la langue Grecque, de telle sorte que ses œuures mis en lumiere en porteront tesmoignage à iamais.

Il mourut à Paris le Vendredy 8. iour de Decembre l'an 1570. âgé de soixante & dix ans, & fut mis en sepulture en l'Eglise de S. Estienne du Mont, ou bien au Cemetiere d'icelle.

RENE LE ROY, natif de la ville de la Ferté Bernard au Maine, docteur en Theologie, & chanoine Theologal, ou maistre d'Escole en l'Eglise du Mans, frere aisné de M. Antoine le Roy, chanoine en ladicte Eglise, &c.

Il a escrit plusieurs liures tant en Latin qu'en François, non encores imprimez.

Il mourut au Mans le Dimanche xi.iour d'Octobre l'an 1579. & fut ensepulturé dans l'Eglise de S.Iulien.

ROLAND DV IARDIN Parisien, frere puisné de Monsieur du Iardin, Valet de chãbre du Roy, & mary de Madame Susanne Habert (de laquelle nous auons fait tant honorable mention icy deuant.)

Il a composé quelques Poëmes François, & entre autres plusieurs Sonnets, & autres œuures en prose, non encores mis en lumiere.

Il florist à Paris cette annee 1584. non sans donner vne bonne esperance de pouuoir faire profit à la republique, tãt à cause de son bon esprit que pour les autres vertuz recommandables qui sont en luy.

ROVEN PINEL.

Il a escrit vn traicté qu'il intitulé les Conditions de la Paix entre le Roy de France, & Maximilien Duc d'Austriche & leurs pays & alliez, imprimees auec l'entree du Roy à Roüen.

Messire SYMON DE MAILLE' Archeuesque de Tours, issu de la tresnoble & tresillustre famille de Maillé en Anjou, &c. homme docte & bien versé en la Theologie & autres disciplines.

Il a escrit & composé plusieurs liures, tant en Latin qu'en François, ensemble traduit quelques œuures de S.Basile & autres autheurs Grecs & Latins, comme nous dirons plus amplement en autre lieu.

Il florist cette annee 1584.

TIBAVLT BAILLET, President au Parlement de Paris.

Il a esté commis & deputé de par le Roy de France Loys 12. pour reformer les coustumes de diuers pays & nations de France, & entre autres celles du Maine l'an 1508.

Il mourut l'an 1524. & est ensepulturé en l'Eglise de S.Marry à Paris.

Messire VRBAIN DE LAVAL, cheualier de l'ordre du Roy, seigneur du Bois-Dauphin, Viconte de Bresteau au Maine (non loing de la seigneurie de la Croix, &c.) issu de la tresnoble & tresancienne maison de Laual, sur les frontieres & limites de Bretagne, &c.

Ce seigneur du Bois-Dauphin fut instruit & nourry aux lettres dés ses plus tendres ans, & les a tellement aymees, que pour en rendre vn plus ample tesmoignage, il a tousiours voulu auoir en sa maison des hommes doctes, & encores a esté tellement curieux de liures qu'il a dressé vne for riche Bibliotheque en l'vne de ses maisons, (comme ont laissé par escrit ceux qui luy ont dedié des œuures) ce qui est cause de m'auoir inuité à le mettre en ce rang, encores que nous n'ayons point veu de ses compositions en lumiere: & tout autre gentilhomme, auquel ie recognoistray des parties autant recommandables (comme i'en ay entendu estre en ce seigneur) sera cause que i'en feray le recit, estant sur tout for desireux de pouuoir trouuer l'occasion de faire mention d'eux ayant vn tel argument, à fin d'encourager la noblesse de France, à cherier les vertueux, & caresser les lettres.

Il florist

Il florist cette annee 1584.

Monsieur de VILLERAY-RIANT gentilhomme Parisien, maistre des Requestes de l'hostel du Roy, fils de mõsieur de Villeray-riant, President en sa Cour, &c.

Ie pense beaucoup honorer ce mien liure d'hommes illustres, quãd ie trouue moyen d'y employer le nom de ce seigneur de Villeray, car il s'en rencontre bien peu qui meritent tant comme il fait, & qui ayẽt tant de dons de grace & perfections, comme i'en ay cogneu en luy, soit touchant la Iurisprudence, ou pour les lettres Grecques, & pour plusieurs autres sciences, lesquelles reluisent tellement en luy, que Paris se peut vanter en ayant beaucoup de semblables, de ne ceder en rien, mais surpasser de beaucoup toutes les autres villes du monde. Il n'a encores fait imprimer ses harangues ou oraisons prononcees deuant ses Maiestez, & entre autres celles qu'il a faites estãt au seruice de Monseigneur frere du Roy, non plus que plusieurs beaux & doctes recueils d'affaires d'estat necessaires à tous ceux qui sont employez és affaires de consequence. I'ay pareillement veu quelques Sonnets cõposez par luy, auec beaucoup de grace, & bien heureusement acheuez, mais tout cecy n'est encores en lumiere. Il florist à Paris cette annee 1584.

Ie me reserue à escrire plus amplement de luy & de monsieur son pere és vies des hommes d'estat de Iudicature. I'ay fait mention cy deuant d'vn autre seigneur de Villeroy qui est messire Nicolas de Neufville premier Secretaire d'Estat.

Fin des additions premieres à cette Bibliotheque Françoise

S'ensuyuent encores les noms d'aucuns Autheurs, lesquels nous n'auons peu mettre qu'apres les susdits: car le lieu auquel ils eussent deu estre mis, estoit desia passé, qui est cause de les auoir adioustez à ceux cy: et à la secõde editiõ ils serõt mis tout de suite, & suiuãt leur ordre d'alphabet, ou d'a, b, c.

DAVPHINE DV IARDIN, OU DES IARDINS, damoiselle natifue de Prouence.

Elle a composé plusieurs poësies Françoises, & entre autres il se voit quelques sonnets de sa façon, imprimez auec les œuures de Ioachim du Bellay Angeuin.

Elle florissoit du temps de Henry 2. ie ne sçay si elle est encores viuante.

GVILLAVME CHRESTIEN docteur en Medecine pere de Florent Chrestien.

Il a traduit de Grec en François (outre les œuures que nous auons deduites icy dessus) les sept liures de la methode terapeutique de Galiẽ imprimez à Paris chez Denis Ianot.

GEOFROY LINOCIER, natif de la ville de Tournon en Viuarets, Bachelier en Medecine, ieune homme for docte en Grec & en Latin, & bien versé en sa profession de Medecine.

Il a recueilly de *Gesnerus* & autres excellents autheurs, l'histoire des Plantes, & simples aromatiques, venues des Indes Orientales & Occidentales.

De la nature des bestes à quatre pieds, des oiseaux, des Serpents, & des Poissons, plus vn Traicté de la distillation des eaux & huilles: le tout a esté imprimé à Paris, en vn volume, chez Charles Macé l'an 1584. auquel an l'autheur florist en laditte ville & Vniuersité.

Ie feray mētion de ses escrits Latins autre-part, & entre autres de ses additions ou augmentations au liure des Mytologies, ou discours fabuleux de *Natalis Comes*.

SIBILLE SCEVE Lyonnoise.

Elle a composé quelques œuures tant en prose qu'en vers François, mais ie ne les ay veües encores imprimees.

Elle florissoit soubs le regne de Henry 2.

Elle estoit parente de Maurice Sceue, duquel nous auons fait mention.

FIN DE LA BIBLIOTHEQVE FRANÇOISE DV SIEVR DE LA CROIX-DV-MAINE, *acheuee ce Mecredy 2. iour du mois de May, en l'an de salut 1584. à Paris, soubs le regne du tres-chrestien Roy de France & de Polongne Henry III. du nom, auquel il l'a dediee & presentee audit an & mois.*

DESSEINS

DESSEINS, OV PROIECTS,

DV SIEVR DE LA CROIX-DVMAINE, PRESENTEZ AV TRESCHRESTIEN ROY DE FRANCE, ET de Pologne HENRY III. du nom, l'an 1583. au mois de May.

Pour dresser vne BIBLIOTHEQVE, parfaite & accomplie de tous points, s'il plaist à sa MAIESTE' de l'accepter & fournir de Liures, Memoires, ou Recueils, pour remplir les cēt Buffets, desquels la forme ou façon est icy representee : Chacun d'iceux contenāt cent volumes, qui sont en nombre de dix mille, diuisez par Liures, Chapitres, Cayers & lieux communs, & encores reduits par ordre d'A, B, C. pour les trouuer plus aisement: Le tout mis en tel ordre comme s'ensuit.

LES TITRES, *ou inscriptions generales mises au dessus des cent* Buffets *de la Bibliotheque du* ROY.

Le premier ordre:
Contenant toutes choses sacrees, ou qui dépendent d'icelles.

1 DIEV *tout-puissant.*
2 IESVS-CHRIST, *vray fils de Dieu.*
3 *Le saint Esprit.*
4 *La saincte* TRINITE'.
5 *Le royaume celeste, ou habitans de Paradis.*
6 *Le Clergé vniuersel, qui est l'Eglise de Dieu, & ses ministres.*
7 *Dignitez des Ecclesiastiques, ou offices en l'Eglise de Dieu.*
8 *Diuers ordres de religions, entre les Chrestiens.*
9 *La Religion des Chrestiens, & ce qui en dépend.*
10 *Diuersitez de Religions entre les hommes.*
11 *Police sacree, ou diuine.*
12 *Les saincts Sacrement de l'Eglise.*
13 *Meslanges de choses diuines.*
14 *Liures saints & sacrez.*
15 *Heresies diuerses en l'Eglise de* Dieu.
16 *Les saincts Conciles de l'Eglise.*
17 *Les faulx* Dieux *& Deesses, adorez des payens, &* Idolatres.

Second ordre des Buffets, touchant les Arts & Sciences.

18 *La saincte Theologie, & ce qui en dépend.*
19 *Iurisprudence.*
20 *Medicine.*
21 *Philosophie.*
22 *Mathematiques.*
23 *Le grand œuure des Philosophes ou Alchimistes.*
24 *Musique de toutes façons.*
25 *La Poësie & les Poëtes.*
26 *Histoire.*
27 *Art oratoire.*
28 *Grammaire.*
29 *Ornement de la langue Françoise.*
30 *Diuerses langues estrangeres.*
31 *Academies & Vniuersitez.*
32 *Parlements & Cours souueraines.*
33 *Coustumiers de France, auec commentaires.*
34 *Edicts ou ordonnances royalles.*
35 *Police temporelle, ou seculiere.*
36 *Arts & sciences d'hommes libres.*
37 *Arts & sciences réprouuees.*
38 *Arts vils & mechaniques.*
39 *Les neuf Muses.*
40 *Les vies des hommes doctes de France.*
41 *Hommes doctes estrangers.*

Le troisiesme ordre, contenant la description de l'Vniuers tant en general qu'en particulier.

42 *La creation du Monde, & de ses Elements.*
43 *L'Europe.*
44 *L'Asie.*
45 *L'Afrique.*
46 *Les Terres neufues, ou nouueau Monde.*
47 *Voyages sur les mers & sur terre.*
48 *La France & les Gaules, & ses illustrations.*
49 *Description du spirituel de France.*
50 *Description du temporel de France.*
51 *L'histoire des François ou Gaulois.*
52 *L'Histoire de nostre temps.*
53 *La Gaule Celtique ou Lyonnoise & ses antiquitez.*
54 *La Gaule Belgique.*
55 *La Gaule d'Aquitaine & Narbonnoise.*
56 *Les Espagnes.*

57 *Les Almagnes.*
58 *L'Italie.*
59 *L'Angleterre, l'Escosse & Hibernie.*
60 *Pologne & Lithuanie.*
61 *La Grece.*
62 *Meslanges de diuers Royaumes estrangers.*

Le 4. ordre des choses qui concernent le genre humain.

63 *L'Homme & ce qui en dépend.*
64 *Maladies des Hommes, & leurs remedes.*
65 *Femmes illustres & autres.*
66 *La Sagesse mondaine ou Instructions pour les hommes.*
67 *Diuers exercices des Nobles ou Gentils hommes.*
68 *Meslanges d'exercices de l'esprit ou du corps.*
69 *Diuers trafiqs & commerces d'hommes, sur mer & terre.*
70 *Diuerses coustumes & façons de viure par tout l'vniuers.*
71 *Hommes d'honeste exercice.*
72 *Officiers de robe longue ou de Iudicature.*

Le 5. ordre d'hommes illustres en Guerre.

72 *Monarques & Empereurs.*
73 *Roys & Roines de France.*
74 *Princes de France.*
75 *Princes de pays estranges.*
76 *Hommes illustres en Guerre.*
77 *Cheualiers de diuers ordres.*
78 *Estats d'hommes nobles, ou suiuants les Armes.*
79 *Officiers de la maison du Roy, les plus remarquables.*
80 *Maisons nobles de France & leurs Genealogies.*
81 *Meslanges de diuers officiers dignes de memoire.*

Le 6. ordre touchant les ouurages de Dieu.

82 *Diuers Metaux & Mineraux.*
83 *Pierres precieuses, & autres de remarque.*
84 *Terres medecinales & autres.*
85 *Eaux naturelles, & artificielles.*
86 *Oiseaux de diuerses especes.*
87 *Animaux de toutes sortes.*
88 *Serpents.*
89 *Poissons aquatils, & terrestres.*

90 *Arbres fruictiers, & sans fruict.*
91 *Fleurs*, Fruicts, *Semences, & Legumes.*
92 Herbes, *Plantes, &* Racines.
93 *Huiles, Liqueurs, &* Odeurs.
94 *Diuerses sortes d'Aromates, drogues, ou Espiceries.*
95 Monstres *& Prodiges de toutes sortes.*
96 Meslanges *d'ouurages de* Nature.

Le 7. ordre touchant les meslanges de diuers Memoires.

97 *Memoires particuliers, ou de consequence.*
98 *Exemples memorables en toutes sortes.*
99 *Bibliotheques, & Pandectes Latines & Françoises.*
100 *Liures en toutes sortes de langues estrangeres.*
101 *Meslanges de Liures, ou Memoires Latins.*
102 *Meslanges de liures ou Memoires en langue* Françoise.
103 *Visages, ou Protraits d'*Hommes *illustres.*
104 *Liures de toutes sortes de protraits ou figures.*
105 *Liures de recreation.*
106 *Paradis, Purgatoire & Enfer.*
107 *La fin du Monde.*

Fin des tiltres ou inscriptions pour la Bibliotheque du Roy.

C'EST ICY LA FIGVRE OV REPRESENTATION DES BVFETS, SEMBABLE A CEVX qui sont en la Bibliotheque du sieur de la Croix du Maine, autheur de ce liure.

EPISTRE AV ROY.

IRE, ce qui m'a donné tant de hardiesse, que d'auoir bien osé entreprendre, de faire tres-humble present à vostre MAIESTE', de ces miens DESSEINS, ç'a esté l'asseurance que i'ay euë, qu'ils vous seroient agreables pour beaucoup de raisons: car ils ne contiennent, que choses bien dignes d'vn Roy, fauorisant les lettres, aimant la vertu, & sur tout, desireux du bien public: qui sont trois dons de DIEV, que chacun recognoist en vostre MAIESTE', auec infinies autres graces, lesquelles ie passe maintenant soubs silence de peur d'encourir le soupçon de flatteur.

Et pour montrer que ces miens Proiects ne sont point Idées ou imaginatiõs, & que les Buffets ou Dressoirs (desquels les tiltres ou inscriptions generales sont deduites cy deuant) se peuuent aisément remplir de toutes les matieres, desquelles elles font mention: i'ose bien asseurer que le plus difficile de l'entreprise est fait, cõme chacun le pourra facilemẽt iuger estre vray, par l'inspection ou recherche qu'il pourroit faire de la Bibliotheque, que i'ay dressee depuis neuf mois en ça, en cette tant fameuse, & tout celebree Vniuersité de Paris: Laquelle i'ay commencee dés l'an de mon age dix-septiesme, & tellement continuee, sans aucune relache depuis douze ou treze ans, qu'elle se voit auiourd'huy remplie de huit cens Volumes de Memoires, & Recueils diuers, tant escrits de ma main qu'autremẽt, & tous de mõ inuẽtiõ, ou recherchez par moy, & extraits de tous les liures que i'ay leuz iusques icy: desquels le nombre est infini, comme il se peult aisément voir par les 25. ou 30. mille cayers & chapitres de toutes sortes de matieres qui peuuent tomber en la cognoissance des hõmes: lesquels traitẽt de tãt de choses differẽtes qu'il est presque impossible de parler, discourir, voire imaginer quelque chose, de laquelle ie n'aye fait vne bien curieuse recherche,le tout reduit selon les sciences,arts,& professions desquelles ils traictent

Et ce qui m'a iusques icy retenu en cette crainte, de n'auoir plus tost fait entendre à vostre MAIESTÉ, ces miennes entreprises, ce n'a esté autre chose que la difficulté du subiect. Car si i'eusse seulement promis la moindre partie contenue dans ma Bibliotheque,ie n'eusse seruy que de fable ou risee à la plus grãde partie des hommes de ce siecle:mais,me voyant(auec la seule aide de DIEV,qui passe toutes autres) paruenu iusques-là, que d'auoir reduit l'œuure, & poursuiuy l'entreprise iusques en l'estat qu'elle est maintenãt,ie n'ay plus craint(SIRE)de m'acheminer en vostre bõne ville de Paris (en laquelle vo⁹ faites vostre seiour,)pour y dresser cete miẽne bibliotheque:laquelle i'ay fait amener à grands fraiz & despens:car y ayant plus de cinq mile liures de pesant,celà ne se peult trãsporter sans grãds cousts & mise d'argent, eu égard à la distance du lieu dont ie l'ay fait partir.

Or pour venir aux principaux points,lesquels m'ont occasiõné de consacrer à vostre Maiesté ces miens labeurs, i'ay opinion que ce ne sera faire chose,qui luy soit desagreable, si ie fay le recit de quelques-vns,que i'ay élabourez pour seruir d'ornement à la FRANCE,& illustrer les Gaules de ses plus remarquables antiquitez.

En premier lieu i'ay fait la description du Spirituel & Temporel d'icelle, si curieusement que i'ay laissé ou peu, ou rien du tout,à ceux qui voudroient entreprendre vn tel subiect: car i'ay escrit plus de cent Volumes touchant cette recherche. Secondement i'ay escrit les vies de tous les ROYS DE FRANCE iusques à vostre regne(lequel DIEV vueille bien prosperer:)

Oultre celà, i'ay escrit plus de cinquante Volumes pour les illustrations des maisons nobles de ce Royaume auquel vous commandez.

Sans faire icy mention de plusieurs autres, qui m'ont semblé estre necessaires pour l'entiere & parfaite illustration de ce tant celebre & florissant Royaume:Comme entre autres,des choses qui appartiennent à la decoration de la langue Françoise, de laquelle i'ay escrit plusieurs Volumes,soit des Prouerbes ou Adages, des etymologies, de l'orthographe, & pour le dire en vn mot,de tout ce que le plus diligent rechercheur pourroit excogiter pour ne laisser rien à enrichir cette matiere.

Mais

Mais(SIRE)ie crain beaucoup,& non ſans en auoir occaſion, que ce que ie vien de reciter touchant vn ſi grand nõbre de Volumes, traictans de la France ſeulement, ſans faire mention de tant d'autres que i'ay eſcrits ſur autres arguments ou ſubiects,ne ſoit cauſe, de faire entrer quelques vns en opinion que ie ſois pluſtoſt vn vanteur,& hardi promettant, que veritable en mes dicts:& me defie encores,que la plus grãde partie des hommes, qui entendrõt ces propos, ne les tiennent comme impoſſibles, non ſeulement à cauſe de la trop grande difficulté du ſubiect & promeſſe,mais encores pour la mediocrité de l'âge ou ie ſuis (laquelle on iuge en me voyant) & oultre celà pour la conſideration des biens de fortune,auſquels ils meſurent mes forces d'eſprit,comme ſi l'vn dependoit de l'autre: voire pour auoir ſceu, que ie n'ay eſté ſecouru d'aucun, ſoit en argent, ou autres fraiz, ou pour n'auoir eu aucuns hommes ſoubs ma charge pour m'aider à tranſcrire,& faire les extraicts des liures deſquels i'ay fait lecture depuis douze ou treze ans.

Mais en cecy ie ne me peux ſeruir d'autres preuues pour atteſter mon dire,& le monſtrer veritable,qu'en ſuppliãt tres-humblement voſtre MAIESTÉ,de vouloir commander à quelques vns de voſtre COVR(en laquelle il y a vn bon nombre d'hommes,d'eſprit eſmerueillable, ornez d'vne rare & ſinguliere doctrine) de viſiter ma Bibliotheque, pour en faire rapport à voſtre Majeſté:Et lors ie m'aſſeure, que faiſant recit de ce qu'ils y auront veu,& de la diligence de laquelle i'ay vſé depuis douze ou treze ans pour amaſſer,& recueillir tant de choſes eſparſes, qu'ils ne me trouueront menteur, ny impudent en mes promeſſes:mais au contraire,eſtans iuges equitables,& deſpouillez de toute paſſion,enuie,& ialouſie (qui ſont les trois fleaux des hommes de ce ſiecle)ils atteſterõt,auecques verité,que i'ay fait la choſe moindre en paroles,qu'elle ne ſe trouue par effet.

Si ie n'auoy peur d'vſer trop familierement,de la grãdeur d'vn tel Roy, i'oſerois ſupplier treshumblement voſtre MAIESTÉ, qu'il luy pleuſt eſlire,laquelle qu'il luy plairoit,de toutes les matieres,ou ſubiects,cõtenus entre les cent inſcriptions generales, cy deuant recitees:& ayant ſeulement huit ou quinze iours de delay,pour l'accomplir,ie me fay for,que tout ce qui ſe pourra trouuer par eſcrit touchant cette matiere choiſie, ſera reduit en tel nombre,& en tel ordre, qu'il ſera bien difficile,de pouuoir rien trouuer pour y adiouster, tant ie l'auray sçeu rechercher de toutes parts, pour satisfaire à la preuue, de laquelle i'entrepren de venir à fin, auec tout hõneur. Et en ce cas il ne sera pas besoin d'vser de grande despense: car i'ay opinion que deux cens escuz satisferont pour chacun Bufet, & cela seruira de preuue pour iuger de tout le reste des autres qu'il plairoit à vostre MAIESTE' de faire dresser.

Cette somme est si petite pour vn si grand Roy (tel que chacũ vous recognoist) que ie suis honteux d'auoir mis par escrit, cette basse appreciation: par laquelle on peult aysément supputer, combien tous les cent Bufets remplis cousteroient: mais ie l'ay faict expressément, pour montrer le peu de coust ou le déboursement qu'il faudroit faire, pour iouïr des choses si rares: pour lesquelles auoir vn simple gentil-homme, ou autre de moindre qualité y pourroit frayer, sans s'incommoder ou rendre necessiteux: mais ie ne voudroy pas auoir entrepris d'aider aucun, quel qu'il fust, pour luy communiquer cette mienne methode, & façõ in ouye de dresser des Bibliotheques, si ce n'estoit par vostre commandemẽt exprés: Ce que i'ay assez montré par les effects qui s'ensuiuent: Car i'oseray bien dire (sans que ie craigne qu'aucun m'en puisse démẽtir) que si i'eusse voulu accepter les offres tant en argent, qu'en pẽsions, & autres bienfaits, qui m'ont esté liberalement presentez par plusieurs grans Seigneurs & Dames de votre Royaume, & autres lieux, (lesquels auoient vn desir extréme de voir ces miens desseins accõplis, qu'elle fust maintenãt executée de point en point & reduite à sa fin: Mais ce qui m'a tousiours empesché de ce faire, & retardé d'ẽtẽdre à leurs offres, ç'a esté l'esperance que i'ay tousiours euë, que vostre MAIESTE' ne laisseroit vne si louable & vertueuse entreprise en arriere: mais bien au contraire qu'elle se monstreroit aimer tellemẽt la vertu, en receuant d'vn bon acueil ceux qui font profession des lettres, qu'elle seule satisferoit aux fraiz & despenses d'icelle: (& DIEV vueille par sa saincte grace, que cette miẽne esperance, ne m'ait point abusé.)

Ie laisse à penser à la posterité, de combien de commoditez seroit cause cette Bibliotheque, si elle estoit mise en euidence: & ne di rien des profits qui en réussiroient, si elle venoit à sa perfection. En premier lieu, c'est le moyen de rẽdre les moins doctes, ou du tout ignares, bien apris & sçauans: & de faire encores que

les

les vicieux exercent la vertu, s'ils se conformēt à leur Prince: car comme dit le Prouerbe,

A l'exemple du Roy vn chacun se gouuerne.

Auant que finir ce discours i'oseray encore dire cecy à vostre MAIESTÉ, que ie luy ay tāt porté de respect & d'obeissance (cōme i'y suis obligé par les loix diuines & humaines) que ie n'ay onques entrepris de mettre aucuns de mes œuures en lumiere, attendant en celà (comme en tous mes autres desseins) le commādemēt d'icelle, touchant l'impression ou entiere suppression de tous mes Liures & Memoires, & principalement de ceux qui concernent l'Estat & affaires de FRANCE. Et ce qui m'a fait surattendre iusques icy, de ne les publier, ç'a esté le prouerbe commun qui est tel.

Heureux, celuy, qui pour deuenir sage,
Du mal d'autruy, fait son aprentissage.

Ce que nous lisons en grand nombre d'autheurs, touchant Aristote, lequel fut blasmé de son Prince Alexandre, pour auoir mis en lumiere des choses qu'il desiroit n'estre communiquees qu'à luy seul.

Ce qui me fait parler de ces choses auec tant d'affectiō, ce n'est autre chose qu'vn desir démesuré, (ie ne diray pas trop affectionné à son Prince & Seigneur souuerain, auquel nous deuons & noz vies & noz corps) de voir que la renommee de France s'étende si loin, que toutes nations la reuerent pour les lettres, & redoubtent pour les armes, enquoy elle s'est montree de tout temps florissante: & seroit vn trop grād malheur, qu'alors qu'elle doit redoubler en sa force, & ne perde rien de sa premiere splendeur, qu'elle vint en decadence soubs vn si puissant Roy.

Mais pour le desir que i'ay, que la renommee du Roy de FRANCE, surpasse toutes autres en tous genres de vertus, ie feray vne tres-deuote supplication au DIEV tout-puissant que ce soit son plaisir d'octroyer à vostre MAIESTÉ, toutes les choses qui seruiront de tesmoignage aux siecles à venir, de vostre regne bienheureux, & florissant en tous hommes de marque.

FIN.

PRINCIPIBVS PLACVISSE VIRIS, NON VLTIMA LAVS EST.

Ce n'est peu de cas, que de plaire à son Roy.

ADVERTISSEMENT DV SIEVR DE LA CROIX DV MAINE, AVS FRANCOIS, TOVCHANT SES DESSEINS PRESENTEZ AV ROY. l'an 1583.

MESSIEVRS, il y a quatre ans & plus, que i'ay mis en lumiere vn mien DISCOVRS faisant mention de la plus grande partie des œuures que i'auois escrites: ce que ie m'aduisay de faire, préuoyant que ce m'estoit necessité d'en vser ainsi, si ie voulois mettre à fin, vne si haulte & difficile entreprise: de façon que pour estre plus auancé en cet affaire: i'en enuoyay à tous, ou la plus grande partie de mes amis, tant de nation Françoise qu'estrangers, par tous les endroits de l'Europe: en intention qu'ils m'aidassent de Memoires & aduertissements touchant les matieres desquelles mon Discours faisoit mention. I'entens ce secours touchant les choses particulieres, desquelles chacun pouuoit auoir plus grande cognoissance que moy en son endroit, & non d'autres façons d'aide ou moyens pour soulager vne si grande & prodigieuse entreprise: car en celà ie n'en ay de ma vie requis aucun (graces à Dieu,) & ay bonne esperance de le pouuoir encores mieux continuer à l'aduenir, que ie n'ay fait par le passé.

Toutesfois tous ces aduertissemens, & rescriptions tant en general qu'en particulier, ne m'ont en rien seruy: car la promesse contenuë en mon Discours par cy deuant imprimé, s'est trouuee si grande, si hardie, & tellement superbe, (à peu que ie n'ay dit audacieuse selon aucuns qui l'appellent ainsi) que lon a pensé que celà estoit, ie ne diray pas seulement difficile, mais du tout impossible à faire: principalemēt à vn ieune homme tel qu'ils voyoyent que ie me disois par mes escrits: sçauoir est, n'ayant pour lors attaint l'âge de vingt & sept ans: De façon que me voyāt ainsi surpris en mes intentions, ie me suis deliberé de satisfaire (s'il m'est possible) à ceux qui ont iusques icy pēsé, que mes desseins estoiēt entreprises en l'esprit seulemēt, sans que iamais on en peust voir l'effect.

I'ay donques mis expressément ces Desseins & Proiects en lumiere, auec les titres ou inscriptions generales des choses, desquelles i'ay escrit diuers Volumes, & les ay presentez au Roy, à fin de me resoudre totalement, en ce que i'ay à faire à l'aduenir: Car s'il accepte cette offre que i'ay faite à sa MAIESTE', de luy dresser vne Bibliotheque acomplie & parfaite, ie me fay for, de la rēdre preste dans trois mois. Au contraire si le malheur est si grand, & si le desastre a tant cōspiré contre les lettres & ceux qui en font profession, que sa MAIESTE' n'y vueille entendre, ce vous sera vn malheur commun, & perte indicible à toute la France, (SEIGNEVRS FRANCOIS) d'autant que ceçy ne se pourra, peut estre, aisément recouurer de vos siecles.

Ie parle ainsi, car si celà eust peu estre fait par autres, ou biē nous en eussiōs veu leurs effects, ou pour le moins leurs promesses: mais ie vous apelle tous à tesmoing, si cela à iamais esté promis de la façon: quoy qu'on vueille alleguer les desseins de Iule Camile Italien, ou autres ses semblables, qui tous ont seulement proiecté des façons de dresser Librairies, mais ils n'ont iamais monstré l'execution d'icelles: aussi que faisant conference de leurs desseins auec ceux cy, ils se trouueront si differents, qu'il n'y a aucune comparaison: non que ie vueille leur oster l'honneur qui leur est deu, pour de si belles, & tant louables entreprises: mais ie soustien que ie n'ay en rien entrepris sur leurs conceptions, tant s'en fault que ie les aye imitees. Si on allegue encores que Marc VARRON (le plus docte homme qui ayt iamais porté robbe longue) ait escrit des œuures, à peu pres semblables à celles, que ie dy auoir ia élabourees. Ie confesse qu'il est seul entre tous noz deuanciers, qui ait eu de plus beaux desseins, & escrit de plus belles œuures: mais ie ne peux auoir ensuiuy sa façon d'escrire, pour n'auoir oncques veu ses escrits: aussi n'auons nous auiourd'huy entre toutes les compositions d'iceluy (desquelles font mention Plutarque, S. Augustin, Ciceron, Isidore, A. Gelle & autres) que les trois liures de l'agriculture dudit Varrō, & quelques fragmēts ou liures imparfaits de ses 24. de la langue Latine.

Mais il me semble que i'entens quelques-vns, qui veulēt mettre en auāt les Bibliotheques des Anciens, & parler du grand nombre de liures, qui estoient en icelles: voulant maintenir qu'il est auiourd'huy impossible, d'en auoir vn tel nombre, allegants sur ce point, la Bibliotheque d'Alexādrie cōstruite du tēps de Ptolemee Philadelphe Roy d'Egypte 2. du nom, regnant auant la natiuité de Iesus Christ 272. ans: cōtenant (selon aucūs autheurs Grecs & Latins) cinquāte mille liures, & selon d'autres, sept cens mille Volumes.

Enquoy ie veux bien les aduertir, que les plus subtils se sont iusques icy abusez, & entre autres H. Cardan Medecin Milanois, autheur du liure des subtilitez, lequel parlant de Mercure Trismegiste, en son liure de la Varieté des choses, escrit que selon aucuns il a escrit plus de trente mille Volumes de diuerses matieres, & pēse ledit Cardan qu'ils prenoiēt vn volume, pour vne ligne, ou pour vn vers ou carme: mais vous voyez s'il a entendu ce passage, & s'il a sceu l'explication de ce nom de Volume.

Ie dy donques, que si les liures de la Bibliotheque d'Alexandrie estoiēt auiourd'huy imprimez, qu'ils ne se trouueroiēt exceder le nōbre de sept mille Volumes: supposant qu'ils appelloient pour lors vn Volume ce que nous pourrions escrire maintenāt dans vn cayer, ou chapitre d'vn liure: & outre plus i'ose asseurer que si Theophraste Paracelse (Prince des Alchimistes) eust esté de leur temps (lequel a escrit enuiron de 300. Volumes) que les anciens eussent nombré celà pour trente mille Volumes. Pour dire encores vn mot touchant ceux qui se sont réduz immortels pour auoir dressé des Librairies (desquelles selon aucuns Asinius Pollio fut le premier inuenteur) ie ne peux assez loüer le Roy François premier du nom pere des lettres, lequel s'est tellement estudié pour remettre les Arts & Sciences en leur premiere splendeur, qu'il a despensé des biens infiniz, à cette curieuse, & non iamais assez loüee entreprise, comme entre autres ayant fait deliurer par vne fois à Guillaume Postel (l'honneur de Normandie) la somme de quatre mille escuz, pour enrichir sa Bibliotheque, dressee à Fōteine belleeau: sans parler de maistre Iuste Tenelle, Pierre Gilles Albigeois, & autres hommes doctes, ausquels il auoit donné charge de recouurer liures, & amasser Memoires de toutes parts, à quelques pris qu'ils fussent: Aussi auons nous veu arriuer, qu'encores qu'il n'ait pas tant esté heureux en ses actes belliques, comme ses deuanciers, ou cōme son fils Henry 2. que neantmoins il a esté plus parlé de luy, pour ce respect, & encores sera il és siecles à venir, fait telle honorable mētion de ses liberalitez, à l'endroit des lettres, que sa renommee durera autant long temps que les lettres auront vogue & duree. En celà il monstroit sa grandeur d'esprit comme en toutes autres choses: taschant à se rendre immortel, & se faire admirer à tous ceux de son siecle: faisant encores par là, que ses ennemis mesmes le redoutoient: Aussi par ce moyen il a sçeu tant bien gouuerner son Royaume, & resister en mesme temps à si grand nombre de forts & puissans ennemis, que c'est chose presque incroyable, & certes bien digne d'vne perpetuelle recommendation.

Que s'il n'eust eu son affection, qu'à bastir des superbes ou magnifiques Palais, & maisons somptueuses, dresser des jeuz, & spectacles: porter masquarades, ou Mommeries, commander de preparer Tournois & combats, faire apprester des Entrees, & Banquets publics, & infinies autres magnificences, ou appareils (qui sont despenses communes, & presque ordinaires à tous les Monarques, Empereurs, Rois, Princes, & grands Seigneurs, tant du passé que du present) en quoy eust-il (ie ne diray pas surpassé) mais seulement egalé les anciens?

Celà donques a esté cause de le faire aymer de tous, & mesmement de ses plus grands ennemis: car ceux qui luy portoient enuie, pour estre contraires à sa religion, se sont abstenuz d'escrire contre luy, & n'ont voulu en médire pour ce seul respect des lettres: comme nous auons veu à l'endroit de quelques-vns des Protestans, desquels il estoit le fleau, & tres-seuere ennemy: lesquels n'ont pas laissé de le mettre au rang des plus celebres hommes, qu'ils ont choisis entre plusieurs, pour escrire leurs vies : & tout celà s'est fait pour la consideration des lettres, sciẽces & doctrines, desquelles il a esté le pere, & sera à iamais recommandé pour tel.

Or ie pense que cet exemple (lequel i'eusse peu accompagner d'infinis autres) sera suffisant pour faire aimer les lettres, & cherir ceux qui en font profession, à ceux-là qui desirent que lon face tres-honorable mention d'eux, soit de leur viuant, ou apres leur trespas : De façon que pour le desir extreme que i'ay que mon Roy & Prince souuerain, imite ses ayeuls en choses si louables, ie suis contraint pour le seruice que ie luy doy, de prouoquer sa Maiesté par tous les moyens que ie penseray deuoir estre approuuez & bien receuz, pour le rendre amateur de telles choses, lesquelles luy apporteront des louanges surpassantes en tout celles, que lon peut donner aux Roys.

Pour venir aux autres articles desquels ie veux parler, ie reciteray tresvolontiers la façon, de laquelle i'ay vsé pour escrire vn si grand nombre de Volumes, desquels i'ay fait mension en mon Epistre au Roy: & ce pour satisfaire à quelques vns, qui pensent que celà ne se peut faire, d'auoir tant escrit en si peu de temps, sans auoir eu aucun hõme qui m'ait aydé à copier, ou transcrire les liures desquels i'ay fait lecture, depuis 12. ou 13. ans ença. En premier lieu, il est a presupposer que i'ay fait entiere profession de poursuiure mes desseins, depuis l'an de salut 1569. iusques à ceste annee 1583. qui sont plus de douze ans accomplis : En ces douze annees consecutiues, i'ay pour le moins employé six heures à l'estude par chacun iour: sçauoir est trois heures à lire, & trois à escrire, de façon que i'ay peu en chacune heure remplir d'escriture vne fueille de papier, qui sont trois fueilles par iour, & en somme se sont plus de mille par an, tellemẽt que en douze ou treize ans, i'en ay escrit plus de treize mille : Et pour la crainte que i'ay qu'aucuns par trop legers de langue ou de cerueau, ne pensent que ie vueille entendre soubz ce nom de fueille de lieux communs ou extraicts, des memoires ne contenant quelquesfois que dix ou douze lignes : Ie veux bien esclarcir ce passage, pour ceux qui en doubteroient: lesquels ie prie bien for de croire, que ie n'enten point conter vne fueille, si elle ne contient plus de cent lignes, & chacune ligne plus de douze syllabes: de façon que s'il se troue plusieurs fueillets escrits, ie n'appelle point celà fueille entiere d'escriture, s'il n'y a pres de cent lignes. Ce que ie suis forcé d'expliquer ainsi par le menu, pour obuier à vn nombre infiny d'impostures & calomnies d'hommes, qui n'ont pas veu mes memoires & recueils: ou qui croyent trop legerement au rapport de ceux qui parlent de moy à mon desauantage: sans qu'ils puissent alleguer autre occasion, qu'vn despit & ialouzie qui les acompagne nuict & iour: se fachãts de n'auoir pas attaint ce qui ne vient pas pour médire & detracter d'autruy, mais par vn don de DIEV, lequel pourra bien leur estre departy, s'ils y procedent de la façon que i'ay suiuie pour la meilleure, & ayant plus de seureté.

En tout ce que i'ay dit cy dessus, ie n'ay point parlé de ce qui m'a fait mettre en termes si generaux, les matieres desquelles les tiltres se voyent au commencement de ce Discours: & l'ay fait pour bõne occasiõ: car si i'auoy publié les trois cẽt tables de lieux communs, que i'ay faites pour l'explication de ce mien dessein, (duquel ie n'ay parlé qu'en general, és inscriptions cy deuant deduites) ie craindroy que ie ne feisse par trop grande ouuerture de mes plus secrettes & particulieres inuentions : d'autant que ces tables seruent comme d'vne clef à l'explication de ce que i'ay escrit en articles entiers, sans les specifier.

Et toutesfois i'en diray vn mot touchant celuy que i'ay escrit des habitans de Paradis, lequel i'appelle autrement LE ROIAVME CELESTE: dans lequel Bufet ie compren les matieres qui s'ensuiuent, sçauoir est vne bien curieuse recherche de ce que l'Eglise des Catholiques croit des esleuz de DIEV, qui y font leur seiour & demeure: comme sont les Seraphins, Cherubins, Thrones, Dominatiõs, Vertus, Puissances, Principautez, Archanges, Anges, Euangelistes, Apostres, premiers & seconds, (qui sont les disciples de Iesus Christ) les Martyrs, Cõfesseurs, SS. Peres, Iuges, Prophetes, Patriarches, Sacrificateurs, ou grãs Prestes de la Loy, les parẽs de nostre Seigneur,

les

les Innocens, les saincts Docteurs de l'Eglise, les saincts & sainctes femmes, canonisees pour leur bonne vie, & autres s'il y en a encores outre ceux-cy.

Voylà ce que i'auois à dire touchant la demonstration de quelques inscriptions, mises au dessus des Buffets addressez au Roy, desquels les titres semblent obscurs à ceux qui en oyent parler, pour ne sçauoir pas ce qui en dépend.

Il me reste maintenant à respondre à quelques-vns, qui s'esmerueillent de ce que i'entrepren d'escrire de toutes choses, veu que (disent-ils) vne seule est assez suffisante; pout me tenir du tout bien empesché, si i'en veux auoir entiere cognoissance: Ie respõdray à ceux qui parlent ainsi de moy, qu'ils ne sçauent pas cõprendre mes conceptions, & que s'ils entendoient, qui m'a occasionné de dresser vne Bibliotheque generale, ou remplie de toutes sortes de liures & Memoires, qu'ils cesseroiẽt de le trouuer mauuais: mais bien au contraire ils approuueroient ma façon de faire, tant elle est digne de recommandation: car en premier lieu, ie peux par ce moyen, donner secours à toutes sortes d'hommes, qui aurõt desir de traicter de quelque matiere que se puisse estre, (si ainsi est qu'ils vueillent auoir recours à moy en celà:) quoy faisant ie monstreray la courtoisie & liberalité, de laquelle i'vse à l'endroit de tous ceux qui en sont dignes, & ne s'est iamais trouué aucun, que i'en aye refusé, (comme i'ay dit autre-part.)

Secondement, ie l'ay fait pour satisfaire à ma curiosité en particulier, laquelle ne peult estre que louable, & approuuee de tous hommes, ayant vn sain iugement: d'autant que ie me suis monstré en ce faisant, extremément curieux de toutes belles choses & profitables au public.

Ie veux bien encores satisfaire à d'autres, sur ce qu'ils s'enquerent, à quel propos ie pren les noms, pays, & qualitez de la plus grande partie des hommes de marque qui me font cet honneur que de visiter ma Bibliotheque: les aduertissant que ie le fay, pour qu'ils me seruent vn iour de tesmoignage, & qu'ils me facẽt ce bien, d'attester ce qu'ils auront veu en icelle. Car s'il aduient que ie ne vueille mettre mes œuures en lumiere (pour quelques occasions qui pourroient suruenir) ie pourray faire vn Catalogue, des plus renommez entre quatre ou cinq cens, des plus celebres hõmes de l'Europe, qui l'ont veuë, & ausquels i'ay fait ouuerture de mes plus beaux desseins: lesquels ie prieray de faire rapport de ce qu'ils y auront peu voir de digne d'eux, & de la posterité: à fin de certifier (comme tesmoings oculaires) ce que d'autres ne peuuent croire, pour n'y auoir pas esté, ou pour estimer la chose impossible, à cause de sa trop grande difficulté.

Ie pense auoir assez discouru des principaux poincts qui m'ont semblé dignes d'estre employez en cet aduertissement, pour satisfaire à ceux, qui s'enquerent sans cesse de moy, & parlent de ma Bibliotheque, selon qu'il leur vient à propos: de façon, que pour clorre la bouche à tels rechercheurs, & oster toute occasion à leurs semblables, de faire plus auant inquisition de ce qui me concerne, ie diray encores que s'ils desirent sçauoir comment il est possible que i'aye peu fournir à tant de fraiz & despenses pour dresser vne telle & si ample Bibliotheque comme la mienne, remplie de si grand nombre de Volumes escrits à la main, desquels le nombre est de quatre à cinq cens, sans ceux de ma façon & escrits de ma main: que celà s'est fait par choses qui leur seront incogneuës durant qu'ils seront entachez des vices, desquels il faudroit qu'ils fussent exempts pour les pouuoir comprendre. Car c'est chose digne de merueille (& suis contraint de la dire & laisser par escrit, pour en rendre graces à Dieu, de plus en plus) d'auoir osé entreprendre des choses, surpassantes les puissances des hommes, de mediocre fortune. Et toutesfois les auoir peu mettre à fin en si bas âge, & en si peu de temps: n'ayant encores pour ce faire, esté soulagé, comme ont esté tant d'hommes des siecles passez, & du nostre mesmes: lesquels ont esté secouruz, de toutes les façons requises pour aduãcer de beaux Desseins: n'ayãt encores succedé à aucunes Bibliotheques, soit par succession hereditaire, Testamentaire, ou autrement.

Ie vous ay allegué cecy (Seigneurs FRANÇOIS) afin de recognoistre auec moy, les graces de DIEV tout-puissant, & que vous & moy, luy rẽdions louãges (si ces miens trauaux vous apportent profit) ayant receu vn tel bien de sa main, pour le vous departir & communiquer à tous.

Et pour vn plus ample tesmoignage, des graces qu'il depart à ceux qui l'ont tousiours inuoqué à leur ayde, ie luy prieray en toute deuotion, qu'il luy plaise auoir mon humble priere pour aggreable : qui est de me guider & conduire tousiours en toutes mes œuures & actions, & que ie n'entreprenne iamais aucun ouurage, sans auoir premieremẽt inuoqué son sainct nom: à fin que ce qui sera basty sur vn tel fondement, soit d'eternelle durée.

FIN.

Discours

DISCOVRS DV SIEVR DE LA CROIX G. DV MAINE CONTENANT SOMMAIREMENT LES NOMS, TILTRES ET Inscriptions, de la plus grãde partie de ses œuures, Latines & Françoises, tant sur l'entiere & parfaicte illustration de la France & des Gaules, que de plusieurs autres siens desseins & proiects, sur l'histoire & memoires recueilliz par luy pour seruir à tout l'vniuers.

Dedié & presenté à Monseigneur le Viconte de Paulmy l'an 1579. & de rechef mis en lumiere suyuant la copie qui fut imprimee au Mans, audit an 1579. le 27. iour de Nouembre.

MONSIEVR, la grande affection & deuotion singuliere, que vous auez aux lettres, & amateurs d'icelles, m'est tellement cogneüe, soit par l'asseuré tesmoignage des plus doctes & sçauants hommes de nostre siecle (dont vne grande partie vous a dedié ses œuures & compositions) ou bien aussi pour l'experience que i'en ay faite, que ie serois à bon droit reputé par trop ingrat & mécognoissant, si ie ne m'en resouuenois en quelque sorte, & si en trouuant tant soit peu d'occasion, ie ne vous en rendois graces: eu esgard à tant d'hõneur qu'il vous a pleu me faire, que d'auoir bien voulu vous acheminer en vn long & penible voyage, pour visiter ma Bibliotheque: estant meu à celà (comme ie le coniecture) par l'aduertissement que vous auiez eu d'aucuns miens amis, qui vous auoient fait le recit des recherches que ie faisois, tant pour l'ornement & illustration de tout le pays de France & des Gaulles, & autres choses appartenantes à l'histoire: que pour voir les Memoires ou Recueils que i'auoy dressez de la plus grande & meilleure partie des maisons Nobles de ce Royaume. Enquoy ie ne peux dire & moins asseurer, si les effects de mon entreprise (lesquels vous auez veuz tout à loisir) surpassent la renommee, & le raport que l'on vous en a fait par cy deuant, ou au contraire, remettant le tout à vostre docte & sain iugement. Donq pour satisfaire à mon deuoir, & au desir que i'ay de vous pouuoir complaire, non en cecy seulement (que i'estime bien peu)mais en toutes autres choses de plus grande consequence (si l'occasiō s'en offre,& ma puissance le permet)i'ay bien osé mettre ce discours en lumiere,& à la veuë de tous mes amis,ausquels ie me delibere d'en enuoyer pour me secourir en vn affaire de telle importāce,& le vous dedier (Monsieur) comme à celuy que ie sçay qui fait estat des hommes desireux de profiter au public, & qui aime autant l'aduancement de son pays & l'hōneur de son Roy,qu'autre Seigneur qui viue du iourd'huy. Mais pour n'vser d'vn plus long preface ou auant-propos, ie feray mention des œuures appartenants à la France & aux Gaules: de laquelle i'ay fait si ample description touchant le spirituel & temporel,que les plus diligens rechercheurs trouueront bien peu à y adiouster. Car ie l'ay descrite non seulement par cartes ou tables,plants ou protraits, tant des Prouinces ou Nations,villes capitales,chasteaux &forteresses,palais sumptueux &maisons magnifiques ou d'excellence,que des Temples ou Eglises, de remarque pour leur bastimēt,ou structure:mais par liures separez (selon la diuersité des matieres)y obseruant tout ce qui se peut trouuer par escrit,és autheurs qui m'ont deuancé,&y adioustant ce que i'ay pensé y defaillir,soit en l'ordre & disposition des matieres,ou bien à l'enrichissement des choses qui y estoient necessaires,pour la perfection:reduisant toutes les matieres,(tāt creées de Dieu,que celles qui ont esté basties ou façōnees de la main &industrie des hommes)chacune à sa part,& les mettant par lieux communs, ou separez les vns des autres, auecques vne obseruation d'ordre alphabetique.

Secondement,i'ay escrit autant de iustes volumes de recherches & singularitez,pour l'illustration & ornement de chacune prouince,peuple ou nation,villes capitales,Dioceses ou Eueschez, comme il y en a en tout le pays de la France & des Gaules. I'ay parlé expressément des Gaules (& repete souuent ce mot)à fin que l'on ne pense pas,que soubs ce nom de Frāce,ie n'entende parler que de la Preuosté & Vicontė de Paris, que l'on appelle ordinairement l'Isle & Gouuernement de France. Et quant est du nom des Gaules,qui sont quatre en nombre, sçauoir est la Celtique, Belgique,Aquitaine & Narbonnoise (dont la derniere comprēd le Languedoc,Prouence,Sauoye &Dauphiné)ie n'entends pas y comprendre soubs ce nom,autre chose que ce qui depend du Royaume,ou de la Coronne de France. Ie ne me suis arresté sur l'explicatiō ou intelligence de ce point, que pour satisfaire à quelques-vns,& en preuenir d'autres, qui pourroient ignorer,si soubs ce nom general des Gaules i'y cōprens la Flandre & pays bas, voire toute la basse Allemagne,qui est deça le Rhin, en la Gaule Belgique,ou bien aussi la Lombardie & le Piedmont,qui sont en la Celtique. Mais pour reuenir au propos (duquel ie me suis vn peu eslongné) ie veux bien que l'on sçache, que ie trauaille & continuë à escrire autant de volumes de chacune des nations de France,ou bien (pour le mieux donner à entendre) de tous les pays viuants de coustumes diuerses, & separees les

vnes

vnes des autres,comme i'en ay desia fait & escrit pour le pays & Conté du Maine,à la recherche duquel i'ay plustost trauaillé,qu'à pas vn autre,pour y auoir pris mon origine & naissance : pour lequel illustrer, i'ay escrit les volumes qui s'ensuiuent, sçauoir est.

La description generale du pays & Conté du Maine, tant du spirituel que temporel.

Les recherches des antiquitez & singularitez dudit pays,tant de l'origine,excellence & progrez de laditte nation, que d'autres choses dignes de memoire,faites par iceux Manceaux.

Les vies des Euesques du Mans.

Les vies des Contes du Maine.

Les vies des plus illustres & excellents hommes tant en l'estat Eclesiastique,que des Doctes & Nobles,& autres semblables,dignes de perpetuelle memoire,pour leur science ou vertu: & tant de ceux qui y ont pris naissance,que des estrangers qui y ont vescu & flory.

Memoires de toutes les maisons Nobles du Maine, auecques les genealogies des plus anciennes familles de Noblesse dudit pays.

Les Annales ou Chroniques des Mãceaux, contenãt leurs faits & actes les plus genereux, & leurs batailles ou conquestes les plus memorables, sur leurs voisins ou sur les estrangers.

Priuileges des Manceaux, tant pour le Clergé que des Citoyens & habitans de la ville.

Les mentionaires,ou catalogue des autheurs Grecs, Latins, François & autres semblables, qui ont escrit ou fait mention des Manceaux, ou Cenomans(pour parler selon les Latins) auecques vn recueil ou extrait de ce que chacun d'iceux autheurs,a dit ou escrit,appartenant à l'histoire de cette nation.

Les meurs,coustumes,& façons de faire des Manceaux,& la Police obseruee entre-eux,tant en temps de paix que de guerre.

Recherches des monuments,epitaphes,ou inscriptions, tant antiques que modernes des hommes les plus dignes de recommandation, qui se voyent à present au Maine, & de celles là pareillement qui y estoient au parauant les troubles & guerres ciuiles,ensemble des liures rares escrits à la main,& non encores imprimez,lesquels se voyent en aucunes Bibliotheques,tant des Abbayes,Eglises,Colleges,Chapitres,Communautez & autres lieux du Maine,que és cabinets des doctes, Nobles, ou autres hommes curieux & amateurs d'iceux. Tous lesquels volumes i'ay diuisez,& separez par liures,les liures par chapitres, & les chapitres par lieux commũs. Et d'autant que ie ne peux aisément mettre en lumiere tous les œuures cy dessus mentionnez,ie me suis deliberé de faire vn Epitome ou Abregé de tous les volumes ou memoires susdits,& le faire imprimer quand la commodité s'y presentera.

Apres auoir fait mention des liures appartenants à la description de la

France, & à l'illustration de chacune region ou contree d'icelle, il me semble que ce ne sera pas mal à propos, de racompter en quelle façon i'ay descrit les vies d'vn chacun Roy, qui a regy ou gouuerné & commandé à ce royaume. Donques ie diray que i'ay dressé autãt de volumes pour la vie de chacun, comme il y en a qui y ont regné. Sçauoir depuis Pharamond ou Vvaarmund, iusques au Roy Henry troisiesme à present regnant. Qui sont enuiron de 60. ou 61. volumes de memoires ou recueils. I'ay dit volumes de recueils, de peur de me tromper ou méprendre: car ie ne suis pas asseuré si en impression ils pourront tant se mõter, que d'estre appellez volumes, attendu que les chapitres, ou lieux communs de leurs vies, ne sont quelquefois que rempliz à demy en ce que i'ay escrit à la main.

Or pour vous faire mieux entendre (Monsieur) comme i'ay escrit vn iuste volume de la vie de chacun Roy, ie desire bien vous donner à cognoistre que l'autheur qui m'a le plus agreé (pour escrire les vies) ç'a esté Suetone, lequel a escrit bien amplement des 12. Cesars, ou premiers Empereurs de Rome. Et ce qui a esté la principale cause, que i'ay plus tost suiuy ou imité cet autheur que Plutarque, ou autres Grecs & Latins, c'est pour ce qu'il reduit la vie de chacun desdits Empereurs par chapitres ou lieux communs: y remarquant chacun article de leur vie, soit de vertu ou autrement.

Et outre l'imitation de Suetone, i'ay adiousté aux vies des Rois de France, le nombre ou catalogue de toutes sortes d'hommes d'Estat ou des Gentils-hommes qui ont eu charges, offices, ou dignitez, soubs iceux Roys, sans y comprendre que les plus signalez ou remarquables, & dignes de perpetuelle memoire, soit pour leur vaillance, dexterité ou autres vertus: Et l'ay fait auecques grande curiosité & diligence, afin que la posterité sache de quels personnages d'honneur se sont seruiz nos Rois, en temps de paix ou de guerre, & par l'aide ou secours de quels illustres hommes ils ont tenu & possedé par tant d'annees ce royaume tant florissant & celebre.

Outre les vies des Roys de France, (lesquelles i'ay escrites en langue Françoise, à fin qu'elles peussent venir à la cognoissance de toutes sortes d'hommes Frãçois, sans auoir la peine de les traduire) i'ay escrit & recueilly des memoires de plus de vingt mille maisons Nobles de France, esquels i'ay obserué ce qui s'ensuit.

En premier lieu si le surnom que retiennent ou portent les Gentilshõmes, est le nom d'vne terre ou seigneurie qui leur appartienne, ou de laquelle ils soient issus, ou autrement.

La description de la terre, dont ils retiennent le nom, ou de laquelle ils sont seigneurs, & en quel endroit elle est situee.

La genealogie tant du pere que de la mere. Par qui ladite maison ou seigneurie a esté erigee en titres honorables, soit de Viconté, Conté, Marquisat, Duché ou autres semblables, & soubs quel Rois, & en quel temps.

Quelles

Quelles alliãces sont en ladite maison soit par mariages des enfans ou autrement. Les priuileges les plus memorables de leur maison, terres & seigneuries.

Quels estats ou charges honorables, ils ont eu és maisons des Roys, Princes ou autres grands seigneurs,& soubs lesquels,& en quel temps.

De quels ordres de cheualerie ils ont esté honorez par les Roys ou Princes.

Quelles fondations memorables ils ont faites, tant és Eglises qu'autres lieux.

Quels chasteaux ou edifices de marque ils ont bastiz.

En quelles guerres ou batailles, sieges ou assaults ils se sont trouuez pour combatre,& quelles victoires ils en ont remportees.

De quelles belles terres,fiefs, seigneuries ou domaines de remarque ils ont esté iadis seigneurs,eux ou leurs predecesseurs, & quelles il possedēt maintenant.

Les noms de tous ceux qui ont esté seigneurs & possesseurs de la terre dont ils portent le nom,ou bien de laquelle il sont seigneurs,àfin d'entendre si elle leur est venuë de don, acquest, mariage, succession ou autrement.

Les armes qu'ils portent auiourdhuy,& le blason d'icelles.Les autheurs qui font mention,ou qui ont escrit d'icelle maison.

Ie ne doute pas que plusieurs ne s'esmerueillent,de ce que i'ay dit que i'auois recueilly des memoires de plus de vingt mille maisons nobles de France,mais ie les pry (auant que donner leur iugemēt de moy, ou de me condamner)qu'ils sçachēt,qu'en la Bretagne seule(qui n'est qu'vne partie de la France)il y en a bien dixsept mille de compte fait: selon que le Sieur de la Herissaye Conseiller au parlemēt de Bretagne nous a laissé par escrit, & asseuré estre vray au preface de ses Arrests, imprimez en l'annee 1579.

Ie n'ay pas deduit cy dessus,la moitié de tous les points ou articles,que i'ay recherchez,pour chacune maison Noble (si ainsi est que l'on puisse auoir la cognoissance de tous.) Car vous sçauez(Monsieur) qu'au memoire particulier que ie vous ay enuoyé par cy deuant,escrit de ma main,i'y en compren bien d'autres que les susdits: Mais pour la peur que i'ay d'estre trop long,ou ennuyeux,ie ne les repeteray point en cet endroit: non que ie craigne de desplaire, ou offenser aucun en vne tant curieuse recherche: car ie n'ay pretendu alleguer ou mettre par escrit chose quelconque, qui soit au mépris,ou desaduantage d'aucun Noble,quel qu'il soit, ancien ou moderne,ou commençant sa noblesse par luy-mesme, & premier gentilhomme de sa race(comme on parle vulgairement.) Mais tout au contraire i'espere m'estre tellement gouuerné, en tout ce que i'en ay escrit, que plus tost i'acquerray leur amitié & bien-vueillance, que la disgrace ou défaueur d'eux,ou leurs amis.Et diray encores (pour continuer ce propos) que i'ay poursuiuy cette matiere si auant,& auec si grande peine & trauail cōtinu,que ie me peux bien vanter d'auoir plus de cinq cens genealogies completes,& plus de mille,ou douze cens escussons & armoiries des plus Nobles maisons de France & autres lieux, que i'ay faites & peintes de ma main,sans les memoires en nombre infiny,&presque incroyable(à qui ne les auroit veuz)que i'ay recherchez &amassez de toutes parts,pour parfaire ce qui se peut dire à l'honneur & gloire de chacune maison Noble,tant en general qu'en particulier.

Mais d'autant qu'vn si grand nombre de memoires ou recueils, ne se peut pas aisément imprimer, ou bien qu'il seroit de trop grand coust & fraiz,tant pour les arbres de genealogies, que pour la graueure des escussons ou armoyries, il m'a semblé que ce seroit faire beaucoup pour les amateurs de telles antiquitez,d'en faire imprimer seulement l'Epitome ou abregé, lequel i'ay mis par ordre d'A,B,C.

Et pour le desir que i'ay de complaire en cecy à plusieurs dignes personnages,ie le mettray bien tost en lumiere & à la veuë de tous, soit pour leur satisfaire,ou bien aussi pour leur dōner à cognoistre les maisons dont ie n'ay point faict de mention,à fin d'en receuoir memoires ou aduertissement par leur moyen.Car ie n'en ay obmis ou delaissé aucune, dont i'aye peu auoir cognoissance,tant ie suis desireux & amy du bien public,& des hommes vertueux.

Pour mieux donner à entendre, ce que ie comprends en l'Epitome dont ie viens à parler,ie mettray en auant quelques articles que i'ay obseruez en la maison de Arcourt,lesquels sont comme s'ensuit.

Arcour ou Harcourt (& selon aucuns Harrecour) est l'vne des plus Nobles & anciēnes maisons de Normandie. De ceste maison il y a eu des Rois d'Escosse,l'an de salut,1295.des grands Maistres,Mareschaux & Admiraux,de France.Ils ont esté Contes de Harcour,Ducs d'Aumale, Marquis d'Elbeuf,& sieurs de plusieurs baronnies,chastelenies,& autres semblables seigneuries,comme de Bonnestabe au Maine,Monfort, Vibraye, Sangrie, S. Saulueur le Viconte, Chastelerault, la Ferté Bernard, Tilly, Monthyer, du Bailleul en Normandie,Franque-ville,Moyre,Lachoüaniere & autres en nombre infiny : ils ont eu alliances auecques les Nobles maisons de Valois, Bourbon, Anjou, Lorraine, Guise, Alençon, Coucy, Veruin, Sicile, Iainville, Vaudemōt, Auaugour, Ferrieres, Sauoye, Touteville, Lōgpont, Champagne, Normādie, Espagne, Auschot, Nanssau, Orenge, Chourses, Malicorne, Lucé, Coüaismes, Souuray, Carrouges, Assay, Mont-faucon, & autres:

Ceste maison a duré & continué plus de huict cēs ans. Elle florissoit dés l'an de salut.700.D'icelle maison de Harcour sont venus à la maison de Lorraine, le Duché d'Aumalle, & le Marquisat d'Elbeuf. Ils portent en leurs armes, de gueulles à deux faces d'or.

Iean le Feron tresgrand & diligent rechercheur de toutes les maisons Nobles,lequel est trespassé depuis quelques annees en ça,au tresgrād regret

regret de tous amateurs de l'antiquité,& sur tout au mien(qui n'ay iamais eu cet heur de le voir, ou cognoistre) en a fait & dressé la genealogie, laquelle ie n'ay encores point veüe: mais i'espere que les alliez ou amis de cette maison ne me la celerōt pas. Et diray en passant que ce que i'en vien de dire,ie l'ay retiré de mes Memoires ou Recherches.

Laissant ces exemples des maisons Nobles, ie feray mention du Catalogue general,que i'ay fait de tous ceux, qui ont iamais escrit ou composé en nostre langue Françoise, depuis qu'elle est reduitte en art, iusques à maintenant:lequel œuure i'ay nommé La grande Bibliotheque Françoise,& l'ay nommee grande, pource qu'elle contient les noms de deux ou trois mille hommes,tant François qu'estrāgers,& tant des hōmes que des femmes,qui ont escrit, ou composé en nostreditte langue Françoise maternelle ou vulgaire:auecques le denombrement de tous leurs escrits,œuures,ou compositions.

Et outre ce,i'ay escrit vne autre seconde Bibliotheque Latine,contenāt les escrits ou compositions Latines de 5. ou 6. mille hommes tous natifs de la France & des Gaules, sans y comprendre d'autres personnes soubs ce nom de François ou Gaulois,que ceux dont i'ay parlé cy dessus.

Ie ne me suis pas contenté d'auoir mis en icelles Bibliotheques Latine & Frāçoise,le catalogue des œuures, ou escrits de chacū autheur:mais outre celà i'y ay cōpris chez qui ils sont imprimez, en quelle marge ou grādeur,en quelle annee,combien ils contiennent de fueilles, & sur tout, le nom de ceux,ou celles ausquels ils ont esté dediez, sans y obmettre toutes leurs qualitez entieres:Et outre celà i'ay mis le commencemēt ou premiere ligne de leur ouurage & composition,& en quel temps les autheurs d'iceux viuoient, & plusieurs autres menues recherches, que ie ne raconte pas icy,lesquelles toutesfois i'ay obseruees en iceux Catalogues.

Ie ne peux mettre si tost en lumiere,cette Bibliotheque Frāçoise: d'autant que ie n'ay pas sceu les noms de tous les hommes doctes, ou autres qui ont escrit en nostre langue:Et pense estre impossible, de les pouuoir tous nommer sans l'aide des amateurs des lettres,ou bien aussi des parents & amis de ceux qui ont escrit, ou d'eux-mesmes: tous lesquels ie prie & supplie bien fort,de m'aduertir de ce qu'ils verront que i'auray obmis ou delaissé à escrire d'eux,touchant leurs œuures & compositions.

Et pour monstrer qui sont ceux dont i'ay parlé, & aussi pour satis-faire au desir de plusieurs qui voudroient voir cette grande Bibliotheque imprimee,i'ay fait vn Epitome de la susditte Bibliotheque Françoise, lequel ie mettray bien tost en lumiere. Et pour donner plus facilement à entendre,quelle difference il y a entre la grande Bibliotheque, & son Epitome: i'en mettray vne exemple touchant celuy qui est le premier compris en icelle,duquel ie dy succinctement ce qui s'ensuit audit Epitome.

ABEL Foullon natif de Loüé en la Champagne du Maine, à 6. lieuës du Mans, valet de chambre du Roy Henry 2. du nom, l'an 1559. &c.

Il a traduit de Latin en François les Satyres de Perse, & le Poëme d'Ouide intitulé *In Ibin*, & les huict liures de l'Architecture de Vitruue: Et de son inuention, il a escrit l'Vsage, & description de l'Holometre. Vn traicté des machines, engins, mouuements, fontes metalliques & autres telles inuentions: outre plus, la description du mouuement perpetuel.

Il mourut à Orleans l'an 1563. âgé de 48. ou 50. ans. Ie penserois auoir laissé ces deux Bibliotheques, manques, ou imparfaites, & defaillantes, en ce qui depend de leur principalle grace, & ornement, si ie ne les auois enrichies, & accompagnees de chacun vn volume de Pandectes, sçauoir est d'vn volume Latin pour la Latine, & d'vn François pour la Françoise: Et auant que passer outre, ie confesse librement, que ie n'ay pas esté le premier, qui a entrepris vn tel gẽre d'escrire, car Gesnerus, Licosthenes, & Symlerus, (tous trois for doctes, & tres-diligents personnages) en ont escrit auãt moy: mais en Latin seulement, & sans faire mẽtion que des autheurs Hebreux, Grecs & Latins, & s'il y en a d'autres (comme des Caldeës, Assyriens ou Arabes) pour le moins ils n'ont point fait mention des Escriuains és langues vulgaires.

Pour reuenir aux deux volumes de Pandectes Latines & Françoises, ie delareray (le plus brefuement que ie pourray) ce qu'ils contiennent, sçauoir est vn tres-ample Catalogue de tous les Autheurs qui ont escrit de chacun art, science, ou profession d'estude, lesquels i'ay diuisez, selon les sept arts, que nous appellons liberaux.

Pour declarer plus facilement ce que i'ay dit cy dessus, ie mettray en auant l'vn des chapitres, voire le dernier, contenu audit volume de Pandectes de la Bibliotheque Françoise: Sçauoir est celuy qui fait mention de la Grammaire: lequel i'ay plustost mis en auant, que pas vn des autres, pour mõstrer, combien ie suis proche de la fin ou acheuemẽt d'iceluy œuure.

Si quelqu'vn est desireux de sçauoir quels autheurs ont escrit, de chacune partie d'icelle Grãmaire, il les trouuera prõptement esdits chapitres. Comme pour exemple: s'il veult auoir la cognoissance de ceux qui ont escrit ou composé des Grammaires Françoises, ou vulgaires: ie luy allegue, ou mez ou auant 30. autheurs, qui en ont traicté, soit en Latin ou en François, lesquels ie nomme audit volume de Pandectes: Et outre les noms, d'eux & de leurs liures, i'y adiouste encores, & aduertis les lecteurs, s'ils sont imprimez ou non.

Touchant l'orthographe, ou escriture Françoise 20. autheurs.

De ceux qui ont escrit de l'Etymologie, ou origine de chacun mot, ou diction Françoise, 16. autheurs Latins, & 18. François ou vulgaires.

Pour l'art oratoire 6. autheurs Frãçois. Pour l'art Poëtique, ou instructiõ pour apprendre à composer en vers, ou rithme Françoise 16. autheurs.

Ceux qui ont escrit des Prouerbes ou Adages François 4. autheurs Latins, & 8. François.

Ceux

Ceux qui ont escrit des Epithetes 4. autheurs François: 8. autheurs qui ont escrit des Alphabets,ou exemplaires & instructions,pour aprendre à escrire & former les lettres. Touchant ceux là qui ont escrit de l'exellence ou illustration de la langue Françoise 7.autheurs.

Et outre celà i'ay fait vn chapitre, de ceux qui ont obserué ou annoté & fait des recueils d'aucunes dictions Françoises, descendues de la langue Grecque,dont le nombre des autheurs Latins qui en ont escrit ou amassé, est de vingt & sept,& des François (ou escriuains en langue Françoise & vulgaire) est de dix.

Ie ne veux pas dire, qu'il n'y ait bien d'autres autheurs qui ayent escrit d'vne chacune partie de Grammaire, voire en plus grand nombre que ie ne viens de dire:mais ie n'en ay encores peu voir, que le nombre de ceux que i'ay recitez,& en passe beaucoup d'autres qui ont escrit sur autres articles,appartenants à la recherche & illustration de nostre langue, comme de ceux qui ont escrit des Rhetoriques,& Dialectiques Françoises,des accents,de la punctuation,& de la prononciation.

De la maniere de bien traduire d'vne langue en autre: de la façon de composer ou dicter lettres missiues: De ceux qui ont escrit des recueils des sentences des Poëtes, ou orateurs François, & autres choses semblables,dont ie n'ay fait le recit que d'vne partie: car si i'eusse voulu racompter par le menu, tous les chapitres, ou lieux communs, desquels i'ay traicté ou fait mention, touchant les parties de la Grammaire Françoise, i'y en eusse compris enuiron de 30. qui sont tous des dependances,ou appartenances d'icelle.

Ie ne parle point des autres liures, ou chapitres contenuz és susdicts volumes des Pandectes Latines & Françoises : lesquels traictent de la Poësie, Theologie, Iurisprudence, Medecine,Histoire, Art oratoire,des Mathematiques,de la Philosophie & autres sciences: de toutes lesquelles i'ay tellement dressé les lieux cemmuns, ou chapitres, qu'il n'y a autheur (qui ait escrit en Latin ou François, de quelque art ou science que ce soit) que l'on ne puisse trouuer aisément en iceux chapitres, pour l'aide & soulagement de ceux là, qui auront à discourir, ou traicter de chacune matiere qui leur viendra en deliberation.

Non content d'auoir escrit le Catalogue de tous, ou de la plus grande partie des hommes doctes de la France & des Gaules, & pensant estre bien peu de chose,que d'auoir seulement fait mention de leurs compositions Latines & Françoises, i'ay bien voulu (pour monstrer combien la memoire de tels & si grands personnages m'est saincte & recommandable) escrire les vies de ceux qui m'en ont semblé dignes, lesquelles i'ay reduites en diuerses façons,& à l'imitation de plusieurs graues autheurs,tant Grecs que Latins,& selon le merite de chacun:ou bien (pour ne dissimuler rien de la verité) ie les ay escrites selon que i'ay trouué assez de matiere ou subiect en iceux. Sçauoir est, des vns à la façon de Suetone (duquel i'ay cy deuant parlé) des autres à l'imitation de ce tant & à bon droit renõmé, & non encor assez loüé Plutarque de Cheronnee, autheur Grec. Et le troisiesme (au patron duquel ie me suis conduit) c'est Paule Ioue, qui a escrit les Eloges, ou vies briefuement discouruës, soubs les visages, des plus illustres hommes tant aux lettres, qu'en l'art militaire.

Ie diray encores, que ie n'ay obmis à escrire les vies des Roines, & Princesses de France, & autres qui m'ont semblé les plus recommandables, & dignes de perpetuelle memoire, tant pour leur vertu & sagesse, que pour leur doctrine, & actes les plus memorables en chacun genre de viure.

Il me reste encores (pour satisfaire aux curieux) à declarer que i'ay escrit en Latin les vies des autheurs Latins, & en langue Françoise, les vies des hommes les plus doctes, qui ont escrit en François: lesquelles ie feray imprimer à part, & sans les confondre ou mesloyer les vns auecques les autres de diuerse profession: voire auecques obseruatiõ des siecles, ou temps qu'ils ont vescu. Sçauoir est des Theologiẽs, Iuriscõsuls, Medecins, Poëtes, Historiẽs, Orateurs, Philosophes, Mathematiciens, Grãmairiens & autres.

Et quant aux hommes les plus celebres, tãt de l'Eglise, que de la noblesse, & autres de robbe lõgue, ou estat de Iudicature, i'en ay pareillement escrit les vies, & les ay mises selon leurs rãcs & dignitez les plus honorables.

Outre plus, i'ay fait des catalogues, des plus excellents hommes de Frãce, en toutes sortes d'honestes exercices, & de loüable vacation, comme des Peintres, Orfeures, Sculpteurs, & graueurs en toutes sortes d'ouurages, Architectes, Fondeurs, ingenieurs, faiseurs de machines, Salinateurs, & autres en nombre infiny, lesquels ie passe maintenant soubs silence, de peur de vous ennuyer en vn si long discours : car si ie ne pensois vous destourner d'affaires plus serieuses que celles cy, i'eusse encore fait mention des Musiciens & ioüeurs de toutes sortes d'instrumens de Musique, & autres semblables, tous excellẽs aux exercices tãt de l'esprit, q̃ du corps: Lesquels i'ay comparez aux estrãgers de mesme profession, & les ay mis selon l'ordre des tẽps qu'ils ont vescu. Ie ne diray pas que i'ay escrit les vies des plus excellents & renommez d'entr'eux, de peur que quelques-vns trop chatoüilleux, ou aisez à esmouuoir, ne dissent que ie promets trop de choses à vne fois, & sans que l'on ait encores rien veu qui ait esté mis en lumiere de ma part, pour en faire iugement à l'aduenir : Mais auant que finir mon discours, ie diray vn mot pour tels calomniateurs, ou personnes plustost prompts à iuger que d'auoir veu, cogneu, ou entendu les choses, comme elles sont, & sans sçauoir combien l'entreprise d'icelles est aduancee.

Tout ce que i'ay deduit, & raconté cy dessus, touchant mes escrits ou compositions pour la Frãce, ne suffist pas pour mõstrer, que i'aye recherché, & trauaillé sur les points ou articles de l'entiere, & parfaite illustration d'icelle, de laquelle i'ay promis escrire, au titre ou inscription de ce mien discours.

Donques

Donques pour y satisfaire, ie diray qu'outre les liures susdits, i'ay encore recueilly, & dressé plusieurs memoires, pour escrire l'histoire generale des François, ou Gaulois, de laquelle ie trouue que plusieurs doctes & sçauans personnages ont desia escrit, lesquels sont en nombre plus de 500. & pense auoir la plus grande ou meilleure partie de ce qu'ils en ont fait, sur laquelle ie me conduiray en ce que ie trouueray de veritable.

Et pour le regard de l'histoire de nostre temps, ou bien des guerres ciuiles, aduenues en France pour la religion depuis 17. ans ença : i'ay recherché pour cet effect, les memoires des plus certains, & veritables autheurs qui en ont escrit, voire de ceux qui en peuuent tesmoigner de viue voix, pour y auoir esté presents, ou pour l'auoir entendu fidellement de ceux qui en peuuent bien parler auec asseurance,. & sans passion. Ceux qui en ont escrit, tant d'vn party que d'autre, sont en nombre de quarante ou enuiron, soient Latins ou François, mais la plus part n'a encores mis ses œuures en lumiere.

Si quelques-vns s'esmerueillent, de ce que i'entrepren d'escrire des subiects, qui ont ia esté traictez par tant d'autheurs, & graues personnages plus doctes & suffisants que moy, ie leur respondray, que ce que i'en fay, n'est pas pour auoir conceu ceste opinion en moy, de pouuoir m'en acquiter plus heureusement que ceux qui auroient a trauaillé, ou entrepris d'escrire sur tels desseings ou proiects : mais seulement, pour ce que la plus part des escrits de ceux que i'allegue, n'ont encores esté imprimez : ioint aussi que i'y veux obseruer vn ordre ou reigle non encores suyuie, de la façon que ie me delibere d'en escrire.

Et pour monstrer que ie ne veux frauder aucun de son los, ou merite, ie ne tairay pas les noms de ceux desquels ie me seray seruy ou aydé, ny mesmement les liures ou memoires escrits par eux. Car si ie pretendois m'attribuer chose quelconque, qui fust de l'inuention d'autruy, ie me rẽdrois digne du nom de Plagiaire : ce que ie deteste, & abhorre autant qu'autre qui viue de mon siecle : Et pour le monstrer en effet, ie confesseray auoir entrepris d'escrire vn liure contre telles manieres de gens, vsurpateurs ou se vendicans le labeur d'autruy, lequel œuure i'ay entiltré, La verge ou fleau des Plagiaires, ou de ceux qui s'attribuent & mettent en leur nom, les œuures, ou compositions desquelles ils ne sont pas autheurs ou inuenteurs : Et si ie voy que ce vice s'augmente & continue, i'en publiray ce que i'en ay escrit.

Cet article me seruira (s'il vous plaist) pour tous les autres lieux, où ie feray mention des autheurs, qui ont escrit des subiects pareils à ceux que i'ay traictez, & de ceux-là pareillement dont ie me delibere de parler encores par cy apres.

Outre les histoires susdittes i'ay escrit, ou plustost recueilly (i'vse expreſſément de ce mot pour ne faſcher aucuns par trop ſeueres & critiques cenſeurs)plusieurs autres volumes, traittant des choſes que i'ay penſees eſtre neceſſaires pour les curieux, ou rechercheurs de tout ce qui s'eſt fait &paſſé en France,digne de perpetuelle memoire.Comme des Exemples memorables des hommes François, à l'imitation de Valere le grand, Sabellic,Baptiſte Egnace,Fulgoſe,Marule,& autres infiniz,dont ie parleray en autre endroit.Et outre l'imitation des ſuſdits autheurs,i'ay eſcrit vn autre liure que i'ay entiltré, Rencontres memorables, ou pluſtoſt fatales & diuines. L'hiſtoire prodigieuſe,traittant des Monſtres nez, & des Prodiges aduenuz en France,auecques l'interpretation d'iceux. Les Conciles tant Generaux que Prouinciaux, tenuz en France, pour le fait de la Religion, ou pour autres cauſes.Recueil des Eſtats tenuz en France. Traité des Parlements de France. Autre traicté des Academies ou Vniuerſitez de France.Le liure des batailles & rencontres donnees en France, & des Villes priſes ou aſſiegees,tant pour le fait de la Religion, que pour autres raiſons,que ie declareray. Les ſuperbes & magnifiques entrees des Roys, Princes,& autres grands Seigneurs,faites par les citoyens,ou habitans des villes,tant à leur reception ou coronnement,que pour autres effects. Arreſts les plus memorables,donnez &prononcez és Parlements de France. L'Onomaſticon François,à l'imitation de Iulius Polux,autheur Grec,qui eſt vn œuure contenant les noms, enſemble les figures ou protraits de tous les inſtruments ſeruants aux arts mechaniques & autres ſemblables.

Le promptuaire des mõnoyes deFrance, tant antiques que modernes, auec leurs protraits ou figures.

Epitaphes,ou inſcriptiõs les plus antiques,& memorables,qui ſe voyẽt par toute la Frãce & les Gaules auec l'obſeruatiõ de leur eſcriture antique.

La recherche des Bibliotheques, ou Cabinets, les plus renommez de Frãce,(qu'aucuns appellent chambres de merueilles) auecques la declaration des liures rares, Medailles,Protraits,Statues,ou Effigies,Pierreries, & autres curieuſes gentilleſſes, ou gentilles curioſitez qui ſe voyent és maiſons des Princes,& autres qui font amas de telles magnificences.

La Corne d'abondance Françoiſe, faiſant mention de toutes les choſes rares ou exquiſes, dont ſe fourniſt le pays de France, ſans en mandier des Eſtrangers.

Les Diuiſes peinctes,& ſans peinture ou figure auſſi,des hommes doctes,Nobles,& autres ſemblables,tous natifs de ce Royaume.

Le Calendier Hiſtorial,contenant les naiſſances, enſemble les treſpas, de toutes ſortes d'hommes François, dignes d'en faire mention pour leur excellence ou vertu,auecques vn recueil de ce qui s'eſt fait ou paſſé de memorable en chacun iour,mois & an,du viuant d'iceux hommes, Doctes, Nobles,Eccleſiaſtiques & autres ſeculiers,le tout reduit par colomnes ou ſeparations.

Opuſcules Françoiſes,traitant des choſes appartenantes à la France.

Et

Et pour l'illuſtration de la langue Françoiſe, i'ay eſcrit les liures qui ſ'enſuyuent.

Les Etymologies de chacun mot, ou diction Françoiſe.

Les Prouerbes, ou Adages François, auecques leur interpretation.

Epithetes.

Synonimes.

Traicté de l'Orthographe, ou Eſcriture Frãçoiſe, & pluſieurs autres choſes appartenantes à l'ornement de noſtre langue.

Pour laquelle illuſtrer, i'ay recueilly & obſerué tout ce qui m'a eſté poſſible de trouuer pour ſon embelliſſement, tant és autheurs qui en ont eſcrit premier que moy, que de mon inuention particuliere.

Et ſi en cet endroit ie n'ay fait mention des choſes, qui ſembleront encores neceſſaires, d'eſtre traictees, touchãt tout ce qui depend de l'entiere & parfaicte illuſtratiõ des Gaules, (dont i'ay promis eſcrire) i'aduerty ceux qui pourroient ſe ſouuenir d'autres articles, non encores par moy declarez, en ce Diſcours, que i'en ay eſcrit au Catalogue general du ſpirituel & temporel des Gaules, dont i'ay parlé cy deuãt, lequel i'ay tant exactement recherché, qu'il n'y a ſi petite partie que ie n'aye obſeruee.

Voylà ce que i'ay penſé deuoir eſtre deduict pour le preſent, touchant l'entiere & parfaicte illuſtration de la France & des Gaules, (ſ'il m'eſt permis d'vſer de ces mots & parler en tels termes) de laquelle i'ay eſcrit infinis volumes & memoires, dont la plus part ſont acheuez, & les autres bien auant encommencez & pourſuiuis.

Et quant aux autres choſes, que i'ay promis d'eſcrire pour ſeruir à tout l'Vniuers, ie les declareray premier que finir ce Diſcours.

Mais auant que d'en parler, ie diray librement, que ie ſuis tout aſſeuré, que tãt ſ'en faut, que la Poſterité, noz Neueuz & ceux qui viẽdront d'eux, ſe puiſſent perſuader ou croire, que i'aye tãt eſcrit, ou recueilly de Memoires, comme i'en ay recité cy deuant, & que i'en deduiray encores par cy aprés, que meſmes ceux du ſiecle où nous ſommes, & de mon temps, voire quelques-vns de ceux qui me penſent bien cognoiſtre, pour m'auoir hanté quelques-fois, ou pour ſ'eſtre enquis, & informez de moy & de mes puiſſances (i'excepte touſiours en cecy mes plus fidelles & ſinguliers amis) tant ſ'en faut (dy-ie) qu'ils le penſent eſtre vray, que tout au contraire ils m'eſtimeront trop audacieux & temeraire, d'auoir oſé mettre à la veuë de tant d'excellens & diuins perſonnages qui viuent auiourd'huy, & ſur tout de vous auoir dedié ce mien Diſcours, promettant tant d'ouurages de ma façon, deſquels aucun n'a encores rien veu d'imprimé ou mis en lumiere iuſques à cette annee 1579. Et penſeront plus toſt telles manieres de gens, que ce ſoient pures menteries, & des promeſſes vaines, qu'autrement: Soit pour auoir entendu combien ie ſuis encores ieune d'ans & de ſçauoir, (car à peine ay-ie atteint l'an de mon aage vingt & ſeptieſme.) Et quãd à la doctrine, i'auouë ne ſçauoir qu'vne choſe, c'eſt que ie ne ſçay rien: Ou bien pour estre entachez d'vne certaine ialousie,ou d'autres vices, qui me sont incogneuz,pour ne m'en estre gueres informé, tāt ie suis peu curieux d'en auoir plus ample cognoissance:Mais les effects de mō entreprise sont dés à present & seront encores à l'aduenir les suffisans & irreprochables tesmoings de mes labeurs.

Au demeurant,si quelques-vns s'esmerueillent, de tant d'escrits, ou cōpositions que i'ay faictes en si bas aage: ie veux bien les aduertir que celà n'est tant digne d'admiration, comme il leur pourroit sembler: Veu qu'il ne s'est passé iour, depuis 9.ou 10.ans en ça,que ie n'aye employé 6.heures à l'estude,pour parfaire vne si haute & difficile entreprise,qu'est celle dont i'ay entrepris d'escrire.Sçauoir est 3. desdictes heures à lire, & les 3. autres à escrire:Sans m'y arrester aux apres-disnees,sinon en temps d'hyuer,ou autrement fascheux. Lesquelles heures d'apres midy,i'employe à tous honnestes exercices,tant de l'esprit que du corps:auecques compagnies que ie cognois les plus dignes de frequentation,pour leurs vertus & gentillesses, soit auecques grās Seigneurs,ou autres de moindre qualité. Et ce qui fait, que ie n'y employe que les matinees,c'est pour dōner relasche à mon trauail,& pour me rendre plus prompt & mieux disposé,à l'exercice,ou continuatiō d'iceluy:lequel i'ay presque reduit en vne nature: C'est à dire,que ie m'y suis tellement façonné,que ie ne pourrois durer & m'ennuyroit, si ie n'employois mon esprit,en vn si honneste exercice: lequel m'est extremement agreable.Car s'il estoit autrement,ie le quitterois-là, & m'en deporterois bien tost,pour n'y auoir chose qui me conuie,ou incite à ce faire,que ma propre volonté, & sur tout mon instinct naturel, auquel ie ne peux resister: Ou bien encores,le desir que i'ay de faire paroistre, que i'ay mieux aimé m'employer à choses vertueuses, & vtiles au public, voire à tous amateurs des lettres,que de passer ma vie en vn perpetuel silence.

Et ce qui m'occasionne,de departir ainsi le iour en deux parties, l'vne au trauail,& l'autre à recreation (que nous appellons esbat) c'est pour l'experience que lon void du prouerbe François,qui est tel:

Vn Arc tousiours bandé à la fin se corrompt.

Lequel se trouue veritable, à l'endroit de quelques-vns, & mesmes des plus doctes de nostre temps,par trop assiduz en leur labeur & trauaux,qui leur occasionnent des maladies.Et en cet endroit,i'ay grandement à louër Dieu,& luy rendre graces infinies, de n'auoir iamais eu mal, ou maladie quelconque, qui m'ait retenu au lict, ou qui m'ait empesché vn seul iour d'estudier.

Il me reste encores, pour satisfaire aux choses,que i'ay promises,au second tiltre,ou inscription de ce Discours,de faire mention des liures & memoires, que i'ay recueillis,pour l'histoire Vniuerselle.

Ie diray donques que pour cet effect,i'ay dressé des Tables, ou cartes de l'vniuers,tant generales que particulieres,&tant marines que terrestres.Et outre celà des Memoires,ou plus tost recueils, des Vies de tous les Papes,

Empe-

Empereurs, Roys, & Princes, ou Seigneurs de la Chreſtienté, & d'autres parties habitables en l'vniuers: voire de toutes les regions, & Peuples compris ſoubz l'eſtenduë d'iceluy.

Mais ie diray (auant que paſſer outre) que ie ne me ſuis pas tant peiné à cette recherche, cõme i'ay fait à l'endroit de la France. Car ie n'ay recueilly que les liures, ou Memoires, que i'en ay troué imprimez (pour la plus grande partie) & le reſte eſcrit à la main, ſoit de ce que i'en ay recouuré par le moyen de mes amis, ou que i'ay tranſcrit des liures qui en ont fait mẽtion, & des autheurs ou eſcriuains de telles choſes. Tous leſquels ie mets par Buffets, en façõ de Dreſſoirs, faits pour aranger les liures: Et les diuiſe, ou ſepare, ſelõ la ſituatiõ des quatre parties du Monde, duquel ils traictẽt, c'eſt à ſçauoir de l'Europe, de l'Aſie, de l'Afrique & Terres neuues, ou nouueau monde, que nous appellons auiourd'huy, la quatrieſme partie de la terre.

Si ie ne craignois, d'eſtre eſtimé, par trop preſomptueux, ou arrogant, ie dirois encores, que i'ay entrepris vne choſe, laquelle i'eſpere parfaire & accomplir en bref (auecques l'ayde de Dieu tout-puiſſant, auquel ie m'adreſſe touſiours, & inuoque ſa ſaincte grace en tous mes faicts & actions.) C'eſt de dreſſer vne Bibliotheque de telle ſorte, qu'il n'y aura choſe quelconque, qui ait eſté cogneuë des hommes, ſoit de ce qui eſt au ciel, en la terre, ou és eaux, & és abiſmes & profonditez de cet Vniuers, de laquelle ie ne face mention en icelle Bibliotheque, ou Cabinet: tant ie me ſuis peiné pour vne ſi curieuſe & diligente recherche.

Et pour accomplir vne tant ſuperbe & magnifique entrepriſe, i'ay extraict de tous les autheurs, tant anciẽs que modernes, & tant des cogneuz, que des incogneuz (pour n'auoir encores eſté mis en lumiere la plus part de leurs œuures) toutes les choſes qui peuuent appartenir à vn tel deſſein: leſquelles i'ay reduites en tel ordre, & agencees en telle façon, que tout promptement, ie peux monſtrer la choſe, dont il ſeroit queſtion, ou de laquelle on me pourroit interroger. Mais, pour ce que cecy, ne ſe peut autãt ayſément comprendre, comme ie le voudrois bien declarer: Auſſi que ce ſeroit vne choſe trop longue à diſcourir: ie ſeray contraint (pour le deſir que i'ay de vous cõplaire en toutes choſes, Monſeigneur) de vous enuoyer le plant ou portait de la deſcription de ladite Bibliotheque, lequel cõtiendra l'ordre que ie preten garder en l'aſſiette & diſpoſition des Buffets, qui ſeront en icelle, & les tiltres, ou inſcriptions, miſes au deſſus de chacun d'iceux.

Mais s'il eſt permis d'eſperer de biẽ en mieux, d'vn qui n'aſpire qu'à parfaire des entrepriſes louables, & dignes d'eſtre aymees de toutes perſõnes vertueuſes: Quelle opinion pourra lon auoir de moy, ſinon de penſer, que tant plus ie viendray à continuer en aage, & en trauail, ou pourſuitte de mes ouurages encommencez, Ie pourray en fin tellement parfaire ce que i'ay pour la plus part eſbauché, & qui n'eſt encores pour le iourd'huy, que comme non limé & mal poly, à cause du grand nombre de Desseins, & diuerses entreprises, que ie me delibere de continuer, le reste de ma vie, lesquelles ie poursuiuray si auant (si Dieu ne m'en oste les moyens) que plus tost on s'asseurera de l'acheuement d'iceux, que du commencement.

Ie diray dauantage, si moy seul, & sans ayde, ou secours d'aucun, soit par escrits, ou Memoires, & autres fraiz ou despẽses, & sans auoir encores receu gages, presens, pensions, dons, ou faueus d'aucuns Roys, Princes, & autres grans Seigneurs, i'ay tant fait de moy-mesme, que d'estre paruenu iusques là, que d'auoir tant entrepris, & tant effectué tout ensemble: Que pourra lon à l'aduenir penser, que ie puisse faire, lors que i'auray plus de moyens, que ie n'en ay pour le iourd'huy (estãt encores fils de famille, & ne iouïssãt d'aucuns biẽs, ou reuenuz) ou bien pour mieux dire, lors que ie seray commandé par les Roys ou Princes de ce Royaume, de paracheuer mon entreprise? A laquelle ie suis seur, qu'ils ne me laisseront manquer de moyens, necessaires pour vne telle poursuite. Voire alors que ie seray aydé de Memoires, ou Aduertissemens, tant des hommes François, que des Estrãgers, desquels i'espere toute faueur, à cause d'vne tant louable, & si saincte entreprise qu'est ceste-cy.

Continuãt ce propos, ie diray encores, que si ie presumois tant de moy, que d'estimer pouuoir paracheuer tous ces miẽs Desseins, sans aide ou secours d'autruy: ce seroit me tromper moy-mesmes, & m'abuser le premier en celà, quelque diligence que ie peusse faire. Et en cet endroict, ie ne craindray point de mettre en auãt, & reciter les mesmes mots desquels vse en vne siẽne Preface, Mõsieur Aubert, natif de Poitiers (duquel ie ne vo⁹ feray point autre recit en cet endroit de ses valeurs, ou merites, veu que vous en pouuez mieux iuger que moy.) Voicy doncq ce qu'il dit en quelque sien Auant-propos qu'il a fait imprimer.

Ie ne me peux engarder de dire, que ie m'esmerueille de plusieurs de nostre temps, doctes certainemẽt és bõnes lettres (mais mediocres en fortune) qui ont ozé entreprẽdre de porter tous seuls le fardeau d'vne grãde Histoire, ou d'vn autre semblable labeur de lõgue aleine. Car ie leur predy, que si pour les soulager de trauail, ils n'ont le moyẽ de tenir à leurs gages 4. ou 6. personnes, (sinon de plus doctes, à tout le moins, de ceux qui ne sont pas ignares) il leur sera impossible de venir à chef de leur entreprise, tout ainsi qu'à vn Architecte, lequel ayant entrepris quelque superbe Palais, voudroit luy mesmes tirer les pierres de leurs perrieres, fossoyer les fondemens de l'Edifice, porter la hotte, & le mortier, & faire tels autres actes, où la seule dureté du trauail est necessaire, & non l'excellence de l'esprit.

Il pourroit sembler à quelques-vns, que ce fust de tels entrepreneurs que moy, ausquels il addressast son propos, mais c'est vne chose toute manifeste qu'il ne le disoit pas pour mõ égard, ny pour auoir encores ouy parler de tels Desseins que les miẽs: Car lors qu'il escriuoit cecy (qui estoit l'an de salut 1556.) ie n'auois encores aucune cognoissance des Lettres, ny mesmes de l'A, B, C, (que lon montre aux enfans:) Toutesfois ie suis de son opinion en celà: Et c'est pourquoy, ie demande secours, en cet affaire, aux Rois

Rois, Princes & grands Seigneurs: Et quant aux autres de moindre fortune, ie les prie de m'aider seulement de Memoires & transcrits) comme encores ie ne les ay iusques icy requis d'autres choses, tant Dieu m'a fauorisé en cette entreprise.)

Et s'il aduient qu'ils m'en refusent (ce que ie ne desire pas, pour le bien que ie souhaite à mõ pays, & à tout l'vniuers) ie ne delaisseray neãt-moins, ains poursuiuray, selon ma puissance ce que i'ay si auant commencé. Mais il ne pourra pas estre si tost acheué, comme il le seroit bien, si i'estois aydé par leur moyen: Or quand ainsi seroit, la gloire d'vne telle chose (encores qu'elle ne peust du tout s'effectuer) n'en diminueroit pas beaucoup en mõ endroit (si ainsi est qu'il en faille esperer aucune.) Car ores que ie ne peusse du tout acheuer de si grãdes & difficiles entreprises, toutesfois ce sera tousiours vn honneur pour moy, voire vne chose bien digne de louange, d'y auoir seulement aspiré (comme dit le Prouerbe.) Et quand ie me deporterois de continuer plus auant vn tel ouurage, ce que i'en ay faict iusques icy, me rẽdra tousiours bien-voulu, (si ie ne suis bien deceu en mon opinion, & du tout frustré de mon attente) voire bien aymé, & chery de tous gens d'honneur, ausquels seuls ie desire complaire, & non à autres. Et diray encores que ce point de vertu, auquel i'ay aspiré tout le temps de ma vie, & lequel m'a iusques icy tousiours seruy de guide, me fait ainsi parler, & me croist le courage.

Ie ne dy riẽ en cet endroit, de la MEMOIRE, ou souuenãce des choses, que i'ay leuës, ou veües, & entẽduës, ou pratiquees tant és Autheurs qu'en autre part: qui est l'vne des principales causes, & presque le seul motif, de toute cette mienne entreprise. Car si ie ne l'eusse eu telle, qu'il a pleu à Dieu de me la dõner, (en quoy ie le louë de toute ma puissãce, & luy rẽdray à iamais graces immortelles d'vn si grand heur, & rare benefice) ie n'eusse iamais attenté, à vne si haute, & difficile entreprise qu'est cette-cy: Mais elle m'a tant soulagé en tous mes desseins, & conceptions, qu'il ne m'a esté de besoing, de voir, ou lire, & entendre qu'vne seule fois, (par maniere de dire) les choses dont ie me voulois souuenir, en ce qui dépendoit de l'acheuement de mon Ouurage encommencé.

Ie confesseray toutesfois ne l'auoir pas telle, ne si heureusement departie, comme nous la voyons à l'endroit de quelques-vns, mesmement de ce siecle, esquels elle reluist de telle façon, que lon peut bien (sans se tromper) la nommer prodigieuse, à cause de ses merueilleux effects: Et aduoüeray encores qu'il m'a esté de besoing, pour la soulager, & conseruer, de faire diuers Catalogues des Autheurs, qui ont fait mention de chacune matiere, dont i'auois en deliberation de traicter. Lesquels i'ay nommez MENTIONNAIRES, c'est à dire Recueil d'Autheurs, qui ont escrit ou fait mẽtion de chacune chose, dont i'ay esté curieux de voir les passages & lieux escrits, ou alleguez par eux, en ce qui concernoit mon entreprise, tant sur l'Histoire, que d'autres subiects.

Si ie mettois en ligne de compte tous les Autheurs du tesmoignage desquels ie me suis aydé en mes escrits, & compositions, ie donnerois encores plus à penser en cecy, que ie ne peux auoir fait, en la plus-part de ce que i'ay dit cy dessus. Car ie suis seur, (& n'en mēts point) que le Catalogue d'iceux, est de plus de dix mille Autheurs, dont i'ay veu & leu la plus grande & meilleure partie de leurs escrits. Laquelle chose ie monstreray bien euidemment, lors qu'il en sera question. Car i'allegue les passages d'iceux Autheurs, y obseruant & annotant encores, en quel liure, en quel chapitre ou article, en quel fueillet, voire en quelle page, ou costé, se trouue ce que i'ay leu, & en quelle marge est ledit liure, & de quelle impression, (ce que i'ay fait, de peur de me tromper au chifre), s'il aduenoit qu'il fust imprimé d'autre marge qu'en la premiere edition. Et outre celà des marques, ou signes lesquels signifient si les Autheurs que ie nomme, ont parlé bien amplement, ou comme en passant, & sans s'arrester beaucoup sur ladicte matiere, & mesmes si ç'a esté en bien ou mal qu'ils ont discouru des choses dont ils traictent, & si celà est imprimé on non, si ie les ay, & plusieurs petites recherches, dont ie ne parle point icy à cause de breueté.

I'oseray encores dire, (sans aucune iactance, ou vanterie,) que i'en ay par deuers moy vne bonne partie, voire des plus rares, & mieux choysis en vn si grand nombre: Et ne me trompe point d'auoir dit vne bonne & grāde partie d'iceux: Veu que le Catalogue de mes Liures, tant de ceux-là que i'ay encores du iourd'huy, que de ceux que i'ay eu quelque-fois, (ie parle ainsi d'autant que i'en ay donné, perdu, & presté, vne grande partie) se monte bien enuiron de 2000. volumes de liures. Et quant à ceux qui sont escrits à la main, & pour la plus part non imprimez, i'en ay plus de 300. sans y comprendre mes Volumes de Memoires ou Recueils. Lesquels liures escrits à la main, i'espere faire imprimer en brief, pour le bien & aduancement du public, & des amateurs des lettres, & sur tout de l'histoire: ne taisant en l'Edition d'iceux, les noms, pays, & surnoms desdits Autheurs, voire auecques vn abregé de leurs vies, escrites par moy, & mises au deuant de leurs œuures: Me contentant seulement de dire, que ce sera de ma Bibliotheque qu'ils seront sortis, & que ç'a esté par ma diligence, qu'ils auront esté mis en lumiere. Et quant à ceux de mon inuention, i'en diray vn mot auant que finir ce discours.

Cet œuure que i'ay appellé cy dessus Mentionnaires, (qui est comme vn liure de lieux communs, ou amas d'Autheurs, qui ont fait mention de choses particulieres) est l'vn des plus penibles & laborieux ouurages, de tous ceux que i'ay encommencez. Mais ce trauail ne m'a pas esté desagreable, ou ennuyeux, d'autant qu'il est d'vn merueilleux soulagement, pour ceux qui traictent diuerses choses, & qui se meslent de l'Encyclopaidie. Car en chacune matiere, dont ie veux traicter, i'ay recours ausdicts Mentionnaires, & lors ie trouue aysément les noms de tous ceux qui ont escrit, ou fait mention de la chose dont ie veux auoir entiere cognoissance: Et si ie ne ie ne m'y fusse ainsi gouuerné, i'eusse entrepris vne chose, à laquelle il eust esté bien difficile, voire impossible de paruenir, sans le secours d'vn tel œuure, qui n'est gueres dissemblable aux volumes des Pandectes dont i'ay parlé cy deuant.

S'il m'est permis d'augmẽter ce Discours, d'vn passage, ou exemple que ie desire bien vous declarer touchant ces Mentionnaires: Ie vous diray que pour escrire bien au long la Vie de Messire Guillaume du Bellay Seigneur de Langey (Vice-Roy en Piedmont l'an 1543. ou enuiron) ie me suis seruy de 63. Autheurs Latins, & de 65. Frãçois, qui ont fait mention de luy en leurs Escrits: sans y comprẽdre en ce nombre susdit, plusieurs de ses parens, & alliez, & mesmement de ses seruãs, ou domestiques: Et outre ceux là, plusieurs autres dignes personnages qui l'auoient cogneu, ou frequenté familierement, tant aux guerres, qu'en sa maison, & autres lieux, & tant dés le temps de sa ieunesse, que lors qu'il estoit plus aagé: De tous lesquels ie me suis enquis, & bien auant informé de sa vie, & deportemens en toutes affaires, pour en escrire auecques plus d'asseurance.

I'ay plustost mis en auant (pour exemple de mon propos) le Seigneur de LANGEY, que pas-vn des autres, dõt i'ay escrit les vies: Et l'ay fait pour beaucoup de cõsiderations, soit pour ce que c'est le premier, duquel i'ay eu desir des mes ieunes ans, d'escrire la vie, & meurs, à cause qu'il est né au MAINE, (ce que ie prouue bien au discours de sa vie, cõtre l'opinion toutesfois de plusieurs doctes & sçauans personnages, qui ont escrit qu'il estoit né en autres Dioceses ou Eueschez) que pour n'ignorer point combien vous aymez ceux qui sont excellents aux lettres, & aux armes: Au nombre desquels cestuy-cy peut à bon droit tenir le premier ranc, comme aussi le tesmoigne quelqu'vn en son Epitaphe ou Sur-tombeau, qui est tel.

Cy gist LANGEY, *qui de plume & d'espee,*
A surmonté Ciceron, & Pompee.

Mais laissant ce propos, ie viendray à parler des autres œuures, que i'ay élabourees, (oultre les susdictes) tant pour l'histoire, & ses dépendances, que pour autres subiects, que i'ay estimez necessaires à vn homme curieux de toutes choses dignes de sçauoir. Enquoy, i'ay à vous supplier tres-humblement (Monsieur) de croire, que ie n'en feray pas recit, & ne les mettray pas en compte, pour faire encores plus qu'au-parauant, entrer quelques-vns en admiration, ou plustost deffiance de moy, & de mes labeurs ou trauaux continuz. Mais seulement, pour ne vous celer rien de mes Oeuures & Entreprises, Escrits, ou Compositions, desquelles voicy les Noms, ou Tiltres de quelques-vnes, qui m'ont semblé rester au Catalogue d'ont i'ay cy deuant parlé.

LA SAGESSE MONDAINE, qui est vn Discours, enseignant les moyens, desquels il faut vser, pour se gouuerner, & viure paisiblement entre toutes sortes d'hommes: Et mesmes pour se donner à garde des ruzes & tromperies des Abuseurs en toutes sortes d'Estatz, & Vocations.

PARADOXE, qu'il n'y a aucun, en ce bas Monde, plus heureux l'vn que l'autre: Auecques la comparaison des plus heureux, aux moins-heureux ou infortunez, selon l'opinion des hommes: lesquelles choses ie deduiray for amplement, auecques plusieurs exemples memorables, qui seruiront de tesmoignage à ce propos.

Traicté des Songes ou Visions de nuict, &c. Problesmes de diuerses sortes, dont les vns sont veritables les autres vray-semblables, & les autres sont recreatifs & facetieux.

Diuerses leçons, tant Latines que Françoises, diuisees en plusieurs liures, & de diuerses sortes, ou façons d'escrire. Car i'en ay dressé les vns à l'imitation de quelques escriuains modernes, cõme de Turnebe, Victorius, Muret, Pithou, & autres Autheurs que ie nommeray en temps & lieu: Les autres à la façon de Pierre Messie, Anthoine du Verdier, Pierre Breslay, & autres semblables, tous lesquels se sont monstrez for doctes & tresdiligens en telles recherches. Lesquels liures de diuerses leçons i'ay reduits par les sciences & selon les diuerses professions d'estude, sçauoir est, selõ la Theologie, Iurisprudẽce, Medecine, Philosophie, Mathematiques, Poësies, Histoire & les autres arts.

Recueil de Poësie Latine & Françoise, departy en deux liures.

Oraisons faictes en la louange des Arts & Sciences, ou autres diuerses professions d'Estude.

Louanges des Estats des Nobles ou des dignitez affectees aux Gentilshommes & non à autres.

Louanges des Estats, ou Offices de Iudicature, qu'aucuns appellent de robbe longue.

Louanges des honestes exercices, tant spirituels que corporels:

En tous lesquels liures, ie traite des Priuileges, de chacũ des susdits Estats, Dignitez ou Offices, & des Ceremonies gardees en iceux, tãt à l'interrogatoire, & inquisitiõ, qu'a l'installatiõ ou reception de chacũ, voire la façõ de prester le serment, & autres choses necessaires de sçauoir en tel cas: Et mesmemẽt des fraiz ou despẽses qu'il faut faire, auant que prẽdre quelque degré ou licẽce, & premier que d'estre receu en l'administratiõ d'iceux, & de la taxe faicte & adiugee pour cet effet, par Arrests des Cours de Parlemẽt.

Opuscules, faites d'autre façon & en autre sorte que les susdites.

Epistres liminaires, tant Latines que Françoises: Qui est vn Volume, cõtenant, vn Amaz ou Recollection des plus doctes Epistres, Prefaces & autres choses semblables, mises au deuant des liures des plus sçauans hõmes & renommez en toutes sortes de doctrines, & de bien parler: Lesquelles i'ay mises par ordre, & selon les diuerses matieres dont elles traicteront, pour ne rien mesloier.

Anagram-

Anagrammes ou Noms-retournez des Doctes, Nobles, Ecclesiastiques & autres personnes dignes de recommendation, lesquels i'ay separez, ou diuisez en quatre liures, tant le nõbre que i'en ay recueilly est grãd.

Le Promptuaire des visages des hommes dignes de perpetuelle memoire, diuisé en plusieurs lieux.

Les Armes ou Armoiries, & Escussons des hommes Doctes, Nobles, Ecclesiastiques, & d'autres Estats &c. diuisez en plusieurs liures.

Les Testamens & dernieres volõtez des plus insignes personnages de France.

Diuers habits ou accoustremens des anciens François ou Gaullois, tant des hommes que des femmes.

Traicté des Gemmes ou Pierres precieuses.

Traicté contre les Sorciers & Magiciens.

Paradoxe, ou sentence debatue contre la commune opinion, auquel i'essaye de prouuer qu'il n'y a rien auiourd'huy de nouueau au monde, & que toutes les choses qui ont maintenant cours, ont esté en vsage au parauant, & cogneuës des Anciens.

Traicté de la Pierre Philosophale.

Ie ne feray point mẽtion des autres escrits, que i'ay entre les mains, ausquels ie ne cesse de trauailler, & prendre peine de les paracheuer : Car i'auroy peur, que celà tournast plustost en risee ou moquerie qu'autrement, principalement à l'endroit de ceux, qui sont coustumiers d'en vser, desquels le nõbre est plus grãd que ie ne desirerois. Celà toute-fois ne me fera pas perdre cœur, ny reboucher en si belle carriere, mais au contraire, il me seruira d'espr, pour m'auancer plustost, au lieu où ie desire tant paruenir.

Ie diray encores vn mot, pour ceux qui auroiẽt opiniõ, q̃ i'eusse mis vn si grãd nõbre de Desseins, ou œuures encõmencez, en forme de Catalogue pour couper chemin, ou destourner ceux-là d'escrire, qui auroiẽt entrepris de pareils subiects que les miẽs: Mais i'ay à prier telles personnes, de s'asseurer & croire fermemẽt, q̃ ie l'ay plustost fait pour le desir q̃ i'ay de voir, que ceux qui en ont escrit, ou cõmẽcé de semblables, les mettẽt en lumiere, ou qu'ils m'en cõmuniquent par Lettres ou autremẽt, (si leur plaist de me faire ce bien) à fin que si ie leur peux aider, ou faire seruice qui leur soit agreable, ils me recognoissent tel, que plusieurs de mes Amis m'ont esprouué, lors qu'ils m'ont employé en telles affaires, en me declarãt familierement quelles estoiẽt leurs entreprises: Et tant s'en faut, qu'en me faisant ouuerture de leurs cõceptions, ils ayent apperçeu que i'en aye esté ialoux ou enuieux tant soit peu, qu'au contraire ils m'ont cogneu par effect, cõbien i'estois desireux, que ce qu'ils auoient encõmencé se paracheuast, & qu'ils le fissent imprimer. Et en ce cas ie ne les ay iamais refusez de chose quelconque, dõt ils m'ayẽt requis, (si elle a esté en ma puissance.) S'il estoit besoing en cecy d'vser de preuue, i'en nommerois plusieurs (desquels ie tay les noms en cet endroit) qui me seruiroient pour tesmoigner mon dire, aufquels ie me fuis monftré tellement liberal, & fi entier amy, que ie leur ay enuoyé le Catalogue des Autheurs, qui faifoient mention des chofes, dont ils vouloient traicter: Et outre celà, ie leur ay prefté les Liures ou Memoires, qui leur eftoiẽt neceffaires pour cet affaire, tãt imprimez qu'efcrits à la main: Voire ie leur ay donné aduertiffement (felon qu'ils m'en requeroient) de l'ordre qui eftoit requis de garder en la facture de leurs ouurages. Ie ne dy pas cecy par reproche, ou pour mettre en auãt les courtoifies defquelles i'ay vfé à l'endroict de ceux qui m'ont recherché: mais feulement ie l'ay dict, pour mõftrer que ie fuis plus preft d'ayder, que d'efcõduire ou refufer ceux-là, qui auroiẽt recours à moy, en telles chofes: à tous lefquels i'aduouëray toufiours librement, d'eftre leur inferieur, & moins fuffifant en toutes fortes, tãt i'ay peu d'opiniõ de moy, & que ie fuis exẽpt du vice, que nous appellons, Amour de foy-mefme.

Ie ne fay point de doute (Monfieur) que plufieurs ayans ouy faire recit de tant d'œuures ou compofitions (defquelles i'ay fait mention en ce Difcours) ne defirent auffi bien que mes Amis: aufquels ie l'enuoyeray, de les voir bien toft imprimees. Mais en cecy, i'ay à les aduertir, que ie fuis autant ou plus defireux qu'ils ne font, que celà fe face au pluftoft qu'il me fera poffible, voire dés à prefent, f'il eftoit en ma puiffance de l'executer auecques ma volonté.

Toutesfois ie ne le peux faire commodément, iufques à ce que ie fois à Paris, auquel lieu i'efpere bien toft m'acheminer pour y faire vn long feiour, tant pour iouyr de la prefence des plus doctes hommes de l'Europe, qui y font leur demeure, que pour eftre en lieu propre, pour faire imprimer mes Oeuures, & auoir toutes fortes de liures qui viennent de toutes pars en icelle ville, & encores pour la commodité que ie pretens auoir de pouuoir refcrire, & receuoir lettres de tous mes amis, qui font és villes & Vniuerfitez de France, dont Paris eft la premiere, & prefque fituee au milieu de toutes les autres.

Sur ce point, ie veux bien aduertir ceux qui liront ce mien Difcours, ou qui en oiront parler, que ie ne fuis pas d'opinion de mettre en lumiere les grans Volumes, & Memoires entiers des chofes, dont i'ay parlé cy deffus, qu'apres en auoir fait imprimer les Epitomes ou abregez de chacun d'iceux: tant pour remplir tout à mon aife ce qui pourroit y defailly, que pour ne precipiter des chofes de telle confequence, comme font celles que ie me propofe de traiter efdits Volumes, eftans accomplis. Ioint que ie pourray eftre fecouru en tel cas de plufieurs, qui feront aduertis de mes Deffeins & conceptions, defquels ie ne pouuois auparauant eftre aidé, ny receuoir telle faueur, (comme i'efpere l'acquerir par tous bons offices, & deuoirs d'Amy) n'ayant point encores declaré, iufques à maintenant, quel eftoit mon intention, & quelles chofes i'auois entreprifes de traicter en mes Oeuures.

Apres

Apres vn si grand nombre de promesses faites par moy, & entre tant de volumes dõt i'ay parlé cy dessus, i'ay crainte de declarer encores, (& aussi ne le peux-ie faire, sans hazarder beaucoup mon honneur, à l'endroict de quelques-vns de mauuaise façon, & plustost néz pour médire, ou déttracter d'autruy, qu'à iuger des choses selon la verité) combien i'ay escrit d'autres Memoires, Liures, ou Recueils, de toutes sortes d'affaires, ou maniements, & de choses qui m'ont semblé dignes d'vn homme de libre vacation, comme ie suis: Desquels escrits ie ne feray point mention pour cette heure, me reseruant à en escrire plus amplement, és Annotations, ou Commentaires, que ie preten faire & publier en brief sur ce Discours: Esquels ie suis resouls de me licencier de telle sorte, que ie declareray tout au long, & auec la plus grande facilité dont ie pourray vser, les choses que ie ne dy en cet endroit, que comme à demy, & peut estre auecques trop grande obscurité, principalement pour l'égard de ceux, qui ne m'ont ouy deuiser familierement de tels Desseins, & entreprises: ensemble des Ouurages que i'ay encommẽcez pour rendre vne Bibliotheque parfaicte, & accomplie en toutes choses requises, à vn qui fait entiere profession des Arts & Sciences, & sur tout de l'Histoire, qui est mon principal but, & auquel i'ay de tout temps aspiré.

Si ie n'ay vsé en ce Discours de motz plus propres, & parlé en termes plus elegants ou correctz, ou bien encores si ie ne l'ay tyssu d'autre façon, que ceux qui me cognoissent assez, s'y attendoient, ie vous supply tres-hũblemẽt (Monsieur) d'excuser le vice, ou imperfection, qui est telle en moy (à mon tresgrand regret) de ne me pouuoir si heureusement expliquer ou faire entendre mes conceptions par escrits, comme ie le pourrois bien mieux faire de viue voix, & en discourant familierement auecques ceux, qui me feroient cet honneur que de m'ouyr parler, ou traicter de cette affaire en toute liberté: Ce que pourront bien asseurer tous ceux auecques lesquels ie conuerse ordinairement, & communique en toute priuauté.

Ie dy cecy, non pas pour auoir iamais eu occasion de vous celer rien lors qu'il vous a pleu m'honorer tant, que de me visiter par plusieurs fois, soit par lettres ou autrement: Mais pour ce que voz affaires, vous détournoient autre part, & que ie ne vous en ay point tant dit, comme i'espere vous en discourir plus au long, en autre lieu.

Changeant quelque peu de propos, & pour satisfaire, s'il m'est possible, à quelques-vns de difficile croyance, Ie maintiendray encores que ie n'ay rien dit, ou racompté cy dessus, qui ne soit veritable ayant fait mention de tant de Liures, ou Volumes par moy entrepris, & pour la plus grande part acheuez (graces à Dieu, auquel i'en remets, toute la gloire & & honneur, si aucun m'en est attribué) Mais au contraire il se trouuera tousiours (si on veut prendre la peine de s'en informer, ou enquerir plus auant) que i'ay moins promis, que tenu de promesses:

Soit que lon aye égard au nombre de mes Volumes,ou Memoires, ou que lon recherche en particulier la composition & facture de chacun Ouurage,cy dessus mentionné.

Passant plus outre,ie ne craindray point de dire, que le nombre de mes Memoires ou Recueils est tel, que tant s'en faut, que ceux qui n'auroient employé qu'vne iournee à les voir,peussent discourir, ou faire entier rapport, de tout le contenu en iceux, que mesmes ils n'auroient pas assez de temps,en quinze iours,voire en vn mois, pour faire entiere lecture, de la seule inscription des chapitres,ou lieux communs, & cayers contenuz en chacun liure desdicts Volumes ou Memoires : Ce que ie ne dy pas pour m'en authoriser dauantage, mais selon que la verité du fait me conuie de le dire.

Or est-il,que ie seroy bien marry d'entendre, que quelques-vns interpretassent,ou definissent ce nombre de Volumes (desquels i'ay tant parlé cy dessus) à la façon de Hierome Cardan medecin Milānois, lequel faisant mention en quelque sien œuure,de 36.mille Volumes,(que plusieurs Autheurs Grecs maintiennent auoir esté iadis composez par MERCVRE TRISMEGISTE) ne se peut persuader qu'il soit ainsi : & soustient qu'il fault plustost entendre pour les 36. mille Volumes, trente six mille vers, ou carmes. Mais il mōstre bien en celà,qu'il n'a pas leu (ou s'il l'a leu,il n'en a rien dit,)que les Egyptiens luy dedierent,& mirent en son nom, tous les liures qu'ils composoient, le disant Inuenteur de toutes choses, Prince & Autheur de Sapience & Eloquence: Ou bien ne s'est pas souuenu, que ce mot de Volume (selon les anciens,) ne s'entend pas comme nous le prenons auiourd'huy: Car ils appelloient pour lors vn Volume ou Rolleau, ce qui pourroit maintenant estre escrit en vn cayer,ou chapitre d'vn liure, à cause de la commodité du papier que nous auons maintenant, laquelle leur estoit incogneuë : I'ay parlé de cecy autre-part, c'est pourquoy ie ne m'arresteray point dauantage sur ce propos.

I'aurois encores plus grande occasion de me fascher, s'il aduenoit que ceux-là qui liront,ou auront ouy parler d'vn si grand nombre de mes Escrits (lesquels i'ay reduicts par Volumes) eussent cette opinion de moy, que ie misse tout expres ce Discours en lumiere, pour ressembler , ou tenir quelque chose du naturel de ceux-là, qui ont autre-fois esté repris & accusez (ie ne diray pas si ç'a esté à bon droit, ou sans occasion) d'auoir semé quelques cayers , ou fragmens & imperfections de leurs liures , faisant mention de l'Histoire de France , des Vies des Hommes Illustres, des Discours sur la Republique des François ou Gaulois, & autres choses semblables, entreprises par iceux, desquelles on voyoit seulement quelques cayers ou chapitres enuoyez à leurs amis , ou espars çà & là pour estre veuz & s'acquerir vn renom. Desquelles manieres de faire, se sont ris & moquez par escrits , deux grands personnages de France, sçauoir est Adrian Turnebe , & Ioachim du Bellay: dont

dont le dernier a mis en lumiere, vne sienne traduction en vers François, prise & imitee des vers Latins, que ledit Turnebe auoit au parauant fait imprimer, laquelle il a intitulee, *Du nouueau moyen de faire son profit de l'estude des Lettres, &c.* Ie sçay bien toutesfois (encores qu'ils ayẽt deguisé les noms de ceux, contre lesquels ils escriuent) de quels personnages ils entendoient parler, & si ce qui leur mettent à sus, est veritable ou non : mais ie n'en diray rien pour le present, me reseruant à en escrire autre-part.

Ie diray donques (en poursuyuant mon propos) que pour euiter vn tel renom, ie suis contraint d'esclarcir ce passage; & de donner à cognoistre, que chacun Volume dont i'enten parler, est de la longueur, & vn peu plus large, que le papier que lon appelle communement de Troye en Champagne, duquel on vse en la chambre des comptes à Paris & en autres lieux, ou bien du fin papier d'Auuergne contrefait sur celuy de Venise, qui est fait de coton, duquel ie me sers ordinairement: Et quant à la grosseur, ou espoisseur d'iceux Volumes, elle est quelques-fois de demy pied de Roy; (parlant icy selon les mesures de France.) Les vns sont de 3. ou 4. doigts, & les autres moindres, en grosseur seulement: car la longueur & largeur de chacun d'iceux est pareille: Tellement que les cent remplissent vn Buffet ou cabinet, ayant enuiron de sept pieds de hauteur, & plus de trois de largeur, contenant douze piles de Volumes, reduictes en douze layettes, ou separations: De laquelle sorte de Volumes ou Memoires escrits à la main, tant de mon inuention, & escriture, qu'autrement, i'en ay plus de sept cens auiourdhuy: Et ay bonne esperance de multiplier encores ce nombre à l'aduenir (auecques l'aide de Dieu tout-puissant) comme i'ay fait depuis quelques ans en ça.

Ie vous retien pour estre trop long temps, à la lecture de ce Discours (Monsieur) mais ie vous supplie bien humblement, de ne le trouuer mauuais: ains de me permettre s'il vous plaist de dire, que ie ne fay point de doute, que plusieurs ne se rient, de voir que i'ay promis de mettre tant d'œuures en lumiere de ma façon: qui est bien loing de le trouuer bon, & de m'encourager de les poursuiure, s'ils ne sont acheuez : Mais ce qui me fait peu soucier de tel genre d'hommes, si prompts à iuger, c'est l'experiẽce qui m'est par trop cogneuë, que celà est tout commun à ceux qui entreprennent de grandes choses, & difficiles à paracheuer, (ie ne diray pas impossibles, car ce que i'entreprends est faisible, voire bien aisé à ceux qui l'ont proiecté de la façon que i'ay fait) d'estre calomniez, peu prisez & moquez de ceux là, qui ne s'oseroient vanter d'en pouuoir autant faire, & qui ne pourroient aussi l'executer, s'ils l'auoient entrepris (ie parle icy pour les calomniateurs seulement & non d'autres, car ie respecte tousiours les bien aduisez, qui n'ont garde de s'oublier en telle façon :) Et qui outre leur impuissance, sont extremement ialoux, de voir reluire en ceux qu'ils pensent rabaisser par leur medisance, ce qui les fait obscurcir, & tenir en tenebres:ou bien ſi ce n'eſt d'enuie qu'ils le facent,c'eſt par faute de bon,& ſain iugement : qui n'eſt pas vne moindre imperfection que l'autre.

Et ſ'il m'eſt permis en cecy,de croiſtre mon Diſcours d'vn exemple ſeruant à ce propos, (lequel eſt dés plus remarquez qui ſe treuue de noſtre âge.)

Ie diray que Chreſtofle Colom Geneuois, a eſté l'vn des premiers qui a deſcouuert,ou donné cognoiſſance des Terres, que nous appellons auiourdhuy le Nouueau Monde,ou la quatrieſme partie de la Terre habitable:Et toutes-fois nous liſons, qu'il fut ſept ou huit ans au parauãt que de pouuoir perſuader aux Rois,Princes,& autres de ſon temps, que les choſes fuſſent ainſi comme nous les auons depuis cogneües eſtre vrayes, au grand eſbahiſſement de tous les Doctes & ſçauants hommes du Monde. Or eſt il que ce que i'ay entrepris,n'eſt pas de telle defiance, ne ſi difficile à croire, comme ce qu'il promettoit monſtrer par ſa ſcience ou induſtrie, ou par liures qu'il auoit euz de ceux,qui y auoient deſ-ia voyagé,(comme l'aſſeurent aucuns.) Car tout ce que i'allegue,ou recite en ce miẽ Diſcours, ie le peux monſtrer à l'œil, & ſans aller autre-part qu'en mon Eſtude ou Bibliotheque: Mais quant à luy, il eſtoit bien eſlongné des choſes qu'il promettoit de faire voir par experience,(ſi lon y vouloit faire voyage,) & n'en pouuoit luy-meſme aſſeurer que par coniectures,ou pour ſe fier aux Eſcrits d'vn qu'il croyoit y auoir ia eſté, n'y ayant point encores voyagé ledit Colom,lors qu'il maintenoit ſes propos eſtre veritables. Toutesfois il ſeruit de riſee(pour vn temps) à ceux auſquels il parloit de telles choſes, qui leur ſembloiẽt ne ſe pouuoir faire: mais en fin il ſ'eſt acquis vn renom qui durera autant long temps que les hõmes ſeront viuans & habitans en la terre.

Ie penſe auoir ſatisfait aux deux principaux poincts, deſquels i'auois promis de parler,touchant mes Eſcrits pour la France,& l'Vniuers : Il me reſte maintenant de paſſer outre,pour donner à entendre, quel ordre i'ay gardé à la pourſuitte de mon entier Deſſein: Et ſi ie le voulois declarer auſſi amplement,comme il ſeroit bien requis, ie ſerois par trop long, & paraduenture plus ennuyeux que ie ne deſire : De façon que, pour euiter toute prolixité,ie me reſerueray à eſclarcir celà, & le diſcourir plus entierement dans vn liure, que ie me propoſe de mettre bien toſt ſur la preſſe, (ſ'il ne me ſuruient quelque empeſchement, par trop grand qui m'en détourne)lequel i'ay nommé LE MICROCOSME,ou Petit Monde,qui eſt comme vn Epitome ou Abregé, contenant ſommairement tout, ou la plus grande partie de ce que i'ay eſcrit, & de ce que ie veux encore eſcrire, touchant les choſes qui appartiennẽt à l'Homme, & à la cognoiſſance de toutes affaires mondaines, ſoit pour l'Hiſtoire & autres cas dignes d'eſtre ſceuz.

Mais auant que de venir à parler de l'hõme, & de ſes parties, i'ay pẽſé qu'il qu'il estoit necessaire,(pour bien paracheuer mon entriprise)de commencer cet Oeuure par son Createur: Et pour cet effet,i'ay dressé des Memoires lesquels i'ay separez en trois diuers Volumes,traitant de DIEV tout-puissant,de IESVS CHRIST son Fils,& du Sainct ESPRIT,qui sont trois, & tous trois ne sont qu'vn.

I'ay desia poursuiuy bien auant vn si sainct Ouurage, & recueilly de toutes parts,ce qui se peut dire,croire,& trouuer par escrit, en toutes sortes d'Autheurs, Antiques & Modernes,Chrestiens & autres: Et diray encores que ie n'ay voulu,ou peu faire autrement, que ie n'aye commencé mon enteprinse au nom tressainct d'vne tant sacree Trinité, où repose tout mon appuy & confiance, & sans la grace ou faueur de laquelle,ie ne veux & ne peux rien entreprendre.

Or estant venu là, que de parler de DIEV,i'y finiray mon Discours, comme aussi ie desire de finir en luy, & mes iours,& ma vie, non sans luy faire treshumble & deuote supplication,de vous donner vn tel heur, que ie me le desire pour moy-mesme.

Escrit au Maine, ce 27. iour de Nouembre en l'an de salut 1579.

FIN.

SONNETS DE MONSIEVR LE GRAS, ADVOCAT au Parlement de Roüen, &c. enuoyez au seigneur de la Croix du Maine, l'an 1582. en Ianuier, touchant le discours de ses œuures.

Ayants leu ton DISCOVRS, *où tant asseurément,*
Tu promets de LA FRANCE, *à la France merueille.*
Nous sommes (DE LA CROIX) *comme vn qui se réueille,*
Tout rauy d'auoir veu, ce qu'il a veu dormant:

Nous sommes de merueille épris, non autrement
Que celuy qui ne sçait au vray s'il dort, ou veille,
Quand contre son espoir, luy bat l'œil ou l'oreille,
Chose qui monstrueuse, arriue rarement.

En tel rauissement, ta promesse nous plonge,
Qu'à part-nous, hors de nous, nous disons c'est vn songe:
Tant difficile à croire, est-ce que tu promets.

Encores craignons nous, si à l'honneur & gloire,
De la France en effect ta promesse tu mets,
Qu'à peine nous puissions, si grand prodige croire.

AVTRE SONNET PAR LE MESME AVTHEVR sur les desseins dudit Sieur de la Croix.

C'est tousiours vne loy, ferme & inuiolable,
Que la voix de Nature enseigne à noz esprits,
Que le moindre au plus grand peult bien estre compris,
Et que non du plus grand le moindre soit capable.

Mais (docte DE LA CROIX) qu'vn sçauoir admirable
D'vn admirable esprit, en si ieune âge apris,
Rend les plus admirez de grand merueille épris:
Tu montres cette loy, non tousiours veritable.

Car lors que ton cerueau (bien qu'il ne soit si grand
Que tout cet Vniuers) tout l'Vniuers comprend,
Et tous les œuures grands qu'enclost sa largeur ronde.

Est-ce pas le plus grand, dans le moindre enfermer?
Il faut qu'il soit ainsi, ou plus tost estimer,
Que tu as le cerueau, plus grand que tout le Monde.

FIN.

ODE SVR LA BIBLIOTHEQVE, ET AVTRES ESCRIPTS DV SIEVR DE LA CROIS, TIREE DE l'Anagramme du nom d'iceluy, qui est FRANÇOIS DE LA CROIS, Anagramme. ESCRIS D'OR IL FAÇONA.

LON peut, à ce que ie crois,
Mon tresdocte DE LA CROIS,
Dire de la fourmiliere
Des Autheurs, qui en lumiere
Nous font sortir tous les iours,
Tant de liures, & discours,
Ce qu'en sa Metamorphose
Le doux Ouide propose
Des quatre Ages, qui diuers
Ont regné pas l'Vniuers.
L'vn d'vne plume honoree,
Nous fait vne œuure doree.
L'vn moins docte, & diligent,
Bastit vn liure d'argent.
L'vn qui quelque renom emble,
Faict vn volume qui semble,
(Pour n'estre docte, & serain)
A la palleur de l'airain.
Bref l'vn qui dans sa poictrine
N'a ny sçauoir ny doctrine,
Pour bien vn œuure estoffer,
Nous forge vn liure de fer,
Dont la roüille mesprisee
Sert à châcun de risee.
Mais tes Escripts, mon LA CROIS,
Qui celebrent noz grands Rois,
Et ne permettent qu'esteinte
Tombe la memoire sainte
De tant d'Escriuains sçauants
Iadis en France viuants,
Sont dorez, voire ont vn lustre,
Qui plus que l'or est illustre.
Or le grand Pere des cieux
T'a d'vn don si precieux
Honoré dés ton enfance,
T'en donnant bien asseurance

Dans ton beau Nom,& surnom,
Riche de tresgrand renom.
  Car le tournant letttre à lettre,
Pour en euidence mettre
Le destin qu'il t'a donné,
Sur le point que tu es né,
Ie voy qu'il a honnoree
D'vne plume bien doree
Ton ame,& ta main encor,
Pour tracer des liures d'or.
  Parquoy la race future,
Se paissant de la lecture
De tes sublimes Escrits,
Desquels nous sommes espris,
Dira de toy,(car l'enuie
Qui,pendant qu'il est en vie,
Suit de son pied tortueux
L'homme docte & vertueux,
Ne sera point empeschante,
Que ton los elle ne chante)
Qui ces liures maçonna,
ESCRIS D'OR IL FAÇONA.

ANDRE' DEROSSANT

ART DONNE' DES ARTS.

IN BIBLIOTHECAM FRANCISCI
A CRVCE-COENOMANA.

QVIS nouus hîc varijs redit alter Vlyſſeus oris,
Vndique congeſtæ, cui reuehuntur opes?
Scilicet Iliacæ non ſunt hæc præmia gazæ.
Raptori rapuit quas maris vnda ſuo.
Fallor? an Alcinoi *ſunt hæc Phaacia dona,*
Quanta nec incolumis Troade nauta ferat?
Hi veri tripodes, fuluóque ex ære lebetes.
Alter *quos Ithacus (DE CRVCE docte) refers.*
Nympharum, peregrè rediens, hos abdis in antrum:
Nam Nympharum antrum Bibliotheca tua eſt.

IN EANDEM.

NON libraria, quod videtur, hæc eſt,
Indigeſta librûm, rudiſque moles:
E*ſt Libraria ſed Librariarum:*
Vel Theſaurus opum reconditarum,
In quo repperias labore nullo,
Per certos titulos, notáſque certas,
Rerum quicquid & artium bonarum eſt.

IOANNES AVRATVS, Poëta Regius.

DE GALLICA NOBILISS. ET DOCTISS. D. DE LA CROIX BIBLIOTHECA, IOANNIS CAVRRÆI Moreliani Carmen.

IVPPITER esse probat se diuûm hominumque Monarcham,
E superis ad se quòd trahat ima Polis:
Vos, ait ille, traham, sed vestrum non trahar vlli,
O Dij terricolæ: Iuppiter ergo Deus.
Sic Ioue maior eris, Iouis aut affinis habendus
DE CRVCE, Rex celso constituende Polo.
Namque vt Phœbicolas, tot ab Orci fauce, reducas,
Quos sacra Calliope iusserat esse Deos,
Non modò per flauas Cereris spaciaris aristas
Ad Cereris generum, sed properare iuuat.
Fallor ego, residens Gallorum in finibus omnes
Phœbicolas Gallis tu rediisse iubes.
Nec tibi fune opus est, quo Iuppiter attrahit imos,
Eloquij allectas melle fluente tui.
Dum trahis hos, nusquam traheris, quia temporis hæres
Est Pluto, æternus tempore maior ouas.

DV MESME

Sonnet.

LE haut Roy Iuppiter, pour son pouuoir d'attraire
Dans son palais Astré, tous les terrestres dieux,
Exalte sur tous eux ses lauriers glorieux,
Et se vante sur eux comme Monarque & Pere.
De la Croix, si i'estois le Parangon d'Homere,
Ma bouche te diroit Roy de ce Roy des Cieux:
Car tu tire plus fort, du lac obliuieux
Ce grand camp d'Apollon qui gisoit soubs la biere.
Ainsi que Iuppiter tu n'vses de cordeau,
Ains le miel distillant de ton docte cerueau
Ces enterrez retire au climat de la France.
Ce sont d'Hercul' Gaulois les chenons eloquents,
Qui de ce camp François te font le guide-dance,
Pour eux & toy sauuer de la lime des ans.

Iean des Caurres de Morœul.

SONNET A MONSIEVR DE LA CROIX DV-MAINE.

DE LA CROIX, ie me plais & deplais à la fois:
Ie me plais, pour auoir de toy la cognoissance,
Ie me deplais aussi pour n'auoir iouïssance
De tant de biens d'esprit, que nous depart ta voix.

Ie m'esiouys pourtant, qu'à la cour de nos Rois
Phebus & sa neufueine entrent en bienueillance:
Encor suis-ie fasché, dequoy leur esperance
S'y retranche au reueil des troubles, que tu vois:

Et bien que ces neuf seurs se monstrent toutes nuës;
Si est-ce que leur chœur a de plus beaux thresors,
Que les plus grands amas des richesses connues,

Ny que les grands Cesars, ny que les gros Milors.
Mais ie dy plus de toy: car si tu continues,
Ton renom volera mesme par sus les nues.

Paschal Robin sieur du Faux en Anjou.

SONNET DE IVLIEN DV THIER gentilhomme du Maine, neueu de monsieur de Beauregard Secretaire d'Estat, &c. enuoyé à François de la Croix-du-Maine sieur dudit lieu, & de la Vieille-Cour, lors qu'il estoit au Mans.

Le Noble empanaché, le sainct troupeau d'Eglise,
Le graue Philosophe, & subtil Orateur,
Le Peintre perspectif, & cil qui non flateur
Par vn fardé discours l'histoire ne deguise:
Du Poëte sacré, la docte gaillardise
Et le rare Artisan, d'ouurages inuenteur
Voire quiconque soit, des vertus amateur
T'admire (DE LA CROIX) t'honore & si te prise.
Chacun tant soit il grand, desire te cognoistre,
Pour l'admiration, qu'en toy l'on voit paroistre.
L'estranger par ses vers à ton nom donne bruit,
Les FRANÇOIS de ton los font enfler leur histoire.
Nostre Age & ta Cité, de ton honneur font gloire,
Et tous d'vn appetit s'attendent à ton fruit.

AD DÆDALAM DOMINI DE LA CROIX, Varronis Gallici Bibliothecam Gallicam Epigramma.

HÆC tibi fixa Crucis non ſunt ſine numine diuûm
Nomina, Lethæos non aditura lacus.
In Cruce parta homini precioſo ſanguine vita eſt,
Quem Chriſtus, ſoboles fudit amica Dei:
Sic tua CRVX centum Daphnæis aucta viretis,
Et vitam, & vitæ flumina viua parit.
Innumeri muta proceres ſub nocte iacebant,
Quos facili luerat Pegaſis vnda modo:
Tu tibi Pegaſiæ, CRVCEE, ô bene conſcius vndæ,
Conſocios, Phœbi caſtra, iacere doles.
Caſtra iacêre doles Phœbíque, tuóſque ſodales,
Et Clario redimis caſtra ſepulta lacu.
Hinc grauis ille tuæ Crucis eſt cruciatus, vt illos
Hac Cruce tu ſoluas, queis tua vita redux.
Illa tuam ſic caſtra Crucem agnouiſſe parentem,
Téque ſuum diſcant noſcere ritè patrem.
Cùm verò tua Crux Francam tot reddat in oram,
Plumbeus eſt, fuluam hanc qui neget eſſe Crucem.

Ianus Edoardus du Monin.

SONNET DV MESME AVTHEVR AV Sieur de la Croix-du-Maine.

IE ſuis Arbitre ou Iuge, en vn procès pendant
Au parlement des ſœurs Concierges de Parnaſſe,
Tu es du different le ſubiect mis en place,
La Terre eſt demandante & le ciel defendant.
Elle dit, que de toy ſon eſtre eſt dependant,
Comme du Chancelier des tiltres de ſa race.
Le ciel montre LA CROIX *ta mere ſur ſa face,*
Aux quatre gons mondains, ſes quatre arcs debandant.
Or s'il faut qu'à droit fil, la cauſe ie retiſſe,
Le Ciel par mon arreſt en paiera l'Eſpice:
Car le Ciel orgueilliſt ſon beau front de ta Croix:
Ne te rendant au ciel, tu rends le ciel à terre
Faiſant rentrer en ieu du vieil Chaos la guerre:
Vole donq non terrain, ſur les celeſtes toicts.

A MONSIEVR

A MONSIEVR DE LA CROIX-DV-MAINE, ſur ſa Bibliotheque.

SONNET.

Par HIEROSME D'AVOST, de Laual.

PEVLT eſtre on me voudra de menſonge taxer,
(DE LA CROIX,) ſi ie dy, qu'en la fleur de voſtre âge,
Heureux, vous auez eu ſur les vieux l'auantage,
Ayant effectué ce qu'ils n'ont ſçeu penſer.
Vraîment ie ſuis menteur, ie le veux confeſſer,
Et cognoy qu'indiſcret, i'ay mis ma foy en gage,
Tentant (mais bien en vain) d'eſcrire en cette page
Ce que tous les eſcrits du monde on voit paſſer.
Le miracle eſt ſi grand, que lon ne le peut croire,
Mais celà (DE LA CROIX) redouble voſtre gloire,
Car l'homme ne peut pas, comme homme imaginer
Ce que vous, tout diuin, luy faites apparoiſtre:
S'il ſe veult exempter de plus y ruminer,
Vous aille voir, & lors il le pourra cognoiſtre.

DE MVERTE VIDA.

AV SIEVR DE LA CROIX-DV MAINE
Sonnet par le ſieur du Breil.

Empongne ta Cythare, alme Latonien,
Et vous iumelles ſœurs, apprenez à bien dire,
Icy pour reuenger & Marſye & Thamyre,
DE LA CROIX vous r'appelle au combat ancien.
Que feras tu Phœbus mieux que le Thracien?
Cettuy-cy en ioüant rocs & cheſnes attire.
Muſes que ferez vous, ſi vous auez du pire,
LA CROIX de voſtre honneur enrichit a le ſien.
Doncques ſi tu m'en crois ô granddieu de Pathare,
Sans iouſte' auec honneur quitte luy ta Cythare,
Que tu perdrois honteux contre ſi bon ſonneur,
Et vous docte troupeau, ſi voſtre voix guerriere
Trop foible en ce combat, eſt plus forte en priere,
Rachetez ſans combatre humblement voſtre honneur.

A MONSIEVR DE LA-CROIX

Sonnet.

QVE n'ay-ie la faueur de la muse amiable,
Pour façonner vn vers brauement compassé:
Que n'ay-ie le sçauoir de ceux du temps passé,
Dont on verra l'honneur à tout iamais durable?
que n'ay ie à mon vouloir vn esprit tout semblable:
Que ne m'a le destin ce bon-heur pourchassé,
En cent mille papiers i'eusse desia tracé
De tes perfections la loüange admirable.
Ton esprit clair-voyant, & ton bon iugement
Me fourniroient assez matiere & argument,
Mais par sur tout ta grace à la France descrire.
Ie trouuerois en toy mille & mille raisons,
Dont ie pourrois encor embellir mes chansons,
Si i'eusse esté doüé du sçauoir de bien dire.

Autre Sonnet du mesme autheur.

IE veux importuner à ce coup les neuf sœurs
Et voire Apollon mesme, afin que ie te face
Vn present (mon LA CROIX*) qui ressente leur grace,*
Et qui soit esmaillé de leurs plus riches fleurs.
Eslargissez moy donc vos diuines faueurs,
O Phœbus, ô trouppeau qui errez sur Parnasse,
Et toy douce Clion, qui iamais ne fus lasse
De m'auoir peint ces vers des plus braues couleurs.
C'est icy que ie chante à la race Françoise,
Le beau nom DE LA CROIX, *qui de façon Gregoise*
A du los des François vn bel œuure entrepris.
Voire tel que si Dieu par sa bonté supreme
Daigne fauoriser & luy & ses escrits,
Des merueilles sera à bon droit la huictiesme.

Honoré du Teil Prouençal.

Aduertissement

Aduertissement aux lecteurs touchant les faultes & corrections qui se pourront trouuer en cette Bibliotheque Françoise du sieur de la Croix du Maine.

MEssieurs, ie croy qu'il n'y a aucun d'entre vous qui soit versé en la lecture des liures, qui ne cõfesse de n'ẽ auoir iamais veu de si corrects, qu'il n'y rencõtre encores quelques fautes ou obmissions, & choses passees d'autre sorte, que les autheurs ne voudroiẽt qu'elles eussent esté faictes: mais en celà i'ay à vous prier de penser qu'il est impossible de pouuoir estre tellement exact rechercheur & correcteur des faultes, qu'il ne s'y en commette quelques-vnes, & entre autres à l'endroit des noms propres d'hommes, ou de leurs surnoms, de leurs qualitez, ou bien des dates & supputations des temps: qui sont les principales faultes, & les plus dignes de remarque, esquelles les plus aduisez s'y trouuent plus qu'empeschez, de façon qu'apres auoir faict lecture de ce liure, nous en auons trouué quelques-vnes, lesquelles nous auons icy mises à fin de les corriger à la seconde impression qui se fera de ce liure, laquelle nous esperons deuoir estre en brief auec plusieurs augmentations.

S'ensuyuent les faultes touchant les propres noms d'aucuns autheurs contenuz en cette Bibliotheque des autheurs François.

Fol. 34. *Berthelemy de Sallignac, &c. voy aux additiõs Bertrand de Sallignac, fol.* 477. *auquel lieu ce qu'il y auoit de faulte a esté corrigé.*
fol. 477. *Charles de Sauigny, voy aux additiõs Chrestofle de Sauigny au fueil.* 479.
fol. 81. *Eustache du Couroy, fault lire du Cauroy.*
fol. 88. *fault lire François Barat.*
fol. 104. *François de Ronsin sieur du Plessis, &c. voy René de Ronsin. fol.* 437.
fol. 105. *François Roze Parisien, &c. fault lire* Guillaume Roze de Chaumont *en Bassigny, ce que nous auons corrigé aux additions de ce liure au fueillet* 481. *parlant de François Roze, & au fueillet* 486. *parlant de* Guillaume *Roze.*
fol. 124. *Isaac de la Chassagne, fault lire Ioseph, comme nous auons dit au fueillet* 328. *parlant de Michel sieur de Montagne.*
fol. 126. *Gesnerus pour Symlerus.*
fol. 154. Guillaume *Roze, &c. fault effacer tout celà.*
fol. 169. *Machuiauel, pour Machiauel.*
fol. 175. Iaques *de Basmaison fault mettre* Iean *au lieu de* Iaques.
fol. 210 *Bretian, pour Brestiau.*
fol 225. *Iean de Fresse, pour* Iean *du Fraisse, qui est à dire du Fr sne.*
fol. 444. Robert *Estienne* 2. *du nom fault mettre* 3. *du nom, & au lieu de frere de* François *Estienne fault lire* Henry *Estienne* 2. *du nom, &c.*
fol. 450. *Rostaug* Berrenger, *pour* Rostang, V. *pour* N.

Les faultes des surnoms.

fol.182. Iaques David *du Perron, &c. Il fault oster le D. & lire Dauy, cõme aussi au fueillet 277. où il est parlé de Iulien Dauy du Perron pere dudit Iaques.*

fol.231. Amy fault l'Amy.

fol.350. Benigne Possenot, faut lire Poissenot.

fol.336. Ranay pour Rannay.

fol.210. Iean le Breton pour le Breton *V. pour N.*

fol.194. R*ochemorf, pour* R*ochemore, f pour e.*

fol.225. de Fresse pour du Fraisse, ou du Fresne.

fol.117. Gaston de Cheualiers ou Caualiers Bearnois, faut lire Gaston Cheualier *natif d'Agenois.*

fol.288. Argentre pour Argentré *par vn é masculin.*

fol.288. Adul*fi, au lieu d'*Adul*phi par f.*

fol.251. Iean *Nageret pour Nagerel, t, pour l.*

fol.228. Ie*seus pour* Ie*sseus par deux ss.*

Faultes touchant les qualitez ou tiltres des personnes.

fol.20. Antho*ine du Prat, &c. fault adiouster ces mots qui ont esté delaissez, sçauoir est Chancelier de France, Cardinal, & Legat, &c.*

fol.113. Gabriel du Preau *docteur en theologie à* Paris*, fault effacer ce mot à* Paris.

fol.132. Guy du Faur sieur de Puybrac, Conseiller *du* Roy *à* Tolose, *&c. fault effacer ce mot de Conseiller, & lire* Iugemage.

fol.152. Guillaume de la Perriere Tolo*sain, fault effacer toutes ses qualitez: car ce n'est pas celuy qui a leu si long temps en droict à* Tolose.

fol.146. Guillaume de Cursol, Cheualier de l'ordre du Roy, *fault effacer ces mots de l'ordre du* Roy.

fol.182. Iaques Dauy *du* Perron *precepteur du* Roy, *fault lire Lecteur du* Roy.

fol.154. Guillaume Roze, *fault effacer ces mots,* Ainsi *appellé par plusieurs, & tout le reste, &c.*

fol.383. Pierre Belloy Con*seiller du* Roy *au* Parlement *de* Tolose, *fault mettre au siege presidial de* Tolose.

fol.461. Susanne Habert dame des Iardins, *fault mettre du* Iardin, *& au lieu de* Thre*sorier, fault mettre Valet de chambre.*

fol.351. Nicolas de Neu*fuille Cheualier, &c. fault effacer ces mots des deux ordres du* Roy.

Faultes touchant les pays ou nations,

fol.12. Antho*ine* Carraciolo *natif de* Melphe, *fault mettre yssu des* Princes *de* Melphe.

Melphe.

fol.23.d'Ambrum en Prouence, fault mettre en Dauphiné.

fol.40. G.Prouençal, fault lire Dauphinois: & par tout où il sera parlé de Iean de Morel, il fault lire Dauphinois, & non Prouençal, sçauoir est au fueillet 50. & en autres lieux.

faut lire en tous les endroits de ce liure où il se trouuera escrit ce mot de Renes, pour Rennes en Bretagne.

fol.36.Bar sur Aulbe en Bourgongne, fault lire en Champagne.

fol.117. gentilhomme Bearnois, faut lire d'Agen ou d'Agenois.

fol.46.Iugelheim, pour Ingelheim.

fol.129. de Tyr en Asie, & non pas en Afrique.

fol.375.sieur d'Argenton sur les limites de Poictou & Berry, faut effacer celà.

fol.226.faut mettre natif de Briosne au Maine, & non pas de la ville du Mans.

fol.227.au lieu de ces mots College de Iustice, faut lire de Sees.

fol.435.Nogen pour Noyen sur Sarte au Maine.

fol.277.Iulien de Medrane Espagnol, fault mettre Nauarrois.

fol.296.Loys de Montiosieu precepteur de Monsieur le Duc de Ioyeuse, faut mettre de Monsieur frere du Roy.

fol.338. parlant de Nicolas Chesneau du Conté de Rhetel, faut mettre du Duché de Rhetelois.

Faultes aux seigneuries.

fol.236.Ranay pour Rannay.

fol.461.des Iardins pour du Iardin.

fol.305.Criox du Maine pour Croix du Maine, & par tout où il y a Renes faut escrire Rennes en Bretagne.

Faultes des liures mis au nom d'aucuns autheurs.

fol. 156. Guillaume Tabourot autheur du dictionnaire des rithmes Françoises, fault effacer celà.

fol.105.François Roze Parisien, &c. autheur du liure des Genealogies de la maison de Montmorency, faut effacer celà.

Fautes aux dates ou supputations.

fol.139.il faut 339.en la marge ou cotation du fueillet.

fol.429.parlant de Remy Belleau, il faut mettre il mourut l'an 1577. & non pas 1557.

fol.181.parlãt de Iaques Courtin de Cissé, &c. au lieu de ces mots, Il florist cette annee 1584. il faut mettre Il mourut l'an 1584. le 18. de Mars.

fol.235. au lieu de l'an 1560. faut mettre l'an 1563. parlant de Iean *de la Lande qui fut executé de mort pres* Paris.

*fol.488. parlant de Hierosme d'*Auost, *au lieu de l'an 1574. faut mettre 1584.*

fol.159. il faut 339. car il suit celuy qui est marqué 338.

fol.394. où il y a i'entends qu'il est mort, mais ie ne sçay pas en quelle annee &c. faut mettre qu'il mourut à Paris en Nouembre *l'an 1571.*

fol.444. Robert *Estienne mourut aagé de 56. &c. faut mettre aagé de 58. ans.*

S'ensuyuent les noms de ceux ausquels il faut mettre ces lettres de B.L. a costé, ou bien en marge, lesquelles lettres signifient Bibliotheque Latine.

fol.30. à Bernard de Girard sieur du Haillan.

fol.144. à Guillaume du Choul Lionnois.

fol.117. à Gaspard ou Gazal du Tronchay.

fol.78. à Estienne Iodelle.

Faultes touchant les endroicts, où les liures ont esté imprimez chez diuers Imprimeurs ou Libraires.

Fol.111. auquel lieu il est parlé des traductions de Gabriel Chapuis Tourengeau, *&c. faut effacer ces mots touchant les nouuelles de Giraldi, imprimees chez* Perier: *Car elles ont esté imprimees par Abel l'*Angelier, *& non pas chez* Perier.

fol.487. touchant Madame de Neuers, *Henriette de Cleues, faut oster ces mots, elle n'est encores imprimee, & tout le reste aussi, car elle n'a point esté mise en lumiere, ou imprimee en* François: *mais bien en langue* Italienne, *tant en Italie qu'à Paris chez* Abel *l'Angelier & autres lieux.*

S'ensuiuent les faultes, ou corrections qui se doiuent faire de plusieurs mots & dictions qui sont en ce liure.

Au premier fueillet il y a non encores imprimez, il faut imprimee, car celà se rapporte à ce mot de Bibliotheque, &c.

fol.32. Bajeux pour Bayeux, qui est vn, j, consone pour vne i voyelle.

fol 36. cloclette pour clochette.

fol.94. au lieu de s'asseurant fault lire, s'asseurent.

fol.117. parlāt de Gaspard du Tronchay, *&c. au lieu où il y a ces mots, duquel nous ferons mention cy aprés, &c. fault mettre, duquel nous auons parlé cy dessus.*

fol

fol.183.sans le continuer, fault mettre sans les continuer.
fol.200.laquelle a esté discontinuee, &c. fault lire ainsi, elle a esté discontinuee.
au mesme fueillet 200.où il y a & louable entreprise, fault effacer ce mot &.
fol.205.Iean de Beaugué, &c. faut effacer ces mots, Ie ne sçay si c'est vn nom supposé, &c.
fol.209.grand referendaire, au lieu de grand rapporteur.
fol.212.catologue, pour catalogue.
fol.239.Loy Corbin pour Loys Corbin.
fol.278.repetititium pour reptitium.
fol.279.cecidit, pour cecinit.
fol.288.à la derniere ligne de ladite page, où il y a & pompe funebre, fault mettre ou, au lieu de &.
fol.351.appellé, pour nommé de ce nom de Ville-*Ray.*
fol.373.tes œuures, pour ses œuures.
fol.380.Ie desire bien, pour ie diray bien.
fol.381.traduction, pour erudition.
au mesme fueillet 381. N*icolas de* C*lemagis, pour de* C*lemangis.*
fol.330.hipophitis par vn i, Latin au lieu d'vn y Grec.
fol.148.l'hymne du temps, pour hymnes du temps.
fol.183.au lieu où il y a ce que l'ayant prié de ce faire, &c. fault effacer ce mot de ce qui est superflu.
audit fueillet 183.au lieu de ces mots sans la continuer, fault qu'il y ait sans les cõtinuer.
fol.502.abusion, pour allusion.
fol.390.Euesque de T*ulles pour de Thoul.*

Fin des fautes ou corrections.

www.ingramcontent.com/pod-product-compliance
Lightning Source LLC
Chambersburg PA
CBHW071143270326
41929CB00012B/1854

* 9 7 8 2 0 1 2 7 6 3 9 5 1 *